형법학
입문

정승환

박영사

머 리 말

　이 책은 대학과 로스쿨에서 법학이나 형법학을 처음 공부하는 학생들을 염두에 두고 쓴 책이다. 로스쿨이 도입된 지 어느덧 15년이 지났고, 그 사이 대학의 법학 교육은 양과 질에서 모두 큰 폭으로 줄어들었다. 법에 대한 이해는 법률가들의 전유물이 아니고 민주국가의 일반 시민이 지녀야 할 기본적인 소양이 되어야 하는데, 법학 교육이 갈수록 축소되는 상황은 매우 안타까운 일이다. 그러다 보니 로스쿨에서도 법학을 처음 접하는 학생들이 더 많다. 저자는 오랫동안 법과대학과 로스쿨에서 학생들과 수업하면서 법학과 형법을 처음 공부하는 학생들이 좀 더 쉽게 법학과 형법학에 입문하는 데 도움이 되는 책이 있었으면 하는 생각을 늘 했었다. 그러다가 최근의 변화된 환경에서 더 절실한 필요를 느끼고 평소 사용하던 강의노트를 보완해서 책의 형식으로 엮게 되었다. 책에는 수업시간에 얘기할 수 있는 정도의 범위에서 형법의 이해에 꼭 필요한 내용을 쉽고 간결하게 담으려고 노력하였다. 책의 제목을 '입문'이라고 한 것은 그런 이유에서이다. 입문서이니만큼 이 책으로 형법학에 입문하는 학생들에게 하고 싶은 말을 머리말에 남겨두려 한다.

법적 사고 또는 '리걸 마인드'에 대하여

　법과대학에 처음 입학했을 때 선생님들께서 '리걸 마인드'를 가져야 한다고 항상 말씀하셨다. 그게 뭔지 제대로 알지도 못한 채 법과대학을 졸업하고 대학원에서 계속 공부도 하였다. 당시 선생님들은 '리걸 마인드'를 논리적 사고라고 하셨다. 그런데 학생들을 가르치면서 비로소 느끼는 '리걸 마인드'는 '구별하는 것'이었다. 법을 공부하면서 처음 접하는 개념들을 구별하는 것은 기본적인 것이고, 법과 판례를 해석할 때와 그것을 적용할 때 사안에 따라 그것이 어떻게 구별되는지를 이해할 수 있어야 한다. 법률가들뿐 아니라 일반 시민들에게도 법적 사고가 필요하고 유익한 이유는 더 많은 사람들이 '구별하는 사고'에 익숙할수록 더 건강한 민주국가와 법치국가를 기대할 수 있기 때문이다. 공과 사를 구별하는 것, 개인의 감정과 공동체를 위한 합리적 결정을 구별하는 것 등을 생각해 볼 일이다.

형법 '학'에 대하여

이 책의 내용이 형법'학'을 담고 있는지, 이 책으로 공부하는 것이 형법'학'을 하는 것인지, 책의 제목에 '학'을 붙여도 괜찮은 것인지 고민하지 않을 수 없었다. '학學'이란 무엇일까? '학'을 거창하게 생각하면 이 책의 내용과 방법은 '학'이 아닐지 모른다. 그러나 저자가 생각하는 '학'은 그런 높은 경지의 것이 아니다. 저자가 생각하는 '학'은 '직접 하는 것'이다. 직접 찾아보고 확인하고 생각해 보는 것이 '학'이다. 비록 결과는 빈약하지만, 이 책을 쓰면서 모든 내용을 직접 찾아서 확인하고 생각하고 말과 글을 직접 다듬기 위해 최선을 다했다. 그것이 저자가 할 수 있는 수준의 '학'이었다. 이 책으로 함께 공부할 학생들에게 부탁하는 것은, 이 책은 가장 기본적인 내용을 요약한 것이므로, 책에서 인용한 참고문헌과 판례의 내용을 직접 찾아보고 확인해야 한다는 것이다. 이 책의 내용을 그저 보고 듣기만 하는 것은 '학'이 아니며, 그것으로 끝난다면 형법'학'에 입문한 것이 아니다.

법률가의 말과 글에 대하여

2020년 12월의 형법 개정은 형법이 제정된 지 60여 년 만에 말과 글을 시대에 맞게 바꾼 것이었다. 그동안 형법에는 1953년 제정 당시의 어려운 한자말과 일본식 표현, 어법에 맞지 않는 문장 등이 그대로 들어 있어 요즘 사람들이 이해하는 데 어려움이 많았다. 법률의 문장은 물론이고 판결문도 비문非文이 가득한 장황한 말과 글을 쓰고 있어서 여간 불편한 게 아니었다. 다행히 형법이 우리말을 위주로 개정되었고, 법원에서도 시대에 맞는 말과 글로 판결문을 쓰려는 노력을 꾸준히 하고 있다. 그런데 법을 새로 배우는 학생들이 기성세대 법조인의 말과 글을 어쭙잖게 흉내내면서 그것이 법률가의 길이라고 오해하고 있다. 그러나 법률가는 뜻을 구별할 수 있으면 쉬운 말과 글로 짧고 간결하게 써야 한다. 요즘 세대가 생활 속에서 쓰지 않는 '가사', '일응', '~한 바' 따위의 말은 쓰지 말아야 한다. 이 책도 그렇게 쓰려고 노력하였고, 판결문도 내용을 바꾸지 않는 범위에서 간결한 문장으로 정리해서 소개하였다.

끝으로 이 책을 만들 수 있도록 큰 도움을 주신 분들께 마음 깊은 감사의 말씀을 드린다. 이 책의 내용은 저자의 스승이신 배종대 선생님의 형법학을 바탕으로 한 것이다. 선생님께서 이룩하신 학문의 깊이와 넓이에 비하면 그 일부를 담았다고 하기에도 턱없이 부족하지만, 이 책이 학생들을 선생님의 형법학으로 이끄는 가이드북이 되기를 바랄 뿐이다. 거듭 말하지만, 이 책은 입문서에 불과하므로, 이 책과 함께 선생님의 책을 함께 공부할 때 비로소 형법학을 이해할 수 있을 것이다. 어려운 여건에서 책을 출판해 주신 박영사의 조성호 이사님께 특별한 감사를 드린다. 저자가 한동안 학교 일을 맡아 하느라고 오랫동안 약속을 지키지 못했음에도 기다려 주시고 흔쾌히 출판을 허락해 주셨다. 박영사의 한두희 과장님께서는 짧은 시간에 완성도 높은 책을 만들기 위해 수고를 아끼지 않으셨다. 두 분의 수고가 없었다면 책이 나올 수 없었을 테니 어떤 말로도 고마운 마음을 다 표현할 수 없다. 이 나라 법학이 발전하는 데 크게 기여하고 있는 박영사의 끝없는 성장을 바랄 뿐이다.

2024년 3월
북악산 기슭에서
저자

목 차

제1편 형 법

제1장 형법과 형법학

제 2 장　죄형법정주의와 형법의 적용범위

제 2 편　범　　죄

제 1 장　범죄이론

제 2 장　구성요건

제 3 장 위 법 성

제 4 장 책   임

제 3 편 형   벌

제 1 장 형벌이론

[23] 제 1 절 절대적 형벌이론 ·· 437

일러두기

1. 참고문헌의 인용

이 책은 수업을 위한 교재라는 점을 감안해서 학계의 견해를 참고할 수 있을 정도의 대표적인 책들만 참고문헌으로 인용하였다. 앞으로 참고문헌을 추가하고 보완할 예정이다. 아래의 책들을 각주에서 인용할 때에는 저자의 이름과 인용한 페이지만 기재하되, 해당 책에서 [ ], § 등으로 단원을 구별하고 문단번호를 표기한 경우에는 그 방식으로 인용한 곳을 표시하였다. 아래의 책들 외에 일부 논문을 인용할 때에는 일반적인 인용방식에 따라 각주에 기재하였다.

김성돈, 형법총론 제8판, 성균관대학교출판부 2022.
김일수/서보학, 새로 쓴 형법총론 제13판, 박영사 2018.
배종대, 형법총론 제17판, 홍문사 2023.
신동운, 형법총론 제15판, 법문사 2023.
오영근, 형법총론 제6판, 박영사 2021.
이재상/장영민/강동범, 형법총론 제11판, 박영사 2022.
홍영기, 형법 총론과 각론, 박영사 2023.

2. 법령의 표기

이 책에서 법령의 명칭은 법제처에서 정하는 법령의 약칭으로 기재하는 것을 원칙으로 했고, 따로 정식 제명을 표기하지 않았다. 법령의 약칭으로 검색하면 정식 제명을 확인할 수 있다. 저자는 법제처에서 법령 제명의 약칭을 만드는 일을 제안하였으며, 그 후 지금까지 계속 참여하고 있다.

3. 판례의 표기

이 책에서 법원과 헌법재판소의 판례를 인용할 때에는 판결 또는 결정의 사건번호만 기재하였다.

1) 헌법재판의 사건번호는「헌법재판소 사건의 접수에 관한 규칙」제8조 ① 항에 따라 연도구분·사건부호 및 진행번호로 구성한다. 진행번호는 그 연도 중에 사건을 접수한 순서에 따라 일련번호로 표시하며(같은 조 ④항), 사건부호는 같은 조 ③항의 표에 의한다. 이 책에 주로 표기된 사건부호는 다음과 같다.

 – 헌가 : 위헌법률 심판사건
 – 헌마 : 공권력의 행사 또는 불행사로 기본권을 침해받은 때의 헌법소원 심판사건(이를 '제1종 헌법소원'이라 한다.)
 – 헌바 : 위헌법률 심판의 제청신청이 기각된 때의 헌법소원 심판사건(이를 '제2종 헌법소원'이라 한다.)

2) 법원의 사건번호는「법원재판사무 처리규칙」제19조 ②항에 따라 "서기 연수에 네 자리 아라비아 숫자, 사건별 부호문자와 진행번호인 아라비아 숫자로" 표시한다. 그리고 같은 규칙 제20조에 따라 사건별 부호문자는「사건별 부호문자의 부여에 관한 예규」제2조 ①항의 별표를 기준으로 부여한다. 이 책에서 주로 인용되는 형사 판결의 경우, 제1심 합의사건은 '고합', 제1심 단독사건은 '고단', 항소사건은 '노', 상고사건은 '도'의 부호가 부여된다. 예를 들어 '2024도1234'에서 '2024'는 사건이 해당 법원에 접수된 연도를, '도'는 대법원의 형사사건 판결을, '1234'는 사건이 접수된 순서를 각각 나타낸다. 형사 결정의 경우, 항고사건은 '로', 대법원의 재항고사건은 '모'의 부호가 부여된다.

사건의 접수연도와 선고일자는 차이가 날 수 있지만, 사건번호만으로 대법원의 형사판결이라는 점 등을 알 수 있으므로 지면의 효율적 활용을 위해 사건번호만 기재하였다. 다만, 대법원 전원합의체 판결은 그 중요성을 감안해서 '전합'이라고 표기하였다.

형   법

제1장

형법과 형법학

[1] 제1절 형법

Ⅰ. 형법의 의의

1. 개념

형법은 범죄와 형벌을 규정하는 법이다. 범죄가 되는 행위는 무엇이며, 범 **1**
죄에 대해 어떤 형벌이 부과되는지를 규율하는 법이 형법이다. 형법의 개념은
형식적 의미와 실질적 의미로 구별된다.

가. 형식적 의미의 형법

형식적 의미의 형법은 '형법'이라는 형식, 즉 '형법'이라는 명칭을 갖는 형법 **2**
을 말하며,[1] 한편으로는 한 국가의 법률이라는 형식으로 존재하는 형법을 의미
한다. 한국의 '형법'은 1953년에 법률 제293호로 제정되었다.[2] 모두 372개 조문
으로 구성되며, 제1조부터 제86조까지는 '총칙'이라 하여 범죄와 형벌에 관한 일
반적 규정이며, 제87조부터는 '각칙'으로서 개별적인 범죄행위와 그 범죄에 부
과되는 형벌의 종류와 범위를 규정하고 있다.

나. 실질적 의미의 형법

실질적 의미의 형법은 '형법'이라는 제목을 갖지는 않지만, 그 실질이 범죄 **3**

---

[1] 형법은 영어권 나라에서는 'Criminal Law', 즉 '범죄법'이라고 하지만, 독일과 프랑스 등 이른
바 대륙법계 국가에서는 'Strafrecht' 또는 'Code Pénal', 즉 '형벌법'이라고 한다.
[2] 이후 형법은 27번의 크고 작은 개정을 거쳐왔다. 2020. 12. 8.(2021. 12. 9. 시행)의 개정 형
법은 법조문을 모두 한글로 표기하였고 용어도 우리말로 바꾸었다.

와 형벌에 해당하는 내용을 담고 있는 법을 말한다. 한편으로는 어떤 국가의 법률이라는 형식으로 존재하지 않지만 범죄와 형벌에 대해 한 공동체가 가지고 있는 실질적 체계를 의미할 수도 있다. 한국에는 '형법' 외에도 수많은 행정법규, 예를 들어 식품위생법, 도로교통법 등에 범죄가 되는 행위와 그에 대한 형사제재를 규정하는 조문들이 산재한다.

2. 형법규범의 성격

4   형법은 가언명령假言命令의 규범체계라고 한다.[1] 칸트(I. Kant 1724~1804)에 따르면 모든 명령은 가언명령과 정언명령定言命令으로 구별된다.[2] 어떤 행위가 무언가 다른 것을 위한 수단으로서 선하다면 그것은 가언적인 것이며, 행위 그 자체로서 선하다면 그것은 정언적이다. 형법은 조건이 되는 범죄와 그 결과로서의 형벌을 규정하는 조건적 규범이다. 거꾸로 읽으면 형벌을 피하려면 범죄하지 말라고 요구하는 것인데, 누군가 형벌을 피하기 위한 수단으로 범죄하지 않는다면 그것은 가언적이다. 이에 반해 정언명령은 종교규범이나 도덕규범처럼 요구를 직접 드러내는 정언적 형태의 규범이다. 즉 조건 없는 행위, 수단으로 쓰이지 않는 행위를 요구하는 것이다.

5   형법의 가언명령적 성격을 말하는 이유는 형법을 준수하는 것, 즉 범죄하지 않는 것이 곧 도덕적이거나 윤리적인 것을 담보하지 않는다는 점을 분명히 하기 위함이다. 형법의 명령체계는 도덕적 명령이 아니며, 형법적으로 무죄인 것이 도덕적 승인을 의미하지 않는다. 우리 사회에서는 도덕의 문제를 형법으로 규율하기를 원하는 목소리들이 있으며, '범죄하지 않았으므로 정당하다'고 강변하는 사람들도 있다. 한편으로 형법에 지나친 역할을 요구하면서 다른 한편에서 형법을 지키는 것만으로 도덕적이라는 착각을 유발하고 있는데, 모두 경계해야

---

1) 김일수/서보학, 새로쓴 형법총론 제13판, 박영사 2018, 17면; 이재상/장영민/강동범, 형법총론 제8판, 박영사 2015, 5면 등 참조.

2) 가언명령과 정언명령의 구별은 칸트(I. Kant 1724~1804)의 철학에서 유래한다. 그의 책 『윤리형이상학 정초(Grundlegung zur Metaphysik der Sitten)』에서 칸트는 "모든 명령은 가언적(hypothetisch)이거나 정언적(kategorisch)으로 지시명령한다. 전자는 가능한 행위의 실천적 필연성을 사람들이 의욕하는(또는 의욕하는 것이 가능한) 어떤 다른 것에 도달하기 위한 수단으로 표상하는 것이다. 정언적 명령은 한 행위를 그 자체로서, 어떤 다른 목적과 관계없이, 객관적으로─필연적인 것으로 표상하는 그런 명령이겠다." "행위가 한낱 무언가 다른 것을 위해, 즉 수단으로서 선하다면, 그 명령은 가언적인 것이다. [반면에] 행위가 자체로서 선한 것으로 표상된다면, 그러니까 자체로서 이성에 알맞은 의지에서 필연적인 것으로, 즉 의지의 원리로 표상되면, 그 명령은 정언적인 것이다."라고 서술한다.

할 일들이다. 법과 도덕은 구별되는 것이며 '법은 도덕의 최소한'이라는 법언法諺[1]의 의미를 상기할 필요가 있다.[2]

Ⅱ. 형법의 관련 법률

1. 법체계 내에서 형법의 위치

가. 헌법과 형법

한 국가의 규범체계는 헌법 > 법률 > 명령 > 규칙 > 예규/조례의 순서 **6**
로 구성된다. 형법은 법률의 하나로서 최상위 규범인 헌법의 가치체계에 구속되며, 헌법은 형법 해석에서 넘어설 수 없는 중요한 기준이 된다.

나. 공법, 사법, 사회법

공법公法이란 개인과 국가 또는 국가기관 사이의 공적公的인 생활관계를 규 **7**
율하는 법을 말한다. 국가의 통치권이 작용하는 법영역으로서 헌법, 행정법, 소송법, 세법 등이 이에 해당하며, 형법도 공법의 영역에 속한다. 이에 반해 사법私法은 국민들간의 사적私的인 관계를 규율하는 법을 말한다. 개인들의 관계가 규율대상이라는 점에서 개인의사를 최대한 존중하며, 법률관계가 수평적 관계라는 특징이 있다. 한편 전통적으로 사법의 영역에 속하던 법률관계에 국가의 권력적 개입이 필요해지면서 20세기 이후 사회법의 영역이 등장하였는데, 노동법, 사회복지법, 경제법 등이 그러한 예이다.

2. 형법과 형사소송법

형법은 실체법에 해당하며 형사소송법은 절차법이다. 실체법이란 권리 의 **8**
무의 내용과 범위·발생·변경·소멸 등 법률관계의 실체에 관한 법이며, 절차법은 권리와 의무의 내용을 실행하기 위한 절차를 규정한 법이다. 형법은 범죄와 형벌의 내용과 범위 등 그 '실체'를 규정하고, 형사소송법은 형법에서 정하는 범죄가 성립하는지를 확인하는 절차와 확인된 범죄에 부과될 형사제재를 결정하는 절차를 규정한다. 현행법에서는 이러한 구별이 완벽한 것은 아니어서 형법에

---

1) 법과 법률에 대한 격언(格言), 법격언이라고도 한다.
2) 이외에 형법은 규범적으로 행위규범과 제재규범, 금지규범과 명령규범, 평가규범과 결정규범 등의 성격을 갖는다. 자세한 것은 김일수/서보학 2018, 5면 이하 참조.

절차법적 규정을 두는 경우도 있다.[1]

3. 형사특별법

9   형법에 규정된 범죄에 대한 가중처벌 등을 위해 특별법으로 제정된 법률들이 있다.[2] 이러한 법률은 행정법 등 다른 법영역에서 범죄와 형벌을 규정하는 것과 달리 형법에 정해진 범죄 및 형벌에 관련된 특별법이며, 명칭이 '형법'은 아니지만 '범죄'와 '처벌'을 제목에 담고 있다는 점에서 넓은 의미에서 형식적 의미의 형법에 속한다고 할 수 있다. 형법은 이러한 법률들에 대해 일반법의 지위를 갖기 때문에 '형사특별법'이라 하며,[3] 특별법이기 때문에 형법에 우선하여 적용된다.

[2] 제 2 절   형법학

Ⅰ. 형법학의 범위

1. 형'법'학과 형'법률'학

1   형식적 의미의 형법과 실질적 의미의 형법을 구별하는 것과 다른 측면에서 '법'과 '법률'의 구별을 염두에 둘 필요가 있다.[4] 한국에서는 익숙하지 않은 개념의 구별이지만, '법Recht'이란 국가의 성문 법률로 제정되기 이전, 또는 성문법률의 체제를 넘어서는 규범체계라 할 수 있으며, '법률Gesetz'은 한 국가가 입법절차를 통해 제정한 성문의 법률, 즉 규범의 체계에서 헌법의 하위에 자리하는 법률을 의미한다. 그러나 우리는 일상에서 '법'이라 하면 때에 따라 '법'을 의미하기도 하고 '법률'을 지칭하기도 한다.

2   따라서 형법학 또한 형'법'학과 형'법률'학의 두 가지 의미로 구별할 수 있다. 형'법'학은 현행 법률을 떠나 형법의 바람직한 내용과 형식에 대해 탐구하는

---

1) 형법 제36조(판결선고 후의 누범 발각), 제58조(판결의 공시), 제3장 제4절 형의 집행에 관한 규정들과 제312조의 친고죄 및 반의사불벌죄에 대한 규정 등이 그러하다.
2) 폭력행위처벌법, 특정범죄가중법, 특정경제범죄법, 성폭력방지법, 성폭력처벌법 등이 있다.
3) '특별형법'이라고도 하는데, 일부 법률에는 실체법적 규정 외에 절차법적 규정도 많기 때문에 형사특별법이라 하는 것이 더 정확하다고 할 수 있다.
4) 이에 대해서는 배종대, 형법총론 제17판, 홍문사 2023, 28면 참조.

분야이다. 여기에는 형법에 대한 법철학적, 법정책적, 입법론적 논의가 포함되며, 어떤 면에서는 더 중요한 의미를 갖는다. 형'법률'학은 현행법인 형법에 대한 해석학이 주된 내용을 이룬다. '형법해석학'이라 할 수 있으며, '형법도그마틱Dogmatik'이라고도 한다.[1] '도그마Dogma'란 신학神學에서 유래한 용어로서 교조敎條, 교의敎義, 교리敎理 등으로 번역되며, 종교적 전제로서 의심하거나 배제할 수 없는 어떤 것을 의미한다. '신이 존재한다'는 도그마를 전제로 하는 것이 신학이듯 형법도그마틱 또는 형법해석학은 현행 형법의 존재를 인정하고 그것의 옳고 그름을 떠나 조문條文의 의미를 찾는 작업에 주로 종사한다.

요약하자면 형'법'학은 넓은 의미의 형법학이고, 형'법률'학은 좁은 의미의 형법학이라 할 것인데, 오늘날 대학 또는 로스쿨에서 이루어지는 형법학 강의는 좁은 의미의 형법해석학, 그것도 **형식적 의미의 형법에 대한 해석학**이 대부분이며, 이 책에서 다루는 형법학 또한 같은 범위로 한정된다.   3

2. 형법학의 주변 학문

가. 형법과 관련된 법률의 해석학

형법학이 현행 형법에 대한 해석학이라는 점에서 절차법인 형사소송법을 해석하는 형사소송법학 및 형사특별법에 대한 해석학과 뗄 수 없는 관계를 맺는다. 형법 해석의 결과는 형사소송법의 해석에 영향을 주거나 전제가 되며, 형법의 특별규정이 대부분인 형사특별법 해석의 기초가 된다.   4

나. 범죄학, 형사정책학, 행형학 등

형법의 해석에서는 도그마틱이 지배하지만 해석의 바탕에는 범죄학, 형사정책학 등 관련 분야 학문의 연구 결과가 반영될 필요가 있다. 범죄학은 범죄의 원인과 범죄에 대한 대책을 주로 탐구하며, 형사정책학은 형법과 형사소송법 등 형사법 분야의 정책적 방향을 경험적 자료를 중심으로 연구하는 분야이다. 행형학行刑學 또는 형집행학刑執行學은 형벌의 집행과 관련된 문제를 연구분야로 한다.[2]   5

형법학, 특히 넓은 의미의 형법학은 관련 학문들과 활발하게 교류하여야   6

---

1) 배종대, 앞의 책, 같은 면 참조.
2) 경우에 따라 형사정책학이 범죄학과 행형학을 포괄하는 분야로 이해되기도 한다. 로스쿨 이전의 법과대학에서는 이러한 과목들이 모두 폭넓게 개설되었지만, 로스쿨이 도입된 이후로 시나브로 거의 사라지는 과목들이 되었다.

한다. 범죄학의 연구 결과를 바탕으로 형사정책이 결정되어야 하며, 그렇게 결정된 형사정책을 바탕으로 형법에서 새로운 범죄를 정하거나 기존 범죄를 폐지하는 입법적 과정이 이루어져야 한다. 그렇게 입법된 법률에 대한 해석학인 형법학의 결과에 따라 법을 집행한 후, 형법 집행의 결과에 대한 범죄학적 연구가 다시 형사정책에 반영되어야 한다. 이렇게 형법학＞범죄학＞형사정책＞형사입법＞형법학으로 이어지는 순환구조가 원활하게 기능할 때 한 국가의 형사법 체제는 건강하게 운영될 수 있다.

Ⅱ. 형법의 해석

1. 형법해석의 의의

가. 법규범의 추상성

7   현행 형법에 대한 해석이 오늘날 형법학의 대부분을 차지하기 때문에 형법의 해석에 대한 기본적인 이해가 중요하다. 형법뿐만 아니라 모든 법에 해석이 필요한 이유는 법규범의 추상성 때문이다. 추상抽象이란 막연하고 모호한 어떤 것을 말하는 것이 아니라 사물의 대표적인 모양이나 특징, 즉 상象을 뽑아낸다抽는 것을 의미한다. 법률의 문장에 등장하는 말들은 구체적인 것 같지만 추상적이다. 형법 제250조는 "사람을 살해한 자는~"이라고 하여 살인죄를 규정하고 있는데, 여기서 '사람' 또는 '살해'라는 단어는 해석이 필요하지 않은 구체적 표현 같지만, 이 단어들 또한 대표적 특징만 뽑아낸 것이기 때문에 추상적이며 해석이 필요하다. 예를 들어 출산 직전의 태아는 사람인지 아닌지 해석이 필요하며, '살해'의 형태 또한 수만 가지가 가능하기 때문에 구체적 사건과 관련해서 해석이 필요한 것이다. 심지어 법에서는 숫자조차도 해석이 필요한 경우가 있다.

나. 법해석의 전통적 방법

8   법의 해석 및 적용은 전통적으로 사안을 법률에 대입시키는 포섭의 기술로 이해되었다. 포섭이란 법률을 대大전제, 사안을 소小전제로 하는 형식적 삼단논법에 따라 사건이 법률의 표지에 일치할 때 형법전의 범죄에 해당한다는 결론을 이끌어내는 절차를 말한다. 이를 위해 필요한 것은 대전제인 법률을 해석하는 것과 소전제인 사실을 확정하는 일이다. 법률 문언文言의 의미를 해석해 놓고, 사건이 발생했을 때 그 사건 속의 사실관계가 해석해 놓은 법률의 의미에

들어맞는 지를 맞춰본다는 것이다.

다. 법해석의 새로운 이해

전통적인 법해석의 방법으로 인식되었던 포섭의 기술에는 한계가 있다. 모 **9**
든 사안을 끌어안을 만큼 법률을 명확하게 규정할 수 없기 때문이다. 법의 해석
과정에 대한 새로운 이해는 그것이 단순한 포섭의 과정이 아니라 법률과 사실
의 상호작용이라고 한다. 법률을 해석할 때 주어진 사안을 배제하고 순수한 의
미를 해석할 수는 없으며, 사실을 확인할 때에도 법률적 의미를 가지는 사실이
확인의 대상이 된다는 것이다.

2. 형법해석의 유형

가. 해석방법에 따른 구별

형법을 비롯하여 법률의 해석은 해석의 방법에 따라 다음과 같이 구별된다. **10**
1) **문리해석**은 말과 글의 뜻과 이치에 따른 해석이고, 2) **논리해석**은 해석의
결과가 합리적인가를 기준으로 하는 해석이다. 3) **체계적 해석**은 해석대상이 되
는 조문條文이 그 법에서 차지하는 위치 및 다른 법률과의 관계 등을 기준으로
하는 해석이며, 4) **연혁적 해석** 또는 역사적 해석은 해당 법률의 입법연혁, 입법
이유 등에 따른 해석이고, 5) **목적론적 해석**은 그 법률의 목적, 규범의 보호목적
등에 따른 해석을 말한다.[1]

나. 해석의 주체 및 효과에 따른 구별

형법 및 법률의 해석은 해석의 주체와 효과에 따라 유권有權해석과 무권無權 **11**
해석으로 구별된다. 1) **유권해석**은 권한 있는 기관에 의한 해석으로 공식적·법
적 효력, 이른바 구속력을 갖는다. 입법부와 사법부, 그리고 행정부의 법제처에
서 하는 해석 등이 이에 해당한다. 입법부는 기본적으로 법을 제정하는 기관이
지만 법을 정할 때 법령에 미리 용어의 의미를 정의하는 방식으로 해석을 해두
는 경우가 있다. 법률로 정한 해석이기 때문에 당연히 다른 해석을 제한하는 효
력이 있다. 대표적인 유권해석은 법원이 법을 적용하는 과정에서 이루어지는 해
석이다. 법원의 해석은 이른바 '판례'가 되어 같은 내용의 사건에서 다른 해석을

---

1) 연혁적 해석과 목적적 해석은 매우 유사하다. 연혁적 해석이 입법 당시의 연혁을 중시하는,
　즉 입법자의 입법 '목적'을 중시한다는 점에서는 연혁적 해석과 목적적 해석이 같은 의미가
　될 수도 있다. 그러나 입법 이후에 시간이 지나면 법률 자체의 목적에 대한 새로운 해석이
　가능하기 때문에, 목적적 해석이 연혁적 해석과 언제나 같다고 할 수 없다.

제한하며, 향후 법적용의 기준이 된다. 그밖에 행정기관이 법령을 집행할 때 법령해석에 의문이 있거나 행정기관끼리 또는 행정기관과 민원인 사이에 해석이 엇갈릴 때 법제처에서 법령해석에 대한 전문적인 의견을 제시하는 것1)도 유권해석에 해당한다.

12   이에 반해 2) **무권해석**은 법적 권한이 없는 법학자 등의 학문적 해석으로서 법률적 구속력이 없는 해석이다. 흔히 '학설'이라고 하는 학문적 견해들이 여기에 해당한다. 로스쿨의 도입 이후 판례 위주의 시험과 공부가 주를 이루면서 학설의 의미와 역할이 축소되는 경향이 있다. 그러나 판례가 축적된다고 해서 학설의 의미가 쇠퇴하는 것은 아니다. 유권해석과 무권해석, 학설과 판례는 서로 보완하는 관계에 있다. 무권해석이 유권해석의 근거가 되는 경우가 있고, 잘못되었거나 변화가 필요한 유권해석을 변경할 때에도 무권해석이 일정한 역할을 담당한다.

다. 해석방법들의 관계

13   형법을 해석할 때 해석의 방법에 따라 결과가 달라지는 경우가 있다. 물론 같은 해석의 방법이라도 해석하는 사람에 따라 결과가 달라질 수도 있다. 문제는 해석의 방법 사이에는 우열이 없고 서로 병렬적으로 존재한다는 것이다. 법에서 어떤 해석방법이 우선한다고 규정하는 경우는 없기 때문에 이럴 때 어떤 결론을 내려야 할지가 문제된다. 특별히 형법의 경우 해석의 결과에 따라 유죄와 무죄가 결정될 수 있기 때문에 어떤 해석 방법을 따를 것인지는 매우 중요하다. 법원의 판례에서는 성문법주의와 죄형법정주의의 원칙을 고려할 때 문리적 해석이 기본이 된다고 하지만2) 절대적인 것은 아니다. 이 문제를 해결하는 것은 형법학과 형법의 적용에서 지속적인 과제가 되며, 뒤에서 설명하는 '**형법이론**'은 이 과제에 대한 해결책을 제시하고자 하는 이론이다.

---

1) 이를 위해 법제처에 '법령해석심의위원회'를 두고 있다.
2) [2015도8335 전합] 법률을 해석할 때 입법 취지와 목적, 제·개정 연혁, 법질서 전체와의 조화, 다른 법령과의 관계 등을 고려하는 체계적·논리적 해석 방법을 사용할 수 있으나, 문언 자체가 비교적 명확한 개념으로 구성되어 있다면 원칙적으로 이러한 해석 방법은 활용할 필요가 없거나 제한될 수밖에 없다.

[사례 1]　대법원 2011도300 판결　　　　　　　　　　　　14

　피고인 甲은 2010. 6. 16. 15:40경 피해자가 운영하는 서울 동대문구 장안동 ○○모텔에 이르러, 피해자가 평소 비어 있는 객실의 문을 열어둔다는 사실을 알고 그곳 202호 안까지 들어가 침입한 다음, 같은 날 21:00경 그곳에 설치되어 있던 피해자 소유의 LCD모니터 1대 시가 3만 원 상당을 가지고 나와 절취하였다.

　검사는 甲에 대해 형법 제330조 '야간주거침입절도'의 범죄사실로 공소를 제기하였다.

◇ 문　甲에게 검사가 주장하는 범죄사실이 인정되는가?

　[참조조문] 형법 제330조(야간주거침입절도) : <u>야간에</u> 사람의 주거, 간수하는 저택, 건조물이나 선박 또는 점유하는 방실에 <u>침입하여</u> 타인의 재물을 <u>절취한</u> 자는 10년 이하의 징역에 처한다.

　〈원심의 판단〉

　원심[1]은, ① 형법 제330조는 "야간에 사람의 주거, 간수하는 저택, 건조물이나 선박 또는 점유하는 방실에 침입하여 타인의 재물을 절취한 자는 10년 이하의 징역에 처한다."고 규정하고 있는바, 그 <u>문언에 비추어</u> '야간에'는 '침입하여'를 수식하거나 '침입하여'와 '절취한'을 모두 수식하는 것으로 해석하여야지, '침입하여'를 수식하지 않고 '절취한'만을 수식한다고 해석하기는 어려운 점, ② 만일 주간에 방실에 침입하여 야간에 타인의 재물을 절취한 경우에도 야간방실침입절도죄가 성립한다고 한다면, 주간에 방실에 침입하여 잠복하고 있다가 발각된 경우, 행위자가 야간절도를 계획했다고 진술하면 야간방실침입절도미수죄가 성립하고, 주간 절도를 계획했다고 진술하면 절도죄는 실행의 착수가 없어 무죄가 되는바, <u>범죄의 성립이 행위자의 주장에 따라 달라지는 불합리한 결과</u>가 초래되는 점 등을 근거로, 주간에 방실에 침입하여 야간에 재물을 절취한 경우에도 야간방실침입절도죄가 성립한다고 해석하는 것은 형벌법규를 지나치게 유추 또는 확장해석하여 죄형법정주의의 원칙을 위반하는 것으로서 허용할 수 없다고 판단하여, 이 부분 공소사실을 무죄로 인정한 제1심판결을 그대로 유지하였다.[2]

　〈대법원의 판단〉

　형법은 제329조에서 절도죄를 규정하고 곧바로 제330조에서 야간주거침입절도

---

1) '원심原審'이란 상급심에서 판단 대상이 되는 하급심을 말한다. 대법원 판결에서 말하는 원심은 제2심 법원이고, 제2심 법원의 원심은 제1심 법원이다.
2) 판결문의 밑줄이나 굵은 글씨, 그리고 경우에 따라 일련번호는 저자에 의한 것이고 원문에 없는 것이다.

죄를 규정하고 있을 뿐, 야간절도죄에 관하여는 처벌규정을 별도로 두고 있지 아니하다. ① 이러한 <u>형법 제330조의 규정형식과 그 구성요건의 **문언에 비추어**</u> 보면, 형법은 야간에 이루어지는 주거침입행위의 위험성에 주목하여 그러한 행위를 수반한 절도를 야간주거침입절도죄로 중하게 처벌하고 있는 것으로 보아야 한다. 따라서 주거침입이 주간에 이루어진 경우에는 야간주거침입절도죄가 성립하지 않는다고 해석함이 상당하다.

이와 달리 만일 주거침입의 시점과는 무관하게 절취행위가 야간에 이루어지면 야간주거침입절도죄가 성립한다고 해석하거나, 주거침입 또는 절취 중 어느 것이라도 야간에 이루어지면 야간주거침입절도죄가 성립한다고 해석한다면, 이는 이 사건과 같이 주간에 주거에 침입하여 야간에 재물을 절취한 경우에도 야간주거침입절도죄의 성립을 인정하여 결국 야간절도를 주간절도보다 엄하게 처벌하는 결과가 되는바, 앞서 본 바와 같이 ② <u>현행법상 야간절도라는 이유만으로 주간절도보다 가중하여 처벌하는 규정은 없을 뿐만 아니라, 재산범죄 일반에 관하여 야간에 범죄가 행하여졌다고 하여 가중처벌하는 규정이 존재하지 아니한다.</u> 또한 절도행위가 야간에 이루어졌다고 하여 절도행위 자체만으로 주간절도에 비하여 피해자의 심리적 불안감이나 피해 증대 등의 위험성이 커진다고 보기도 어렵다. 나아가, 예컨대 일몰 전에 주거에 침입하였으나 시간을 지체하는 등의 이유로 절취행위가 일몰 후에 이루어진 경우 야간주거침입절도죄로 가중처벌하는 것은 주거침입이 일몰 후에 이루어진 경우와 그 행위의 위험성을 비교하여 볼 때 가혹하다 할 것이다.

한편 야간주거침입절도죄는 주거에 침입한 단계에서 이미 실행에 착수한 것으로 보아야 한다는 것이 대법원의 확립된 판례인바(대법원 2006. 9. 14. 선고 2006도2824 판결 등 참조), 만일 주간에 주거에 침입하여 야간에 재물을 절취한 경우에도 야간주거침입절도죄의 성립을 인정한다면, 원심이 적절히 지적하고 있는 바와 같이 ③ <u>행위자가 주간에 주거에 침입하여 절도의 실행에는 착수하지 않은 상태에서 발각된 경우 야간에 절취할 의사였다고 하면 야간주거침입절도의 미수죄가 되고 주간절도를 계획하였다고 하면 주거침입죄만 인정된다는 결론에 이르는데,</u> 결국 행위자의 주장에 따라 범죄의 성립이 좌우되는 **불합리한 결과**를 초래하게 된다.

위와 같은 여러 점들을 종합하여 보면, 주간에 사람의 주거 등에 침입하여 야간에 타인의 재물을 절취한 행위는 형법 제330조의 야간주거침입절도죄를 구성하지 않는 것으로 봄이 상당하다.

해설: 형법 제330조는 야간에 주거에 침입하여 절취하는 경우 일반 절도죄보다 무겁게 처벌하도록 규정하고 있다. 2011도300 사건에서는 피고인이 낮에 주거에

침입한 후 야간에 절취행위를 하였다. 검사는 이러한 경우에도 야간주거침입절도죄가 성립한다고 주장하였다. 법원은 검사의 이런 주장이 타당하지 않다고 판단하였는데, 제2심 법원과 대법원 판결의 ① 부분은 '문언에 비추어'라는 표현에서 보듯 문리적 해석에 의한 것이고, 제2심 법원의 ② 부분과 대법원 판결의 ③ 부분은 '불합리한 결과'라는 표현에서 알 수 있듯이 논리적 해석을 한 것이다. 그리고 대법원 판결의 ② 부분은 다른 처벌규정과의 관계를 근거로 제시하는 체계적 해석에 의한 것이다. 이 사례에서 법원은 판결의 근거를 세 가지 해석방법에 따라 제시하고 있으며, 어떤 해석방법에 따르더라도 같은 결론을 내리고 있다.

[참조판례] 대법원 2015도8335 전합 판결

Ⅲ. 형법학의 내용

1. 형법전의 해석

가. 형법학의 해석 대상

(1) **형식적 의미의 형법**   이 책에서 형법학이란 좁은 의미의 형법학, 즉 **15** 형식적 의미의 형법에 대한 해석학을 말한다고 하였다. 따라서 형법학의 내용은 현행 형법의 해석이 대부분을 차지한다. 현행 형법은 '제1편 총칙總則'과 '제2편 각칙各則'으로 구성되어 있으며, 형법의 총칙에 대한 해석론을 흔히 '형법총론'이라 하고, 각칙에 대한 해석론을 '형법각론'이라 한다.

(2) **총칙과 각칙**   '총칙'이란 모든 범죄와 형벌에 공통적으로 적용되는 일 **16** 반원칙 또는 일반규칙을 말한다. 형법총칙의 규정 내용은 따로 규정이 있지 않는 한 각칙의 모든 범죄에 공통적으로 적용되며, 형사특별법 및 실질적 의미의 형법에 해당하는 규정에도 모두 적용된다(제8조). '각칙'이란 개별 범죄에 대한 규정들을 말한다. 형법의 각칙에는 '내란의 죄'부터 '손괴의 죄'까지 42개 장에 걸쳐 개별적인 범죄의 내용과 그에 따르는 형벌을 규정하고 있다. 총칙은 형법에만 있는 반면, 개별범죄에 대한 규정은 형법 각칙 외에 형사특별법이나 실질적 형법 규정에도 있다. 다만 형법학에서 형법각론은 형법의 각칙에 대한 해석론으로 한정된다.

(3) **범죄론과 형벌론**   형법의 편제에 따른 형법학의 대상은 총론과 각론 **17** 으로 구별되지만, 총칙과 각칙을 망라하여 형법의 규정 대상은 범죄와 형벌이므로 형법학의 내용은 당연히 범죄론과 형벌론으로 크게 구별된다.

나. 형법학의 방법

18   **(1) 조문 순서에 따른 해석**   현행 형법을 해석해 나가는 방법은 두 가지가 있다. 먼저 형법의 제1조부터 제372조까지 순서대로 읽어가며 그 의미를 해석하는 방법이 있다. 이러한 방법은 '주석'이라고도 하며, '주석서'는 이러한 방법으로 쓰여지는 책이다. 그런데 이러한 방법에는 한계가 있다. 형법이, 특히 총칙이 제1조부터 86조까지 체계적으로 규정되어 있다면 조문 순서대로 해석해 나가면서 형법의 체계를 이해할 수 있겠지만, 그렇지 않은 경우 형법을 이해하는 것이 불편할 수 있다.

19   **(2) 범죄체계론에 따른 해석**   형법을 조문의 순서에 따라 해석해 나가는 방법의 한계 때문에 오늘날 형법학의 책과 강의에서는, 특히 범죄론의 경우, 범죄체계론에서 비롯된 체계적 순서에 따라 형법을 설명하고 있다. 이는 형법과 범죄에 대한 체계적 이해를 위한 것으로서, 범죄체계론의 순서대로 현행 형법의 해당 조문들을 가져와 해석해 나가는 것이다. 범죄체계론이란 범죄의 성립 여부에 대한 심사 체계라고 할 수 있다.[1] 형법학의 주요 개념들은 형법전에 없는 개념까지 포함하여 대부분 여기에서 유래하며, 형법 해석의 순서로 기능하기도 하지만 형법 해석의 기준이 되기도 한다.

2. 범죄론

가. 범죄의 개념

20   범죄의 개념은 매우 다양하다. 법학의 영역 내에서도 범죄에 대한 다양한 관점이 있을 뿐 아니라, 사회학과 철학, 윤리학, 종교학 등 다양한 영역에서 범죄의 개념은 각각 다르게 파악된다. 법학, 특히 형법의 영역에서 일반적으로 논의되는 범죄개념은 다음과 같이 구별된다.

21   **(1) 절대적 범죄와 상대적 범죄**   절대적 범죄란 시간과 공간을 초월해서 존재하는, 즉 일정한 국가의 법질서와 무관하게 언제 어디서나 범죄가 되는 행위를 말한다. 상대적 범죄란 일정한 국가의 법질서가 범죄로 규정한 행위들을 말한다. 그런데 법의 영역에서 절대적 범죄란 개념으로만 존재할 뿐 실재하지 않으며, 모든 범죄는 상대적 범죄라는 것이 오늘날 일반적 견해이다. 예를 들어 살인의 경우에도 종교적·윤리적으로는 절대적 범죄가 될 수 있겠지만, 법적으

---

1) 이에 대해서는 아래의 [7]에서 자세히 설명한다.

로는 정당방위 등으로 범죄가 되지 않는 경우가 있다. 즉 상대적인 것이다.

　　(2) 형식적 범죄와 실질적 범죄　　형식적 범죄란 실정법實定法이 정하는 기　**22**
준에 따른 범죄, 즉 형법 등 법률의 형식에 범죄로 정해진 행위들을 말한다. 한
마디로 말하면 법에서 범죄라고 하니 범죄라는 것이다. 실질적 범죄란 법률에서
정하는 범죄 이전과 이후의 범죄로서, 범죄의 '실질성'을 바탕으로 하는 개념이
다. 흔히 사회구성원들이 생각하는 범죄는 실질적 범죄개념에 가깝다. 법에서
범죄라고 정해서 처벌해야 하는 행위, 법에서 범죄로 정하는 이유가 있는 행위
를 말하는 것이다.

　　(3) 법익과 사회유해성　　범죄의 실질성에 대한 보편적 기준은 법익法益이　**23**
다. 법익이란 '법에서 보호하는 이익', '법으로 보호받아야 하는 이익'을 말한다.
실질적 측면에서 범죄는 법익을 침해하는 행위이다. 어떤 행위가 범죄가 되어
처벌받는 이유는 다른 사람의 법익을 침해하기 때문이다. 타인의 이익을 침해한
사람은 마찬가지로 그의 이익을 박탈당해야 된다는 것이다. 법익은 범죄의 실질
성, 즉 범죄가 되는지의 여부를 결정하는 기준이 되며, 따라서 형법 해석의 중
요한 기준이 된다.

　　그런데 법률에는 법익의 침해로 실질적 근거를 설명할 수 없는 범죄의 유　**24**
형도 있다. 즉, 형식적 범죄 중에는 어떤 법익이 침해되는지 불분명한 범죄도
있다는 것이다. 견해의 차이는 있지만 도박이나 마약에 관한 범죄 등이 그 예이
다. 이러한 범죄들의 실질적 근거로는 '사회유해성'이 제시된다. 사회적으로 해
로운 행위, 사회에 해를 끼치는 행위라는 것이다. 그러나 사회유해성을 근거로
어떤 행위를 처벌하는 것, 즉 개인의 법익을 박탈하는 것은 매우 제한되어야 하
며 신중해야 한다. 사회유해성의 판단기준이 주관적이며 판단의 주체가 누가 되
는지도 문제되기 때문이다.

　　(4) 헌법질서 내의 범죄개념　　범죄의 실질적 근거이며 형법해석의 기준이　**25**
되는 법익 또는 사회유해성은 상대적 범죄개념을 고려하면 한 국가의 법질서
내에서 결정된다. 어떤 이익을 법에서 보호해야 하며, 어떤 행위가 사회적으로
유해한지는 한 국가의 헌법적 가치관을 기준으로 정해지는 것이다. 중요한 것은
실질적으로 범죄라고 평가되는 행위들이 형식적 범죄 목록에 포함되어야 하며,
형식적 범죄 중에서 더 이상 범죄의 실질성이 없는 행위는 범죄목록에서 제외
하는 입법절차가 원활하게 이루어져야 한다는 것이다. 형식적 범죄와 실질적 범
죄가 일치할 때 한 국가의 형법 체계는 건강하다고 평가할 수 있다.

나. 형법학에서 범죄론의 내용

26   형법학의 범죄론은 형식적 범죄 개념을 중심으로 하며, 실질적 범죄 개념
은 해석의 기준으로 작용한다. 특히 총론에서는 범죄체계론을 바탕으로 하는 형
식적 범죄 개념인 "형법의 각칙 등에서 정하고 있는 범죄구성요건에 해당하는 위
법하고 책임 있는 행위"를 중심으로 범죄의 성립요건들을 분석한다. 뒤에서 설명
할 범죄체계론에 따라 정립되어 오늘날 형법의 이론은 물론 실무에서도 적용되
는 범죄성립의 세 가지 요건은 구성요건해당성, 위법성, 책임인데, 총론의 범죄
론 설명은 이 세 가지 요건에 대한 구체적 분석을 내용으로 한다.[1] 실질적 범
죄 개념의 바탕이 되는 법익 개념은 각칙의 개별 범죄가 성립하는지를 검토할
때 중요한 해석의 기준이 된다.

3. 형벌론

가. 형사제재

27   범죄가 성립하면 그에 대한 대가로서 형사적 제재制裁가 주어진다. 범죄에
대한 제재에는 형사법에 의한 형사제재 외에도 법절차와 무관한 사회적 제재가
작용하기도 한다. 여론에 의한 심판이나 행위자 주변 사람들에 의한 윤리적 제
재 등이 그 예이다. 이를 굳이 구별하자면 형식적 제재와 실질적 제재라고 할
수 있을 것이다. 형법학에서 형벌론은 형사법에 의한 형사제재를 대상으로 한다.

나. 형벌론의 내용

28   **(1) 형벌과 보안처분**   현행법의 형사제재에는 형벌과 보안처분이 있다.
형벌은 행위자가 저지른 과거의 범죄에 대한 대가로 주어지는 제재이고, 보안
처분은 행위자가 장래에 범죄하는 것을 방지하기 위해 미리 부과되는 조치라는
점에서 두 가지는 구별된다. 판례는 형벌을 '과거의 불법에 대한 책임에 기초하
는 제재'로, 보안처분을 '장래의 위험성으로부터 행위자를 보호하고 사회를 방위
하기 위한 합목적적인 조치'로 각각 정의한다(2010도6403).[2] 형법은 제41조에서
9가지의 형벌을 명시적으로 규정하고 있다. 그러나 보안처분에 대해서는 이와

---

1) 이 책은 물론 다른 형법총론 등의 교과서는 모두 이 세 가지 요건의 순서로 목차가 구성
   된다.
2) [2010헌가82] "형벌과 보안처분은 다 같이 형사제재에 해당하지만, 형벌은 책임의 한계 안에
   서 과거 불법에 대한 응보를 주된 목적으로 하는 제재이고, 보안처분은 장래 재범 위험성을
   전제로 범죄를 예방하기 위한 제재이다."

같은 일반규정을 두지 않고 총칙의 형사제재 관련 규정에서 부분적으로 규정하고 있으며, 그밖의 보안처분은 형사특별법 등 관련 법에서 다양한 형태로 규정되어 있다. 이 책의 형벌론은 형법을 비롯한 현행법의 형벌과 보안처분을 대상으로 한다.

(2) 형벌이론　　형벌론에서는 현행법의 형벌과 보안처분에 대한 분석 이전 **29** 에 범죄의 대가로서 주어지는 형벌의 목적과 정당성에 대한 논의를 다룬다. 이를 형벌이론이라 하는데, 형벌이론은 형벌의 목적인 응보와 예방 등이 정당성을 지닐 수 있는지에 대해 실정법을 초월하여 문제를 제기하고 해결방안을 찾는 이론이다.

[3] 제 3 절 형법이론

Ⅰ. 형법이론의 의의

1. 형법해석의 준거

형법은 문리해석, 논리해석 등의 해석방법에 따라 해석, 적용한다. 이러한 **1** 해석방법들에 의해 형법을 적용하는 데 문제가 없는 사안도 있겠지만, 때로는 해석방법에 따라 사안에 대한 다른 결론이 나오거나 같은 해석방법을 사용해도 다른 결론을 주장할 수 있는 경우가 발생할 수 있다. 이런 경우에는 해석방법 이전의 단계에서 해석의 준거準據를 찾아야 한다. 해석의 방법들보다 상위의 단계에서 형법해석의 지향점이 되는 것에는 법의 이념과 법언, 그리고 형법이론이 있다.

법의 이념은 모든 법의 해석과 적용에서 근본적인 지향점이 되는 이념들이 **2** 다. 일반적으로 법의 이념은 정의, 법적 안정성, 합목적성의 세 가지라고 한다. 그런데 법의 이념은 모든 법에 공통된 이념이며 법의 본질과도 닿아 있기는 하지만, 추상성의 정도가 높거나 법의 이념 사이에 갈등이 발생하기도 해서 명확한 문제해결의 기준을 제시하지 못한다. 한마디로 너무 멀리 있는 기준이다. 이보다 조금 구체적이며 형법에 직접 적용되는 준거는 법언과 형법이론이다.

2. 법의 이념

가. 정의와 합목적성

3   (1) **정의**   정의는 법의 다른 이름이며 법은 정의를 실현하는 수단이라는 기대를 받는다. 기본적으로 정의는 평등으로서의 정의를 의미한다. "각자에게 그의 것을"이라는 표제 아래 평균적 정의, 배분적 정의를 추구한다.[1]

4   (2) **합목적성**   합목적성合目的性은 사회적 정의로서의 정의를 말한다. 평균적 정의를 그대로 실현했을 때 오히려 정의롭지 못한 결과가 나오기도 하기 때문에 이를 합목적적으로 수정할 필요가 있다. 합목적성은 상대적 정의, 실질적 정의와 공공복리의 실현을 추구한다. 존 롤스(J. Rawls)의 '차등의 원칙', 즉 "최소수혜자에게 최대 혜택을"이라는 원칙은 실질적 정의를 추구하는 원칙이다.

나. 법적 안정성

5   (1) **법을 통한 안정성**   법이 정의를 추구해야 한다는 인식은 보편적이만, 법의 이념으로서의 법적 안정성은 낯선 개념이다. 그러나 법적 안정성은 정의보다 구체적이며 현실적인 법의 이념이다. 사회의 구성원들은 멀리 있는 정의보다는 가까운 곳의 삶의 안정성에 대한 요청이 더 현실적이며, 법이 안정성을 보장하는 수단이 되기를 기대한다. 그런 면에서 법적 안정성은 먼저 법을 통해 개인의 생명, 신체, 재산의 안정이 보장되는 것을 말한다. 그런데 법을 통한 안정성은 법 자체의 안정성을 전제로 한다. 법이 안정될 때 법을 통한 안정성도 가능하다는 것이다.

6   (2) **법 자체의 안정성**   법 자체의 안정성을 위한 요건은 법의 실정성, 실용성, 불가변성이다. 1) 실정성은 법률이 명확하게 미리 정해져야 하며, 지속적이며 동일하게 집행되어야 한다는 것이다. 명확하지 않은 법은 법적 안정성을 위협한다. 그러나 법률의 명확성에는 한계가 있다. 모든 것을 구체적으로 규정하는 법은 개별 사례에서 실질적 정의에 어긋날 수 있다.[2] "규범의 씨를 뿌린 자는 정의를 거둬들이지 않는다."는 법언은 이를 경계하는 것이다. 2) **실용성**은

---

[1] 이하에서 법의 이념에 대한 논의는 카우프만 A. Kaufmann 저, 김영환 역, 법철학, 나남 2007, 329면 이하의 내용을 요약한 것이다.

[2] "「공중화장실 등에 관한 법률」 제2조 제1호부터 제5호까지에 따른 공중화장실"로 규정했다가 '화장실'로 개정한 성폭력처벌법 제12조, 금지되는 금품수수의 범위와 기간까지 지나치게 자세히 규정한 청탁금지법(일명 김영란법) 제8조 등이 그 예라 할 수 있다.

법이 안정적으로 사용할 수 있는 기준이 될 것을 요구한다. 아무리 좋은 법이라도 실제로 사용할 수 있는 유용성이 없다면 무의미하다는 것이다. 3) 불가변성은 법의 지속성을 의미한다. 법이 너무 쉽게 변경되어서는 안 된다는 것이다. 그런데 법의 불가변성에 대한 요구는 실질적 정의와 충돌할 수 있다. 흠결이 있는 법률은 가능하면 최대한 빨리 개정되어야 하는데, 법의 잦은 변경은 법적 안정성을 흔들기 때문이다.

3. 법언 또는 법원칙

법언은 명문의 법률로 존재하지는 않지만 보편적으로 인정되는 법원칙들이다. 형법에서는 죄형법주의, '의심스러울 때는 피고인에게 유리하게 in dubio pro reo'의 원칙, 책임원칙, 비례성원칙 등이 법해석의 기준으로 적용되고 있다. '의심스러울 때는 피고인에게 유리하게'의 원칙은 법해석의 결과가 애매할 때에는 피고인에게 유리한 해석에 따라 적용하라는 원칙이다.[1] 책임원칙은 행위자가 저지른 불법의 책임 범위 내에서만 형사제재가 가능하다는 원칙이다.[2] 이러한 원칙들은 이론적으로는 물론 법원 등의 실무에서도 법적용의 기본원칙으로 널리 인정되고 있다.

4. 형법이론

가. 법이론

형법의 이념에 대한 논의가 법철학적 영역에 가깝다면 형법이론은 법이론적 사고를 바탕으로 한다. 법이론의 개념을 한마디로 말하기는 어렵지만,[3] 법이론은 "법에 관한 하나의 '이론'으로서 '법에 관한 비판적 숙고熟考' 또는 '법에 관한 성찰'을 도모하는 것"이라고 정의할 수 있다.[4] '이론', '비판', '성찰' 등의

7

8

---

1) 이 원칙을 기준으로 판단하는 판례는 무수히 많다. 형법의 해석에서는 물론 형사소송의 절차에서 사실을 인정할 때에도 적용되는 '대원칙'이라고 한다. [97도666 전합] "법리가 명확하지 아니한 경우에는 '의심스러울 때는 피고인에게 유리하게'라는 원칙에 따르는 것이 온당하다." 이밖에 2019도12901, 2017도14322전합, 2015도2625, 2014도14166, 2012도3722; 2007도606 전합, 99도3576, 98도3697전합, 94도1335 등 참조.
2) [2018도3443] "형의 경중과 행위자의 책임, 즉 형벌 사이에 비례성을 갖추어야 한다는 형사법상의 책임원칙에 반할 우려도 있으며". 이밖에 2021도11126전합, 2015도464, 2015도10388, 2009도13197, 2008도7834 등 참조.
3) 법이론에 대해서는 배종대, 법이론이란 무엇인가?, 법학논집 제25권, 고려대 법학연구원, 1987, 1면 이하 참조.
4) 배종대, 앞의 논문, 50면.

표현은 일반적인 의미인 것 같지만 법이론은 앞에서 설명한 도그마틱의 한계를 넘어 법률체계 그 자체에 대한 비판적 이론이라는 점에서 구별되며, 법해석의 방법론에 대한 메타이론의 지위를 갖는다.

나. 형법의 위치와 과제

9   형법이론은 법이론의 방법론에 따라 법체계 내에서 형법이 갖는 위치와 과제를 고려하여 형법 해석의 지향점을 찾고자 하는 이론이다. 형법해석학 또는 형법도그마틱은 현행 법률을 전제로 그 해석과 적용의 문제만 고민하지만, 형법이론은 형법에 대한 기계적 해석의 한계를 넘어 형법의 정당성에 대한 문제를 탐구한다.[1] 아래에서 차례로 형법의 위치에 따른 해석의 한계, 그리고 형법의 과제를 고려한 해석의 의미에 대해 서술한다.

II. 형법의 위치

1. 법과 사회통제

10   어떤 사회든 일정한 질서에 위반하는 일탈행위에 대한 사회의 반작용, 즉 사회적 제재가 존재한다. 사회적 규범의 형성과 규범위반에 대한 제재는 사회를 유지하는 데 필수적인 요소이다. 사회적 규범에는 도덕, 윤리, 종교, 관습 등이 있으며, 법규범도 사회적 규범 중 일부가 된다. 법규범과 기타 사회규범은 일정한 규칙과 제재수단, 그리고 제재절차를 가지고 있다는 점에서 공통된다. 그러나 제재수단의 정도와 제제절차의 형식화 측면에서 법규범은 다른 사회규범과 차이점을 갖는다. 법규범은 다른 사회규범보다 강력한 제재수단을 갖고 있으며, 제재의 절차를 미리 법률로 정해서 제재한다는, 곧 제재의 절차가 정해진 형식을 지켜야 한다는 점에서[2] 다른 사회규범과 구별된다.

2. 사회통제의 부분영역인 형법

11   법규범은 사회규범의 일부로서 사회통제에서 부분적인 역할을 담당한다. 제재수단의 강력함과 정형화된 제재절차 때문에, 법규범은 다른 사회규범보다 앞장서서 사회통제를 담당하는 것이 아니라 다른 사회규범으로 질서유지가 불

---

1) 배종대 2023, 28면.
2) 이를 정형화(定型化)라 한다.

가능한 영역에 제한적으로 작용한다. 형법은 법규범 중에서도 가장 강력한 처벌 수단과 가장 엄격한 정형화의 정도를 가진 법이기 때문에, 다른 법으로 문제해결이 불가능할 때 비로소 투입되어야 한다. 이러한 형법의 성격은 단편성, 보충성, 최후수단성으로 표현된다.

　　1) **형법의 단편성**은 형법이 담당하는 사회통세의 영역은 다른 사회규범과 **12** 법규범을 함께 고려해 볼 때 지극히 일부분에 불과하다는 것을 말한다. 형법이 모든 사회문제를 해결하는 수단이 될 수도 없고, 그래서도 안 된다는 것이다. 2) **형법의 보충성**은 형법이 다른 사회규범이나 법에 의한 사회통제가 실패했을 때 보충적으로 투입되어야 한다는 것을 말한다. 형법의 투입이 가능한 영역이라 하더라도 다른 법으로 문제해결이 가능할 때에는 형법이 적용되지 않도록 해야 한다는 것이다. 이러한 형법의 보충성은 형법이론 뿐 아니라 재판의 실무에서도 인정되는 원칙이며, 형법 적용 여부의 기준이 된다.[1] 3) **형법의 최후수단성**은 형법이 가진 제재수단은 국가가 행위자의 자유와 재산, 심지어 생명까지 박탈하는 가장 강력한 수단이므로 '최후수단 ultima ratio'으로 사용되어야 한다는 것을 말한다. 어쩔 수 없이 보충적으로 형법이 투입되더라도 가장 강한 제재는 최후수단으로 하고, 그 전에 좀 더 약한 제재가 가능하다면 그러한 제재를 선택해야 한다는 것이다. 비례성원칙에서 말하는 '최소침해의 원칙'은 형법 및 형벌의 최후수단성과 연결된다고 할 수 있다. 형법의 최후수단성 또한 이론적 주장에 그치는 것이 아니라 재판의 실무에서 중요한 원칙이 되고 있다.[2]

[사례 2]　대법원 94모32 전원합의체 결정
13

　피고인 갑은 1993.3.23. 16:00경 대전 대덕구 송촌동 129의 1 피해자 을 등 소유의 사과나무 밭에서 바람이 세게 불어 그냥 담뱃불을 붙이기가 어렵자 마른 풀을 모아 놓고 성냥불을 켜 담뱃불을 붙인 뒤, 그 불이 완전히 소화되었는지 여부를 확인하지 아니한 채 자리를 이탈하였다. 그런데 남은 불씨가 주변에 있는 마른 풀과 긴디에 옮겨 붙고, 새녹하여 피해사를 소유의 사과나무에 옮겨 붙어 사과나무 217주 등 시가 671만원 상당을 소훼하였다.

---

1) [2020도12630 전합] "다른 공동주거권자의 의사에 반한다고 해서 형법 제319조 제1항이 정한 침입에 해당하는 것으로 보아 주거침입죄로 처벌하는 것은 죄형법정주의가 정한 명확성의 원칙이나 형법의 <u>보충성 원칙</u>에 반할 수 있다."

2) [2002헌가14] "무릇 형벌은 개인의 자유와 안전에 대한 중대한 침해를 가져오는 탓에 국가적 제재의 최후수단(ultima ratio)으로 평가된다." 이밖에 2019도3047전합, 2018도13877전합 등 참조.

〈사건의 진행경과〉

1. 검사는 피고인에 대해 형법 제170조 제2항, 제167조를 적용법조로 하여 타인의 일반물건에 대한 실화의 혐의로 공소를 제기하였다.

2. 제1심 법원은 형법 제170조 제2항은 타인의 소유에 속하는 제167조에 기재한 물건(일반물건)을 소훼한 경우에는 적용될 수 없고, 형법상 그러한 물건을 과실로 소훼한 경우에 처벌하도록 하고 있는 규정이 없으므로 결국 공소장에 기재된 사실이 진실하다고 하더라도 범죄가 될 만한 사실이 포함되어 있지 아니한 때에 해당한다는 이유로 공소기각의 결정을 하였다.

3. 위 결정에 대하여 검사가 즉시항고하자, 원심 법원은 형법 제170조 제2항의 '자기의 소유에 속하는 제166조 또는 제167조에 기재한 물건'을 '자기의 소유에 속하는 제166조에 기재한 물건 또는 자기나 타인의 소유에 속하는 제167조에 기재한 물건'으로 해석하는 것은 죄형법정주의의 원칙, 특히 유추해석금지 또는 확장해석금지의 원칙에 반한다는 이유로 즉시항고를 기각하여 제1심 결정을 유지하였고, 검사가 대법원에 재항고하였다.

〈대법원의 판단〉

[다수의견] 형법 제170조 제2항에서 말하는 '자기의 소유에 속하는 제166조 또는 제167조에 기재한 물건'1)이라 함은 '자기의 소유에 속하는 제166조에 기재한 물건 또는 자기의 소유에 속하든, 타인의 소유에 속하든 불문하고 제167조에 기재한 물건'을 의미하는 것이라고 해석하여야 하며, 제170조 제1항과 제2항의 관계로 보아서도 제166조에 기재한 물건(일반건조물 등) 중 타인의 소유에 속하는 것에 관하여는 제1항에서 규정하고 있기 때문에 제2항에서는 그중 자기의 소유에 속하는 것에 관하여 규정하고, 제167조에 기재한 물건에 관하여는 소유의 귀속을 불문하고 그 대상으로 삼아 규정하고 있는 것이라고 봄이 관련조문을 전체적, 종합적으로 해석하는 방법일 것이고, 이렇게 해석한다고 하더라도 그것이 법규정의 가능한 의미를 벗어나 법형성이나 법창조행위에 이른 것이라고는 할 수 없어 죄형법정주의의 원칙상 금지되는 유추해석이나 확장해석에 해당한다고 볼 수는 없을 것이다.

[반대의견] 형법 제170조 제2항은 명백히 '자기의 소유에 속하는 제166조 또는 제167조에 기재한 물건'이라고 되어 있을 뿐 '자기의 소유에 속하는 제166조에 기재한 물건 또는 제167조에 기재한 물건'이라고는 되어 있지 아니하므로, 우리말의 보통의 표현방법으로는 '자기의 소유에 속하는'이라는 말은 '제166조 또는 제167조에 기재한 물건'을 한꺼번에 수식하는 것으로 볼 수밖에 없고, 같은 규정이 '자

---

1) 2020. 12. 8. 개정으로 현재는 '과실로 자기 소유인 제166조의 물건 또는 제167조에 기재한 물건을 불태워'로 변경되었다.

기의 소유에 속하는 제166조에 기재한 물건 또는, 아무런 제한이 따르지 않는 단
순한, 제167조에 기재한 물건'을 뜻하는 것으로 볼 수는 없다.

　[쟁점]
　1. 제170조 제2항에 대한 해석의 방법 중 대법원 다수의견의 해석방법과 대법
　　원 반대의견 및 제1심, 제2심의 해석방법은 각각 무엇이며, 그 타당성은 어
　　떠한가?
　2. 위와 같이 해석의 방법이 서로 다를 때 형법의 위치와 과제를 고려하는 문
　　제해결의 방법은 무엇인가?

　[참조판례] 대법원 2023. 3. 9. 선고 2022도16120 판결 [실화]

Ⅲ. 형법의 과제

1. 형법의 법익 보호 과제

가. 범죄의 실질과 법익 보호

　어떤 행위가 범죄가 되는 실질적 이유는 다른 사람의 법익을 침해하기 때 　**14**
문이라고 앞에서 서술하였다. 형법은 다른 사람의 법익을 침해하는 행위를 범죄
로 정하여 이를 처벌함으로써 일반 시민의 법익을 보호하고자 한다. 따라서 법
익의 보호는 형법의 과제이며 기본적 기능이다.[1]

나. 법익론

　(1) 법익　　법익이란 '법에 의해 보호받는 이익', '법에 의해 보호받을 자격 　**15**
이 있는 이익'이다. 범죄는 법익을 침해하는 행위이지만 법익은 범죄행위의 대
상이 되는 행위객체와는 구별되는 개념이다. 예를 들어 절도죄에서 절취의 대상
이 되는 행위객체는 '타인의 재물'이지만, 절도죄를 처벌함으로써 보호하고자 하
는 법익은 그 재물 자체가 아니라 재물에 대한 소유권 또는 점유권 등의 권리
이다.

　(2) 이원적 법익론과 일원적 법익론　　법익이론에는 이원적二元的 법익론法 　**16**
益論과 일원적一元的 법익론이 있다. 이원적 법익론은 법익을 개인적 법익과 보편

---

1) [2020도16420 전합] 형사법의 가장 중요하고 근본적인 기능과 역할은 범죄를 처벌하고 예방
　함으로써 사회공동체의 질서를 유지하고 구성원들의 생명, 신체, 자유, 재산 등 법익을 보호
　하는 것이다.

적 법익으로 구별한다. 보편적 법익은 다시 국가적 법익과 사회적 법익으로 구
별된다. 즉 특정 개인의 법적 이익이 아닌 국가나 사회의 이익을 침해하는 행위
가 있다는 것이다. 우리 형법의 각칙에도 여러 유형의 범죄가 있는데, 모든 형
법교과서는 이 범죄들을 국가적 법익에 대한 죄, 사회적 법익에 대한 죄, 개인
적 법익에 대한 죄로 구별하고 있다.

17   일원적 법익론은 법익을 두 가지로 구별되는 개념으로 보지 않고 하나의
관점에서 파악하고자 한다. 그중에는 보편적 법익을 기초로 그 안에 개인적 법
익이 포함되어 있다고 보는 견해가 있고, 개인적 법익을 기초로 하여 보편적 법
익은 개인적 법익과의 관계 속에서만 보호가치가 있다는 견해가 있다. 후자를
이른바 '인격적 법익론'이라 한다.

18   (3) 인격적 법익 개념   오늘날의 법익이론은 인격적 법익론으로 수렴된
다. 인격적 법익론은 기능적 국가개념을 전제로 한다. 즉 국가는 그 자체 목적
이 될 수 없으며, 국민을 위해 봉사하는 기능 또는 수단으로 이해된다. 기능적
국가 개념은 계몽주의 철학의 사회계약론에서 비롯되었다. 사회계약론에 따르
면 모든 사람은 국가가 성립되기 이전의 자연상태에서 이미 생명, 자유 및 재산
에 대한 자연법의 권리를 갖고 있었다. 국가는 이 권리들을 보장하기 위해 사회
구성원들이 계약으로 성립시킨 조직이다. 루소(J. J. Rousseau)는 국가를 "모든 사
람들의 결합으로 형성되는 공적인 인격"이라고 표현하였다.[1] 국가를 이렇게 이
해하면 국가의 법익은 개인의 법익을 보호하기 위해 필요한 범위에서만 보호받
을 가치를 갖는다. 이와 같은 인격적 법익의 개념은 특히 형법 각칙의 개별 범
죄 규정에 대한 해석에서 매우 중요한 기준이 되며, 형법 적용의 합리성을 심사
하는 논증의 기준이 된다.

2. 형법의 보장적 과제

19   형법은 범죄로부터 시민의 법익을 보호하는 과제와 더불어 국가의 처벌 근
거와 범위를 정함으로써 시민의 안정을 보장하는 과제를 수행한다. 범죄를 처벌
하되 형법에 정해진 범죄만 처벌함으로써 형법의 범죄에 해당하는 행위를 하지
않은 시민은 처벌받지 않도록 보장한다는 것이다. 또한 형법은 범죄 혐의가 있
는 시민도 정해진 형식과 절차에 의해서만 처벌이 가능하도록 보장하는 과제를
갖는다.

---

1) '공화국', '정치체'라고도 한다. 루소, 사회계약론, 제6장 중.

형법의 보장적 과제를 '정형화定型化' 과제라고도 한다. 범죄를 처벌하되 법 **20**
률로 미리 정하고, 법률로 정한 절차에 따라서, 즉 정해진 형식에 따라 처벌해
야 한다는 것이다. 이렇게 함으로써 형법은 시민들이 국가에 의해 무차별적으
로 처벌받지 않도록 보장하는 기능을 수행한다. 형법은 흔히 처벌하기 위한 법
이라는 인상을 갖지만, 법률로서의 형법의 기원은 왕의 처벌을 제한하기 위한
문서에서 시작된다. 형법을 '시민의 마그나카르타'라고 부르는 이유가 거기에
있다.

이러한 형법의 보장적 과제를 가장 잘 나타내는 원칙이 죄형법정주의 원칙 **21**
이다. 범죄와 형벌을 미리 법으로 정해 놓아야 하며, 법으로 정한 행위가 아니
면 처벌할 수 없다는 것이다.[1] 형법의 보장적 과제는 여기서 더 나아가 법률에
명확하게 정하지 못한 경우에는 시민의 권리가 보장되도록 법을 적용할 것을
요청한다. 입법이 완전할 수는 없기 때문이다. '의심스러울 때는 피고인의 이익
으로', '책임원칙', '비례성원칙' 등은 법률로 정한 원칙은 아니지만 형법의 해석
과 적용에서 법률에 못지않은 중요한 기준이 된다.[2]

3. 법익보호 과제와 보장적 과제의 관계

가. 반비례관계

형법의 법익보호 과제와 보장의 과제는 서로 대립하는 관계, 또는 반비례 **22**
관계에 있다. 시민의 법익을 보호하기 위해 범죄자를 처벌해야 하는 과제와 법
률에 미리 정해진 행위에 한정해서 법률로 정한 절차에 의해서만 처벌해야 한
다는 과제는 양립하기 어려운 관계이다. 새로운 법익침해 행위가 발생해도 법률
에 미리 정해져 있지 않다면 처벌할 수 없다. 법률에 정해진 범죄도 법률의 절
차를 위반하면 처벌할 수 없다. 어떤 면에서 형법과 형사소송법은 범죄의 처벌
에 불편을 준다.

나. 형법의 자기제한 이유

형법이 범죄의 처벌을 규정하면서도 처벌의 범위와 절차를 제한하여 스스 **23**
로를 구속하는 이유는 법익보호의 대상도 시민이고 처벌의 대상도 시민이기 때
문이다. 법익보호의 대상인 시민과 처벌의 대상인 시민은 절대적으로 구분되는

---

1) 이를 '입법에 의한 정형화'라고 한다.
2) 이를 '규범원칙에 의한 정형화'라고 하며, '입법에 의한 정형화'를 보완한다.

것이 아니기 때문에 형법은 처벌의 근거가 되는 한편 처벌의 한계가 되는 것이다. 따라서 처벌의 근거와 한계를 어떻게 설정할 것인가는 형법의 해석과 적용에서 가장 어려우면서도 중요한 문제가 된다. 달리 말하면 법익보호의 과제와 보장적 과제의 관계를 어떻게 설정하느냐가 중요하다는 것이다.

다. 보장적 과제의 중요성

24   형법률의 존재는 기본적으로 시민의 법익보호를 위한 것이다. 하지만 연혁적으로 볼 때 형법의 문서화는 왕의 형벌권을 제한하기 위한 것이있다는 점을 고려하면, 국가의 형벌권으로부터 시민을 보장하는 일이 더 중요한 과제가 되어야 한다. 오늘날에도 범죄를 처벌하여 법익을 보호해야 한다는 시민들의 요청과 욕구는 강하며, 이를 바탕으로 하는 국가권력의 처벌 욕구 또한 강하다. 그러나 법익보호 과제를 우위에 두고 처벌의 범위를 확대하는 것은 시민의 자유를 침해하는 일이 될 수 있다.[1] 그렇기 때문에 형법의 존재와 형법률의 해석은 이러한 욕구를 제한하고 시민의 권리와 자유를 보장하는 과제를 담당해야 한다. "형법은 형사정책의 뛰어넘을 수 없는 한계"라는 명제는 바로 그러한 점을 강조하는 것이다.

25   **[사례 3] 대법원 2008도4852 판결**
    ○○주식회사의 실질적 운영자인 피고인 D는 A로부터 ○○주식회사의 운영자금을 차용하면서 2004. 1. 18.경 그 담보명목으로 A에게 액면 금 1억 7,000만원인 약속어음을 발행하였는데, 그때 B의 사전 승낙하에 B를 공동발행인으로 기재하였고, 또한 C는 A의 추가담보 제공요구에 따라 위 약속어음 표면에 보증의 의사로 자신의 주소를 기재한 후 서명날인하였다. 그런데 A가 위 차용금 채무의 불이행을 이유로 위 약속어음 공정증서를 집행권원으로 C 소유의 부동산에 강제경매를 신청하자 B와 C는 이를 면하기 위하여 'D와 A가 공모하여 약속어음을 위조하였다'고 하는 허위 사실을 기재한 고소장을 작성·제출하였다. B와 C가 허위사실로 D와 A를 고소할 때 D는 B와 C의 고소행위를 승낙했을 뿐 아니라, B와 C의 요청에 따라 '약속어음을 위조하였다'는 허위사실을 시인하는 내용의 확인서를 작성하여 주었다.

---

1) [2007고단1516 위헌제청결정] 개인의 자유란 그것이 함부로 제약되었을 때의 손실은 아무도 알 수 없는 반면, 자유에 대한 통제의 효과는 눈에 쉽게 보인다. 따라서 권력은 개입과 통제를 선호하게 되는 속성을 갖지만, … 국가권력은 인식의 한계를 인정하고 자유에 대한 통제를 최대한 자제하여 주는 것이 마땅하다.

〈사건의 진행경과〉

검사는 B와 C를 무고의 혐의로, D를 자기무고 방조의 혐의로 기소하였는데, 1심 법원은 B와 C의 유죄를 인정하였지만 D의 자기무고 방조에 대해서는 무죄를 선고하였다. 검사가 D의 무죄 부분에 대해 항소하자 2심 법원(원심)은 검사의 항소를 기각하고 1심 판결을 그대로 유지하였다. 검사는 대법원에 상고하였다.

〈서울중앙지방법원 2008노534 판결〉

무고죄의 보호법익은 국가의 형사사법권 또는 징계권의 적정한 행사 뿐만 아니라 피무고자 개인의 부당한 형사처분 또는 징계로부터의 보호에도 있고, 자기무고죄를 처벌하지 아니하는 취지가 이러한 무고죄의 개인적 법익 보호의 성격에 근거하고 있다면, 그 교사나 방조범의 성립 역시 부정함이 타당하다.

따라서, 원심이 피고인 3이 피고인 1, 2가 위와 같이 피고인 3을 무고함에 있어 허위사실을 기재한 확인서 등을 작성하여 줌으로써 이를 방조하였다는 무고방조의 점에 대하여, 같은 취지로 이를 범죄가 되지 아니하는 경우에 해당한다고 판단한 것은 정당하다.

〈대법원의 판단〉

대법원은 "형법 제156조의 무고죄는 국가의 형사사법권 또는 징계권의 적정한 행사를 주된 보호법익으로 하는 죄이나, 스스로 본인을 무고하는 자기무고는 무고죄의 구성요건에 해당하지 아니하여 무고죄를 구성하지 않는다. 그러나 피무고자의 교사·방조 하에 제3자가 피무고자에 대한 허위의 사실을 신고한 경우에는 제3자의 행위는 무고죄의 구성요건에 해당하여 무고죄를 구성하므로, 제3자를 교사·방조한 피무고자도 교사·방조범으로서의 죄책을 부담한다."고 하면서 원심판결을 파기하고 사건을 원심에 환송하였다.

[쟁점]

1. 범죄의 실질적 기준이 되는 법익을 이 사안에서는 어떻게 이해할 것인가?
2. 원심 판결에서 피고인 D의 자기무고방조가 무죄라고 판단한 이유는 무엇인가?
3. 대법원 판결과 다른 취지의 학계의 견해는 무엇인가?
4. 이 사안에서 형법의 법익보호 과제와 보장적 과제의 관계를 어떻게 이해할 것인가?

제 2 장

죄형법정주의와 형법의 적용범위

[4] 제 1 절 죄형법정주의

Ⅰ. 죄형법정주의의 의의와 역사

1. 의의

1   죄형법정주의罪刑法定主義는 "죄와 형은 법률로 정해야 한다."는 원칙, 곧 "법률 없으면 범죄도 없고 형벌도 없다. nullum crimen, nulla poena sine lege."는 원칙이다. 죄형법정주의는 국가형벌권의 자의적인 행사로부터 개인의 자유와 권리를 보호하는 기능을 갖는다(2015도8335전합). 헌법 제12조 1항[1]과 제13조 1항[2]에 규정되어 있으며, 형법 제1조 1항 "범죄의 성립과 처벌은 행위 시의 법률에 따른다."와 형소법 제323조 1항의 "형의 선고를 하는 때에는 판결이유에 범죄될 사실, 증거의 요지와 법령의 적용을 명시하여야 한다."는 규정은 죄형법정주의를 법률에 명시한 것이다.

2. 연혁과 사상적 배경

2   죄형법정주의의 연원은 1215년 영국의 '자유 대헌장 Magna Carta Libertatum'에서 비롯되었다. 당시 귀족의 반란 이후 귀족들의 요구에 따라 왕이 서명한 이

---

1) "모든 국민은 신체의 자유를 가진다. 누구든지 법률에 의하지 아니하고는 체포·구속·압수·수색 또는 심문을 받지 아니하며, 법률과 적법한 절차에 의하지 아니하고는 처벌·보안처분 또는 강제노역을 받지 아니한다."
2) "모든 국민은 행위시의 법률에 의하여 범죄를 구성하지 아니하는 행위로 소추되지 아니하며, 동일한 범죄에 대하여 거듭 처벌받지 아니한다."

문서는 국왕이 할 수 있는 일과 할 수 없는 일을 정하여 전제군주의 절대 권력에 제동을 걸었으며, 이후 영국의 헌정뿐만 아니라 국민의 자유를 옹호하는 근대국가 헌법의 토대가 되었다. 이 헌장의 제39조는 "나라의 법률과 동료들[1]에 의한 합법적 재판에 따르지 않는 한, 자유민은 어떤 경우에도 체포, 감금, 재산 몰수, 추방, 유배, 파산을 당하지 않으며, 소추당하지 않는다."[2]고 하여 오늘날 죄형법정주의에 해당하는 내용을 담고 있다.[3]

근대의 계몽주의 사상은 죄형법정주의 원칙을 더욱 단단히 하였다. 홉스 **3** (Hobbes)의 법을 통한 지배자의 자기구속 이론, 몽테스키외(Montesquieu)의 삼권분립론을 비롯하여 루소(Rousseau), 칸트(Kant), 베카리아(Beccaria) 등의 사상이 죄형법정주의를 근대국가 형법의 기본원칙으로 자리 잡게 하였다. 그리하여 1776년 버지니아 권리선언 제8조[4], 1787년 미합중국헌법 제1조 제9절(3문)[5], 1789년 프랑스 인권선언 제8조[6] 등에서 죄형법정주의를 천명하였으며, 19세기 초 독일의 포이어바흐(Feuerbach)는 죄형법정주의를 "법률 없이 형벌 없다. nulla poena sine lege."라는 명제로 정리하였다.

3. 죄형법정주의의 내용

오늘날 죄형법정주의는 근대 법치국가의 기본원칙으로 확고하게 자리 잡았 **4** 지만, 죄형법정주의의 내용에 대한 논의가 마무리된 것은 아니다. 새로운 사회

---

1) 당시의 계급사회에서는 '귀족'을 의미한다.
2) "No free man shall be seized, imprisoned, dispossessed, outlawed, exiled or ruined in any way, nor in any way proceeded against, except by the lawful judgement of his peers and the law of the land."
3) 조선왕조실록 중 세종실록 세종7년 7월 19일의 "죄가 경한 듯도 하고 중한 듯도 하여 의심스러워서, 이렇게도 저렇게도 할 수 있는 경우면 가벼운 기준으로 처벌하는 것이 마땅하고, 만약 실제 범정이 중한 편에 속한다고 하더라도 아무쪼록 철저히 법에 근거하여 형을 부과하도록 하라."는 구절을 보면 죄형법정주의 사상은 동서양에 공통되는 원칙이었음을 알 수 있다.
4) " that no man be deprived of his liberty except by the law of the land or the judgment of his peers."
5) Article 1, Section 9(의회에 금지된 권한) "개인의 권리 박탈법 또는 소급 처벌법을 통과시키지 못한다. No Bill of Attainder or ex post facto Law shall be passed."
6) "법은 엄격히, 그리고 명백히 필요한 형벌만을 설정해야 하고 누구도 행위에 앞서 제정·공포되고, 또 합법적으로 적용된 법률에 의하지 아니하고는 처벌될 수 없다. The law should establish only penalties that are strictly and evidently necessary, and no one can be punished but under a law established and promulgated before the offense and legally applied."

적 문제에 대응하는 과정에서 죄형법정주의의 구체적 내용은 지속적으로 발전
되어 왔다. 그렇게 형성된 죄형법정주의의 세부 내용은 법률유보의 원칙, 명확
성원칙, 유추금지원칙, 소급효금지원칙, 적정성원칙 등이다. 이러한 세부원칙이
형성된 후에도 그 원칙들의 의미와 적용범위 등 새로운 쟁점은 계속 발생하고
있다. 아래에서 차례로 살펴본다.

Ⅱ. 법률유보의 원칙

1. 의의

5   법률유보의 원칙 또는 법률주의 원칙은 범죄와 형벌을 성문成文의 '법률'에
규정해야 하고, '명령'이나 '규칙'에 범죄나 형벌을 규정해서는 안된다는 원칙이
다. '법률유보'란 법률에 유보留保한다는 것으로서, '법률에 맡긴다', '법률에 근거
를 둔다'는 의미이다. 범죄와 형벌의 근거를 법률에 두도록 요청하는 이유는, 명
령과 규칙은 행정부에서 정하지만 법률은 반드시 국회의 입법절차를 거쳐야 하
기 때문이다. 시민의 권리를 가장 크게 제한하는 형법의 내용은 시민의 대표들
만 정할 수 있다는 것이다.

6   다만, 입법의 기술적 문제로 범죄와 형벌의 모든 내용을 법률에 규정하기
어려운 경우에는 법률에는 그 내용을 하위규범에 위임한다는 규정을 둔 후, 범
죄나 형벌의 세부내용은 명령이나 규칙에서 정할 수 있다. 그러나 이 경우에도
위임의 범위와 처벌되는 행위 및 형벌의 내용이 구체적이어야 하고, 위임의 범
위를 벗어나 하위규범에서 처벌범위를 확장해서는 안 된다.

7   [2015도16014 전합] [1] 법률의 시행령이 형사처벌에 관한 사항을 규정하면서 법
     률의 명시적인 위임 범위를 벗어나 처벌 대상을 확장하는 경우, 위임입법의 한계
     를 벗어나 무효인지 여부(적극)
       [다수의견] 법률의 시행령은 모법인 법률의 위임 없이 법률이 규정한 개인의
     권리·의무에 관한 내용을 변경·보충하거나 법률에서 규정하지 아니한 새로운 내
     용을 규정할 수 없고, 특히 법률의 시행령이 형사처벌에 관한 사항을 규정하면서
     법률의 명시적인 위임 범위를 벗어나 처벌의 대상을 확장하는 것은 죄형법정주의
     의 원칙에도 어긋나는 것이므로, 그러한 시행령은 위임입법의 한계를 벗어난 것
     으로서 무효이다.

[2] 의료법 시행령 제18조 제1항이 위임입법의 한계를 벗어나 무효인지 여부(적극)

[다수의견] 의료법(2016. 12. 20. 법률 제14438호로 개정되기 전의 것, 이하 같다) 제41조는 "각종 병원에는 응급환자와 입원환자의 진료 등에 필요한 당직의료인을 두어야 한다."라고 규정하는 한편, 제90조에서 제41조를 위반한 사람에 대한 처벌규정을 두었다. 이와 같이 의료법 제41조는 각종 병원에 응급환자와 입원환자의 진료 등에 필요한 당직의료인을 두어야 한다고만 규정하고 있을 뿐, 각종 병원에 두어야 하는 당직의료인의 수와 자격에 아무런 제한을 두고 있지 않고 이를 하위 법령에 위임하고 있지도 않다.

그런데도 의료법 시행령 제18조 제1항(이하 '시행령 조항'이라 한다)은 "법 제41조에 따라 각종 병원에 두어야 하는 당직의료인의 수는 입원환자 200명까지는 의사·치과의사 또는 한의사의 경우에는 1명, 간호사의 경우에는 2명을 두되, 입원환자 200명을 초과하는 200명마다 의사·치과의사 또는 한의사의 경우에는 1명, 간호사의 경우에는 2명을 추가한 인원 수로 한다."라고 규정하고 있다. 의료법 제41조가 "환자의 진료 등에 필요한 당직의료인을 두어야 한다."라고 규정하고 있을 뿐인데도 시행령 조항은 당직의료인의 수와 자격 등 배치기준을 규정하고 이를 위반하면 의료법 제90조에 의한 처벌의 대상이 되도록 함으로써 형사처벌의 대상을 신설 또는 확장하였다. 그러므로 시행령 조항은 위임입법의 한계를 벗어난 것으로서 무효이다.

2. 관습법 적용금지

관습법이란 사회의 관습이 법과 같은 정도의 구속력을 가지는 것을 말한다. 민법에서는 관습이 법과 같은 지위를 갖는 경우가 있다.[1] 그러나 법률유보의 원칙은 범죄와 형벌이 성문의 법률에 규정될 것을 요구하기 때문에 관습법은 범죄와 형벌의 근거가 될 수 없다. 행위자에게 유리한 관습법의 적용은 허용된다는 견해도 있지만, 이는 타당하지 않다. 즉, 가벌성을 확대하거나 형을 가중하는 관습법의 적용은 금지되지만 범죄성립의 요건을 축소하거나 형을 감경하는 내용의 관습법은 적용할 수 있다는 것인데, 형법의 법익보호 과제를 고려하면 범죄와 형벌의 성립 근거는 물론 면제 또는 감경의 규정도 법률에 의해야 한다. 현실적으로 형법의 영역에서 관습법이 존재하지도 않는다는 점에서 이러한 주장은 실익實益이 없는 주장이다.

8

---

1) 민법 제1조: "민사에 관하여 법률에 규정이 없으면 관습법에 의하고 관습법이 없으면 조리에 의한다."

Ⅲ. 명확성 원칙

1. 의의

9　　　법률유보의 원칙에 따라 범죄와 형벌을 법률에 규정하되, 범죄의 성립요건과 그 효과인 형벌의 정도를 명확하게 규정하여야 한다는 것이 명확성 원칙이다. 법률의 명확성은 법관의 자의적 법적용을 방지하고 형법 규범의 의사결정력을 담보하는 데 필수적인 요소이다. 법률의 내용이 불명확하면 법규범의 적용에서 법적 안정성과 예측가능성을 확보할 수 없고, 법집행 담당자가 제멋대로 법을 해석하고 집행할 수 있기 때문이다.[1]

2. 명확성원칙의 한계

10　　　그러나 법률의 문언은 기본적으로 추상적일 수밖에 없으며, 가치개념을 포함한 일반적·규범적 개념을 사용하지 않을 수 없기 때문에 모든 것을 명확하게 규정하는 데에는 한계가 있다. 아무리 법률을 명확하게 규정한다 하더라도 모든 법률은 그것을 해석하는 사람, 특히 법관의 보충적인 가치판단을 통해서 그 의미를 확인할 필요가 발생한다.

11　　　법률 문언이 추상적일 수밖에 없고 법률 적용에서 해석을 통한 보충이 필요한 이유는, 첫째로 법률의 유동성이 요구되기 때문이다. 입법자는 장차 발생할 수 있는 모든 사건의 개별적 내용을 예견할 수 없기 때문에, 법률의 내용을 어느 정도 유동적으로 규정해야 하고, 해당 법률의 구체적 의미는 법관의 보충적 해석을 통해 확인되도록 해야 한다. 둘째는 형법 해석의 현실 관련성 때문이다. 형법을 해석할 때 사실과 관련 없이 순수한 문언의 의미만을 해석할 수는 없고 발생한 사실과의 관련 속에서 법률의 의미를 해석하여야 한다는 것이다. 이러한 한계 때문에 판례는 "명확성의 원칙이란 기본적으로 최대한이 아닌 최소한의 명확성을 요구하는 것"이라고 한다(2008초기264, 95헌가16, 2024헌바45).

---

1) [2008초기264 결정] 명확성의 원칙은 법치국가원리의 한 표현으로서 기본권을 제한하는 법규범의 내용은 명확하여야 한다는 헌법상의 원칙이며, 그 근거는 법규범의 의미내용이 불확실하면 법적 안정성과 예측가능성을 확보할 수 없고, 법집행 당국의 자의적인 법해석과 집행을 가능하게 할 것이기 때문이다.

[2008도9581] 일반적으로 법규는 그 규정의 문언에 표현력의 한계가 있을 뿐만 **12**
아니라 그 성질상 어느 정도의 추상성을 가지는 것은 불가피하고, (구) 정보통신
망 이용촉진 및 정보보호 등에 관한 법률 제65조 제1항 제3호에서 규정하는 "불
안감"은 평가적·정서적 판단을 요하는 **규범적 구성요건요소**이고, "불안감"이란
개념이 사전적으로 "마음이 편하지 아니하고 조마조마한 느낌"이라고 풀이되고
있어 이를 불명확하다고 볼 수는 없으므로, 위 규정 자체가 죄형법정주의 및 여
기에서 파생된 명확성의 원칙에 반한다고 볼 수 없다.

[2008도1857] [1] 법관의 보충적 해석을 요하는 개념을 사용한 처벌법규가 명확
성의 원칙에 반하는지 여부의 판단 방법 : 처벌법규의 구성요건을 일일이 세분하
여 명확성의 요건을 모든 경우에 요구하는 것은 입법기술상 불가능하거나 현저히
곤란한 것이므로, 어느 정도의 보편적이거나 일반적인 뜻을 지닌 용어를 사용하
는 것은 부득이하다고 할 수밖에 없고(헌법재판소 93헌바65 전원재판부 결정 참
조), 따라서 다소 광범위하여 법관의 보충적인 해석을 필요로 하는 개념을 사용하
였다고 하더라도 통상의 해석방법에 의하여 당해 처벌법규의 보호법익과 금지된
행위 및 처벌의 종류와 정도를 알 수 있다면 그 적용단계에서 다의적으로 해석될
우려가 없다고 할 것이므로 헌법이 요구하는 명확성의 요구에 배치된다고 보기
어렵다고 할 것이다. 그리고 처벌법규의 구성요건이 어느 정도 명확하여야 하는
가를 일률적으로 정할 수 없고, 각 구성요건의 특수성과 그러한 법적 규제의 원
인이 된 여건이나 처벌의 정도 등을 고려하여 종합적으로 판단하여야 한다.

　[2] 폭력행위 등 처벌에 관한 법률 제4조의 '활동' 부분이 명확성의 원칙에 반
하는지 여부(소극) : 폭력행위 등 처벌에 관한 법률 제4조 제1항에서 규정하고 있
는 범죄단체 구성원으로서의 "활동"의 개념이 다소 추상적이고 포괄적인 측면이
있지만, 폭력행위 등 처벌에 관한 법률이 집단적·상습적인 폭력범죄를 엄히 처벌
하기 위하여 제정되었고, 특히 이 사건 법률조항은 범죄단체의 사회적 해악의 중
대성에 비추어 범죄의 실행 여부를 불문하고 범죄의 예비·음모의 성격을 갖는 범
죄단체의 생성 및 존속 자체를 막으려는 데 그 입법 취지가 있는 점, 범죄단체활
동죄는 범죄단체 구성·가입죄가 즉시범으로 공소시효가 완성된 경우에는 이들을
처벌할 수 없다는 불합리한 점을 감안하여 그 처벌의 근거를 마련한 것이라는 점
에서 범죄단체의 구성·가입죄와 별도로 범죄단체활동죄를 처벌할 필요성이 있는
점, 어떠한 행위가 위 "활동"에 해당할 수 있는지는 구체적인 사건에 있어서 위
규정의 입법 취지 및 처벌의 정도 등을 고려한 법관의 합리적인 해석과 조리에
의하여 보충될 수 있는 점 등을 종합적으로 판단하면, 이 사건 법률조항 중 "활
동" 부분이 죄형법정주의의 명확성의 원칙에 위배된다고 할 수 없다.

Ⅳ. 유추적용금지원칙

1. 의의

13   유추類推[1], Analogy란 일반적으로는 '같은 종류의 것 또는 비슷한 것에 기초하여 다른 사물을 미루어 추측하는 일'을 의미한다.[2] 그런데 법률에서는 어떤 사항을 직접 규정한 법규가 없을 때 그와 비슷한 사항을 규정한 법규를 적용하는 것을 말한다. 민법에서는 유추가 법률 해석의 한 방법으로 가능하다. 그러나 형법의 해석에서는 금지되는 방법이다.

14   형법의 해석에서 유추를 금지하는 이유는 법관의 법률에 대한 구속을 강화하여 법관의 자의적 법적용으로부터 개인의 자유 보호하기 위함이다. 유추금지원칙은 명확성원칙의 연장선에 있다. 입법자에게 요구되는 것이 명확성원칙이라면 유추금지원칙은 법률을 적용하는 법관에 대한 명령이라 할 수 있다. 죄형법정주의의 기본원칙인 법률유보의 원칙은 명확성원칙으로 보충되며, 명확성원칙은 유추금지원칙을 통해 실현될 수 있다.

2. 유추와 해석의 경계

15   그런데 유추금지원칙에서 문제되는 것은 어디까지가 허용되는 해석이고 어디부터 금지되는 유추인가 하는 것이다. 법률 해석의 기본적인 방법으로 확장해석과 축소해석이 있다. 확장해석은 법률의 취지를 고려하여 법률 문언의 의미를 일반적인 의미보다 확대하여 해석하는 방법이다.[3] 유추 또한 법률 문언의 의미를 확대하여 해석하는 것으로 보일 수도 있기 때문에 확장해석과 유추의 경계를 구별하는 것은 어려운 일이다. 어떤 면에서는 법률의 해석 자체가 유추적 사고과정을 기초로 하기 때문에 허용되는 확장해석과 금지되는 유추의 경계가 분명하지 않은 것이다.

16   확장해석과 유추의 구별하는 기준으로 제시되는 표제어는 '언어의 가능한 의미(möglicher Wortsinn)'이다. 이 개념은 원래 독일의 판례에서 해석의 한계로 적용되는 기준인데, 한국의 법원도 이 기준을 제시하고 있다. 해석은 '언어의 가

---

1) 유비추리類比推理의 준말이다.
2) 표준국어대사전. 철학에서는 두 개의 사물이 여러 면에서 비슷하다는 것을 근거로 다른 속성도 유사할 것이라고 추론하는 일을 말한다.
3) 예를 들어 고속도로에 오토바이의 통행을 금지한다면 전동킥보드, 전동이륜평행차('세그웨이') 등 오토바이와 유사한 교통수단들의 통행도 금지된다고 해석하는 경우이다.

능한 의미'를 넘어설 수 없으며, 그것을 넘어서는 것은 유추가 된다. 그러나 이
기준 또한 명확하지 않기 때문에 사안에 따라 구체적 논증이 필요하다. 아래의
판례들에서 보듯 이 기준을 적용하고 있지만 유추인지 아닌지에 대한 판단은
일관된다고 할 수 없다. 불명확한 기준으로 유추라 할 수 있는 법적용이 이루어
지면 법률유보의 원칙 자체가 훼손될 수 있기 때문에 유추는 금지되어야 하며,
'언어의 가능한 의미'는 엄격하게 적용되어야 한다.

[사례 4] 대법원 2004도4899 전원합의체 판결   17

　　피고인 D는 독일에 거주하는 자로서 1993년 8월 18일까지 대한민국 국적을 유
지하다가 같은 날 독일 국적을 취득함에 따라 대한민국 국적을 상실한 자이다. D
는 대한민국 국적을 상실하기 전인 1991. 5.부터 1993. 3.까지 모두 4회에 걸쳐
북한의 초청에 응하여 거주하고 있던 독일에서 출발하여 북한을 방문하였으며,
대한민국 국적을 상실한 이후인 1994. 3. 12. 거주지인 독일에서 출발하여 북한을
방문하였다. 2003년 9월 D는 37년 만에 대한민국에 귀국하였는데, 검찰은 D를
국가보안법 위반으로 기소하였다.

　　공소사실의 요지는, 피고인이 반국가단체인 북한의 지령을 받거나 또는 목적수
행을 협의하기 위하여, ① 1991. 5. 10.부터 같은 해 5. 30.까지 북한 사회과학원
초청으로 입북하여 주체사상에 관한 토론회 등에 참석하여 주체사상을 학습하고
김일성을 단독 면담하고, ② 1991. 7. 일자불상경 약 1주일간 입북하여 북한 조선
노동당 대남담당비서에게 독일 내에 설립되었다가 폐쇄된 친북연구단체인 한국학
술연구원(KOFO)의 운영자금을 지원해 줄 것을 요청하고 주체사상 학습을 받고,
③ 1992. 7. 초순경 북한 조선사회과학자협회 초청으로 약 1주일간 입북하여 주
체철학 토론회 등에 참석하여 주체사상을 학습하고, ④ 1993. 3. 19.부터 같은 해
3. 26.까지 입북하여 주체사상에 관한 좌담회 등에 참석하여 주체사상 학습을 받
고, ⑤ 1994. 3. 12.부터 같은 해 3. 20.까지 북한 사회과학원 초청으로 입북하여
남북한 및 독일 학자들의 언론관련 세미나 개최문제 등을 협의하고, ⑥ 1994. 7.
13.부터 같은 해 7. 23.까지 북한 국가장의위원회 초청으로 입북하여 김일성 장례
식 등에 참석함으로써, 각 반국가단체의 지배하에 있는 지역으로 탈출하였다는
것이다.

　　〈사건의 진행경과〉

　　국가보안법 제6조 제1항은 "국가의 존립·안전이나 자유민주적 기본질서를 위
태롭게 한다는 정을 알면서 반국가단체의 지배하에 있는 지역으로부터 잠입하거
나 그 지역으로 탈출한 자는 10년 이하의 징역에 처한다."고 규정하고 있고, 같은

조 제2항은 "반국가단체나 그 구성원의 지령을 받거나 받기 위하여 또는 그 목적
수행을 협의하거나 협의하기 위하여 잠입하거나 탈출한 자는 사형·무기 또는 5
년 이상의 징역에 처한다."고 규정하고 있다. 검찰은 D에 대해 국가보안법 제6조
제2항의 특수탈출의 혐의로 공소를 제기하였고, 제1심과 제2심(원심)은 검찰의 공
소사실을 인정하여 유죄를 선고하였다. D와 검사가 상고하였다.

〈대법원의 판결〉
[1] 대한민국 국민이 외국에 거주하다가 반국가단체의 지배하에 있는 지역으로
들어간 행위가 국가보안법 제6조 제2항의 '탈출'에 해당하는지 여부(적극)
[다수의견] 국가보안법의 입법 취지와 같은 법 제6조 제1항, 제2항의 문언의
의미, 특히 탈출이라는 용어는 일반적으로 구속상태나 제한상황에서 벗어나는 행
위 또는 빠져나가는 행위를 뜻한다는 점 등을 종합해 볼 때, 위 각 조항의 <u>탈출</u>
<u>이란 대한민국의 통치권 또는 지배력으로부터 벗어나는 행위를 뜻한다고 볼 것이</u>
<u>고, 대한민국의 통치권은 대한민국의 영역은 물론 국민에 대하여도 미치는 것이</u>
<u>므로 그러한 통치권이 실지로 미치는 지역 또는 상태에서 벗어나 통치권이 사실</u>
<u>상 행사되기 어려운 지역 또는 상태로 이탈하는 행위는 모두 위 각 조항의 탈출</u>
<u>에 해당할 수 있다.</u> 따라서 국가보안법 제6조 제1항의 탈출에는, 누구라도 대한민
국의 통치권이 실지로 미치는 지역을 떠나 직접 또는 외국을 거쳐 바로 반국가단
체의 지배하에 있는 지역으로 들어가는 행위 외에 대한민국 국민이 외국에 거주
하다가 그곳을 떠나 그에 대한 대한민국의 통치권이 사실상 행사되기 어려운 반
국가단체의 지배하에 있는 지역으로 들어가는 행위도 포함되며, 제6조 제2항의
탈출에는 위 행위 외에 누구라도 대한민국의 통치권이 실지로 미치는 지역을 떠
나 외국으로 나가는 행위까지 포함된다.
[별개의견] 국가보안법의 입법목적이, 반국가단체인 북한이 한반도의 일부 지역
을 사실상 지배하면서 대한민국의 영토 참절(참절)을 기도하는 등 대한민국의 존
립과 안전을 위협하는 상황에 맞서, 대한민국의 존립과 안전 및 계속성을 보장하
고, 그 영토인 한반도와 부속도서를 보전하며 그에 대한 실효적 지배력을 확보하
기 위한 것임을 고려할 때, 국가보안법 제6조 제1항, 제2항에서 말하는 탈출이란
대한민국의 이른바 영토고권(영토고권)이 현실적으로 미치고 있는 남한 지역으로
부터 이탈하는 행위를 말하는 것으로 보는 것이 옳다. 따라서 대한민국의 영역
밖에서 거주하다가 반국가단체의 지배하에 있는 지역으로 들어가는 행위는 그 행
위자가 대한민국 국민이든 대한민국 국민이 아니든 가리지 않고 모두 국가보안법
제6조 제1항, 제2항에서 정한 탈출에 해당하지 않는 것으로 보아야 한다.
[2] 외국인이 외국에 거주하다가 반국가단체의 지배하에 있는 지역으로 들어간
행위가 국가보안법 제6조 제1항, 제2항의 '탈출'에 해당하는지 여부(소극)

: 대한민국 국민이 아닌 사람이 외국에 거주하다가 그곳을 떠나 반국가단체의 지배하에 있는 지역으로 들어가는 행위는, 대한민국의 영역에 대한 통치권이 실지로 미치는 지역을 떠나는 행위 또는 대한민국의 국민에 대한 통치권으로부터 벗어나는 행위 어디에도 해당하지 않으므로, 이는 국가보안법 제6조 제1항, 제2항의 탈출 개념에 포함되지 않는다.

[3] 대한민국 국민이던 사람이 대한민국 국적을 상실하기 전 4회에 걸쳐 북한의 초청에 응하여 거주하고 있던 독일에서 출발하여 북한을 방문하였고, 그 후 독일 국적을 취득함에 따라 대한민국 국적을 상실한 후에도 거주지인 독일에서 출발하여 북한을 방문한 사안에서, 대한민국 국적을 상실하기 전의 방문행위는 국가보안법 제6조 제2항의 탈출에 해당하지만 대한민국 국적을 상실한 후의 방문행위는 국가보안법 제6조 제2항의 탈출 개념에 해당하지 않는다고 본 사례.

[쟁점]

1. D의 죄책에 대한 대법원 다수의견과 반대의견의 논거는 무엇인가?
2. 해석과 유추의 구별기준은 무엇인가?
3. 이른바 '규범적' 개념의 의미와 그 문제점은 무엇인가?

[참조판례]

[2017도21656] 성폭력범죄의 처벌 등에 관한 특례법(이하 '성폭력처벌법'이라고 한다) 제14조 제1항, 제2항, 제3항에 의하면, 성폭력처벌법 제14조 제1항의 촬영의 대상은 '성적 욕망 또는 수치심을 유발할 수 있는 다른 사람의 신체'라고 보아야 함이 문언상 명백하므로 위 규정의 처벌 대상은 '다른 사람의 신체 그 자체'를 카메라 등 기계장치를 이용해서 '직접' 촬영하는 경우에 한정된다고 보는 것이 타당하므로, 다른 사람의 신체 이미지가 담긴 영상도 위 조항의 '다른 사람의 신체'에 포함된다고 해석하는 것은 법률문언의 통상적인 의미를 벗어나는 것이어서 죄형법정주의 원칙상 허용될 수 없고, 성폭력처벌법 제14조 제2항 및 제3항의 촬영물은 '다른 사람'을 촬영대상자로 하여 그 신체를 촬영한 촬영물을 뜻하는 것임이 문언상 명백하므로, 자의에 의해 스스로 자신의 신체를 촬영한 촬영물까지 위 조항에서 정한 촬영물에 포함시키는 것은 문언의 통상적인 의미를 벗어나 해석이다.

[2011도15057 전합] [1] '특정 범죄자에 대한 위치추적 전자장치 부착 등에 관한 법률' 제5조 제1항 제3호에서 부착명령청구 요건으로 정한 '성폭력범죄를 2회 이상 범하여(유죄의 확정판결을 받은 경우를 포함한다)'에 '소년보호처분을 받은 전력'이 포함되는지 여부(소극)

(가) 죄형법정주의 원칙상 형벌법규는 문언에 따라 엄격하게 해석·적용하여야

하고 피고인에게 불리한 방향으로 지나치게 확장해석하거나 유추해석하여서는 안
되는 것이 원칙이고, 이는 특정 범죄자에 대한 위치추적 전자장치 부착명령의 요
건을 해석할 때에도 마찬가지이다.

　(나) '전자장치부착법' 제5조 제1항 제3호는 검사가 전자장치 부착명령을 법원
에 청구할 수 있는 경우 중의 하나로 '성폭력범죄를 2회 이상 범하여(유죄의 확정
판결을 받은 경우를 포함한다) 그 습벽이 인정된 때'라고 규정하고 있는데, 이 규
정 전단은 문언상 '유죄의 확정판결을 받은 전과사실을 포함하여 성폭력범죄를 2
회 이상 범한 경우'를 의미한다고 해석된다. 따라서 피부착명령청구자가 소년법에
의한 보호처분(이하 '소년보호처분'이라고 한다)을 받은 전력이 있다고 하더라도,
이는 유죄의 확정판결을 받은 경우에 해당하지 아니함이 명백하므로, 피부착명령
청구자가 2회 이상 성폭력범죄를 범하였는지를 판단할 때 소년보호처분을 받은
전력을 고려할 것이 아니다.

[2] 피고인이 성폭력범죄로 소년보호처분을 받은 전력이 있는데 다시 강간상해죄
를 범하여 '특정 범죄자에 대한 위치추적 전자장치 부착 등에 관한 법률' 제5조
제1항 제3호에 근거하여 부착명령이 청구된 사안에서, '성폭력범죄를 2회 이상 범
한 경우'에 해당하지 않는다고 보아 부착명령청구를 기각한 원심판단을 정당하다
고 한 사례

[2011도6287] '약국 개설자가 아니면 의약품을 판매하거나 판매 목적으로 취득할
수 없다'고 규정한 구 약사법 제44조 제1항의 '판매'에 무상으로 의약품을 양도하
는 '수여'를 포함시키는 해석이 죄형법정주의에 위배되는지 여부(소극)

[98도98] 형법 제62조에 의하여 집행유예를 선고하는 경우에 같은 법 제62조의2
제1항에 규정된 보호관찰과 사회봉사를 동시에 명할 수 있는지 여부(적극)

　: 형법 제62조의2 제1항은 "형의 집행을 유예하는 경우에는 <u>보호관찰을 받을
것을 명하거나 사회봉사 또는 수강을 명할 수 있다.</u>"고 규정하고 있는바, 그 문리
에 따르면, 보호관찰과 사회봉사는 각각 독립하여 명할 수 있다는 것이지, 반드시
그 양자를 동시에 명할 수 없다는 취지로 해석되지는 아니할 뿐더러, 소년법 제
32조 제3항, 성폭력범죄의처벌및피해자보호등에관한법률 제16조 제2항, 가정폭력
범죄의처벌등에관한특례법 제40조 제1항 등에는 보호관찰과 사회봉사를 동시에
명할 수 있다고 명시적으로 규정하고 있는바, 일반 형법에 의하여 보호관찰과 사
회봉사를 명하는 경우와 비교하여 특별히 달리 취급할 만한 이유가 없으며, 제도
의 취지에 비추어 보더라도, 범죄자에 대한 사회복귀를 촉진하고 효율적인 범죄
예방을 위하여 양자를 병과할 필요성이 있는 점 등을 종합하여 볼 때, 형법 제62
조에 의하여 집행유예를 선고할 경우에는 같은 법 제62조의2 제1항에 규정된 <u>보
호관찰과 사회봉사 또는 수강을 동시에 명할 수 있다고 해석함이 상당하다.</u>

V. 소급효금지 원칙

1. 의의

소급효금지 원칙은 법률유보의 원칙과 더불어 죄형법정주의의 기본이 되는   **18**
내용이다. 이미 1787년의 미합중국 헌법과 1789년의 프랑스 인권선언에서부터
소급효금지원칙은 명문銘文의 규범이었다. 소급효遡及效란 '행위 이후에 ex post
facto' 제정된 법률이 시간을 거슬러 올라가 그 행위에 대해 효력을 갖게 되는
것을 말한다. 형법에 소급효를 인정하면 법치국가의 이념을 심각하게 훼손하며,
시민들의 법적 안정성을 보장할 수 없다.

소급효금지원칙은 입법자에 대해서는 소급입법을 금지하고 법관에 대해서   **19**
는 형법의 소급적용을 금지한다. 행위자의 형법규정에 대한 예측가능성과 신뢰
는 보호되어야 하므로 행위자에게 불리한 소급효는 금지된다. 다만 국가형벌권
을 제한하고 시민의 법적 안정성을 보장하려는 죄형법정주의의 실질적 의미를
반영하여 행위자에게 유리한 소급입법과 소급적용은 허용된다. 형법 제1조는 1
항에 소급효금지, 곧 행위시법주의를 기본원칙으로 규정하지만, 2항과 3항에서
는 범죄 후 행위자에게 유리하게 법률이 변경되면 행위시법이 아닌 변경된 법
률을 적용한다고 하여 행위자에게 유리한 소급효를 인정하고 있다.

[96도1731] 인지의 소급효가 친족상도례 규정에 미치는지 여부   **20**
: 형법 제344조, 제328조 제1항 소정의 친족간의 범행에 관한 규정이 적용되기
위한 친족관계는 원칙적으로 범행 당시에 존재하여야 하는 것이지만, 부가 혼인
외의 출생자를 인지하는 경우에 있어서는 민법 제860조에 의하여 그 자의 출생시
에 소급하여 인지의 효력이 생기는 것이며, 이와 같은 인지의 소급효는 친족상도
례에 관한 규정의 적용에도 미친다고 보아야 할 것이므로, 인지가 범행 후에 이
루어진 경우라고 하더라도 그 소급효에 따라 형성되는 친족관계를 기초로 하여
친족상도례의 규정이 적용된다.

2. 적용범위

소급효금지원칙은 근대 법치국가에서는 이론異論의 여지가 없는 기본원칙   **21**
이다. 그렇지만 소급효금지원칙과 관련한 쟁점들이 모두 정리된 것은 아니다.
소급효금지원칙은 이제 당연한 원칙이지만 이 원칙이 적용되는 범위가 어디까

지인가는 여전히 논의의 대상이다. 주로 문제되는 것은 보안처분과 소송법규정, 그리고 판례의 변경에도 소급효금지원칙이 적용되는가 하는 것이다.

가. 보안처분

22   보안처분에 소급효금지원칙이 적용되는지에 대해서는 이를 긍정하는 견해와 부정하는 견해가 대립한다. 부정설은 형벌과 보안처분은 구별되는 것이며, 죄형법정주의는 범죄와 '형벌'에 대한 규정의 소급효를 금지하는 것이기 때문에 형벌이 아닌 '보안처분'은 이 원칙의 적용을 받지 않는다고 한다. 대법원은 형벌이 과거의 행위에 대한 응보적 대응으로 부과되는 반면, 보안처분은 미래의 범죄행위를 예방하기 위한 조치로 부과되는 제재이기 때문에 범죄행위 이후 제정된 법률에 따라 보안처분을 부과하는 것은 소급적용이 아니라는 입장이다(97도703; 2010도6403).

23   헌법재판소는 보안처분이 행위시가 아닌 재판시의 재범위험성 여부를 판단하여 부과되기 때문에 원칙적으로 재판 당시의 법을 소급적용할 수 있다고 한다.[1] 그러면서도 "보안처분이라 하더라도 형벌적 성격이 강하여 신체의 자유를 박탈하거나 박탈에 준하는 정도로 신체의 자유를 제한하는 경우에는 소급효금지원칙을 적용하는 것이 법치주의 및 죄형법정주의에 부합한다."고 하여 대법원과 달리 절충적 입장을 보이고 있다. 보안처분에 속한다는 이유만으로 일률적으로 소급효금지원칙이 적용된다거나 그렇지 않다고 단정해서는 안되고, 보안처분이라는 우회적인 방법으로 형벌불소급의 원칙을 유명무실하게 하는 것을 허용해서도 안된다는 것이 그 이유이다(2010헌가82 등).

24   그러나 보안처분도 형사제재이기 때문에 소급효금지원칙이 적용되어야 한다는 것이 학계의 다수견해이다. 보안처분은 '형벌'이 아니며, 보안처분과 형벌은 본질적으로 구별되기 때문에 소급효금지의 대상이 아니라는 것은 지나치게 형식적인 논리이다. 마그나카르타를 비롯하여 죄형법정주의의 연원이 된 인권선언들의 취지는 형벌과 보안처분을 구별하지 않는다. 죄형법정주의의 실질적 의미는 미리 정해진 법률에 의해서만 범죄의 대가로 주어지는 모든 불이익을 부과할 수 있다는 것이다.

25   무엇보다 문제되는 것은 법원이 '보안처분'이라고 분류하는 제재수단들을

---

1) 그렇다면 '소급'적용이 아니라고 해야 한다. 과거의 범죄가 아닌 장래의 위험성에 대해 부과된다는 논리이기 때문이다. 표현의 모순이다.

법률에서는 명확하게 보안처분으로 정의한 바 없다는 것이다. 형법 제41조에서 규정한 9가지의 형벌을 제외하고 나머지는 모두 보안처분이라는 논리는 근거없는 것이다. 헌법재판소는 '형벌적 성격이 강한' 보안처분에는 소급효금지원칙이 적용된다고 하는데, 그 기준은 매우 불분명하다.[1] 따라서 보안처분이라고 임의로 구분되고 있는 모든 형사제재에 대해 소급효금지원칙을 적용하는 것이 타당하다. 만약 보안처분의 소급효를 인정하려면 1) 어떤 제재가 보안처분에 해당하는지 법률로 명확하게 하여야 하며, 2) 보안처분은 재판시의 법률에 따라 결정한다는 것 또한 법률에 명시하여야 한다.[2]

[사례 5]   대법원 97도703판결   26

D는 1995. 6.부터 1995. 11. 15.까지 국가보안법 제7조와 공직자선거 및 부정선거방지법을 위반한 혐의로 기소되었고, 1997. 2. 18. 원심 법원은 갑에 대해 징역형의 집행유예를 선고하면서 일정한 준수사항을 정하여 보호관찰을 받도록 명하는 판결을 하였다.

그런데 형법 제62조의2에 의한 보호관찰은 D의 범행 이후인 1995. 12. 29. 형법개정에 의해 도입되어 1997. 1. 1.부터 시행되었다. D에게 집행유예를 선고하면서 보호관찰을 부과한 법원의 판결은 적법한가?

〈대법원의 판결〉

개정 형법 시행 이전에 죄를 범한 자에 대하여 개정 형법에 따라 보호관찰을 명할 수 있는지 여부(적극)

: 개정 형법 제62조의2 제1항에 의하면 형의 집행을 유예를 하는 경우에는 보호관찰을 받을 것을 명할 수 있고, 같은 조 제2항에 의하면 제1항의 규정에 의한 보호관찰의 기간은 집행을 유예한 기간으로 하고, 다만 법원은 유예기간의 범위 내에서 보호관찰의 기간을 정할 수 있다고 규정되어 있는바, 위 조항에서 말하는 보호관찰은 형벌이 아니라 보안처분의 성격을 갖는 것으로서, 과거의 불법에 대한 책임에 기초하고 있는 제재가 아니라 장래의 위험성으로부터 행위자를 보호하고 사회를 방위하기 위한 합목적적인 조치이므로, 그에 관하여 반드시 행위 이전에 규정되어 있어야 하는 것은 아니며, 재판시의 규정에 의하여 보호관찰을 받을

---

1) 아래의 대법원 2008어4 결정에서도 형벌과 보안처분의 구별은 매우 애매하다.

2) 독일 형법 제1조 6항은 "Über Maßregeln der Besserung und Sicherung ist, wenn gesetzlich nichts anderes bestimmt ist, nach dem Gesetz zu entscheiden, das zur Zeit der Entscheidung gilt. 보안처분은, 법률이 다르게 정하지 않는 한, 재판시의 법률에 따라 결정한다."고 분명하게 밝히고 있다.

것을 명할 수 있다고 보아야 할 것이고, 이와 같은 해석이 형벌불소급의 원칙 내지 죄형법정주의에 위배되는 것이라고 볼 수 없다.

[쟁점]

형벌과 보안처분의 차이는 무엇인가?

보안처분에 대해서도 소급효금지원칙이 적용되어야 하는가?

[참조판례] 대법원 2008어4 결정

[1] 가정폭력범죄의 처벌 등에 관한 특례법상 사회봉사명령의 법적 성질 및 형벌불소급원칙의 적용 여부(적극)

[2] 가정폭력범죄의 처벌 등에 관한 특례법상 사회봉사명령을 부과하면서 행위시법이 아닌 신법을 적용한 것이 위법하다고 한 사례

원심은, 2006. 7. 말경에 있었던 재항고인의 이 사건 폭행행위에 대하여 현행 가정폭력처벌법 제41조, 제40조 제1항 제5호, 제4호를 적용하여 재항고인에게 6개월간 보호관찰을 받을 것과 200시간의 사회봉사 및 80시간의 수강을 명하고 있는데, 원심이 적용한 보호처분에 관한 위 규정은 이 사건 폭행행위 이후인 2007. 8. 3. 법률 제8580호로 개정된 것으로서 개정 전 가정폭력처벌법에는 사회봉사 및 수강명령의 상한이 각각 100시간으로 되어 있다가 위 개정 당시 각각 200시간으로 그 상한이 확대되었다.

그런데 가정폭력처벌법이 정한 보호처분 중의 하나인 사회봉사명령은 가정폭력범죄를 범한 자에 대하여 환경의 조정과 성행의 교정을 목적으로 하는 것으로서 형벌 그 자체가 아니라 보안처분의 성격을 가지는 것이 사실이나, 한편으로 이는 가정폭력범죄행위에 대하여 형사처벌 대신 부과되는 것으로서, 가정폭력범죄를 범한 자에게 의무적 노동을 부과하고 여가시간을 박탈하여 실질적으로는 신체적 자유를 제한하게 되므로, 이에 대하여는 원칙적으로 형벌불소급의 원칙에 따라 행위시법을 적용함이 상당하다.

그렇다면 이 사건 폭행행위에 대하여는 행위시법인 구 가정폭력처벌법 제41조, 제40조 제1항 제4호, 제3호를 적용하여 100시간의 범위 내에서 사회봉사를 명하여야 함에도 불구하고, 원심은 현행 가정폭력처벌법을 잘못 적용한 나머지 위 상한시간을 초과하여 사회봉사를 명하였으니, 원심결정에는 법률적용을 그르친 위법이 있고, 이 점을 지적하는 재항고인의 주장은 이유 있다.

나. 소송법 규정

27   소급효금지원칙에서 법률로 미리 정하도록 요구되는 것은 범죄와 형벌의

내용, 곧 '실체'이므로 범죄와 형벌을 확인하는 '절차'에 관한 소송법의 규정은 소급효금지의 대상이 아니라는 것이 다수견해이다. 소송법은 헌법 제13조 1항의 '범죄구성요건' 또는 형법 제1조 1항의 '범죄의 성립과 처벌'을 규정하는 법률이 아니므로 소급효금지원칙이 적용되지 않는다는 것이다. 소송법의 규정은 대부분 범죄의 성립과 처벌에 영향을 주지 않는 절차적 규정이므로[1] 이러한 견해는 법리에 따른 당연한 결론이라 할 수 있다. 헌법이 모든 법률에 대해 소급효를 금지하는 것은 아니기 때문이다.

　　그러나 범죄의 성립이나 처벌에 직접 관련되는 소송법 규정은 소급효를 인 **28** 정하는 데 매우 신중해야 한다. 특히 **공소시효에 관한 규정**은 소송법의 규정이지만 처벌 여부에 직접 관련된다. 공소시효가 완성된 범죄는 처벌할 수 없기 때문이다. 헌법재판소는 소급효금지원칙은 '행위의 가벌성'에 관한 규정의 소급효를 금지하는 것이고, 따라서 소추가능성에 연관될 뿐 가벌성에 영향을 미치지 않는 공소시효의 규정은 '원칙적으로' 소급효금지의 대상이 아니라고 한다(2018헌바457, 2020헌바309 등). 그러나 공소시효 규정이 가벌성에 영향을 미치지 않는다는 것은 법률체계를 형식적으로 절차법과 실체법으로 나누는 법리에 의한 것일 뿐이다. 실질적으로 공소시효 규정은 가벌성에 영향을 미친다고 보아야 한다. 대법원은 공소시효에 관한 소송법의 규정은 소급효를 인정하지 않는 것이 바람직하다는 입장이다. 공소시효를 정지하거나 연장, 배제하는 규정을 신설할 때에는 소급적용 여부에 대해 명시적인 규정을 두어야 하고, 그렇지 않은 경우는 원칙적으로 소급효를 인정하지 않는 해석이 타당하다는 것이다(2020도3694). 또한 판례는 공소시효를 연장하는 입법을 할 때에도 공소시효가 완성된 범죄에 대해 다시 공소시효를 인정하는 이른바 '진정소급효'는 정당화될 수 없고, 공소시효가 완성되지 않은 상태에서 그 기간을 연장하는 '부진정소급효'만 가능하다고 한다(96도3376 전합; 97헌바76).[2]

---

1) 예를 들어 법원의 구속기간을 연장한 2007년 형사소송법 제92조의 개정은 범죄의 성립이나 처벌 여부와는 무관하므로 법 개정 이전에 있었던 범죄에도 소급하여 적용된다.

2) 다만 헌재는 이 결정에서 "일반적으로 국민이 소급입법을 예상할 수 있었거나 법적 상태가 불확실하고 혼란스러워 보호할 만한 신뢰이익이 적은 경우와 소급입법에 의한 당사자의 손실이 없거나 아주 경미한 경우 그리고 신뢰보호의 요청에 우선하는 심히 중대한 공익상의 사유가 소급입법을 정당화하는 경우 등에는 예외적으로 진정소급입법이 허용된다."고 하였다.

29   **[2015도1362]** (1) 법원이 어떠한 법률조항을 해석·적용함에 있어서 한 가지 해석
방법에 의하면 헌법에 위배되는 결과가 되고 다른 해석방법에 의하면 헌법에 합
치하는 것으로 볼 수 있을 때에는 위헌적인 해석을 피하고 헌법에 합치하는 해석
방법을 택하여야 한다(대법원 1992. 5. 8.자 91부8 결정 등 참조). 이는 입법방식
에 다소 부족한 점이 있어 어느 법률조항의 적용 범위 등에 관하여 불명확한 부
분이 있는 경우에도 마찬가지라 할 것이다. 이러한 관점에서 보면 공소시효를 정
지·연장·배제하는 내용의 특례조항을 신설하면서 소급적용에 관한 명시적인 경
과규정을 두지 아니한 경우에 그 조항을 소급하여 적용할 수 있다고 볼 것인지에
관하여는 이를 해결할 보편타당한 일반원칙이 존재할 수 없는 터이므로 적법절차
원칙과 소급금지원칙을 천명한 헌법 제12조 제1항과 제13조 제1항의 정신을 바탕
으로 하여 법적 안정성과 신뢰보호원칙을 포함한 법치주의 이념을 훼손하지 아니
하도록 신중히 판단하여야 한다.

　　(3) 원심은, 이 사건 법률을 통하여 피고인에게 불리한 내용의 공소시효 배제조
항을 신설하면서 신법을 적용하도록 하는 경과규정을 두지 아니한 경우 그 공소시
효 배제조항의 시적 적용 범위에 관하여는 보편타당한 일반원칙이 존재하지 아니
하므로 각국의 현실과 사정에 따라 그 적용 범위를 달리 규율할 수 있는데, 2007.
12. 21. 개정된 형사소송법이 종전의 공소시효 기간을 연장하면서도 그 부칙 제3
조에서 "이 법 시행 전에 범한 죄에 대하여는 종전의 규정을 적용한다."고 규정함
으로써 소급효를 인정하지 아니한다는 원칙을 밝힌 점, 특별법에 소급적용에 관한
명시적인 경과규정이 없는 경우에는 일반법에 규정된 경과규정이 적용되어야 하는
점 등에 비추어 공소시효가 피고인에게 불리하게 변경되는 경우에는 피고인에게
유리한 종전 규정을 적용하여야 하고, 이 사건 법률에는 소급적용에 관한 명시적
인 경과규정이 없어 이 사건 장애인 준강간의 점에 대하여는 이 사건 법률 제20조
제3항을 소급하여 적용할 수 없으므로 그 범행에 대한 공소가 범죄행위 종료일부
터 7년이 경과한 후에 제기되어 공소시효가 완성되었다는 이유로, 이를 유죄로 판
단한 제1심판결을 파기하고 이 부분 공소사실에 대하여 면소를 선고하였다.

　　(4) 원심판결 이유를 앞서 본 법리에 비추어 살펴보면 원심의 판단은 정당하
고, 거기에 상고이유의 주장과 같이 형벌불소급의 원칙 및 공소시효 배제규정에
대한 부진정소급효에 관한 법리를 오해하는 등으로 판결 결과에 영향을 미친 위
법이 없다.

[96도3376 전합] 5·18민주화운동등에관한특별법이 적용대상으로 삼는 헌정질서
파괴범죄를 처벌하기 위한 공익의 중대성과 그 범죄혐의자들에 대하여 보호해야
할 법적 이익을 교량할 때 5·18민주화운동등에관한특별법 제2조는 그 정당성이
인정된다. 그러나 공소시효가 이미 완성한 다음에 소급적으로 공소시효를 정지시

키는 이른바 진정소급효를 갖는 법률규정은 형사소추권이 소멸함으로써 이미 법적·사회적 안정성을 부여받아 국가의 형벌권 행사로부터 자유로워진 범죄혐의자에 대하여 실체적인 죄형의 규정을 소급적으로 신설하여 처벌하는 것과 실질적으로 동일한 결과를 초래하게 되어, 행위시의 법률에 의하지 아니하고는 처벌받지 아니한다는 헌법상의 원칙에 위배되므로, 공소시효에 관한 것이라 하더라도 공소시효가 이미 완성된 경우에 다시 소추할 수 있도록 공소시효를 소급하여 정지하는 내용의 법률은 그 정당성이 인정될 수 없다. 따라서 5·18민주화운동등에관한특별법 제2조는 그 시행 당시 공소시효가 완성하지 않은 범죄에 대하여만 한정하여 적용되고, 이미 공소시효가 완성된 범죄에 대하여까지 적용되는 것은 아니라고 해석하는 것이 옳다.

다. 판례의 변경

대법원의 판례 변경이 입법과 동일한 기능을 하여 일정한 가벌조건을 창설   **30** 할 경우에는 판례의 변경에도 소급효금지원칙이 적용되어야 한다는 주장이 있다.[1] 판례 변경의 계기가 된 사건에는 변경된 판례를 적용하지 않고, 판례 변경 후의 사건부터 적용해야 된다는 것이다. 판례는 형사처벌의 근거가 되는 것은 법률이지 판례가 아니라고 하여 이러한 주장을 받아들이지 않는다(97도3349, 2012헌바390).

판례가 유권해석으로 이후의 판결을 구속하는 효력이 있지만 법률과 같은   **31** 효력이 있는 것은 아니며, 헌법과 형법은 범죄와 형벌을 법률에 미리 정할 것을 요구하는 것이므로 법률이 아닌 판례의 변경까지 소급효 금지의 대상이라고 할 수는 없을 것이다. 한편 대법원은 양형기준 또한 법률적 구속력이 없는 참고자료이기 때문에 양형기준이 효력을 발휘하기 전에 법원에 공소가 제기된 사건에 대해 양형기준을 적용하더라도 소급효금지원칙에 어긋나는 것은 아니라고 하였다(2009도11448).

[97도3349] 행위 당시의 판례에 의하면 처벌대상이 아니었던 행위를 판례의 변경   **32** 에 따라 처벌하는 것이 평등의 원칙과 형벌불소급의 원칙에 반하는지 여부(소극)

: 형사처벌의 근거가 되는 것은 법률이지 판례가 아니고, 형법 조항에 관한 판례의 변경은 그 법률조항의 내용을 확인하는 것에 지나지 아니하여 이로써 그 법

---

1) 유사한 견해로는 [95도2870 전합] 판결의 반대의견.

률조항 자체가 변경된 것이라고 볼 수는 없으므로, 행위 당시의 판례에 의하면 처벌대상이 되지 아니하는 것으로 해석되었던 행위를 판례의 변경에 따라 확인된 내용의 형법 조항에 근거하여 처벌한다고 하여 그것이 헌법상 평등의 원칙과 형벌불소급의 원칙에 반한다고 할 수는 없다.

VI. 적정성원칙

1. 의의

33   적정성의 원칙은 범죄와 형벌이 형식적으로 법률에 규정되어야 할 뿐만 아니라, 범죄와 형벌의 실질적 내용이 합리적이며 적정해야 한다는 원칙이다. 법률로 정하였으니 시민의 어떤 자유와 권리든 정도에 상관없이 제한할 수 있다고 하면 시민의 자유와 권리를 보장하기 위해 국가의 형벌권을 제한하려 하는 죄형법정주의는 껍데기만 남을 것이다. 따라서 법률로 정하는 범죄와 형벌의 내용은 적정한 정도를 초과해서는 안 된다.

2. 적정성의 기준

34   범죄와 형벌의 내용이 적정한지를 평가하는 기준으로 과잉금지원칙과 비례의 원칙 등이 제시된다. 과잉금지의 원칙은 국가형벌의 개입이 필요한 최소한에 그칠 것을 요구한다. 형법이론에 따라 형법의 개입은 형법의 단편성, 최후수단성, 보충성에 부합하여야 한다. 다른 사회규범이나 법규범으로 통제가 불가능하여 형법의 개입이 불가피한 행위만 범죄로 정해야 하며, 범죄에 대한 처벌은 책임과 비례관계에 있어야 한다. 과도한 형벌과 잔혹한 형벌은 금지되어야 한다.

35   [2006헌가13] 우리 헌법은 국가권력의 남용으로부터 국민의 기본권을 보호하려는 법치국가의 실현을 기본이념으로 하고 있고, 법치국가의 개념은 범죄에 대한 법정형을 정함에 있어 죄질과 그에 따른 행위자의 책임 사이에 적절한 비례관계가 지켜질 것을 요구하는 실질적 법치국가의 이념을 포함하고 있다
[서울북부지방법원 2007고단1516 위헌제청결정] 국가형벌권은 과잉금지 및 비례의 원칙상 사회생활상 본질적으로 중요한 법익의 보호를 위해서만, 그것도 다른 수단으로 효과가 없을 때 최후수단으로 사용되어야 한다. … 국가의 강제력은 사

회의 원칙이 유지되도록 규칙의 준수를 보장하는 일반적인 행동규율을 실시하는 데에 국한시켜야 한다. 특정한 개별적인 목적을 위해 강제력을 남용하려는 유혹은 빠지기 쉽지만 자제되어야 할 낡은 본능이다.

[2009헌바17] 간통행위를 국가가 형벌로 다스리는 것이 <u>적정한지</u>에 대해서는 이제 더 이상 국민의 인식이 일치한다고 보기 어렵고, 비록 비도덕적인 행위라 할지라도 본질적으로 개인의 사생활에 속하고 사회에 끼치는 해악이 그다지 크지 않거나 구체적 법익에 대한 명백한 침해가 없는 경우에는 국가권력이 개입해서는 안 된다. … 결국 심판대상조항은 과잉금지원칙에 위배하여 국민의 성적 자기결정권 및 사생활의 비밀과 자유를 침해하는 것으로서 헌법에 위반된다.[1]

[5] 제2절 형법의 적용범위

Ⅰ. 형법의 시간적 적용범위

1. 행위시법주의

가. 의의

형법 제1조 1항은 "범죄의 성립과 처벌은 행위시의 법률에 의한다"고 규정 **1** 하여 죄형법정주의의 내용인 법률유보원칙과 소급효금지원칙을 선언하고 있다. 곧, '행위시의 법률'에서 '법률'은 법률유보원칙을, '행위시'는 소급효금지를 각각 표명한 것으로 해석할 수 있다. 따라서 형법의 시간적 적용범위는 원칙적으로 형법 조문의 제정, 공포 이후이다.

나. 행위시법주의의 예외

형법은 행위시법주의를 원칙으로 명시하는 한편, 죄형법정주의의 실질적 **2** 의미와 형법의 보장적 과제를 반영하여 행위시법주의의 예외를 규정하고 있다. 곧, 형법 제1조 2항과 3항에서 행위자에게 유리한 소급효를 인정하는 내용을 명문으로 정한 것이다. 각 항의 문구에 대한 해석은 아래와 같다.

(1) 제1조 2항   2항에서는 "범죄 후 법률이 변경되어 그 행위가 범죄를 구 **3** 성하지 아니하게 되거나 형이 구법舊法보다 가벼워진 경우에는 신법新法에 따른

---

1) 이 결정문에는 간통죄의 법정형에 징역형만 있는 것이 책임과 형벌의 비례원칙에 위배되어 위헌이라는 개별의견도 있다.

다."고 하여 신법 이전에 이루어진 행위에 대해 행위시법이 아니라 행위자에게 유리한 신법, 곧 재판시법을 소급하여 적용하도록 하고 있다. 여기서 1) '범죄 후'란 범죄의 실행행위를 종료한 후를 의미하며, 범죄의 결과발생 시점을 포함하지 않는다.[1] 만약 범죄의 실행행위가 구법과 신법 사이에 걸쳐 이루어진 경우에는 두 법이 모두 행위시법이 되는데, 이때는 신법우선의 원칙에 따라 신법을 적용한다(93도1166).

4   2) '법률이 변경되어'[2]에서 '법률'은 가벌성과 관련하는 모든 법규를 의미한다. 따라서 법률뿐만 아니라 명령, 규칙 등도 포함된다.[3] 다만 여기서 법률은 범죄와 형벌에 관한 법률, 곧 실질적 의미의 형법으로 한정된다(2008도8090). 3) '범죄를 구성하지 아니하게 되는 경우'에는 형법각칙이나 특별형법의 범죄구성요건이 폐지되는 경우는 물론 형법총칙의 위법성조각사유나 면책사유 등이 변경되어 가벌성이 폐지된 경우도 포함된다. 4) '형이 가벼워진 경우'에만 신법인 재판시법을 적용하며, 형의 무겁고 가벼움에 변화가 없는 경우에는 행위시법인 구법을 적용해야 한다(4293형상445). 이때 비교의 대상에는 해당 범죄에 대한 주된 형벌과 더불어 부가형까지 포함된다. 또한 형이 가벼워지면 가벼운 형을 기준으로 공소시효를 계산한다(2008도4376).

5   (2) 제1조 3항   3항은 "재판이 확정된 후 법률이 변경되어 그 행위가 범죄를 구성하지 아니하게 된 경우에는 형의 집행을 면제한다."고 규정하고 있다. 행위시와 재판시 사이에 법률이 변경되면 행위자에게 유리한 신법을 적용하도록 하는 데서 더 나아가 재판이 확정된 후 범죄가 폐지되거나 하면 형의 집행을 면제하도록 한 것이다. 우연히 결정될 수 있는 재판시점의 차이에 따라 처벌 여부가 달라지는 불평등을 방지하려는 목적도 있다.

6   1) '재판 확정 후'란 재판이 일반적인 불복의 방법으로 다툴 수 없게 되고 그 재판의 내용을 변경할 수 없는 상태에 이른 후를 말한다. 상소를 포기하거나 대법원 판결이 확정되는 경우 등이 이에 해당한다. 2) '법률의 변경'은 형벌법규 자체가 폐지된 경우와 구성요건의 내용이 변경되어 행위의 가벌성이 없어진 경

---

1) 독일 형법 제1조 2항은 '행위가 끝나는 때 bei Beendigung der Tat'라고 한다.
2) 2020년 개정 형법 이전에는 '법률의 변경에 의하여'라고 되어 있었다. 법률 문언에서 우리말의 쓰임새에 대해 생각해 볼 일이다.
3) [2020도16420 전합] 형벌법규가 헌법상 열거된 법규명령이 아닌 고시 등 규정에 구성요건의 일부를 수권 내지 위임한 경우에도 그 고시 등 규정이 위임입법의 한계를 벗어나지 않는 한 모법인 형벌법규와 결합하여 형사처벌의 근거가 되는 것이므로, 고시 등 규정이 변경되는 경우에도 마찬가지로 형법 제1조 제2항에서 말하는 법령의 변경에 해당한다.

우, 그리고 형이 폐지된 경우를 말한다. 다만 범죄구성요건은 변경되지 않고 형기만 가볍게 변경된 경우에는 확정된 재판의 형을 그대로 집행한다. 3) '형의 집행을 면제'하는 것이므로 유죄판결 자체는 유효하고, 형벌을 받은 사실, 이른바 '전과前科'는 그대로 남는다.

[2008도8090] 제1심에서 부정기형을 선고한 판결에 대한 항소심 계속 중 개정 소년법이 시행되었고 항소심 판결 선고시에는 이미 신법상 소년에 해당하지 않게 된 경우, 법원이 취하여야 할 조치(=정기형 선고)   **7**

: 제1심은 피고인을 구 소년법(2007. 12. 21. 개정되기 전의 것) 제2조에 의한 소년으로 인정하여 위 구 소년법 제60조 제1항에 의하여 부정기형을 선고하였고, 이에 대하여 피고인이 양형부당을 이유로 항소하였으나 원심은 피고인의 항소를 기각하여 제1심판결을 유지하였다. 그런데 2008. 6. 22.부터 시행된 개정 소년법 제2조에 의하여 '소년'의 정의가 '20세 미만'에서 '19세 미만'으로 개정되었고, 그 규정은 같은 법 부칙 제2조에 따라 같은 법 시행 당시 심리 중에 있는 형사사건인 이 사건에 관하여도 적용되며, 한편 피고인은 원심판결 선고일인 2008. 8. 22.에 이미 19세에 달하였음이 기록상 명백하다. 결국, 피고인은 개정 소년법 제2조의 소년에 해당하지 않으므로, 피고인에 대하여 부정기형을 선고한 제1심판결을 파기하고 정기형을 선고하는 조치를 취하지 아니한 원심에는 소년법 제2조의 소년에 관한 법리를 오해하여 판결에 영향을 미친 위법이 있다.

[2008도4376] 범죄 후 법률 개정으로 형이 가벼워진 경우 공소시효기간의 기준(= 신법의 법정형): 범죄 후 법률의 개정에 의하여 법정형이 가벼워진 경우에는 형법 제1조 제2항에 의하여 당해 범죄사실에 적용될 가벼운 법정형(신법의 법정형)이 공소시효기간의 기준으로 된다.

2. 형법 제1조 2항의 적용범위

가. 문제상황

과거 대법원은 판결로 형법 제1조 2항의 적용범위를 제한하여 '종래의 처   **8** 벌이 부당했다는 반성적 고려에서 법률이 변경된 경우'에만 제1조 2항을 적용하였다. 법률 개정의 동기가 이른바 '법적 견해의 변경'에 따른 것이면 신법을 적용하여 처벌하지 않지만, 그렇지 않고 단순히 '사회적 상황에 변화'에 따른 것이면 법령이 적용될 때의 행위를 개정 이후에도 처벌해야 한다는 것이다. 이러한

판례의 입장을 '동기설'로 표현하는데, '동기설'은 이른바 '한시법'에 대한 독일의
판례에서 유래한 것이다.

나. 이른바 '한시법'의 문제

9   **(1) 개념**   한시법限時法이란 법률을 제정할 때 미리 유효기간을 명시한 법
률 또는 기존의 형벌법규를 폐지하기 전에 일정한 유효기간을 정하는 법률을
말한다. 이를 좁은 의미의 한시법이라 하는데, 이와 더불어 유효기간을 정하지
않았지만 그 내용이나 목적이 일시적 상황에 대처하기 위한 법률까지 넓은 의
미의 한시법으로 보는 견해도 있다. 대법원은 과거 한시법의 범위를 매우 확장
해서 인정하는 듯하였지만, 최근 변경된 판례에서는 한시법을 '스스로 유효기간
을 구체적인 일자나 기간으로 특정하여 효력의 상실을 예정하고 있던 법령'으로
정의하였다(2020도16420전합).

10   **(2) 추급효의 인정 여부**   한시법의 문제는 유효기간이 지나 폐지된 법률
을 법이 시행될 때 저지른 범죄에 적용하여 처벌할 수 있는가 하는 것이다. 법
률이 폐지된 후에도 '쫓아와서' 적용되는 효력, 곧 추급효追及效를 인정할 것인가
의 문제이다. '행위시법주의'에 따르면 처벌할 수 있지만, 제1조 2항에 따르면
처벌할 수 없다. 이와 관련하여 1) **부정설**은 제1조 2항의 '법률의 변경'에 한시법
의 유효기간 경과가 포함되므로 법률에 따로 정하지 않는 한 한시법의 추급효
를 인정할 수 없다고 한다. 그러나 2) **긍정설**은 한시법의 경우는 특수하므로 추
급효를 인정해야 한다는 입장이다. 그 이유는 ① 비록 유효기간이 지났더라도
법 적용 당시의 범행은 비난의 가치가 있으며, ② 유효기간이 끝나는 때가 가까
워지면 법의 실효성을 유지할 수 없고, ③ 유효기간 전후의 행위시점에 따라 처
벌 여부가 달라지는 불공평한 결과를 초래할 수 있기 때문이라고 한다. 그리고
3) **동기설**은 한시법 폐지의 동기가 '법적 견해의 변경'인지 아니면 '사실관계의
변화'인지에 따라 처벌 여부를 달리하자는 견해이다.

다. 대법원 판례의 문제점

11   대법원이 그동안 '형법 제1조 2항의 적용범위'에 대해 '동기설'의 이론을 적
용한 데에는 두 가지 문제가 있다. 첫째, 좁은 의미의 한시법은 물론 넓은 의미
의 한시법도 아닌 법률의 개정에 이 이론을 적용했다는 것이다. 국내에서는 형
법의 영역에서 좁은 의미든 넓은 의미든 한시법의 예를 찾을 수 없기 때문에 추
급효에 대한 논의는 현실적 의미가 없다. 그럼에도 불구하고 대법원은 한시법의

추급효에 관한 동기설의 이론을 형법 제1조 2항의 제한원리로 적용해 왔던 것
이다.

둘째, 대법원이 독일의 판례를 반대로 적용했다는 것이다. 독일 형법은 제2　**12**
조 1항에서 행위시법주의를 원칙으로 선언하고 이에 대한 예외로 3항에서 행위
후 재판시에 법률이 변경되면 가장 가벼운 법을 적용한다고 규정하고 있다. 그
리고 4항에 한시법에 대한 예외규정을 두어서 한시법은 법이 폐지된 후에도 법
이 적용될 때 저지른 행위에 적용된다고 명시하고 있다.[1] 그런데 독일 대법원
은 4항에도 불구하고 한시법 폐지의 동기가 법적 견해의 변경이면 처벌하지 않
는다고 판시하였다. 즉, 독일의 동기설은 처벌하지 않기 위한 이론이지만 한국
의 동기설은 처벌하기 위한 이론이었던 것이다.

죄형법정주의 원칙은 법률의 근거 없이 처벌을 확대하는 해석을 허용하지　**13**
않는다. 그러나 법률의 규정에도 불구하고 처벌을 축소하는 해석은 가능하다.
그것이 죄형법정주의의 실질적 의미와 형법의 보장적 과제에 부합하는 해석이
다. 대법원이 그동안 행위자에게 유리한 형법 제1조 2항을 자의적으로 축소해석
하여 처벌이 확대되는 결과를 가져온 것은 죄형법정주의를 정면으로 어기는 일
이었다. 다행히 대법원은 2022. 12. 22. 기존의 판례를 변경하여 법적 견해의 변
경 여부와 상관없이 제1조 2항을 적용하여야 한다고 판결하였다.

다만, 그러면서도 대법원은 1) 형벌법규 자체 또는 그로부터 수권 내지 위　**14**
임을 받은 법령이 아닌 다른 법령이 변경된 경우에는 그 법령의 변경이 해당 형
벌법규에 따른 범죄의 성립 및 처벌과 직접적으로 관련된 형사법적 관점의 변
화를 주된 근거로 변경에 해당하여야 제1조 ②항을 적용할 수 있다는 예외를
두었다. 따라서 이와 관련이 없는 법령의 변경으로 인하여 해당 형벌법규의 가
벌성에 영향을 미치게 되는 경우에는 제1조 ②항을 적용할 수 없다고 한다.[2]

---

1) § 2 Zeitliche Geltung (1) Die Strafe und ihre Nebenfolgen bestimmen sich nach dem
　　Gesetz, das zur Zeit der Tat gilt. (2) Wird die Strafdrohung während der Begehung der
　　Tat geändert, so ist das Gesetz anzuwenden, das bei Beendigung der Tat gilt. (3) Wird
　　das Gesetz, das bei Beendigung der Tat gilt, vor der Entscheidung geändert, so ist das
　　mildeste Gesetz anzuwenden. (4) Ein Gesetz, das nur für eine bestimmte Zeit gelten
　　soll, ist auf Taten, die während seiner Geltung begangen sind, auch dann anzuwenden,
　　wenn es außer Kraft getreten ist. Dies gilt nicht, soweit ein Gesetz etwas anderes
　　bestimmt.

2) [2022도4610] 법무사법 제2조는 법무사의 업무범위에 관한 규정으로서 기본적으로 형사법과
　　무관한 행정적 규율에 관한 내용이므로, 그 변경은 문제 된 형벌법규의 가벌성에 간접적인
　　영향을 미치는 경우에 해당할 뿐인 점, … 등을 종합하면, 위 법무사법 개정은 형사법적 관점

또한 2) 한시법의 유효기간 경과는 제1조 ②항에 해당하지 않는다고 하였다. 그러나 1)의 경우 '형사법적 관점의 변화를 주된 근거로 하는 법령의 변경'이라는 새로운 기준은 기존의 '동기설'과 같은 문제를 낳을 수 있으며, 2) 한시법의 경우는 입법자가 경과규정을 두어 추급효의 인정 여부를 정해야 할 일이고 법원이 추급효 여부를 결정할 일은 아니다.[1]

15   **[사례 6] 2020도16420 전원합의체 판결**

피고인 D는 도로교통법 위반(음주운전)죄로 4회 처벌받은 전력이 있음에도 2020. 1. 5. 혈중알코올농도 0.209%의 술에 취한 상태로 전동킥보드를 운전하였다. 원심은 2020. 11. 5. 구 도로교통법 제148조의2 제1항, 도로교통법 제44조 제1항을 적용하여 피고인에게 유죄를 선고하고 징역형을 선택하였다.

그런데 도로교통법은 2020. 6. 9. 개정되었고, 원심판결 선고 후인 2020. 12. 10. 시행되었다. 개정된 도로교통법 제2조 제19호의2 및 제21호의2에 따라 이 사건 전동킥보드와 같은 '개인형 이동장치'는 '자전거 등'에 해당하게 되었고, 자동차 등 음주운전 행위를 처벌하는 제148조의2의 적용 대상에서 개인형 이동장치를 운전하는 경우가 제외되는 한편, 개인형 이동장치 음주운전 행위에 대하여 자전거 등 음주운전 행위를 처벌하는 제156조 제11호를 적용하도록 규정하였다. 그 결과 도로교통법 제44조 제1항 위반 전력이 있는 사람이 다시 술에 취한 상태로 전동킥보드를 운전한 행위에 대하여, 이 사건 법률 개정 전에는 구 도로교통법 제148조의2 제1항을 적용하여 2년 이상 5년 이하의 징역이나 1천만 원 이상 2천만 원 이하의 벌금으로 처벌하였으나, 이 사건 법률 개정 후에는 도로교통법 제156조 제11호를 적용하여 20만 원 이하의 벌금이나 구류 또는 과료로 처벌하게 되었다. 개정 도로교통법은 이러한 내용의 신법 시행 전에 이루어진 구 도로교통법 제148조의2 제1항 위반행위에 대하여 종전 법령을 그대로 적용할 것인지에 관하여 별도의 경과규정을 두지 않았다.

---

1) 이 판결의 별개의견 중 "피고인에게 유리하게 형벌법규가 변경되었다는 관점에서 보면 법령이 개정·폐지된 경우와 법령의 유효기간이 경과된 경우는 본질적으로 차이가 없다. ... 법령의 유효기간이 경과된 경우에도 추급효에 관한 경과규정을 두지 않은 이상 원칙적으로 피고인에게 유리한 재판시법이 적용되어야 한다."는 의견이 있었으며, 매우 타당한 지적이다.

◇ 문　도로교통법 개정 후 대법원 판결에서는 어떤 법률에 따라 판단해야
　　하는가?

〈대법원의 판결〉

(1) 이 사건의 쟁점

종래 대법원은 이러한 쟁점의 해결을 위하여 법령의 변경에 관한 <u>입법자의 동기</u>를 고려하여 형법 제1조 제2항과 형사소송법 제326조 제4호의 적용 범위를 제한적으로 해석하는 입장을 견지해 왔다. 즉, 형벌법규 제정의 이유가 된 <u>법률이념의 변경</u>에 따라 종래의 처벌 자체가 부당하였다거나 또는 과형이 과중하였다는 <u>반성적 고려에서</u> 법령을 변경하였을 경우에만 형법 제1조 제2항과 형사소송법 제326조 제4호가 적용된다고 해석하여, 이러한 경우가 아니라 그때그때의 <u>특수한 필요에 대처하기 위하여</u> 법령을 변경한 것에 불과한 때에는 이를 적용하지 아니하고 행위 당시의 형벌법규에 따라 위반행위를 처벌하여야 한다는 판례 법리를 확립하여 오랜 기간 유지하여 왔다.[1] 결국 이 사건의 쟁점은 이와 같은 종래 대법원판례 법리를 그대로 유지할 것인지에 관한 문제이다.

(2) 쟁점에 관한 판단

가. 범죄 후 법률이 변경되어 그 행위가 범죄를 구성하지 아니하게 되거나 형이 구법보다 가벼워진 경우에는 신법에 따라야 하고(형법 제1조 제2항), 범죄 후의 법령 개폐로 형이 폐지되었을 때는 판결로써 면소의 선고를 하여야 한다(형사소송법 제326조 제4호). 이러한 형법 제1조 제2항과 형사소송법 제326조 제4호의 규정은 입법자가 법령의 변경 이후에도 종전 법령 위반행위에 대한 형사처벌을 유지한다는 내용의 경과규정을 따로 두지 않는 한 그대로 적용되어야 한다.

따라서 범죄의 성립과 처벌에 관하여 규정한 형벌법규 자체 또는 그로부터 수권 내지 위임을 받은 법령의 변경에 따라 범죄를 구성하지 아니하게 되거나 형이 가벼워진 경우에는, 종전 법령이 범죄로 정하여 처벌한 것이 부당하였다거나 과형이 과중하였다는 반성적 고려에 따라 변경된 것인지 여부를 따지지 않고 원칙적으로 형법 제1조 제2항과 형사소송법 제326조 제4호가 적용된다.

그러나 해당 형벌법규 자체 또는 그로부터 수권 내지 위임을 받은 법령이 아닌 다른 법령이 변경된 경우 형법 제1조 제2항과 형사소송법 제326조 제4호를 적용하려면, 해당 형벌법규에 따른 범죄의 성립 및 처벌과 직접적으로 관련된 형사법적 관점의 변화를 주된 근거로 하는 법령의 변경에 해당하여야 하므로, 이와 관련이 없는 법령의 변경으로 인하여 해당 형벌법규의 가벌성에 영향을 미치게 되는 경우에는 형법 제1조 제2항과 형사소송법 제326조 제4호가 적용되지 않는다.

---

[1] 62도257, 77도1280, 79도2953, 82도1861, 84도413, 97도2682, 2003도2770, 2009도12930, 2013도4862, 2016도9954 등.

　　한편 법령이 개정 내지 폐지된 경우가 아니라, <u>스스로 유효기간을 구체적인 일</u><u>자나 기간으로 특정하여 효력의 상실을 예정하고 있던 법령이 그 유효기간을 경</u><u>과함으로써 더 이상 효력을 갖지 않게 된 경우도 형법 제1조 제2항과 형사소송법</u><u>제326조 제4호에서 말하는 법령의 변경에 해당한다고 볼 수 없다.</u>

　[쟁점]
1. 형법 제1조 제1항의 행위시법주의와 이에 대한 제2항의 예외가 갖는 의미는 무엇인가?
2. 이른바 한시법이란 무엇인가?
3. 형법 제1조 2항의 적용범위와 관련하여 판례가 말하는 '동기설'의 문제점은 무엇인가?

　[참조판례]
− **'그때 그때의 특수한 필요에 대처하기 위하여 법령을 개폐하는 것에 불과'**
[86도42] 1986.3.19. 서울특별시는 고시 제171호로서 도로교통법 제48조 제9호에 의한 운전자 준수사항고시를 개정 고시하면서 운전자의 부당요금 징수를 운전자 준수사항의 예에서 삭제.
[2000도764] 식품위생법 제30조의 규정에 따라 단란주점의 영업시간을 제한하고 있던 보건복지부 고시가 유효기간 만료로 실효되어 영업시간의 제한 해제.
[2011도1303] '납세의무자가 정당한 사유 없이 1회계연도에 3회 이상 체납하는 경우'를 처벌하는 구 조세범 처벌법 제10조의 삭제. (부칙에서 추급효 인정)
− **'법적 견해의 변경'**
[2000도2626] 1999.7.1.부터 시행된 청소년보호법에서 숙박업은 청소년유해업소 중 청소년의 출입은 가능하나 고용은 유해한 것으로 인정되는 업소에 해당하는 것으로 변경
[2003도2770] 자동차관리법시행규칙 제138조 1항 1호 개정으로 '제작자 등의 무상보증정비기간이 지난 원동기'를 폐차시 압축·파쇄·절단하여야 할 자동차의 장치에서 제외.
[2012도14253] '위계간음죄'를 규정한 구 형법 제304조의 삭제.
[2016도1473] 형법 제324조 제1항 강요죄의 법정형에 징역형 외에 벌금형 추가.

Ⅱ. 형법의 지역적·인적 적용범위

1. 속지주의 원칙

16　　형법 제2조는 "본법은 대한민국영역내에서 죄를 범한 내국인과 외국인에게

적용한다.”고 하여 속지주의屬地主義 원칙을 명시하고 있다. 대한민국의 영역을 기준으로 형법의 지역적 적용범위를 정하므로 속지주의라 하고, 형법의 지역적·인적 적용 범위의 기본이 되는 원칙이다. 여기서 ‘대한민국영역’은 한국의 영토·영해·영공을 포함한다. ‘죄를 범한’ 것에는 행위와 결과의 어느 것이라도 대한민국의 영역 안에서 발생했으면 충분하다.

한편 형법 제4조는 “본법은 대한민국영역외에 있는 대한민국의 선박 또는 항공기내에서 죄를 범한 외국인에게 적용한다.”고 하는데, 이는 이른바 ‘기국주의旗國主義’에 따른 것이다. 기국주의는 공해상의 선박이나 항공기는 국적을 가진 국가의 배타적 관할권에 속한다는 국제법의 원칙이다.1) 제4조는 제2조의 속지주의를 보충하는 규정으로서, 한국의 영역 밖에 있더라도 국제법의 원칙에 따라 한국의 국기를 표시하고 있는 선박이나 항공기는 한국의 영역으로 간주하는 것이다. **17**

2. 속인주의

형법 제3조는“본법은 대한민국영역외에서 죄를 범한 내국인에게 적용한다.”고 한다. 형법은 속지주의를 원칙으로 하지만 한국인은 어디에 가도 한국 형법을 적용함으로써 ‘내국인內國人’에 대해서는 속인주의를 추가한 것이다. ‘내국인’은 대한민국의 국적을 가진 자이고, 범행 당시 대한민국 국민이어야 한다. **18**

[99도3337] 형법 제3조는 … 형법의 적용 범위에 관한 속인주의를 규정하고 있는 바, 필리핀국에서 카지노의 외국인 출입이 허용되어 있다 하여도, 형법 제3조에 따라, 필리핀국에서 도박을 한 피고인에게 우리 나라 형법이 당연히 적용된다.
[2017도953] 형법 제3조는 … 속인주의를 규정하고 있고, 또한 국가 정책적 견지에서 도박죄의 보호법익보다 좀 더 높은 국가이익을 위하여 예외적으로 내국인의 출입을 허용하는 폐광지역 개발 지원에 관한 특별법 등에 따라 카지노에 출입하는 것은 법령에 의한 행위로 위법성이 조각된다고 할 것이니, 도박죄를 처벌하지 않는 외국 카지노에서의 도박이라는 사정만으로 그 위법성이 조각된다고 할 수 없다. **19**

---

1) 「해양법에 관한 국제연합협약」 제91조, 제92조, 제94조 등과, 「항공기 내에서 범한 범죄 및 기타행위에 관한 협약」 제3조, 제4조.

3. 보호주의

20 보호주의는 우리나라 또는 우리 국민의 법익을 보호하기 위해 범죄지, 범죄자의 국적을 묻지 않고 우리 형법을 적용하는 것을 말한다. 형법 제5조는 대한민국 영역 밖에서 외국인이 저지른 범죄 중 내란, 외환, 국기, 통화 및 유가증권·우표·인지에 관한 죄와 문서에 관한 죄 중 공문서위조 등의 죄, 인장에 관한 죄 중 공무원 또는 공무소의 인장에 관한 죄는 우리 형법의 적용대상이라고 규정하고 있다. 또한 제6조에 따르면 외국에서 대한민국 또는 대한민국 국민에 대하여 제5조에 정한 범죄 이외의 죄 중 행위지의 법률에 의해 처벌되는 범죄를 저지른 외국인에게도 우리 형법이 적용된다.

21 [2011도6507] 캐나다 시민권자인 피고인이 캐나다에서 위조사문서를 행사하였다는 내용으로 기소된 사안에서, 형법 제234조의 위조사문서행사죄는 형법 제5조 제1호 내지 제7호에 열거된 죄에 해당하지 않고, 위조사문서행사를 형법 제6조의 대한민국 또는 대한민국 국민의 법익을 직접적으로 침해하는 행위라고 볼 수도 없으므로 피고인의 행위에 대하여는 우리나라에 재판권이 없는데도, 위 행위가 외국인의 국외범으로서 우리나라에 재판권이 있다고 보아 유죄를 인정한 원심판결에 재판권 인정에 관한 법리오해의 위법이 있다고 한 사례.
[2016도17465] 내국 법인의 대표자인 외국인이 내국 법인이 외국에 설립한 특수목적법인에 위탁해 둔 자금을 정해진 목적과 용도 외에 임의로 사용한 데 따른 횡령죄의 피해자는 당해 금전을 위탁한 내국 법인이다. 따라서 그 행위가 외국에서 이루어진 경우에도 행위지의 법률에 의하여 범죄를 구성하지 아니하거나 소추 또는 형의 집행을 면제할 경우가 아니라면 그 외국인에 대해서도 우리 형법이 적용되어(형법 제6조), 우리 법원에 재판권이 있다.

4. 세계주의

22 세계주의는 행위자의 국적이나 범죄행위가 발생한 지역을 불문하고 인륜에 반하거나 세계 공동의 이익을 침해하는 범죄에 대해 자국 형법을 적용하는 원칙이다. 국가들의 연대를 통해 반인도주의적 범죄를 방지하려는 목적으로 국제사회가 인정하는 원칙이다.

23 형법은 2013.4.5. 개정에서 '세계주의'를 적용한 제296조의2를 신설하여 약

취유인 및 인신매매의 죄에 대한 제287조부터 제294조는 외국에서 죄를 범한 외국인에게도 적용한다고 규정하였다. 보호주의와 비슷해 보이지만 한국 또는 한국민에 대한 범죄가 아닌 경우, 곧 외국인이 외국인을 대상으로 외국에서 이 범죄들을 저지른 경우에도 우리 형법에 따라 처벌한다는 점에서 보호주의가 아닌 세계주의를 적용한 규정이다.

5. 외국에서 집행된 형의 산입

형법 제7조는 "죄를 지어 외국에서 형의 전부 또는 일부가 집행된 사람에 **24** 대해서는 그 집행된 형의 전부 또는 일부를 선고하는 형에 산입한다."라고 규정하고 있다. 외국에서 죄를 지어 형벌을 받았더라도 그 행위가 우리 형법에서도 범죄이면 속인주의 규정에 따라 국내에서 다시 처벌받을 수 있다. 형사판결은 국가 주권의 일부분인 형벌권을 행사하는 것이어서 외국에서 확정판결을 받아 형사처벌을 받았더라도 그 판결에 대해서는 일사부재리 원칙이 적용되지 않으며(2017도5977 전합), 헌법 제13조의 1항의 이중처벌금지원칙에도 위배되지 않는다(2013헌바129).

그러나 행위자가 같은 행위에 대해 우리나라 형법으로 다시 처벌받을 때 **25** 외국에서 형집행을 받은 사실이 전혀 고려되지 않으면 실질적으로 이중처벌을 받는 불이익이 발생할 수 있다. 이러한 점을 고려하여 형법은 국내에서 그 행위에 대해 형을 선고하는 경우 외국에서 집행된 형을 산입算入하도록 하고 있다. 2016년의 개정 전에는 외국에서 형의 집행을 받은 자에 대해 '형을 감경 또는 면제할 수 있다'고 하여 형을 감면할 수도 있고 안 할 수도 있었다. 이른바 '임의적' 감면사유였는데, 이에 대해 2015년 헌재에서 헌법불합치 결정을 하였고,[1] 2016. 12. 20. 개정을 통해 국내에서 선고되는 형에 반드시 산입하도록 하였다. '필요적' 규정으로 개정함으로써 피고인의 권리를 강화한 것이다. 다만 대법원은 제7조에서 외국에서 받은 '형의 산입'을 규정하고 있으므로 외국에서 미결구금된 기간은 제7조의 적용대상이 아니라고 판시하였다.

---

1) [2013헌바129] 입법자는 국가형벌권의 실현과 국민의 기본권 보장의 요구를 조화시키기 위하여 형을 필요적으로 감면하거나 외국에서 집행된 형의 전부 또는 일부를 필요적으로 산입하는 등의 방법을 선택하여 청구인의 신체의 자유를 덜 침해할 수 있음에도, 이 사건 법률조항과 같이 우리 형법에 의한 처벌 시 외국에서 받은 형의 집행을 전혀 반영하지 아니할 수도 있도록 한 것은 과잉금지원칙에 위배되어 신체의 자유를 침해한다.

26　[2017도5977 전합] '외국에서 집행된 형의 산입' 규정인 형법 제7조의 취지 / 형법 제7조에서 정한 '외국에서 형의 전부 또는 일부가 집행된 사람'의 의미 및 형사사건으로 외국 법원에 기소되었다가 무죄판결을 받기까지 상당 기간 미결구금된 사람이 이에 해당하는지 여부(소극)와 그 미결구금 기간이 형법 제7조에 의한 산입의 대상이 되는지 여부(소극) / 외국에서 미결구금되었다가 무죄판결을 받은 사람의 미결구금일수를 형법 제7조의 유추적용에 의하여 그가 국내에서 같은 행위로 인하여 선고받는 형에 산입할 수 있는지 여부(소극)

　　[다수의견] (가) 형법 제7조에서 '외국에서 형의 전부 또는 일부가 집행된 사람'이란 문언과 취지에 비추어 '외국 법원의 유죄판결에 의하여 자유형이나 벌금형 등 형의 전부 또는 일부가 실제로 집행된 사람'을 말한다고 해석하여야 한다.

　　따라서 형사사건으로 외국 법원에 기소되었다가 무죄판결을 받은 사람은, 설령 그가 무죄판결을 받기까지 상당 기간 미결구금되었더라도 이를 유죄판결에 의하여 형이 실제로 집행된 것으로 볼 수는 없으므로, '외국에서 형의 전부 또는 일부가 집행된 사람'에 해당한다고 볼 수 없고, 그 미결구금 기간은 형법 제7조에 의한 산입의 대상이 될 수 없다.

　　(나) 미결구금은 공소의 목적을 달성하기 위하여 어쩔 수 없이 피고인 또는 피의자를 구금하는 강제처분이어서 형의 집행은 아니지만 신체의 자유를 박탈하는 점이 자유형과 유사하기 때문에, 형법 제57조 제1항은 인권 보호의 관점에서 미결구금일수의 전부를 본형에 산입한다고 규정하고 있다.

　　그러나 외국에서 무죄판결을 받고 석방되기까지의 미결구금은, 국내에서의 형벌권 행사가 외국에서의 형사절차와는 별개의 것인 만큼 우리나라 형벌법규에 따른 공소의 목적을 달성하기 위하여 필수불가결하게 이루어진 강제처분으로 볼 수 없고, 유죄판결을 전제로 한 것이 아니어서 해당 국가의 형사보상제도에 따라 구금 기간에 상응하는 금전적 보상을 받음으로써 구제받을 성질의 것에 불과하다. 또한 형사절차에서 미결구금이 이루어지는 목적, 미결구금의 집행 방법 및 피구금자에 대한 처우, 미결구금에 대한 법률적 취급 등이 국가별로 다양하여 외국에서의 미결구금으로 인해 피고인이 받는 신체적 자유 박탈에 따른 불이익의 양상과 정도를 국내에서의 미결구금이나 형의 집행과 효과 면에서 서로 같거나 유사하다고 단정할 수도 없다. 따라서 위와 같이 외국에서 이루어진 미결구금을 형법 제57조 제1항에서 규정한 '본형에 당연히 산입되는 미결구금'과 같다고 볼 수 없다.

　　(다) 한편 양형의 조건에 관하여 규정한 형법 제51조의 사항은 널리 형의 양정에 관한 법원의 재량사항에 속하고, 이는 열거적인 것이 아니라 예시적인 것이다. … 형법 제7조를 유추적용하여 외국에서의 미결구금을 확정된 형의 집행 단계에서 전부 또는 일부 산입한다면 이는 위 미결구금을 고려하지 아니하고 형을 정함

을 전제로 하므로, 오히려 위와 같이 미결구금을 양형 단계에서 반영하여 그에
상응한 적절한 형으로 선고하는 것에 비하여 피고인에게 더 유리하다고 단정할
수 없다.

[반대의견] (가) 피고인이 외국에서 미결구금되었다가 무죄판결을 받았음에도
다시 국내에서 같은 행위로 기소되어 우리나라 형벌법규에 의하여 처벌받을 때
이를 전혀 고려하지 않는다면 피고인의 신체의 자유에 대한 과도한 침해가 될 수
있다. 이러한 경우에는 형법 제7조를 유추적용하여 그 미결구금일수의 전부 또는
일부를 국내에서 선고하는 형에 산입함으로써 형벌권의 행사를 정당한 한도 내로
제한함이 타당하다. 이렇게 보는 것이 신체의 자유를 보장하기 위하여 적법절차
의 원칙을 선언하고 있는 헌법 정신에 부합한다.

또한 형법 제7조의 입법 취지는 국내외에서의 실질적 이중처벌로 인하여 피고
인이 입을 수 있는 불이익을 완화함으로써 피고인의 신체의 자유를 최대한으로
보장한다는 것이다. 이는 외국에서 유죄판결에 의하여 형의 집행을 받은 피고인
뿐만 아니라 외국에서 미결구금되었다가 무죄판결을 받은 피고인에 대하여도 충
분히 고려되어야 할 사항이다. 형법 제7조의 적용 여부가 쟁점이 되었을 때는 그
입법 취지를 최대한 반영하여 해석함이 타당하므로, 피고인이 외국에서 미결구금
되었다가 무죄판결을 받은 경우에도 형법 제7조의 유추적용을 긍정할 필요가 있다.

(나) 형법 제57조 제1항에 의하여서는 외국에서 무죄판결을 받고 석방되기까지
의 미결구금일수를 국내에서 선고하는 형에 산입할 수 없으므로, 위 조항과 형법
제7조에 공통적으로 담긴 인권 보호의 정신을 살려 외국에서 유죄판결에 의하여
형이 집행된 피고인뿐만 아니라 외국에서 미결구금되었다가 무죄판결을 받은 피
고인에 대하여도 다시 같은 행위로 국내에서 형을 선고할 경우에는 형법 제7조를
유추적용하여야 할 필요성이 더욱 크다.

(다) 현행 법 체계에 비추어 보면, 판결확정 전의 구금은 형의 내용을 정할 때,
즉 양형 단계에서가 아니라 형의 집행 단계에서 고려하여야 할 사항이라는 것이
입법자의 결단이다. 외국에서의 미결구금 역시 판결확정 전의 구금에 해당하고,
나아가 외국에서의 미결구금이 외국에서의 형 집행과 본질적으로 차이가 없으므
로, 외국에서 미결구금된 경우 이를 양형 사유로 참작하는 것보다는 형의 집행
문제로 해결할 수 있도록 형법 제7조를 유추적용하는 것이 현행 법 체계에 부합
하고 일관된다.

(라) 외국에서 유죄판결이 선고되어 형이 집행된 경우에는 그 집행된 형의 전
부 또는 일부를 선고하는 형에 직접 산입해 줌으로써 형기를 단축시켜 주는 방법
으로 피고인에게 최대한 유리하게 취급해 주는 반면에, 외국에서 무죄판결로 사
건이 종결되었을 경우에는 외국에서 형사보상을 받을 기회가 있었다거나 형사보상

을 받았다는 이유만으로 애초부터 그 무죄판결 이전의 미결구금을 형법 제7조에 의한 형 산입의 적용 대상에서 제외시키는 것은 <u>합리적이라고 보기 어렵다.</u>

    [2] 피고인이 필리핀에서 살인죄를 범하였다가 무죄 취지의 재판을 받고 석방된 후 국내에서 다시 기소되어 제1심에서 징역 10년을 선고받게 되자 자신이 필리핀에서 미결 상태로 구금된 5년여의 기간에 대하여도 '외국에서 집행된 형의 산입' 규정인 형법 제7조가 적용되어야 한다고 주장하며 항소한 사안에서, 피고인의 주장을 배척한 원심판단에 형법 제7조의 적용 대상 등에 관한 법리오해의 위법이 없다고 한 사례.

6. 인적 적용범위의 예외

가. 국내법의 예외

27   형법 제2조부터 제6조 등의 규정에도 불구하고 예외적으로 형법의 적용에서 제외되는 사람이 있다. 1) 대통령은 헌법 제84조에 따라 내란 또는 외환의 죄를 범한 경우를 제외하고는 재직 중 형사소추를 받지 않는다. 판례는 헌법 제84조를 공소시효의 진행에 대한 소극적 요건을 규정한 것이므로, 공소시효의 정지에 관한 규정이라고 한다(2020도3972, 94헌마246, 95헌마100). 2) 국회의원은 헌법 제45조에 따라 "국회에서 직무상 행한 발언과 표결에 관하여 국회 외에서 책임을 지지 아니한다."이를 두고 흔히 국회의원의 '면책특권'이라고 하는데, 형법의 '책임'과 관련해서는 국회에서 한 발언이 명예훼손에 해당하더라도 책임이 면제된다는 의미이다. 면책특권의 대상이 되는 행위는 직무상의 발언과 표결이라는 의사표현행위 뿐만 아니라 질문할 원고를 사전에 배포하는 것과 같이 직무행위에 일반적으로 부수하는 행위까지 포함한다(91도3317).

나. 국제법의 예외

28   (1) 외교관계 면제권 「외교관계에 관한 빈협약」은 외교관 또는 외교사절[1]에 대해 흔히 '치외법권治外法權'이라고도 하는 외교관계 면제권을 인정한다. 1961년 오스트리아 빈에서 채택되어 1964년부터 효력이 발생한 이 협약은 1971년 한국에서도 비준되어 국내법과 같은 효력을 갖는다. 이 협약 제31조 1항에서

---

  1) 협약에서는 외교사절을 국가원수가 파견하는 대사와 공사, 외무장관이 파견하는 대리공사와 영사로 구분하며, 「영사관계에 관한 빈협약(1963)」에 따라 영사는 직무상의 행위에 대해서만 외교관계 면제권을 갖는다.

"외교사절은 접수국의 형사사법으로부터 면제권을 갖는다."[1]고 규정하고 있으므로 외교관에 대해서는 한국의 형법이 적용되지 않는다.

(2) **주한미군**　'한국과 미국의 군대지위협정(SOFA)'[2] 제22조에 따라 미국 **29** ('합중국') 군대의 구성원, 군속 및 그들의 가족에 대해서는 원칙적으로 미국의 군 당국이 형사재판권을 갖는다. 다만 한국의 법령에 의해 처벌할 수 있지만 미국의 법령으로 처벌할 수 없는 범죄에 대해, 그리고 전시戰時가 아닌 평화시의 군속 및 가족에 대해서는 한국이 형사재판권을 갖는다.

[2005도798] [1] 같은 협정 제22조 제4항에 의하면, 미합중국 군대의 군속 중 통 **30** 상적으로 대한민국에 거주하고 있는 자는 위 협정이 적용되는 군속의 개념에서 배제되므로, 그에 대하여는 대한민국의 형사재판권 등에 관하여 위 협정에서 정한 조항이 적용될 여지가 없다. [3] 한반도의 평시상태에서 미합중국 군 당국은 미합중국 군대의 군속에 대하여 형사재판권을 가지지 않으므로, 대한민국은 위 협정 제22조 제1항 (나)에 따라 미합중국 군대의 군속이 대한민국 영역 안에서 저지른 범죄로서 대한민국 법령에 의하여 처벌할 수 있는 범죄에 대한 형사재판권을 바로 행사할 수 있다.

---

1) "A diplomatic agent shall enjoy immunity from the criminal jurisdiction of the receiving State."

2) 1967.2.9. 조약 제232호로 발효되고 2001.3.29. 조약 제553호로 최종 개정되었으며, 정식명칭은 '대한민국과 아메리카합중국 간의 상호방위조약 제4조에 의한 시설과 구역 및 대한민국에서의 합중국 군대의 지위에 관한 협정', 약칭은 'Status of Forces Agreement'.

제 2 편

범　죄

제1장
범죄이론

[6] 제1절 범죄이론의 기초

I. 객관주의와 주관주의

1. 의의

범죄이론은 범죄를 바라보는 관점, 범죄를 판단하는 기준에 관련된 기본적 **1** 이론들을 말한다. 범죄이론의 바탕이 되는 기본적 시각은 주관주의와 객관주의로 구별할 수 있다. 주관주의와 객관주의는 형법의 입법과정에서도 반영되며, 형법의 해석에서 제기되는 여러 쟁점을 판단할 때에도 서로 대립하는 견해들의 배경으로 작용한다.

2. 객관주의

객관주의는 범죄의 평가에서 행위자의 주관적 의사보다는 외부로 드러나는 **2** 행위와 결과에 중점을 두는 이론이다.[1] 주관적·윤리적 평가가 중심이 되었던 전통적 범죄이론에 대한 비판으로 19세기의 자연과학과 실증주의적 사고가 바탕이 된 이론이다. 근대과학에서 비롯된 객관주의Objectivism는 자연현상이나 심리적 현상뿐만 아니라 사회적 현상도 객관적 분석의 대상으로 삼는다.[2] 그리하

---

1) 객관주의를 '사실주의' 또는 '범죄주의'라고도 한다. 배종대 [4] 22; 이재상/장영민/강동범 §4 34 참조.
2) "가능한 한 사물을 객관적으로 인식하고자 하는 열망은 최근 학문의 모든 영역에서 일어나고 있는데, 이것은 아름다움에 대한 탐구에서도 반드시 일어나야 한다.": 오스트리아 음악비평가 한슬릭의 1854년 저서 '음악의 아름다움에 대하여'에서 인용. 참고한 책은 E. Haslick, Vom Musikalisch-Schönen, 21. Auflage, Breitkopf & Härtel, Wiesbaden 1989, 2면.

여 객관주의는 범죄도 행위자의 마음이나 의사에 대한 윤리적 평가가 아니라 외부에 드러난 행위와 그 결과에 대한 객관적 분석을 통해 판단하고자 한다. 평가자의 주관적 판단이 아니라 객관적 자료를 중심으로 범죄를 평가함으로써 국가의 자의적 형벌권 행사를 제한하고 개인의 자유와 권리를 보장하려는 것이다.

3. 주관주의

3   철학에서 주관주의(Subjectivism)는 세계와 그 안의 관계들을 개인의 의식이나 주관에 반영되는 모습으로 파악하는 태도를 말한다. 주관주의는 일반적으로 인식이나 판단의 기준이 주관에 있다는 사상을 말하기도 하는데,[1] 범죄이론으로서 주관주의는 행위자의 주관적 의사를 중심으로 범죄의 성립 여부와 내용을 판단하는 입장이다.[2] 범죄의 외부적 결과는 행위자의 주관적 성격이나 소질이 발현된 것이라는 생각이다. 범죄에 대한 전통적인 사고방식이며, 형법을 도덕적·윤리적 사고와 결합하여 이해한다. 행위자 마음속의 생각이나 의도를 기준으로 범죄를 판단하는 주관주의는 판단의 방법에서도 평가자의 주관이 개입할 수 있다는 문제점을 갖는다.

Ⅱ. 행위불법과 결과불법

1. 불법의 본질

4   범죄는 법을 어기는 행위, 곧 불법행위이다. 그런데 법을 어긴다는 것, 불법은 무엇을 기준으로 하는가, 불법의 본질은 무엇인가에 대해서도 주관주의와 객관주의는 서로 다른 입장에서 출발한다. 주관주의는 불법의 본질이 법을 어기려는 행위자의 의사, 곧 '행위불법'에 있다고 하는 반면, 객관주의는 객관적으로 드러난 행위의 결과, 곧 '결과불법'에 있다고 한다.[3]

---

1) 표준국어대사전.
2) 주관주의를 '범인주의' 또는 '성격주의'라고도 한다. 배종대 [4] 23; 이재상/장영민/강동범 §4 35 참조.
3) 행위불법, 결과불법은 행위반가치, 결과반가치라고도 한다. 반가치(反價値, Unwert)는 '법질서의 가치에 반한다'는 것으로, 의역하면 불법이라 할 수 있다. 김일수/서보학 160면 이하; 배종대 [46] 이하; 오영근 101면 이하; 이재상/장영민/강동범 §9 1 이하; 홍영기 [7] 1 이하 등 참조.

2. 행위불법론

행위불법론은 불법의 본질이 법을 어기려는 행위자의 의사에 있다고 한다.   **5**
주관주의적 태도이므로 '의사불법'이라고 하면 이해하기 쉬울텐데, 형법에서는
의사 자체만으로 불법이 되지는 않기 때문에 불법적 의사를 드러내는 행위가
불법의 기준이 된다는 점에서 '행위불법'이라고 한다.

행위불법론에 의하면 사람을 살해하려는 의사를 행위로 드러낸 경우, 결과   **6**
적으로 사람이 죽지 않더라도 사람이 죽은 것과 불법의 정도가 같은 것으로 평
가될 수 있다. 이런 점에서 행위불법론은 행위에 따르는 결과의 차이를 고려하
지 않는다는 비판을 받는다. 결과를 고려하지 않고 행위불법만으로 불법을 확정
하려 한다면 극단적인 심정형법心情刑法이 되어 법치국가이념에 반할 수 있다는
것이다.[1]

3. 결과불법론

결과불법론은 불법의 본질이 법익침해 또는 그 위험이라는 결과에 있다는   **7**
견해이다. 객관주의적 입장에 따라 객관적으로 판단할 수 없는 행위자의 내면이
아니라, 겉으로 드러난 행위의 결과를 중심으로 불법을 평가해야 한다는 것
이다.

결과불법론에 대해서는 형법이 의사결정규범으로서 행위자의 의사결정이   **8**
평가의 대상이 된다는 점을 무시한다는 비판이 제기된다. 또 결과만으로 불법을
판단하면 불법의 범위가 무제한으로 확대될 수 있다는 비판도 받는다. 다른 사
람의 재물을 손괴하면 손괴죄가 되는데, 불법적인 의사에서 고의로 다른 사람의
재물을 부순 경우와 순전히 실수로 그렇게 한 경우가 결과불법으로는 동일하게
평가될 수 있기 때문이다. 형법은 사람이 사망했다는 같은 결과에 대해 고의살
인죄와 과실치사죄로 구별하여 처벌의 차이를 크게 하고 있는데, 이러한 점을
결과불법론은 설명할 수 없다는 점도 문제이다.

---

1) [90헌바23] 위 법률조항에서 편의제공 상대방에 "이 법의 죄를 범하려는 자"까지 포함시킨
   것은 예비, 음모 이전 단계까지 처벌하겠다는 것으로서 이는 의사형법意思刑法 내지 심정형
   법心情刑法을 인정하는 것이 되어 "누구든지 생각(사색)만으로는 처벌받지 않는다."는 근대
   형법의 대원칙에 반한다.

4. 결론: 이원적 불법론

9   불법의 본질은 행위불법과 결과불법을 함께 고려하여 판단할 수밖에 없다. 이러한 입장을 이원적 불법론이라 한다. 현재의 형법도 행위불법과 결과불법이 모두 반영된 범죄들을 규정하고 있다. 다만 형법이 가치평가적 규범의 성격이 강하다는 점에서 형법에는 주관주의적 사고가 깊게 자리잡고 있다. 형법에서 주관주의적 행위불법을 반영하는 대표적인 범죄유형이 미수범죄이다. 미수범죄는 결과가 발생하지 않더라도 범죄에 착수한 행위가 있으면 처벌되는 범죄이다. 한편 결과불법이 중심이 되는 범죄유형은 과실범죄이다. 형법에 과실범죄의 수는 많지 않지만 매우 많은 범죄에 대해 미수범을 처벌하고 있다. 그리고 과실범에 대한 처벌은 그리 높지 않다. 그러나 미수범은 형의 감경이나 면제가 가능하기도 하지만, 기본적으로 결과가 발생한 범죄와 동일하게 처벌할 수 있다. 이러한 점을 보면 형법은 행위불법을 중심으로 하고 있으며, 결과불법을 함께 고려한다고 할 수 있다.[1]

Ⅲ. 행위론

1. 의의

10   범죄는 사람의 행위를 전제로 한다. 사람의 행위라 할 수 없으면 형법적 평가의 대상이 될 수 없다. 형법적 평가의 대상이 되는 사람의 행위는 자연과학에서 말하는 사람의 움직임과는 다른 개념이다. 따라서 의식 없는 상태의 행위 또는 자동반사로 이루어진 행위 등을 형법적 행위로 볼 수 있을 것인지의 문제가 발생한다. 이와 관련하여 형법적 행위의 개념을 정하려는 것이 행위론이다. 행위론은 주관주의 및 객관주의 이론과 연결되어 있으며, 그 전제가 되기도 하는데, 기본적인 관점에 따라 인과적 행위론, 목적적 행위론과 사회적 행위론 등으로 구별된다.[2]

---

1) [2008헌가16] 일반적으로 범죄는 법질서에 의해 부정적으로 평가되는 행위, 즉 행위반가치行爲反價値와 그로 인한 부정적인 결과의 발생, 즉 결과반가치結果反價値라고 말할 수 있으나, 여기서 범죄를 구성하는 핵심적 징표이자 형벌을 통해 비난의 대상으로 삼는 것은 '법질서가 부정적으로 평가한 행위에 나아간 것', 즉 행위반가치에 있다.

2) 이하 행위론의 자세한 내용은 김일수/서보학 72면; 배종대 [37] 1 이하; 오영근 78면; 이재상/장영민/강동범 §6 7 이하 등 참조.

2. 인과적 행위론

인과적 행위론은 객관주의의 입장에서 자연과학의 방법으로 형법의 행위를   11
파악한다. 형법의 행위는 자연적 인과과정의 결과라고 하기 때문에 '인과적' 행
위론이라고 표현한다. 행위는 유의성有意性과 거동성으로 구성되며, 내면의 의사
가 외부의 행위로 드러나는 인과과정이 행위라고 한다. 다만 의사의 내용을 묻
지 않으며, 의사가 거동을 조종할 필요는 없다고 한다. 의사와 거동이 존재하며
양자를 자연적으로 관찰할 때 거동이 의사를 외부로 드러낸 것이라고 파악되기
만 하면 행위가 된다는 것이다.

이러한 인과적 행위론은 1) 자연적인 사건이나 동물의 행태, 인간의 행위   12
라 할지라도 단순한 반사작용 등 유의성이 없는 경우와 2) 외부로 표출되지 않
은 생각처럼 거동성이 없는 경우를 형법의 행위에서 제외하여 행위 개념의 한
계를 설정하는 기능을 갖는다. 또한 과실행위도 의사에 따른 거동으로 형법의
행위에 포함시킬 수 있다는 장점이 있다.

3. 목적적 행위론

목적적 행위론은 인간의 행위가 단순히 자연적 인과과정의 결과가 아니며,   13
목적을 지닌 활동이라고 한다. 범죄와 형법을 바라보는 객관주의적 시각에 대한
주관주의의 반발에서 비롯된 이론이다. 그래서 인과적 행위론과는 달리 외부적
거동의 원인이 되는 의사의 내용이 중요하다고 한다. 의사의 내용이 곧 행위의
요소가 되며, 외부의 행위는 목적을 가진 의사의 조종에 따라 나타난 결과라는
것이다. 이러한 목적적 행위론은 범죄 평가의 앞단계에서 의사 없는 행위, 곧
고의 없는 행위를 배제함으로써 범죄 평가의 대상이 지나치게 확대되는 것을
제한한다는 장점을 가진다. 그러나 과실범의 경우 행위의 목적성을 인정하기 어
렵기 때문에 범죄행위의 범위에 포함시키기 어렵다는 문제를 가진다.

4. 사회적 행위론

사회적 행위론은 인과적 행위론과 목적적 행위론을 비판하면서 양자의 문   14
제점을 극복하려는 이론이다. 사회적 행위론은 인간의 행위를 '사회적으로 중요
한 인간의 행태', '객관적으로 예견가능한 사회적 결과를 지향하는 객관적으로
지배가능한 모든 행태' 등으로 정의한다. 인과적 행위론이 인간의 행위를 자연

현상처럼 몰가치적 인과성의 문제로 파악하거나, 목적적 행위론이 인간 행위의 존재론적 특성에 목적성이 있다고 하는 반면, 사회적 행위론은 행위가 사회적 의미를 기준으로 평가된다고 한다. 행위 평가에서 규범적 가치 판단이 중요하다는 것이다.

15   사회적 행위론은 형법에서 의미 있는 모든 행위를 무리 없이 포섭시킬 수 있다는 장점을 갖는다. 형법에서 범죄가 되는 행위는 모두 사회적 평가에 따른 규범적 개념이라 할 수 있기 때문이다. 특히 과실범, 부작위범 등이 그러하다. 그러나 사회적 행위론에서 행위 평가의 기준이 되는 '사회성' 또는 '사회적 중요성' 등이 가치평가적 개념으로서 그 자체 판단기준이 필요한 불명확한 개념이라는 것이 사회적 행위론의 한계이다.

16   한편, 사회적 행위론과 유사한 **인격적 행위론**은 행위를 '인격의 객관적 표현 또는 발현'으로 정의한다. 사실론적 행위개념인 인과적·목적적 행위론과 가치론적 행위개념인 사회적 행위론을 종합하려는 시도이다. 그러나 인격적 행위론은 사회적 행위론의 '사회적 의미'를 '인격의 표현'으로 대체한 것에 불과하다는 비판을 받는다. 또한 '인격성'의 기준이 명확하지 않다는 점에서 사회적 행위론과 같은 한계를 갖는다.

[7] 제 2 절 범죄체계론

Ⅰ. 의의

1. 개념

1   범죄체계론은 '범죄심사의 구조에 관한 체계적 이론'으로서, 범죄행위의 요건과 그 요건들의 체계를 탐구하는 이론이다. 근대 이전의 범죄 심사가 주로 직관에 따르는 것이었다면, 근대 이후 모든 자연적, 사회적 현상에 대한 과학적, 객관적 분석이 지배하면서 범죄에 대해서도 과학적이며 객관적 심사가 필요하다는 인식의 결과로 성립된 이론이다.

2   범죄체계론은 어떤 사건에 법률을 적용할 때 판단하는 자의 선입견이나 편견을 최대한 배제하고 객관적인 심사구조에 따라 적용하는 것을 목적으로 한다.

그리하여 사건을 평등하게 취급하는 한편, 불법의 내용을 명확하게 제시하려는 것이다.

2. 범죄체계론의 구성내용

가. 행위

범죄행위의 첫 번째 심사단계는 사람의 '행위'가 있었는가를 묻는다. 행위 **3** 론의 논의가 여기서 의미를 가질 수 있다. 예를 들어 무의식 상태에서 이루어진 행위[1]라든가 사람의 신체가 다른 사람에 의해 도구처럼 쓰인 경우라면 범죄의 성립 여부를 따지기 전에 범죄행위에서 배제될 수 있다.[2]

나. 범죄의 성립요건

(1) **세 가지 성립요건**　범죄체계론의 중심은 범죄의 성립요건에 대한 논 **4** 의이며, 이 내용은 현재의 형법학 및 형법 실무에서도 핵심적인 역할을 하고 있다. 범죄체계론에 의해 정립된 범죄의 성립요건은 구성요건해당성과 위법성, 책임의 세 가지 요건이다. 1) **구성요건해당성**이란 형법이 규정하고 있는 범죄구성요건에 해당한다는 것을 말한다. 범죄구성요건이란 형법 각칙 등에서 범죄로 규정하고 있는 행위이다.[3] 2) **위법성**이란 구성요건에 해당하는 행위가 위법해야 함을 말한다. 구성요건에 규정된 행위는 금지된 행위이므로 그에 해당하는 행위를 했다는 것은 금지규범을 어긴 행위, 곧 위법한 행위인 것이다. 따라서 구성요건에 해당하는 행위는 위법한 것이 원칙이다. 3) **책임**은 구성요건에 해당하며 위법한 행위에 대해 그 행위자가 행위의 결과를 부담해야 하는가, 곧 행위자를 비난할 수 있는가의 문제이다.

(2) **세 가지 요건의 관계**　주관주의와 객관주의의 영향으로 범죄체계론은 **5** 행위와 행위자를 구별한다. 구성요건해당성과 위법성은 객관적 **행위**에 대한 평가로서 이 둘을 묶어 '**불법**'의 평가 단계라고 하며, 책임은 주관적 **행위자**에 대한 평가이다. 한편, 형법에서 구성요건해당성은 범죄를 성립시키는 적극적 요소

---

1) 예컨대 몽유병 환자가 꿈속에서 사람을 살해했는데, 그것이 현실이었던 경우.

2) 미국의 '모범형법전 Model Penal Code' §2.01은 범죄가 되는 행위에 대해 규정하고 있는데, 같은 조 (2)에서 (a) 반사 또는 경련, (b) 의식을 잃거나 수면 중 신체의 움직임, (c) 최면 중 또는 최면 제안으로 인한 행위, (d) 의식적이든 습관적이든 행위자의 노력이나 결정의 산물이 아닌 신체의 움직임은 '자발적 행위'가 아니라고 한다.

3) 예를 들어 제250조 ①항 살인죄의 구성요건은 '사람을 살해한 자'이며, 제329조 절도죄의 구성요건은 '타인의 재물을 절취한 자'이다.

인 반면, 위법성과 책임은 범죄성립을 배제하는 소극적 요소로 규정된다. 구성요 건에 해당하면 원칙적으로 범죄가 되지만, 형법에서는 위법성조각사유와 책임 배제사유[1] 등을 규정하여 이러한 사유에 해당하면 예외적으로 범죄성립을 인 정하지 않는다. 곧, 구성요건이 '이러한 행위는 범죄가 된다'고 규정한다면, 위법 성과 책임은 '이러한 경우 위법하다, 책임이 있다'가 아니라 '이러한 경우에는 위법하지 않다, 책임이 없다'는 형태로 규정한다는 것이다.

다. 범죄의 처벌조건과 소추조건

6 범죄의 성립요건이 갖추어져도 처벌할 수 없는 경우가 있다. 처벌되지 않 는 행위가 모두 범죄성립요건에 해당하지 않는 행위인 것만은 아니고, 처벌조건 과 소추조건을 갖추지 못해 처벌하지 못하는 경우도 있다. 범죄체계론의 원래 영역은 아니지만 범죄성립요건과 구별하기 위해 여기에서 간단히 설명한다. 하 나의 범죄를 처벌하기 위해 범죄의 성립요건은 물론이고 때로는 처벌조건과 소 추조건까지 심사해야 한다는 것은 근대 법치국가에서 형법의 기능이 국가형벌 권으로부터 개인의 자유와 권리를 보장하는 데 있음을 보여주는 것이라 할 수 있다.

7 **(1) 처벌조건** 처벌조건에는 객관적 처벌조건과 인적 처벌조건이 있다. 1) **객관적 처벌조건**은 범죄성립요건을 갖춘 행위에 대해 처벌 여부를 좌우하는 객 관적 사유, 곧 사실적 사유를 말한다.[2] 2) **인적 처벌조건**은 사람의 신분이나 지 위 때문에 처벌이 좌우되는 경우이다. 예를 들어 형법 제328조, 제344조 등은 "친족간의 범행은 … 형을 면제한다"고 규정하는데, 친족관계라는 신분 때문에 처벌하지 않는 것이며, '형을 면제'한다는 것은 범죄의 성립을 전제로 하는 것이 므로 범죄성립요건과는 구별되는 처벌의 조건인 것이다.

8 **(2) 소추조건** 범죄의 성립요건과 처벌조건이 충족되더라도 처벌의 절차, 곧 소송의 절차를 거쳐야만 처벌할 수 있는데, 소송절차에도 조건이 규정되어 있는 경우가 있어 이를 소추조건이라 한다. 소추조건이 갖추어지지 않으면 처벌 할 수 없지만 이는 절차법의 문제이므로 실체법적 문제인 범죄성립요건과는 구

---

1) '조각阻却'은 사전에서는 '방해하거나 물리침'으로 풀이되며, 법에서는 있던 것을 없게 한다는 의미의 일본식 한자어이다. 법학 및 법실무에서 오래 사용해 온 전문용어이라서 그대로 쓸 수 밖에 없다. 이와 비교할 때 '배제'는 처음부터 없던 것이라는 의미이다.

2) 예를 들어 제129조 ②항 '사전뇌물수수죄'에서 '공무원 또는 중재인이 되는 것'이 처벌조건이 된다.

별되는 조건이다.

소추조건으로는 친고죄와 반의사불벌죄의 경우를 들 수 있다. 1) 친고죄는 **9**
피해자 등 고소할 수 있는 사람의 고소가 있어야만 검사가 공소公訴를 제기할
수 있는 범죄이다.[1] 친고죄와 유사한 경우로는 고발이 공소제기의 전제조건이
되는 범죄들이 있다.[2] 2) 반의사불벌죄는 피해자의 명시적 의사에 반하여 검사
가 공소를 제기할 수 없는 범죄를 말한다.[3]

Ⅱ. 범죄체계론의 역사

1. 고전적 범죄체계론

고전적 범죄체계론은 범죄체계론의 출발이 된 이론이다. '고전적'이란 말은 **10**
단지 오래되었다는 의미가 아니라 가장 기본적이며 모범이 되는 것을 의미한다.
범죄심사 구조의 틀을 처음 제시했다는 점에서 고전적 범죄체계론의 의미는 매
우 큰 것이며, 이후의 범죄체계론은 이에 대한 비판과 변형의 형태이지만 기본
적인 틀을 크게 벗어나지 않는다고 할 수 있다.

고전적 범죄체계론은 19세기의 자연과학과 실증주의, 그리고 자유주의적 **11**
법치국가 사상을 배경으로 한다. 인과적 행위론을 기초로 하며, 범죄의 평가에
서 객관적인 것과 주관적인 것을 구별하여 "객관적인 것은 불법으로, 주관적인
것은 책임으로"라는 표제어가 이 이론을 대표한다.[4] 곧, 구성요건과 위법성은
행위에 대한 평가로서 객관적 판단의 대상이 되어야 하며, 행위자에 대한 평가
인 책임에 이르러 비로소 주관적인 것을 평가해야 한다는 것이다.

이러한 기본적 태도에 따라 고전적 범죄체계론은 불법의 본질이 결과불법 **12**
에 있으며, 구성요건이 가치중립적·몰가치적沒價値的이라고 한다. 그래서 구성요
건해당성 심사의 단계에서는 객관적으로 드러난 행위만 평가하고, 주관적 가치
평가의 영역에 해당하는 것은 모두 책임의 단계에서 심사해야 한다는 것이다

---

1) 형법의 친고죄에는 제308조 사자死者명예훼손죄, 제311조 모욕죄, 제316조 비밀침해죄, 제
   317조 업무상비밀누설죄가 있고, 친족 간의 재산범죄 중 먼 친족의 범죄를 제328조 등에서
   친고죄로 규정하고 있다.
2) 조세범처벌법, 관세법, 물가안정에 관한 법률 등.
3) 형법의 반의사불벌죄로는 제260조 폭행죄, 제266조 과실치상죄, 제283조 협박죄, 제307조 명
   예훼손죄 등이 있다.
4) 이하 범죄체계론의 유형들에 대해서는 김일수/서보학 67면 이하; 배종대 [31] 1 이하; 오영
   근 82면 이하; 이재상/장영민/강동범 §6 33 이하; 홍영기 [6] 20 이하 등 참조.

따라서 행위자의 내심에 대한 평가이며 가치 판단의 대상인 고의와 과실은 구성요건이 아닌 책임의 내용이 된다.

2. 신고전적 범죄체계론

13   신고전적新古典的 범죄체계론은 고전적 범죄체계론의 수정형태이다. 구성요건이 가치평가의 영역에서 완전히 벗어날 수 없다는 것이 주된 이유이다. 사회적 현상인 범죄의 특성 때문에 범죄를 규정하는 구성요건의 평가에서 가치판단을 완전히 배제할 수는 없으며, 구성요건에는 규범적 요소가 있을 수밖에 없다는 것이다.[1] 또한 이 이론은 구성요건의 내용이 모두 객관적인 것은 아니며, 주관적인 내용의 구성요건도 존재한다는 것을 주장하였다. 절도죄와 같은 재산죄에서 다른 사람의 것을 불법하게 내 것으로 하려는 의사, 곧 불법영득의사가 있어야 범죄가 성립하는데, 이러한 의사는 주관적 구성요건요소가 된다는 것이다.

3. 목적적 범죄체계론

14   목적적 범죄체계론은 객관주의 범죄이론을 비판하면서 범죄의 주관적 측면을 강조하는 이론이다. 목적적 행위론을 바탕으로 하며, 불법의 본질은 행위불법에 있다고 한다. 인간의 행위는 목적을 배제하고 이해할 수 없기 때문에, 행위 평가의 단계인 구성요건 심사 단계부터 고의·과실이 평가되어야 한다고 주장한다. 따라서 고의 또는 과실은 일반적인 주관적 구성요건요소가 되며, 책임의 요소가 아니라고 한다. 책임은 고의와 과실 등의 심리적 요소가 아니라 위법성인식과 기대가능성 등에 대한 규범적 평가의 대상이라고 한다.

4. 사회적 범죄체계론

15   사회적 범죄체계론은 신고전적 범죄체계론과 목적적 범죄체계론을 절충하여 양자를 통합하는 이론으로서, 통합적 범죄체계론 또는 합일태적 범죄체계론이라고 부르기도 한다. 사회적 행위개념을 전제로 하며, 불법의 본질에 대해서도 행위불법과 결과불법을 모두 고려하는 이원적 불법론을 취한다. 이 이론의 대표적인 특징은 범죄의 주관적 요소인 고의 또는 과실의 이중적 지위를 인정한다는 것이다. 곧, 고의는 구성요건요소이며 책임의 요소이다. 구성요건요소인

---

1) 예를 들면 내란죄에서 국헌을 '문란'하게 하는 것, 직권남용죄에서 '남용', 공연음란죄에서 '음란' 등의 경우이다.

고의는 사실에 대한 인식이고, 책임요소인 고의는 위법성에 대한 인식으로 구별
된다.[1] 오늘날 독일과 한국의 형법학에서 지배적인 위치에 있는 이론이다. 형
법학의 거의 모든 교과서는 이 이론에 따라 서술체계를 구성하고 있으며, 형법
이나 형법실무에서도 이 범죄체계론을 따르는 내용들을 여럿 발견할 수 있다.

Ⅲ. 범죄체계론의 현재 의미

1. 범죄의 객관적 요소와 주관적 요소

범죄체계론은 과거에는 형법학에서 매우 중요한 이론이라고 하여 매우 상 **16**
세하게 다루어졌으며 치열한 논쟁의 대상이었다. 그러나 지금은 사회적 범죄체
계론을 중심으로 어느 정도 이론적 논쟁이 마무리되었다. 그렇다고 해서 범죄체
계론을 이제는 다 지나간 논쟁에 불과할 뿐이라고 할 수는 없다. 범죄체계론은
여전히 형법의 이론과 실무에서 중요한 역할을 하고 있다.

형법학의 이론과 실무에서 여전히 중요한 범죄체계론의 기본적인 내용은 **17**
범죄의 객관적 요소와 주관적 요소를 구별하는 것이다. 외부로 드러나는 행위와
내면의 의사를 구별하는 것이며,[2] 행위와 행위자를 구별하는 것이다. 이는 단
지 학술적 의미로 구별하자는 것이 아니다. 양자를 구별하는 것은 구성요건과
위법성에 대한 평가, 곧 범죄의 객관적 측면인 불법에 대한 평가에서는 행위자
의 신분이나 특성 등을 고려하지 않고 행위 자체만으로 심사하며, 범죄의 주관
적 측면인 책임을 평가할 때 비로소 행위자에 대해 심사하자는 의미이다. 객관
적인 행위 평가를 통해 불법이 성립하면 그 후에 책임 여부를 심사하고, 불법이
성립하지 않으면 범죄 심사를 종료함으로써 범죄에 대한 객관적이며 평등한 심
사를 보장할 수 있다. 행위자를 먼저 고려하여 유무죄에 대한 선입견을 가진 후
행위의 불법을 평가하면 안 된다는 것이다.

2. 형법과 형법실무 속의 범죄체계론

범죄체계론은 형법학의 논문이나 교재에서만 논의되는 것이 아니라 형법과 **18**

---

1) 책임의 고의는 '책임형식'으로서의 고의이며 위법성인식과는 구별된다는 견해도 있다. 이에
   대해서는 아래의 [17] 12 이하에서 설명한다.
2) 독일과 한국, 일본 등의 이른바 '대륙법계'에서는 물론이고, 영국과 미국 등의 이른바 '영미법
   계'에서도 범죄의 요소를 객관적 요소인 'Actus Reus 범죄행위'와 주관적 요소인 'Mens Rea
   범죄의사'로 구별한다.

형법실무 속에서도 살아있는 내용이다. 형법전에서 '구성요건', '위법성', '책임' 등의 용어는 찾아볼 수 없다. 그러나 이러한 용어는 법원의 판례 등에서도 기본적으로 사용되는 개념들이다. 형법 제20조부터 제24조의 규정들이 '위법성'에 관련된 조항이라는 것은 이론과 실무에서 이견이 없다. 또한 형법 제9조부터 제12조에 '책임'이란 단어는 전혀 없지만, 이 규정들이 책임에 관한 조항이라는 것은 당연한 해석으로 받아들여진다.

19   한편, 형법 제15조와 제16조는 '사실의 착오'와 '법률의 착오'를 구별히어 규정하고 있다. 그런데 '착오'는 '인식'이 잘못된 경우이고, '인식'은 고의의 내용이다. 따라서 이는 형법이 고의를 사실에 대한 고의와 법률에 대한 고의, 곧 위법성에 대한 고의로 구별함으로써 고의의 이중적 지위를 규정한 것이라 할 수 있다.

20   범죄체계론의 구성요소들은 형사절차에서도 중요한 역할을 한다. 경찰에서 수사한 후 검찰에 사건을 송치하지 않거나 검찰이 공소를 제기하지 않을 때는 '혐의없음', '죄가안됨', '공소권없음' 등으로 구별하여 결정해야 한다(수사준칙 제51조, 제52조). 이때 '혐의없음'은 범죄구성요건에 해당하지 않음을, '죄가안됨'은 구성요건에는 해당하지만 위법성이 없거나 책임이 없는 경우를 말한다. '공소권없음'은 소추조건이 갖추어지지 않았다는 것을 의미한다. 이와 같이 범죄체계론은 형사법 이론과 실무의 여러 영역에 여전히 영향을 미치고 있다. 형법의 이해를 위해서는 체계적 사고가 필요함을 말해주는 대목이다.

[8] 제 3 절 범죄의 수 : 죄수론

Ⅰ. 서론

1. 의의

1   어떤 행위가 여러 개의 범죄구성요건에 해당할 때 범죄의 수를 어떻게 결정할 것인지의 문제가 죄수론罪數論의 논의 대상이다. 하나의 행위가 여러 개의 범죄에 해당할 수도 있고, 여러 행위가 하나의 범죄로 평가될 수도 있는데, 그 기준을 정하는 것이 죄수론의 내용이다. 범죄의 수는 형벌 적용의 기준이 됨은

물론이고, 형사소송에서 공소제기의 효력이나 일사부재리효력의 범위를 판단하는 중요한 기준이 된다. 또한 형법학을 이해하는 데 기본이 되는 개념들이므로 여기에서 미리 설명한다.

2. 죄수 결정의 기준

　　죄의 수를 어떤 기준에 따라 정할 것인가에 대해서는 1) 자연적 의미의 행위 수에 따라 결정한다는 **행위표준설**, 2) 침해되는 법익의 수에 따라 결정한다는 **법익표준설**, 3) 행위자의 의사를 기준으로 하는 **의사표준설**, 4) 해당하는 구성요건의 수를 기준으로 한다는 **구성요건표준설** 등의 견해가 있다. 그러나 이론과 실무에서 죄의 수를 결정할 때에는 이러한 여러 기준들이 함께 적용된다. 다만 범죄의 실질은 법익의 침해이므로 범죄의 수를 정할 때에도 법익이 가장 중요한 기준이 된다. 곧, 법익을 기준으로 다른 요소들을 함께 고려하여 범죄의 수를 결정한다.

3. 죄수의 구별

가. 하나의 죄(일죄)

　　죄의 수는 하나의 죄가 되는 경우와 여러 개의 죄가 되는 경우로 크게 구별할 수 있다. 하나의 죄는 흔히 일죄一罪, 여러 개의 죄는 수죄數罪라고 한다. 하나의 죄가 되는 경우는 기본적으로 하나의 행위가 하나의 법익을 침해하여 하나의 구성요건에 해당하는 경우일 것이다. 그런데 여러 개의 구성요건에 해당하거나 여러 개의 행위가 있지만 하나의 죄가 되는 경우도 있다. 이른바 1) **법조경합**과 2) **포괄일죄**가 그것인데, 침해되는 법익이 하나이기 때문이다.

나. 여러 개의 죄(수죄)

　　여러 개의 죄가 되는 경우는 형법에 '경합범'이라고 규정되어 있는데, 제37조와 제40조에서 각각 신체적 경합범과 상상적 경합범을 규정하고 있다.[1] 1) 실체적 경합은 여러 개의 행위가 여러 개의 법익을 침해해서 여러 개의 범죄에 해당하고 여러 개의 형벌이 부과되는 경우이다. 여러 범죄가 실체적으로 성립한다 해서 '경합'이라고 하며, '경합범'이라고 하면 실체적 경합을 말한다. 2) **상상적**

---

1) 2020년에 형법의 표기와 용어를 우리말로 정리하였는데, 제37조에서는 여전히 '수개의 죄'라는 표현을 쓰고 있고, 제40조에서는 '여러 개의 죄'로 표현하고 있다. '수개'는 매우 불편한 표현이므로 '여러 개의 죄' 또는 '여러 죄'로 표기하는 것이 바람직하다.

경합은 하나의 행위가 여러 개의 법익을 침해하는 경우인데, 행위가 하나라서 처벌할 때는 더 무거운 죄에 정해진 형벌 하나만 부과된다. 그래서 '과형상 일죄'라고도 부르며,[1] 실체적으로 경합하는 것이 아니라 관념적으로만 경합한다고 해서 '상상적' 경합이라고 한다.

5   죄수의 유형을 자세히 살펴 보기에 앞서 개략적인 내용을 정리해 보면 아래의 표와 같다.

[표] 범죄의 수 판단기준

	행위	구성요건	범죄의사	침해법익	처벌
법조경합	하나/다수	형식상 다수, 실질상 하나	하나	하나	1죄
포괄일죄	다수	하나	하나	하나	1죄
상상적 경합	하나	하나 또는 다수	(하나)	다수	1죄
실체적 경합	다수	하나 또는 다수	다수	다수	여러 죄

4. 여러 죄 처벌의 기본원칙

6   죄가 여러 개 성립할 때 처벌의 방법은 다음과 같은 원칙에 따른다. 1) **흡수주의**는 여러 죄 가운데 가장 무거운 죄에 정한 형을 적용하고 가벼운 죄에 정한 형은 여기에 흡수되는 방식이다. 실체적 경합 중 일부(제38조 1항 1호)와 상상적 경합(제40조)에 적용되는 원칙이다. 2) **가중주의**는 가장 무거운 죄에 정한 형을 가중하여 하나의 전체형을 만들어 선고하는 방식이다. 형법에서 대부분의 경합범에 적용하는 원칙이다(제38조 1항 2호). 3) **병과주의**는 여러 죄에 정한 형을 단순히 더하는 방식으로 형을 부과하는 원칙이다. 형법에서는 여러 개의 죄가 성립하고 여러 개의 형벌을 부과할 수 있는 경합범 중에서 각 죄에 정한 형의 종류가 다를 때 병과주의를 적용한다(제38조 1항 3호).

---

1) 상상적 경합을 '과형상 일죄'라고 하기 때문에 법조경합과 포괄일죄를 '단순일죄'라고도 한다.

Ⅱ. 하나의 죄

1. 법조경합

가. 개념

법조경합이란 하나 또는 여러 개의 행위가 겉으로는 여러 개의 구성요건에   7
해당하는 것 같지만, 실제로는 한 구성요건이 다른 구성요건을 배척하기 때문에
하나의 죄가 되는 경우를 말한다. 법조문끼리 경쟁하여 하나의 법조문에만 해당
하게 되기 때문에 법조경합이라고 부른다. 적용 가능한 법조문 사이에 특별관계
나 보충관계 또는 흡수관계가 있을 때 법조경합으로 하나의 법조문에만 해당하
게 된다.

나. 특별관계

특별관계는 하나의 구성요건이 일반적인 규정이 되고 다른 구성요건은 그   8
규정에서 파생되는 특별규정일 때, '특별법은 일반법에 우선한다'는 원칙에 따라
특별규정만 적용되는 경우를 말한다. 예를 들어 살인죄가 일반규정이라면 존속살
해죄는 특별규정이므로 존속살해죄가 성립하면 살인죄는 따로 성립하지 않는다.
절도죄의 특별규정인 특수절도나 폭행죄의 특별규정인 특수폭행 등의 관계도 마
찬가지이다. 그리고 형사특별법의 처벌규정은 그 이름처럼 법률 자체가 형법의
특별법이기 때문에 형법의 처벌규정에 대해 특별관계에 있다. 판례는 특별관계가
성립하려면 어느 구성요건이 다른 구성요건의 모든 요소를 포함하면서 그 구성요
건과 다른 특별한 요소를 구비해야 한다고 한다(2010도10451, 2012도6503).

다. 보충관계

보충관계는 어떤 구성요건이 다른 구성요건에 대해 단지 보충적으로 적용   9
되는 경우를 말한다. 예를 들어 일반물건방화죄는 현주건조물방화죄에 대해 보
충관계에 있기 때문에 현주건조물방화죄가 성립하며 일반물건방화죄는 따로 성
립하지 않는다. 양자의 관계를 특별관계라고 하지 않는 이유는 구성요건이 공통
되지 않기 때문이다. 한편, 보충관계는 묵시적으로도 인정되는데, 예를 들어 기
수 범죄가 성립하면 그 범죄의 미수범죄는 따로 성립하지 않기 때문에 미수범
죄가 보충관계에 있다.[1] 이러한 경우를 불가벌의 사전행위라고 한다.

---

1) 다만 이것은 하나로 이어지는 일련의 행위일 때 그러하다. 하나의 행위가 미수에 그친 후 얼
   마 후에 다시 시도하여 기수가 되었다면 미수가 기수범죄에 대해 보충관계에 있다고 할 수

라. 흡수관계

10   **(1) 불가벌의 수반행위**   불가벌적 수반행위란 '행위자가 특정한 죄를 범하면 논리필연적인 것은 아니지만 일반적·전형적으로 다른 구성요건을 충족하고, 이때 그 구성요건의 불법이나 책임이 주된 범죄에 비하여 경미하기 때문에 처벌이 따로 고려되지 않는 경우'를 말한다(2012도1895). 예를 들어 상해의 행위 전에 협박을 하거나, 살인죄를 저지르는 과정에서 재물이 손괴되는 경우에 협박이나 손괴는 불가벌의 수반행위가 된다고 할 수 있다. 그런데 불가벌의 수반행위는 상상적 경합과 경계가 애매하기 때문에 주의할 필요가 있다.[1]

11   **(2) 불가벌의 사후행위**   하나의 범죄로 취득한 위법한 이익을 사용하거나 처분하는 행위가 다른 범죄의 구성요건에 해당하더라도 그 사후행위의 불법, 곧 법익이 주된 범죄에서 이미 평가되었기 때문에 사후행위는 따로 처벌하지 않는다. 이를 불가벌의 사후행위라고 한다.[2]

12   불가벌의 사후행위는 기본적으로 사후행위가 범죄구성요건에 해당할 때 문제된다. 사후행위가 불가벌이 되려면 1) 선행범죄와 동일한 보호법익·행위객체를 침해해야 하고 그 침해의 양을 초과해서는 안된다. 2) 주된 범죄의 처벌조건이 충족되지 않아 처벌할 수 없는 경우에는 사후행위도 불가벌이지만, 주된 범죄가 범죄성립이 되지 않는 경우에는 사후행위를 처벌할 수 있다. 처벌조건을 갖추지 못했다는 것은 법익침해가 평가되었지만 처벌하지 않는 것이기 때문에 사후행위의 법익침해를 다시 평가하지 않는다는 것이다. 하지만 범죄성립이 인정되지 않았다는 것은 법익침해가 아직 평가되지 않았다는 것이므로 사후행위에 의한 법익침해를 처벌하는 것이다. 3) 사후행위에만 가담한 제3자는 불가벌이 아니다. 제3자의 법익침해 행위는 따로 평가받아야 하는데, 선행범죄에서 제

없다. 2007도3687(2007노78) 참조.

1) [92도77] 신용카드부정사용죄에서 매출표에 서명하여 이를 교부하는 행위가 별도로 사문서위조 및 동행사의 죄의 구성요건을 충족한다고 하여도 이 사문서위조 및 동행사의 죄는 위 신용카드부정사용죄에 흡수되어 신용카드부정사용죄의 1죄만이 성립하고 별도로 사문서위조 및 동행사의 죄는 성립하지 않는다. [2012도1895] 업무방해죄와 폭행죄는 구성요건과 보호법익을 달리하고 있고, 업무방해죄의 성립에 일반적·전형적으로 사람에 대한 폭행행위를 수반하는 것은 아니며, 폭행행위가 업무방해죄에 비하여 별도로 고려되지 않을 만큼 경미한 것이라고 할 수도 없으므로, 설령 피해자에 대한 폭행행위가 동일한 피해자에 대한 업무방해죄의 수단이 되었다고 하더라도 그러한 폭행행위가 이른바 '불가벌적 수반행위'에 해당하여 업무방해죄에 대하여 흡수관계에 있다고 볼 수는 없다.

2) 보통 '불가벌적 사후행위'라고 하는데, 2020년 형법 개정의 취지에 맞추어 '벌할 수 없는 사후행위'라고 하면 좋을 것 같다.

3자의 법익침해가 산정되지 않았다면 사후행위에서 평가받아야 한다. 요컨대 가장 중요한 것은 새로운 법익침해가 있느냐의 문제이다.

[사례 7] 2008도5364 판결   13

　D는 선박용 엔진부품 등을 판매하는 회사인 S산업의 직원으로 근무하는 자이다. 2006. 6. 30. 18:00경 D는 S산업의 영업비밀을 담은 영업자료와 엔진부품 등을 절취하여 동종 회사인 T주식회사를 설립하여 운영하는 데 이용하여 부정한 이익을 얻을 목적으로, S산업에서 피해자 소유의 매입자료 58장, 견적자료 54장, 견적참고자료 20장, 거래처별 매입매출단가 18장, 거래처별 발전기부품 단가 리스트 203장, 단가리스트 시디 1장, 일보 3장, 선박용 엔진부품인 디스크 13개 시가 합계 2,485,000원 상당을 가지고 가 이를 절취하였다.

　그 후 D는 2006. 6.경 T주식회사 사무실에서, 위와 같이 절취한 S산업에서 판매하는 부품의 규격, 유통단가, 판매단가, 거래처별단가와 엔진별 부품의 변천 등 S산업의 영업비밀을 담은 단가리스트 시디 등 자료를 취득하여 T주식회사의 컴퓨터에 저장하는 등의 방법으로 이를 사용하였다.

◇ 문 D에게 절도죄 외에 다른 죄가 성립하는가?

〈대법원 판결〉

　부정한 이익을 얻거나 기업에 손해를 가할 목적으로 그 기업에 유용한 영업비밀이 담겨 있는 타인의 재물을 절취한 후 그 영업비밀을 사용하는 경우, 영업비밀의 부정사용행위는 <u>새로운 법익의 침해로 보아야 하므로</u> 위와 같은 부정사용행위(부정경쟁방지법위반)가 절도범행의 불가벌적 사후행위가 되는 것은 아니다.

[참조판례]

　[74도2817] 절취한 은행예금통장을 이용하여 은행원을 기망해서 진실한 명의인이 예금을 찾는 것으로 오신시켜 예금을 편취한 것이라면 <u>새로운 법익의 침해로</u> 절도죄 외에 따로 사기죄가 성립한다. 예금인출행위가 절도행위의 연장이라든가 또는 그에 흡수되는 것이라고도 볼 수 없다 할 것이고, 사기의 피해자는 은행이 되는 수도 있고, 은행이 피해자가 되지 아니하는 경우에는 예금통장 명의인이 피해자가 되는 수도 있다.

　[75도1996] 열차승차권은 그 자체에 권리가 화체되어 있는 무기명증권이므로 이를 곧 사용하여 승차하거나 권면가액으로 양도할 수 있고 매입금액의 환불을 받을 수 있는 것으로서 열차승차권을 절취한 자가 환불을 받음에 있어 비록 기망행위가 수반한다 하더라도 절도죄 외에 따로 사기죄가 성립하지 아니한다.

열차승차권은 그 성격상 도난당한 즉시 피해자는 그 가액상당의 손실을 입게 되
고 절취한 자는 그 상당의 재물을 취득한다 할 것이므로 피고인이 절취한 이건
열차승차권으로서 역직원에게 자기의 소유인양 속여 현금과 교환하였다 하여도
이를 가리켜 <u>새로운 법익침해가 있는 것으로 볼 수 없고</u> 따라서 절도죄 외에 달
리 사기죄가 성립한다고 볼 수 없다.

　　[2007도4739] 자동차를 절취한 후 자동차등록번호판을 떼어내는 행위는 <u>새로
운 법익의 침해로 보아야 하므로</u> 위와 같은 번호판을 떼어내는 행위가 절도범행
의 불가벌적 사후행위가 되는 것은 아니다.

2. 포괄일죄

가. 개념

14　　포괄일죄는 여러 개의 행위가 포괄적으로 하나의 구성요건에 해당하여 1죄
를 구성하는 경우를 말한다. 포괄일죄에 해당하는 범죄의 유형으로는 1) 구성요
건에 해당하는 여러 행위가 시간적으로 접착하여 이루어지는 **접속범**,[1] 2) 일정
한 기간 동안 연속해서 이어지는 여러 행위가 하나의 죄가 되는 **연속범**,[2] 3) 상
습범이나 영업범처럼 여러 행위의 반복으로 이루어지는 **집합범**,[3] 4) 강도강간
죄처럼 구성요건에 해당하는 여러 행위가 결합된 **결합범**[4] 등이 있다.

나. 요건

15　　포괄일죄가 되기 위한 요건은 다음과 같다. 이 요건은 특히 연속범과 경합

---

1) [79도2093] 특수강도의 소위가 동일한 장소에서 동일한 방법에 의하여 시간적으로 접착된
상황에서 이루어진 경우에는 피해자가 여러 사람이더라도 단순일죄가 성립한다.
2) [99도4940] 단일하고도 계속된 범의 아래 동종의 범행을 일정 기간 반복하여 행하고 그 피
해법익도 동일한 경우에는 각 범행을 통틀어 포괄일죄로 볼 것이고, 수뢰죄에 있어서 단일하
고도 계속된 범의 아래 동종의 범행을 일정기간 반복하여 행하고 그 피해법익도 동일한 것
이라면 돈을 받은 일자가 상당한 기간에 걸쳐 있고, 돈을 받은 일자 사이에 상당한 기간이
끼어 있다 하더라도 각 범행을 통틀어 포괄일죄로 볼 것이다.
3) [99도4797] 상습사기죄에 있어서의 상습성이라 함은 반복하여 사기행위를 하는 습벽으로서
행위자의 속성을 말하고, 여기서 말하는 사기행위의 습벽은 행위자의 사기습벽의 발현으로
인정되는 한 동종의 수법에 의한 사기범행의 습벽만을 의미하는 것이 아니라 이종의 수법에
의한 사기범행을 포괄하는 사기의 습벽도 포함한다.
4) [88도1240] 강간범이 강간행위 후에 강도의 범의를 일으켜 그 부녀의 재물을 강취하는 경우
에는 강도강간죄가 아니라 강도죄와 강간죄의 경합범이 성립될 수 있을 뿐이나, 강간범이 강
간행위 종료전 즉 그 실행행위의 계속중에 강도의 행위를 할 경우에는 이때에 바로 강도의
신분을 취득하는 것이므로 이후에 그 자리에서 강간행위를 계속하는 때에는 강도가 부녀를
강간한 때에 해당하여 형법 제339조 소정의 강도강간죄를 구성한다.

범을 구별하는 기준이 된다. 1) 여러 개의 행위 또는 연속된 행위가 같은 구성요건에 해당하여야 한다. 2) 피해 법익이 같아야 한다. 3) 범죄의사가 하나이고 계속적이어야 한다. 이른바 '범의犯意의 갱신', 곧 새로운 범죄의사가 있으면 다른 죄가 되어 여러 죄의 경합범이 된다. 4) 피해자가 동일할 것을 요구하지는 않지만, 다른 사람과 공동으로 가질 수 없는 전속적 법익의 경우에는 법익의 주체가 다르면 포괄일죄가 되지 않는다.[1]

다. 법적 효과

포괄일죄는 실체법적으로 하나의 죄이기 때문에 하나의 형으로 처벌된다. **16** 또한 포괄일죄는 소송법적으로도 하나의 죄이다. 포괄일죄는 소송법의 효과가 중요한데, 그래서 포괄일죄를 '소송상 일죄'라고도 한다. 소송법에서는 포괄일죄와 실체적 경합범의 구별이 종종 쟁점이 된다. 포괄일죄로 평가되면 일사부재리 효력이 적용되어 포괄일죄에 포함된 행위를 다시 기소하거나 처벌할 수 없지만, 경합범이 되면 아직 처벌받지 않은 행위는 새로운 범죄로 기소하여 처벌할 수 있다.

[2007도4404] 음주상태로 자동차를 운전하다가 제1차 사고를 내고 그대로 진행 **17** 하여 제2차 사고를 낸 후 음주측정을 받아 도로교통법 위반(음주운전)죄로 약식 명령을 받아 확정되었는데, 그 후 제1차 사고 당시의 음주운전으로 기소된 사안에서 위 공소사실이 약식명령이 확정된 도로교통법 위반(음주운전)죄와 포괄일죄 관계에 있다고 본 사례.

: 동일 죄명에 해당하는 수개의 행위 혹은 연속된 행위를 단일하고 계속된 범의 하에 일정 기간 계속하여 행하고 그 피해법익도 동일한 경우에는 이들 각 행위를 통틀어 포괄일죄로 처단하여야 할 것인바, 피고인이 혈중알콜농도 0.05% 이상의 음주 상태로 동일한 차량을 일정기간 계속하여 운전하다가 1회 음주측정을 받았다면 이러한 음주운전행위는 <u>동일 죄명에 해당하는 연속된 행위로서 단일하고 계속된 범의하에 일정기간 계속하여 행하고 그 피해법익도 동일한 경우이므로 포괄일죄에 해당한다.</u>

---

1) [91도1637] 피고인이 단일한 범의로 동일한 장소에서 동일한 방법으로 시간적으로 접착된 상황에서 처와 자식들을 살해하였다고 하더라도 휴대하고 있던 권총에 실탄 6발을 장전하여 처와 자식들의 머리에 각기 1발씩 순차로 발사하여 살해하였다면, 피해자들의 수에 따라 수개의 살인죄를 구성한다.

[2001도3206 전합] 상습성을 갖춘 자가 여러 개의 죄를 반복하여 저지른 경우에는 각 죄를 별죄로 보아 경합범으로 처단할 것이 아니라 그 모두를 포괄하여 상습범이라고 하는 하나의 죄로 처단하는 것이 상습범의 본질 또는 상습범 가중처벌규정의 입법취지에 부합한다.

상습범으로서 포괄적 일죄의 관계에 있는 여러 개의 범죄사실 중 일부에 대하여 유죄판결이 확정된 경우에, 그 확정판결의 사실심판결 선고 전에 저질러진 나머지 범죄에 대하여 새로이 공소가 제기되었다면 그 새로운 공소는 확정판결이 있었던 사건과 동일한 사건에 대하여 다시 제기된 데 해당하므로 이에 대하여는 판결로써 면소의 선고를 하여야 한다.

Ⅲ. 여러 개의 죄

1. 상상적 경합

가. 개념

18   형법 제40조는 상상적 경합에 대해 "한 개의 행위가 여러 개의 죄에 해당하는 경우에는 가장 무거운 죄에 대하여 정한 형으로 처벌한다."라고 규정하고 있다. 이 규정의 의미대로 상상적 경합은 하나의 행위가 여러 개의 죄에 해당하는 경우, 곧 여러 구성요건에 해당하면서 여러 법익을 침해하는 경우이다. 침해되는 법익을 기준으로 하면 여러 개의 죄이지만, 하나의 행위라는 점을 기준으로 하나의 형으로 처벌하기 때문에, '관념적으로' 경합한다고 하며, '과형상 일죄'라고 한다.

나. 요건

19   (1) 한 개의 행위   상상적 경합의 핵심적 표지는 행위가 하나라는 것이다. 행위를 기준으로 하나이기 때문에 실질적으로 여러 개의 범죄이지만 하나의 형으로 처벌한다. '한 개의 행위'에 대해 판례는 사회관념상 사물자연의 상태를 기준으로 하나로 평가되는 행위라고 하여 '자연적 행위개념'을 취하고 있다(2017도11687).1) 그러나 여기서 자연적 행위개념이란 순수 자연적 행위를 의미하는 것이 아니라 구성요건의 의미에서 하나의 행위로 평가되는 행위로 보아야 한다. 아래의 사례 <사건 1>에서 피고인들의 행위는 자연적 개념으로 보면 여러 행

---

1) 상상적 경합에서 1개의 행위란 법적 평가를 떠나 사회관념상 행위가 사물자연의 상태로서 1개로 평가되는 것을 의미한다.

위이지만, 강도죄의 구성요건 행위인 '폭행, 협박'의 행위를 기준으로 할 때 하나의 행위로 평가되는 것이다.

(2) 여러 개의 법익침해　제40조에서 '여러 개의 죄에 해당'한다는 것은 **20**
침해된 법익이 여러 개라는 것이다.[1] 침해되는 법익은 다른 종류의 법익이 될
수도 있고, 같은 종류의 법익이 될 수도 있다(91도643).

다. 효과

(1) 실체법의 효과　상상적 경합이 되면 경합 관계에 있는 여러 죄 중에서 **21**
법정형이 가장 무거운 죄에 정한 형으로 처벌한다. 형의 무겁고 가벼움에 대해
서는 제50조에 자세하게 규정되어 있다. 문제가 되는 것은 무거운 죄에 정한 형
의 하한이 가벼운 죄에 정한 형의 하한보다 낮은 경우이다. 이런 경우에는 무거
운 죄의 상한과 가벼운 죄의 하한 범위 내에서 형을 정한다.[2] 이런 비교방식을
'전체적 대조주의'라고 한다.

(2) 소송법의 효과　상상적 경합범에 대해서는 하나의 형이 부과되기 때 **22**
문에 형을 중심으로 실질적 수죄가 하나로 묶여진다. 따라서 소송법적으로 상상
적 경합범은 하나의 죄가 되어 일부에 대한 공소제기의 효력이나 일사부재리의
효력은 전부에 미친다(2017도11687). 그러나 실질적으로 여러 죄이기 때문에 고
소의 효력이나 공소시효는 각 죄별로 평가된다.[3]

라. 연결효과에 의한 상상적 경합

A죄와 B죄, 그리고 A죄와 C죄가 각각 상상적 경합의 관계에 있으면 A죄가 **23**
B죄와 C죄를 연결해주어 B죄와 C죄도 상상적 경합이라고 할 수 있을지의 문제
가 '연결효과에 의한 상상적 경합'의 문제이다. 학설에서는 이러한 경우 B죄와

---

1) [2002도669 전합] 상상적 경합은 1개의 행위가 실질적으로 수개의 구성요건을 충족하는 경
우를 말하고 법조경합은 1개의 행위가 외관상 수개의 죄의 구성요건에 해당하는 것처럼 보
이나 실질적으로 1죄만을 구성하는 경우를 말하며, 실직절으로 1죄인가 또는 수죄인가는 구
성요건적 평가와 보호법익의 측면에서 고찰하여 판단하여야 한다.
2) [2008도9169] 형법 제40조가 규정하는 '가장 중한 죄에 정한 형으로 처벌한다'란, 수개의 죄
명 중 가장 중한 형을 규정한 법조에 의하여 처단한다는 취지와 함께 다른 법조의 최하한의
형보다 가볍게 처단할 수 없다는 취지 즉, 각 법조의 상한과 하한을 모두 중한 형의 범위 내
에서 처단한다는 것을 포함한다.
3) [2006도6356] 1개의 행위가 여러 개의 죄에 해당하는 경우 형법 제40조는 이를 과형상 일죄
로 처벌한다는 것에 지나지 아니하고, 공소시효를 적용함에 있어서는 각 죄마다 따로 따져야
할 것인바, 변호사법 위반죄의 공소시효가 완성되었다고 하여 그 죄와 상상적 경합관계에 있
는 사기죄의 공소시효까지 완성되는 것은 아니다.

C죄도 상상적 경합이 된다고 한다.[1] 하지만 판례는 이를 인정하지 않고 B죄와 C죄는 실체적 경합이 된다고 하는데, 다만 B죄와 C죄를 상상적 경합의 예에 따라 처벌해야 한다는 입장이다.[2]

2. 실체적 경합범

가. 개념

24   실체적 경합범은 여러 개의 행위가 여러 법익을 침해하고 여러 구성요건에 해당하여 여러 개의 형으로 처벌되는 경우이며, 일반적으로 '경합범'이라고 하면 실체적 경합범을 말한다. 경합범에는 동시경합범과 사후경합범이 있는데, **동시경합범**은 '판결이 확정되지 않은 수개의 죄'이고 **사후경합범**은 '판결이 확정된 죄와 그 판결 확정 전에 범한 죄'이다(제37조). 다시 말하면 동시경합범은 여러 개의 죄를 동시에 판결하는 경우이고, 사후경합범은 경합범 중 일부에 대한 판결이 있고 난 후 그 판결 전에 행하여진 다른 범죄에 대해 판결할 때 경합범으로 처벌하는 경우를 말한다.

나. 동시경합범의 성립 요건과 처벌

25   동시경합범으로 처벌하려면 1) 여러 개의 행위로 여러 개의 죄를 범하여야 한다. 그리고 2) 여러 개의 죄는 모두 판결이 확정되지 않은 상태이어야 하고, 3) 여러 개의 죄에 대해 동시에 판결해야 한다.

26   동시경합범의 처벌에서는 앞에서 설명한 가중주의를 원칙으로 하고, 경우에 따라 흡수주의와 병과주의가 적용된다. 가중주의에 따라 처벌할 때에는 가장 무거운 죄에 정한 형의 장기 또는 다액의 2분의 1까지 가중하되, 각 죄에 정한 형의 장기 또는 다액을 합산한 형기 또는 액수를 초과할 수 없다(제38조 ①항 2호).

다. 사후경합범의 처벌

27   사후경합범은 경합범 중 A죄에 대해 판결이 확정된 후 그 판결 이전에 있었던 B죄에 대해 판결할 때 A죄와 B죄를 동시경합범으로 처벌할 때와 형평을

---

1) 독일의 판례이기도 하다. 김일수/서보학 535면 이하; 배종대 [172] 7; 오영근 494면 이하; 이재상/장영민/강동범 §39 14; 홍영기 [46] 7.
2) [2000도1216] 공도화변조죄와 동행사죄가 수뢰후부정처사죄와 각각 상상적 경합범 관계에 있을 때에는 공도화변조죄와 동행사죄 상호간은 실체적 경합범 관계에 있다고 할지라도 상상적 경합범 관계에 있는 수뢰후부정처사죄와 대비하여 가장 중한 죄에 정한 형으로 처단하면 족한 것이고 따로이 경합범 가중을 할 필요가 없다.

고려하여 B죄에 대한 형을 선고하는 경우이다(제39조 ①항). 피고인이 책임질 수 없는 사정으로 따로 재판을 받게 되어 동시에 판결을 받을 때보다 불리해서는 안 된다는 것이다. 따라서 사후경합범에 대해 형을 선고할 때에는 형을 감경하거나 면제할 수 있다. 다만 형을 감경할 때에는 법률상 감경에 관한 제55조 ① 항이 적용되어 유기징역의 경우 그 형기의 2분의 1 미만으로 감경할 수 없다(2017도14609 전합).

[사례 8]　91도643 판결　　　　　　　　　　　　　　　　　28

〈사건 1〉 D1과 D2, D3는 1989.12.3. 03:00경 서울 용산구 이태원동 소재 여관에 들어가 1층 안내실에 있던 여관의 관리인인 V1의 목에 칼을 들이대고 "조용히 하라"고 하면서 그의 왼쪽 발가락을 칼로 1회 찔러 상해를 가하고, 그로부터 현금과 손목시계 및 여관방실들의 열쇠를 강취한 다음, 다시 2층으로 올라가서 201호실의 문을 위 열쇠로 열고 들어가 투숙객들로부터 금품을 강취하고, 이어서 같은 방법으로 202호실과 207호실의 투숙객들로부터 각각 금품을 강취하였다.

〈사건 2〉 그 후 세 사람은 1989.12.9. 03:10경 서울 서대문구 홍은동 소재 여관에 투숙객을 가장하고 들어가, D3가 숙박할 방을 안내하려던 여관의 종업원인 V2에게 "조용히 하라"고 하면서 V2의 옆구리와 허벅지를 칼로 찔러 상해를 가하고 201호실로 끌고 들어가는 등 폭행·협박을 하고 있던 중, 마침 다른 방에서 여관의 주인인 V3가 나오자 D1과 D2가 V3를 같은 방에 밀어 넣은 후, V3로부터 현금과 금반지를 강취하고, 1층 안내실에서 V2 소유의 현금을 꺼내갔다.

◈ 문　D1, D2, D3의 죄책은?

〈대법원 판결〉

가. 강도가 동일한 장소에서 동일한 방법으로 시간적으로 접착된 상황에서 수인의 피해자들에게 폭행 또는 협박을 가하여 그들로부터 각기 점유관리하고 있는 재물을 각각 강취한 경우의 죄수

: 강도가 동일한 장소에서 동일한 방법으로 시간적으로 접착된 상황에서 수인의 재물을 강취하였다고 하더라도, 수인의 피해자들에게 폭행 또는 협박을 가하여 그들로부터 그들이 각기 점유관리하고 있는 재물을 각각 강취하였다면, 피해자들의 수에 따라 수개의 강도죄를 구성하는 것이고, 다만 강도범인이 피해자들의 반항을 억압하는 수단인 폭행·협박행위가 사실상 공통으로 이루어졌기 때문에, 법률상 1개의 행위로 평가되어 상상적 경합으로 보아야 될 경우가 있는 것은 별문제이다.

　나. 피고인의 여관 종업원과 주인에 대한 각 강도행위가 각별로 강도죄를 구성하되 법률상 1개의 행위로 평가되어 위 2죄는 상상적 경합범관계에 있다고 본 사례

　: 피고인이 여관에서 종업원을 칼로 찔러 상해를 가하고 객실로 끌고 들어가는 등 폭행·협박을 하고 있던 중, 마침 다른 방에서 나오던 여관의 주인도 같은 방에 밀어 넣은 후, 주인으로부터 금품을 강취하고, 1층 안내실에서 종업원 소유의 현금을 꺼내 갔다면, 여관 종업원과 주인에 대한 각 강도행위가 각별로 강도죄를 구성하되 <u>피고인이 피해자인 종업원과 주인을 폭행·협박한 행위는 법률상 1개의 행위로 평가되는 것이 상당하므로</u> 위 2죄는 상상적 경합범관계에 있다고 할 것이다.

　(원심은 특수강도행위가 동일한 장소에서 동일한 방법으로 접착된 시간적 상황에서 이루어진 경우에는 피해자가 여러 사람이라고 하더라도 단순1죄로 보아야하고, 나아가 특수강도행위에 즈음하여 피해자들 중 1인에게 상해를 가하였다면 1개의 강도상해죄만이 성립한다고 할 것이므로, 피고인들의 위와 같은 행위는 포괄하여 1개의 강도상해죄만을 구성하는 것이고, 따라서 피해자들 중의 1인인 피해자 2에 대한 특수강도죄에 관한 유죄의 확정판결의 효력은 피해자 1에 대한 강도상해 행위에 대하여도 미치게 되는 것이라고 판단하여, 피고인 2 및 3에 대한 위 강도상해의 공소사실에 대하여 면소의 선고를 하였다.)

　라. 강도가 여관에 들어가 안내실에 있던 여관의 관리인을 칼로 찔러 상해를 가하고 그로부터 금품을 강취한 다음, 각 객실에 들어가 각 투숙객들로부터 금품을 강취한 행위가 피해자 별로 강도상해죄 및 강도죄의 실체적 경합범이 된다고 본 사례

　: 강도가 서로 다른 시기에 다른 장소에서 수인의 피해자들에게 각기 폭행 또는 협박을 하여 각 그 피해자들의 재물을 강취하고, 그 피해자들 중 1인을 상해한 경우에는, 각기 별도로 강도죄와 강도상해죄가 성립하는 것임은 물론, 법률상 1개의 행위로 평가되는 것도 아닌 바, 피고인이 여관에 들어가 1층 안내실에 있던 여관의 관리인을 칼로 찔러 상해를 가하고, 그로부터 금품을 강취한 다음, 각 객실에 들어가 각 투숙객들로부터 금품을 강취하였다면, 피고인의 위와 같은 각 행위는 비록 시간적으로 접착된 상황에서 동일한 방법으로 이루어지기는 하였으나, 포괄하여 1개의 강도상해죄만을 구성하는 것이 아니라 실체적 경합범의 관계에 있는 것이라고 할 것이다.

제 2 장
구성요건

[9] 제 1 절 구성요건의 이론

I. 구성요건의 의의

1. 개념과 기능

구성요건은 '범죄를 구성하는 요건', '범죄구성요건'을 줄인 말이다. 구성요 **1**
건은 형법의 각칙 등에서 범죄가 되는 행위유형을 추상적으로 기술한 부분이다.
구성요건은 1) 죄형법정주의 원칙에 따라 범죄가 되는 행위를 한정적으로 규정
함으로써 국가의 형벌권을 제한하고 법관의 자의적 판단을 방지하는 역할, 곧
보장적 기능을 수행한다.

또한 2) 구성요건에는 개별 범죄에서 **불법의 내용을 명확하게 하는 기능**이 **2**
있다. 형법의 같은 조항에서 같은 형벌이 적용되지만 서로 다른 불법의 내용이
있는 구성요건의 경우가 이런 기능을 더 분명하게 한다.[1] 그리고 구성요건은
3) 범죄성립의 핵심적 표지가 되며, 위법성과 책임을 이끄는 기능, 곧 **지도적 기**
능을 담당한다. 구성요건에 해당하면 위법하고 책임 있는 것으로 전제되며, 구
성요건에 해당하지 않으면 위법과 책임을 심사할 필요가 없는 것이다.

---

1) 예를 들어 제276조의 구성요건은 '사람을 체포 또는 감금한 자'인데, 체포와 감금은 서로 다
  른 불법의 내용을 가진 구성요건이다. 제355조 ①항의 횡령과 ②항의 배임은 법정형이 같지
  만, 구성요건의 내용, 곧 불법의 내용이 다르다.

2. 구성요건의 내용

가. 객관적 구성요건 요소

3   객관적 구성요건 요소는 행위의 외부현상을 서술하는 요소들이다. 구성요건은 범죄행위의 내용을 표현하기 때문에 이른바 '육하원칙'에 따라 쓰여진다. 곧 '누가 언제 어디서 무엇을 어떻게 왜' 했는지의 형식으로 규정된다는 것이다. 물론 모든 범죄구성요건에 육하원칙의 모든 요소가 들어있는 것은 아니지만, 구성요건에 규정된 내용들은 이러한 요소들로 구별할 수 있다는 것이다. 구체적으로 객관적 구성요건 요소는 행위주체, 행위객체, 행위방법, 행위결과 등이 있고, 특별한 요소로 인과관계가 있다.

나. 주관적 구성요건 요소

4   주관적 구성요건 요소는 행위의 내부적 현상, 즉 행위자의 내심에 속하는 요소들이다. 고의가 대표적이며, 예외적으로 과실이 주관적 요소가 된다. 고의는 형법각칙의 범죄마다 구성요건으로 규정되지 않고 각칙의 범죄에 공통으로 적용되는 총칙 제13조에서 '죄의 성립요소인 사실을 인식'하는 것으로 규정되어 있다. 과실은 예외적으로 처벌되기 때문에 개별 구성요건에 명시되어 있다. 고의와 과실 외에 특별한 목적, 경향, 의사 등의 특별한 주관적 요소가 필요한 범죄도 있다.

Ⅱ. 구성요건 요소의 구별

1. 서술적 요소와 규범적 요소

5   서술적 요소는 사실이나 사물의 형상을 그대로 서술하는 구성요건요소를 말한다. 대부분의 구성요건 요소는 서술적이다. 범죄가 되는 행위는 사회생활에서 발생하는 사건들이므로 이를 규정하는 구성요건이 서술적일 수밖에 없고, 죄형법정주의 원칙이 요구하는 명확성을 위해서도 구성요건은 서술적이어야 한다.

6   규범적 요소는 규범적 가치판단을 필요로 하는 구성요건요소이다. 언어 그 자체로 바로 적용될 수 없고 법관의 규범적 해석을 필요로 한다. 직권남용죄에서 '남용', 공연음란죄에서 '음란', 상습도박죄에서 '상습' 등은 사물이나 사실을

서술하는 것이 아닌 가치평가적 요소들이다.[1]

다만 서술적 요소와 규범적 요소를 구별하는 데에는 **한계**가 있다. 앞에서 7 설명하였듯이 법률 문언의 추상성 때문에 서술적 구성요건 요소도 대부분 규범적 가치판단과 해석을 필요로 하기 때문이다. 하지만 양자를 구별하는 실익은 서술적 요소는 고의의 인식 대상인 '사실'이지만, 규범적 요소는 행위자의 인식 대상이 아니라 평가자의 평가 대상이라는 점에 있다.[2] 구성요건인 사실들은 행위자의 인식, 곧 고의가 있어야 범죄가 되지만, 규범적 요소는 행위자가 인식하지 못했다고 하더라도 사후 평가를 통해 인정될 수 있다는 것이다.

2. 기술된 요소와 기술되지 않은 요소

기술記述된 요소는 죄형법정주의 원칙에 따라 법률에 규정되어 있는 요소들 8 을 말한다. 구성요건의 본질상 당연한 요소들이다. 그런데 구성요건에 명시적으로 규정되어 있지 않지만 해석으로 인정되는 구성요건 요소들이 있다. 결과 발생이 필요한 범죄에서 행위와 결과의 인과관계, 그리고 재산범죄에서 불법영득의사 등이 그 예이다. 원래 죄형법정주의는 죄의 성립요소를 법률에 규정할 것을 요구하지만, 기술되지 않은 요소는 추가적 조건이 되어 범죄의 성립을 까다롭게 하기 때문에 죄형법정주의의 실질적 취지에 어긋나지 않는다.

Ⅲ. 구성요건의 유형

1. 결과범과 거동범

범죄행위의 **결과**를 필요로 하는지에 따라 범죄는 결과범과 거동범으로 구별 9 된다. **결과범**은 범죄행위와 함께 결과발생을 구성요건으로 요구하는 범죄이다.[3] 반면에 **거동범**은 결과발생을 필요로 하지 않고 단순히 구성요건에 규정된 행위를 함으로써 성립하는 범죄이다.[4] 그래서 결과범을 실질범, 거동범을 형식

---

1) [2007도3815] '음란'이라는 개념은 ... 추상적인 것이므로, ... 이는 일정한 가치판단에 기초하여 정립할 수 있는 규범적인 개념이므로 ...
2) 김일수/서보학 83면; 배종대 [44] 4; 오영근 82면 이하; 이재상/장영민/강동범 §6 33 이하; 홍영기 [6] 20 이하.
3) 살인죄에서 사람을 '살해한'은 살해의 결과를 요구하는 구성요건이다. 절도죄에서 '절취한'도 마찬가지이다.
4) 폭행죄의 구성요건은 '사람의 신체에 대하여 폭행을 가한 자'이고, 폭행의 결과를 구성요건에 규정하고 있지 않다.

범이라고도 한다. 양자를 구별하는 실익은 결과범은 행위와 결과 사이의 인과관계가 범죄성립의 요소이지만, 거동범은 범죄성립에 인과관계가 필요하지 않다는 데 있다. 또한 결과범은 미수범 처벌규정이 있으면 미수범이 성립할 수 있지만, 거동범은 미수범이 성립하기 어렵다는 차이가 있다.

2. 침해범과 위험범

10   범죄는 **보호법익의 침해 정도를 기준으로 침해범과 위험범으로 구별된다. 침해범**은 법익에 대한 침해, 곧 현실적 가치훼손을 요구하는 범죄이다. 대부분의 범죄는 침해범이다. **위험범**은 보호법익에 위험을 초래하는 것만으로 성립하는 범죄이다. 위험범은 다시 구체적 위험범과 추상적 위험범으로 구별된다. **구체적 위험범**은 보호법익에 대한 위험의 발생이 필요한 범죄이다. **추상적 위험범**은 보호법익에 대한 위험이 실제로 발생하지 않고 위험의 발생이 가능했다는 것만으로 성립하는 범죄이다. 위험범, 특히 추상적 위험범은 범죄행위의 앞단계에서부터 범죄성립을 인정한다. '추상적 위험범 > 구체적 위험범 > 침해범'의 순서로 범죄성립의 요건이 까다롭다고 할 수 있는 것이다.[1] 따라서 침해범인지 위험범인지는 범죄성립 여부의 심사에서 매우 중요한 기준이 된다.[2]

11   구체적 위험범과 추상적 위험범은 방화죄에서 분명한 예를 찾아볼 수 있다. 형법 제166조 ②항의 구성요건에는 '~ 물건을 불태워 공공의 위험을 발생하게 한 자'라고 규정되어 있지만,[3] 같은 조 ①항에는 '~ 불태운 자'라고 규정되어 있다.[4] 전자는 구체적 위험범으로 범죄성립에 방화행위와 위험발생이 필요하지만, 후자는 방화행위만으로 범죄가 성립한다. 구체적 위험범은 위험의 발생이 입증되어야 하고, 행위자의 고의에 위험의 인식이 필요하다. 그러나 추상적 위험범은 위험발생의 입증이 필요하지 않고 고의의 내용으로 위험의 인식이 필요하지 않다는 점에서 양자는 구별의 실익이 있다.

---

1) 대법원은 2007. 9. 28. 협박죄를 침해범에서 위험범으로 변경하는 취지의 판결을 선고하여 협박죄의 성립요건을 완화하였다(2007도606 전합).: "협박죄는 사람의 의사결정의 자유를 보호법익으로 하는 위험범이라 봄이 상당하고,"

2) [2014도1104 전합] (별개의견) 배임죄는 위험범이 아니라 침해범으로 보아야 한다. 배임죄를 위험범으로 파악하는 것은 형법규정의 문언에 부합하지 않는 해석이다. [2020도5813 전합] 추상적 위험범으로서 명예훼손죄는 … 침해할 위험이 발생한 것으로 족하고 침해의 결과를 요구하지 않으므로 …

3) 제167조도 마찬가지이다.

4) 제164조, 제165조도 같다.

[2014도1104 전합] <별개의견> 배임죄는 위험범이 아니라 침해범으로 보아야 **12** 한다. 배임죄를 위험범으로 파악하는 것은 형법규정의 문언에 부합하지 않는 해석이다. … 채무가 발생하여 그 채무를 이행하여야 할 의무를 부담하게 되었다고 하여 곧바로 배임죄의 보호법익인 재산권이 현실적으로 침해되었다고 해석하는 것은, … 보호법익의 보호 정도에 따라 침해범과 위험범을 구별하고 있는 형법의 체계에 부합하지 않는다.

[2020도5813 전합] 추상적 위험범으로서 명예훼손죄는 … 침해할 위험이 발생한 것으로 족하고 침해의 결과를 요구하지 않으므로 …

3. 상태범과 계속범

　범죄는 범죄행위의 시간적 계속 여부를 기준으로 상태범과 계속범으로 구별 **13** 된다. 상태범은 범죄행위를 끝내는 시점, 곧 기수既遂의 시점과 범죄의 종료시점이 같은 범죄이다. 구성요건의 행위를 종료하면 위법상태가 되고 그 상태를 그대로 유지한다고 하여 상태범이라고 하며, '즉시범'이라고도 한다. 살인죄, 절도죄 등 대부분의 범죄가 이에 해당한다.

　계속범은 범죄행위의 기수 시점과 범죄의 완료 시점이 다른 범죄이다. 범죄 **14** 행위의 기수 이후에도 범죄가 끝나지 않고 위법행위를 계속한다고 해서 계속범이라고 한다. 위법행위가 종료되어야 범죄도 종료된다. 대표적으로 감금죄의 예를 들 수 있다. 사람을 감금하는 순간 감금죄는 기수가 되지만, 감금이 계속되는 동안 위법행위는 계속되고 감금에 풀려나야 비로소 감금죄는 종료된다.

　상태범과 계속범을 구별하는 이유, 곧 실익은 다음과 같다. 1) 공소시효가 **15** 시작되는 시점은 행위의 기수 시점이 아니라 범죄의 종료 시점이기 때문에 계속범은 범죄의 종료 이후부터 공소시효가 시작된다.[1) 2) 공범은 범죄가 계속될 때에만 가담할 수 있기 때문에 행위의 기수 이후 상태범은 공범 성립이 불가능하지만 계속범은 공범 성립이 가능하다.[2) 3) 정당방위는 범죄가 실행 중인 때

---

　1) [2004도4751] 공익법인이 주무관청의 승인을 받지 않은 채 수익사업을 하는 행위는 시간적 계속성이 구성요건적 행위의 요소로 되어 있다는 점에서 계속범에 해당한다고 보아야 할 것인 만큼 승인을 받지 않은 수익사업이 계속되고 있는 동안에는 아직 공소시효가 진행하지 않는다.

　2) [2017도19025 전합] 정범이 침해 게시물을 인터넷 웹사이트 서버 등에 업로드하여 공중의 구성원이 개별적으로 선택한 시간과 장소에서 접근할 수 있도록 이용에 제공하면, 공중에게 침해 게시물을 실제로 송신하지 않더라도 공중송신권 침해는 기수에 이른다. 그런데 정범이 침해 게시물을 서버에서 삭제하는 등으로 게시를 철회하지 않으면 … 가벌적인 위법행위가

가능하므로, 행위의 기수 이후 상태범은 원칙적으로 정당방위가 불가능하지만, 계속범은 가능하다.[1)]

4. 신분범과 자수범

16   범죄의 주체, 곧 정범이 될 수 있는 행위자의 범위를 기준으로 신분범과 자수범을 구별할 수 있다. 일반적으로 범죄의 주체에는 특별한 제한이 없다. 어린아이도 범죄의 주체가 될 수 있지만 책임을 인정하지 않을 뿐이다. 그런데 일부 범죄에서는 행위의 주체가 제한되는 경우가 있다.

17   신분범은 일정한 신분을 가진 사람만 범죄의 주체가 될 수 있는 범죄이다. 신분이 없는 사람이 행위를 하더라도 구성요건의 행위주체가 아니기 때문에 범죄가 성립하지 않는다. 신분범은 다시 진정신분범과 부진정신분범으로 구별된다. 1) 진정신분범은 행위자의 신분이 범죄의 성립요건이 되는 경우를 말한다. '원래 의미의' 신분범이라서 '진정'신분범이라 한다.[2)] 2) 부진정신분범은 신분이 없어도 범죄를 성립하지만 행위자의 신분 때문에 처벌이 무거워지거나 가벼워지는 경우이다.[3)] '원래 의미의 신분범은 아니지만' 신분이 처벌에 영향을 미치기 때문에 '부진정'신분범이라고 한다.

18   자수범自手犯은 구성요건의 행위주체가 직접 구성요건의 행위를 실행하여야만 정범이 될 수 있는 범죄이다. 다른 사람의 손을 빌릴 수 없고 스스로 해야 한다고 해서 자수범이라 부른다. 따라서 자수범은 간접정범의 형태로 저지를 수 없다.[4)]

계속 반복되고 있어 공중송신권 침해의 범죄행위가 종료되지 않았으므로, 그러한 정범의 범죄행위는 방조의 대상이 될 수 있다.

1) 다만 2023. 4. 27. [2020도6874] 판결에서는 일련의 연속되는 행위로 인해 침해상황이 중단되지 아니하거나 일시 중단되더라도 추가 침해가 곧바로 발생할 객관적인 사유가 있는 경우에는 일부 행위의 기수 이후에도 정당방위가 가능하다고 하였다.

2) 대표적으로 제129조 ①항의 뇌물수수죄는 '공무원이'라고 행위주체를 제한하고 있으므로, 공무원 아닌 사람은 뇌물을 받아도 이 죄에 해당하지 않는다.

3) 예를 들어 제250조 ①항 살인죄는 누구나 행위주체가 되는 범죄이지만, 아들이 아버지를 살해하는 경우 신분 때문에 같은 조 ②항의 존속살해죄에 해당하게 되어 처벌이 무거워진다. 부모가 영아를 살해하면 경우에 따라 제251조 영아살해죄로 가벼운 처벌을 받았다. 그런데 영아살해죄는 2023. 8. 8. 형법 개정으로 폐지되어 2024. 2. 9.부터 일반살인죄로 처벌받는다.

4) 대표적인 것이 제152조 ①항 위증죄이다. 위증은 증언하는 사람이 스스로의 기억과 다른 증언을 할 때 성립하기 때문에 속아서 허위진술을 하더라도 위증이 되지 않는다. 위증을 교사하는 것은 가능하다.

5. 목적범과 경향범, 상습범

목적범은 주관적 구성요건 요소로 고의 외에 특별한 요소인 목적을 규정하 **19** 고 있는 범죄이다. 따라서 '죄의 성립요소인 사실', 곧 객관적 구성요건에 대한 '인식'이 있더라도 구성요건의 목적이 없으면 해당 범죄가 성립하지 않는다. 목 적범은 다시 진정목적범과 부진정목적범으로 구별된다. **진정목적범**은 원래 의미 의 목적범으로서 목적이 있어야 범죄가 성립되는, 곧 목적이 범죄성립의 요건인 범죄이다.1) **부진정목적범**은 원래 의미의 목적범이 아니라는 뜻인데, 목적이 없 더라도 처벌되는 범죄를 목적을 가지고 저지르면 가중처벌되는 범죄이다.2)

경향범은 구성요건의 행위를 실현한 것이 행위자의 일정한 경향을 나타낸 **20** 것이라고 판단될 때 처벌되는 범죄이다. 성풍속에 관한 죄에서 '음란성'3)이나 추행죄에서 행위자의 성적 경향4), 그리고 학대죄에서 행위자의 '학대성'5) 등이 그 예이다. 행위자의 경향은 '목적'과 달리 주관적 구성요건 요소는 아니며, '음 란', '추행', '학대' 등의 구성요건 행위에 해당하는지를 심사하는 기준이 될 뿐 이다.

상습범은 일정한 행위를 상습적으로, 곧 상습성을 가지고 했을 때 성립하 **21** 는 범죄이다.6) 상습범은 누범累犯과는 다른 것이기 때문에 반드시 여러 차례 범죄하는 것을 의미하지 않는다. 범죄의 횟수는 한 번이라도 행위자의 습벽에

---

1) 예를 들어 제87조 내란죄의 구성요건은 '국토를 참절하거나 국헌을 문란할 목적으로 폭동한 자'인데, 폭동에 대한 고의가 있더라도 국토참절, 국헌문란의 목적이 없으면 폭동죄만 성립할 뿐 내란죄는 성립하지 않는다. 또한 제207조 통화위조죄는 '행사할 목적으로' 위조하는 것이 구성요건이기 때문에 위조에 대한 인식이 있더라도 행사할 목적이 인정되지 않으면 이 죄에 해당하지 않는다.

2) 제152조 ①항 위증죄는 목적이 없어도 처벌되는 범죄이지만, 같은 조 ②항의 모해위증죄는 다른 사람에게 해를 가할 목적으로 위증하는 경우를 더 무겁게 처벌하고 있다.

3) [2003도2911] 예술성과 음란성은 차원을 달리하는 관념이고 어느 예술작품에 예술성이 있다 고 하여 그 작품의 음란성이 당연히 부정되는 것은 아니라 할 것이며, 다만 그 작품의 예술 성 가치, 시세와 성적 표현의 관련성 정도 등에 따라서는 그 음란성이 완화되어 결국은 처벌 대상으로 삼을 수 없게 되는 경우가 있을 뿐이다.

4) 제298조 강제추행죄 등에서 '추행'은 경향범이 아니라는 견해도 있다. 이재상/장영민/강동범 §9 16 참조.

5) [2000도223] 형법 제273조 제1항에서 말하는 '학대'라 함은 육체적으로 고통을 주거나 정신 적으로 차별대우를 하는 행위를 가리키고, 이러한 학대행위는 ... 단순히 상대방의 인격에 대 한 반인륜적 침해만으로는 부족하고 적어도 유기에 준할 정도에 이르러야 한다.

6) 제246조 상습도박죄, 제279조 체포·감금죄의 상습범, 제285조 협박의 죄 상습범, 제332조 상습절도죄 등이 있다.

상습성이 있다고 인정되면 상습범이 된다(2001도3206 전합, 2017도953). 그래서
상습성을 경향의 하나로 분류하는 견해도 있고, 신분의 하나라고 하는 견해도
있다.

22 [2005도6791] 제305조의 미성년자의제강제추행죄 ... 성립에 필요한 주관적 구성
요건요소는 고의만으로 충분하고, 그 외에 성욕을 자극·흥분·만족시키려는 주관
석 동기나 목적까지 있어야 하는 것은 아니다.
[2005노2022] 추행죄는 법적 성격이 경향범으로서, 주관적으로 추행에 대한 인
식, 의욕과 함께 성욕의 자극이나 만족을 구한다는 행위자의 주관적 요소를 필요
로 하는 것이다.
[2003도6514] 공연음란죄는 주관적으로 성욕의 흥분, 만족 등의 성적인 목적이
있어야 성립하는 것은 아니고 그 행위의 음란성에 대한 의미의 인식이 있으면 족
하다.

[10] 제 2 절 객관적 구성요건

1   이제부터는 범죄의 성립요건 중 핵심적 지위에 있는 구성요건의 개별 요소
들을 차례로 살펴본다. 먼저 객관적 구성요건 요소들을 검토하는데, 객관적 구
성요건 요소는 형법 각칙의 여러 범죄에 구체적으로 규정되어 있고, 공통적이라
고 할 만한 내용은 행위의 주체와 객체, 그리고 제17조에 규정된 인과관계 정도
이다. 아래에서 차례로 검토한다.

Ⅰ. 행위의 주체

1. 사람

2   행위의 주체는 원칙적으로 사람, 곧 자연인이다. 형법은 대부분의 범죄구성
요건에서 '~한 자', '~한 사람'의 형태로 행위주체를 규정하고 있다.1) 따라서

---

1) 법무부의 형법개정안 등에서는 '자者'를 오늘날의 어법에 맞게 '사람'으로 변경하는 안이 제안
되기도 하지만 아직 입법으로 이어지지 않고 있다. 다만 2013. 4. 5. 개정형법에서 제114조
범죄단체조직죄와 '도박과 복표에 관한 죄' 등의 구성요건은 행위자를 '사람'으로 표기하고
있으며, 형사특별법에서는 대부분 '사람'으로 표기하고 있다. 폭력행위처벌법, 특정범죄가중

따로 행위주체를 제한하여 규정하는 신분범을 제외하면 누구나 범죄의 주체가
될 수 있다. 한편, 동물이 사람의 법익을 침해하더라도 동물은 당연히 범죄의
주체가 될 수 없고, 그 동물의 관리하는 사람이 범죄의 주체가 될 수 있을 뿐이
다(2008도736).[1]

[2007노627] 피고인이 남성복 매장을 운영하면서 애완용 동물을 기를 경우 타
인에게 피해를 주지 않도록 관리하여야 할 주의의무가 있음에도 불구하고 그 관
리를 소홀히 하여, 위 매장 안에서 기르던 고양이가 매장 앞 노상에서 피해자가
끌고 가는 애완용 개를 보고 갑자기 덤벼들었고, 곧이어 개를 자신의 가슴 쪽으
로 안으며 피하는 피해자를 향해 재차 뛰어올라 공격하면서 피해자의 다리를 발
톱으로 할퀴어 피해자에게 상해를 입게 하였다는 이 사건 공소사실(과실치상)을
넉넉히 인정할 수 있으므로, 이를 다투는 피고인의 주장은 이유 없다. (2008도736
판결의 원심판결)

3

2. 법인

가. 법인의 범죄행위 능력 여부

법인이란 전형적인 권리능력의 주체인 자연인 외에 법률에 의해 권리능력
이 인정되어 법률관계의 주체가 되는 '사람이나 재산의 결합체'를 말한다. 한마
디로 법에서 사람과 같은 지위를 인정받는 주체라고 할 수 있다.

4

그런데 행정법 등에는 법위반에 대한 처벌 규정을 두면서 위반한 사람과
더불어 그 사람이 속해 있는 법인에도 형벌을 부과하는 규정을 두는 경우가 있
다. 법인이 형벌을 받는다는 것은 법인의 범죄를 전제로 하는 것인데, 그렇다면
법인이 사법상의 권리능력과 함께 형법의 범죄행위 능력을 갖는다는 것인지, 곧

5

법, 성폭력처벌법 등 참조.

1) 동물은 민법 제98조에 따라 '물건'으로 간주된다. 2021년 10월 정부는 민법 제98조의2를 신
설하여 '동물은 물건이 아니다'라고 규정하는 민법 개정안을 발의하였다. 그런데 이 개정안은
아직 국회를 통과하지 못하고 있다. 그 이유 중 하나는 법원에서 "동물이 사법私法상 어떤
권리·지위를 지니는지를 구체적으로 규율하지 않아 법적 혼란과 분쟁이 발생할 수 있다."고
하여 반대의견을 내고 있기 때문이다. 독일과 오스트리아, 스위스 등의 민법은 '동물은 물건
이 아니다'라고 규정하고 있고, 프랑스 민법은 동물이 물건이 아님을 선언하는 것을 넘어 동
물은 '감정을 지닌 생명체이다'라고 말하며 동물의 '특수한 성질'을 명시하고 있다. 그러나 동
물의 지위가 물건의 지위에서 벗어난다고 하더라도 형법의 행위주체가 된다는 것은 불가능
한 일이다.

법인도 범죄의 주체가 될 수 있는 것인지가 문제되고 있다. 이 문제는 법인이라는 주체가 현실에서 범죄함으로써 발생한 것이 아니라, 법규정의 입법 후 적용 과정에서 발생한 쟁점이다. 법인의 범죄행위 능력에 대해서는 이를 부정하는 견해와 긍정하는 견해가 대립하고 있다.

나. 범죄행위 능력 부정설

6　　형법은 행위규범이면서 의사결정 규범이기 때문에 자연인이 아닌 법인은 범죄행위 능력을 가질 수 없다는 견해이다.[1] 그 이유는 다음과 같다. 1) 법인은 사람과 같은 의사와 신체를 갖고 있지 않기 때문에 행위능력이 없다. 2) 법인은 그 기관인 자연인을 통해서 행위하므로 자연인을 처벌하면 된다. 3) 법인을 처벌하면 범죄와 관계없는 법인구성원까지 처벌받는 것이 되어 자기책임의 원칙에 반한다. 4) 형법에서 가장 중요한 형벌인 자유형은 법인에게 집행할 수 없다. 5) 법인의 위법행위로 얻은 불법재산의 박탈은 형벌이 아닌 다른 수단으로 가능하다.

7　　대법원은 법인의 행위는 자연인인 대표기관의 의사결정에 따른 행위이므로 "법인은 다만 사법私法상의 의무주체가 될 뿐 범죄능력이 없다."고 하여 부정설의 입장을 유지하고 있다(82도2595 전합, 96도524). 그런데 법인의 범죄능력을 부정하면 현행법에서 법인을 처벌하고 있는 규정을 설명하기 어렵다는 문제가 있다. 범죄능력 없는 주체에 대해 형벌능력을 인정하여 범죄의 대가인 형벌을 부과하는 모순이 있다는 것이다.

다. 범죄행위 능력 긍정설

8　　사회현상이 변화하면서 사회의 여러 영역에서 법적 지위가 확대되고 있는 법인에 대해 범죄능력을 인정해야 한다는 견해이다.[2] 구체적인 논거는 다음과 같다. 1) 법인도 그 기관을 통해 의사를 형성하고 행위할 수 있다. 2) 법인기관의 행위는 구성원인 개인의 행위가 곧 법인의 행위라는 양면성을 지니고 있으므로 법인에 대한 처벌은 이중처벌이 아니다. 3) 책임능력을 형벌적응능력이라고 한다면 이러한 능력은 법인에게도 있다. 4) 재산형과 자격형, 몰수·추징 등은 법인에게도 효과적인 제재이다.

---

[1] 학계의 다수견해라 할 수 있다. 배종대 [50] 4 이하; 이재상/장영민/강동범 §7 6 이하; 홍영기 [9] 3 이하 등 참조.

[2] 김일수/서보학 88면 등 참조.

헌법재판소는 1) 오늘날 사회가 복잡하고 다양해지면서 법인이라는 '존재' **9**
가 별도의 조직과 기관을 가지고 사회적으로 '실재'하며 활동하고 있고, 2) 법인
의 사회적 활동이 증가하면서 법인에 의한 법익침해 행위가 적지 않게 나타나
기 때문에, 3) 입법자가 '새로운 행위주체'인 법인에 대한 처벌규정을 둔 것이라
고 하여 법인의 범죄능력을 긍정하는 입장을 취하고 있다. 이러한 긍정설에 대
해서는 1) 민법의 권리주체와 형법의 행위주체를 구별하지 않고 그 차이를 고
려하지 않는다는 문제가 있으며, 2) 법인을 처벌하는 것은 형법이 사법私法의
영역에 확대되는 결과를 가져온다는 비판이 제기된다. 한편, 법인은 형사범의
범죄능력은 갖지 않지만 행정법 위반의 범죄능력은 갖는다는 **부분적 긍정설**도
있다.[1]

라. 법인 처벌의 근거

법인의 범죄능력을 인정하면 법인을 처벌하는 현행법을 설명하는 데 아무 **10**
런 무리가 없다. 범죄능력이 있는 주체에게 형벌을 부과하는 것은 당연하기 때
문이다. 그러나 법인의 범죄능력을 부정하면 법인을 처벌하는 현행법의 근거를
어떻게 설명할지가 문제된다.

이에 대해 1) **무과실책임설**은 법인은 범죄능력이 없으므로 책임이 없지만, **11**
형법의 일반원칙인 책임원칙에 대한 예외로 행정단속의 목적을 위해 무과실책
임을 인정한 것이라고 한다. 그러나 책임주의원칙은 형법에서 예외를 인정할 수
없는 것이기 때문에, 고의는커녕 과실도 없는 자에게 형벌을 부과한다는 것은
수용할 수 없는 주장이다.

2) **과실의 추정 또는 의제설**은 현행법의 처벌규정은 법인이 종업원에 대한 **12**
선임·감독에서 주의의무를 위반한 책임을 입법자가 법률상 추정 또는 의제한
것이라고 하는 견해이다. 과거 대법원 판례의 일부에서 보이는 입장이다.[2] 그
러나 형사책임의 문제를 추정하거나 의제한다는 것은 형법의 책임주의 원칙에
서 허용할 수 없는 일이며, 범죄능력이 없는데 처벌의 근거를 추정 또는 의제한
다는 것도 모순이다.

---

1) 신동운 112면.
2) [92도1395] 공중위생법 제45조의 규정은, 법인의 경우 종업원의 위반행위에 대하여 행위자인
   종업원을 벌하는 외에 업무주체인 법인도 처벌하고, <u>이 경우 법인은 엄격한 무과실책임은 아
   니라 하더라도 그 과실의 추정을 강하게 하고, 그 입증책임도 법인에게 부과함으로써 양벌규
   정의 실효를 살리자는 데 그 목적이 있다.</u>

13   3) **과실책임설**은 법인이 종업원의 관리 감독 과정에서 주의의무를 위반하여 과실책임이 인정될 때 법인에 대한 처벌이 가능하다는 견해이다. 법인의 범죄능력을 인정하는 헌법재판소의 입장이며, 최근 대법원 판례의 태도이다.[1] 그런데 '주의의무 위반', '과실책임' 등은 범죄능력을 전제로 하는 것이라서 범죄능력을 인정하지 않으면서 과실책임을 인정하는 태도는 여전히 모순되며, 해결되어야 할 과제이다.

마. 결론

14   현대 사회에서 법인이 실재하는 것과 법인의 사회적 역할이 증가한 것은 분명하므로 법인의 범죄능력을 긍정할 필요가 있다. 그러나 필요하다고 해서 형법의 행위가 갖는 본질을 고려하지 않고 범죄능력을 인정할 수는 없다. 형법이 의사결정규범이며 행위규범이라는 점에서 자연인 아닌 법인의 범죄능력을 인정하는 데는 한계가 있을 수밖에 없다. 법인이 의사결정을 하더라도 그것은 자연인인 사람들에 의해 이루어지는 의사결정이다. 따라서 그에 따른 형사책임은 사람이 부담해야 한다. 법인의 범죄능력을 긍정해서 법인을 처벌한다면 정작 법인의 의사결정에 관여한 사람들은 처벌에서 벗어나는 결과를 가져올 수도 있다. 따라서 법인의 형사책임을 묻기 위해서는 실제로 책임이 있는 자연인들을 구체적으로 특정하여 처벌하는 것이 실효적인 대책이 될 것이다. 법인을 처벌하는 입법의 내용도 그러한 방향으로 나아가야 한다.

15   다만 현재 여러 행정 법규에서 법인을 처벌하는 조항에 대응하기 위해서는 행정법규를 위반하는 행위에 한정해서 법인의 범죄능력을 인정하는 부분적 긍정설의 견해를 고려할 필요가 있다. 자연인인 사람의 법위반행위도 형사범죄를 저지르는 경우와 행정법규를 위반하는 행위의 성격이 다르므로 법인도 양자를 구별하여 범죄능력을 검토하는 것이 가능하다. 곧, 사람의 경우에도 행정법규 위반으로 처벌받는 경우는 형사범죄에 비해 고의 또는 과실이 폭넓게 인정되는 경향이 있으므로 행위능력 없는 법인의 위반행위와 유사하다는 것이다.

---

1) [2009도5824] 형벌의 자기책임원칙에 비추어 보면 위반행위가 발생한 그 업무와 관련하여 법인이 상당한 주의 또는 관리감독 의무를 게을리 한 때에 한하여 위(도로법) 양벌조항이 적용된다고 봄이 상당하다.

[사례 9]　2008헌가16 결정　　　　　　　　　　　　　　　　16

　이 사건의 피고인 의료법인 강릉○○병원은 보건의료에 관한 연구개발 등을 목적으로 설립된 의료법인이다. 2007. 8. 22. 14:00경 위 병원의 건강검진센터 사무실에서 위 병원 건강관리과 직원인 D1이 의료인이 아님에도 불구하고, 강릉시 소재 모 학교 4학년에 재학 중인 A 외 19명에 대하여 구강검진을 실시하고 학생구강검진 기록지의 종합소견란에 '양호', '우식치료', '대체로 양호' 등을 기록하는 등 의료행위를 하였다. 이러한 사실로 위 병원은 D1과와 함께 의료법위반으로 기소되어 2008. 5. 2. 춘천지방법원 강릉지원에서 벌금형의 약식명령을 받았다. 이에 위 병원은 법원에 정식재판을 청구하였다.

　담당재판부는 위 소송 계속중 2008. 6. 23. 직권으로 의료법 제91조 제1항 중 "법인의 대리인, 사용인, 그 밖의 종업원이 제87조에 따른 위반행위를 한 때에는 그 법인에도 해당 조문의 벌금형을 과한다."는 부분이 헌법에 위반된다며 그 위헌 여부의 심판을 제청하였다.

◇ 문　의료법 제91조 제1항은 헌법에 위반되는가?

　[쟁점]
　1. 법인도 범죄행위의 주체가 될 수 있는가?
　2. 형법에서 책임주의의 의미는 무엇인가?
　3. 법인을 처벌하는 현행 법령의 문제점은 무엇인가?

〈헌법재판소의 결정(발췌)〉

법인에 대한 제재의 필요성

　전통적으로 범죄행위의 주체는 인간으로 인식되어 왔으므로 그 범죄행위에 대한 형벌도 자연인만을 그 대상으로 삼았다. 그러나 오늘날 사회가 복잡·다양화됨에 따라 자연인과 별개로 법인이라는 존재가 별도의 조직과 기관을 가지고 사회적으로 실재하며 활동하고 있고 이러한 법인의 사회적 활동이 증가함에 따라 법인에 의한 반사회적 법익침해행위가 적지 않게 나타나고 있다.

　이러한 법인의 반사회적 법익침해행위에 대하여 그 직접적 행위자인 개인에게 뿐만 아니라 법인 자체에 대하여도 사회적 비난이 가해지고 있고, 이에 대한 실효성 있는 대응책으로 법인 자체에 대한 법적인 제재수단이 필요하게 되었다. 그 결과 오늘날 그 제재수단의 선택이나 적용요건에 있어 차이가 있을 뿐, 법인에 의한 반사회적 법익침해에 대하여 법인 자체에게 제재를 가하는 것은 세계적인 추세라고 할 수 있다.

　우리 입법자는, 위와 같이 <u>현대 사회에 새로운 범죄의 주체로 등장한 법인</u>의 반

사회적 법익침해활동에 대처하기 위하여 정책적 필요에 따라, 일정한 보호법익을 침해하는 법인에 대하여는 가장 강력한 제재수단인 형사처벌을 과할 수 있도록 하였는바, 그 중 하나로서 이 사건 법률조항은 종업원 등의 범죄행위에 대하여 해당 종업원 등을 형사처벌함과 아울러 영업주인 법인에 대하여도 형사적 처벌인 벌금형을 과하도록 규정하고 있는 것이다.

법인에 대한 형사처벌과 책임주의

입법자가 일단 법인의 일정한 반사회적 활동에 대한 대응책으로 가장 강력한 제재수단인 형벌을 선택한 이상, 그 적용에 있어서는 형벌에 관한 헌법상 원칙, 즉 법치주의와 죄형법정주의로부터 도출되는 책임주의원칙이 준수되어야 한다. 결국, 법인의 경우도 자연인과 마찬가지로 '책임 없으면 형벌 없다'는 책임주의원칙이 적용된다고 할 것이다.

이 사건 법률조항의 위헌성

이 사건 법률조항은 종업원 등의 범죄행위에 관하여 비난할 근거가 되는 법인의 의사결정 및 행위구조, 즉 종업원 등이 저지른 행위의 결과에 대한 법인의 독자적인 책임에 관하여 전혀 규정하지 않은 채, 단순히 법인이 고용한 종업원 등이 범죄행위를 하였다는 이유만으로 법인에 대하여 형사처벌을 과하고 있는바, 이는 아무런 비난받을 만한 행위를 하지 않은 자에 대하여 다른 사람의 범죄행위를 이유로 처벌하는 것으로서 형벌에 관한 책임주의에 반한다고 하지 않을 수 없다.

[참조판례]

[82도2595 전합] 타인의 사무를 처리할 의무의 주체가 법인인 경우 그 법인의 대표기관이 배임죄의 주체가 될 수 있는지 여부(적극)

[다수의견] 형법 제355조 제2항의 배임죄에 있어서 타인의 사무를 처리할 의무의 주체가 법인이 되는 경우라도 법인은 다만 사법상의 의무주체가 될 뿐 범죄능력이 없는 것이며 그 타인의 사무는 법인을 대표하는 자연인인 대표기관의 의사결정에 따른 대표행위에 의하여 실현될 수 밖에 없어 그 대표기관은 마땅히 법인이 타인에 대하여 부담하고 있는 의무내용 대로 사무를 처리할 임무가 있다 할 것이므로 법인이 처리할 의무를 지는 타인의 사무에 관하여는 법인이 배임죄의 주체가 될 수 없고 그 법인을 대표하여 사무를 처리하는 자연인인 대표기관이 바로 타인의 사무를 처리하는 자 즉 배임죄의 주체가 된다.[1]

---

1) 이전의 판결(80도1796, 82도1527)에서는 '법인은 사법상의 행위능력만 있고 범죄능력이 없기 때문에 법인이 계약주체인 경우 법인도 대표자도 배임죄의 행위주체인 타인의 사무를 처리하는 자가 될 수 없다.'고 하여 무죄라고 판결하던 것을 이 판결로 변경하였다.

Ⅱ. 행위의 객체

1. 개념

행위의 객체는 구성요건에 기재되어 있는 행위의 대상이다. 역시 객관적 **17**
요소이므로 감각적으로 지각할 수 있는 대상들이다. 제225조 공문서위조죄에서
'공무소의 문서', 제250조 살인죄에서 '사람', 제329조 절도죄에서 '타인의 재물'
등이 이에 해당한다.

2. 행위의 객체와 보호법익

행위의 객체와 보호법익은 일치하지 않는다. 예를 들어 문서에 관한 죄의 **18**
보호법익은 행위객체인 문서 그 자체가 아니라 문서의 진정에 대한 공공의 신
용이며(87도506 전합; 2017도14560 등), 주거침입죄의 보호법익은 사적 생활관계에
서 사실상 누리고 있는 주거의 평온, 곧 '사실상 주거의 평온'이다(2020도12630 전
합 등). 법익은 추상적 가치이기 때문에 행위의 직접 대상이 될 수 없고, 행위객
체에 대한 침해가 법익의 침해로 귀결되는 것이다.

구체적으로 행위객체와 법익은 다음과 같이 구별된다. 1) 행위객체는 객관 **19**
적 구성요건요소이지만, 법익은 구성요건 해석의 중요한 기준이 될 뿐 구성요건
요소가 아니다. 2) 다수견해에 의하면 행위객체가 없는 범죄는 있을 수 있지
만,1) 보호법익이 없는 범죄는 없다. 사회유해성을 실질적 근거로 처벌하는 범
죄도 국가적 법익이나 사회적 법익을 보호법익이라고 할 수 있다. 3) 행위의 객
체가 같지만 보호법익이 다른 범죄도 있고,2) 보호법익이 같지만 행위객체가 다
른 범죄도 있다.3)

---

1) 예를 들어 도박죄의 구성요건은 '도박을 한 사람'인데 이때 도박은 행위객체가 아니라 행위
   이다.
2) 예컨대 제257조 상해죄와 제260조 폭행죄의 구성요건에서 행위객체는 '사람의 신체'로 같지
   만, 보호법익은 각각 '신체의 건강(또는 생리적 기능)'과 '신체의 안전과 안정'으로 구별된다.
   이재상/장영민/강동범, 형법각론, §3 3 이하 참조.
3) 예컨대 제355조의 횡령죄와 배임죄는 보호법익이 소유권 또는 재산권으로 거의 같지만, 행위
   객체는 각각 '재물'과 '재산상 이익'으로 구별된다.

Ⅲ. 인과관계

1. 의의

20   형법 제17조는 "어떤 행위라도 죄의 요소되는 위험발생에 연결되지 아니한 때에는 그 결과로 인하여 벌하지 아니한다."라고 인과관계에 대해 규정하고 있다. 인과관계는 결과범에서 발생된 결과를 행위자의 행위에 의한 것으로 귀속시키기 위해 행위와 결과 사이에 필요한 불가분의 연관관계이다. 일반석으로 인과관계는 논리적·자연과학적으로 판단하지만, 형법의 인과관계는 규범적·사회적 개념이다.

2. 인과관계의 인정 기준

21   문제가 되는 것은 인과관계의 인정 기준이다. 제17조에서 말하는 행위와 위험발생의 연결을 인정하는 기준은 무엇인가 하는 것이다. 하나의 행위가 원인이 되어 하나의 결과를 발생시켰을 경우에는 인과관계의 인정이 어렵지 않다. 그러나 여러 원인이 결과 발생에 관련될 때에는 행위와 결과 사이에 인과관계가 인정되는지를 어떤 기준으로 판단할지가 문제된다. 이에 대해서는 다음과 같은 견해들이 제시되고 있다.[1]

가. 조건설과 합법칙적 조건설

22   (1) 조건설   조건설은 '만일 그것이 없었다면 결과가 발생하지 않았으리라'고 생각되는 모든 조건은 결과에 대한 원인이 되므로 인과관계가 인정된다는 학설이다. 조건설에 대해서는 인과관계 인정의 범위가 지나치게 넓을 뿐만 아니라 경우에 따라서는 매우 불합리한 결과를 가져올 수 있다는 비판이 제기된다. 그러나 이러한 비판은 비판을 위해 조건설의 '조건'을 너무 넓게 해석한 결과일 수 있다. 인과관계를 논리적·자연과학적으로 파악하면 조건의 범위가 넓어지지만, 형법에서 의미 있는 조건으로 한정하면 인과관계 인정의 범위가 지나치게 확대되지 않을 것이기 때문이다.

23   (2) 합법칙적 조건설   합법칙적 조건설은 조건설을 수정하여 여러 조건 중에서 '합법칙성'이 있는 조건만 인과관계가 인정된다고 한다. 인과관계를 행위

---

1) 인과관계와 관련한 학설의 자세한 내용은 김일수/서보학 102면 이하; 배종대 [51] 5 이하; 오영근 109면 이하; 이재상/장영민/강동범 §11 6 이하; 홍영기 [10] 4 이하 등 참조.

와 결과 사이의 합법칙적 연관의 문제로 이해하여 '결과가 행위에 시간적으로 뒤따르면서 합법칙적으로 연결되어 있을 때' 인과관계가 인정된다는 것이다. 이에 대해서는 '합법칙성'의 기준이 불명확하다는 비판이 있다.

나. 상당인과관계설

상당인과관계설은 행위가 자연과학적 또는 합법칙적으로 결과를 발생시켰 **24** 는가 뿐만 아니라, 이 행위가 지금까지의 일반적 경험법칙에 비추어 결과를 발생시키는 데 상당相當한가 또는 개연적인가 하는 '상당성相當性'을 인과관계의 판단기준으로 삼는다.[1] 논리적·자연과학적 기준인 합법칙성과 규범적 기준인 상당성을 함께 고려하는 것이다.

상당인과관계설은 누구를 기준으로 상당성을 판단할 것인가에 따라 주관 **25** 설·객관설·절충설로 구별된다. 주관설은 행위자를 기준으로 행위자의 관점에서 상당성 여부를 판단하고, 객관설은 일반인이 인식하고 예견가능했던 상황을 기준으로 판단한다. 절충설, 곧 **절충적 상당인과관계설**은 행위자와 일반인 모두를 기준으로 상당성을 판단해야 한다는 견해인데, 다수견해와 판례의 입장이다. 이 견해에 대해서는 '상당성'의 기준이 모호하여 판단기준의 기능을 제대로 할 수 없고, 판단자의 주관적 판단에 맡겨질 수 있다는 비판이 제기된다.

다. 결론

상당인과관계설에서 말하는 '상당성'의 기준은 추상적이고 모호하지만, 이 **26** 는 법문의 표현이 추상적일 수밖에 없는 것처럼 어쩔 수 없는 일이다. 인과관계의 문제는 미리 기준을 모두 정할 수도 없고 그렇게 해서 해결될 문제도 아니다. 구체적 사안에 따라 주어진 자료를 토대로 판단할 수밖에 없다. 따라서 절충적 상당인과관계설에 따라 인과관계를 판단하되, 논리적·자연과학적 인과관계를 기본으로 하고 '상당성'은 규범적 평가의 기준으로 적용되어야 한다.

---

1) '상당하다'는 말은 일반적으로는 '대단하다'는 의미로 읽힌다. 그러나 법에서 '상당相當하다'는 사전적으로 '~에 해당하다', '합당하다', '타당하다'는 의미이다. '상당성'은 '타당성'과 같은 의미로 이해하면 된다.

27 **[사례 10] 2011도17648 판결**

D는 2010. 11. 2. 부산시 ○○동 △△제과 앞 도로에서 V와 말다툼을 하던 중 V의 뺨을 1회 때리고 오른손으로 V의 목을 쳐 V로 하여금 그대로 뒤로 넘어지면서 머리를 아스팔트 도로 바닥에 강하게 부딪치게 하여 V에게 두개골 골절, 외상성 지주막하 출혈, 외상성 경막하 출혈 등의 상해를 가하였다.

V는 2010. 11. 2. 상해를 입은 직후 B대학교병원 응급실에 후송되어 각종 검사와 수혈 등이 응급조치를 받았고, 2010. 11. 3.부터 2010. 12. 2.까지 M병원에 입원하였는데 V는 M병원에 내원 당시부터 계속 의식이 있었고 자발적 호흡을 하였으며 스스로 음식물도 섭취하였다. 또한 M병원에서 V는 응급수술(개두술 및 혈종 제거술)이 필요할 정도의 상태는 아니었고, 병원에서는 경과관찰 및 약물치료를 시행하였는데 그 결과 출혈량 증가 및 뇌부종 발생 등의 악화 소견이 보이지 않았으며, 시간의 경과에 따라 출혈이 자연 흡수되는 양상을 보이다가 2010. 11. 21.경에는 출혈이 거의 흡수되는 등 상태가 많이 호전되었던 것으로 보였다. V는 상태의 호전에 따라 2010. 12. 2.부터는 '재활치료'를 위해 N병원으로 옮겼는데 내원 당시부터 계속 자발적으로 호흡을 하였고 스스로 음식물도 섭취하였으나, 반면 거의 매일 소리를 지르고 난폭한 행위를 하는 등 정신적인 문제를 보이고 각혈도 보이는 등 상태가 갈수록 악화되었다. N병원에서는 V의 악화된 상태를 치료하기 어려워 다른 병원으로 옮기도록 V의 가족에게 권유하여 V는 2010. 12. 6.부터 2010. 12. 14.까지 B의료원 중환자실에 입원하였는데 내원 당시부터 계속 의식이 혼미한 상태였고 정서적 불안정이 극심한 상태에 있었으나, 내원 당시 자발적 호흡을 하고 있었고 폐렴의 소견도 보이지 않았다. B의료원에서 V는 2010. 12. 9. 폐렴의 소견이 관찰되었고 이것이 악화되어 12. 14. 사망에 이르게 되었다.

◇ 문 D의 행위와 V의 사망 사이에는 인과관계가 인정되는가?

[쟁점]

1. 형법에서 말하는 인과관계의 의미는 무엇인가?
2. 인과관계의 존재 여부를 판단하는 기준은 무엇인가?
3. 인과관계의 판단과 행위자의 예견가능성 여부는 어떤 관계에 있는가?

〈대법원의 판결〉

가. 피고인의 행위가 피해자를 사망하게 한 직접적 원인은 아니었다 하더라도 이로부터 발생된 다른 간접적 원인이 결합되어 사망의 결과를 발생하게 한 경우 그 행위와 사망 사이에는 인과관계가 있다고 할 것이다.

나. 원심은 피고인이 피해자에게 가한 상해와 피해자의 사망 사이에는 인과관계

가 인정된다고 단정할 수 없고, 또 그 판시와 같은 사정을 들어 피고인이 가해행위 당시에 피해자가 두부 손상을 입고 두부 손상을 치료하는 과정에서 폐렴이라는 합병증으로 인하여 다발성 장기부전으로 사망에 이를 것이라고 예견하였다고 보기 어렵다고 판단하였다.

다. 그러나 원심의 위와 같은 판단은 다음과 같은 이유로 수긍하기 어렵다.

앞서 본 법리에 비추어 볼 때 피고인의 이 사건 범행이 피해자를 사망하게 한 직접적인 원인이 된 것은 아니지만 그 범행으로 인하여 피해자에게 두개골 골절, 외상성 지주막하 출혈, 외상성 경막하 출혈 등의 상해가 발생하였고, 이를 치료하는 과정에서 피해자의 직접사인이 된 합병증인 폐렴, 패혈증이 유발된 이상, 비록 그 직접사인의 유발에 피해자의 기왕의 간경화 등 질환이 영향을 미쳤다고 하더라도, 피고인의 이 사건 범행과 피해자의 사망과의 사이에 인과관계의 존재를 부정할 수는 없다.

그리고 사람을 아스팔트 도로 바닥에 넘어뜨려 머리를 강하게 부딪치게 하는 경우 두개골 골절, 뇌출혈 등으로 인하여 사망에 이르게 할 수 있는데, 피고인이 피해자의 뺨을 1회 때리고 오른손으로 피해자의 목을 쳐 피해자로 하여금 그대로 뒤로 넘어지면서 머리를 땅바닥에 부딪치게 하여 피해자에게 두개골 골절, 외상성 지주막하 출혈, 외상성 경막하 출혈 등의 상해를 가하였다면 사망의 결과에 대한 예견가능성이 있었다고 볼 여지가 충분하다.

[참조판례]

[93도3612] 살인의 실행행위가 피해자의 사망이라는 결과를 발생하게 한 유일한 원인이거나 직접적인 원인이어야만 되는 것은 아니므로, 살인의 실행행위와 피해자의 사망과의 사이에 다른 사실이 개재되어 그 사실이 치사의 직접적인 원인이 되었다고 하더라도 그와 같은 사실이 통상 예견할 수 있는 것에 지나지 않는다면 살인의 실행행위와 피해자의 사망과의 사이에 인과관계가 있는 것으로 보아야 한다.

피해자는 1993.2.15. 피고인들의 이 사건 범행으로 입은 자상으로 인하여 급성신부전증이 발생하였고 또 소변량도 심하게 감소된 상태였으므로 음식과 수분의 섭취를 더욱 철저히 억제하여야 하는데, 이와 같은 사실을 모르고 콜라와 김밥 등을 함부로 먹은 탓으로 체내에 수분저류가 발생하여 위와 같은 합병증이 유발됨으로써 1993.3.17. 사망하게 된 사실 등을 인정할 수 있는바, 피고인들의 이 사건 범행이 피해자를 사망하게 한 직접적인 원인이 된 것은 아니지만, 그 범행으로 인하여 위 피해자에게 급성신부전증이 발생하였고 또 그 합병증으로 위 피해자의 직접사인이 된 패혈증 등이 유발된 이상, 비록 그 직접사인의 유발에 위 피해자 자신의 과실이 개재되었다고 하더라도 이와 같은 사실은 통상 예견할 수 있

<u>는</u> 것으로 인정되므로, 위 피고인들의 이 사건 범행과 위 피해자의 사망과의 사이에는 인과관계가 있다고 보지 않을 수 없다.

[90도694] 가. 수술주관의사 또는 마취담당의사가 할로테인을 사용한 전신마취에 의하여 난소종양절제수술을 함에 앞서 혈청의 생화학적 반응에 의한 간기능검사로 환자의 간 상태를 정확히 파악하지 아니한 채 개복수술을 시행하여 환자가 급성전격성간염으로 인하여 사망한 경우 위 의사들의 업무상과실 유무(적극)

나. 위 "가"항의 경우에 혈청의 생화학적 반응에 의한 간기능검사를 하지 않거나 이를 확인하지 아니한 <u>의사들의 과실과 수술 후 환자의 사망 사이의 인과관계를 증거 없이 인정하였다고 하여 원심판결을 파기한 사례</u>

[78도1961] 고등학교 교사가 제자의 잘못을 징계코자 왼쪽 **뺨**을 때려 뒤로 넘어지면서 사망에 이르게 한 경우 위 피해자는 두께 0.5미리밖에 안되는 비정상적인 얇은 두개골이었고 또 뇌수종을 가진 심신허약자로서 좌측 **뺨**을 때리자 급성뇌압상승으로 넘어지게 된 것이라면 위 소위와 피해자의 사망간에는 이른바 인과관계가 없는 경우에 해당한다.

[85도2433] 피해자를 2회에 걸쳐 두 손으로 힘껏 밀어 땅바닥에 넘어뜨리는 폭행을 가함으로써 그 충격으로 인한 쇼크성 심장마비로 사망케 하였다면 비록 위 피해자에게 그 당시 심관성동맥경화 및 심근섬유화 증세등의 심장질환의 지병이 있었고 음주로 만취된 상태였으며 그것이 피해자가 사망함에 있어 영향을 주었다고 해서 피고인의 폭행과 피해자의 사망간에 <u>상당인과 관계</u>가 없다고 할 수 없다.

3. 객관적 귀속이론

가. 개념

28   객관적 귀속이론이란 발생한 결과를 행위자의 행위에 귀속시키기 위한 객관적 기준을 제시하는 이론을 말한다.[1] '귀속'이란 사전적으로는 '어디에 소속하게 된다'는 의미인데, 발생한 결과를 행위자의 행위에 '소속시킨다'는 의미로 인과관계와 관련하여 '귀속'이라는 용어를 쓴다. 풀어서 말하자면 발생한 결과를 '행위자에게 돌려보낸다, 행위자의 탓으로 한다. attribute to'는 의미이다.

나. 인과관계와 객관적 귀속

29   인과관계의 인정기준인 '상당성'이 추상적이며 모호한 개념이기 때문에 인

---

1) 자세한 것은 김일수/서보학 115면 이하; 배종대 [52] 1 이하; 오영근 117면 이하; 이재상/장영민/강동범 §11 37 이하; 홍영기 [10] 15 이하 등 참조.

과관계에 대한 판단이 주관적일 수 있으므로 '객관적'이며 예측가능한 기준을 제시하고자 하는 것이 객관적 귀속이론이다. 그래서 인과관계 문제를 객관적 귀속이론으로 대치해야 한다는 견해도 있다. 그러나 다수견해는 양자가 상호보완의 관계에 있다고 한다. 곧, 인과관계에 대한 합법칙적 조건설로 논리적·자연과학적 인과관계를 검토한 후, 객관적 귀속이론으로 규범적 인과관계를 결정한다는 것이다. 한편으로는 상당인과관계설에서 논리적·자연과학적 인과관계와 규범적 평가에 의한 귀속을 함께 검토하므로 객관적 귀속이론은 필요하지 않다는 견해도 있다.

다. 객관적 귀속이론의 내용

객관적 귀속이론에서 제시되는 귀속의 기준은 매우 다양하다. 그것이 객관 **30** 적 귀속이론의 문제이기도 하다. 여기에서는 자주 언급되는 몇 가지만 예를 들어 설명한다. 1) 지배가능성 이론은 행위자가 행위과정을 지배하는 것이 가능했을 때 행위의 결과를 그에게 귀속시킬 수 있다는 이론이다. 따라서 시간적으로 멀리 떨어진 조건이나 제3자의 행위가 새로 개입된 경우 등은 객관적 귀속을 인정할 수 없다고 한다. 2) **보호목적 관련이론**은 일정한 의무를 규정한 '규범의 보호목적'에 따라서 객관적 귀속을 정하는 이론이다. 3) **위험의 창출과 감소이론**은 법익에 대해 사실적으로 중요한 위험을 창출한 행위는 객관적 귀속이 인정되지만, 행위가 이미 존재하는 위험을 증대시키지 않고 오히려 감소시킨 경우에는 객관적 귀속이 배제된다는 이론이다. 4) **허용된 위험이론**은 창출된 위험이 일반적으로 허용된 위험의 한계 안에 있는 경우에도 객관적 귀속이 배제된다는 이론이다.

라. 평가

객관적 귀속이론은 독일의 형법학과 판례에서 생성된 이론이다. 독일 형법 **31** 은 '인과관계'에 대한 규정이 없다. 따라서 인과관계의 문제를 학설과 판례를 통해 해결할 수밖에 없다. 그러나 한국 형법은 제17조에 '인과관계'를 명시적으로 규정하고 있다. 필요한 것은 제17조를 어떻게 해석하고 실제 사안에 어떻게 적용할지를 논의하는 것이다. 형법학의 출발은 어찌 되었든 현행법의 해석으로부터 출발해야 한다. 따라서 형법학에서 이 문제를 다룰 때에는 법조문의 제목대로 '인과관계'를 주제로 구체적인 판단기준을 논의하는 것이 필요하다. 객관적 귀속이론의 몇 가지 기준들은 '상당성'을 판단할 때 보조적인 역할을 할 수 있을 뿐이다. 판례는 '객관적 귀속'이라는 용어를 사용하지 않지만, '인과관계'의 문제를 다룰 때 객관적 귀속의 기준이 되는 몇 가지 표제어들을 사용하고 있다.[1]

[11] 제 3 절 주관적 구성요건

Ⅰ. 고의

1. 개념

가. '사실의 인식'

1 고의는 행위자의 내면적·심리적 상태를 나타내는 주관적 구성요건의 대표적 요소이다. 형법 제13조는 '고의'[2]를 "죄의 성립요소인 사실을 인식하지 못한 행위는 벌하지 아니한다."고 규정하고 있다. 이 문구를 반대로 풀면 고의는 '죄의 성립요소인 사실을 인식한 행위'이다. 여기서 '죄의 성립요소인 사실'은 객관적 구성요건 요소가 되는 사실을 말한다.[3]

나. '인식과 의욕'

2 그런데 거의 모든 형법학 책에서는 고의를 '구성요건실현에 대한 인식과 의욕'으로 정의한다.[4] 일부 판례에서도 고의를 '인식과 의사'라고 한다.[5] 형법

---

1) [2017도13628] 업무상과실치사상죄의 보호법익인 사람의 생명·신체도 제조물 책임법의 보호목적에 포함되며, [2020헌마1724] 인과관계를 인정하여 행위자에게 기수의 형사책임을 부과하려면 행위자의 결과 발생에 대한 지배가능성을 긍정할 수 있어야 한다. [2000도2671] 피고인에게 야간에 고속버스와의 안전거리를 확보하지 아니한 채 진행하다가 고속버스의 우측으로 제한최고속도를 시속 20km 초과하여 고속버스를 추월한 잘못이 있더라도, 이 사건 사고경위에 비추어 볼 때 피고인의 위와 같은 잘못과 이 사건 사고결과와의 사이에 상당인과관계가 있다고 할 수도 없다.
2) 2020. 12. 8. 형법 개정 전에는 제13조의 제목이 '범의犯意'였지만, 이론과 판례에서는 '고의'라는 용어를 사용해 왔다.
3) [2018도16002 전합] 형법 제13조(범의)는 "죄의 성립요소인 사실을 인식하지 못한 행위는 벌하지 아니한다."라고 규정하고 있다. 여기에서 '죄의 성립요소인 사실'이란 형법에 규정된 범죄유형인 구성요건에서 외부적 표지인 객관적 구성요건요소, 즉 행위주체·객체·행위·결과 등을 말한다.
4) '의욕'을 '의사'라고 표현하기도 한다. 김일수/서보학 123면; 배종대 [53] 2; 오영근 121면 이하; 이재상/장영민/강동범 §12 4a; 홍영기 [11] 1 등 참조.
5) [2018도2738 전합] 뇌물공여죄의 고의는 '공무원에게 그 직무에 관하여 뇌물을 공여한다'는 사실에 대한 인식과 의사를 말하고

에서는 '인식'만을 규정하고 있는데, 학설에서는 '의욕'도 고의의 내용이라고 하는 것이다. 곧, 인식은 고의의 지적知的 요소이고, 의욕은 고의의 의적意的 요소라고 한다. 이는 독일의 형법학에서 비롯된 내용이다. 그런데 독일 형법 제15조는 한국 형법과 달리 고의의 내용을 명시하지 않고 있다. 단지 '고의행위만 처벌한다.'고 규정할 뿐이다.[1] 따라서 고의의 내용 또는 본질이 무엇인지에 대한 학설이 다양하게 전개되었으며, 한국의 형법학에도 큰 영향을 미치고 있다.

다. 의도, 의욕, 의사, 인식

한편 많은 판례에서는 고의 또는 범의는 목적이나 의도가 있어야 인정되는 것이 아니라 인식 또는 예견이 있으면 된다고 한다.[2] 이 말은 의도는 고의가 아니라는 말이 아니다. 의도가 인정되면 당연히 고의는 인정된다. 다만 인식만 있어도 고의는 인정되며, 의도까지 요구되는 것은 아니라는 말이다. 제13조의 법문에 충실한 표현이다. 그런데 흔히 의도와 의욕은 비슷한 개념으로 이해될 수 있다. 의사도 마찬가지이다.[3] 의도와 의욕과 의사의 경계를 명확히 구별할 수 있을지는 지극히 의문이다. 그렇다면 인식과 의욕이 있어야 고의가 인정된다는 학계의 통설과 판례의 입장은 어떻게 조화될 수 있을지가 문제된다. 또한 지금까지 고의가 문제된 사안에서 인식과 의욕이 분리되어, 인식은 있지만 의욕이 인정되지 않아서 고의가 부정된 사례가 있는지, 그것이 앞으로도 가능할지 의문이다.

라. '객관적 주관 요소'인 구성요건 고의

고의가 구성요건의 주관적 요소이기는 하지만, 구성요건은 범죄체계론에서 위법성과 함께 행위에 대한 객관적 평가인 불법을 심사하는 단계에 자리를 잡고 있다. 따라서 구성요건 고의는 '객관적으로' 평가할 수 있는 요소이어야 한다. 그런데 의도, 의욕, 의사 등은 행위자의 내면에 있는 것으로 객관적 평가가 쉽지 않다. 반면에 행위자가 행위 당시에 관련 사실들을 '인식'했는지는 상대적으로 객관적 판단이 가능하다. 따라서 구성요건 고의는 사실의 '인식' 여부에 따

---

1) §15 Vorsätzliches und fahrlässiges Handeln: Strafbar ist nur vorsätzliches Handeln, wenn nicht das Gesetz fahrlässiges Handeln ausdrücklich mit Strafe bedroht. (고의 행위만 처벌하며, 과실 행위는 법률에 명시적 규정이 있을 때만 처벌한다.)
2) [92모29] 형법 제123조의 죄에 관한 주관적 구성요건으로서의 범의에는 권리행사를 방해한다는 인식 이외에 직권을 남용한다는 인식도 포함되는 것이므로
3) 일본 형법 제38조 ①항은 '고의'를 '죄를 범할 의사'로 규정하고 있다. 罪を犯す意思がない行為は、罰しない。ただし、法律に特別の規定がある場合は、この限りでない。

라 판단되어야 한다. 한마디로 **구성요건 고의는 사실의 '인식'인 것이다.** 고의에서 의욕의 요소를 배제하자는 것이 아니라, 그것이 필수적인 것은 아니라는 것이다.

5   **[2000도2231]** [1] 살인죄에 있어서의 범의는 반드시 살해의 **목적**이나 계획적인 살해의 **의도**가 있어야만 인정되는 것은 아니고 자기의 행위로 인하여 타인의 사망의 결과를 발생시킬 만한 가능 또는 위험이 있음을 **인식하거나 예견**하면 족한 것이고 그 인식 또는 예견은 확정적인 것은 물론 불확정적인 것이라도 이른바 미필적 고의로도 인정되는 것인데, 피고인이 살인의 범의를 자백하지 아니하고 상해 또는 폭행의 범의만이 있었을 뿐이라고 다투고 있는 경우에 피고인에게 범행 당시 살인의 범의가 있었는지 여부는 피고인이 범행에 이르게 된 경위, 범행의 동기, 준비된 흉기의 유무·종류·용법, 공격의 부위와 반복성, 사망의 결과발생가능성 정도, 범행 후에 있어서의 결과회피행동의 유무 등 범행 전후의 객관적인 사정을 종합하여 판단할 수밖에 없다.

[2] 인체의 급소를 잘 알고 있는 무술교관 출신의 피고인이 무술의 방법으로 피해자의 울대(성대)를 가격하여 사망케 한 행위에 살인의 범의가 있다고 본 사례.

2. 범죄체계론에서 고의의 지위

6   범죄의 주관적 요소인 고의는 '모든 주관적인 것은 책임의 요소'라고 하는 고전적 범죄체계론에서는 책임의 요소였지만, 목적적 범죄체계론에서는 사람의 행위를 목적을 고려하지 않고 평가할 수는 없으므로 고의는 전적으로 구성요건 요소라고 하였다. 오늘날의 보편적 견해인 사회적 범죄체계론은 고의의 이중적 지위를 바탕으로 한다. 형법은 제15조에서 '사실의 착오'를, 제16조에서 '법률의 착오'를 규정하여 착오의 전제가 되는 고의의 이중적 지위를 인정하는 태도를 보이고 있다. 따라서 구성요건 단계의 고의는 '사실의 인식'이며, 책임 단계의 고의는 '위법성인식'이라고 할 수 있다.[1]

---

1) 다만, 다수견해는 책임의 고의를 '책임형식으로서의 고의'라고 하여 위법성인식과 구별되는 것이라고 한다. 구성요건 고의는 행위 지향의 고의이지만, 책임고의는 행위자 지향의 고의라고 구별하기도 한다.

3. 고의의 내용

고의는 '죄의 성립요소인 사실' 곧 객관적 구성요건 요소에 대한 인식이다 **7**
(2018도16002 전합). 여기서 인식은 객관적 구성요건 요소가 갖는 보통의 사회적
의미를 아는 것을 말한다. 매우 구체적인 인식을 요구하는 것이 아니다. 행위객
체의 경우 구성요건이 전제하는 종류에 속한다는 인식으로 충분하며, 인과관계
도 중요한 부분에 대한 인식이 있으면 된다.

이와 같이 인식이 주된 내용이 되는 고의를 '지정知情고의'라고 한다. '알면 **8**
서'라는 뜻이다.[1] 그런데 인식을 넘어 의도를 지닌 경우에도 당연히 고의는 인
정되며, 이러한 경우를 '의도적 고의'라고 한다.[2] 이러한 구별은 이론적 구별이
며, 판례에서 고의를 이와 같이 구별하는 예는 찾기 어렵다. 다만 판례는 확정
적 인식이 있는 경우를 '확정적 고의'라 표현하고, 불확정의 인식이 있는 경우는
'미필적 고의'로 구별하고 있다.[3] 또한 판례에서 특별한 형태의 고의로 개괄적
고의가 문제되고 있다.

4. 미필적 고의

가. 개념

고의에서 인식이 확실하지 않고 불확실한 경우에도 고의를 인정하는 경우 **9**
를 미필적 고의라고 하며, 조건적 고의라고도 한다. 제13조는 인식한 행위를 고
의 행위로 처벌하되, 인식하지 못한 경우는 특별히 처벌규정이 있는 경우에만
과실범으로 처벌할 수 있다고 규정한다. 따라서 인식한 것이라 할 수 있는 경계
가 어디까지인지는 처벌 여부를 좌우하는 문제이다. 또한 고의의 정도가 가장
낮은, 곧 인식의 정도가 가장 낮은 단계의 고의인 미필적 고의는 과실범과 경계
점에 있다. 그래서 미필적 고의와 과실의 구별 기준에 대한 논의가 중요한 의미
를 갖는다.

---

1) 제210조는 위조 또는 변조한 '통화를 취득한 후 그 <u>사정을 알고</u> 행사한 자'에 대한 처벌규정
   을 두고 있는데, 이를 '지정행사'라고 한다.
2) 미국의 모범형법전 §2.02에서는 범죄의 주관적 요소를 'Purposely', 'Knowingly', 'Recklessly',
   'Negligently'로 구별한다. 다만 이 네 가지 경우에 '책임(Culpability)'이 있다고 한다. §1.13에
   서는 'Purposely'에 계획(Design)이나 의도(Intention)를 가진 경우도 포함된다고 한다.
3) [2013도12430] 범죄의 고의는 확정적 고의뿐만 아니라 결과 발생에 대한 인식이 있고 그를
   용인하는 의사인 이른바 미필적 고의도 포함하므로 …

나. 미필적 고의와 과실의 구별 기준

10   (1) 용인설   다수견해에 의하면 미필적 고의와 과실은 결과발생의 가능성을 인식하였다는 점에서 동일하지만, 의욕의 요소에 따라 구별된다고 한다. 곧, 결과의 발생을 용인하거나 감수할 의욕 또는 의사가 있으면 미필적 고의가 인정되지만, 그렇지 않으면 '인식 있는 과실'이 된다고 한다. 행위자의 내심에서 "결과가 발생할지도 몰라, 그래도 할 수 없지"라고 하면 미필적 고의가 되지만 "결과가 발생할지도 몰라, 그러나 설마 그렇진 않겠지"라고 하면 인식 있는 과실이 된다는 것이다.[1] 판례는 '미필적 고의가 있었다고 하려면 범죄사실의 발생 가능성에 대한 인식이 있음은 물론 나아가 범죄사실이 발생할 위험을 용인하는 내심의 의사가 있어야' 한다고 하여 용인설과 같은 입장을 보이고 있다(2008도5618, 2004도74, 86도2338 등). 미필적 고의와 과실이 인식은 공통되지만 의욕에서 차이가 있다는 견해에는 결과발생을 용인하는 정도가 아니라 감수해야 한다는 **감수설**, 소극적 용인이 아니라 적극적 타협이 필요하다는 **타협설** 등이 있다.

11   (2) 가능성설   미필적 고의와 과실은 의욕의 요소가 아니라 인식의 요소에 따라서, 곧 인식의 정도에 따라서 구별된다는 견해이다. 결과발생이 구체적으로 가능한 것으로 인식했음에도 불구하고 행위했으면 미필의 고의이고 그런 인식이 없으면 과실이라는 것이다. 일부 판례의 태도이며,[2] 독일 학계 일부의 견해이다. 이 견해는 의욕이라는 요소를 고려하지 않는다는 비판을 받는다. 한편, 인식을 기준으로 미필의 고의와 과실을 구별하는 견해로는 '가능성'보다 인식의 정도를 더 높여서 결과발생의 '개연성'을 인식하면 미필의 고의이고 그렇지 않으면 과실이라고 하는 **개연성설**도 있다.

다. 결론

12   (1) '인식있는 과실' 개념의 부정   우선 '인식있는 과실'이라는 개념은 부

---

1) 김일수/서보학 127면 이하; 배종대 [53] 29 이하; 오영근 124면; 이재상/장영민/강동범 §12 16 이하; 홍영기 [11] 6 이하.

2) [2004도6084] 장물죄에 있어서 장물의 인식은 확정적 인식임을 요하지 않으며 장물일지도 모른다는 의심을 가지는 정도의 미필적 인식으로서도 충분하고 [2016도14415] 업무방해죄에서 업무방해의 범의는 반드시 업무방해의 목적이나 계획적인 업무방해의 의도가 있어야 인정되는 것은 아니고, 자기의 행위로 인하여 타인의 업무가 방해될 것이라는 결과를 발생시킬 만한 가능성 또는 위험이 있음을 인식하거나 예견하면 족한 것이며, 그 인식이나 예견은 확정적인 것은 물론 불확정적인 것이라도 이른바 미필적 고의로 인정된다.

정되어야 한다. 제13조에 따르면 인식이 있으면 고의이고 없으면 과실이다. 나아가 제14조는 '죄의 성립요소인 사실을 인식하지 못한 행위'를 과실이라고 규정한다. 인식한 행위는 과실이 될 수 없다. 그러므로 인식있는 과실이란 개념은 현행법에 어긋나는 개념이다. 이 또한 독일의 형법학에서 유래한 개념이고, 한국에서는 실제 사안에 한번도 적용되지 않았던 개념이다. 지금까지 '인식 있는 과실'을 인정한 사례도, 처벌한 사례도 없었다. 그리고 이론에서도 그저 미필적 고의와 구별되는 개념으로 사용할 뿐, 따로 그 내용을 설명하는 경우는 없었다. 외국의 이론을 비판 없이 사용하는 것은 '용인'할 수 없는 일이다. 판례에서는 미필적 고의를 '인식 있는 과실'과 비교한 예가 없으며, 최근에는 이를 '중대한 과실'과 구별하고 있다.1) '중대한 과실'은 형법 제268조 등에서 규정하고 있는 법률적 개념이다. 따라서 미필적 고의의 경계를 중대한 과실로 하는 것은 매우 타당한 태도이다.

(2) 인식의 정도에 따른 구별 '인식 있는 과실'의 개념을 부정하면 고의 **13**
와 과실, 곧 미필적 고의와 중대한 과실은 법문에 충실한 해석에 따라 인식의 정도에 따라 구별되어야 한다. 결과발생의 가능성에 대한 인식, 곧 미필적 인식이 있었으면 미필의 고의에 해당하지만, 그러한 인식조차 없으면 과실 또는 중대한 과실이라는 것이다. 고의의 개념에서도 얘기했지만, 의욕의 요소는 고의의 필수적 요소가 아니며, 의욕을 중심으로 고의와 과실을 구별하는 것은 판단하는 자의 주관적 자의에 따라 고의 여부가 결정될 수 있다는 문제점을 갖는다. 하지만 행위자가 행위 당시에 결과발생의 가능성을 인식했는지는 상대적으로 객관적 평가가 가능하다. 따라서 **가능성설**이 타당하다. 용인설에서는 인식과 의욕을 구별하고 있는데, 인식했지만 의욕이 없었던 사례가 있는지 궁금하다. 판례에서도 인식은 있었지만 의욕이 없었다는 이유로 미필적 고의를 부정한 예는 아직까지 찾아볼 수 없다. 객관적 불법을 평가하는 구성요건 단계의 고의 중 하나인 미필적 고의는 객관적 판단이 가능한 인식의 여부를 기준으로 과실과 구별되어야 한다.

---

1) [2017도12537], [2016도15470] 등 고의의 일종인 미필적 고의는 <u>중대한 과실과는</u> 달리 범죄사실의 발생 가능성에 대한 인식이 있고, 나아가 범죄사실이 발생할 위험을 용인하는 내심의 의사가 있어야 한다.

14　[사례 11]　94도1949 판결

D는 택시운전자로서 1994년 3월 5일에 택시를 운전하고 대천시 대천동 소재 경남사거리 교차로에 이르렀다. 이 때 학생들의 학교주변 정화의 날 가두캠페인 행사와 관련하여 정복을 입고 교통정리를 하고 있던 대천경찰서 교통계 소속 의무경찰 P가 대천역 방면으로 직진하려는 D의 택시를 발견하고 D에게 약 7미터 전방에서 수신호로 직진할 수 없음을 고지하고 좌회전할 것을 지시하였다. 그러나 D는 그 지시에 따르지 아니하고 신경질을 내면서 계속 직진하여 와서 위 택시를 세우고는 다시 "왜 못 들어가게 하느냐, 잠깐 직진하겠다"고 항의하였다. 이에 P가 D의 택시의 진행을 막기 위하여 위 택시 약 30센티미터 전방에 서서 행사관계로 직진할 수 없다는 점을 설명하고 있는데, D가 신경질적으로 갑자기 좌회전하는 바람에 우측 앞 범퍼 부분으로 P의 우측 무릎부분을 들이받아 P를 도로에 넘어뜨렸다. 한편 D는 본건 범행당시 연령이 35세에 달한 자로서 초등학교를 졸업한 후 차량조수로 출발하여 1977년부터는 사고당시까지 15년 이상을 차량운전사로 종사하여 왔다.

◇ **문　D의 죄책은 무엇인가?**

[쟁점]

1. 형법에서 고의의 내용은 무엇이며 고의 여부를 확인하는 방법은 무엇인가?
2. D에게 고의가 인정되기 위한 요건은 무엇인가?

〈제2심의 판결〉

피고인이 위 김수호를 충격하기 전 및 후에도 위 김수호와 심하게 싸우거나 언쟁을 하는 등 다툼이 전혀 없었고, 피고인이 끝까지 직진하려 한 것이 아니라 결국 위 김수호의 수신호에 따라서 좌회전하다가 위 김수호를 충격하게 되었으며, 위 택시의 충격부분이 그 우측 앞범퍼의 모서리 끝부분이었고, 아울러 그 충격의 강도가 약했기 때문에 위 김수호가 우측 슬관절 부위에 경도의 좌상을 입는 정도로 피해가 가벼웠던 점 등 이 사건 당시의 여러 사정에 비추어 볼 때, 피고인이 위 김수호를 충격하여 상해를 입게 한 것은 제대로 주의를 기울이지 않고 경솔하게 위 택시를 운전하여 좌회전한 운전상의 과실에 기인한 것일 뿐 피고인에게 공무집행방해의 범의가 인정되지 아니한다.

〈대법원의 판결〉

피고인은 본건 범행 당시 연령이 35세에 달한 자로서 국민학교를 졸업한 후 차량조수로 출발하여 1977년부터는 사고당시까지 15년 이상을 차량운전사로 종사하여 왔다는 것인바, 위와 같은 이 사건의 경위, 사고당시의 정황, 피고인의 연령 및 경력등에 비추어 특별한 사정이 없는 한 위 택시의 회전반경등 자동차의 운전에 대하여 충분한 지식과 경험을 가졌다고 볼 수 있는 피고인에게는, 사고당시 최소한 위 택시를 일단 후진하였다가 안전하게 진행하거나 위 김수호로 하여금 안전하게 비켜서도록 한 다음 진행하지 아니하고 <u>그대로 좌회전하는 경우 그로부터 불과 30센티미터 앞에서 서 있던 위 김수호를 충격하리라는 사실을 쉽게 알고도 이러한 결과발생을 용인하는 내심의 의사, 즉 미필적고의가 있었다고 봄이 경험칙상 당연하다</u> 할 것이며, 사건 직후 위 김수호와 피고인이 다투지 아니하였고, 종국에는 위 김수호의 지시에 따랐으며 그 피해가 가벼웠다는 사정만으로는 그 범의를 부인할 수 없을 것임에도 불구하고 원심판결이 그대로 유지하고 있는 제1 심판결이 위에서 본바와 같은 이유설시 아래 피고인의 고의의 점에 관하여 그 증명이 없다고 판단하였음은 공무집행방해죄의 범의에 관한 법리를 오해하여 경험법칙을 무시한 채증법칙 위배로 사실을 오인한 위법을 범하였다고 아니할 수 없고, 이는 판결결과에 영향을 미쳤음이 명백하다 하겠으므로 논지는 이유 있다.

5. 개괄적 고의

가. 개념

개괄적 고의의 사례는 행위자가 첫 번째 행위 당시 인식한 결과가 발생한 것으로 믿고 두 번째 행위를 했는데, 첫 번째 행위에서 인식한 결과가 두 번째 행위의 결과로 발생한 경우, 고의를 어떻게 인정할 것인가의 문제이다. 첫 번째 행위에서 인식은 있었지만 그 결과가 발생하지 않았고, 두 번째 행위에서는 결과를 인식하지 않았는데 결과가 발생했기 때문에, 인식한 것과 발생한 결과가 다를 때 고의를 인정할 수 있는지가 문제되는 것이다.

나. 고의 인정에 대한 견해 차이

1) 판례는 이에 대해 전체 과정을 '개괄적으로 보면' 하나의 고의에 의한 행위로 볼 수 있으므로 첫 번째 행위 당시의 고의가 결과발생으로 이어진 기수 범죄라고 한다. 2) 이와 유사한 **계획실현설**은 행위자가 첫 번째 행위에서 확정적이며 의도적인 고의를 가지고 있었으면 발생한 결과가 행위자의 계획이 실현된 것이므로 하나의 고의기수범이 되지만, 미필적 고의를 가지고 있었으면 미수범이 인정될 뿐이라고 한다. 하지만 3) 미수설은 첫 번째 행위는 인식은 있었지만

인식한 결과가 발생하지 않았으므로 고의범죄의 미수에 해당하고, 두 번째 행위는 인식하지 않은 결과가 발생했으므로 과실범에 해당한다고 주장한다. 4) 다수 견해인 인과과정의 착오설은 행위자가 인식한 것과 다른 인과과정으로 결과가 발생했으므로 이러한 사례는 인과과정의 착오를 해결하는 방식을 적용해야 한다는 입장이다. 그래서 인식한 인과과정과 본질적 차이가 없는 인과과정으로 결과가 실현되면 하나의 고의 기수범이 성립하지만, 본질적 차이가 있는 과정으로 실현되면 인식한 사실에 대한 미수범과 발생한 사실의 과실범이 성립한다고 한다.[1]

다. 결론

17   이러한 사례를 개괄적 고의라고 하는 판례는 고의를 행위자의 의도나 전체적 계획으로 이해하는 것으로서, 고의는 목적이나 의도가 아니라고 하는 판례와 스스로 모순된다. 마찬가지로 계획실현설도 고의의 본질에서 벗어나는 주장이다. 인과과정의 착오설은 인과과정의 착오가 하나의 행위에서 발생한 경우와 두 개의 행위 사이에서 발생한 경우를 구별하지 않는다는 문제가 있다. 그리고 어떤 경우가 본질적 차이가 있고 어떤 경우는 없는지를 구별하는 기준도 애매하다. 따라서 서로 다른 성격의 두 가지 행위가 있었고, 행위마다 각각의 인식이 있어 두 개의 고의가 있는 경우에는 인식한 결과가 발생하지 않는 미수범과 인식하지 않은 결과가 발생한 과실범이 성립한다고 보는 것이 타당하다. 객관적 불법을 확정하는 고의는 엄격하게 평가되어야 하며, 고의는 행위 당시 인식한 사정을 기초로 인정되어야 하기 때문이다.

18   **[사례 12] 88도650 판결**

피고인 D1은 평소 V가 정신지체 장애가 있는 D1의 처에게 젖을 달라는 등의 희롱을 하는데 심한 불만을 품어 오던 중 1987. 8. 8. 23:30경 충북 괴산군 ○○ 구판장에서 V와 술을 마시다가 위 구판장 주인 A로부터 그날 낮에도 V가 D1의 처에게 젖을 달라고 희롱하였다는 말을 듣고 V의 뺨을 수회 때리는 등 구타를 한 후 그 곳에 찾아온 D2와 V 등 셋이서 술을 더 마시기 위하여 함께 인근 ○○부락으로 가게 되었다.

그러던 중 위 마을 앞 농로상에 이르렀을 때 술에 만취된 V가 손가락으로 눈을

---

1) 김일수/서보학 135면 이하; 배종대 [55] 4 이하; 오영근 161면 이하; 이재상/장영민/강동범 §11 24 이하; 홍영기 [15] 1 이하 등.

뺄 것 같은 시늉을 하면서 이 새끼 까불면 죽인다는 등 욕설을 하자 D1은 손바닥으로 V의 뺨을 수회 때리고 D2는 피고인의 복부를 2회 때려 피해자를 넘어뜨린 다음 순간적으로 분노가 폭발하여 V를 살해하기로 마음먹고 D1은 피해자의 배위에 올라타 가로 20센티미터, 세로 10센티미터의 돌멩이(증제1호)로 V의 가슴을 2회 내려치고, D2도 이에 합세하여 가로 13센티미터, 세로 7센티미터의 돌멩이(증제2호)로 V의 머리를 2회 내려친 후 다시 V를 일으켜 세워 D1이 V의 복부를 1회 때려 뒤로 넘어지게 하여 V는 뇌진탕 등으로 정신을 잃고 축 늘어졌다. D1과 D2는 V가 죽은 것으로 오인하고 그 사체를 몰래 파묻어 증거를 인멸할 목적으로 V를 그 곳에서부터 약 150미터 떨어진 개울가로 끌고 가 삽으로 웅덩이를 파고 V를 매장하였다.

　　V는 사망하였는데, A의 사망원인은 웅덩이에 매장된 끝에 일어난 질식사였다.

◆ 문　D1과 D2의 죄책은?

〈대법원의 판결〉

　　사실관계가 위와 같이 피해자가 피고인들이 살해의 의도로 행한 구타 행위에 의하여 직접 사망한 것이 아니라 죄적을 인멸할 목적으로 행한 매장행위에 의하여 사망하게 되었다 하더라도 <u>전 과정을 개괄적으로 보면 피해자의 살해라는 처음에 예견된 사실이 결국은 실현된 것으로서</u> 피고인들은 살인죄의 죄책을 면할 수 없다 할 것이므로 같은 취지에서 피고인들을 살인죄로 의율한 제1심 판결을 유지한 원심의 조치는 정당하고 거기에 아무런 잘못도 없다.

Ⅱ. 사실의 착오

1. 의의

가. 개념

　　제15조 ①항은 '사실의 착오'와 관련하여 "특별히 무거운 죄가 되는 사실을 인식하지 못한 행위는 무거운 죄로 벌하지 아니한다."고 규정하고 있다. 여기서는 사실을 인식하지 못한 것이 아니라 무거운 죄가 되는 사실을 인식하지 못한 경우를 말하고 있다. 착오는 인식이 없는 것이 아니라 인식은 있는데 인식한 것과 다른 결과가 발생한 경우를 말한다. 그리고 인식한 사실과 발생한 사실이 모두 구성요건에 해당할 때 착오의 문제가 발생한다.

나. 착오와 구별되는 경우

20   따라서 1) 인식한 사실이 구성요건에 해당하지 않고 발생한 결과만 해당하는 경우는 착오의 문제가 아니라 과실범의 문제가 된다.[1] 인식한 사실이 구성요건에 해당하지 않으면 인식이 없는 경우와 마찬가지이기 때문이다. 그리고 2) 인식한 사실은 구성요건에 해당하지만, 발생결과는 구성요건에 해당하지 않는 경우는 미수범의 문제가 된다.[2]

다. 사실의 착오와 법률의 착오

21   제16조는 '죄가 되지 아니하는 것으로 오인한 행위'를 법률의 착오라고 하여 사실의 착오와 구별되는 규정을 두고 있다. 이 규정을 다르게 풀어보면 죄가 되는 것으로 인식하는 것이 법률의 인식 또는 위법성의 인식이며, 이러한 인식에 착오가 있는 것이 법률의 착오가 된다. 따라서 사실의 착오와 법률의 착오는 인식의 대상이 다르다. 그리고 고의, 곧 인식의 이중적 지위를 인정하는 범죄체계론에 따라 사실의 착오는 주관적 구성요건의 문제이고, 법률의 착오는 책임의 문제가 된다.

2. 사실의 착오의 유형

가. 객체의 가치에 따라

22   사실의 착오는 착오의 대상들 사이의 가치 차이에 따라 구체적 사실의 착오와 추상적 사실의 착오로 구별된다. 여기서 가치는 침해되는 법익의 가치를 말한다. 법익은 헌법질서 내에서 가치의 차이를 갖는다. 생명은 신체의 자유나 재산보다 더 높은 가치를 지닌다.

23   **(1) 구체적 사실의 착오**   이 착오는 가치가 같은 객체 사이의 착오이다. 법익의 추상적 가치는 같은데 구체적 대상만 다르다는 뜻이다. 인식한 사실과 발생된 사실의 구체적 대상만 다를 뿐 모두 동일한 구성요건에 해당한다. A를 살해하려고 했는데 착오로 옆집의 B를 살해한 경우가 대표적인 예이다.

24   **(2) 추상적 사실의 착오**   이 착오는 법익의 가치가 다른 객체 사이의 착오를 말한다. 법익의 가치는 추상적 개념이라서 추상적으로 다르다는 것이다.

---

1) 예를 들어 멧돼지인 줄 알고 발포했는데, 약초 캐던 사람이 맞은 경우.

2) 예를 들어 사람을 향하여 돌을 던졌는데 유리창에 맞은 경우, 타인의 물건으로 알고 절도하였는데 실제로는 자기 물건이었던 경우.

인식한 사실과 발생된 사실이 보호법익의 가치가 다른 구성요건에 각각 해당하는 경우이다. 제15조 1항의 '무거운 죄'는 가벼운 죄를 전제로 하고, 이 조항은 무거운 죄와 가벼운 죄 사이의 착오에 대해 규정한 것이다. 따라서 추상적 사실의 착오는 다시 1) 가벼운 사실을 인식하고 무거운 결과를 발생시킨 경우[1]와 2) 무거운 사실을 인식하고 가벼운 결과를 발생시킨 경우[2]로 구별된다.

나. 착오의 형태에 따라

사실의 착오는 착오의 형태, 착오의 양상에 따라 객체의 착오와 방법의 착오로 구별된다. 1) **객체의 착오**는 객체의 동일성에 대한 착오를 말한다. A를 살해하려 했는데, B를 A로 착오하여 B를 살해하는 경우이다. 2) **방법의 착오**는 객체를 제대로 확인했지만 행위의 수단이나 방법이 잘못되어 다른 대상에 결과가 발생한 경우를 말한다. A를 제대로 보고 총을 쏘았는데, 총알이 빗나가서 옆에 있던 B가 맞은 경우이다. 그래서 타격의 착오라고도 한다.   **25**

다. 인과과정의 착오

인과과정의 착오는 착오의 특별한 경우로, 행위자가 인식한 인과과정과 다른 방식으로 결과가 실현된 경우를 말한다. 예를 들어 사람을 살해하려고 목을 졸라 의식을 잃자, 죽은 줄 알고 강물에 던져 결국 익사한 경우 등이다. 이에 대해서는 앞에서 개괄적 고의 사례와 관련하여 이미 설명하였다.   **26**

3. 사실의 착오와 고의의 성립 여부

가. 추상적 사실의 착오 – 제15조 1항에 의한 해결

고의는 인식이라 했으므로, 인식한 사실과 발생한 결과가 다를 때 어디까지 고의를 인정할 수 있을지가 문제된다. 1) 제15조 ①항은 추상적 사실의 착오 중 가벼운 범죄사실을 인식했는데 무거운 결과가 발생한 경우를 규정하고 있다. 이 경우는 인식한 범위 내에서만, 곧 가벼운 범죄에 대해서만 고의를 인정한다, 발생한 결과 중 인식하지 못한 무거운 부분에 대해서는 벌하지 않는다고 하기 때문이다. 그 부분을 과실로 처벌할 수 있을지는 별개의 문제이다. 2) 추상적 사실의 착오 중 반대의 경우, 곧 무거운 사실을 인식했는데 가벼운 결과가 발생했을 때에는 발생한 결과에 대해 당연히 고의가 인정된다. 인식의 범위 안에 있   **27**

---

1) 예를 들어 물건을 부수려고 돌을 던졌는데 사람이 맞아 다친 경우.
2) 예를 들어 사람을 죽이려고 총을 쏘았는데 곁에 있던 다른 사람이 다친 경우.

었기 때문이다. 인식한 부분 중 결과가 발생하지 않은 부분을 미수로 처벌할 수
있을지는 사안에 따라 검토되어야 한다.

나. 구체적 사실의 착오 - 견해의 대립

28   제15조 ①항은 가벼움과 무거움의 차이가 없는 구체적 사실의 착오에 대해
규정하지 않고 있다. 이에 따라 구체적 사실의 착오에서 고의가 인정되는 범위
에 대해서는 다음과 같은 견해가 대립하고 있다. 1) **구체적 부합설**은 인식한 대
상과 결과가 발생한 대상이 '구체적으로' 부합할 때 고의가 인정된다고 한다. 2)
법정적 부합설은 인식의 대상과 결과발생의 대상이 '법이 정한 범위 내에서' 일
치하면 발생한 결과에 대해 고의를 인정한다는 견해이다. 법에서 살인죄의 객체
를 '사람'이라고 정해 놓았으니 사람을 인식하고 사람이 살해되었으면 그 사람
이 구체적으로 누구든 살인죄의 고의가 그대로 인정된다는 것이다. 3) **추상적 부
합설**은 인식한 것과 발생한 결과가 추상적으로 일치하면, 곧 법익의 가치가 일
치하면 고의를 인정할 수 있다는 견해이다. 법정적 부합설과 유사하지만, 법정
적 부합설보다 고의 인정의 범위가 넓다.

다. 결론

29   학설의 다수견해는 구체적 부합설의 입장이며,[1] 판례는 법정적 부합설을
따르고 있다.[2] 두 학설의 차이는 방법의 착오 사례에서 발생한다. 객체의 착오
에 대해서는 두 학설의 결론이 같다. 살인죄의 경우 법정적 부합설은 객체가 누
구든 법에서 정한 '사람'이므로 고의를 인정하는 데 문제가 없다. 구체적 부합설
에서도 비록 사람을 착각했지만 행위 당시 인식의 대상이었던 사람에 대해 결
과가 발생했으므로 고의를 인정한다.

30   방법의 착오 사례에 대해서도 법정적 부합설은 발생한 결과가 법이 정한
범위에서 인식과 일치하므로 고의가 인정된다고 한다. 그러나 구체적 부합설은
행위자가 인식한 대상이 아닌 다른 대상에 결과가 발생했다는 이유로 고의를
그대로 인정하지 않는다. 인식한 사실은 발생하지 않았으므로 미수에 해당하고,
발생한 사실은 인식하지 못한 것이었으니 과실이 된다고 한다. 고의는 의도나
계획이 아니고 행위시에 인식한 것이라는 본질에 충실하고 고의 인정 여부를
엄격하게 평가한다는 점에서 구체적 부합설이 타당하다. 판례처럼 고의의 일치

---

1) 김일수/서보학 150면 이하; 배종대 [54] 14 이하; 오영근 155면 이하; 홍영기 [14] 9 이하.
2) 학계에서 법정적 부합설을 취하는 경우는 이재상/장영민/강동범 §13 14 이하.

범위를 넓게 보는 것은 불법의 내용을 명확히 한다는 구성요건의 역할을 고려
하지 않는 것이다.[1]

　　착오 사례는 최근 판례에서 거의 등장하지 않는다. 그러나 고의에 대한 정 **31**
확한 이해를 위해 착오 사례를 이해할 필요가 있다. 구체적 부합설이 객체의 착
오와 방법의 착오 사례에 대해 고의 인정에서 차이를 보이는 내용을 표로 나타
내면 아래와 같다.

[표] 객체의 착오와 방법의 착오에서 고의의 인정 여부(구체적 부합설)

객체의 착오	살해 의도　━━━━━▶　A
	행위시 인식　━━━▶　B
	발생 결과　━━‖━━▶　B : B에 대한 살인 기수
방법의 착오	살해 의도　━━━━━▶　A
	행위시 인식　━━━▶　A : A에 대한 살인미수
	발생 결과　━━╫━━▶　B : B에 대한 과실치사

[사례 13]　　　　　　　　　　　　　　　　　　　　　　32

1. 75도727

　사병인 D1은 하사 V1을 살해할 목적으로 총탄을 발사했는데, 이를 제지하려고
D1 앞으로 뛰어들던 병장 V2에게 명중되어 V2가 사망하였다.

2. 83도2813

　D2는 D2의 형수인 V1에 대하여 살의를 갖고 소나무 몽둥이를 양손에 집어 들
고 조카인 V2(남1세)를 업고 있는 V1을 힘껏 후려쳐 V1이 피를 흘리며 V2를 업
은 채 마당에 고꾸라졌다. D2는 마당에 넘어진 V1과 V2의 머리부분을 위 몽둥이
로 내리쳐 V2를 현장에서 두개골절 및 뇌좌상으로 사망케 하였다. 그런데 D2는
V2에 대해서는 살인의 고의가 없었고, V1을 가격하는 과정에서 과실로 V2의 머
리를 치게 된 것이라고 주장한다.

---

1) 과거 판례에서는 객체의 착오와 방법의 착오를 제대로 구별하지 않은 경우도 있었다. [대구고등
　법원 64노173] 피고인은 A를 살해할 것을 기도하고 총을 쥐고 벌떡 일어서면서 앞에 총 자세
　로 A에게 총을 겨누자 이러한 삼엄하고 위급한 광경을 본 피해자 B는 오빠인 A의 살해를 방
　해코저 당황하여 "오빠"라고 고함치면서 피고인이 든 총을 두손으로 잡고 당기는 순간 피고인
　은 총대를 잡고 아래로 확 당기면서 방아쇠에 손이 닿아 격발이 되어 B로 하여금 그 자리에서
　즉사케 하여서 살해한 것이다. 증거에 의하면 피고인은 A를 살해하려다가 B를 살해한 것인바,
　이는 객체의 착오에 불과하며 피고인의 이러한 착오는 범의의 성립에 영향이 없다 할 것이다.

3. 68도884

D3(여)는 V1과 정교를 계속하다가 임신을 하게 되었는데, 그럼에도 불구하고 V1은 D3와의 결혼을 거절할 뿐 아니라 생활비의 요구에도 불응하고, D3를 냉대하므로 D3는 이에 분개하여 V1과 그 처인 V2를 살해할 것을 기도하고 이미 준비하였던 농약을 V1의 집 주방에서 숭늉이 들어있는 그릇에 투입하고 그 숭늉그릇을 V1의 가족들이 식사를 하려고 준비하였던 점심식사의 밥상 위에 놓아두었다. 그런데 이런 사정을 알지 못한 V1의 장녀 V3(당시 3세)가 이를 마시게 되어 V3를 사망케 하였고, V1과 V2는 이와 같은 사고로 그 숭늉을 마시지 아니하였다.

◇ **문　D1, D2, D3의 죄책은 무엇인가?**

[쟁점]

1. 위의 각 사건에서 착오의 유형은 무엇인가?
2. 위의 각 사건에서 D1, D2, D3에게 고의를 인정할 수 있는가?
3. 행위자가 인식한 사정과 발생한 결과가 다를 때 고의 인정의 기준은 무엇인가?

〈대법원의 판결〉

[75도727] 사람을 살해할 목적으로 총을 발사한 이상 그것이 목적하지 아니한 다른 사람에게 명중되어 사망의 결과가 발생하였다 하더라도 살의를 저각하지 않는 것이라 할 것이니 원심 인정과 같이 피고인이 하사 공소외 1을 살해할 목적으로 발사한 총탄이 이를 제지하려고 피고인 앞으로 뛰어들던 병장 공소외 2에게 명중되어 공소외 2가 사망한 본건의 경우에 있어서의 공소외 2에 대한 살인죄가 성립한다 할 것이므로 공소외 2에 대한 피고인의 살의를 부정하는 논지도 이유 없다.

[83도2813] 소위 타격의 착오가 있는 경우라 할지라도 행위자의 살인의 범의 성립에 방해가 되지 아니하니 피고인의 소위를 살인죄로 의율한 원심판결에 채증법칙 위배로 인한 사실오인의 위법이나 살인죄에 관한 법리오해의 위법이 없어 논지는 이유 없다.

[68도884] 피고인이 공소외인과 동인의 처를 살해할 의사로서 농약 1포를 숭늉그릇에 투입하여 공소외인 가의 식당에 놓아둠으로써 그 정을 알지못한 공소외인의 장녀가 이를 마시게 되어 동인을 사망케 하였다면 피고인이 공소외인의 장녀를 살해할 의사는 없었다 하더라도 <u>피고인은 사람을 살해할 의사로서 이와 같은 행위를 하였고 그 행위에 의하여 살해라는 결과가 발생한 이상 피고인의 행위와 살해하는 결과와의 사이에는 인과관계가 있다</u> 할 것이므로 공소외인의 장녀에

대하여 살인죄가 성립한다.

[참조판례]

[87도1745] 갑이 을등 3명과 싸우다가 힘이 달리자 식칼을 가지고 이들 3명을 상대로 휘두르다가 이를 말리면서 식칼을 뺏으려던 피해자 병에게 상해를 입혔다면 갑에게 상해의 범의가 인정되며 상해를 입은 사람이 목적한 사람이 아닌 다른 사람이라 하여 과실상해죄에 해당한다고 할 수 없다.

Ⅲ. 과실

1. 의의

가. 과실의 개념

형법 제14조는 과실에 대해 "정상적으로 기울여야 할 주의注意를 게을리하 **33** 여 죄의 성립요소인 사실을 인식하지 못한 행위는 법률에 특별한 규정이 있는 경우에만 처벌한다."고 규정한다. 따라서 과실은 기본적으로 1) 죄의 성립요소인 사실을 인식하지 못한 행위이다. 이 문구는 제13조의 문구와 동일하다. 고의는 구성요건 사실은 인식한 행위이고 과실은 인식하지 못한 행위이다. 그러나 사실을 인식하지 못한 행위가 다 과실이 되는 것은 아니다. 2) 정상적 주의를 게을리하여 사실은 인식하지 못한 경우에만 형법의 과실이 된다. 그러므로 과실의 핵심적 표지는 주의의무 위반이다. 다만, 주의의무 위반으로 사실을 인식하지 못한 행위라도 3) 법률에 특별한 규정이 있는 경우에만 과실범이 된다. 과실범은 결과불법이 중점이 되는 범죄로서, 행위불법의 비중이 큰 형법에서 과실범의 규정은 6가지 정도로 많지 않다.[1]

나. 형법에서 과실 개념의 의미

(1) **규범적 실재**   결과불법이 중심이 되는 과실범에서 행위불법의 근거는 **34** '정상의 주의를 게을리함', 곧 주의의무 위반에 있다. 과실범은 먼저 결과발생을 전제로 한다. 발생한 결과를 행위자에게 돌려보낼 수 있는, 귀속시킬 수 있는 근거는 행위자가 결과발생을 방지할 수 있는 주의의무를 위반했다는 것이다. 주

---

1) 형법에 규정된 과실범은 제170조와 제171조의 실화失火죄, 제173조의2 과실폭발성물건파열죄, 제181조 과실일수죄, 제189조 과실교통방해죄, 제266조부터 제268조의 과실치사상죄, 제364조 과실장물취득죄가 있다.

의의무위반의 내용은 예견가능성과 회피가능성이다. 정상적인 주의를 기울였다면 예견할 수 있었고 회피할 수 있었는데, 그렇게 하지 않았다는 것이다. 그런데 이런 '주의의무 위반'은 사실적 존재개념이 아니라 규범적 평가개념으로 보아야 한다. 결과 발생 당시 행위자가 주의의무를 위반했는지는 사실로 존재하는 것이 아니라 규범적 평가를 통해 확인되는 것이다. 그래서 과실은 '규범적 실재'라고 할 수 있다(83도3007).

35　　　(2) 독자적 범죄형태　　과실범은 고의범과 다른 독자적 불법 내용을 가진 범죄이다. 미필적 고의와 과실 또는 중대한 과실이 경계를 이룬다고 해서 고의가 모자라면 과실이 된다는 것은 아니다. 과실범은 고의범의 완화된 형태가 아닌 것이다. 고의의 혐의가 있으나 증거가 없다고 해서 과실로 처벌해서는 안 되고, 과실범은 독자적인 성립요건이 충족되어야 처벌할 수 있다.

36　　[사례 14]　2010도17506 판결

택시기사인 D는 2010. 3. 26. 00:49경 (차량번호 생략) 택시(이하 '이 사건 택시'라 한다)를 운전하여 직진 후 90° 정도로 급격하게 좌회전을 하자마자 내리막이 되는 골목길에 진입하였는데, 이 내리막 골목길의 진입지점은 경사도 약 9.6° 정도의 심한 경사구간이었고, 골목길의 좌측에는 차량들이 일렬로 주차되어 있어 골목길의 원래 폭인 4.8m보다 훨씬 좁은 폭만이 도로로 확보되어 있었다. 그런데 위 내리막 골목길의 진입지점으로부터 약 7.7m 떨어진 지점에 V가 누워 있었고, D는 V의 몸통 부위를 이 사건 택시의 바퀴로 역과하여 그 자리에서 V를 흉부 손상으로 사망하게 한 후, 별다른 조치를 취하지 않고 그대로 현장을 떠났다.

원심법원은 D가 좌회전 후 위 내리막 골목길에 진입함에 있어 그 운전석에서는 보이지 아니하는 시야의 사각지대가 상당부분 존재하였던 사실, 좌회전 후 위 내리막 골목길에 진입한 D로서는 의도적으로 왼쪽 차창 쪽으로 고개를 젖히거나 몸을 운전석에서 일으켜 세운 후 정면 차창의 아래쪽으로 내려다보지 아니하는 이상 위 내리막 골목길의 바닥에 있는 물체를 볼 수 없었던 상태였던 사실을 인정한 다음, D가 위 내리막 골목길의 바닥 위에 누군가 누워 있을 <u>가능성을 예상하고서 거기에 대비하여</u> 이 사건 택시를 일시 정지하여 왼쪽 차창 쪽으로 고개를 젖히고 창밖으로 고개를 내밀어 본다거나 그 자리에서 몸을 일으켜 세워 정면 차창의 아래쪽을 내려다보아야 할 업무상 주의의무가 있다고 볼 수 없고, 피고인이 좌회전하던 지점부터 이 사건 사고지점에 이르기까지 위와 같은 시야의 사각지대를 벗어나 위 내리막 골목길의 바닥을 확인할 수 있을 정도로 시야가 확보된 상태에서 이 사건 택시를 운행한 적이 있다는 점을 인정할 증거가 없으므로, 피고인에게 이 사건 사고 발생의 원인이 된 어떠한 업무상 주의의무 위반의 잘못이 없다고 판단하여 무죄를 선고하였다.

◆ 문   원심법원의 판결은 적법한가?

[쟁점]
1. 형법에서 과실의 의미는 무엇인가?
2. 과실범에서 주의의무위반의 본질은 무엇이며 그 기준은 무엇인가?
3. 과실범에서 주의의무의 제한원리란 무엇인가?

〈대법원의 판결〉

원심이 인정한 사실 및 기록에 의하면, 이 사건 사고 당시는 00:49경의 밤늦은 시각으로, 이 사건 사고지점은 주택이 밀집되어 있는 좁은 골목길이자 도로가 직각으로 구부러져 가파른 비탈길의 내리막으로 이어지는 커브길인 데다가 확보되어 있던 도로의 폭도 좁아서 통행인이나 장애물이 돌연히 진로에 나타날 개연성이 큰 곳이었고, 마침 반대방향에서 교행하던 차량이 없었을 뿐더러 이 사건 택시의 전조등만으로도 진로를 충분히 확인할 수 있었으므로, 이러한 경우 자동차 운전업무에 종사하는 피고인으로서는 이 사건 사고 당시의 도로상황에 맞추어 평소보다 더욱 속도를 줄이고 전방 좌우를 면밀히 주시하여 안전하게 운전함으로써 <u>사고를 미연에 방지할 주의의무가 있었던 것</u>으로 보임에도 불구하고, 이를 게을리 한 채 그다지 속도를 줄이지 아니한 상태로 만연히 진행하던 중 전방 도로에 누워 있던 피해자를 발견하지 못하여 이 사건 사고를 일으켰으므로, 이 사건 사고 당시 피고인에게는 이러한 업무상 주의의무를 위반한 잘못이 있었다고 하지 아니할 수 없다.

결국 원심이 그 설시와 같은 이유만으로 피고인에게 무죄를 선고한 데에는 업무상과실치사죄의 구성요건에 관한 법리를 오해하여 판결에 영향을 미친 위법이 있다.

2. 과실의 특별한 유형

가. 업무상과실

(1) 개념   업무상과실은 일정한 업무에 종사하는 사람이 그 업무를 수행할 **37** 때 요구되는 주의의무를 게을리할 경우, 보통의 과실보다 가중처벌하는 것을 말한다.1) 형법에서 **업무**는 사람이 사회생활을 하면서 하나의 지위로 계속 종사하

---
1) 형법의 과실 범죄는 과실일수죄를 제외하고 모두 업무상 과실과 중과실 범죄를 가중처벌하

는 사무를 말한다. 업무는 보호대상이 되기도 하고,[1] 신분의 하나로 가중처벌의 근거가 되기도 하는데, 전자보다 후자는 그 범위를 엄격하게 해석해야 한다. 그래서 판례는 업무상과실치사상에서 업무를 ① 수행하는 직무 자체가 위험성이 있어 안전배려를 의무의 내용으로 하는 경우와 ② 사람의 생명·신체의 위험을 방지하는 것을 의무의 내용으로 하는 업무로 한정하고 있다(2009도1040, 2022도11950 등).

38   **(2) 가중처벌의 이유**   업무상과실을 가중처벌하는 이유에 대해서는 1) 업무자에게는 일반인보다 높은 주의의무가 요구된다는 견해, 2) 업무자는 보통사람보다 높은 주의능력이 있기 때문이라는 견해, 3) 업무자는 일반인보다 해당업무에 대한 예견가능성이 크기 때문이라는 견해 등이 있는데, 이 모든 것을 종합적으로 고려하여 가중처벌하는 것으로 보아야 할 것이다.

39   **[2016도16738]** [1] 업무상과실치상죄에서 말하는 '업무'의 의미와 범위

: 업무상과실치상죄의 '<u>업무'란 사람의 사회생활면에서 하나의 지위로서 계속적으로 종사하는 사무를 말한다.</u> 여기에는 <u>수행하는 직무 자체가 위험성을 갖기 때문에 안전배려를 의무의 내용으로 하는 경우는 물론 사람의 생명·신체의 위험을 방지하는 것을 의무의 내용으로 하는 업무도 포함된다.</u> 그러나 건물 소유자가 안전배려나 안전관리 사무에 계속적으로 종사하거나 그러한 계속적 사무를 담당하는 지위를 가지지 않은 채 단지 건물을 비정기적으로 수리하거나 건물의 일부분을 임대하였다는 사정만으로는 건물 소유자의 위와 같은 행위가 업무상과실치상죄의 '업무'에 해당한다고 보기 어렵다.

[2] 3층 건물의 소유자로서 건물 각 층을 임대한 피고인이, 건물 2층으로 올라가는 계단참의 전면 벽이 아크릴 소재의 창문 형태로 되어 있고 별도의 고정장치가 없는데도 안전바를 설치하는 등 낙하사고 방지를 위한 관리의무를 소홀히 함으로써, 건물 2층에서 나오던 갑이 신발을 신으려고 아크릴 벽면에 기대는 과정에서 벽면이 떨어지고 개방된 결과 약 4m 아래 1층으로 추락하여 상해를 입었다고 하여 업무상과실치상으로 기소된 사안에서, 피고인이 건물에 대한 수선 등의 관리를 비정기적으로 하였으나 그 이상의 안전배려나 안전관리 사무에 계속적으로

고 있다.

1) [2009도4166 전합] 업무방해죄의 보호대상이 되는 '업무'란 직업 또는 계속적으로 종사하는 사무나 사업을 말하고, 여기서 '사무' 또는 '사업'은 단순히 경제적 활동만을 의미하는 것이 아니라 널리 사람이 그 사회생활상의 지위에서 계속적으로 행하는 일체의 사회적 활동을 의미한다.

종사하였다고 인정하기 어렵다고 보아 업무상과실치상의 공소사실을 이유에서 무
죄로 판단하고 축소사실인 과실치상 부분을 유죄로 인정한 원심판결이 정당하다
고 한 사례.

나. 중대한 과실

중대한 과실 또는 중과실은 조금만 주의했어도 결과발생을 인식할 수 있었   **40**
는데 주의를 게을리하여 인식하지 못한 경우를 말한다. 경솔함이나 무모함으로
발생한 과실도 포함된다고 할 수 있으며,[1] 중대한 과실은 일반 과실보다 처벌
이 가중된다. 어떤 경우에 중과실이 되고 어떤 경우는 일반 과실이 되는지를 구
별하는 일률적 기준은 없고, 구체적 사건에서 사회통념을 바탕으로 판단할 수밖
에 없다.[2]

[97도538] 피고인이 84세 여자 노인과 11세의 여자 아이를 상대로 안수기도를 함   **41**
에 있어서 그들을 바닥에 반드시 눕혀 놓고 기도를 한 후 "마귀야 물러가라", "왜
안 나가느냐"는 등 큰 소리를 치면서 한 손 또는 두 손으로 그들의 배와 가슴 부
분을 세게 때리고 누르는 등의 행위를 여자 노인에게는 약 20분간, 여자아이에게
는 약 30분간 반복하여 그들을 사망케 한 사안에서, 고령의 여자 노인이나 나이
어린 연약한 여자아이들은 약간의 물리력을 가하더라도 골절이나 타박상을 당하
기 쉽고, 더욱이 배나 가슴 등에 그와 같은 상처가 생기면 치명적 결과가 올 수
있다는 것은 피고인 정도의 연령이나 경험 지식을 가진 사람으로서는 <u>약간의 주
의만 하더라도 쉽게 예견할 수 있음에도 그러한 결과에 대하여 주의를 다하지 않
아</u> 사람을 죽음으로까지 이르게 한 행위는 중대한 과실이라고 보아, 피고인에 대
하여 중과실치사죄로 처단한 원심판결을 수긍한 사례.

다. 인식 있는 과실?

다수견해는 결과발생 가능성에 대한 인식은 있었지만 결과발생을 용인하는   **42**
의사가 없는 경우를 인식있는 과실이라고 하여 미필적 고의와 구별하고 있다.

---

1) 미국의 모범형법전 §2.02에서 규정하는 범죄의 주관적 요소 중에 'Recklessly'와 'Negligently'
   가 있는데, 전자는 한국 형법의 중대한 과실에, 후자는 일반 과실에 대비할 수 있다.
2) [4292형상761(59도761)] 중과실은 행위자가 극히 근소한 주의를 함으로써 결과발생을 인식
   할 수 있음에도 불구하고 부주의로서 이를 인식하지 못한 경우를 말하는 것이고 경과실과의
   구별은 구체적인 경우에 사회통념을 고려하여 결정될 문제인바

그러나 앞에서 설명한 바와 같이 인식있는 과실은 한국 형법의 해석에서는 인정할 수 없는 개념이다. 제14조는 과실을 분명하게 '인식하지 못한 행위'라고 규정하기 때문이다.

43   이 개념 또한 독일의 형법학에서 유래한 개념인데, 독일 형법은 고의 또는 과실에 대해 '인식하지 못한'과 같은 내용을 규정하지 않고 '고의 행위', '과실 행위'로만 규정하고 있다. 따라서 해석상 '과실 행위'에 인식있는 과실의 개념도 가능한 것이다. 그러나 한국 형법은 명시적으로 '인식하지 못한 행위'라고 규정한다. 따라서 '인식 있는 과실'을 인정하고 나아가 일반과실보다 무거운 과실이라고 하는 것은 현행법에 어긋나는 해석이다. 검색 가능한 판례에서 인식있는 과실을 언급한 것은 아래의 판례가 거의 유일하지만, 법리에 관한 내용일 뿐, 아래 판례의 사안이 인식있는 과실의 사례인 것은 아니다.1)

44   [83도3007] 라. 화재경보 스위치를 봉하고 비상문을 고정시키는 등 행위와 화재로 인한 숙박객의 사상에 대한 예견가능성 유무
   : 호텔의 사장 또는 영선과장인 피고인들이 오보가 잦다는 이유로 자동화재조기탐지 및 경보시설인 수신기의 지구경종스위치를 내려 끈 채 봉하고, 영업상 미관을 해친다는 이유로 각층에 설치된 갑종방화문을 열어두게 하고 옥외피난계단으로 통하는 을종방화문은 도난방지등의 이유로 고리를 끼워 피난구로서의 역할을 다하지 못하게 하였다면, 이와 같은 피고인들의 주의의무 해태는 결과적으로 건물의 화재발생시에 있어서 숙박객 등에게 신속하게 화재를 알릴 수 없게 되고 발화지점에서의 상하층에의 연소방지를 미흡하게 하고 또 숙박객 등을 비상구를 통해 신속하게 옥외로 대피시키지 못하게 하는 것임은 경험상 명백하다 할 것이므로, 이 사건 화재로 인한 숙박객 등의 사상이라는 결과는 충분히 예견가능한 것이라고 할 것이다.
   마. 과실범의 책임발생의 이유
   : 소위 과실범에 있어서의 비난가능성의 지적 요소란 결과발생의 가능성에 대한 인식으로서 인식있는 과실에는 이와 같은 인식이 있고, 인식없는 과실에는 이에 대한 인식자체도 없는 경우이나, 전자에 있어서 책임이 발생함은 물론, 후자에 있어서도 그 <u>결과발생을 인식하지 못하였다는</u> 데에 대한 부주의 즉 <u>**규범적 실재로서의 과실책임**</u>이 있다고 할 것이다.

---

1) [4294형상598] 피고인에게 과실 또는 인식있는 과실조차 인정...할 수 없다.

3. 과실범의 성립요건

가. 구성요건의 결과 발생

과실범은 결과범이므로 구성요건의 결과 발생을 전제로 한다. 그리고 법률 **45**
에 특별한 규정이 있어야만 과실범을 처벌하므로, 과실을 처벌하는 범죄의 구성
요건 결과가 발생하여야 한다.

나. 객관적 주의의무위반

과실범죄의 핵심적 표지는 주의의무 위반이다. 행위자가 객관적으로 요구 **46**
되는 주의의무를 다했더라면 결과발생을 인식 또는 예견하여 결과를 회피할 수
있었는데도 부주의로 그렇게 하지 못했다는 점에 과실의 본질이 있다. 따라서
주의의무는 내적으로 결과를 예견할 의무와 외적으로 결과를 회피할 의무로 구
성된다. 그리고 결과를 예견하고 회피할 수 있었는지는 일반인의 주의능력을 기
준으로 평가한다. 곧, 과실범의 구성요건 해당성 심사 단계에서는 객관적 주의
의무 위반이 있었는지를 심사한다.

다. 객관적 주의의무의 제한원리

(1) 허용된 위험   형법에서 과실범을 처벌하는 규정은 많지 않지만, 현대 **47**
사회에서 과실범의 비중은 과거에 비해 크게 늘어났다. 기술문명의 발달에는 각
종 재해를 유발하는 부작용도 있기 때문이다. 그런데 현대사회에서 주의의무를
그대로 인정하게 되면 새로운 기술의 사용으로 위험발생이 예견될 경우 위험을
회피하기 위해 기술의 사용을 제한해야 하는 문제가 발생할 수 있다. 그렇게 되
면 현대 사회의 문명 발달에 장애가 될 수 있으므로 일정한 조건 아래 위험을
허용할 수밖에 없고, 허용된 위험의 경우 위험발생에 대한 주의의무를 제한적으
로만 인정한다. 이러한 원리를 허용된 위험의 원리라고 한다.

허용된 위험은 특히 자동차 문명과 밀접한 관련이 있다. 자동차는 그 자체 **48**
로 위험한 결과를 발생할 가능성이 높은 교통수단이다. 그런데 자동차를 사용할
때의 위험발생이 예견된다 해서 이를 회피하기 위해 자동차의 사용을 제한할
수는 없다. 그래서 운전면허 제도와 자동차보험 제도 등을 통해 위험발생의 결
과를 최대한 예방하되, 교통사고라는 과실치사상의 결과가 발생하더라도 음주
운전이나 무면허운전 등 허용된 위험을 벗어난 행위가 아니면 '교통사고처리특
례법'에 따라 형사처벌을 하지 않는다. 객관적 주의의무위반이 제한되는 사례라

할 수 있다.

49   (2) 신뢰의 원칙   신뢰의 원칙은 주로 도로교통의 교통참여자에게 적용되는 원칙으로서, 스스로 교통규칙을 준수하는 사람은 다른 사람들도 그렇게 하리라는 것을 신뢰하면 족하고, 다른 교통참여자가 교통규칙을 위반할 것까지 예견하고 그에 따른 결과발생을 방지할 의무는 없다는 원칙이다. 다만 신뢰의 원칙은 무제한으로 적용되는 것이 아니라 일정한 한계가 있다. 1) 행위자 스스로 규칙을 위반한 경우, 2) 상대방의 규칙위반을 인식한 경우, 3) 상대방의 규칙준수 가능성이 없는 경우 등에는 신뢰의 원칙이 적용되지 않고 주의의무 위반이 인정될 수 있다.

50   [2022도1401] 모든 차의 운전자는 횡단보도 표시구역을 통과하면서 보행자가 횡단보도 노면표시가 없는 곳에서 갑자기 건너오지 않을 것이라고 신뢰하는 것이 당연하고 그렇지 아니할 이례적인 사태의 발생까지 예상하여 그에 대한 주의의무를 다하여야 한다고는 할 수 없다. 다만 이러한 신뢰의 원칙은 상대방 교통관여자가 도로교통 관련 제반 법규를 지켜 자동차의 운행 또는 보행에 임하리라고 신뢰할 수 없는 특별한 사정이 있는 경우에는 적용이 배제된다(85도833, 2002도4134, 2010도4078 등 참조).

   [92도2077] 차량의 운전자로서는 횡단보도의 신호가 적색인 상태에서 반대차선상에 정지하여 있는 차량의 뒤로 보행자가 건너오지 않을 것이라고 신뢰하는 것이 당연하고 그렇지 아니할 사태까지 예상하여 그에 대한 주의의무를 다하여야 한다고는 할 수 없다.

   [91도3172] 피고인들은 원심상피고인과 피해자가 이 사건 "러시안 룰렛" 게임을 함에 있어 원심상피고인과 어떠한 의사의 연락이 있었다거나 어떠한 원인 행위를 공동으로 한 바가 없고, 다만 위 게임을 제지하지 못하였을 뿐인데 보통사람의 상식으로서는 함께 수차에 걸쳐서 흥겹게 술을 마시고 놀았던 일행이 갑자기 자살행위와 다름없는 소위 "러시안 룰렛" 게임을 하리라고는 쉽게 예상할 수 없는 것이고(신뢰의 원칙), 게다가 이 사건 사고는 피고인들이 "장난치지 말라"며 말로 원심상피고인을 만류하던 중에 순식간에 일어난 사고여서 음주 만취하여 주의능력이 상당히 저하된 상태에 있던 피고인들로서는 미처 물리력으로 이를 제지할 여유도 없었던 것이므로, 경찰관이라는 신분상의 조건을 고려하더라도 위와 같은 상황에서 피고인들이 이 사건 "러시안 룰렛" 게임을 즉시 물리력으로 제지하지 못하였다 한들 그것만으로는 원심상피고인의 과실과 더불어 중과실치사죄의 형사책임을 지울만한 위법한 주의의무위반이 있었다고 평가할 수 없다.

라. 인과관계

과실범도 행위자의 과실과 결과발생 사이에 인과관계가 있어야 한다.[1) 인 **51**
과관계는 객관적 예견가능성을 기준으로 한다. 예견가능성의 유무는 객관적 표
준에 의하며, 객관적으로 예견할 수 없었던 결과는 행위자에게 귀속시킬 수 없다.

마. 주관적 주의의무 위반

일반인의 주의능력을 기준으로 하는 객관적 주의의무를 위반했더라도 행위 **52**
자의 개인적 사정으로 주의의무를 다할 수 없었다면 이를 처벌하는 데에는 제
한이 따를 수 있다. 그래서 행위자 개인의 사정에 따라 주관적 주의의무를 위반
했는지도 심사해야 하는데, 주관적 주의의무 위반은 과실범에 대한 책임 평가의
영역에 있다.

주관적 주의의무 위반의 성립 요건은 다음과 같다. 1) 행위자가 개인적으 **53**
로 객관적 주의의무를 충족할 수 있는 상황에 있어야 한다. 2) 행위자에게 개인
적으로 구성요건 결과와 사건진행 과정의 본질적 부분을 예견할 수 있는 예견
가능성이 있어야 한다. 3) 다만, 행위자가 자기 능력 밖의 일을 스스로 하겠다
고 나선 경우에는 이른바 인수引受책임 또는 인수引受과실이라 하여 과실의 책임
을 인정한다.

Ⅳ. 결과적 가중범

1. 개념

형법 제15조 ②항은 "결과 때문에 형이 무거워지는 죄의 경우에 그 결과의 **54**
발생을 예견할 수 없었을 때에는 무거운 죄로 벌하지 아니한다."고 하는데, 여
기서 '결과 때문에 형이 무거워지는 죄'를 결과적 가중범이라 한다. 행위자가 행
위 당시 인식한 것보다 더 무거운 결과가 발생한 경우, 그 결과 때문에 원래의

---

1) [2022도11163] 의료사고에서 의사의 과실을 인정하기 위해서는, 의사가 결과 발생을 예견할
수 있었음에도 이를 예견하지 못하였거나 결과 발생을 회피할 수 있었음에도 이를 회피하지
못하였는지 여부를 검토하여야 하고, 과실 유무를 판단할 때에는 같은 업무·직무에 종사하
는 <u>일반적 평균인의 주의</u> 정도를 표준으로 하여 사고 당시의 일반적 의학의 수준과 의료 환
경 및 조건, 의료행위의 특수성 등을 고려하여야 한다. 의료사고에서 의사의 과실과 결과 발
생 사이에 인과관계를 인정하기 위해서는, 주의의무 위반이 없었더라면 그러한 결과가 발생
하지 않았을 것임이 증명되어야 한다.

고의보다 더 무겁게 처벌하는 범죄이다. 행위 당시 인식한 기본범죄에 대한 고의범과 인식하지 못했던 결과의 과실범이 결합된 형태의 범죄이다. 구성요건에서 '상해에 이르게 한 때' 또는 '사망에 이르게 한 때'로 서술되며, 그래서 '~치상致傷', '~치사致死'의 명칭을 갖는 범죄들이 여기에 해당한다.1) 상해나 사망에 대한 인식이 있었던 것이 아니라 인식하지 못했던 결과로 이어졌다는 것이다.

2. 결과적 가중범과 책임원칙

55   결과적 가중범은 고의의 기본범죄와 그 결과로 발생한 과실범을 단순 결합한 것보다 무겁게 처벌된다. 예를 들어 상해죄의 법정형은 7년 이하의 징역이고 과실치사의 법정형은 2년 이하의 금고인데, 상해치사의 법정형은 3년 이상의 유기징역이다. 결과적 가중범의 규정을 적용하지 않고 두 개의 범죄로 처벌하는 것보다 결과적 가중범으로 처벌될 때 훨씬 무거운 처벌을 받는 것이다.

56   이러한 결과적 가중범의 처벌이 행위의 책임에 비례하여 처벌해야 한다는 책임원칙에 어긋나는 것은 아닌지가 문제된다.2) 책임원칙과 죄형법정주의는 처벌이나 가중처벌의 형식적 근거뿐 아니라 실질적 근거를 요구하기 때문이다. 그래서 결과적 가중범을 가중처벌하는 근거에 대해서는 아래와 같은 견해들이 제시된다.

가. 무거운 결과에 대한 중과실 요구

57   결과적 가중범의 가중처벌이 정당화되기 위해서는 무거운 결과에 대해 단순한 과실로는 부족하고 중과실을 요구하여야 책임원칙에 부합한다는 견해가 있다. 그러나 무거운 결과에 대해 중과실이 인정되더라도 중과실치사상의 법정형보다도 매우 높은 결과적 가중범의 법정형을 설명하는 데에는 한계가 있다.

---

1) 형법의 결과적 가중범: 제144조 ②항 특수공무방해치사상, 제164조 ②항 현주건조물방화치사상, 172조 ②항 폭발성물건파열치사상, 제172조의2 ②항 가스전기등방류치사상, 제173조 ②항 가스전기등공급방해치사상, 제177조 ②항 현주건조물일수치사상, 제188조 교통방해치사상, 제194조 먹는물혼독치사상, 제259조 상해치사, 제262조 폭행치사상, 제269조 ③항과 제270조 ③항의 낙태치사상, 제275조 유기등치사상, 제281조 체포감금등치사상, 제290조 ②항 약취유인등치상, 제291조 ②항 약취유인등치사, 제301조 강간치상, 제301조의2 강간치사, 제324조의3 인질강요치상, 제324조의4 인질강요치사, 제337조 강도치상, 제338조 강도치사.

2) 결과적 가중범이 모든 나라에서 인정되는 범죄유형이 아니라는 점은 이 문제를 더 두드러지게 한다.

나. 직접성 원칙

결과적 가중범을 무겁게 처벌하는 이유는 무거운 결과의 발생이 기본범죄 **58**
의 잠재적 위험에 속하는 것으로서 기본범죄와 직접 연결되어 있는 직접성 때
문이라는 견해이다. 따라서 무거운 결과의 발생이 기본범죄의 전형적 위험과 직
접적 관련성이 없는데도 가중처벌하는 것은 책임원칙에 반한다고 한다.

무거운 결과가 기본범죄의 전형적 위험과 연결되는 직접성의 기준에 대해 **59**
서는 기본범죄의 전형적 위험이 행위에 있다는 '행위기준설'과 기본범죄의 결과
에 있다는 '결과기준설'이 있다. 그러나 직접성은 개별 범죄의 특성에 따라 행위
에 잠재된 위험에서 나올 수도 있고, 결과의 위험성에서 나올 수도 있다. 예를
들어 제338조 강도치사의 경우 재물을 강취당했다는 결과 때문에 사망의 위험
이 있는 것이 아니라 강도죄의 구성요건 행위인 폭행에 사망의 잠재적 위험이
들어있다고 할 수 있다. 그런데 제259조 상해치사의 경우 '상해'는 행위도 되고
결과도 되므로 행위 또는 결과에 사망의 잠재적 위험이 있다고 할 수 있다.[1]

3. 결과적 가중범의 성립요건

가. 고의의 기본범죄

결과적 가중범이 성립하려면 고의의 기본범죄와 그로 인해 발생한 무거운 **60**
결과가 있어야 한다. 고의범의 기본범죄가 미수에 그치더라도 무거운 결과가 발
생하면 결과적 가중범으로 처벌된다.[2] 이를 '미수의 결과적 가중범'이라고 할 수
있을 것이다. 그런데 이러한 경우 기본범죄가 기수에 이른 경우보다 처벌을 완화
할 필요가 있으므로 이를 '결과적 가중범의 미수'로 인정하자는 견해가 있다. 형법
제342조와 성폭력범죄처벌법 제12조의 미수범 처벌규정이 포괄적이어서 발생한
문제인데, 결과적 가중범은 기본범죄보다 더 무거워진 결과 때문에 가중처벌하는
범죄이므로 기본범죄를 기준으로 미수를 인정하자는 주장은 타당하지 않다.[3]

---

1) [99도519] 강간치상죄에 있어 상해의 결과는 강간의 수단으로 사용한 폭행으로부터 발생한 경우뿐 아니라 간음행위 그 자체로부터 발생한 경우나 강간에 수반하는 행위에서 발생한 경우도 포함하는 것이다.
2) [2003도1256] 강간이 미수에 그친 경우라도 그로 인하여 피해자가 상해를 입었으면, 강간치상죄가 성립하는 것이고
3) [2007도10058] 성폭력범죄처벌법 제12조에서 규정한 위 제9조 제1항에 대한 미수범 처벌규정은 제9조 제1항에서 특수강간치상죄와 함께 규정된 특수강간상해죄의 미수에 그친 경우, 즉 특수강간의 죄를 범하거나 미수에 그친 자가 피해자에 대하여 상해의 고의를 가지고 피해자에게 상해를 입히려다가 미수에 그친 경우 등에 적용된다.

나. 무거운 결과와 인과관계

61　무거운 결과는 기본범죄의 구성요건을 초과하는 것이어야 하며, 기본범죄에 내포된 전형적 위험이 실현된 것이어야 한다. 따라서 결과적 가중범도 객관적 구성요건으로서 인과관계가 있어야 한다. 기본범죄의 인과관계는 물론이고, 기본범죄와 무거운 결과 사이에 인과관계가 인정되어야 한다. 판례는 결과적 가중범의 인과관게 또한 상당성을 기준으로 판단한다.

다. 결과 발생에 대한 예견가능성

62　제15조 ②항은 "결과의 발생을 예견할 수 없었을 때에는 무거운 죄로 벌하지 아니한다"고 하여 결과 발생에 대한 예견가능성을 결과적 가중범의 요건으로 규정하고 있다. 무거운 결과는 인식하지 못한 과실로 발생한 것이므로 과실범에서 주의의무의 내용인 예견가능성이 요구된다. 따라서 예견가능성은 주관적 구성요건요소에 해당한다. 예견가능성이 있었는지는 일반인을 기준으로 판단하며, 기본범죄를 실행한 때의 시점에서 판단한다는 것이 다수견해이다.

63　[91도2085] 피고인이 아파트 안방에서 안방문에 못질을 하여 동거하던 피해자가 술집에 나갈 수 없게 감금하고, 피해자를 때리고 옷을 벗기는 등 가혹한 행위를 하여 피해자가 이를 피하기 위하여 창문을 통해 밖으로 뛰어 내리려 하자 피고인이 이를 제지한 후, 피고인이 거실로 나오는 사이에 갑자기 안방 창문을 통하여 알몸으로 아파트 아래 잔디밭에 뛰어 내리다가 다발성 실질장기파열상 등을 입고 사망한 경우, 피고인의 중감금행위와 피해자의 사망 사이에는 인과관계가 있어 피고인은 중감금치사죄의 죄책을 진다고 본 사례.
[96도529] 상해행위를 피하려고 하다가 차량에 치어 사망한 경우 상해행위와 피해자의 사망 사이에 상당인과관계가 있다고 본 사례
: 원심판결 이유에 의하면 원심은, 피고인이 이 사건 범행일시경 계속 교제하기를 원하는 자신의 제의를 피해자가 거절한다는 이유로 얼굴을 주먹으로 수회 때리자 피해자는 이에 대항하여 피고인의 손가락을 깨물고 목을 할퀴게 되었고, 이에 격분한 피고인이 다시 피해자의 얼굴을 수회 때리고 발로 배를 수회 차는 등 폭행을 하므로 피해자는 이를 모면하기 위하여 도로 건너편의 추어탕 집으로 도망가 도움을 요청하였으나, 피고인은 이를 뒤따라 도로를 건너간 다음 피해자의 머리카락을 잡아 흔들고 얼굴 등을 주먹으로 때리는 등 폭행을 가하였고, 이에 견디지 못한 피해자가 다시 도로를 건너 도망하자 피고인은 계속하여 쫓아가 주먹

으로 피해자의 얼굴 등을 구타하는 등 폭행을 가하여 전치 10일간의 흉부피하출혈상 등을 가하였고, 피해자가 위와 같이 계속되는 피고인의 폭행을 피하려고 다시 도로를 건너 도주하다가 차량에 치여 사망한 사실을 인정한 다음, 위와 같은 사정에 비추어 보면 피고인의 위 상해행위와 피해자의 사망 사이에 상당인과관계가 있다고 하여 피고인을 상해치사죄로 처단한 제1심의 판단을 유지하고 있는바, 기록에 의하여 살펴보면, 원심의 사실인정과 피고인의 위 상해행위와 피해자의 사망 사이에 상당인과관계가 있다고 본 원심의 판단은 모두 정당한 것으로 수긍이 되고, 거기에 소론과 같이 필요한 심리를 다하지 아니하여 사실을 오인한 위법이나 상해치사죄의 법리를 오해한 위법이 있다고 할 수 없다.

[92도3229] 강간을 모면하기 위하여 4층 여관방의 창문을 넘어 뛰어내리다가 상해를 입은 데 대하여 예견가능성이 없다는 이유로 강간치상죄로 처벌할 수 없다고 한 사례

　　: 피고인이 캬바레에서 만나 함께 춤을 추면서 알게 된 피해자(37세)를 여관으로 유인한 다음 강간하기로 마음먹고, 1991.8.11. 01:15경 여관 4층의 509호실에 피해자를 데리고 들어가서 방문을 걸어 잠그고 피해자에게 "너 나가면 죽이겠다."고 협박하면서 양손으로 피해자의 유방을 만지며 소파에 밀어 넘어뜨려 피해자를 강간하려고 하다가, 피해자가 "나는 남편이 있는 몸이니 제발 살려 달라"고 하면서 반항하여 그 뜻을 이루지 못하고, 이어 피고인이 소변을 보기 위하여 위 여관방의 화장실에 가면서 피해자가 도망을 가지 못하도록 피해자의 핸드백을 목에 걸고 감으로 인하여, 피해자가 그 곳에 계속 있으면 피고인으로부터 강간당할 것이라는 위협을 느끼고 위 4층 여관방의 유리창을 통하여 창문 밖으로 뛰어내림으로써 피해자로 하여금 전치 약 24주간의 상해를 입게 하였다.

　　원심은 피고인이 피해자가 강간을 당하지 않기 위하여 반항하면서 경우에 따라서는 위 방의 유리창문을 통하여 아래로 뛰어내리는 등 탈출을 시도할 가능성이 있고 그러한 경우 피해자가 다칠 수도 있다는 예견이 가능하다고 보았다.

　　그러나 대법원은, 피해자가 피고인과 만나 함께 놀다가 큰 저항 없이 여관방에 함께 들어갔으며, 피고인이 강간을 시도하면서 한 폭행 또는 협박의 정도가 강간의 수난으로는 비교적 경미하였고, 피해자가 여관방 창문을 봉하여 아래로 뛰어내릴 당시에는 피고인이 소변을 보기 위하여 화장실에 가 있는 때이어서 피해자가 일단 급박한 위해상태에서 벗어나 있었을 뿐 아니라, 무엇보다도 4층에 위치한 위 방에서 밖으로 뛰어내리는 경우에는 크게 다치거나 심지어는 생명을 잃는 수도 있는 것인 점을 아울러 본다면, 이러한 상황 아래에서 피해자가 강간을 모면하기 위하여 4층에서 창문을 넘어 뛰어내리거나 또는 이로 인하여 상해를 입기까지 되리라고는 예견할 수 없다고 봄이 경험칙에 부합한다고 판단하였다.

4. 부진정 결과적 가중범

가. 개념

64   결과적 가중범은 고의의 기본범죄와 그 범죄로 발생한 무거운 결과에 대한
과실이 결합된 범죄이다. 원래 의미의 결과적 가중범은 과실로 무거운 결과가
발생하는 경우이다. 이를 '진정' 결과적 가중범이라 한다. 그런데 고의의 기본범
죄에 결합된 무거운 결과의 발생이 고의로 이루어진 경우에도 이를 결과적 가
중범으로 처벌하는 경우가 있다. 이러한 경우는 원래 의미의 결과적 가중범이
아니기 때문에 '부진정' 결과적 가중범이라고 한다.

나. 부진정 결과적 가중범의 인정 여부

65   제164조 ②항의 현주건조물방화치사죄는 사람이 건물 안에 없는 것으로 알
고 방화했는데 건물 안에 있던 사람이 사망한 경우처럼, 방화의 기본범죄 때문
에 과실로 사람이 사망했을 때 성립하는 범죄이다. 그런데 판례는 살인의 고의
로 건물에 방화하여 사람이 사망한 경우에도 '방화치사'로 처벌한다(82도2341, 96
도485). 살인의 고의로 사람을 살해하면 살인죄로 처벌해야 한다. 하지만 살인죄
의 법정형은 '사형, 무기, 5년 이상의 징역'이고, 현주건조물방화치사의 법정형
은 '사형, 무기, 7년 이상의 징역'이다. 고의로 사람을 살해한 경우보다 과실로
사람이 사망한 경우의 법정형이 더 높은 것이다.[1] 그래서 불을 질러 고의로 사
람을 살해한 경우, 원래의 '방화치사'는 아니지만 '방화치사'로 처벌한다는 것
이다.

66   판례처럼 부진정 결과적 가중범을 인정할지에 대해서는 견해의 차이가 있
다. 다수견해는 판례의 입장을 지지한다.[2] 그러나 이를 부정하는 견해는 살인
의 고의가 있으므로 고의범인 살인죄가 성립하고 더불어 현주건조물방화죄가
성립한다고 한다.

다. 부진정 결과적 가중범의 처벌

67   판례에 따르면 1) 무거운 결과에 대한 고의범을 더 무겁게 처벌하는 규정
이 없는 경우에는 결과적 가중범만 성립한다. 하지만 2) 고의범을 더 무겁게 처

---

1) 방화의 고의와 살인의 고의가 있으므로 방화죄와 살인죄의 상상적 경합으로 처벌하더라도
   살인죄의 법정형에 따라 처벌하기 때문에 마찬가지이다.
2) 김일수/서보학 336면 이하; 배종대 [158] 3 이하; 오영근 147면 이하; 이재상/장영민/강동범
   §15 6 이하; 홍영기 [13] 10 이하.

벌하는 규정이 있는 경우에는 고의범과 결과적가중범이 각각 성립하고, 양자는 상상적 경합의 관계에 해당한다(2008도7311).[1] 예를 들어 살인죄와 현주건조물 방화치사죄의 경우 살인죄의 법정형이 더 무겁지 않으므로 현주건조물방화치사 죄만 성립하고, 재물을 빼앗기 위해 불을 질러 사람을 살해하는 경우에는 고의 범죄인 강도살인죄의 법정형이 현주건조물방화치사죄보다 더 무거우므로 두 범 죄가 모두 성립하여 상상적 경합에 해당한다(98도3416).

라. 검토

(1) 인정 여부   구성요건의 기능은 불법의 내용을 명확하게 하는데 있다.   **68** '사람을 살해한'이라는 구성요건과 '사망에 이르게 한'의 구성요건은 분명히 다 르다. 그럼에도 후자를 전자와 같은 의미로 해석하는 것은 타당하지 않다. 더구 나 법정형을 기준으로 범죄를 정하는 것은 앞뒤가 바뀐 것이다.[2] 그러다 보니 법개정으로 법정형이 변경되면 부진정 결과적 가중범의 성립과 처벌에 대한 판 단이 달라진다.[3] 불법을 확정한 후에 그에 맞는 형벌을 적용해야 하는 것인데, 형벌의 정도를 고려해서 불법의 내용을 정하는 것은 불법 판단의 타당한 절차 라 할 수 없다.

(2) **처벌의 문제**   더구나 1) 고의범의 법정형이 결과적 가중범의 법정형과   **69** 같거나 그보다 더 무거운 경우에도 부진정 결과적 가중범을 인정하는 것은 납 득하기 어렵다. 고의보다 과실범의 처벌이 더 무거운 법정형의 문제를 해결하기 위해 부진정 결과적 가중범을 인정한다는 취지에 맞지 않는 것이다. 부진정 결 과적 가중범을 어쩔 수 없이 인정하더라도 고의범의 법정형이 결과적 가중범보 다 더 가벼운 경우로 제한해야 할 것이다. 그리고 2) 고의범의 형이 더 무거운 경우 고의범과 결과적 가중범의 상상적 경합이 된다는 결론은 죄수론의 관점에

---

1) 결과적 가중범이 고의범에 대하여 특별관계에 있기 때문이라고 한다. 그런데 이런 경우를 특 별관계라고 할 수 있을지는 더 검토해 보아야 한다. 결합범의 하나로 보아 포괄일죄라고 할 수도 있을 것이나.

2) [82도2341] 형법 제164조 후단이 규정하는 현주건조물 방화치사상죄는 ... 동 조항이 사형, 무기 또는 7년 이상의 징역의 무거운 법정형을 정하고 있는 취의에 비추어 보면 과실이 있 는 경우 뿐만 아니라 고의가 있는 경우도 포함된다고 볼 것이므로, 현주건조물내에 있는 사 람을 강타하여 실신케 한 후 동 건조물에 방화하여 소사케 한 피고인을 현주건조물에의 방 화죄와 살인죄의 상상적 경합으로 의율할 것은 아니다.

3) 1995. 12. 29. 형법 개정 전후의 존속살인죄와 현주건조물방화치사죄의 관계가 그러하다. 개 정 전에는 고의범인 존속살인죄의 법정형이 더 무거웠기 때문에 양자가 상상적 경합에 해당 하지만, 개정 후에는 양자의 법정형이 같기 때문에, 곧 '더 무겁지 않기 때문에' 현주건조물 방화치사죄만 성립한다. [96도485] 참조.

서 보면 부당하다. 강도살인죄의 경우 강도살인과 현주건조물방화치사죄가 성립한다고 하면 생명이라는 법익의 침해가 두 번 평가되는 것이다. 따라서 이러한 경우에는 강도살인과 현주건조물방화죄의 상상적 경합이라고 해야 한다.

70   **(3) 결론**   이른바 부진정 결과적 가중범은 법정형의 불균형을 말 그대로 부진정한 방법으로 해결하기 위해 만들어진 왜곡된 개념이다. 지금까지 부진정 결과적 가중범으로 처벌된 사례는 현주건조물방화치사죄와 특수공무방해치상죄가 있을 뿐이다. 두 범죄에서 결과적 가중범의 법정형을 낮추거나, 결과에 대한 고의범의 법정형을 올리는 입법이 이루어진다면 부진정 결과적 가중범은 필요 없는 개념이 된다. 강간치사죄가 있었는데 강간살인죄를 신설한 것(제301조의2)과 같은 방식의 입법도 대안이 될 수 있다. 잘못된 입법을 사법부의 해석과 왜곡된 법개념으로 해결할 것이 아니라 법개정을 통해 합리적 방법으로 해결해야 할 것이다.

71   **[사례 15] 2008도7311 판결**

D는 2008. 3. 24. 21:30경 승용차를 운전하던 중 고양경찰서 소속 경찰관인 A로부터 음주단속을 당하자, 이를 피하기 위하여 도주하다가 A가 순찰차로 추격하여 D의 승용차를 따라잡은 후, 같은 날 21:50경 순찰차에서 내려 D에게 승용차에서 하차할 것을 요구하자 이에 불응하여 위험한 물건인 승용차를 운전하여 A가 서 있는 방향으로 진행하여 승용차로 A를 들이받아 A의 공무집행을 방해함과 동시에 A에게 약 6주간의 치료를 요하는 상해를 입게 하였다.

◇ **문   D의 죄책은?**

[쟁점]
1. 결과적가중범의 본질은 무엇이며, 그 성립요건은 무엇인가?
2. 부진정 결과적가중범은 무엇이며, 그 처벌은 어떠한가?

〈대법원의 판결〉

[1] 부진정결과적가중범에서 고의로 중한 결과를 발생하게 한 행위를 더 무겁게 처벌하는 규정이 없는 경우, 결과적가중범과 고의범의 죄수관계

: 기본범죄를 통하여 고의로 중한 결과를 발생하게 한 경우에 가중 처벌하는 부진정결과적가중범에서, 고의로 중한 결과를 발생하게 한 행위가 별도의 구성요건에 해당하고 그 고의범에 대하여 결과적가중범에 정한 형보다 <u>더 무겁게 처벌하는 규정이 있는 경우</u>에는 그 고의범과 결과적가중범이 상상적 경합관계에 있지

만, 위와 같이 고의범에 대하여 <u>더 무겁게 처벌하는 규정이 없는 경우</u>에는 결과
적가중범이 고의범에 대하여 특별관계에 있으므로 결과적가중범만 성립하고 이와
법조경합의 관계에 있는 고의범에 대하여는 별도로 죄를 구성하지 않는다.

　[2] 직무를 집행하는 공무원에 대하여 위험한 물건을 휴대하여 고의로 상해를
가한 경우에는 특수공무집행방해치상죄만 성립할 뿐, 이와는 별도로 폭력행위처
벌법위반(집단·흉기 등 상해)죄를 구성하지 않는다.

　: 검사는 피고인의 행위가 폭력행위처벌법위반(집단·흉기 등 상해)죄와 특수공
무집행방해치상죄를 구성하고 두 죄는 상상적 경합관계에 해당하는 것으로 보아
공소를 제기하였다. 이에 대하여 원심은, 피고인의 행위는 특수공무집행방해치상
죄를 구성할 뿐, 폭력행위처벌법위반(집단·흉기 등 상해)죄는 특수공무집행방해
치상죄에 흡수되어 별도로 죄를 구성하지 않는다고 판단하였는바, 앞서 본 법리
와 기록에 비추어 살펴보면 원심의 위와 같은 판단은 정당하다.

　[참조판례]

　[94도2842] 특수공무집행방해치상죄가 중한 결과에 대한 고의가 있는 경우까
지도 포함하는 부진정결과적가중범인지 여부

　: 특수공무집행방해치상죄는 원래 결과적가중범이기는 하지만, 이는 중한 결과
에 대하여 예견가능성이 있었음에 불구하고 예견하지 못한 경우에 벌하는 진정
결과적가중범이 아니라 그 결과에 대한 예견가능성이 있었음에도 불구하고 예견
하지 못한 경우뿐만 아니라 고의가 있는 경우까지도 포함하는 부진정 결과적가중
범이다.

　피고인의 범죄사실을 특수공무집행방해치상죄와 폭력행위처벌법 제3조 제2항
제1항, 형법 제257조 제1항(상해)위반죄의 상상적 경합범으로 처단한 제1심판결
을 그대로 유지한 원심의 조치는 정당하다.

　[해설] 2008년 피고인의 행위 당시 폭력행위처벌법 제3조 ①항 특수(흉기휴대)
상해죄의 법정형은 3년 이상의 유기징역이고[1] 형법 제244조 ②항 특수공무집행
방해치상죄의 법정형도 3년 이상의 유기징역이다. 두 범죄의 법정형이 같으니, 결
과적으로 고의범의 법정형이 더 높지 않다. 그런데 1994년 사건에서는 폭력행위
처벌법 제3조 ②항, ①항의 야간특수상해의 법정형이 5년 이상으로 고의범의 법
정형이 더 무거웠다.[2] 이렇게 법정형에 따라 성립하는 범죄와 처벌이 각각 달라
지는 것이다. 왜곡된 법 적용의 현상이다.

---

1) 이 조항은 헌법재판소의 위헌결정에 따라 2016. 1. 6. 개정으로 삭제되고 형법 제258조의2
　특수상해죄가 신설되었고, 법정형은 1년 이상 10년 이하의 징역이다. 따라서 앞으로도 특수
　공무방해치상죄가 부진정 결과적 가중범이 된다면 특수공무방해치상죄만 성립한다.

2) 지금은 폐지되었다.

[12] 제 4 절 부작위범

1   지금까지 구성요건의 객관적 요소와 주관적 요소들을 차례로 살펴보았는
데, 이제부터는 구성요건의 특별한 경우에 대해 설명하려 한다. 특별한 구성요
건에는 행위에서 특별한 면이 있는 부작위범, 결과범에서 행위의 결과가 발생하
지 않는 미수범, 행위주체가 단수로 규정된 구성요건을 여러 사람이 실현하는
공범이 있다.

I. 의 의

1. 개념

가. 부작위

2   형법의 범죄구성요건에서 행위는 대개 '~한'이라고 해서 작위作爲의 방법으
로 기술되어 있다. 그런데 구성요건의 행위를 작위의 방법이 아닌 부작위不作爲
의 방법으로 하는 범죄를 부작위범이라고 한다. 이때 부작위는 단순한 무위無爲
나 소극적 행위가 아니라, 규범적으로 기대되는 특정한 행위를 하지 않는 것이
다.[1] 형법 제18조는 부작위범에 대해 "위험의 발생을 방지할 의무가 있거나 자
기의 행위로 인하여 위험발생의 원인을 야기한 자가 그 위험발생을 방지하지
아니한 때에는 그 발생된 결과에 의하여 처벌한다."라고 규정하고 있다.

나. 진정 부작위범과 부진정 부작위범

3   부작위범은 진정 부작위범과 부진정 부작위범으로 구별된다. 진정 부작위범
은 구성요건의 행위가 부작위의 방법으로 규정된 범죄이다. 예를 들어 제319조
②항 퇴거불응죄의 구성요건 행위는 '퇴거요구를 받고 응하지 아니한' 것인데,
'응하지 아니한' 행위 자체가 부작위이다. 제122조 직무유기죄에서 '유기'도 기
본적으로 부작위의 행위 방법이다. 그런데 **부진정 부작위범**은 작위의 형태로 규

---

1) [2015도6809 전합] 자연적 의미에서의 부작위는 거동성이 있는 작위와 본질적으로 구별되는
무無에 지나지 아니하지만, 제18조에서 말하는 부작위는 법적 기대라는 규범적 가치판단 요
소에 의하여 사회적 중요성을 가지는 사람의 행태가 되어 법적 의미에서 작위와 함께 행위
의 기본 형태를 이루게 되므로, 보호법익의 주체에게 해당 구성요건적 결과발생의 위험이 있
는 상황에서 행위자가 구성요건의 실현을 회피하기 위하여 요구되는 행위를 현실적·물리적
으로 행할 수 있었음에도 하지 아니하였다고 평가될 수 있어야 한다.

정된 구성요건 행위를 부작위의 방법으로 실행하는 범죄이다.[1] 진정 부작위범은 형법 각칙의 해당 구성요건을 검토할 때 논의되는 대상이고, 제18조에서 말하는 부작위범은 부진정 부작위범을 말하는 것으로서, 부작위범의 문제는 주로 부진정 부작위범에 대한 논의이다.

2. 작위와 부작위의 구별

가. 작위와 부작위의 다의적 행태

부작위는 규범적 개념이다. 따라서 외형상 작위로 보이는 행위도 형법의 규범적 평가에서는 부작위가 될 수도 있다. 아래의 판례에서 경찰관이 범인에게 전화해서 도피하라고 한 행위는 작위적 행태이지만 직무'유기'의 관점에서 보면 해야 할 일을 하지 않았으므로 부작위가 될 수도 있다. 의사들이 치료가 필요한 환자를 집으로 후송한 후 호흡보조장치를 제거한 행위 또한 마찬가지이다. 이와 같이 하나의 행위가 작위와 부작위의 두 가지 요소를 동시에 포함하고 있을 때 작위범죄인지 부작위범죄인지를 어떤 기준으로 구별할지가 문제된다.

나. 구별 기준

작위범죄인지 부작위범죄인지를 구별해야 하는 이유는 부진정 부작위범의 경우 작위범의 구성요건 외에 부작위범에 필요한 범죄성립요건이 따로 요구되기 때문이다. 그래서 어떤 행위가 작위범인지 부작위범인지를 구별하는 기준에 대해서는 1) 법적 비난의 중점이 어디에 있는지를 기준으로 하자는 견해와 2) 작위범이 원칙이라는 견해, 그리고 3) 종합적으로 판단하자는 견해 등이 제시되고 있다.

범인을 도피시킨 경찰관의 사례에서 첫 번째 견해에 의하면 범인도피라는 작위행위가 더 비난의 대상이 되면 범인도피죄로, 직무유기가 더 비난받아야 하면 직무유기죄로 처벌해야 한다. 그런데 작위범이 원칙이라는 견해에 따르면 작위범인 범인도피죄가 성립하고 직무유기죄는 따로 성립하지 않는다. 이는 판례의 입장인데, 구별기준이 명확한 판례의 태도가 더 타당하다고 할 수 있다. 따라서 작위와 부작위의 행태가 동시에 이루어질 경우 작위행위의 범죄를 먼저 검토하고, 작위범이 성립하지 않으면 부작위범을 검토해야 한다.

4

5

6

---

1) 판례는 이를 '부작위에 의한 작위범'으로 표현한다(91도2951). 부진정 부작위범보다 더 좋은 표현이라 생각된다.

7   **[96도51]** 검사로부터 범인을 검거하라는 지시를 받은 경찰관이 범인을 도피케 한
경우에 범인도피죄 외에 직무유기죄가 따로 성립하는지 여부(소극)

   : 피고인이 검사로부터 범인을 검거하라는 지시를 받고서도 그 직무상의 의무
에 따른 적절한 조치를 취하지 아니하고 오히려 범인에게 전화로 도피하라고 권
유하여 그를 도피케 하였다는 범죄사실만으로는 직무위배의 위법상태가 범인도피
행위 속에 포함되어 있는 것으로 보아야 할 것이므로, 이와 같은 경우에는 작위
범인 범인도피죄만이 성립하고 부작위범인 직무유기죄는 따로 성립하지 아니한다.

[2002도995] 이른바 부진정부작위범에서 부작위의 보충성

   : 어떠한 범죄가 적극적 작위에 의하여 이루어질 수 있음은 물론 결과의 발생
을 방지하지 아니하는 소극적 부작위에 의하여도 실현될 수 있는 경우에, 행위자
가 자신의 신체적 활동이나 물리적·화학적 작용을 통하여 적극적으로 타인의 법
익 상황을 악화시킴으로써 결국 그 타인의 법익을 침해하기에 이르렀다면, 이는
<u>작위에 의한 범죄로 봄이 원칙이다.</u>

   이 사건의 경우 피고인들은 피고인 3에게 피해자를 집으로 후송하고 호흡보조
장치를 제거할 것을 지시하는 등의 적극적 행위를 통하여 원심공동피고인의 부작
위에 의한 살인행위를 도운 것이므로, 이를 작위에 의한 방조범으로 본 원심의
판단은 정당하다.

Ⅱ. 부진정 부작위범의 성립요건

1. 작위범과 공통되는 성립요건

8   부진정부작위범은 '부작위에 의한 작위범'이므로 작위범의 성립요건이 기본
적으로 필요하다. 예를 들어 부작위의 방법으로 살인죄를 범할 경우, 우선 살인
죄의 기본적 구성요건이 갖추어져야 한다. 곧, 사람의 사망이라는 결과가 발생
해야 하고, 행위자가 사망의 결과를 인식하거나 예견해야 한다. 그리고 부작위
와 결과 발생 사이에 인과관계가 있어야 한다. 다만 구성요건 행위인 '살해'를
부작위의 방법으로 실행하게 되는데, 부작위가 인정되기 위해서는 작위범의 성
립요건 외에 따로 부작위범에 고유한 성립요건을 갖추어야 한다.

2. 부진정 부작위범의 고유한 성립요건

가. 보증인의 지위

9   (1) 개념   제18조는 부작위범의 행위주체를 '위험의 발생을 방지할 의무가

있'는 자라고 규정하고 있다. 작위의 행위가 없음에도 법익침해의 결과발생을 방지하지 않은 부작위가 구성요건 행위에 해당하기 위해서는 행위자가 그 결과 발생을 방지해야 할 법적 지위에 있어야 한다. 이러한 지위를 결과가 발생하지 않도록 보증해야 하는 지위, 곧 보증인의 지위라고 한다. 따라서 부진정부작위 범은 신분범의 하나라고 할 수 있으며, 행위주체에 해당하기 때문에 객관적 구성요건요소에 해당한다.

(2) 요건   보증인의 지위가 인정되기 위해서는 먼저 1) 부작위 행위자가   10 결과발생으로 침해되는 법익 또는 그 법익의 주체와 밀접한 관련을 맺고 있어야 한다. 그리고 2) 부작위 행위자가 결과발생을 방지할 수 있는 상황에 있어야 한다. 말하자면 법익침해를 일으키는 사태를 지배할 수 있는 가능성이 있어야 한다. 또한 3) 보호대상이 되는 주체가 결과발생을 방지할 수 있는 능력, 또는 법익에 대한 침해위협에 대처할 능력이 없어야 한다.[1]

나. 작위의무

작위의무는 보증인의 지위에서 나오는 의무로서, 위험발생을 방지해야 하   11 는 의무이다. 따라서 부작위는 아무것도 하지 않는 것이 아니라 작위의무를 이행하지 않는 것이다. 작위의무는 법적 의무이며, 행위자의 신분적 지위 때문에 주어지는 의무이다.

다. 보증인의 지위와 작위의무의 발생근거

보증인의 지위와 작위의무의 발생근거에 대해 1) **형식설**은 법령, 계약, 조리   12 및 선행행위 등 형식적 근거가 있어야 된다고 한다. 2) **실질설**은 실질적 기준인 법익보호 의무와 위험발생을 방지해야 할 안전의무에서 작위의무가 발생한다고 한다. 3) **절충설**은 형식적 근거를 원칙으로 하되, 실질적 근거에 의해 보완되어야 한다는 입장이다. 4) **판례**에 의하면 작위의무는 법적인 의무이므로 법령, 법률행위, 선행행위로 인한 경우는 물론이고 기타 신의성실의 원칙이나 사회상규 혹은 조리條理에 따라 작위의무가 기대되는 경우에도 작위의무가 발생한다(95도 2551, 2003도4128, 2015도6809 등).

---

1) [2015도6809] 부진정 부작위범의 경우에는 <u>보호법익의 주체가 법익에 대한 침해위협에 대처할 보호능력이 없고</u>, 부작위행위자에게 침해위협으로부터 법익을 보호해 주어야 할 법적 작위의무가 있을 뿐 아니라, <u>부작위행위자가 그러한 보호적 지위에서 법익침해를 일으키는 사태를 지배하고 있어</u> ... 부작위로 인한 법익침해가 작위에 의한 법익침해와 동등한 형법적 가치가 있는 것으로서 범죄의 실행행위로 평가될 수 있다.

13   위의 견해들을 종합할 때 작위의무의 발생근거는 다음과 같다. 1) **법령에**
의한 작위의무는 법령이 행위자에게 특별히 부과하는 의무이다. 2) **법률행위**는
계약에 의해 양육 또는 보호의무를 갖는 경우 등이다. 3) **사회상규 또는 조리**는
신의칙에 의한 의무나 선량한 관리자의 위험발생 방지의무 등을 들 수 있다. 4)
선행행위는 제18조에 규정된 '자기의 행위로 인하여 위험발생의 원인을 야기한'
행위를 말한다. 선행행위는 객관적으로 의무에 위반했거나 위법한 것이어야 하
며, 결과발생에 대한 직접적이고 상당한 위험을 야기할 수 있는 것이어야 한다.

14   **[2009도12109]** [1] 형법이 금지하고 있는 법익침해의 결과발생을 방지할 법적인
작위의무를 지고 있는 자가 그 의무를 이행하지 아니한 경우, 이를 작위에 의한
실행행위와 동일하게 부작위범으로 처벌하기 위하여는, 그 의무를 이행함으로써
결과발생을 쉽게 방지할 수 있었음에도 불구하고 그 결과의 발생을 용인하고 이
를 방관한 채 그 의무를 이행하지 아니한 결과, 그 부작위가 작위에 의한 법익침
해와 동등한 형법적 가치를 가진다고 볼 수 있어 그 범죄의 실행행위로 평가될
만한 것이라야 한다.
        [2] 모텔 방에 투숙하여 담배를 피운 후 재떨이에 담배를 끄게 되었으나 담뱃
불이 완전히 꺼졌는지 여부를 확인하지 않은 채 불이 붙기 쉬운 휴지를 재떨이에
버리고 잠을 잔 과실로 담뱃불이 휴지와 침대시트에 옮겨 붙게 함으로써 화재가
발생한 사안에서, <u>위 화재가 중대한 과실 있는 선행행위로 발생한 이상 화재를
소화할 법률상 의무는 있다</u> 할 것이나, 화재 발생 사실을 안 상태에서 모텔을 빠
져나오면서도 모텔 주인이나 다른 투숙객들에게 이를 알리지 아니하였다는 사정
만으로는 <u>화재를 용이하게 소화할 수 있었다고 보기 어렵다</u>는 이유로, 부작위에
의한 현주건조물방화치사상죄의 공소사실에 대해 무죄를 선고한 원심의 판단을
수긍한 사례.

    ## 라. 행위정형의 동가치성

15   보증인적 지위에 있는 자의 작위의무 위반으로 부진정 부작위범이 바로 성
립하는 것은 아니다. 부작위가 작위에 의한 구성요건의 실현에 상응하는 정도,
또는 일치하는 정도이어야 한다. 이를 '행위정형의 동가치성'이라 한다.[1] 행위

---

1) 용어가 낯설고 불편한 이유는 번역된 용어이기 때문이다. 이 또한 독일의 형법과 형법학에서
   유래하였다. 이른바 행위정형의 동가치성은 한국에서는 학설과 판례가 인정하는 부진정 부작
   위범의 요건이지만, 독일에서는 형법이 직접 규정하는 요건이다. 곧, 독일 형법 제13조 (1)항
   에서 부작위범을 규정하면서 마지막에 '부작위가 법률의 범죄구성요건을 작위로 실현하는 것

정형의 동가치성 여부는 부작위가 작위 행위와 행위불법의 측면에서 사회적으로 같은 의미를 갖는지를 객관적 기준에 따라 검토한다.

[91도2951] 가. 부작위에 의한 작위범의 요건   16
: 형법이 금지하고 있는 법익침해의 결과발생을 방지할 법적인 작위의무를 지고 있는 자가 그 의무를 이행함으로써 결과발생을 쉽게 방지할 수 있었음에도 불구하고 그 결과의 발생을 용인하고 이를 방관한 채 그 의무를 이행하지 아니한 경우에, 그 부작위가 작위에 의한 법익침해와 동등한 형법적 가치가 있는 것이어서 그 범죄의 실행행위로 평가될 만한 것이라면, 작위에 의한 실행행위와 동일하게 부작위범으로 처벌할 수 있다고 할 것이다.
나. 살해의 의사로 위험한 저수지로 유인한 조카(10세)가 물에 빠지자 구호하지 아니한 채 방치한 행위를 부작위에 의한 살인행위로 본 사례
: 피고인이 조카인 피해자 1(10세) 과 2(8세) 를 살해할 것을 마음먹고, 피해자들을 불러내어 미리 물색하여 둔 저수지로 데리고 가서 인적이 드물고 경사가 급하여 미끄러지기 쉬운 제방쪽으로 유인하여 함께 걷다가, 피해자 1로 하여 금위와 같이 가파른 물가에서 미끄러져 수심이 약 2미터나 되는 저수지 물속으로 빠지게 하고, 그를 구호하지 아니한 채 앞에 걸어가고 있던 피해자 2의 소매를 잡아당겨 저수지에 빠뜨림으로써 그 자리에서 피해자들을 익사하게 한 것이라면, 소론과 같이 피해자 1이 스스로 미끄러져서 물에 빠진 것이고, 그 당시는 피고인이 살인죄의 예비단계에 있었을 뿐 아직 실행의 착수에는 이르지 아니하였다고 하더라도, 피고인은 피해자들의 숙부로서 위와 같은 익사의 위험에 대처할 보호능력이 없는 나이 어린 피해자들을 급한 경사로 인하여 미끄러지기 쉬워 위와 같은 익사의 위험이 있는 저수지로 데리고 갔던 것이므로, 피고인으로서는 피해자들이 물에 빠져 익사할 위험을 방지하고 피해자들이 물에 빠지는 경우 그들을 구호하여 주어야 할 법적인 작위의무가 있다고 보아야 할 것이고, 이와 같은 상황에서 피해자 1이 물에 빠진 후에 피고인이 살해의 범의를 가지고 그를 구호하지 아니한 채 그가 익사하는 것을 용인하고 방관한 행위(부작위)는 피고인이 그를 직접 물에 빠뜨려 익사시키는 행위와 다름없다고 형법상 평가될 만한 살인의 실행행위라고 보는 것이 상당하다.

에 상응할 때 wenn das Unterlassen der Verwirklichung des gesetzlichen Tatbestandes durch ein Tun entspricht.'라고 명시하고 있다. 따라서 '행위정형의 동가치성'을 '작위행위와 상응성'으로 번역하면 더 나을 것 같다.

마. 부진정 부작위범의 고의

17   부진정 부작위범은 작위범의 고의 외에 보증인의 지위에 대한 인식과 작위
의무에 대한 인식, 그리고 작위의무를 이행하지 않는다는 인식이 있어야 하며,
부작위로 인해 결과가 발생한다는 인과관계에 대한 인식이 있어야 한다.1) 한
편, 보증인의 지위에 대한 인식은 행위주체에 대한 인식이므로 구성요건 사실에
대한 인식으로 볼 수 있으며, 작위의무는 법적인 의무이므로 작위의무와 작위의
무를 이행하지 않는다는 인식은 법률에 대한 인식, 곧 위법성에 관련된 인식으
로 보아야 한다.

18   [사례 16] 2015도6809 전원합의체 판결

선장인 甲과 1등 항해사인 乙, 2등 항해사 丙, 기관장 丁은 2014. 4. 16. 08:52
경 세월호가 좌현으로 기울어져 멈춘 후 침몰하고 있는 상황에서 피해자인 승객
과 사무부 승무원 등(이하 '승객 등'이라 한다)이 안내방송 등을 믿고 대피하지
않은 채 세월호의 선내에 대기하고 있고, 승객 등을 퇴선시킬 경우 충분히 구조
가 가능하며, 승객 등이 선내에 그대로 대기하고 있는 상태에서 배가 더 기울면
밖으로 빠져나오지 못하고 익사할 수도 있다는 사실을 알았고, 더욱이 丁은 세월
호 3층 복도에서 다른 기관부 선원들과 모여 있던 중, 자신의 바로 옆 복도에 스
스로 이동이 불가능할 정도로 부상을 당한 피해자 A, B가 구조조치를 받지 못한
채 방치되어 있어 이들에 대하여 아무런 조치를 취하지 아니할 경우 세월호에서
빠져나오지 못해 익사하는 상황에 이르게 된다는 사실을 인식하였음에도, 승객
등에 대한 어떠한 구조조치도 취하지 아니한 채, 丁은 09:38경 기관부 선실 복도
에서 나와 09:39경 해경 구명단정을 이용하여 먼저 세월호에서 퇴선하였고, 甲,
乙, 丙은 09:39경 丁 등이 퇴선하는 것을 보고 퇴선하기로 마음먹고, 09:46경 세
월호에서 퇴선하였다.

이로써 위 피고인들은 공모 공동하여 세월호에 남아있던 304명의 피해자들을
그 무렵 바다에 빠져 익사하게 하여 살해하고, 152명의 피해자들이 사망할 것을
용인하면서 퇴선하였으나 위 피해자들이 해경 등에 의하여 구조되는 바람에 사망
하지 아니하였다.

---

1) [2015도6809] 부진정 부작위범의 고의는 법익침해의 결과발생을 방지할 법적 작위의무를 가
   지고 있는 사람이 의무를 이행함으로써 결과발생을 쉽게 방지할 수 있었음을 예견하고도 결
   과발생을 용인하고 이를 방관한 채 의무를 이행하지 아니한다는 인식을 하면 족하며, 이러한
   작위의무자의 예견 또는 인식 등은 확정적인 경우는 물론 불확정적인 경우이더라도 미필적
   고의로 인정될 수 있다.

◇ **문** 甲, 乙, 丙의 죄책은?

〈대법원 판결〉

[1] 특정한 행위를 하지 아니하는 부작위가 형법적으로 부작위로서의 의미를 갖는 경우 / 부진정 부작위범에서 부작위로 인한 법익침해가 범죄의 실행행위로 평가될 수 있는 경우 및 여기서의 작위의무는 신의성실의 원칙이나 사회상규 혹은 조리상 작위의무가 기대되는 경우에도 인정되는지 여부(적극) / 부진정 부작위범의 고의의 내용 및 이때 작위의무자에게 고의가 있었는지 판단하는 기준

[2] 선장의 권한이나 의무, 해원의 상명하복체계 등에 관한 해사안전법 제45조, 구 선원법 제6조, 제10조, 제11조, 제22조, 제23조 제2항, 제3항은 모두 선박의 안전과 선원 관리에 관한 포괄적이고 절대적인 권한을 가진 선장을 수장으로 하는 효율적인 지휘명령체계를 갖추어 항해 중인 선박의 위험을 신속하고 안전하게 극복할 수 있도록 하기 위한 것이므로, 선장은 승객 등 선박공동체의 안전에 대한 총책임자로서 선박공동체가 위험에 직면할 경우 … 선박공동체 전원의 안전이 종국적으로 확보될 때까지 적극적·지속적으로 구조조치를 취할 <u>법률상 의무</u>가 있다.

또한 선장이나 승무원은 수난구호법 제18조 제1항 단서에 의하여 조난된 사람에 대한 구조조치의무를 부담하고, 선박의 해상여객운송사업자와 승객 사이의 여객운송계약에 따라 승객의 안전에 대하여 <u>계약상 보호의무</u>를 부담하므로, 모든 승무원은 선박 위험 시 서로 협력하여 조난된 승객이나 다른 승무원을 적극적으로 구조할 의무가 있다.

따라서 선박침몰 등과 같은 조난사고로 <u>승객이나 다른 승무원들이 스스로 생명에 대한 위협에 대처할 수 없는 급박한 상황</u>이 발생한 경우에는 <u>선박의 운항을 지배하고 있는 선장이나 갑판 또는 선내에서 구체적인 구조행위를 지배하고 있는 선원들</u>은 적극적인 구호활동을 통해 보호능력이 없는 승객이나 다른 승무원의 사망 <u>결과를 방지하여야 할 작위의무</u>가 있으므로, … 사망의 결과를 쉽게 방지할 수 있음에도 그에 이르는 사태의 핵심적 경과를 그대로 방관하여 사망의 결과를 초래하였다면, <u>부작위는 작위에 의한 살인행위와 동등한 형법적 가치를 가지고</u>, 작위의무를 이행하였다면 결과가 발생하지 않았을 것이라는 관계가 인정될 경우에는 작위를 하지 않은 <u>부작위와 사망의 결과 사이에 인과관계</u>가 있다.

[3] [다수의견] 피고인 을, 병은 간부 선원이기는 하나 … 임무의 내용이나 중요도가 선장의 지휘 내용이나 구체적인 현장상황에 따라 수시로 변동될 수 있을 뿐 아니라 퇴선유도 등과 같이 경우에 따라서는 승객이나 다른 승무원에 의해서도 비교적 쉽게 대체 가능하고, 따라서 … 선장과 마찬가지로 선내 대기 중인 승객 등의 사망 결과나 그에 이르는 사태의 핵심적 경과를 계획적으로 조종하거나 저지·

촉진하는 등 사태를 지배하는 지위에 있었다고 보기 어려운 점 등 제반 사정을 고려하면, 피고인 을, 병이 간부 선원들로서 선장을 보좌하여 승객 등을 구조하여 야 할 지위에 있음에도 별다른 구조조치를 취하지 아니한 채 사태를 방관하여 결과적으로 선내 대기 중이던 승객 등이 탈출에 실패하여 사망에 이르게 한 잘못은 있으나, 그러한 부작위를 <u>작위에 의한 살인의 실행행위와 동일하게 평가하기 어렵고</u>, 또한 살인의 미필적 고의로 피고인 갑의 부작위에 의한 살인행위에 공모 가담하였다고 난성하기도 어려우므로, <u>피고인 을, 병에 대해 부작위에 의한 살인의 고의를 인정하기 어렵다</u>고 한 원심의 조치는 정당하다고 한 사례.

[13] 제 5 절 미수범

Ⅰ. 서 론

1. 범죄의 실현단계와 미수범

1   범죄의 실현단계를 시간 순서로 보면, 범죄의사를 갖는 단계와 범죄를 준비하는 단계, 범죄의 실행에 착수하는 단계와 범죄 실행을 종료하고 범죄를 완성하는 단계로 구별할 수 있다. 단계별로 성립하는 범죄를 구체적으로 살펴보면 다음과 같다.

가. 범죄의사

2   범죄의사는 그것이 행위를 통해 외부에 표시되지 않는 한 형법적 평가의 대상이 되지 않는다. 윤리적 문제는 될 수 있겠지만 범죄의사를 갖는 것만으로는 어떤 범죄도 되지 않는다.

나. 예비단계

3   예비단계는 특정 범죄를 실현하기 위해 준비하는 모든 행위를 말하는데, 범죄의사를 외부로 표현하여 범죄를 꾸미는 음모와 물질적으로 준비하는 예비로 구별된다. 범죄의 음모 또는 예비행위는 법률에 특별한 규정이 없는 한 벌하지 아니한다(제28조). 판례는 법률에 특별한 규정이 있는 경우에도 음모 또는 예비죄의 처벌을 매우 제한적으로 인정하고 있다(99도3801, 2004도6432 등).

다. 미수단계

미수는 범죄의 실행에 착수하여 실행행위를 종료하지 못하였거나, 종료하 **4**
였더라도 결과가 발생하지 않은 경우이다(제25조). 실행의 착수는 음모·예비와
미수를 구별하는 기준이 되며(제28조), 결과의 발생은 미수와 기수를 구별하는
기준이 된다. 미수의 특별한 유형으로는 실행에 착수한 자가 자의로 범죄를 중
지하는 중지미수(제26조)와 결과의 발생이 불가능하지만 위험성이 있는 때 처벌
되는 불능미수(제27조)가 있다. 미수범을 처벌할 죄는 각칙의 해당 죄에서 따로
정한다(제29조).

라. 기수와 종료

기수는 구성요건 행위를 종료하거나(거동범) 구성요건의 결과가 발생하는(결 **5**
과범)을 말한다. 형법의 구성요건에서 예상하는 범죄의 기본적인 형태이다. 미수
는 각칙의 해당 범죄에 처벌규정이 있어야 처벌되기 때문이다. 한편, 범죄의 기
수 이후에도 보호법익에 대한 침해가 계속될 수 있기 때문에(계속범), 침해행위
가 실질적으로 끝나는 것을 종료라고 하여 기수와 구별한다. 그래서 기수를 형
식적 기수, 종료를 실질적 기수라고도 하며, 실행행위의 종료인 기수와 법익침
해의 종료를 구별하기 위해 후자를 완료라고 부르기도 한다.[1] 이렇게 기수와
종료를 구별하는 이유, 그 실익에 대해서는 앞에서 설명하였다.[2]

2. 미수의 처벌근거

범죄의 실질은 법익의 침해이다. 그런데 법익 침해의 결과가 발생하지 않 **6**
았음에도 미수를 처벌하는 근거가 무엇인지에 대해서는 불법의 본질을 보는 시
각에 따라 다르게 설명된다. 1) **주관설**은 미수범의 처벌근거가 범죄의사에 나타
난 행위불법에 있다는 견해이다. 형법은 의사결정규범인데, 법익침해의 의사로
실행에 착수한 것으로 처벌이 가능한 행위불법이 인정된다는 것이다. 2) **객관설**
은 불법의 본질은 결과불법에 있다고 하는 견해인데, 미수의 처벌근거는 행위불

---

1) [2015도1456] 범인도피죄는 범인을 도피하게 함으로써 기수에 이르지만, 범인도피행위가 계
   속되는 동안에는 범죄행위도 계속되고 행위가 끝날 때 비로소 범죄행위가 종료된다. [2020도
   6874] 정당방위에서 '침해의 현재성'이란 침해행위가 형식적으로 기수에 이르렀는지에 따라
   결정되는 것이 아니라 자기 또는 타인의 법익에 대한 침해상황이 종료되기 전까지를 의미하
   는 것이다.
2) [9] 15 참조.

법이 아니라 보호법익에 대한 위험의 발생이라는 결과의 불법에 있다고 한다. 3) 절충설은 미수의 처벌근거가 기본적으로 범죄의사의 행위불법에 있지만, 결과불법을 함께 고려해야 하므로 미수행위에 나타난 법질서 침해의 결과에서 처벌의 근거를 찾을 수 있다는 견해이다. 불법의 본질에 대한 이원론적 불법론의 관점에서 보면 다수견해인 절충설이 타당하다. 미수는 행위불법을 대표하는 범죄 유형이지만, 결과불법을 배제할 경우 처벌의 범위가 지나치게 확대될 것이기 때문이다.

Ⅱ. 장애미수(제25조)

1. 개념

7   제25조 ①항은 "범죄의 실행에 착수하여 행위를 종료하지 못하였거나 결과가 발생하지 아니한 때에는 미수범으로 처벌한다."라고 '미수범'을 규정하고 있다. 미수범은 '행위를 종료하지 못하였거나 결과가 발생하지 아니한 때'라는 문구에서 나타나듯이 행위자의 의사와 다르게 범죄를 완성하지 못한 경우이다. 그래서 제25조의 미수범을 '장애미수'라고 하여 스스로 범죄를 중지하는 '중지미수'나 결과발생이 원래 불가능한 '불능미수'와 구별하고 있다.

2. 성립 요건

가. '범죄의 실행에 착수'

8   (1) 개념   실행의 착수는 보통 '구성요건의 실현을 직접 개시하는 것'을 말한다. 범죄의 실행에 착수하면 미수범이 되고, 실행의 착수에 이르지 아니하면 음모 또는 예비죄로 처벌된다(제28조).1) 따라서 실행의 착수는 예비와 미수를 구별하는 기준이 되는데, 미수를 처벌하는 범죄는 많지만 음모 또는 예비는 특별한 규정이 있을 때 제한적으로 처벌되므로 실행의 착수를 인정하는 기준은 중요한 문제가 된다.

9   (2) 실행의 착수시기에 관한 학설   실행의 착수시기에 대해서는 크게 객

---

1) [86도1109] 소를 흥정하고 있는 피해자의 뒤에 접근하여 그가 들고 있던 가방으로 돈이 들어 있는 피해자의 하의 왼쪽 주머니를 스치면서 지나간 행위는 단지 피해자의 주의력을 흐트려 주머니속에 들은 금원을 절취하기 위한 예비단계의 행위에 불과한 것이고 이로써 실행의 착수에 이른 것이라고는 볼 수 없다.

관설과 주관설이 대립한다. 객관설은 외부에서 객관적으로 확인할 수 있는 행위를 기준으로 실행의 착수시기를 판단해야 한다는 입장이고, 주관설은 미수범의 행위불법을 고려하여 행위자의 주관적 의사를 기준으로 판단해야 한다는 입장이다. 학설의 내용을 살펴보면 다음과 같다.

1) **형식적 객관설**은 엄격한 의미에서 구성요건에 해당하는 전형적인 행위 **10** 또는 그 일부가 있을 때 실행의 착수가 있다고 한다. 2) **실질적 객관설**은 구성요건의 행위를 기준으로 실행의 착수를 판단하되, 형식적 객관설을 따르면 행위의 범위가 제한되어 실행의 착수 인정 범위가 지나치게 좁아지므로 구성요건의 행위를 형식적 개념이 아니라 실질적 개념으로 보아야 한다는 입장이다. 구체적으로는 '자연적으로 보아 구성요건적 행위와 필연적으로 결합되어 있어 그 구성요소로 보이는 거동이 있으면' 구성요건 실행의 전단계 행위도 실행의 착수가 된다는 견해1)와 보호법익에 직접적인 위험을 일으키는 행위 또는 법익침해에 밀접한 행위가 있을 때 실행의 착수가 인정된다는 견해2)가 있다. 3) **주관설**은 범죄의사를 명백하게 나타내는 외부적 행위가 있을 때 실행의 착수가 인정된다는 견해이다.

다수견해인 4) **절충설**은 주관적 기준인 행위자의 범죄의사에 비추어 객관적 **11** 으로 구성요건 실현에 직접 관련있는 행위가 있을 때 실행의 착수가 인정된다고 한다. 미수범의 성격상 행위자의 범죄의사를 고려하지 않을 수 없지만, 실행의 착수 여부는 객관적으로 나타난 행위를 기준으로 판단하여야 한다. 다만 실행의 착수 시기에 대해서는 형법 각칙의 범죄마다 행위 유형이 다양하므로 개별 범죄에 따라 구체적 기준을 검토하여야 한다.

나. 범죄의 미완성

미수범은 법익침해의 결과가 발생하지 않아야 한다. 제25조 ①항은 범죄의 **12** 미완성을 두 가지로 구별하고 있다. 곧, '실행에 착수하여 행위를 종료하지 못한 경우'와 '행위를 종료했지만 결과가 발생하지 않은 경우'이다. 전자를 '착수미수' 또는 '미종료미수'라 하고, 후자를 '실행미수' 또는 '종료미수'라고 한다.

다. 주관적 요건

미수범에게는 구성요건의 실행에 대한 인식이 있어야 한다. 미수범의 고의 **13**

---

1) 이를 '프랭크(Frank)의 공식'이라고 한다.
2) 이를 '위험한 법익침해의 공식'이라고 한다.

는 기수의 고의여야 하며, 행위자가 처음부터 미수의 고의만을 가진 때에는 처벌하지 않는다. 미수에 그친 범죄의 구성요건에 목적 등의 특별한 주관적 요소가 있을 때에는 행위자가 그러한 요소를 함께 가지고 있어야 한다.

3. 장애미수의 처벌

14　　미수범의 형은 기수범보다 감경할 수 있다(제25조 ②항). 임의적 감경 규정이므로 기수범과 같은 정도로 처벌할 수도 있다. 결과의 발생이 없음에도 불구하고 기수범과 동일하게 처벌할 수도 있다는 것은 결과불법보다 행위불법에 중점이 있는 미수범의 특징을 보여준다.

15　　**[사례 17]**

1. 85도464 판결

A는 길에 세워 놓은 자동차 안에서 물건을 훔칠 생각으로 유리창을 통하여 그 내부를 손전등으로 비추어 보다가 체포되었다. 행위 당시 A는 자동차 유리창을 따기 위하여 면장갑을 끼고 있었고 칼도 소지하고 있었다.

2. 86도2256 판결

B는 V의 자동차 안에 들어 있는 밍크코트를 발견하고 이를 절취할 생각으로 공범이 그 차 옆에서 망을 보는 사이에 차의 오른쪽 앞문을 열려고 손잡이를 잡아당기다가 V에게 발각되어 체포되었다.

3. 88도1165 판결

C는 피해자의 집에 들어가 물건을 훔칠 생각으로 V의 집 부엌문에 시정되어있는 열쇠고리의 장식을 소지한 '뿌라이야' 등으로 뜯었으나 그 집에 들어가기 전에 V에게 발각되어 체포되었다.

❖ **문　위의 사안에서 A, B, C의 죄책은?**

〈대법원 판결〉

[85도464] 노상에 세워 놓은 자동차 안에 있는 물건을 훔칠 생각으로 자동차의 유리창을 통하여 그 내부를 손전등으로 비추어 본 것에 불과하다면 비록 유리창을 따기 위해 면장갑을 끼고 있었고 칼을 소지하고 있었다 하더라도 절도의 예비행위로 볼 수는 있겠으나 타인의 재물에 대한 지배를 침해하는데 밀접한 행위를 한 것이라고는 볼 수 없어 절취행위의 착수에 이른 것이었다고 볼 수 없다.

　　[86도2256] 절도죄의 실행의 착수시기는 재물에 대한 타인의 사실상의 지배를 침해하는데 밀접한 행위가 개시된 때라 할 것인바 피해자 소유 자동차 안에 들어 있는 밍크코트를 발견하고 이를 절취할 생각으로 공범이 위 차 옆에서 망을 보는 사이 위 차 오른쪽 앞문을 열려고 앞문손잡이를 잡아당기다가 피해자에게 발각되었다면 절도의 실행에 착수하였다고 봄이 상당하다.

　　[88도1165] 피해자의 집 부엌문에 시정된 열쇠고리의 장식을 뜯는 행위만으로는 절도죄의 실행행위에 착수한 것이라고 볼 수 없다.

Ⅲ. 중지미수(제26조)

1. 의의

가. 개념

　　제26조는 '범인이 실행에 착수한 행위를 자의自意로 중지하거나 그 행위로 **16** 인한 결과의 발생을 자의로 방지한 경우'를 '중지범'으로 규정하고 있다. 제26조의 중지범을 중지미수라고 하며, 중지미수에 대해서는 '형을 감경하거나 면제한다'고 하여 미수범, 곧 장애미수보다 가볍게 처벌하고 있다.

나. 법적 성격

　　중지미수를 '필요적 감면사유'로 하여 일반적인 미수범보다 관대하게 처벌 **17** 하는 이유에 대해서는 여러 가지 견해가 제시되고 있다. 1) **형사정책설**은 범죄의 기수를 방지하려는 형사정책적 고려라는 견해인데, '황금의 다리 이론'이라고도 한다. 범죄에 착수한 자에게 돌아올 다리를 만들어주면 범죄를 완성하여 법익이 완전히 침해되는 것을 방지할 수 있다는 것이다. 2) **법률설**은 행위자가 범죄를 스스로 중지했으므로 법률적 평가를 달리해야 한다는 견해이다. 구체적으로는 불법 또는 위법이 감소되거나 소멸하였다는 견해와 행위자의 책임이 감소되거나 소멸하였다는 견해가 있다. 3) **형벌목적설**은 행위자가 스스로 범죄를 숭지했으므로 형벌의 목적이 줄어들거나 없어졌다는 견해이다. 그밖에 4) **보상설**은 자의로 범죄완성을 중지한 것에 대한 보상이라는 견해이다. 중지미수의 처벌을 감경하거나 면제하는 이유는 이러한 견해들의 내용이 모두 고려된 것이라고 보아도 될 것이다. 어느 견해를 따르느냐에 따라 처벌의 여부나 정도가 달라지는 것은 아니므로 중지미수의 법적 성격을 설명하는 견해들로 이해하면 된다.

2. 성립 요건

가. 주관적 요건 – '자의로'

18   **(1) 자의성**   제25조의 장애미수는 '행위를 종료하지 못하거나 결과가 발생하지 않은' 것이지만, 제26조의 중지미수는 '행위를 자의로 중지하거나 결과발생을 자의로 방지한 경우'이다. 두 조문의 문구가 분명하게 대비된다. 따라서 중지미수의 핵심적 요건은 '자의성'이다.

19   **(2) 자의성의 판단기준**   자의성의 판단기준에 대해 1) 객관설은 객관적으로 확인할 수 있는 사정에 따라 구별한다. 곧, 행위자가 예상하지 못한 외부적 사정이 있어 중지한 경우는 장애미수이고, 외부적 사정이 없는데도 중지하면 중지미수라고 한다. 2) 주관설은 행위자 내면의 동기를 기준으로 자의성을 판단한다. 곧, 후회나 동정 등 윤리적 동기로 중지한 경우는 자의성이 있지만, 두려움이나 당황 등으로 중지한 경우는 자의성이 인정되지 않는다고 한다. 다수견해인 3) **절충설**은 주관적 사정과 객관적 사정을 함께 고려하여 사회관념상 범죄수행에 장애가 될 만한 객관적 사유가 있으면 자의성이 인정되지 않지만, 장애사유가 없는데도 자유로운 의사에 따라 중지하면 자의성이 있다고 한다.

20   판례는 '자의에 의한 중지 중에서도 사회통념상 장애에 의한 미수라고 보여지는 경우를 제외한 것'을 중지미수라고 하며(85도2002), 1) 자유로운 의사에 따라 범죄를 중지하고 2) 범죄를 완수함에 장애가 되는 사정이 없는 경우에 자의성이 인정된다고 한다(92도917, 97도957, 99도640 등). 장애가 되는 외부사정의 유무에 따라 자의성을 판단한다는 점에서는 객관설에 가깝지만, 외부사정이 반드시 객관적 사실인 것만은 아니고 행위자 내면의 감정인 경우도 있어 주관설도 함께 고려하는 것으로 보인다.

나. 객관적 요건

21   **(1) '실행에 착수한 행위'**   중지미수도 기본적으로 미수범이므로 실행의 착수가 있어야 한다. 실행의 착수가 없으면 예비 단계에 해당하는데, 예비에 대해서는 중지미수가 성립할 수 없다.[1]

22   **(2) 실행의 중지 또는 결과의 방지**   중지미수가 되려면 객관적으로 실행

---

1) [91도436], [99도424] 실행의 착수가 있기 전인 예비음모의 행위를 처벌하는 경우에 있어서는 중지범의 관념은 이를 인정할 수 없다.

행위를 중지하거나 결과발생을 방지해야 한다. 중지의 객관적 행태를 이렇게 두 가지로 구별하는 이유는 이른바 착수미수(미종료미수)와 실행미수(종료미수)에서 요구되는 행위가 다르기 때문이다. 실행행위를 종료하기 전에는 행위를 중지하는 부작위로 충분하지만, 실행행위가 종료된 다음에는 단순히 중지하는 것으로는 부족하고 결과발생을 방지하는 작위의 행동이 있어야 한다.

여기서 문제는 실행행위가 종료되었는지 아닌지를 어떤 기준으로 구별하느냐이다. 구성요건마다 행위의 유형이 매우 다양하기 때문에 어떤 경우에 실행행위를 종료했다고 볼 수 있는지가 문제되는 것이다. 이에 대해서는 다시 객관설과 주관설이 대립한다. 1) **객관설**은 객관적으로 결과발생의 가능성이 있으면 실행행위는 종료되어 실행미수가 된다는 견해이고, 2) **주관설**은 행위자의 범죄의사 또는 계획에 따라 결정해야 한다는 견해이다. 다수견해인 3) 절충설은 행위자의 주관적 범죄의사와 행위당시의 객관적 사정을 종합하여 결과발생에 필요한 행위가 종료되었다고 인정되면 실행행위는 종료된 것이라고 한다. **23**

이러한 기준에 따라 실행행위가 종료되지 않은 것으로 평가되는 착수미수에서는 행위의 중지로 중지미수의 객관적 요건이 성립한다. 하지만 실행행위가 종료되었다면 결과발생을 방지하기 위한 노력이 있어야 한다. 공범과 함께 범죄하는 경우에는 자신의 행위만 중지하면 되는 것이 아니라, 다른 공범의 범행을 중지하게 하거나 다른 공범의 행위로 발생할 수 있는 결과를 방지하여야 한다 (2004도8259, 68도1676). **24**

[99도640] 범죄의 실행행위에 착수하고 그 범죄가 완수되기 전에 자기의 자유로운 의사에 따라 범죄의 실행행위를 중지한 경우에 그 중지가 일반 사회통념상 범죄를 완수함에 장애가 되는 사정에 의한 것이 아니라면 이는 중지미수에 해당한다고 할 것이지만, 피고인이 피해자를 살해하려고 그의 목 부위와 왼쪽 가슴 부위를 칼로 수 회 찔렀으나 피해자의 가슴 부위에서 많은 피가 흘러나오는 것을 발견하고 겁을 먹고 그만 두는 바람에 미수에 그친 것이라면, 위와 같은 경우 많은 피가 흘러나오는 것에 놀라거나 두려움을 느끼는 것은 일반 사회통념상 범죄를 완수함에 장애가 되는 사정에 해당한다고 보아야 할 것이므로, 이를 자의에 의한 중지미수라고 볼 수 없다. **25**

[97도957] 피고인이 장롱 안에 있는 옷가지에 불을 놓아 건물을 소훼하려 하였으나 불길이 치솟는 것을 보고 겁이 나서 물을 부어 불을 끈 것이라면, 위와 같은 경우 치솟는 불길에 놀라거나 자신의 신체안전에 대한 위해 또는 범행 발각시의

처벌 등에 두려움을 느끼는 것은 일반 사회통념상 범죄를 완수함에 장애가 되는 사정에 해당한다고 보아야 할 것이므로, 이를 자의에 의한 중지미수라고는 볼 수 없다.

[2011도10539] 피고인이 갑에게 위조한 예금통장 사본 등을 보여주면서 외국회사에서 투자금을 받았다고 거짓말하며 자금 대여를 요청하였으나, 갑과 함께 그 입금 여부를 확인하기 위해 은행에 가던 중 은행 입구에서 차용을 포기하고 돌아가기 시기미수로 기소된 사안에서, 피고인이 범행이 발각될 것이 두려워 범행을 중지한 것으로서 일반 사회통념상 범죄를 완수함에 장애가 되는 사정에 해당하여 자의에 의한 중지미수로 볼 수 없다고 한 사례.

[93도1851] 피고인이 피해자를 강간하려다가 피해자의 다음 번에 만나 친해지면 응해 주겠다는 취지의 간곡한 부탁으로 인하여 그 목적을 이루지 못한 후 피해자를 자신의 차에 태워 집에까지 데려다 주었다면 피고인은 자의로 피해자에 대한 강간행위를 중지한 것이고 피해자의 다음에 만나 친해지면 응해 주겠다는 취지의 간곡한 부탁은 사회통념상 범죄실행에 대한 장애라고 여겨지지는 아니하므로 피고인의 행위는 중지미수에 해당한다.

Ⅳ. 불능미수(제27조)

1. 불능미수와 불능범

가. 불능미수

26   제27조는 "실행의 수단 또는 대상의 착오로 인하여 결과의 발생이 불가능하더라도 위험성이 있는 때에는 처벌한다."고 규정하고 있다. 결과의 발생이 불가능하기 때문에 미수가 될 수밖에 없지만 위험성 때문에 처벌한다는 것이다. 이를 학설과 판례에서는 불능미수라 하며, 불능미수의 경우 형을 감경 또는 면제할 수 있다. 임의적 감면 규정이므로 장애미수의 처벌보다 가볍고 중지미수보다 무겁다.

나. 불능범

27   결과의 발생이 불가능하고 위험성이 없는 경우는 '불능범'이라고 하여 처벌되지 않는다. 그런데 제27조의 제목은 '불능범'이고 그 내용은 처벌되는 경우를 규정한 것이라서 용어 사용에 혼란을 주고 있다. 법에서는 처벌되는 행위를 '불능범'이라고 하는데, 통설과 판례는 처벌되지 않는 행위라고 하는 것이다.[1] 처

---

1) [2018도16002 전합] 이 조항 표제에서 말하는 '불능범'이란 범죄행위의 성질상 결과 발생 또

벌되지 않는데 불능'범'이라고 하여 범죄의 일종인 것으로 보이는 용어를 쓰는 것은 모순이다. 그러나 이미 학계와 판례에서 굳어진 용어 사용이라서 이 책에서도 어쩔 수 없이 처벌되는 경우를 불능미수, 처벌되지 않는 경우를 불능범으로 표기한다.

2. 성립 요건

불능미수가 성립하려면 실행의 착수가 있어야 하고 기수의 고의 등 미수범　**28** 성립에 필요한 요건들을 갖추어야 한다. 그리고 불능미수의 고유한 성립 요건은 결과 발생의 불가능과 위험성이다.

가. 결과 발생의 불가능

불능미수가 성립하려면 수단 또는 대상의 착오로 결과 발생이 불가능해야　**29** 한다. 수단의 착오는 치사량 미달의 독약으로 사람을 살해하려고 하는 경우(83도2967, 2007도3687, 2019도97) 등이다. 대상의 착오는 행위 대상이 없거나 행위객체가 될 수 없는데 행위객체로 오인하는 경우이다.[1]

나. 위험성

결과발생이 불가능하더라도 위험성이 있으면 불능미수로 처벌되지만, 위험　**30** 성이 없으면 불능범으로 불가벌이다. 따라서 위험성은 불능미수 성립의 핵심적 표지가 되며, 위험성의 판단기준이 중요한 문제가 된다. 이와 관련하여 1) **객관설**은 결과의 발생이 절대적으로 불가능한 경우는 위험성이 없어 불능범이 되지만, 특별한 경우에만 불가능한 상대적 불능의 경우에는 위험성이 있으므로 불능미수라고 한다. 2) **구체적 위험설**은 행위 당시에 행위자가 인식한 주관적 사정과 일반인이 인식할 수 있었던 객관적 사정을 기초로 결과발생의 개연성이 있으면 불능미수가 되고, 개연성이 없으면 불능범이 된다고 한다. '신객관설'이라고도 하며 학계의 다수견해이다. 3) **추상적 위험설**은 행위자가 인식한 사정만을 기초로 하여 일반인의 판단에서 결과발생의 위험성이 있으면 불능미수, 위험성이

는 법익침해의 가능성이 절대로 있을 수 없는 경우를 말한다. ... 이 조항의 표제는 '불능범'으로 되어 있지만, 그 내용은 가벌적 불능범, 즉 '불능미수'에 관한 것이다.

1) [2018도16002 전합] 피고인이 피해자가 심신상실 또는 항거불능의 상태에 있다고 인식하고 그러한 상태를 이용하여 간음할 의사를 가지고 간음하였으나, 실행의 착수 당시부터 피해자가 실제로는 심신상실 또는 항거불능의 상태에 있지 않았다면, 실행의 수단 또는 대상의 착오로 준강간죄의 기수에 이를 가능성이 처음부터 없다고 볼 수 있다. 이 경우 준강간의 결과가 발생할 위험성이 있었다면 불능미수가 성립한다.

없으면 불능범이라고 한다. 4) **주관설**은 수관적으로 범죄의사가 확실하게 표현된 이상 그것이 객관적으로 불가능한 경우에도 미수로 처벌하여야 한다는 견해이다.[1]

31   판례는 피고인이 행위 당시에 인식한 사정을 놓고 일반인이 객관적으로 판단하여 결과 발생의 가능성이 있는지를 기준으로 위험성을 판단하되, 결과발생 또는 법익침해의 가능성이 절대로 있을 수 없는 경우는 불능범이고, 결과발생의 가능성을 배제할 수 없으면 불능미수라고 하여(85도206, 2007도3687) 객관설과 같은 입장을 취하고 있다.

3. 불능미수와 장애미수 구별의 필요성

32   불능미수의 형태도 넓게 보면 장애미수라 할 수 있다. 결과발생의 불가능이라는 요건도 범죄의 완성에 장애가 되는 객관적 사유가 되기 때문이다. 그런데 형법은 불능미수를 따로 구별하여 장애미수보다 가볍게 처벌하도록 하고 있으므로 장애미수의 사안이라도 결과발생이 불가능한 사안이었는지를 먼저 검토한 후 불능미수가 인정되면 불능미수로 처벌하여야 한다.

33   **[사례 18] 2007도3687 판결**

    D1은 경제적 형편에 맞지 않게 2004년부터 남편인 V 명의로 가입하여 놓은 거액의 종신보험금을 수령하기 위하여 V를 죽이고자 마음먹었다. 2004. 6. 초순 일자불상 경 D1은 평소 알고 지내던 D2에게 "남편이 죽어야 한다"고 말했다. 그러자 D2는 "초우뿌리를 잘못 먹으면 바로 사람이 죽는다"는 말을 한 후 D1과 함께 가서 초우뿌리를 산 후 이를 D1에게 건네주었다. D1은 그 뿌리를 달여 V에게 마시게 했고, 그 다음날에는 초우뿌리 달인 물에 수면안정진정제를 섞어 V에게 마시게 하였다. 다시 그 다음날 D1은 D2에게 "남편이 죽지 않았다"고 말했고, 이에 D2가 '부자'를 달여 D1에게 건네주었으며, D1이 이를 V에게 마시게 하였으나 V가 모두 토해내고 말았다. 그런데 '초우뿌리'나 '부자'는 만성관절염 등에 효능이 있지만 유독성 물질을 함유하고 있어 과거 사약(사약)으로 사용된 약초로서 그 독성을 낮추지 않고 다른 약제를 혼합하지 않은 채 달인 물을 복용하

---

1) 예를 들어 실제 총과 구별하기 어려울 정도로 잘 만들어진 장난감 총을 진짜 총이라고 인식한 행위자가 피해자를 향해 총을 발사한 경우, 객관설에 따르면 절대적 불가능이므로 불능미수가 성립하지 않는다. 구체적 위험설에 따르더라도 일반인이 장난감 총이라는 걸 알 수 있을 정도면 불능범이다. 그러나 추상적 위험설에 따르면 행위자가 인식한 사정으로는 결과발생의 위험성이 있으므로 불능미수이며, 주관설도 마찬가지이다.

면 용량 및 체질에 따라 다르나 부작용으로 사망의 결과가 발생할 가능성을 배제할 수 없다.

이렇게 수개월에 걸쳐 D1과 D2는 V에게 약초액을 먹이거나, 살인을 청부하는 등의 방법으로 피해자에 대한 살인을 시도하였으나 V는 죽지 않았다. 2006. 8. 7. D2는 D1에게 '넥타이로 목을 졸라 죽여라. 넥타이로 목을 조르면 흔적이 남지 않는다. 혼자 못하면 D3을 불러 함께 해라'는 취지의 말을 하였고, 그에 따라 D1은 D3를 집으로 불러 둘이 함께 넥타이로 V의 목을 졸라 살해하였다.

◆ 문   D1과 D2의 죄책은?

〈대법원 판결〉

[1] 불능범의 의미

: 불능범은 범죄행위의 성질상 결과발생 또는 법익침해의 가능성이 절대로 있을 수 없는 경우를 말한다.

[2] 일정량 이상을 먹으면 사람이 죽을 수도 있는 '초우뿌리'나 '부자' 달인 물을 마시게 하여 피해자를 살해하려다 미수에 그친 행위가 불능범이 아닌 살인미수죄에 해당한다고 본 사례

: 기록에 의하면 '초우뿌리'나 '부자'는 만성관절염 등에 효능이 있으나 유독성 물질을 함유하고 있어 과거 사약(死藥)으로 사용된 약초로서 그 독성을 낮추지 않고 다른 약제를 혼합하지 않은 채 달인 물을 복용하면 용량 및 체질에 따라 다르나 부작용으로 <u>사망의 결과가 발생할 가능성을 배제할 수 없는 사실을 알 수 있는바</u>, 원심이 그 설시 증거를 종합하여 피고인이 원심 공동피고인 공소외 1과 공모하여 일정량 이상을 먹으면 사람이 사망에 이를 수도 있는 '초우뿌리' 또는 '부자' 달인 물을 피해자(공소외 1의 남편)에게 마시게 하여 피해자를 살해하려고 하였으나 피해자가 이를 토해버림으로써 미수에 그친 행위를 불능범이 아닌 살인미수죄로 본 제1심의 판단을 유지한 것은 정당하고 거기에 앞서 본 불능범에 관한 법리오해 또는 채증법칙 위배 등의 위법이 없다.

[참조판례]

[2005도8105] 불능범의 판단 기준으로서 위험성 판단은 피고인이 행위 당시에 인식한 사정을 놓고 이것이 객관적으로 일반인의 판단으로 보아 결과 발생의 가능성이 있느냐를 따져야 한다.

[83도2967] 피고인이 피해자를 독살하려 하였으나 동인이 토함으로써 그 목적을 이루지 못한 경우에는 피고인이 사용한 독의 양이 치사량 미달이어서 결과 발생이 불가능한 경우도 있을 것이고, 한편 <u>형법은 장애미수와 불능미수를 구별하여</u>

처벌하고 있으므로 원심으로서는 이 사건 독약의 치사량을 좀 더 심리하여 피고
인의 소위가 위 미수 중 어느 경우에 해당하는지 가렸어야 할 것이다.

V. 음모와 예비의 죄

1. 의의

34   제29조는 "범죄의 음모 또는 예비행위가 실행의 착수에 이르지 아니한 때
에는 법률에 특별한 규정이 없는 한 벌하지 아니한다."고 규정하고 있다. 음모
또는 예비는 범죄실현을 위한 준비행위로서 아직 실행이나 착수에 이르지 않은
모든 행위를 말한다. 실행의 착수 이전이므로 법률에 특별한 규정이 있는 경우
에만 처벌한다.

2. 성립요건

가. 객관적 요건

35   실행의 착수에 이르지 않아야 하고, 음모 또는 예비의 행위가 있어야 한다.
음모란 두 사람 이상의 사이에서 범죄실행을 합의하는 것을 말한다. 범죄실행의
합의가 있다고 하려면 단순히 범죄의 결심을 외부에 표시·전달하는 것만으로는
부족하다. 객관적으로 보아 특정한 범죄의 실행을 위한 준비행위라는 것이 명백
히 인식되고, 그 합의에 실질적인 위험성이 인정될 때에 비로소 음모죄가 성립
한다(99도3801). 예비는 물적인 준비행위라는 점에서 음모와 구별되는데, 판례는
예비행위가 물적인 것에 한정되지 않으며 특별한 정형이 있는 것도 아니라고
한다. 다만 객관적으로 보아서 기본범죄의 실현에 실질적으로 기여할 수 있는
외적 행위를 필요로 한다고 한다(2009도7150).

나. 주관적 요건

36   음모 또는 예비의 죄가 성립하려면 음모 또는 예비의 고의와 기본범죄를
범할 목적이 있어야 한다.[1] 음모 또는 예비의 고의에 대해서는 음모 또는 예비

---

1) [2004도6432] 강도예비·음모죄가 성립하기 위해서는 예비·음모 행위자에게 미필적으로라도
   '강도'를 할 목적이 있음이 인정되어야 하고 그에 이르지 않고 단순히 '준강도'할 목적이 있음
   에 그치는 경우에는 강도예비·음모죄로 처벌할 수 없다. [2009도7150] 살인예비죄가 성립하
   기 위하여는 형법 제255조에서 명문으로 요구하는 살인죄를 범할 목적 외에도 살인의 준비
   에 관한 고의가 있어야 한다.

행위에 대한 고의라는 견해와 기존범죄에 대한 고의라는 견해가 대립한다. 그러나 기본범죄에 대한 고의는 계획이나 목적에 해당하는 것이고, 형법 각칙에서 예비·음모의 처벌 규정들은 대부분 기본범죄를 범할 목적을 예비음모의 요건으로 정하고 있으므로 예비음모의 고의는 음모 또는 예비행위에 대한 인식이라고 하는 것이 타당하다. 한편, 판례에 의하면 기본범죄에 대한 목적이 미필적이라도 예비·음모죄가 성립한다(2004도6432).

[2014도10978 전합] 음모는 실행의 착수 이전에 2인 이상의 자 사이에 성립한 **37** 범죄실행의 합의로서, 합의 자체는 행위로 표출되지 않은 합의 당사자들 사이의 의사표시에 불과한 만큼 실행행위로서의 정형이 없고, 따라서 합의의 모습 및 구체성의 정도도 매우 다양하게 나타날 수밖에 없다. 그런데 어떤 범죄를 실행하기로 막연하게 합의한 경우나 특정한 범죄와 관련하여 단순히 의견을 교환한 경우까지 모두 범죄실행의 합의가 있는 것으로 보아 음모죄가 성립한다고 한다면 음모죄의 성립범위가 과도하게 확대되어 국민의 기본권인 사상과 표현의 자유가 위축되거나 그 본질이 침해되는 등 죄형법정주의 원칙이 형해화될 우려가 있으므로, 음모죄의 성립범위도 이러한 확대해석의 위험성을 고려하여 엄격하게 제한하여야 한다.

[14] 제 6 절 공범

Ⅰ. 공범의 일반이론

1. 범죄의 참가 형태

공범은 2인 이상이 범죄에 참가했을 때 발생하는 문제이다. 형법 등의 범 **1** 죄구성요건에서 행위의 주체는 대부분 단수로 규정되어 있다. 그런데 이와 같은 구성요건을 여럿이 참가하여 실행했을 때의 문제가 공범의 문제이다. 보통 공범이란 여럿이 참가하는 범죄를 말하는 넓은 의미의 개념인데, 공범은 다시 정범으로 참가하는 공동정범(제30조)과 간접정범(제34조), 그리고 좁은 의미의 공범으로 참가하는 교사범(제31조)과 종범(제32조)으로 구별된다.

2

[표] 범죄의 잠가 형태

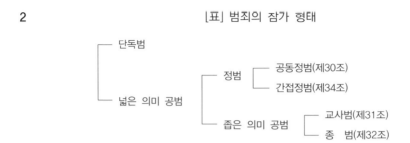

2. 정범과 공범의 구별

3   그러면 정범은 무엇이고 좁은 의미의 공범은 무엇인가? 예를 들어 아래와 같은 사례가 있다고 가정할 때 누가 정범이 되고 누가 공범이 되는가? 아래 사례에서 두목은 정범인가 공범인가?

> 살인사건으로 구속되어 구치소에 수감 중인 폭력조직의 두목 A는 면회 온 부하조직원 B에게 두목에게 불리한 증언을 할 증인을 테러할 것을 지시하였다. B는 증언을 하러 법원으로 들어가던 증인을 칼로 찔러 중상을 입혔다. 그 시간에 A는 구치소에서 점심식사를 하고 있었다. 범행을 직접 저지른 B와 부하에 대한 지배력을 이용해서 범행을 지시한 A 중에서 누가 정범이며 누가 공범인가?

가. 정범과 공범 구별의 필요성

4   행위자가 정범이 되는지 공범이 되는지는 다음과 같은 이유에서 구별이 필요하다. 1) 누가 정범인지에 따라 정범의 행위를 기준으로 어떤 구성요건에 해당하는지가 결정된다. 2) 정범이 공범에 비해 우월적 지위에 있으므로 정범의 확정은 공범의 종속성 또는 독립성을 판단하기 위한 전제가 된다. 3) 범죄에 대한 기여도의 평가에 따라 양형이 달라질 수 있으므로, 정범인지 공범인지는 양형의 구체적 적용을 위해 필요하다.

나. 정범과 공범의 구별에 관한 학설

5   (1) 객관설   어떤 기준으로 정범을 결정한 것인가에 대해서는 행위를 중심으로 하는 객관설과 의사를 중심으로 하는 주관설이 대립한다. 객관설 중에서 1) 형식적 객관설은 구성요건의 행위를 직접 실행한 자가 정범이 되고, 실행행위를 직접 하지 않고 다른 사람의 행위를 이용하거나 보조한 자는 공범이라고 한다. 객관적 기준, 곧 외부로 드러난 행위를 기준으로 구별하므로 기분이 명확하

다는 장점이 있다. 2) 실질적 객관설은 행위가 형식적으로 구성요건의 행위인지를 기준으로 할 것이 아니라 구성요건의 행위 실현에 가담한 위험성의 정도를 실질적으로 평가하여 정범과 공범을 구별해야 한다는 견해이다.

(2) 주관설   주관설은 행위자의 주관적 의사를 중심으로 정범과 공범을   6
구별해야 한다는 입장이다. 그 중에서 1) 의사설 또는 고의설은 행위자가 정범의 의사로 구성요건을 실행하면 정범이 되고, 공범의 의사로 실행한 자는 공범이 된다고 한다. 2) 이익설 또는 목적설은 자기의 이익을 위해 범죄한 자는 정범이 되고, 타인을 위해 범죄한 자는 공범이라고 한다.

(3) 기능적 행위지배설   범죄는 객관적인 측면과 주관적인 측면을 함께   7
고려하여야 하므로, 객관설과 주관설의 내용은 모두 나름의 의미가 있다. 따라서 다수견해는 두 가지 측면을 함께 고려하고, 범죄의 형태에 따라 정범의 개념을 다양한 유형으로 구별하여 '행위지배'의 기준을 정범의 기준으로 제시한다.[1] 예를 들어 단독범은 행위지배가 중심이 되는 정범이고, 공동정범들은 각자의 행위가 다르더라도 기능적 행위지배가 인정될 때 공동정범으로 함께 죄책을 부담한다. 구성요건의 행위를 직접 하지 않는 간접정범은 의사지배가 정범의 근거가 된다. 판례 또한 행위지배를 중심으로 정범의 성립 여부를 판단한다 (2012도12732).

다. 확장적 정범 개념과 제한적 정범 개념

정범과 공범의 관계에 대한 또 다른 관점의 차이는 확장적 정범 개념과 제   8
한적 정범 개념이다. 1) 확장적 정범 개념은 범죄에 관여한 모든 행위자들이 정범이라고 보는 개념이다. 따라서 좁은 의미의 공범이라고 하는 교사범과 종범도 원래 정범이지만 형법의 특별한 규정에 따라 처벌을 축소하는 것뿐이라고 한다. 확장적 정범 개념에서 공범은 처벌의 축소 사유이다. 2) 제한적 정범 개념은 구성요건의 행위를 직접 하거나 행위지배 또는 의사지배가 있는 행위자만 정범에 해당하고 좁은 의미의 공범은 정범에 대한 처벌이 확대되어 함께 처벌받는 것이라고 보는 관점이다. 따라서 제한적 정범 개념에서 공범은 처벌의 확대 사유이다.

---

1) 김일수/서보학 419면 이하; 배종대 [125] 15 이하; 오영근 367면 이하; 이재상/장영민/강동범 §31 28 이하; 홍영기 [36] 5 이하.

3. 공범의 종속성

가. 공범에 대한 정범의 종속 여부

9   범죄의 성립 여부가 정범의 행위를 중심으로 결정된다고 할 때, 공범은 정범의 현실적인 실행행위가 있어야만 성립하는가에 대해, 1) **공범독립성설**은 공범은 독자적인 불법의 내용을 갖는 독립적 범죄이기 때문에 정범의 범죄 성립과 상관 없이 공범의 범죄가 성립할 수 있다고 한다. 그러나 2) **공범종속성설**은 정범의 범죄 성립 없이 공범이 독립적으로 성립할 수 없고, 공범의 성립과 처벌의 여부는 정범의 범죄 성립과 처벌에 종속된다고 한다. 판례[1]와 학설의 통일된 견해이다.

나. 종속성의 정도

10   공범의 범죄 여부는 정범의 범죄 실행에 종속된다는 점에 대해서는 현재 이견이 없으므로 문제는 공범이 정범의 범죄에 대해 어디까지 종속되느냐이다. 이에 대해 1) **최소종속형식**을 따르면 공범은 구성요건해당성의 단계까지만 정범의 행위에 종속되고, 위법성부터는 따로 평가된다. 정범의 행위가 위법성조각사유에 해당하더라도 공범에게 그 사유가 성립하지 않으면 공범만 따로 처벌되는 것이다. 2) **제한종속형식**은 공범이 정범과 위법성의 단계까지 함께 평가받고, 책임부터는 따로 평가되는 것을 말한다. 정범의 행위에 위법성이 있으면 정범이 책임이 없어 처벌되지 않더라도 공범의 범죄는 성립하여 따로 처벌받는다. 통설과 판례의 입장이다.[2] 위법성까지는 행위의 불법에 대한 객관적 평가의 단계이고, 책임부터는 행위자에 대한 주관적 평가의 단계로 구별되므로 공범이 정범에 대해 위법성까지만 제한적으로 종속된다는 입장이 타당하다. 그밖에 3) **극단종속형식**은 정범의 행위가 책임까지 갖추어야 공범이 성립한다는, 곧 정범과 공범은 책임의 여부까지 함께 판단된다는 입장이고, 4) **최극단종속형식**은 정범의 행위가 처벌조건 등 가벌성의 조건까지 갖추어야 공범이 성립한다는 입장이다.

---

1) [2022도5827, 99도1252] 교사범이 성립하려면 정범의 범죄행위가 인정되어야 한다. [2017도 19025 전합] 방조범이 성립하기 위해서 정범의 범죄행위가 인정되어야 하는 것은 공범의 종속성에 따른 당연한 결과이고(81도2422, 2016도12865 등 참조), 공범의 종속성에 따라 여러 명의 정범이 각기 저지른 범행을 방조한 행위는 각 정범의 범죄별로 별개의 죄를 구성한다. [74도509] 편면적 종범에서도 정범의 범죄행위 없이 방조범만이 성립될 수 없다.
2) 김일수/서보학 477면 이하; 배종대 [128] 5 이하; 이재상/장영민/강동범 §31 42.

4. 공범의 유형

가. 임의적 공범과 필요적 공범

공범은 임의적 공범과 필요적 공범으로 구분된다. 보통 공범이라고 하면 **11** 임의적 공범을 말한다. 1) **임의적 공범**은 단독으로도 할 수 있는 범죄, 또는 구성요건의 행위주체가 1인인 범죄를 여럿이 하는 경우이다. 공동정범, 교사범, 종범 등이 여기에 해당한다. 이에 반해 2) **필요적 공범**은 '필요적'이라는 말의 뜻대로 구성요건에서 행위주체가 다수로 규정되어 있거나 범죄의 특성 때문에 다수가 필요한 범죄에 참가하는 경우를 말한다. 필요적 공범에는 집합범과 합동범 및 대향對向범이 있다. 집합범의 예로는 내란죄(제87조), 소요죄(제115조) 등이 있으며, 합동범에는 구성요건에서 행위주체를 '2인 이상이 합동하여'라고 규정한 특수도주(제146조), 특수절도(제331조 ②항), 특수강도(제334조 ②항) 등이 있다. 대향범으로는 뇌물수수와 증여의 죄(제129조, 제133조), 도박죄(제246조) 등이 있다.

나. 공범에 대한 총칙 규정의 적용 범위

공범에 관한 총칙의 규정은 임의적 공범에 대해서만 적용된다. 형법 각칙 **12** 의 필요적 공범에 대해서는 총칙의 공범 규정이 적용되지 않는다. 학설과 판례의 공통된 해석이다. 다만 판례든 학설이든 그 이유에 대한 설명은 자세하지 않다. 필요적 공범에 대해 총칙의 공범 규정을 적용하지 않는 이유는 다음과 같이 설명할 수 있다. 1) 총칙 규정은 일반규정이고 각칙 규정은 특별규정이므로, 각칙 규정이 적용되면 총칙 규정은 적용될 여지가 없다. 집합범이나 합동범은 각칙에서 행위 주체를 다수로 정하고 있고, 특히 내란죄의 경우에는 범죄에 참가하는 행위주체에 따라 각각 처벌규정이 있으므로 총칙의 공범 규정이 적용될 필요가 없다. 2) 대향범의 경우는 서로 마주보는, 서로 상대가 되는 다수에 의해 성립하는 범죄인데, 서로의 행위가 다르므로 죄형법정주의원칙에 따라 각자의 행위에 대한 처벌규정이 있어야만 양자를 처벌할 수 있다. 따라서 대향적 관계에 있는 행위가 필요한 범죄에서 어느 한쪽의 행위에 대한 처벌규정이 없으면 총칙의 공범 규정을 적용하여 그 행위를 처벌할 수 없다.

13   [2017도4240] 2인 이상의 서로 대향된 행위의 존재를 필요로 하는 대향범에 대하
여는 공범에 관한 형법총칙 규정이 적용될 수 없다. 형법 제127조는 공무원 또는
공무원이었던 자가 법령에 의한 직무상 비밀을 누설하는 행위만을 처벌하고 있을
뿐 직무상 비밀을 누설받은 상대방을 처벌하는 규정이 없는 점에 비추어, 직무상
비밀을 누설받은 자에 대하여는 공범에 관한 형법총칙 규정이 적용될 수 없다.
[2020도7866] 2인 이상의 서로 대향된 행위의 존재를 필요로 하는 대향범에 대하
여 공범에 관한 형법 총칙 규정이 적용될 수 없다. 이러한 법리는 해당 처벌규정
의 구성요건 자체에서 <u>2인 이상의 서로 대향적 행위의 존재를 필요로 하는 필요
적 공범인 대향범</u>을 전제로 한다. 구성요건상으로는 단독으로 실행할 수 있는 형
식으로 되어 있는데 단지 구성요건이 대향범의 형태로 실행되는 경우에도 대향범
에 관한 법리가 적용된다고 볼 수는 없다.
[2] 마약거래방지법 제7조 제1항에서 정한 '불법수익 등의 출처 또는 귀속관계를
숨기거나 가장하는 행위'는 처벌규정의 구성요건 자체에서 2인 이상의 서로 대향
된 행위의 존재를 필요로 하지 않으므로 정범의 이러한 행위에 가담하는 행위에
는 형법 총칙의 공범 규정이 적용된다.1)

Ⅱ. 공동정범(제30조)

1. 의의

가. 개념

14   제30조는 공동정범에 대해 "2인 이상이 공동하여 죄를 범한 때에는 각자를
그 죄의 정범으로 처벌한다."라고 규정한다. 법문에 나타난 공동정범의 요건은
'2인 이상이 공동하여'와 '죄를 범한 때'이다. 이를 풀어서 정의하면 공동정범이
란 공동의 범행의사에 따라 각자 실행행위를 분담하여 공동으로 범죄를 실행함
으로써 성립하는 범죄이다.

나. 공동정범의 본질과 해석의 기준

15   공동으로 죄를 범한 것이 인정되면 각자가 해당 범죄의 정범으로 처벌된
다. 이것은 일부 행위자에 대해서는 처벌의 범위가 확대되는 것이라고 할 수 있
다. 아래의 [사례 16]에서는 세 사람의 행위자가 범죄에 참여하였는데, 한 사람

---

1) 이 판결에 대한 설명은 정승환, "2022년 형법 중요 판례 평석", 「인권과 정의」 제513호,
2023. 5., 95면 이하 참조.

은 공범들을 자동차로 범죄현장 근처까지 데려다 주었고 다른 한 사람은 범죄
현장에서 망을 보았으며, 나머지 한 사람이 금고를 열어 금품을 절취하였다. 절
도죄의 구성요건 행위인 절취 행위는 한 사람만 실행한 것이고, 다른 두 사람은
구성요건 행위를 직접 하지 않았다. 그럼에도 불구하고 모두가 절도죄, 그것도
처벌이 더 무거운 특수절도죄로 처벌된다는 것은 구성요건 행위의 객관적, 형식
적 기준으로 볼 때 처벌이 확대되는 것이다.

   이와 같이 처벌이 확대되는 경우에는 죄형법정주의 원칙에 따라 명확한 근 **16**
거가 있어야 한다. 이 점을 고려하여 공동정범의 본질과 성립요건에 대한 해석
이 이루어져야 하고, 공동정범 규정을 적용할 때에도 매우 신중해야만 하는 것
이다. 학설과 판례에서 공동정범의 본질이자 성립요건으로 보는 '기능적 행위지
배'는 그래서 중요하다. 학설과 판례는 공동정범이 성립하기 위해 공동의 실행
의사와 공동의 실행행위, 그리고 정범으로서의 표지인 기능적 행위지배가 필요
하다고 한다. 그런데 이 세 가지 성립요건은 병렬적으로 존재하기만 하면 되는
것이 아니라 공동의 실행의사와 공동의 실행행위가 기능적 행위지배의 요건에
의해 연결되어야 하는 것이다.

[2012도12732] 형법 제30조의 공동정범이 성립하기 위하여는 주관적 요건인 공 **17**
동가공의 의사와 객관적 요건으로서 그 공동의사에 기한 기능적 행위지배를 통하
여 범죄를 실행하였을 것이 필요하고, 여기서 공동가공의 의사란 타인의 범행을
인식하면서도 이를 제지함이 없이 용인하는 것만으로는 부족하고 공동의 의사로
특정한 범죄행위를 하기 위하여 일체가 되어 서로 다른 사람의 행위를 이용하여
자기의 의사를 실행에 옮기는 것을 내용으로 하는 것이어야 한다. 한편, 공동정범
의 본질은 분업적 역할분담에 의한 기능적 행위지배에 있다고 할 것이므로 공동
정범은 공동의사에 의한 기능적 행위지배가 있음에 반하여 종범은 그 행위지배가
없는 점에서 양자가 구별된다.

2. 주관적 성립요건: 공동의 실행의사

가. 의사연락과 실행의사의 내용

   (1) 의사연락의 방법과 시기   공동정범이 성립하기 위해서는 행위자들 사 **18**
이에 범행을 함께 한다는 의사의 연락이 있어야 한다. 판례는 이를 '공동의 가

공의사'라고도 한다. 의사연락의 방법에는 특별한 제한이 없고, 어떤 범죄를 실현하려는 의사의 결합만 있으면 된다(97도2368). 묵시적 의사연락도 가능하고, 연쇄적·간접적 의사연락의 방법도 가능하다(98도3169, 82도3248 등). 공동의 실행의사는 실행행위시에 존재하면 되고, 반드시 사전모의가 필요한 것은 아니다(96도1959, 97도2368 등).

19   (2) 실행의사의 내용   공동의 실행의사는 범행을 공동으로 한다는 인식과 실행행위를 분담한다는 인식을 내용으로 한다. 따라서 실행의사는 기본적으로 고의의 의사이다. 판례는 실행의사에 대해 '공동의 의사로 특정한 범죄행위를 하기 위해 일체가 되어 서로 다른 사람의 행위를 이용하여 자기 의사를 실행에 옮기는 것을 내용으로' 하는 의사라고 한다(2022도11245, 2020도1264, 2008도1274 등).

20   (3) 구별되는 경우   1) 동시범은 의사연락이 없는 상태에서 동시 또는 다른 시간에 같은 대상에게 같은 범죄를 하는 경우이다. 이 경우는 단독범들이 병존하는 것이고, 의사연락이 없으므로 공동정범에 해당하지 않는다. 형법은 이를 '독립행위의 경합(제19조)'라고 하는데, 이에 대해서는 아래에서 따로 설명한다. 2) 편면적 공동정범은 범죄에 참여한 행위자 중 어느 한쪽에만 공동의 실행의사가 있는 경우이다. 이 경우도 의사연락이 없기 때문에 공동정범에 해당하지 않고, 동시범이나 종범이 될 수 있을 뿐이다(84도2118).

나. 승계적 공동정범

21   공동의 실행의사가 존재하는 시기와 관련해서 이른바 '승계적 공동정범'의 성립 여부가 문제된다. 승계적 공동정범이란 공동행위자가 실행에 착수하기 전에는 공동의 의사가 없었지만, 실행행위의 일부가 종료된 후에 다른 행위자의 실행의사를 이어받아서 공동의 의사를 갖게 된 경우를 말한다. 이 경우 나중에 실행의사를 승계한 자도 공동정범이 되지만,1) 나중에 승계한 자는 승계 이후의 행위에 대해서만 공동정범의 죄책을 진다는 것이 다수견해2)와 판례의 입장이다(2012도3676).3) 다만, 판례는 공동정범이 아닌 종범에 대해 가담 이전에 이루

---

1) [96도1959] 공범자가 공갈행위의 실행에 착수한 후 그 범행을 인식하면서 그와 공동의 범의를 가지고 그 후의 공갈행위를 계속하여 재물의 교부나 재산상 이익의 취득에 이른 때에는 공갈죄의 공동정범이 성립한다.

2) 김일수/서보학 450면 이하; 배종대 [131] 8 이하; 오영근 380면 이하; 이재상/장영민/강동범 §33 15 이하; 홍영기 [37] 13 이하.

3) [82도884] 포괄적일죄의 일부에 공동정범으로 가담한 자는 비록 그가 그때에 이미 이루어진 종전의 범행을 알았다 하여도 그 가담 이후의 범행에 대해서만 공동정범으로서 책임을 진다.

어진 타인의 행위에 대해서도 종범의 죄책을 진다고 판시한 바 있다(82도2024).
가담 이전의 행위와 이후의 행위가 분리될 수 없다는 것이 이유가 되었는데, 매
우 드물고 거의 유일한 사례이므로 사건의 사회적 파장과 중대성을 고려한 이
례적 판단이라고 보아야 할 것이다.

> **[82도2024]** 비록 타인이 미성년자를 약취·유인한 행위에는 가담한 바 없다 하더   **22**
> 라도 사후에 그 사실을 알면서 약취·유인한 미성년자를 부모 기타 그 미성년자
> 의 안전을 염려하는 자의 우려를 이용하여 재물이나 재산상의 이익을 취득하거나
> 요구하는 타인의 행위에 가담하여 이를 방조한 때에는 단순히 재물등 요구행위의
> 종범이 되는데 그치는 것이 아니라 종합범인 특정범죄가중법 제5조의2 제2항 제1
> 호 위반죄의 종범에 해당한다.

3. 객관적 요건 : 공동의 실행행위

가. 실행행위의 분담과 본질적 기여

　　공동정범이 성립하려면 공동의 실행의사와 더불어 객관적으로 공동의 실행   **23**
행위가 있어야 한다. 행위자들이 구성요건의 행위를 모두 똑같이 할 필요는 없
고, 구성요건의 행위가 아닌 실행행위를 분담하더라도 그 행위가 다른 행위자의
행위와 기능적으로 연결되어 구성요건의 실현에 본질적으로 기여하면 공동의
실행행위가 있는 것으로 평가된다(2010도11631). 따라서 **실행의 착수 시기**도 공동
행위자들의 전체행위를 기준으로 판단한다. 행위자들 중 어느 한 사람이 구성요
건의 행위에 착수한 순간부터 공동정범 모두에게 실행의 착수가 인정된다.

나. 이른바 '공모공동정범'의 문제

　　공동정범의 객관적 성립요건인 실행행위를 분담하지 않은 자는 공동정범이   **24**
될 수 없다. 그러나 판례는 범죄공모에만 가담하고 실행행위를 함께 하지 않은
사람도 공동정범이 된다고 한다. 이를 '공모공동정범'이라고 하는데, 판례의 이
러한 태도와 관련해서는 긍정설과 부정설이 대립한다. 먼저 판례를 검토하고 긍
정설과 부정설을 소개한다.

　　(1) 판례　　판례는 "공동정범은 공동가공의 의사와 그 공동의사에 의한 기   **25**
능적 행위지배를 통한 범죄 실행이라는 주관적·객관적 요건을 충족함으로써 성
립하므로, 공모자 중 구성요건행위를 직접 분담하여 실행하지 않은 사람도 위

요건의 충족 여부에 따라 이른바 공모공동정범으로서의 죄책을 질 수 있다."라고 하여(2017도14322 전합, 2009도2994 등) 외견상 모순되는 내용을 언급하고 있다. 이를 분석하자면 '기능적 행위지배를 통한 실행'은 반드시 실행행위를 분담하는 것만을 의미하는 것은 아니라는 의미로 풀이된다. 다만 판례는 구성요건행위를 직접 분담하여 실행하지 아니한 공모자가 공모공동정범으로 인정되기 위해서는 전체 범죄에서 그가 차지하는 지위와 역할, 범죄경과에 대한 지배 또는 장악력 등을 종합하여 그가 '단순한 공모자에 그치는 것이 아니라 범죄에 대한 본질적 기여를 통한 기능적 행위지배가 존재하는 것으로 인정'되어야 한다고 한다(2016도15470, 2010도3544 등).

26　　　그러나 이러한 논리는 매우 억지스럽다. 실행행위의 공동이 공동정범의 성립요건이라고 하면서도 공모공동정범만 실행행위가 없어도 기능적 행위지배를 통한 실행이 가능하다는 것은 납득하기 어렵다. 또한 다른 공동정범도 '본질적 기여를 통한 기능적 행위지배'는 존재해야 하는데, 공모공동정범은 이를 이유로 실행행위의 분담이 없어도 된다는 것은 이해할 수 없다.

27　　　과거의 판례에서는 대법원이 스스로 공모공동정범을 부정적으로 평가하는 의견을 제시하기도 하였지만(80도306), 공모공동정범을 인정한 후에는 오히려 그 요건을 완화하는 경향을 보이고 있다. 공모공동정범을 인정할 필요성이 만약 있다면 실행행위가 없어도 범죄실행에서 공모의 비중이 크고 행위자가 그 과정에서 중요한 역할을 한 경우라야 할 것이다. 그런데 판례는 공모한 범행을 수행하는 과정에서 파생되는 범행 하나하나에 대하여 개별적인 의사의 연락이 없더라도 처음의 공모자들 사이에 그 범행 전부에 대하여 '암묵적인 공모'가 있다고 보아야 하므로 파생범죄까지 공모공동정범이 성립한다고 판시하기에 이르렀다(2010도11030).[1] 심지어 판례는 "사기의 공모공동정범이 그 기망방법을 구체적으로 몰랐다고 하더라도 공모관계를 부정할 수 없다."(2013도5080)고 하고, "배임증재의 공모공동정범이 다른 공모공동정범에 의하여 수재자에게 재물 또는 재산상 이익이 제공되는 방법을 구체적으로 몰랐다고 하더라도 공모관계를 부정할 수 없다."(2015도3080)고 한다. 한번 잘못 형성된 이론이 점차 더 왜곡된 형태로 발전하고 있는 것이다.

---

1) 공모의 방법으로 암묵적인 공모가 가능하다는 것은 일반적인 공동정범, 곧 실행행위를 분담한 공동정범의 경우이고, 공모공동정범을 만약 인정하더라도 공모의 주도자에게 암묵적 공모를 인정할 수는 없다.

(2) **긍정설**　판례와 같이 실행행위 없는 공모공동정범을 긍정하는 견해로　**28**
서 1) **공동의사주체설**은 공모관계를 통해 공모공동정범들은 공동의사주체가 되
었으므로 다른 행위자들의 실행행위가 곧 공모자의 실행행위라고 한다. 과거 일
부 판례의 태도이기도 하다.[1] 2) **간접정범유사설**은 주도적 공모자가 다른 실행
자들의 의사를 지배하여 도구로 이용하는 것과 같다고 한다. 과거 판례의 소수
의견도 이러한 견해를 제시한 바 있다(80도306). 그밖에 3) **적극이용설**은 실행자
를 적극적으로 이용한 공모자는 공동정범이 된다고 한다. 과거 판례에서 이러한
견해가 제시되기도 하였다.[2]

(3) **부정설**　다수견해는 실행행위의 분담이 없는 공모공동정범은 인정할　**29**
수 없다는 입장이다.[3] 공동정범 자체가 이미 처벌을 확대하는 개념이므로 공동
정범의 성립요건은 엄격하게 심사되어야 한다는 점, 그리고 앞에서 검토한 판례
의 문제점을 고려할 때 공모공동정범의 이론은 부정하는 것이 타당하다. 필요하
다면 교사범이나 종범, 또는 예비·음모의 죄로 처벌하면 될 일이다. 또한 공모
공동정범을 인정해야 했던 '실무상의 필요'는 조직범죄 등의 수괴 또는 주범을
처벌하기 위함이었는데(80도306), 1993년 이른바 '범죄와의 전쟁'을 위해 폭력행
위처벌법의 '범죄단체 등 활동죄(제4조)'를 신설하기까지 했음에도 공모공동정범
이론을 계속 적용하는 것도 문제이다. 판례가 공모공동정범의 이론을 거두어들
이기를 기대하기는 어렵겠지만, 적어도 이 이론을 무분별하게 확장하는 일은 없
어야 한다.

[80도306] 실행공동범죄의 경우에는 "공동범행의 인식"이라든가 "의사의 연락"과　**30**
　같은 넓은 의미의 합의만 있으면 공모관계가 있다고 할 수 있으나, 공모공동정범
　이 인정되려면 간접정범에 가까울 정도의 고도의 합의가 있어야만 한다(소수의견
　3). 공모공동정범이라는 것은 사회의 실정으로 보아 다수인에 의한 범죄 가운데는

---

1) [83도3148] 공모공동정범은 공동범행의 인식으로 범죄를 실행하는 것으로 공동의사주체로서
　의 집단 전체의 하나의 범죄행위의 실행이 있음으로써 성립하고 공모자 모두가 그 실행행위
　를 분담하여 이를 실행할 필요가 없고 실행행위를 분담하지 않아도 공모에 의하여 수인간에
　공동의사주체가 형성되어 범죄의 실행행위가 있으면 실행행위를 분담하지 않았다고 하더라
　도 공동의사주체로서 정범의 죄책을 면할 수 없다.
2) [88도1114, 87도2368] 공모에 참여한 사실이 인정되는 이상 직접 실행행위에 관여하지 않았
　더라도 다른 사람의 행위를 자기의사의 수단으로 하여 범죄를 하였다는 점에서 자기가 직접
　실행행위를 분담한 경우와 형사책임의 성립에 차이를 둘 이유가 없다.
3) 김일수/서보학 453면 이하; 배종대 [131] 36 이하 등. 절충설 또는 긍정설로는 오영근 383면
　이하; 이재상/장영민/강동범 §33 42 이하 참조.

실질상 주범이 배후에서 범죄를 계획하고 그 실행행위는 부하 또는 주범의 지배를 받는 사람으로 하여금 실행케 하는 경우에 단순한 교사나 방조만으로써는 처리될 수 없는 경우가 있다는 재판상 필요에서 나온 이론일 뿐이고 그러한 경우에도 주범에게는 자기의 범죄를 행한다는 주관적인 의사가 있어야 하고 단지 타인의 범의를 유발하거나 타인의 범행을 용인 내지 이용하는 경우에는 이에 해당하지 않는다고 봄이 상당하다.

4. 규범적 요건 : 기능적 행위지배

31　기능적 행위지배는 각각 다른 실행행위를 분담한 공동정범들이 정범이 되게 하는 핵심적 표지이다. 기능적 행위지배는 공동의 실행의사가 공동의 실행행위로 이어지도록 하며, 실행행위들을 기능적으로 지배하여 공동으로 하나의 구성요건이 실현되게 한다. 기능적 행위지배가 있는지는 객관적 사실의 영역이라기보다는 규범적 평가에 따라 결정된다. 따라서 기능적 행위지배는 공동정범의 규범적 요건이라고 할 수 있다.

32　판례는 기능적 행위지배를 공동의 실행행위와 묶어서 '기능적 행위지배를 통한 범죄의 실행'이 공동정범의 객관적 요건이 된다고 한다(2018도7658). 그러나 기능적 행위지배는 객관적 요건인 공동의 실행행위와 구별되어야 한다. 판례도 객관적 요건을 말할 때 '공동의사에 의한 기능적 행위지배를 통한 범죄의 실행'이라고 하여 '공동의사'와 '범죄실행'의 연결관계에 기능적 행위지배가 있음을 표현하고 있다. 나아가 판례는 "공동정범이 성립한다고 판단하기 위해서는 범죄실현의 전 과정을 통하여 행위자들 각자의 지위와 역할, 다른 행위자에 대한 권유 내용 등을 구체적으로 검토하고 이를 종합하여 위와 같은 공동가공의 의사에 기한 상호 이용의 관계가 합리적인 의심을 할 여지가 없을 정도로 증명되어야 한다."고 하는데(2022도11245, 2015도5355 등), 바로 이 내용이 객관적 실행행위와 구별되는 기능적 행위지배를 말하는 것이라고 할 수 있다.

5. 공동정범의 처벌

가. 일부 실행과 공동 처벌

33　제30조는 공동정범이 성립하면 '각자를 그 죄의 정범으로 처벌한다'고 규정한다. 따라서 공동의 행위자들은 실행행위의 일부를 분담하였더라도 공동의 실

행의사 범위 안에서 다른 참가자의 행위에 대해서도 공동의 죄책을 진다. 다만,
형의 가중 또는 감경 사유가 있을 경우에는 행위자에 따라 따로 적용된다.

나. 공동의사의 범위를 초과하여 실행한 경우

공동정범 중 1인이 공동의 실행의사에 없었던 초과 행위를 한 경우1) 다른   **34**
행위자는 그 초과 행위에 대해서는 공동정범의 죄책을 부담하지 않는다. 다만
다른 행위자에게 미필의 고의가 있으면 초과 행위에 대해서도 공동정범이 성립
한다. 그리고 다른 행위자에게 초과 행위에 대한 예견가능성이 있으면 결과적가
중범이 성립할 수 있다. 판례도 예견가능성이 있을 때 초과행위에 대한 죄책이
인정된다고 한다. 다만 과거에 다른 행위자의 초과행위를 예견하지 못한 경우에
도 나머지 행위자들에게 초과부분에 대한 죄책이 인정된다고 한 판결이 있지
만,2) 이는 초과 행위가 해당 범죄의 행위수단에 일반적으로 수반되는 경우이기
때문에 예견하지 못했지만 예견가능성은 인정되는 사안으로 해석된다.

[91도2156] 강도의 공범자 중 1인이 강도의 기회에 피해자에게 폭행 또는 상해를   **35**
가하여 살해한 경우, 다른 공모자가 살인의 공모를 하지 아니하였다고 하여도 그
살인행위나 치사의 결과를 예견할 수 없었던 경우가 아니면 강도치사죄의 죄책을
면할 수 없다.
강도살인죄는 고의범이고 강도치사죄는 이른바 결과적가중범으로서 살인의 고의
까지 요하는 것이 아니므로, 수인이 합동하여 강도를 한 경우 그 중 1인이 사람
을 살해하는 행위를 하였다면 그 범인은 강도살인죄의 기수 또는 미수의 죄책을
지는 것이고 다른 공범자도 살해행위에 관한 고의의 공동이 있었으면 그 또한 강
도살인죄의 기수 또는 미수의 죄책을 지는 것이 당연하다 하겠으나, 고의의 공동
이 없었으면 피해자가 사망한 경우에는 강도치사의, 강도살인이 미수에 그치고
피해자가 상해만 입은 경우에는 강도상해 또는 치상의, 피해자가 아무런 상해를
입지 아니한 경우에는 강도의 죄책만 진다고 보아야 할 것이다.

---

1) 예를 들어 1) 강도를 모의한 세 사람 중 두 사람이 강도강간의 죄를 저지른 경우(88도1114),
또는 2) 상해를 모의한 행위자 중 한 명이 살인을 저지를 경우 등. 이러한 초과행위는 질적
초과와 양적 초과로 구별될 수 있다. 질적 초과란 1)의 경우처럼 구성요건의 성격이 전혀 다
른 초과 행위를 하는 경우이다. 양적 초과란 2)의 경우처럼 구성요건 사이에 연관성이 있는
경우를 말한다. 다만 질적 초과와 양적 초과를 분명하게 구별할 수 있는 사례는 많지 않다.
2) [89도2426] 수인이 합동하여 강도를 한 경우에 그 범인 가운데 일부가 그 기회에 피해자에
게 상해를 가했을 때에는 나머지 범인도 이를 예기하지 못한 것으로 볼 수 없는 경우에는 강
도상해의 죄책을 면할 수 없다. 참조: [98도356]

[84도1544] 수인이 가벼운 상해 또는 폭행 등의 범의로 범행중 1인의 소위로 살인의 결과를 발생케 한 경우, 그 나머지 자들은 상해 또는 폭행죄 등과 결과적 가중범의 관계에 있는 상해치사 또는 폭행치사 등의 죄책은 면할 수 없다고 하더라도 위 살인등 소위는 전연 예기치 못하였다 할 것이므로 그들에게 살인죄의 책임을 물을 수는 없다 할 것이다.

다. 공모관계의 이탈

36   공동정범 중 한 사람이 공모관계에서 이탈하여 실행행위에 가담하지 않는 경우에도 그 행위자에게 공동정범의 죄책이 인정될 수 있는지가 문제된다. 이 문제는 다른 행위자들이 실행에 착수하기 전에 이탈한 경우와 실행에 착수한 후 이탈한 경우를 나누어 살펴보아야 한다.

37   (1) 실행의 착수 이전   다른 공모자가 실행행위에 이르기 전에 그 공모관계에서 이탈한 때에는 그 이후의 다른 공모자의 행위에 대해 공동정범의 죄책을 지지 않는다(75도2635, 84도2956 등). 다만, 이때 공모관계의 이탈이 인정되려면 공모에 의하여 담당한 기능적 행위지배를 해소하는 것이 필요하다. 따라서 공모에 주도적으로 참여하여 다른 공모자의 실행에 영향을 미친 때에는 범행을 저지하기 위하여 적극적으로 노력하는 등 실행에 미친 영향력을 제거하지 아니하는 한 공모관계에서 이탈하였다고 할 수 없다(2008도1274, 2010도6924 등).

38   (2) 실행의 착수 이후   다른 행위자가 이미 실행행위에 착수한 이후에는 공모관계에서 이탈하였다고 하더라도 공동정범의 죄책을 면할 수 없다(2017도12537).[1] 다만, 공모관계에서 이탈한 행위자 때문에 다른 행위자들이 범행을 완성하지 못해 미수에 그친다면 행위자들이 모두 미수범으로 처벌될 수 있을 뿐이다. 이때에도 공모관계에서 이탈했다는 것만으로 중지미수가 될 수는 없고 다른 행위자들의 행위를 적극적으로 중지시켜야 하며, 행위가 종료되었다면 결과발생을 방지해야만 중지미수가 될 수 있다.

---

1) [2010도9927] 피고인이 포괄일죄의 관계에 있는 범행의 일부를 실행한 후 공범관계에서 이탈하였으나 다른 공범자에 의하여 나머지 범행이 이루어진 경우, 피고인이 관여하지 않은 부분에 대하여도 죄책을 부담한다. [83도2941] 행위자 상호간에 범죄의 실행을 공모하였다면 다른 공모자가 이미 실행에 착수한 이후에는 그 공모관계에서 이탈하였다고 하더라도 공동정범의 책임을 면할 수 없는 것이므로 피고인 등이 금품을 강취할 것을 공모하고 피고인은 집 밖에서 망을 보기로 하였으나, 다른 공모자들이 피해자의 집에 침입한 후 담배를 사기 위해서 망을 보지 않았다고 하더라도, 피고인은 강도상해죄의 공동정범의 죄책을 면할 수가 없다.

[2008도1274] 다른 3명의 공모자들과 강도 모의를 하면서 삽을 들고 사람을 때 **39**
리는 시늉을 하는 등 그 모의를 주도한 피고인이 함께 범행 대상을 물색하다가
다른 공모자들이 강도의 대상을 지목하고 뒤쫓아 가자 단지 "어?"라고만 하고 비
대한 체격 때문에 뒤따라가지 못한 채 범행현장에서 200m 정도 떨어진 곳에 앉
아 있었으나 위 공모자들이 피해자를 쫓아가 강도상해의 범행을 한 사안에서, 피
고인에게 공동가공의 의사와 공동의사에 기한 기능적 행위지배를 통한 범죄의 실
행사실이 인정되므로 강도상해죄의 공모관계에 있고, 다른 공모자가 강도상해죄
의 실행에 착수하기까지 범행을 만류하는 등으로 그 공모관계에서 이탈하였다고
볼 수 없으므로 강도상해죄의 공동정범으로서의 죄책을 진다고 한 사례.

6. 과실범의 공동정범

공동정범의 성립요건과 관련하여 과실범도 공동정범이 될 수 있는지가 문 **40**
제된다. 2인 이상의 공동과실로 구성요건에 해당하는 결과가 발생한 경우에 공
동정범이 성립할 수 있는가 하는 것이다. 이는 판례가 과실범의 공동정범을 인
정하면서 제기된 문제이다. 이에 대해서는 긍정설과 부정설이 대립한다.

가. 긍정설

긍정설 중에서 1) **행위공동설**은 공동정범에서 공동의 의사는 행위를 공동으 **41**
로 할 의사이면 되고, 행위공동의 의사와 행위의 공동이 있으면 공동정범이 성
립한다는 견해이다. 판례의 입장이 이에 해당한다(79도1249 등). 2) **공동행위주체**
설은 공동행위를 하겠다는 의사의 결합이 있으면 공동행위주체가 성립되며, 각
자의 실행행위를 분담한 이상 과실에 의해 결과를 발생시킨 때에도 공동정범이
성립한다는 견해이다. 3) **과실공동·행위공동설**은 고의범의 고의를 대체하는 것
이 과실범의 주의의무위반이므로, 주의의무위반과 구성요건을 실현하는 행위의
공동이 있으면 과실범의 공동정범이 성립한다는 견해이다.[1]

나. 부정설

과실범은 공동정범으로 성립될 수 없다고 하는 부정설 중에서 1) **범죄공동** **42**
설은 공동정범의 본질이 특정한 범죄의 공동에 있고, 특정범죄의 공동은 고의범
의 경우에만 가능하다고 한다. 2) **기능적 행위지배설**은 과실범에는 공동의 실행

---

1) 김일수/서보학 460면 이하; 이재상/장영민/강동범 §33 31 이하.

의사에 기초한 실행행위의 기능적 역할 분담이 없기 때문에 공동정범이 성립할 수 없다고 한다. 학계의 다수견해이다.[1]

43   [4294형상598(61도598)] 형법 제30조에 「공동하여 죄를 범한 때」의 「죄」는 고의범이고 과실범이고를 불문한다고 해석하여야 할 것이고 따라서 공동정범의 주관적 요건인 공동의 의사도 고의를 공동으로 가질 의사임을 필요로 하지 않고 고의 행위이고 과실 행위이고 간에 그 행위를 공동으로 할 의사이면 족하다고 해석하여야 할 것이므로 2인 이상이 어떠한 과실 행위를 서로의 의사연락 아래 하여 범죄되는 결과를 발생케 한 것이라면 여기에 과실범의 공동정범이 성립되는 것이다. 갑은 1960. 12. 31. 오후 5시경 충청북도 산판에서 부정임산물인 장작 9평을 을이 운전하는 화물자동차에 싣고 떠나면서 을에게 도중 지서나 검문소 앞을 지날 때는 정거하지 말고 통과하자고 말한 바 있고, 같은날 오후 11시 10분경 서대전경찰서 세천검문소 전방 약35미터 지점에 이르렀을때 그 검문소 근무 순경이 검문서 앞 노변에서 전지로 정거신호를 하고 있음을 발견하고 을이 정거할것 같이 가장하여 속력을 저감하자 갑은 「그냥 가자」고 하여 이에 을은 무면허 운전의 취체를, 갑은 화주로서 부정임산물의 취체를 각각 회피하기 위하여 경관의 검문에 응하지 않고 화물자동차를 질주할 의사를 상통하여 그 검문소 앞에 당도하였을때 위 순경이 도로 좌측에서 그 차 전면을 횡단하여 우측 노변에 이르러 운전대 우측에 접근하려 할 찰나 을은 돌연 가속질주로 도피하려 하자 그 순경은 이를 추적하여 운전대 스텝에 올라 검문을 하려 하였는데 계속 고속도로 질주한 결과 위 검문소로부터 약 150미터 지점에서 위 순경을 추락케하여 우측후륜으로 그 순경의 하복부를 치어 다음날인 1961. 1. 1. 오전 4. 30.경 사망케 한 것이다.

[97도1740]   성수대교와 같은 교량이 그 수명을 유지하기 위하여는 <u>건설업자의 완벽한 시공</u>, <u>감독공무원들의</u> 철저한 제작시공상의 감독 및 <u>유지·관리를 담당하고 있는 공무원들의</u> 철저한 유지·관리라는 조건이 합치되어야 하는 것이므로, 위 각 단계에서의 과실 그것만으로 붕괴원인이 되지 못한다고 하더라도, 그것이 합쳐지면 교량이 붕괴될 수 있다는 점은 쉽게 예상할 수 있고, 따라서 위 각 단계에 관여한 자는 전혀 과실이 없다거나 과실이 있다고 하여도 교량붕괴의 원인이 되지 않았다는 등의 특별한 사정이 있는 경우를 제외하고는 붕괴에 대한 공동책임을 면할 수 없다.

이 사건의 경우, 피고인들에게는 트러스 제작상, 시공 및 감독의 과실이 인정되고, 감독공무원들의 감독상의 과실이 합쳐져서 이 사건 사고의 한 원인이 되었으며, 한편 피고인들은 이 사건 <u>성수대교를 안전하게 건축되도록 한다는 공동의 목표와</u>

---

1) 배종대 [131] 12 이하; 오영근 380면 이하; 홍영기 [37] 19 이하 등.

의사연락이 있었다고 보아야 할 것이므로, 피고인들 사이에는 이 사건 업무상과
실치사상등죄에 대하여 형법 제30조 소정의 공동정범의 관계가 성립된다고 보아
야 할 것이다.

다. 결론

과실범은 공동정범이 될 수 없다. 대법원이 과실범의 공동정범을 인정하   **44**
는 것은 공동정범의 법리를 잘못 적용하는 대표적인 예이다. 대법원은 1956년
의 판결에서는 과실의 공동정범을 인정하지 않았다. 곧, "과실에 있어서는 의
사연결의 관념을 논할 수 없으므로 고의범과 같이 공동정범이 있을 수 없다."
(4289형상(56도)276)[1]라고 한 것이다. 그러나 1962년에 뚜렷한 이유 없이 1) 형
법 제30조의 '죄'는 고의범이과 과실범을 가리지 않는다고 해석해야 하고, 2)
공동정범의 주관적 요건인 공동의 의사는 '행위를 공동으로 할 의사'이면 된다
고 하여 과실범의 공동정범을 인정하였다(4294형상598). 그 후 대법원은 공동정
범은 고의범이나 과실범을 불문하고 의사의 연락이 있는 경우면 성립한다고 하
여 과실범의 공동정범은 인정하는 입장을 유지하고 있다(94도660, 94도35, 82도
781 등).

그런데 이러한 판례의 태도와 과실범의 공동정범을 긍정하는 견해들은 기   **45**
본적으로 과실범에 대해 공동정범의 성립요건을 다르게 적용한다는 점에서 타
당하다고 할 수 없다. 자세한 이유는 다음과 같다. 1) **공동정범의 공동실행의사**
와 과실범에서 '행위 공동의 의사'는 다른 것이다. 공동의 실행의사는 구성요건의
행위를 공동으로 실행한다는 의사이다. 그런데 과실범이 공동으로 한다는 행위
는 구성요건에 해당하는 행위가 아니다. 예를 들어 성수대교 사건의 경우 행위
자들의 행위는 다리를 건설하는 행위, 이를 감독하는 행위, 다리를 유지·관리하
는 행위였다. 해당 사건의 구성요건인 과실치사의 실행행위와는 관련 없는 행위
들이다. 심지어 판례가 인정한 이들의 행위는 각각 다른 행위이므로 행위를 공
동으로 한다는 의사가 존재할 수 없다. 2) 물론 과실은 구성요건의 행위가 아닌
사회적 행위를 하는 과정에서 주의의무를 위반하여 구성요건의 결과가 발생하
는 경우이므로 행위 공동의 의사를 다르게 평가할 수도 있다. 그러나 그러한 결
과에 대한 과실, 곧 주의의무 위반은 '평가'되는 개념일 뿐이므로 공동의 실행의사

---

1) 초대 대법원장인 김병로 선생이 재판장이었다.

가 존재한다고 할 수 없다. 3) 성수대교 사건에서 판례는 행위자들에게 '안전하게 건축되도록 한다는 공동의 목표와 의사연락이 있었다'고 하는데, 그러한 의사연락은 구성요건 실현의 의사연락과는 전혀 상관 없는 것이다. 4) 무엇보다 과실범은 다수견해가 지적하듯이 **공동정범의 핵심 표지인 '기능적 행위지배'를 인정할수 없다.** 공동의 실행의사에 기초하여 실행행위들에 대한 기능적 행위지배가 있어야 하는데, 과실범의 특성을 고려하면 행위에 대한 조종이나 지배가 있을 수 없다. 이를 이유로 과실에 의한 간접정범이나 교사범을 인정하지 않는데, 공동정범만 인정한다는 것은 타당성이 없는 논리이다. 이른바 '과실공동 · 행위공동설'은 과실의 공동과 행위의 공동이 병렬적으로 존재하는 것으로 공동정범이 성립한다고 하는데, 기능적 행위지배의 의미를 고려하지 않는 견해이다.

46   최근 대법원은 피고인들이 각각 담배꽁초를 던져 화재를 발생시킨 사건에서, 피고인들 각자의 주의의무 위반과 화재의 발생 사이에 인과관계가 인정된다고 하여, 실화죄(제170조)의 공동정범이 아니라 피고인들이 각자 단독으로 실화죄의 죄책을 진다고 판시하였다(2022도16120).[1] 이는 실화죄에 대한 과거의 판례(82도2279)를 따른 것이지만, 결론은 모순적이다. 인과관계가 확인되면 각자 과실범이 되지만, 인과관계를 증명할 수 없으면 과실범의 공동정범이 된다. 이러한 모순을 계속하지 않으려면 여러 행위자의 과실이 경합할 때 각자의 과실과 결과 발생 사이의 인과관계를 규명하기 위해 최선을 다하여야 할 것이고, 인과관계를 증명할 수 없을 때 모두를 과실의 공동정범으로 처벌하는 일은 없어야 할 것이다.

7. 합동범

가. 개념

47   합동범은 구성요건에서 '2인 이상이 합동하여' 죄를 범하는 것으로 규정되어 있는 범죄이다. 형법의 특수도주(146조), 특수절도(331조 ②항), 특수강도(334조 ②항)와 성폭력처벌법의 특수강간, 특수강제추행, 특수준강간 및 준강제추행 등(제6조), 그리고 '2명 이상이 공동하여'라고 규정한 폭력행위처벌법의 공동폭행(제2조 ②항)[2]이 합동범에 속한다.

---

1) 이 판결에 대해서는 정승환, "2023년 형법 중요 판례 평석", 「인권과 정의」 제520호, 2024. 3., 89면 이하 참조.
2) 이를 '공동범'이라고 하는 견해도 있는데, '합동하여'와 '공동하여'를 구별하는 것은 무의미한 일이다. 자세한 설명은 정승환, 앞의 논문, 86면 참조.

합동범은 해당 범죄의 일반범이나 일반범의 공동정범에 비해 형이 가중된 **48**
다.[1] 따라서 합동범의 '합동'은 제30조 공동정범의 '공동'과 어떻게 구별되며,
합동범에 대해서도 다시 공동정범이 인정되는지가 쟁점이 된다.

나. 합동범의 본질 : '합동'의 의미

(1) 학설과 판례 '합동'의 의미와 합동범의 본질에 대해서는 여러 가지 견 **49**
해가 제시된다. 1) **공모공동정범설**은 합동범을 상위개념이 되고 그 아래 공동정
범과 공모공동정범이 포함된다고 한다. 2) **가중적 공동정범설**은 합동범은 본질
상 공동정범이지만 집단범죄에 대처하기 위해 특별히 형을 가중한 것으로 해석
한다. 3) **현장설**은 합동범이 공동정범의 특별한 형태이며, 공동정범 중 범죄현장
에서 구성요건의 행위를 함께 실현한 행위자들이 합동범이 된다고 한다. 학계의
다수견해이며,[2] 판례도 합동범의 성립에 '시간적 장소적 협동관계'가 요구된다
고 하므로 기본적으로 현장설의 입장에 있다고 할 수 있다(2016도4618, 96도313
등). 4) **현장적 공동정범설**은 현장설의 입장에 가중적 공동정범설의 요소를 절충
한 견해이다. '현장'을 시간적·장소적 협동개념이 아닌 기능적 역할분담으로 이
해한다. 현장에서 범행에 가담하였더라도 정범성이 인정될 정도가 아닌 종속적
기능을 수행하면 교사범이나 종범이 되고, 현장에서 실행행위를 분담하지 않았
더라도 범행을 배후에서 조종하는 등 행위지배가 있으면 합동범이 된다는 것이
다.[3] 변경된 판례의 입장이라고 할 수 있다(98도321 전합).

(2) 결론 공동정범과 합동범은 특별관계로 보아야 한다. 공동정범 중 범 **50**
죄현장에서 직접 구성요건의 행위를 함께 실행한 행위자들에 대해 법률에 따로
규정이 있으면 합동범이 되고, 다른 행위자는 제30조의 공동정범이 되는 것이
다. 법률에 따로 규정이 없으면 모두가 공동정범이 될 뿐이다. 그리고 합동범을
가중처벌하는 이유는 현장에 여럿이 있을 때 해당 범죄의 위험성이 증가하기
때문이다. 이러한 점을 고려할 때 현장설이 타당하다.

다. 합동범의 공동정범 성립 여부

(1) 쟁점 합동범은 공동정범의 특별한 형태인데, 합동범에 대해 다시 공 **51**

---

1) 예를 들어 도주죄의 법정형은 1년 이하의 징역인데, 특수도주죄는 7년 이하의 징역이며, 강
   도죄는 3년 이상의 징역인데, 특수강도죄는 무기 또는 5년 이상의 징역이다.
2) 배종대 [133] 7 이하; 오영근 451면 이하; 홍영기 [38] 2 이하 등.
3) 김일수/서보학 468면.

동정범을 인정할 수 있을지가 문제된다.1) 예를 들어 3인 이상이 공모하고 현장
에서는 2인 이상이 실행행위를 한 경우, 현장의 행위자들은 합동범이 되는데,
현장에서 함께 하지 않은 행위자도 합동범의 공동정범이 되어 합동범으로 처벌
되는가 하는 문제이다.

52   **(2) 학설과 판례**   합동범의 본질에 대한 학설 중에서 공모공동정범설과
가중적 공동정범설의 견해에 따르면 합동범에 대해서도 다시 공동정범을 인정
할 수 있다. 현장적 공동정범설에 의할 때에도 기능적 행위지배의 기준에 따라
합동범의 공동정범을 인정할 수 있다. 그러나 다수견해인 현장설은 1) 합동범이
공동정범과 특별관계에 있다는 점과 2) 현장을 기준으로 합동범을 다른 공동정
범과 구별하는 점을 고려할 때, 현장에 함께 하지 않은 행위자에 대해 합동범의
공동정범을 인정할 수 없다고 한다. 판례는 처음에는 합동범의 공동정범을 인정
하지 않고 현장에 참여한 행위자들만 합동범으로 처벌하였다(75도2720). 그러나
판례를 변경하여 행위의 기여도에 따라 범행현장에 있지 않았던 행위자도 정범
성의 표지를 갖추었다고 평가되면 합동범이 되고, 현장에 있었더라도 방조만 하
여 정범성의 표지를 충족할 수 없으면 종범이 된다고 한다(98도321 전합 등).

53   **(3) 결론**   합동범의 공동정범을 인정하면 합동범으로 처벌하는 규정이 있
는 범죄의 공동정범들은 사실상 모두 합동범이 되어 가중처벌을 받게 된다. 공
동정범으로 처벌되는 것에 이어 다시 한번 처벌이 확대되는 결과가 되는 것이
다. 따라서 이를 인정하려면 법치국가와 죄형법정주의의 원칙에 따라 분명한 근
거와 엄격한 요건이 갖추어져야 한다.

54   그러나 합동범의 공동정범을 인정하는 긍정설과 판례는 그러한 근거와 요
건을 명확하게 제시하지 못하고 있다. 판례가 합동범의 공동정범이 되는 이유로
제시하는 '배후 수괴', '합동범들의 행위를 자기 의사의 수단으로 이용하는 자'
등은 교사범으로 처벌해도 처벌의 목적을 달성할 수 있다. 예를 들어 98도321
전합 판결에서 지배인은 판례가 인정한 사실을 볼 때 합동절도의 교사범이 되
는 데 아무런 문제가 없다. 교사범은 정범과 동일한 법정형으로 처벌되므로 처
벌의 정도만 고려한다면 공동정범이 되는 것과 아무런 차이가 없다. 공모관계에
있는 자들을 교사한다는 것이 성립하기 어렵기는 하지만, 사실관계를 명확하게

---

1) 합동범의 공동정범 문제는 필요적 공범에 대해 총칙의 공범 규정을 적용하지 않는다는 문제
　와는 다른 것이다. 합동범에 해당하는 행위자들 사이의 문제는 필요적 공범의 문제이지만,
　합동범과 공동정범의 문제는 필요적 공범들에 대한 공동정범의 문제이다.

규명해서 교사가 인정되면 교사범으로, 그렇지 않으면 종범으로 처벌하는 것이 타당하다. 아래의 2011도2021 판결에서 갑을 합동절도의 방조범으로 처벌하더라도 일반절도의 공동정범보다 무거운 법정형을 기준으로 감경할 뿐이므로 합동범의 공동정범을 인정할 실익이 많지 않다. 더구나 판례는 합동범의 공동정범을 인정할 때 공모공동정범의 법리를 적용하므로 공동정범의 본질에 어긋나는 법리가 두 번 거듭 적용되는 셈이어서, 이를 부정하는 현장설을 따르는 것이 타당하다.

[사례 19] 2011도2021 판결 55

　　을은 피해자 V회사가 주말에는 사납금을 회사 금고에 보관한다는 사정을 알고 2010. 7. 5. 경 D1에게 이를 훔치자고 제의하였다. 갑은 아는 동생을 소개시켜 준다고 말하고, 이 사건 범행 전날인 7. 10. 15:00~16:00경 병을 만나 을의 범행 계획 등에 대해 알려 주어 병에게서 승낙을 받았다. 2010. 7. 11. 갑은 병을 을에게 소개시켜 준 다음, 18:50경 이들과 함께 범행 장소인 광주 서구에 있는 V회사 사무실로부터 약 200m 떨어진 ○○주유소 앞까지 갔다. 가는 도중에 갑은 범행에 사용할 면장갑과 쇼핑백을 구입하여 병에게 건네주었고, 병이 이 사건 범행을 하는 동안 자신의 가방을 대신 보관하여 달라고 부탁하자 갑이 이를 대신 보관하였다.

　　○○주유소 앞에 도착한 후 갑은 그곳에서 기다리기로 하고, 을과 병은 V회사에 도착하여 을은 V회사 사무실 앞에서 망을 보고, 병은 사무실 밖에 있는 배전기함을 망치로 손괴하고 전원 스위치를 내려 CCTV가 작동되지 않도록 전원을 차단한 후, 열려진 사무실로 들어가 을이 미리 복사하여 건네준 금고 열쇠를 이용하여 금고 안에 있던 V 소유인 현금 535만 원을 가지고 나와 절취하였다.

　　그 후 병은 기다리고 있던 갑, 을과 합류하여 택시를 타고 △△대학교 인근의 식당으로 이동하였고, 갑은 위와 같이 이동하는 과정에서 병으로부터 절취한 현금이 들어 있는 쇼핑백을 건네받아 이를 소지하기도 하였다. 갑, 을, 병은 위 식당에서 실취한 현금의 액수를 함께 확인한 후 절취한 현금의 약 1/3에 해당하는 175만 원을 각자 분배하였다.

◆ 문　갑과 을, 병의 죄책은?

　[쟁점]

　1. 공동정범의 본질과 성립요건은 무엇인가?

2. 합동범은 무엇이며 공동정범과 합동범의 관계는 어떠한가?

3. 합동범에 대해서도 공동정범을 인정할 수 있는가?

〈원심의 판단〉

피고인이 위 사무실로부터 약 100m 떨어진 지점에서 망을 보는 방법으로 합동하여 이 사건 범행을 저질렀다는 점에 관하여는 검사가 제출한 증거들을 모두 모아 보더라도 이를 인정하기에 부족하고 달리 이를 인정할 증거가 없다는 이유로, 이 부분 공소사실을 무죄로 판단한 제1심판결을 그대로 유지하였다.

〈대법원의 판단〉

3인 이상의 범인이 합동절도의 범행을 공모한 후 적어도 2인 이상의 범인이 범행 현장에서 시간적, 장소적으로 협동관계를 이루어 절도의 실행행위를 분담하여 절도 범행을 한 경우에, 그 공모에는 참여하였으나 현장에서 절도의 실행행위를 직접 분담하지 아니한 다른 범인에 대하여도 그가 현장에서 절도 범행을 실행한 위 2인 이상의 범인의 행위를 자기 의사의 수단으로 하여 합동절도의 범행을 하였다고 평가할 수 있는 정범성의 표지를 갖추고 있는 한 공동정범의 일반 이론에 비추어 그 다른 범인에 대하여 합동절도의 공동정범으로 인정할 수 있다(98도321 전합 참조).

한편, 형법 제30조의 공동정범은 공동가공의 의사와 그 공동의사에 기한 기능적 행위지배를 통한 범죄 실행이라는 주관적·객관적 요건을 충족함으로써 성립하는바, 공모자 중 일부가 구성요건 행위 중 일부를 직접 분담하여 실행하지 않은 경우라 할지라도 전체 범죄에서 그가 차지하는 지위, 역할이나 범죄 경과에 대한 지배 내지 장악력 등을 종합해 볼 때, 단순한 공모자에 그치는 것이 아니라 범죄에 대한 본질적 기여를 통한 기능적 행위지배가 존재하는 것으로 인정된다면, 이른바 공모공동정범으로서의 죄책을 면할 수 없다.

[참조판례]

[98도321 전합] 3인 이상의 범인이 합동절도의 범행을 공모한 후 적어도 2인 이상의 범인이 범행 현장에서 시간적, 장소적으로 협동관계를 이루어 절도의 실행행위를 분담하여 절도 범행을 한 경우에는 공동정범의 일반 이론에 비추어 그 공모에는 참여하였으나 현장에서 절도의 실행행위를 직접 분담하지 아니한 다른 범인에 대하여도 그가 <u>현장에서 절도 범행을 실행한 위 2인 이상의 범인의 행위를 자기 의사의 수단으로 하여 합동절도의 범행을 하였다고 평가할 수 있는 정범성의 표지를 갖추고</u> 있다고 보여지는 한 그 다른 범인에 대하여 합동절도의 공동정범의 성립을 부정할 이유가 없다고 할 것이다. 형법 제331조 제2항 후단의 규정이 위와 같이 3인 이상이 공모하고 적어도 2인 이상이 합동절도의 범행을 실행

한 경우에 대하여 공동정범의 성립을 부정하는 취지라고 해석할 이유가 없을 뿐
만 아니라, 만일 공동정범의 성립가능성을 제한한다면 직접 실행행위에 참여하지
아니하면서 배후에서 합동절도의 범행을 조종하는 수괴는 그 행위의 기여도가 강
력함에도 불구하고 공동정범으로 처벌받지 아니하는 불합리한 현상이 나타날 수
있다. 그러므로 합동절도에서도 공동정범과 교사범·종범의 구별기준은 일반원칙
에 따라야 하고, 그 결과 범행현장에 존재하지 아니한 범인도 공동정범이 될 수
있으며, 반대로 상황에 따라서는 장소적으로 협동한 범인도 방조만 한 경우에는
종범으로 처벌될 수도 있다.

속칭 삐끼주점의 지배인인 피고인이 피해자로부터 신용카드를 강취하고 신용카
드의 비밀번호를 알아낸 후 현금자동지급기에서 인출한 돈을 삐끼주점의 분배관례
에 따라 분배할 것을 전제로 하여 피고인은 삐끼주점 내에서 피해자를 계속 붙잡
아 두면서 감시하는 동안 공동피고인 갑, 공동피고인 병 및 공소외 을은 피해자의
위 신용카드를 이용하여 현금자동지급기에서 현금을 인출하기로 공모하였고, 그에
따라 갑, 을 병이 편의점에서 합동하여 현금자동지급기에서 현금 4,730,000원을
절취하였다.

[75도2720] 형법 331조 2항 후단 소정 합동절도에는 주관적 요건으로서 공모
외에 객관적 요건으로서 시간적으로나 장소적으로 협동관계가 있는 실행행위의
분담이 있어야 하므로 "갑"이 공모한 내용대로 국도상에서 "을" "병" 등이 당일
마을에서 절취하여 온 황소를 대기하였던 트럭에 싣고 운반한 행위는 시간적으로
나 장소적으로 절취행위와 협동관계가 있다고 할 수 없어 합동절도죄로 문의할
수는 없으나 공동정범에 있어서 범죄행위를 공모한 후 그 실행행위에 직접 가담
하지 아니하더라도 다른 공범자의 죄책을 면할 수 없으니 "갑"의 소위는 본건 공
소사실의 범위에 속한다고 보아지므로 "갑"은 일반 절도죄의 공동정범 또는 합동
절도방조로서의 죄책을 면할 수 없다.

8. 동시범(제19조)

가. 개념

동시범이란 의사 연락 없이 같은 대상에 대해 동시 또는 이시異時에 이루어 **56**
진 두 사람 이상의 행위가 범죄의 결과를 발생시킨 경우를 말한다. 공동정범의
성립요건인 공동의 실행의사와 의사의 연락이 없기 때문에 공범에 해당하지 않
고 단독정범들이 경합하는 경우이다. '동시정범' 또는 '다수정범'이라고도 한다.

나. 효과

57   동시범은 범죄의 결과에 대한 원인행위가 분명하게 밝혀지면 각자를 해당
범죄의 정범으로 처벌하면 된다. 그런데 결과발생의 원인이 된 행위가 누구의
행위인지 밝혀지지 않으면 제19조에 따라 각 행위를 미수범으로 처벌한다. 제19
조는 이를 '독립행위의 경합'이라고 한다. 발생한 결과가 어떤 행위 때문인지 알
수 없다는 것은 각각의 행위는 있는데 그 행위의 결과는 없는 것과 마찬가지이다.
따라서 행위는 있고 결과가 발생하지 않은 '미수범으로 처벌'한다는 것이다.[1]

다. 제19조 동시범의 성립요건

58   제19조는 "동시 또는 이시의 독립행위가 경합한 경우에 그 결과발생의 원
인된 행위가 판명되지 아니한 때에는 각 행위를 미수범으로 처벌한다."고 규정
한다. 따라서 제19조의 동시범이 되어 미수범으로 처벌되기 위해서는 1) 두 사
람 이상의 행위가 있어야 하고, 2) 각자의 행위는 '독립행위'이므로 행위자 사이
에 의사의 연락이 없어야 한다. 3) '동시 또는 이시'라고 하므로 행위의 시간과
장소는 같거나 다를 수 있지만, 4) 행위객체는 동일하여야 한다. 그리고 무엇보
다 5) 결과발생의 원인된 행위가 판명되지 않아야 한다. 원인행위가 판명되면
그 행위의 행위자는 기수범으로, 다른 행위자들은 미수범으로 각각 처벌된다.

라. 상해죄의 동시범 특례(제263조)

59   (1) 특례 규정   총칙의 제19조에 대한 특별예외 규정으로 각칙의 제263조
가 있다. 제263조는 "독립행위가 경합하여 상해의 결과를 발생하게 한 경우에
있어서 원인된 행위가 판명되지 아니한 때에는 공동정범의 예에 의한다."고 한
다. 상해죄의 동시범은 상해를 야기한 원인행위가 밝혀지지 않으면 제19조에 대
한 예외로 미수범이 아닌 공동정범의 예에 따라 처벌한다는 것이다.

60   (2) 특례의 적용범위   '상해의 결과를 발생하게 한 경우'라고 규정되어 있
으므로 폭행치상(제262조)에 대해서도 이 특례를 적용한다는 것이 판례의 입장이
다(2000도2466, 2017헌가10). 판례는 더 나아가 폭행치사(2000도2466)와 상해치사(84
도2118, 80도3321)의 경우에도 제263조의 동시범 특례 규정이 적용된다고 한다.

61   (3) 특례 조항의 위헌성 등   원인행위가 판명되지 않은 상해죄의 동시범

---

1) 동시범은 다수의 행위자가 참여한다는 점에서 공범 또는 공동정범과 관련된 문제라고 할 수
   도 있지만, 제19조가 제17조의 인과관계 규정 다음에 위치하고 있는 점 등을 고려하면 인과
   관계에 대한 특별규정이라고 볼 수 있다.

에 대해 제19조의 예외를 인정하여 미수범이 아니라 공동정범으로 처벌하게 되면 행위자 중 누군가는 자신의 행위로 상해의 결과가 발생하지 않았음에도 기수범으로 처벌되는 문제가 발생한다. 그래서 제263조의 특례조항은 폐지되어야 한다는 것이 학계의 다수견해이고,[1] 법원에서도 위헌심판을 제청한 바 있다(부산지법 2016고단3894). 이 조항이 위헌이라고 하는 이유는 다음과 같다. 1) 상해의 결과에 대하여 진범이 아닌 자에게도 기수 책임을 인정하여 자기 책임 이상의 형벌을 받게 하는 결과를 초래할 수 있으므로 책임주의원칙에 반한다. 2) 상해죄의 동시범에 대해서만 다른 범죄와 다르게 취급함으로써 평등의 원칙에 반한다. 그러나 헌법재판소는 이 조항이 헌법에 위반되지 않는다고 결정하였다(2017헌가10).[2]

62   이러한 이유와 더불어 제263조는 인과관계를 의제하여 피고인이 상해죄 등의 죄책에서 벗어나려면 본인의 행위가 상해의 결과를 야기하지 않았음을 증명하도록 하므로,[3] 형사소송법의 기본적인 증명원칙에 위배되는 규정이다. 또한 제263조에서는 '상해의 결과를 발생한 경우'라고 규정하는데, 상해를 넘어 사망의 결과를 야기한 폭행치사와 상해치사에 대해 특례를 인정하는 것도 큰 문제점으로 지적된다. 결과적 가중범인 상해치사 등에서 사망에 이르게 된 부분은 과실로 야기되는 것인데, 과실범의 공동정범을 부정하는 다수견해의 입장에서는 특례 규정을 적용하여 과실 부분에 대해 공동정범을 인정하는 것을 수용할 수 없는 것이다.

63   [84도2118] 갑은 을, 병, 정 등과 뱃놀이를 하면서 술을 마셔 만취된 상태에서 술을 더 마시자고 의논이 되어 사건현장 술집에 가게 되었는데, 갑과 을이 앞서 가다가 갑이 마루에 걸터 앉아 있던 피해자 앞을 지나면서 그의 발을 걸은 것이 발단이 되어 시비가 일어나자, 을은 피해자의 가슴을 한 번 밀친 후 바로 현장을 떠났는데, (1) 화가 난 갑이 손으로 피해자의 멱살을 잡아 흔들다 뒤로 밀어버려

---

1) 배종대 [126] 5 이하; 오영근 458면 이하; 홍영기 [42] 9 이하 등.
2) 다만 이 결정에서 헌법재판관 중 과반인 5명이 위헌의견을 표명하였으므로, 이 조항의 위헌성은 인정된 것으로 볼 수 있다. 다만 위헌결정의 정족수인 6명에 미달하여 위헌결정이 되지 않은 것이다(헌법재판소법 제23조 ②항 1호). 사실상의 위헌의견이 입법으로 반영되어야 한다.
3) 위의 헌법재판소 결정에서 4명의 합헌의견은 "피고인도 자신의 행위와 상해의 결과 사이에 개별 인과관계가 존재하지 않음을 입증하여 상해의 결과에 대한 책임에서 벗어날 수 있다."는 것을 합헌의 이유 중 일부로 제시하고 있다. 납득할 수 없는 일이다.

피해자로 하여금 그곳 토방 시멘트바닥에 넘어져 나무기둥에 뒷머리를 부딪치게 하였고, (2) 이때 뒤따라 들어오던 병이 그 장면을 보고 피해자에게 달려들어 양 손으로 멱살을 잡고 흔들다가 밀어서 피해자를 뒤로 넘어뜨려 피해자로 하여금 뒷머리를 토방 시멘트바닥에 또 다시 부딪치게 하였으며, (3) 병은 이에 이어서 그곳 부엌 근처에 있던 삽을 들고 피해자의 얼굴 우측부위를 1회 때려 피해자로 하여금 넘어지면서 뒷머리를 장독대 모서리에 부딪치게 하여, 그 결과 피해자로 히여금 뇌저부경화동맥피열상을 입게 하여 사망에 이르게 하였다.

원심 법원은 갑과 병을 상해치사의 공동정범으로 처벌하였는데, 대법원은 갑과 병 사이에 의사의 연락이 없으므로 제30조의 공동정범이라 할 수 없고, 제263조 의 동시범 특례에 해당하여 상해치사의 공동정범으로 처벌할 수 있는지를 심사하 여야 한다고 하였다.

Ⅲ. 교사범(제31조)

1. 의의

가. 개념

64   제31조 ①항은 "타인을 교사하여 죄를 범하게 한 자는 죄를 실행한 자와 동일한 형으로 처벌한다."라고 규정하고 있다. 교사범은 다른 사람이 범죄를 결 의하여 실행하게 한 자이다.

나. 구별 개념

65   1) 공동정범은 기능적 행위지배를 통해 자신의 범죄를 하는 정범이고, 교 사범은 행위지배가 없는 공범이라는 점에서 구별된다. 또한 2) 종범은 범죄결의 가 있는 다른 사람을 방조하는 공범이고, 교사범은 다른 사람에게 범죄를 결의 하도록 하고 실행하게 한다는 점에서 구별된다. 그리고 3) 간접정범과 교사범은 다른 사람으로 하여금 범죄를 실행하도록 한다는 점에서 유사하다. 그러나 간접 정범은 행위자의 의사를 지배한 자로서 정범이 되고 행위자는 무죄가 되지만, 교사범은 공범으로서 실행행위자가 유죄인 정범이 된다는 점에서 구별된다.

2. 교사범의 성립 요건

가. 교사자의 교사 행위

66   (1) 교사 '교사'는 정범이 되는 다른 사람에게 범죄의 결의를 갖게 하는

것이다. 따라서 이미 범죄를 결의한 사람에게 같은 범죄를 하도록 하는 것은 교사가 되지 않는다(2010도13694). 이미 범죄를 결의한 사람에게 가중적인 구성요건을 교사하는 경우에는 전체 범죄에 대한 교사범이 성립한다는 것이 다수견해이다.

(2) **교사행위의 수단**   교사행위의 수단에는 특별한 제한이 없으며, 범죄 **67** 결의에 영향을 미칠 수 있을 정도이면 된다. 여러 사람이 공동의 의사로 행위자에게 교사하는 공동교사도 가능하며, 다른 사람을 통한 간접교사나 재교사도 가능하다(91도3192). 다만 피교사자에게 적극적으로 범죄의 결의를 갖게 해야 하므로 부작위나 과실에 의한 교사는 성립할 수 없다. 그리고 강요나 기망 등 행위자의 의사를 지배하는 경우에는 간접정범이 될 수 있다.

(3) **교사의 특정성**   교사행위는 특정 범죄에 대한 결의를 갖게 하는 것이 **68** 어야 한다. 막연히 죄를 범하라고 하는 것은 교사라 할 수 없다. 교사의 특정성은 어떤 범죄인지를 구별할 수 있을 정도이면 되고, 범행의 방법이나 일시 등을 구체적으로 제시하는 정도를 의미하는 것은 아니다(2012도1101).

[91도542] 가. 피교사자가 이미 범죄의 결의를 가지고 있을 때에도 교사범이 성립 **69** 할 수 있는지(소극) : 교사범이란 타인(정범)으로 하여금 범죄를 결의하게 하여 그 죄를 범하게 한 때에 성립하는 것이고 피교사자는 교사범의 교사에 의하여 범죄실행을 결의하여야 하는 것이므로, 피교사자가 이미 범죄의 결의를 가지고 있을 때에는 교사범이 성립할 여지가 없다.

나. 교사의 수단·방법과 범행의 특정 정도 : 막연히 "범죄를 하라"거나 "절도를 하라"고 하는 등의 행위만으로는 교사행위가 되기에 부족하다 하겠으나, 타인으로 하여금 일정한 범죄를 실행할 결의를 생기게 하는 행위를 하면 되는 것으로서 교사의 수단방법에 제한이 없다 할 것이므로, 교사범이 성립하기 위하여는 범행의 일시, 장소, 방법 등의 세부적인 사항까지 특정하여 교사할 필요는 없고, 정범으로 하여금 일정한 범죄의 실행을 결의할 정도에 이르게 하면 교사범이 성립된다.

다. 피고인이 갑, 을, 병이 절취하여 온 장물을 상습으로 19회에 걸쳐 시가의 3분의1 내지 4분의 1의 가격으로 매수하여 취득하여 오다가, 갑, 을에게 일제 도라이바 1개를 사주면서 "병이 구속되어 도망다니려면 돈도 필요할텐데 열심히 일을 하라"고 말하였다면, 그 취지는 종전에 병과 같이 하던 범위의 절도를 다시 계속하면 그 장물은 매수하여 주겠다는 것으로서 절도의 교사가 있었다고 보아야 한다.

나. 교사범의 고의

70   교사범에게는 '교사의 고의'와 '정범의 고의'라는 이중의 고의가 있어야 한다. 교사의 고의는 정범에게 범죄의 결의를 가지게 한다는 인식이고, 정범의 고의는 정범에 의하여 범죄를 실현한다는 인식이다. 정범에 대한 인식으로 피교사자는 특정되어야 하지만, 누구인지 구체적 신원까지 알 필요는 없다. 그리고 범죄에 대한 인식은 매우 구체적일 필요는 없고, 개별적, 구체적 사건으로 인식될 수 있는 본질적 표지에 대한 인식이면 된다.

다. 피교사자의 실행행위

71   **(1) 피교사자의 결의와 범죄 실행**   피교사자는 교사자의 교사에 의해 범죄실행의 결의를 하여야 하고, 실행행위를 하여야 한다. 교사자의 교사행위와 피교사자의 결의 사이에는 인과관계가 있어야 한다. 다만, 교사자의 교사행위가 정범의 범행에 대한 유일한 원인일 필요는 없고, 교사행위로 범죄를 결의하였다면 피교사자에게 다른 이유가 있어 범죄를 실행한 경우에도 교사범이 성립한다 (2012도2744). 정범인 피교사자의 실행행위가 구성요건과 위법성을 갖추면 교사는 성립하고, 정범에게 책임이 인정되지 않더라도 교사점의 죄책은 부정되지 않는다.

72   **(2) 효과 없는 교사와 실패한 교사**   교사를 받은 자가 범죄의 실행을 승낙하고 실행의 착수에 이르지 아니한 때에는 교사자와 피교사자를 음모 또는 예비에 준하여 처벌한다(제31조 ②항). 이를 '효과 없는 교사'라고 한다. 교사를 받은 자가 범죄의 실행을 승낙하지 않는 때에는 교사자만 음모 또는 예비에 준하여 처벌한다(제31조 ③항). 이를 '실패한 교사'라고 한다. 교사행위와 피교사자의 범죄 결의 사이에 인과관계가 없을 때에도 실패한 교사가 되는 것으로 본다.

73   [2012도2744] [2] 피교사자가 교사자의 교사행위 당시에는 범행을 승낙하지 아니한 것으로 보여진다 하더라도 이후 그 교사행위에 의하여 범행을 결의한 것으로 인정되는 이상 교사범의 성립에는 영향이 없다.
      [3] 피고인이 결혼을 전제로 교제하던 여성 갑의 임신 사실을 알고 수회에 걸쳐 낙태를 권유하였다가 거부당하자, 갑에게 출산 여부는 알아서 하되 더 이상 결혼을 진행하지 않겠다고 통보하고, 이후에도 아이에 대한 친권을 행사할 의사가 없다고 하면서 낙태할 병원을 물색해 주기도 하였는데, 그 후 갑이 피고인에게 알리

지 아니한 채 자신이 알아본 병원에서 낙태시술을 받은 사안에서, 피고인은 갑에
게 직접 낙태를 권유할 당시 뿐만 아니라 출산 여부는 알아서 하라고 통보한 이후
에도 계속 낙태를 교사하였고, 갑은 이로 인하여 낙태를 결의·실행하게 되었다고
보는 것이 타당하며, 갑이 당초 아이를 낳을 것처럼 말한 사실이 있다는 사정만으
로 피고인의 낙태교사행위와 갑의 낙태결의 사이에 인과관계가 단절되는 것은 아
니라는 이유로, 피고인에게 낙태교사죄를 인정한 원심판단을 정당하다고 한 사례.

3. 관련 문제

가. 피교사자의 착오

피교사자가 교사자가 교사한 범행의 대상을 착오하여 다른 사람에게 범죄 **174**
를 실행한 경우, 학설에 의하면 구체적 부합설에 따라 객체의 착오라면 교사범
성립에 영향이 없고, 방법의 착오라면 교사범은 교사한 행위의 미수와 실현된
범죄의 과실로 처벌되며, 상상적 경합이 된다. 그러나 피교사자의 객체 착오는
교사자에게는 방법의 착오가 된다는 견해도 있다.[1] 판례는 이러한 경우 법정적
부합설에 따라 교사범의 성립에 영향이 없다고 한다(91도3192).

나. 피교사자의 초과 실행

피교사자가 교사받은 내용보다 초과하여 범죄를 실행한 경우, 교사자는 교 **75**
사한 범위에서만 교사범의 죄책을 진다. 다만 교사자가 초과된 결과를 예견할
수 있었으면 결과적 가중범의 교사범으로 처벌될 수 있다. 예를 들어 교사자가
피교사자에게 상해를 교사하였는데 피교사자가 이를 넘어 살인을 실행한 경우,
일반적으로 교사자는 상해의 교사범이 되지만, 교사자에게 피해자의 사망에 대
한 과실 또는 예견가능성이 있으면 상해치사의 교사범으로 처벌될 수 있다(2002
도4089, 97도1075).

다. 교사자의 공범관계 이탈

교사자가 공범관계를 이탈하여 교사범의 죄책을 부담하지 않으려면 1) 피 **76**
교사자가 실행에 착수하기 전에 피교사자의 범행 결의를 해소해야 하고, 2) 피
교사자의 범죄 실행을 방지하기 위해 진지한 노력을 다하여야 한다. 교사자에게
교사의 고의가 더 이상 존재하지 않고 피교사자의 범죄결의가 해소된 것으로

---

1) 김일수/서보학 488면 이하; 오영근 406면 이하.

평가될 수 있으면, 그 후 피교사자가 범행을 실행하더라도 교사자는 교사범의 죄책을 부담하지 않는다(2012도7407).

77   [2012도7407] [1] 교사자가 공범관계로부터 이탈하여 교사범의 죄책을 부담하지 않기 위한 요건 : 교사범이 그 공범관계로부터 이탈하기 위해서는 피교사자가 범죄의 실행행위에 나아가기 전에 교사범에 의하여 형성된 피교사자의 범죄 실행의 결의를 해소하는 것이 필요하고, 이때 교사범이 피교사자에게 교사행위를 철회한다는 의사를 표시하고 이에 피교사자도 그 의사에 따르기로 하거나 또는 교사범이 명시적으로 교사행위를 철회함과 아울러 피교사자의 범죄 실행을 방지하기 위한 진지한 노력을 다하여 당초 피교사자가 범죄를 결의하게 된 사정을 제거하는 등 제반 사정에 비추어 객관적·실질적으로 보아 교사범에게 교사의 고의가 계속 존재한다고 보기 어렵고 당초의 교사행위에 의하여 형성된 피교사자의 범죄 실행의 결의가 더 이상 유지되지 않는 것으로 평가할 수 있다면, 설사 그 후 피교사자가 범죄를 저지르더라도 이는 당초의 교사행위에 의한 것이 아니라 새로운 범죄 실행의 결의에 따른 것이므로 교사자는 형법 제31조 제2항에 의한 죄책을 부담함은 별론으로 하고 형법 제31조 제1항에 의한 교사범으로서의 죄책을 부담하지는 않는다고 할 수 있다.

   [2] 교사범이 성립하기 위해 교사범의 교사가 정범의 범행에 대한 유일한 조건일 필요는 없으므로, 교사행위에 의하여 피교사자가 범죄 실행을 결의하게 된 이상 피교사자에게 다른 원인이 있어 범죄를 실행한 경우에도 교사범의 성립에는 영향이 없다.

   갑은 2011. 11. 초순경과 2011. 11. 20.경 을에게 전화하여 피해자의 불륜관계를 이용하여 공갈할 것을 교사한 사실, 이에 을은 2011. 11. 24.경부터 피해자를 미행하여 2011. 11. 30.경 피해자가 여자와 함께 호텔에 들어가는 현장을 카메라로 촬영한 후 갑에게 이를 알린 사실, 그러나 갑은 2011. 12. 7.경부터 2011. 12. 13.경까지 을에게 여러 차례 전화하여 그 동안의 수고비로 500만 원 내지 1,000만 원을 줄 테니 촬영한 동영상을 넘기고 피해자를 공갈하는 것을 단념하라고 하여 범행에 나아가는 것을 만류한 사실, 그럼에도 을은 갑의 제안을 거절하고 2011. 12. 9.경부터 2011. 12. 14.경까지 위와 같이 촬영한 동영상을 피해자의 핸드폰에 전송하고 전화나 문자메시지 등으로 1억 원을 주지 않으면 여자와 호텔에 들어간 동영상을 가족과 회사에 유포하겠다고 피해자에게 겁을 주어 2011. 12. 14.경 피해자로부터 현금 500만 원을 교부받은 사실이 인정된다. 원심과 대법원은 위 인정 사실을 토대로 갑이 공범관계에서 이탈하였다는 주장을 배척하였다.

Ⅳ. 종범(제32조)

1. 의의

가. 개념

제32조 ①항은 "타인의 범죄를 방조한 자"를 종범으로 규정한다. 그리고 **78**
②항은 "종범의 형은 정범의 형보다 감경한다."라고 하여 종범이 '타인'인 정범
의 존재를 전제로 하며, 정범보다 불법의 정도가 무겁지 않음을 밝히고 있다.
종범은 정범의 구성요건 실행을 '방조'하는 자인데, 방조는 일반적으로 '곁에서
돕는' 것을 의미하므로, 종범은 정범의 구성요건 실행이 가능하게 하거나, 쉽게
하거나, 정범의 법익침해를 강화하는 자라고 할 수 있다.

나. 형법 각칙의 방조 범죄

제32조의 '방조'는 공범인 종범이 정범을 돕는 행위이지만, 형법 각칙에는 **79**
'방조' 또는 '원조'하는 행위가 정범의 구성요건 행위인 범죄들이 있다. 예를 들
어 간첩방조(제98조 ①항), 도주원조(제147조), 아편흡식 등 장소제공(제201조 ②항),
자살방조(제252조 ②항) 등이 그러하다. 이러한 각칙의 방조 범죄는 독립된 구성
요건으로서 정범의 행위가 되므로 제32조가 적용되지 않는다(86도1429).

2. 종범의 성립요건

가. 방조 행위

(1) **방조**　'방조'란 정범의 구체적인 범행준비나 범행사실을 알고 그 실행 **80**
행위를 가능하게 하거나 촉진하거나 용이하게 하는 지원행위 또는 정범의 범죄
행위가 종료하기 전에 정범에 의한 법익 침해를 강화·증대시키는 행위로서, 정
범의 범죄 실현과 밀접한 관련이 있는 행위를 말한다(2022도15537, 2020도7866 등).
방조의 수단과 방법에는 특별한 제한이 없다. 유형적·물질적 방조는 물론 무형
적·정신적 방조도 가능하다(2018도7658). 보증인적 지위에 있는 자가 부작위의
방법으로 방조하는 경우에도 종범이 성립한다(2003도4128, 96도1639).

(2) **방조의 시기**　방조는 정범의 실행행위 전부터 정범의 범죄가 실질적 **81**
으로 종료될 때까지 가능하며, 정범의 범죄종료 후의 이른바 '사후방조'는 종범
이라고 볼 수 없다(2009도1518, 82도122). 정범의 실행 착수 전에 장래의 실행행위
를 예상하고 이를 방조하는 경우에도 종범이 성립한다(2010도9500, 2002도995 등).

성범이 실행에 착수하시 않고 예비에 그친 경우에는, 이를 방조해도 예비의 공동정범이 되는 때를 제외하고 종범으로 처벌할 수 없다(79도552).

82   (3) 인과관계   방조행위와 정범의 실행행위 사이에 인과관계가 필요한지에 대해서는 필요하다는 견해와 불필요하다는 견해가 대립하지만, 필요하다는 것이 다수견해이며 판례이다(2022도15537, 2017도19025 전합 등).

나. 종범의 고의

83   종범은 정범의 실행을 방조한다는 방조의 고의와 정범의 행위가 구성요건에 해당하는 행위인 점에 대한 인식, 곧 정범의 고의가 있어야 한다(2022도15537, 2018도7658 등). 1) **정범의 고의**는 정범에 의하여 실현되는 범죄의 구체적 내용을 인식할 것을 의미하는 것은 아니고, 미필적 인식 또는 예견으로 충분하며(2010도9500, 2018도7658 등), 정범이 누구에 의하여 실행되어지는지를 확실히 인식할 필요도 없다(76도4133). 2) 종범은 정범과의 의사연락이 없는 **편면적 방조**도 가능하다는 점에서 공동정범과 구별된다(74도509). 따라서 정범이 방조행위를 인식하지 못한 경우라도 종범에게 방조의 고의와 정범의 고의가 있으면 종범이 성립한다. 3) 종범의 인식과 정범의 실행 사이에 **착오**가 있고 양자의 구성요건이 다른 경우에는 원칙적으로 종범의 고의가 조각되지만, 구성요건이 중첩되는 부분이 있으면 중복되는 범위내에서 종범의 죄책인 인정된다(84도2987).

다. 정범의 실행행위

84   방조범은 종범으로서 정범의 존재를 전제로 하는 것이므로, 정범의 범죄행위 없이 방조범만 따로 성립될 수는 없다(2016도12865). 편면적 종범에서도 정범의 범죄행위 없이 방조범만이 성립될 수 없다(74도509). 정범의 행위가 미수에 그치더라도 종범은 성립한다.

3. 종범의 처벌

85   종범의 형은 정범의 형보다 감경한다(제32조 ②항). 여기서 감경한다는 것은 법정형을 정범보다 감경한다는 것이지 선고형을 감경한다는 것이 아니므로, 종범에 대한 선고형이 정범보다 무겁다 하더라도 위법이라 할 수 없다(2015도8408, 2002도5085)는 점에 유의해야 한다.

[2003도4128] [3] 형법상 방조행위는 정범의 실행을 용이하게 하는 직접, 간접의 86
모든 행위를 가리키는 것으로서 작위에 의한 경우뿐만 아니라 부작위에 의하여도
성립되는 것이다.

　[5] 인터넷 포털 사이트 내 오락채널 총괄팀장과 위 오락채널 내 만화사업의
운영 직원인 피고인들에게, 콘텐츠제공업체들이 게재하는 음란만화의 삭제를 요
구할 조리상의 의무가 있다고 하여, 구 전기통신기본법 제48조의2 위반 방조죄의
성립을 긍정한 사례.

[2010도9500] [1] 형법상 방조행위는 정범이 범행을 한다는 정을 알면서 그 실행
행위를 용이하게 하는 직접·간접의 모든 행위를 가리키는 것으로서, 그 방조는
정범의 실행행위 중에 이를 방조하는 경우뿐만 아니라, 실행 착수 전에 장래의
실행행위를 예상하고 이를 용이하게 하는 행위를 하여 방조한 경우에도 성립한다.

　[2] 방조범 성립요건으로서 '고의'의 의미와 정도 : 방조범은 정범의 실행을 방
조한다는 이른바 방조의 고의와 정범의 행위가 구성요건에 해당하는 행위인 점에
대한 정범의 고의가 있어야 하며, 또한 방조범에 있어서 정범의 고의는 정범에
의하여 실현되는 범죄의 구체적 내용을 인식할 것을 요하는 것은 아니고 미필적
인식 또는 예견으로 충분하다.

[2017도19025 전합] 저작권 침해물 링크 사이트에서 침해 게시물로 연결되는 링
크를 제공하는 경우 등과 같이, 링크 행위는 그 의도나 양태에 따라서는 공중송
신권 침해와 밀접한 관련이 있는 것으로서 그 행위자에게 방조 책임의 귀속을 인
정할 수 있다. 다만 행위자가 링크 대상이 침해 게시물 등이라는 점을 명확하게
인식하지 못한 경우에는 방조가 성립하지 않고, 침해 게시물 등에 연결되는 링크
를 영리적·계속적으로 제공한 정도에 이르지 않은 경우 등과 같이 방조범의 고의
또는 링크 행위와 정범의 범죄 실현 사이의 인과관계가 부정될 수 있거나 법질서
전체의 관점에서 살펴볼 때 사회적 상당성을 갖추었다고 볼 수 있는 경우에는 공
중송신권 침해에 대한 방조가 성립하지 않을 수 있다.

[2022도649] 피고인은, ① 2020. 12. 21.경부터 보이스피싱 사기 범행에 사용된다
는 사정을 알면서도 유령법인 설립, 그 법인 명의 계좌 개설 후 그 접근매체를
텔레그램 대화명 '(대화명 생략)'에게 전달 유통하는 등의 행위를 계속하였고, ②
2021. 1. 중순경 보이스피싱 조직원의 제안에 따라 이른바 '전달책' 역할을 승낙하
였으며, ③ 이에 따라 피고인의 지시를 받은 공소외인은 2021. 1. 20.경부터, 피고
인은 2021. 1. 28.부터 모두 '전달책'에 해당하는 실행행위를 한 사실이 인정된다.
피고인의 이러한 접근매체 전달·유통행위는 보이스피싱 사기 범행에 사용된다는
정을 알면서도 정범이 실행에 착수하기 이전부터 장래의 실행행위를 예상하고서
이를 용이하게 하는 유형적·물질적 방조행위이고, 이러한 상태에서 '전달책' 역할

까지 승낙한 행위 역시 정범의 범행 결의를 강화시키는 무형적·정신적 방조행위이므로, 피고인은 '전달책'으로서 실행행위를 한 시기에 관계 없이 피해자들에 대한 사기죄의 종범에 해당한다.

[2022도15537] [1] '방조'란 ... 정범에 종속하여 성립하는 범죄이므로 방조행위와 정범의 범죄 실현 사이에는 인과관계가 필요하다. 방조범이 성립하려면 방조행위가 정범의 범죄 실현과 밀접한 관련이 있고 정범으로 하여금 구체적 위험을 실현시키거나 범죄 결과를 발생시킬 기회를 높이는 등으로 정범의 범죄 실현에 현실적인 기여를 하였다고 평가할 수 있어야 한다. 정범의 범죄 실현과 밀접한 관련이 없는 행위를 도와준 데 지나지 않는 경우에는 방조범이 성립하지 않는다.

　　[2] 박사방 운영진이 음란물 배포 목적의 텔레그램 그룹(이하 '미션방'이라 한다)을 만들고 특정 시간대에 미션방참여자들이 인터넷 포털사이트에 일제히 특정 검색어를 입력함으로써 실시간 급상승 검색어로 노출되도록 하는 이른바 '실검챌린지'를 지시하여 불특정 다수의 텔레그램 사용자들로 하여금 정해진 시간에 미션방에 참여하게 한 다음 특정 시점에 미션방에 피해자(여, 18세)에 대한 음란물을 게시한 것과 관련하여, 피고인이 박사방 운영진의 지시에 따라 4회에 걸쳐 검색어를 입력하고 미션방과 박사방 관련 채널에 검색사실을 올려 인증함으로써 박사방 운영진에 의한 아동·청소년 이용 음란물 배포행위를 방조하였다는 내용으로 기소된 사안에서, 피고인이 미션방에 참여하여 박사방 운영진의 지시 및 공지 내용을 인식하였다거나 검색어 자체만으로 '아동·청소년 이용 음란물 배포'의 범죄행위를 위한 것임을 알았다고 보기 어려운 이상 방조의 고의는 물론 정범의 고의가 있었다고 단정하기 어렵고, 나아가 검색 경위 및 피고인의 검색 시점으로부터 약 21시간 내지 24시간이 지난 시점에서야 박사방 운영진이 아동·청소년 이용 음란물을 배포한 사정에 비추어, ... 박사방의 운영진이 특정 검색어가 당시 화제가 되고 있음에 편승하여 이에 관심을 가진 사람을 미션방으로 유도하여 음란물 판매를 촉진하려는 의도로 시작한 실검챌린지 등에 단순히 이용된 것으로 볼 여지가 있고, 달리 피고인의 각 행위와 정범의 범죄 실현 사이에 밀접한 관련성 등 인과관계를 인정하거나 피고인의 각 행위가 정범의 범죄 실현에 현실적인 기여를 하였다고 단정하기 어렵다는 이유로, 공소사실을 유죄로 인정한 원심의 판단에 '방조'에 관한 법리오해 등의 잘못이 있다고 한 사례.

Ⅴ. 공범과 신분(제33조)

1. 문제의 소재

87　　신분이 범죄의 성립이나 형벌의 가중·감경에 영향을 미치는 신분범에서

신분 있는 자와 비신분자가 공범관계에 있을 때, 이들을 각각 어떻게 처리할 것
인지가 문제된다. 이에 대해 형법 제33조는 "신분이 있어야 성립되는 범죄에 신
분 없는 사람이 가담한 경우에는 그 신분 없는 사람에게도 제30조부터 제32조
까지의 규정을 적용한다. 다만, 신분 때문에 형의 경중이 달라지는 경우에 신분
이 없는 사람은 무거운 형으로 벌하지 아니한다."라고 규정하고 있다. 그런데
제33조를 어떻게 해석할지에 대해서도 견해의 차이가 있다.

2. 형법 제33조의 해석

가. 본문과 단서의 관계

(1) **다수견해**   먼저 문제되는 것은 제33조의 본문과 단서의 규율 대상에   **88**
대한 문제이다. 다수견해에 따르면 본문은 진정신분범에 대한 규정이고, 단서는
부진정신분범에 대한 규정이다.[1] 본문과 단서에서 각각 진정신분범과 부진정신
분범의 공범성립 및 과형科刑에 대해 규정한다는 것이다. 따라서 비신분자가 부
진정신분범의 공범이 되더라도 비신분자는 일반범에 해당하고 일반범의 법정형
으로 처벌된다. 이러한 해석은 1) 본문의 '신분이 있어야 성립되는 범죄'는 진정
신분범을 의미한다고 보아야 하고, 2) 부진정신분범에게도 본문을 적용하면 진
정신분범의 과형에 대한 규정은 없게 된다는 것을 근거로 한다.

(2) **판례**   그러나 판례와 일부 학설[2]은 본문이 진정신분범과 부진정신분   **89**
범의 공범성립에 대한 규정이고, 단서는 부진정신분범의 과형에 대해서 규정하
는 것이라고 한다. 따라서 비신분자가 부진정신분범의 공범으로 가담하면 신분
범에 해당하되, 일반범의 법정형에 따라 처벌된다(2021도5000, 86도1517 등)[3] 이러
한 판례의 해석은 1) 단서는 부진정신분범에 대한 규정임이 명백하지만, 본문이
진정신분범에 대해서만 적용된다는 근거가 없다는 점, 2) 본문을 진정신분범에
게만 적용하면 부진정신분범의 경우 공범성립의 근거가 없다는 점을 근거로 제
시한다.

(3) **결론**   다수견해와 판례의 해석은 진정신분범의 공범에 대해서는 차이   **90**

---

1) 김일수/서보학 502면 이하; 배종대 [150] 2 이하; 이재상/장영민/강동범 §36 7 이하 등.

2) 오영근 440면.

3) [2018도10047] 신분관계가 없는 자가 그러한 신분관계 있는 자와 공모하여 업무상배임죄를
   저질렀다면, 그러한 신분관계가 없는 공범에 대하여는 형법 제33조 단서에 따라 단순배임죄
   에서 정한 형으로 처단하여야 한다. 이 경우에는 신분관계 없는 공범에게도 같은 조 본문에
   따라 일단 신분범인 업무상배임죄가 성립하고 다만 과형에서만 무거운 형이 아닌 단순배임
   죄의 법정형이 적용된다.

가 없고, 부진정신분범의 공범에 대한 과형의 근거에서 차이가 있다. 그런데 판례에 의하더라도 부진정신분범의 공범은 제33조 단서 때문에 형이 더 무거운 신분범의 법정형이 아닌 일반범죄의 법정형에 따라 처벌되므로, 결국 부진정신분범에 가담한 비신분자의 처벌은 동일하다. 예를 들어 아버지를 살해하는 아들의 범죄에 가담한 친구는 다수견해에 따르면 일반살인죄에 해당하고 일반살인죄의 법정형으로 처벌되지만, 판례에 따르면 존속살해죄에 해당하고 일반살인죄의 법정형으로 처벌된다. 따라서 논란의 실익이 크지 않다. 다만 성립되는 범죄의 법정형에 따라 결정되는 공소시효에서 차이가 발생할 수 있을 뿐이다. 제33조 단서의 '무거운 형으로 벌하지 아니한다'에 대한 다수견해와 판례의 해석은 나름의 이유가 있으므로, 이와 같이 애매할 때에는 다수견해의 해석을 따르는 것이 형법의 해석 원리에 부합한다. 처벌의 정도에서 차이가 없기 때문에 더욱 그러하다.

나. 제33조 본문의 해석

91   제33조 본문의 '신분이 있어야 성립될 범죄'는 진정신분범을 의미한다는 것이 다수견해이고, 판례는 진정신분범과 부진정신분범을 의미한다고 해석한다. 그리고 '신분 없는 사람에게도 제30조부터 제32조까지의 규정을 적용한다'라고 규정하므로 비신분자도 신분 있는 자와 공동정범이 될 수 있고, 신분 있는 정범에 대한 교사범이나 종범이 될 수 있다.

다. 제33조 단서의 해석

92   '신분 때문에 형의 경중이 달라지는 경우'는 부진정신분범을 의미한다는 데에는 해석의 차이가 없다. 문제는 '무거운 형으로 벌하지 아니한다.'를 어떻게 해석할 것인가이다. 부진정신분범의 처벌이 더 무거운 경우에는 해석의 문제가 없다. 하지만 부진정신분범의 처벌이 더 가벼운 경우, '무거운 형으로 벌하지 아니한다.'를 '가벼운 형으로 벌한다.'의 의미로 반대해석할 수 있는지가 문제된다. 이를 긍정하는 견해도 있지만, 다수견해는 제33조의 단서의 취지는 무거운 형으로 처벌하는 것만 금지하는 것이므로 이런 경우 더 가볍게 처벌하는 것이 아니라 일반범죄에 정한 형에 따라 처벌하는 것으로 해석한다. 판례도 같은 취지이다.[1]

---

1) [93도1002] 신분관계로 인하여 형의 경중이 있는 경우에 신분이 있는 자가 신분이 없는 자를 교사하여 죄를 범하게 한 때에는 형법 제33조 단서가 형법 제31조 제1항에 우선하여 적용됨으로써 신분이 있는 교사범이 신분이 없는 정범보다 중하게 처벌된다.

Ⅵ. 간접정범(제34조)

1. 의의

가. 개념

제34조 ①항은 간접정범에 대해 "어느 행위로 인하여 처벌되지 아니하는 **93**
자 또는 과실범으로 처벌되는 자를 교사 또는 방조하여 범죄행위의 결과를 발
생하게 한 자"로 규정하고 있다. 여기서 '교사 또는 방조하여'는 교사범 또는 종
범과 같은 의미가 아니고, 타인을 이용하는 행위를 말하는 것이다. 따라서 간접
정범은 타인을 생명 있는 도구로 이용하여 간접적으로 범행하는 자를 말한다.

나. 구별 개념

간접정범과 교사범은 다른 사람을 통해 범죄한다는 점에서 유사한 면이 있 **94**
다. 그러나 교사범에서 범죄를 실행하는 자는 정범으로 처벌되고 교사범이 공범
이 되는 반면, 간접정범에서 이용당하는 사람은 처벌되지 않고 간접정범이 정범
으로 처벌된다는 점에서 양자는 구별된다.[1] 그리고 간접정범이 정범이 된다는
것은 공동정범과 유사하지만, 공동정범은 공동의 실행의사를 기초로 하여 실행
행위를 분담하고, 간접정범은 실행행위를 직접 하지 않고 도구로 이용당하는 타
인에 대한 의사지배를 통해 범죄를 실현한다는 것이 양자의 차이점이다.

2. 간접정범의 성립요건

가. 피이용자

(1) **구성요건해당성이 없는 자**　간접정범의 이용 대상이 되는 사람은 '어 **95**
느 행위로 인하여 처벌되지 아니하는 자' 또는 '과실범으로 처벌되는 자'이다.
'처벌되지 아니하는 자'에는 먼저 구성요건해당성이 없는 행위자가 있다. 여기에
는 먼저 1) **구성요건의 행위주체에 해당하지 않는 자**를 이용하는 경우가 있다. 예
를 들어 신분이 있어야만 처벌되는 범죄에서 신분이 있는 자가 신분 없는 자를
이용해서 범죄하는 경우 신분 있는 자만 간접정범으로 처벌된다. 다음으로 2)

---

1) [2017도3894] 간접정범을 통한 범행에서 피이용자는 간접정범의 의사를 실현하는 수단으로
　　서의 지위를 가질 뿐이므로, 피해자에 대한 사기범행을 실현하는 수단으로서 타인을 기망하
　　여 그를 피해자로부터 편취한 재물이나 재산상 이익을 전달하는 도구로서만 이용한 경우에
　　는 편취의 대상인 재물 또는 재산상 이익에 관하여 피해자에 대한 사기죄가 성립할 뿐 도구
　　로 이용된 타인에 대한 사기죄가 별도로 성립한다고 할 수 없다.

행위객체에 해당하지 않는 자를 이용하는 경우가 있다. 행위객체를 '타인'으로 규정한 구성요건에서 피해자가 자기 자신을 행위객체로 하도록 이용하면 간접정범이 성립한다. 판례는 피해자를 도구로 삼아 피해자에 대하여 추행행위를 하도록 한 행위자에 대해 강제추행죄의 간접정범을 인정한 바 있다(2016도17733). 그리고 3) **주관적 구성요건인 고의 없는 행위자를 이용하는 경우**가에도 간접정범이 성립한다.[1] 특별한 주관적 구성요건요소인 목적 없는 행위자를 이용하는 경우에도 마찬가지이다.

96   **(2) 위법성 또는 책임이 없는 자**   1) 위법성 조각사유가 있는 자를 이용하는 경우에도 '처벌되지 아니하는 자'를 이용하는 것이 된다. 타인의 정당행위, 정당방위, 긴급피난 등을 이용하는 경우를 생각해 볼 수 있는데, 정당행위를 이용하는 경우(2003도3945)를 제외하면 현실의 사례가 될 수 있는 가능성은 높지 않다. 2) **책임 없는 자를 이용하는 경우**에도 간접정범이 성립할 수 있다. 곧, 이용자가 피이용자의 책임무능력 또는 책임조각사유를 인식하고 우월한 의사지배에 의하여 그를 이용하면 간접정범이 성립하고, 이용자의 의사지배가 없고 피이용자도 범죄의 의사로 행위하면 교사범 또는 종범이 된다. 공범은 위법성까지만 정범의 범죄에 종속되기 때문에, 피이용자가 책임이 없어 처벌되지 않더라도 이용자만 교사범으로 처벌될 수 있는 것이다.

97   **[2003도3945]** 감금죄는 간접정범의 형태로도 행하여질 수 있는 것이므로, 인신구속에 관한 직무를 행하는 자 또는 이를 보조하는 자가 피해자를 구속하기 위하여 진술조서 등을 허위로 작성한 후 이를 기록에 첨부하여 구속영장을 신청하고, 진술조서 등이 허위로 작성된 정을 모르는 검사와 영장전담판사를 기망하여 구속영장을 발부받은 후 그 영장에 의하여 피해자를 구금하였다면 형법 제124조 제1항의 직권남용감금죄가 성립한다.

   [2016도17733] 강제추행죄는 사람의 성적 자유 내지 성적 자기결정의 자유를 보호하기 위한 죄로서 정범 자신이 직접 범죄를 실행하여야 성립하는 <u>자수범이라고 볼 수 없으므로</u>, 처벌되지 아니하는 타인을 도구로 삼아 피해자를 강제로 추행하는 간접정범의 형태로도 범할 수 있다. 여기서 강제추행에 관한 간접정범의 의사를 실현하는 도구로서의 타인에는 피해자도 포함될 수 있으므로, 피해자를 도구로

---

1) **[2006도3591]** 자기에게 유리한 판결을 얻기 위하여 소송상의 주장이 사실과 다름이 객관적으로 명백하거나 증거가 조작되어 있다는 정을 인식하지 못하는 제3자를 이용하여 그로 하여금 소송의 당사자가 되게 하고 법원을 기망하여 소송 상대방의 재물 또는 재산상 이익을 취득하려 하였다면 간접정범의 형태에 의한 소송사기죄가 성립하게 된다.

삼아 피해자의 신체를 이용하여 추행행위를 한 경우에도 강제추행죄의 간접정범에 해당할 수 있다.

피고인은 모두 18회에 걸쳐 피고인의 협박으로 겁을 먹은 피해자로 하여금 스스로 가슴 사진이나 나체사진, 속옷을 입고 다리를 벌린 모습의 사진, 가슴을 만지거나 성기에 볼펜을 삽입하여 자위하는 동영상 등을 촬영하도록 한 다음, 그와 같이 촬영된 사진과 동영상을 전송받았다.

[2017도18443] 피고인이 아동·청소년인 피해자를 협박하여 스스로 청소년성보호법 제2조 제4호의 어느 하나에 해당하는 행위 또는 그 밖의 성적 행위에 해당하는 아동·청소년 자신의 행위를 내용으로 하는 화상·영상 등을 생성하게 하고 이를 인터넷 사이트 운영자의 서버에 저장시켜 피고인의 휴대전화기에서 재생할 수 있도록 하였다면, 간접정범의 형태로 청소년성보호법 제11조 제1항에서 정한 아동·청소년이용음란물을 제작하는 행위라고 보아야 한다.

나. 이용 행위

제34조의 '교사 또는 방조하여'는 교사범 또는 종범에서 말하는 교사 또는 **98** 방조를 의미하는 것이 아니라, 일반적인 의미로서 '사주 또는 이용'의 의미로 해석된다. 곧, 처벌되지 아니하는 타인의 행위를 적극적으로 유발하고 이를 이용하여 자신의 범죄를 실현하는 것을 말한다(2007도7204). 기망, 협박 등 타인을 이용하는 방법에는 특별한 제한이 없지만, 과실 또는 부작위의 방법은 피이용자에 대한 우월적 의사지배를 인정할 수 없으므로 간접정범이 성립하지 않는다. 제18조의 강요된 행위로 기대가능성이 없어 책임이 조각되는 피해자를 이용하는 행위도 간접정범에 해당할 수 있지만, 반드시 타인의 의사를 부당하게 억압하여야만 간접정범에 해당하게 되는 것은 아니다(2007도7204).

3. 간접정범의 처벌

간접정범은 '교사 또는 방조의 예에 의하여' 처벌한다. 곧 단독정범 또는 직 **99** 접정범과 동일한 형으로 처벌하거나(제31조 ①항), 일반적인 정범의 형보다 감경한다(제32조 ②항). 자기의 지휘·감독을 받는 자를 이용하여 간접정범으로 범죄한 자는 가중처벌된다. 곧, 그 이용행위가 교사인 때에는 정범에 정한 형의 장기 또는 다액에 그 2분의 1까지 가중하고 방조인 때에는 정범의 형으로 처벌한다(제34조 ②항). 이를 '특수한 교사, 방조'라고 하는데, 이 규정은 그 명칭과 달리

교사범 및 방조범에 적용되는 규정이 아니라 간접정범에 대한 특별규정이 될
뿐이다.

4. 간접정범과 신분

가. 제33조의 적용 여부

100   제34조의 간접정범도 넓은 의미의 공범이므로 제33조가 적용된다는 견해
도 있다. 제34조에서 간접정범을 "교사 또는 방조의 예에 의하여 처벌한다."고
규정하기 때문에, 교사범 또는 종범에 관한 제33조가 간접정범에도 적용된다는
것이다. 하지만 제33조의 법문에 명시적으로 제34조가 포함되어 있지 않으므로
간접정범에 대해서는 제33조의 규정이 적용되지 않는다고 하는 다수견해가 타
당하다.[1]

나. 신분 없는 자의 간접정범 성립 여부

101   따라서 신분 없는 자가 간접정범의 형태로 신분범이 될 수는 없다는 것이
다수견해와 판례이다(2011도1415, 2010도875, 2000도983 등). 진정 신분범은 오로지
신분 있는 자만이 단독으로 정범이 될 수 있고, 신분 없는 자는 신분 있는 자의
공범 또는 공동정범이 될 수는 있어도 단독으로 신분범이 될 수 없기 때문이다.
따라서 허위공문서작성죄의 경우, 공문서의 작성 권한이 있는 자만 행위주체가
될 수 있는 신분범이므로, 공무원 아닌 자나 작성 권한이 없는 공무원은 허위공
문서작성죄의 간접정범이 될 수 없다. 다만, 작성 권한 있는 공무원을 보조하는
공무원은 허위공문서작성죄의 간접정범이 될 수 있다.

다. 간접정범과 자수범

102   자수범은 간접정범의 형태로 저지를 수 없는 범죄를 말한다. 가장 대표적
인 예로 드는 경우가 위증죄(제152조 ①항)이다. 위증은 증언하는 사람이 스스로
의 기억과 다른 증언을 할 때 성립하는 범죄이다. 따라서 속아서 허위진술을 하
더라도, 객관적으로는 허위지만 증언하는 자의 기억에는 일치하기 때문에 위증
이 되지 않는다. 따라서 타인을 기망하여 위증하게 하는 방식으로 위증죄의 간
접정범이 될 수는 없다. 다만 강제추행에서 피해자를 협박하여 피해자가 스스로
를 추행하도록 하는 것이 강제추행의 간접정범이 된다면(2016도17733), 증인을
협박하여 위증하도록 할 경우 위증의 간접정범이 가능할 수 있다. 그러나 이 경

---

1) 배종대 [131] 8 이하; 이재상/장영민/강동범 §36 9 이하; 홍영기 [43] 11 이하 등.

우는 다시 위증죄가 증인이라는 신분이 있어야 성립하는 신분범이고, 따라서 신분 없는 자가 간접정범이 될 수 없기 때문에 가능하지 않다. 요컨대 위증죄도 자수범이기 때문이 아니라 신분범이라서 간접정범의 성립이 불가능한 것으로 해석할 수 있다.

[사례 20] 2009도9963 판결   103

군청 산림과 소속 공무원인 피고인 을은 갑과 공모하여 을이 기안하고 갑이 전결한 해당 임야에 대한 허위의 '산지이용구분 내역 통보'를 군청 민원봉사과에 보냈다. 그런데 을은 일부 임야에 대하여는 단독으로, 일부 임야에 대하여는 공무원 아닌 병과 공모하여 허위의 각 '산지이용구분 내역 통보' 공문을 기안하고 그 사정을 모르는 갑의 전결로 위 각 공문을 군청 민원봉사과로 보냈다. 민원봉사과 소속 공무원은 이러한 사정을 모르고 군수 명의의 위 각 임야에 대한 토지이용계획확인서를 작성·발급하였다.

◇ **문 갑, 을, 병의 죄책은 무엇인가?**

[쟁점]

1. 신분 없는 자가 신분범죄에 가담했을 때의 죄책은 어떠한가?
2. 신분 없는 자가 신분범죄의 간접정범이 될 수 있는가?

〈대법원의 판결〉

[4] 허위공문서작성죄의 간접정범은 공문서의 작성권한이 있는 공무원의 직무를 보좌하는 자가 그 직위를 이용하여 행사할 목적으로 허위의 내용이 기재된 문서 초안을 그 정을 모르는 상사에게 제출하여 결재하도록 하는 등의 방법으로 작성권한이 있는 공무원으로 하여금 허위의 공문서를 작성하게 한 경우에 성립한다

[5] 피고인들에게 허위공문서작성죄 및 허위작성공문서행사죄의 간접정범 내지 간접정범의 공동정범의 성립을 인정한 원심판결에 법리오해의 위법이 있다고 한 사례.

[참조판례]

[2006도1663] 공무원이 아닌 자는 형법 제228조의 경우를 제외하고는 허위공문서작성죄의 간접정범으로 처벌할 수 없으나, 공무원이 아닌 자가 공무원과 공동하여 허위공문서작성죄를 범한 때에는 공무원이 아닌 자도 형법 제33조, 제30조에 의하여 허위공문서작성죄의 공동정범이 된다.

[91도2837] 공문서의 작성권한이 있는 공무원의 직무를 보좌하는 자가 그 직위를 이용하여 행사할 목적으로 허위의 내용이 기재된 문서 초안을 그 정을 모르는 상사에게 제출하여 결재하도록 하는 등의 방법으로 작성권한이 있는 공무원으로 하여금 허위의 공문서를 작성하게 한 경우에는 간접정범이 성립되고 이와 공모한 자 역시 그 간접정범의 공범으로서의 죄책을 면할 수 없는 것이고, 여기서 말하는 공범은 반드시 공무원의 신분이 있는 자로 한정되는 것은 아니라고 할 것이다.

제 3 장
위 법 성

[15] 제 1 절 위법성의 이론

I. 위법성의 의의

1. 개념

위법성違法性은 법에 어긋나는 성질을 말한다. 구성요건에 규정된 행위는 **1** 법으로 금지된 행위이므로 구성요건에 해당하는 행위를 했다는 것은 곧 이를 금지하는 법과 법질서에 위반한 것이다. 그러므로 위법성이라 행위가 법질서의 명령 또는 금지규범에 충돌하는 것을 말한다.

2. 위법성과 불법

가. 위법성과 불법의 구별

범죄체계론에서 위법성은 구성요건해당성과 더불어 행위에 대한 객관적 평 **2** 가 단계인 불법의 한 요소가 된다. 구성요건해당성과 위법성이 불법의 내용이 된다. 위법성과 불법은 일반적인 용어의 사용에서는 차이가 나지 않는 개념이다. 그러나 형법의 범죄체계론에서 위법성과 불법은 위법성이 형식적 개념이고 불법이 실질적 개념이라는 점에서 구별된다.

위법성은 법질서에 어긋나는 성질이며, 법질서와의 관계를 전제로 하기 때 **3** 문에 형식적 개념이라고 한다. 불법은 구성요건에 해당하고 위법한 행위가 갖는 실체로서의 성격이기 때문에 실질적 개념이라고 한다. 위법성만 평가한다면 이는 구성요건에 해당하는 행위의 실질적 성격을 고려하지 않고 법에 어긋나는지만 평가하는 형식적 판단이 되겠지만, 구성요건을 포함하여 평가할 때 비로소 구성요건 행위의 법익침해라는 실질이 위법성과 함께 불법으로 평가된다는 것이다.[1]

나. 소극적 구성요건요소 이론

4   오늘날 매우 드문 이론이며, 형법의 실무에서는 적용되지 않는 개념이지만, 범죄체계론에서 위법성을 범죄성립의 요소로 따로 구별하지 않고 위법성도 범죄구성요건의 한 요소가 된다는 이론이 있다. 범죄는 구성요건해당성, 위법성, 책임의 세 가지 요소 또는 3단계로 평가하는 것이 아니라 불법과 책임의 두 가지 요소 또는 2단계로 평가한다는 이론이기 때문에 2단계 범죄체계론이라고도 한다. 이 이론에 따르면 범죄구성요건에는 적극적 요소와 소극적 요소가 있다. 구성요건해당성은 범죄를 성립시키는 적극적 요소, 플러스(+)의 요소이다. 그런데 위법성조각사유는 범죄성립을 상쇄하는 소극적 요소, 마이너스(−)의 요소이다. 구성요건에 해당하더라도 위법성조각사유가 있으면 결국 제로가 되어 구성요건해당성이 없어지게 된다.

5   이 이론 자체는 오늘날의 형법학에서 큰 의미가 없다. 통설이든 판례든 위법성이 따로 존재함을 인정하기 때문이다. 소극적 구성요건 요소이론을 인정하든 안하든 상관 없이 위법성조각사유가 있으면 객관적 행위의 불법이 성립하지 않는다는 결론은 같다. 그러나 '구성요건에 해당하지만 위법하지 않은 행위'로 평가하는 것과 '구성요건에도 해당하지 않는 행위'는 분명히 구별되어야 한다. '사람을 살해한 것은 사실이지만 위법하지 않은 경우'를 '사람을 살해한 사실에 해당하지 않는 경우'라고 하는 것은 행위규범이면서 평가규범인 형법의 관점에서는 받아들이기 어려운 것이다.[2]

3. 위법성과 책임

6   위법성은 구성요건과 더불어 범죄체계론에서 행위에 대한 객관적 평가 단계인 불법의 한 요소가 된다. 따라서 위법성까지는 행위자가 아닌 행위에 대한

---

[1] "왜 법에 어긋나는가?"라고 할 때 "법에 금지된 행위를 했으니 법에 어긋난 것이다."라고 하면 형식적 대답이지만, "다른 사람의 법익을 침해한 그 행위가 법에서 금지된 것이기 때문에 위법한 것이다."라고 하면 실질적 대답이 된다.

[2] 그럼에도 불구하고 이 이론을 소개하는 이유는 이 이론이 이른바 '위법성조각사유의 전제사실에 대한 착오'에 관련된 학설에서 한 번 등장하기 때문이다.

판단이며 객관적 판단의 대상이 된다. 책임은 행위자에 대한 판단이다. 행위에
대한 평가에서 불법이 인정되면, 그 불법을 저지른 행위자 평가의 단계로 넘어
간다. 행위자에 대한 평가인 책임의 평가는 그 대상과 방법에서 주관적이다. 불
법 행위의 주체인 행위자 개인의 규범적 능력이 평가의 대상이며, 객관적 평가
도 가능하겠지만, 주관적인 가치의 판단이 개입할 수밖에 없다.

　이렇게 위법성과 책임, 행위에 대한 평가와 행위자에 대한 평가를 구별하 **7**
는 실익은 여러 사람이 범죄에 참여했을 때 두드러진다. 곧, 여러 사람이 공범
으로 범죄에 참가하면 행위에 대한 평가인 위법성까지는 공동으로 평가받지만,
행위자에 대한 평가인 책임은 각각 평가받게 된다.

Ⅱ. 위법성조각사유

1. 의의

가. 개념

　구성요건에 해당하는 행위는 그 자체가 법을 위반한 것이므로 원칙적으로 **8**
위법성이 전제된다. 따라서 어떤 경우에 어떤 요건으로 위법성이 성립하는지에
대한 논의는 필요하지 않다. 형법은 예외적으로 위법하지 않은 경우를 규정할
뿐이다. 이를 위법성조각사유라 한다. 위법성조각사유는 위법성이 전제된 구성
요건 해당 행위에 대해 위법성을 없애주는 특별한 사유이다. '정당화사유'라고도
한다. 구성요건이 금지규범이라면 위법성조각사유는 예외적 허용규범이다.

나. 효과

　위법성조각사유가 인정되면 행위의 불법이 인정되지 않기 때문에 어떠한 **9**
형사제재도 받지 않는다. 불법은 인정되지만 책임이 없는 경우는 형벌은 받지
않더라도 보안처분이나 보호처분의 대상이 될 수 있는 것과 구별된다. 그리고
위법성이 조각되는 행위에 대해서는 정당방위가 인정되지 않는다.[1]

2. 위법성조각사유의 유형

　형법의 총칙은 위법성조각사유를 정당행위(제20조), 정당방위(제21조), 긴급 **10**
피난(제22조), 자구행위(제23조), 피해자의 승낙(제24조)의 다섯 가지로 규정하여

---

1) [2020도15812] 위법하지 않은 정당한 침해에 대한 정당방위는 인정되지 않는다.

모든 범죄에 대해 적용하고 있다. 형법 각칙에서는 특별히 명예훼손죄에 대해 따로 위법성조각사유를 규정하고 있다(제310조). 총칙 제20조부터 제24조는 어디에도 '위법성'이나 '조각'이라는 용어가 기재되어 있지 않지만 제310조는 그 제목을 '위법성의 조각'이라고 명시하였다. 따라서 '위법성조각'은 법령상의 용어이며, 이러한 용어가 없는 총칙의 규정들에 대해서도 이론이든 실무든 모두 위법성조각사유로 해석한다. 그리고 인공임신중절수술의 허용한계를 규정한 모자보건법 제14조는 형법의 낙태죄에 대해 위법성조각사유가 된다.

3. 위법성조각사유의 구성요소

가. 객관적 요소와 주관적 요소

11   위법성조각사유는 객관적인 정당화 사유와 주관적인 정당화 의사로 구성된다. 예를 들어 정당방위는 객관적으로 정당방위 상황이 있고 주관적으로 방위의사가 있을 때 위법성이 조각된다. 위법성이 조각되는 객관적 상황은 구성요건 해당 행위의 결과불법을 제거하고, 주관적 정당화 의사는 행위불법을 제거한다.

나. 주관적 정당화 요소

12   위법성은 범죄체계론에서 객관적 평가의 단계이므로 주관적 정당화 의사가 필요하지 않다는 견해도 있다. 불법의 본질은 결과불법에 있다고 하는 입장에서 주장하는 견해이다. 하지만 통설인 이원적 불법론의 입장에서는 결과의 정당성과 더불어 주관적 정당화 요소가 필요하다고 한다.[1] 형법은 정당방위에서는 '방위하기 위하여', 긴급피난과 자구행위에서는 '피하기 위하여'라고 방위의사, 피난의사 등의 주관적 요소를 규정하고 있다. 따라서 주관적 정당화 의사는 법률이 요구하는 정당화의 요건이므로 해석으로 이를 부정할 일이 아니다. 주관적 정당화 의사의 구체적 내용은 객관적 정당화 상황에 대한 인식과 이에 따라 행위한다는 인식이다.

---

1) 김일수/서보학 184면 이하; 배종대 [57] 7 이하; 오영근 190면 이하; 이재상/장영민/강동범 §16 23 이하; 홍영기 [17] 12 이하.

[16] 제 2 절 위법성조각사유

Ⅰ. 정당행위(제20조)

1. 의의

제20조는 "법령에 의한 행위 또는 업무로 인한 행위 기타 사회상규에 위배 **1**
되지 아니하는 행위는 벌하지 아니한다."라고 정당행위를 규정하고 있다. 그런
데 앞에서 설명한 것처럼 '위법성이 조각된다'라고 하지 않고 '벌하지 아니한다'
라고만 되어 있기 때문에 '벌하지 않는' 이유가 구성요건해당성이 없기 때문인
지, 아니면 위법성 또는 책임이 없어서인지 해석이 필요하다.[1] 물론 제20조가
위법성조각사유를 규정한 것이라는 데에는 이론이든 실무든 이견이 없다.[2]

2. 법령에 의한 행위

형법 등의 구성요건에 해당하는 행위라 하더라도 법령에 의한 행위는 법을 **2**
어기는 것이 아니므로 당연히 위법성이 없다. 여기서 법령은 형사법은 물론이고
다른 법 분야의 모든 법령을 포함한다. 실체법과 절차법을 구별하지 않고 법률,
명령, 규칙 등의 형식에 대한 제한도 없다. 다만 법령에 의한 행위가 정당행위
가 되려면 법령에서 요구하는 요건과 절차를 준수하여야 한다.

가. 공무원의 직무행위

법령에 의한 행위의 대표적인 예로는 공무원의 직무행위를 들 수 있다. 공 **3**
무원이 법령에 의하여 요구된 직무를 수행하기 위하여 법익침해적인 강제력을
행사하는 경우이다. 형집행기관에서 형집행을 위해 사람을 구금시설에 감금하
는 행위는 감금의 구성요건에 해당하지만 법령에 의한 행위이므로 위법성이 없
다. 수사기관에서 사람을 체포하거나 구속하는 경우도 마찬가지이다. 다만 공무
원의 직무행위가 법령의 요건과 절차를 지키지 않으면 정당행위가 될 수 없고,

---

[1] 독일 형법은 제32조, 제34조 등에서 정당방위나 긴급피난에 대해 "위법하게 행위한 것이 아
니다. handelt nicht rechtswidrig."라고 하여 위법성이 없음을 분명하게 규정하고 있다.

[2] [2017도2760] 형법 제20조는 '사회상규에 위배되지 아니하는 행위'를 정당행위로서 위법성이
조각되는 사유로 규정하고 있다. [2017도15226] 어떠한 행위가 위법성조각사유로서 정당행
위나 정당방위가 되는지 여부는 구체적인 경우에 따라 합목적적·합리적으로 가려야 하고,
또 행위의 적법 여부는 국가질서를 벗어나서 이를 가릴 수 없는 것이다.

이에 대해 저항하는 행위는 정당방위가 될 수 있다.[1]

4   공무원의 직무행위와 관련하여 상관의 위법한 명령에 복종한 행위가 문제된다. 위법한 명령에 복종한 행위는 적법한 직무집행이 아니므로 위법성이 조각될 수 없다.[2] 다만 거역할 수 없는 명령에 복종한 경우 책임이 조각된다는 견해도 있지만, 명백하게 위법한 명령은 직무상의 지시명령이라 할 수 없으므로 이에 따라야 할 의무가 없고, 공무원이 엄격한 기준에 따라 직무를 수행해야 한다는 법의 명령을 고려할 때 어떠한 경우든 책임도 부정되지 않는다는 것이 다수설과 판례이다.[3]

나. 노동쟁의

5   법령에 의한 행위의 또 다른 예는 노동쟁의조정법 제3조의 노동쟁의행위이다. 노동자들이 노동쟁의조정법에 따라 파업 또는 태업 등을 하면 업무방해죄(제314조)에 해당할 수 있지만,[4] 법령의 요건을 준수하는 노동쟁의 행위는 정당행위가 된다. 노동조합법 "제4조는 형법 제20조의 규정은 노동조합이 단체교섭·쟁의행위 기타의 행위로서 제1조의 목적을 달성하기 위하여 한 정당한 행위에 대하여 적용된다. 다만, 어떠한 경우에도 폭력이나 파괴행위는 정당한 행위로 해석되어서는 아니된다."고 규정하고 있다. 따라서 노동조합 등의 쟁의행위가 법령의 절차와 요건을 위반한 때에는 정당행위에 해당하지 않는다.

6   **[99도4837 전합]** 근로자의 쟁의행위가 형법상 정당행위가 되기 위하여는 첫째 그 주체가 단체교섭의 주체로 될 수 있는 자이어야 하고, 둘째 그 목적이 근로조건의

---

1) [2001도300] 현행범인으로서의 요건을 갖추고 있었다고 인정되지 않는 상황에서 경찰관들이 동행을 거부하는 자를 체포하거나 강제로 연행하려고 하였다면, 이는 적법한 공무집행이라고 볼 수 없고, 그 체포를 면하려고 반항하는 과정에서 경찰관에게 상해를 가한 것은 현재의 부당한 침해에서 벗어나기 위한 행위로서 정당방위에 해당하여 위법성이 조각된다.

2) [96도3376] 상관의 위법한 명령에 따라 범죄행위를 한 경우에는 상관의 명령에 따랐다고 하여 부하가 한 범죄행위의 위법성이 조각될 수는 없다.

3) [87도2358], [80도306] 상관의 명령에 절대 복종하여야 한다는 것이 불문률로 되어 있다 할지라도, ... 그와 같은 불문률이 있다는 것만으로는 ... 중대하고도 명백한 위법명령에 따른 행위가 정당한 행위에 해당하거나 강요된 행위로서 적법행위에 대한 기대가능성이 없는 경우에 해당하게 되는 것이라고는 볼 수 없다.

4) [2007도482 전합] 쟁의행위로서 파업도, 단순히 근로계약에 따른 노무의 제공을 거부하는 부작위에 그치지 아니하고 이를 넘어서 사용자에게 압력을 가하여 근로자의 주장을 관철하고자 집단적으로 노무제공을 중단하는 실력행사이므로, 업무방해죄에서 말하는 위력에 해당하는 요소를 포함하고 있다.

향상을 위한 노사간의 자치적 교섭을 조성하는 데에 있어야 하며, 셋째 사용자가
근로자의 근로조건 개선에 관한 구체적인 요구에 대하여 단체교섭을 거부하였을
때 개시하되 특별한 사정이 없는 한 조합원의 찬성결정 등 법령이 규정한 절차를
거쳐야 하고, 넷째 그 수단과 방법이 사용자의 재산권과 조화를 이루어야 함은
물론 폭력의 행사에 해당되지 아니하여야 한다.

다. 기타

그밖에 법령에 의한 행위의 예로는 모자보건법 제14조에 따른 인공임신중   **7**
절수술이 낙태죄(제269조)에 대하여, 감염병예방법 제5조에 따른 의료인 등의 감
염병 신고 행위가 업무상비밀누설죄(제317조)에 대하여 정당행위가 되는 경우 등
이 있다.

과거에는 민법 제915조 또는 초·중등교육법 제18조에 정해진 부모나 교사   **8**
의 징계권을 근거로 자녀 또는 학생에 대한 체벌의 정당행위 여부가 쟁점이 되
기도 하였다. 그러나 민법 제915조는 2021. 1. 26.의 법률개정으로 삭제되었고,
초·중등교육법의 징계에 체벌은 포함되지 않으므로, 어떠한 경우에도 체벌은
정당행위가 될 수 없다. 판례는 초·중등교육법 시행령 제31조 ⑦항에서 학생을
지도할 때 "교육상 불가피한 경우를 제외하고는 학생에게 신체적 고통을 가하
지 아니하는 훈육·훈계 등의 방법으로 하여야 한다"라고 규정한 것을 근거로 '불
가피한 경우' 체벌이 허용된다고 한다.1) 다만 체벌의 문제를 초·중등교육법의
'징계'가 아닌 '지도'의 문제로 보고, '법령에 의한 행위'가 아니라 '기타 사회상규
에 위배되지 않는 행위'의 하나로 검토하고 있다.

[2001도5380] [2] 초·중등교육법령에 따르면 교사는 학교장의 위임을 받아 교육   **9**
상 필요하다고 인정할 때에는 징계를 할 수 있고 징계를 하지 않는 경우에는 그
밖의 방법으로 지도를 할 수 있는데 그 지도에 있어서는 교육상 불가피한 경우에
만 신체적 고통을 가하는 방법인 이른바 체벌로 할 수 있고 그 외의 경우에는 훈
육, 훈계의 방법만이 허용되어 있는바, 교사가 학생을 징계 아닌 방법으로 지도하
는 경우 … 특히 학생에게 신체적, 정신적 고통을 가하는 체벌은 교육상 불가피한

---

1) [2005헌마1189]에서 헌법재판소는 현행 교육관련 법령 아래 사회통념상 체벌의 객관적 타당
   성 여부를 판단하는 기준에 대해 1) '교육상 불가피한 경우'에, 2) 절차를 준수하여야 하고,
   3) 방법이 적정해야 하며, 4) 정도가 지나치지 않아야 한다는 기준을 제시하였다. 그러나 앞
   으로도 이런 결정이 유지될지는 의문이다.

때에만 허용되는 것이어서, … 다른 교육적 수단으로는 교정이 불가능하였던 경우
로서 그 방법과 정도에서 사회통념상 용인될 수 있을 만한 객관적 타당성을 갖추
었던 경우에만 법령에 의한 정당행위로 볼 수 있을 것이고, 교정의 목적에서 나
온 지도행위가 아니어서 학생에게 체벌, 훈계 등의 교육적 의미를 알리지도 않은
채 지도교사의 성격 또는 감정에서 비롯된 지도행위라든가, 다른 사람이 없는 곳
에서 개별적으로 훈계, 훈육의 방법으로 지도·교정될 수 있는 상황이었음에도 낯
모르는 사람들이 있는 데서 공개적으로 학생에게 체벌·모욕을 가하는 지도행위리
든가, 학생의 신체나 정신건강에 위험한 물건 또는 지도교사의 신체를 이용하여
학생의 신체 중 부상의 위험성이 있는 부위를 때리거나 학생의 성별, 연령, 개인
적 사정에서 견디기 어려운 모욕감을 주어 방법·정도가 지나치게 된 지도행위 등
은 특별한 사정이 없는 한 사회통념상 객관적 타당성을 갖추었다고 보기 어렵다.

　　[3] 여자중학교 교사의 학생에 대한 지도행위가 당시의 상황, 동기, 그 수단,
방법 등에 비추어 사회통념상 객관적 타당성을 갖추지 못하여 정당행위로 볼 수
없다고 한 사례.

3. 업무로 인한 행위

10　　'업무로 인한 행위'는 특정한 업무를 수행하기 위한 행위가 어쩔 수 없이
법익침해를 수반하더라도 업무의 특성을 고려하여 위법성을 인정하지 않는 경
우를 말한다. 형법에서 '업무'란 보통 '직업 또는 계속적으로 종사하는 사무나
사업'을 말하고, 여기서 '사무' 또는 '사업'은 단순히 경제적 활동만을 의미하는
것이 아니라 널리 사람이 그 사회생활상의 지위에서 계속적으로 행하는 일체의
사회적 활동을 의미한다(2021도16482, 2009도4166 전합 등). 그런데 이러한 개념은
업무방해죄의 업무에 대한 해석에서 비롯된 것이다. 형법 제20조의 '업무'에 대
한 해석이나 설명은 많지 않지만, 양자의 성격이 유사하므로 같은 개념으로 보
아도 될 것이다.[1] 업무로 인한 행위로 위법성 조각이 가능한 사례로는 의사와
변호사, 성직자 등의 업무를 들 수 있다.[2]

---

[1] 앞에서 설명한 것처럼 '업무상과실'에서 업무는 위험과 관련된 업무로 범위가 제한된다. 가중
　처벌의 근거가 되기 때문이다. 하지만 업무방해죄의 업무는 보호의 대상이며, '업무로 인한
　행위'의 업무는 위법성 조각의 근거가 되기 때문에 범위를 더 넓게 볼 수 있다.
[2] [97도2877]에서는 재건축조합의 조합장이 가처분의 판결을 받아 건물을 철거한 것이 형법
　제20조에 정한 업무로 인한 정당행위에 해당한다고 보았다.

가. 의사의 치료행위

(1) 견해의 대립   의사가 치료의 과정에서 환자의 신체를 훼손하는 경우,   **11**
다수견해는 상해죄의 구성요건에 해당하지만, 업무로 인한 정당행위이기 때문
에 위법성이 조각된다고 한다.[1] 이에 대해서는 의사에게 상해의 고의가 없으므
로 구성요건해당성이 없다고 보아야 한다는 견해가 있다.[2] 어떤 견해든 객관적
불법이 성립하지 않는다는 점에서 결과의 차이는 없다.

그러나 **법률가에게는, 결론을 내리는 일도 중요하지만, 결론의 이유를 설명하**   **12**
는 일이 더 중요하고 필요하다. 앞에서 설명하였듯이 형법의 고의는 의도나 목적
이 아니다. 의사가 자신의 치료행위 과정에서 환자의 신체 일부가 훼손된다는
사실은 인식하였다면 그것은 상해의 고의가 있는 것이다. 그리고 의사의 치료행
위에 상해의 고의가 없다고 하려면 공무원이나 노동자의 법령에 의한 행위에
대해서도 같은 논리로 고의가 없다고 해야 한다. 결과가 같더라도 다수견해의
설명이 더 명확한 것이라 할 수 있다.

판례는 의사의 치료행위에 대해 정당행위라고 하는 경우[3]도 있고, 피해자   **13**
의 승낙으로 위법성이 조각된다고 하는 경우도 있다(92도2345, 2010도10104). 위법
성조각사유가 경합하는 경우라 할 수 있는데, 위법성조각사유는 범죄성립에서
소극적 기능을 하기 때문에[4] 이런 경우는 어떤 사유를 적용하더라도 본질적 차
이가 없다.[5] 한편, 판례는 무면허 의료행위는 '업무로 인한 행위'가 될 수 없지
만, 일정한 요건을 갖춘 경우 '기타 사회상규에 위배되지 않는 행위'로 정당행위
가 될 수 있다고 한다(98도2389, 2002도5077, 2005도8317).

[92도2345] 가. 의학에 대한 전문지식이 없는 피해자에게 자궁적출술의 불가피성   **14**
만을 강조하였을 뿐 진단상의 과오가 없었으면 당연히 설명 받았을 자궁외 임신에

---

1) 배종대 [60] 3 이하, 오영근 240면 이하; ; 홍영기 [10] 10 등.
2) 김일수/서보학 242면 이하; 이재상/장영민/강동범 §21 13 이하.
3) [76도144] 피고인이 태반의 일부를 떼어낸 행위는 그 의도, 수단, 절단부위 및 그 정도 등에
   비추어 볼 때 의사로서의 정상적인 진찰행위의 일환이라고 볼 수 있으므로 형법 제20조 소
   정의 정당행위에 해당한다.
4) 이에 대해서는 배종대 [57] 28 이하 참조.
5) 위의 [97도2877] 판결에서 원심은 피고인의 행위를 피해자의 승낙에 의한 행위로 보았는데,
   대법원은 원심이 피해자의 승낙에 관한 법리를 오해한 것으로서 위법하지만, 범죄가 되지 않
   는다는 결론에서 원심은 정당하고, 위와 같은 위법은 판결 결과에 영향을 미치지 않았다고
   판시하였다.

관한 내용을 설명 받지 못한 피해자로부터 수술승낙을 받았다면 위 승낙은 부정확 또는 불충분한 설명을 근거로 이루어진 것으로서 수술의 위법성을 조각할 유효한 승낙이라고 볼 수 없다.

나. 난소의 제거로 이미 임신불능 상태에 있는 피해자의 자궁을 적출했다 하더라도 그 경우 자궁을 제거한 것이 신체의 완전성을 해한 것이 아니라거나 생활기능에 아무런 장애를 주는 것이 아니라거나 건강상태를 불량하게 변경한 것이 아니라고 할 수 없고 이는 업무상과실치상죄에 있어서의 상해에 해당한다.

15   **(2) 안락사의 문제**   의사의 치료행위와 관련하여 안락사安樂死의 위법성조각 여부가 문제된다. 안락사(euthanasia)는 불치병 등을 이유로 치료 및 생명유지가 무의미하다고 판단되는 사람을 고통 없이 죽음에 이르게 만드는 행위를 말한다. 안락사는 보통 다음과 같은 세 가지 유형으로 구별된다. 1) **간접적 안락사**는 고통을 완화시키기 위한 의료적 처치가 생명단축의 부작용을 가져오는 경우이다. 이러한 경우는 일정한 조건 아래 위법성이 조각된다는 것이 다수견해이다. 2) **소극적 안락사**는 의학적 치료를 다하였음에도 회복 불가능한 사망 임박 단계에 이르렀을 때, 질병의 호전이 목적이 아니라 오로지 현 상태를 유지하기 위하여 이루어지는 무의미한 연명치료를 중단하고 질병에 의한 자연적 죽음을 받아들이도록 하는 경우이다. 보통 '존엄사'라고 한다. 대법원은 2009년 5월 대법원은 회복 불가능한 사망 단계에 진입한 환자의 연명치료 중단에 대한 의사를 추정할 수 있는 경우라면 이를 중단할 수 있다고 판결하였다.[1] 이 판결을 계기로 2016년 2월 '연명의료결정법'이 제정되었고, 2018년 2월부터 시행되었다. 따라서 연명의료결정법에 따라 연명치료를 중단하는 존엄사는 법령에 의한 행위 또는 업무로 인한 행위로서 위법성이 조각된다고 할 수 있다. 3) **적극적 안락사**는 치료가 불가능한 환자, 치료가 가능하더라도 매우 심한 고통을 겪고 있는 환자, '식물인간'의 상태에 빠진 환자 등에 대해 작위의 방법으로 생명을 단

---

1) [2009다17417 전합] 자연적으로는 이미 죽음의 과정이 시작되었다고 볼 수 있는 회복불가능한 사망의 단계에 이른 후에는, 의학적으로 무의미한 신체 침해 행위에 해당하는 연명치료를 환자에게 강요하는 것이 오히려 인간의 존엄과 가치를 해하게 되므로, 이와 같은 예외적인 상황에서 죽음을 맞이하려는 환자의 의사결정을 존중하여 환자의 인간으로서의 존엄과 가치 및 행복추구권을 보호하는 것이 사회상규에 부합되고 헌법정신에도 어긋나지 아니한다. 그러므로 회복불가능한 사망의 단계에 이른 후에 환자가 인간으로서의 존엄과 가치 및 행복추구권에 기초하여 자기결정권을 행사하는 것으로 인정되는 경우에는 특별한 사정이 없는 한 연명치료의 중단이 허용될 수 있다.

축하는 경우를 말한다. 제250조의 살인죄에서 '살해'는 자연적 수명에 앞서 생명
을 단축시키는 행위이므로 적극적 안락사는 살인죄 또는 촉탁살인죄(제252조)의
구성요건에 해당한다. 그리고 한국에서는 이러한 행위를 허용하는 법률이 없고,
헌법의 가치질서에 반하므로 위법성이 조각되지 않는다.[1)]

나. 변호사나 성직자의 업무행위

변호사가 변론의 과정에서 상대방의 명예를 훼손하거나 업무상의 비밀을 **16**
누설하더라도 업무로 인한 행위이면 위법성이 조각될 수 있다. 성직자의 경우
직무상 알게 된 타인의 범죄사실을 고발하지 않더라도 도주방조 등의 범죄가
성립하지 않는다. 다만 판례는 범죄사실을 고지하지 않는 것을 넘어 적극적으
로 도주를 방조하거나 범죄자를 숨겨 주는 경우는 위법성이 조각되지 않는다고
한다.[2)]

4. 기타 사회상규에 위배되지 아니하는 행위

가. 의의

'사회상규에 위배되지 아니하는 행위'는 법질서 전체의 정신이나 그 배후에 **17**
놓여 있는 사회윤리 내지 사회통념에 비추어 용인될 수 있는 행위를 말한다
(2012도11204, 2005도4688, 2003도4151 등). 법령에 의한 행위나 업무로 인한 행위에
해당하지 않더라도 법질서 전체의 관점에서 위법성이 없다고 할 수 있는 사회
적 상당성이 있을 때 정당행위를 인정하는 것이다.

나. 다른 위법성조각사유와의 관계

법령에 의한 행위, 업무로 인한 행위는 물론 정당방위, 긴급피난 등의 다른 **18**
위법성조각사유도 모두 넓게 보면 사회상규에 어긋나지 않는 행위라고 할 수
있다. 그렇기 때문에 '사회상규에 위배되지 아니하는 행위'는 일반적이며 포괄적
인 위법성조각사유이고, 법령이나 업무로 인한 행위 등은 이 사유의 예시에 지
나지 않는다는 견해가 있다. 그러나 일반적, 포괄적, 또는 이른바 '초법규적' 위

---

1) 벨기에, 네덜란드, 룩셈부르크 등의 국가에서 적극적 안락사를 법으로 허용하고 있으며, 스위
   스는 외국인에 대해서만 이른바 '조력 자살'을 허용한다.
2) [82도3248] 성직자라 하여 초법규적인 존재일 수는 없으며 성직자의 직무상 행위가 사회상
   규에 반하지 아니한다 하여 그에 적법성이 부여되는 것은 그것이 성직자의 행위이기 때문이
   아니라 그 직무로 인한 행위에 정당, 적법성을 인정하기 때문인 바, 사제가 죄지은 자를 능
   동적으로 고발하지 않는 것에 그치지 아니하고 은신처마련, 도피자금 제공등 범인을 적극적
   으로 은닉·도피케 하는 행위는 사제의 정당한 직무에 속하는 것이라고 할 수 없다.

법성조각사유는 존재하지 않으며, 이 사유도 정당행위의 독자적인 제3의 사유라는 것이 다수견해이다.[1] 판례 또한 사안에 따라 법령, 업무, 사회상규에 의한 행위를 각각 인정하고 있으므로 다수견해와 입장을 같이 한다.

19   사회상규에 의한 행위가 일반적이며 포괄적인 위법성조각사유가 된다고 하는 것은 위법성조각사유를 개별적으로 규정한 형법의 체계에 맞지 않는 해석이다. 그리고 '사회상규'라는 개념 자체가 불확정적인 개념이기 때문에 이 개념이 모든 것을 포괄하게 되면 위법성이 조각되는 구체적 이유를 명확하게 설명할 수 없다. 따라서 다른 구체적인 위법성조각사유를 적용할 수 없을 때 마지막으로 검토되는 또 하나의 위법성조각사유로 보아야 한다.

다. 구체적 기준

20   '사회상규'는 불확정개념으로 그 의미가 불명확하다. 판례는 사회상규를 '국민일반의 건전한 도의적 감정(83도2224)', '사회윤리, 도의적 감정 내지 사회통념(2001도5380)' 등으로 정의한다. 그러나 이러한 정의 또한 공허하기는 마찬가지이다. 중요한 것은 '사회상규에 위배되지 아니하는 행위'의 구체적 기준을 어떻게 정할 것인가이다.

21   먼저 이론적으로 구체적 기준을 미리 정하는 방법이 있다. 예를 들어 판례는 정당행위가 인정되려면 1) 행위의 동기나 목적의 정당성, 2) 행위의 수단이나 방법의 상당성, 3) 보호이익과 침해이익과의 법익균형성, 4) 긴급성, 5) 보충성 등이 요구된다고 한다(2017도2760, 2003도3000 등). 이는 '비례성원칙'의 기준들을 적용하고 있는 것이다. 그러나 이론적으로 이러한 기준을 미리 설정한다고 해도 구체적 사례에 따라 개별적으로 판단해야 할 내용은 각각 다르다. 따라서 사례별 비교를 통해 정당행위의 여부를 구체적으로 판단할 수밖에 없다. 개별사건(Casus)으로부터 일정한 규칙을 얻어 내고, 유사한 사건이 발생하면 이 규칙을 판단기준으로 하는 것이다.[2]

22   **[사례 21]   2003도7393 판결**
     D와 V는 연립주택 2·3층에 거주하면서 1년여 전부터 2층에 사는 V의 집 화장실 천정의 누수문제로 여러 차례 다투어 왔는데 V는 자기 집의 누수가 피고인의

---

1) 김일수/서보학 245면 이하; 배종대 [61] 2 이하 등.
2) 이러한 방법을 결의론決疑論, casuistry의 방법이라고 한다. 자세한 것은 배종대 [61] 19 참조.

집 상수도관 등의 누수나 목욕탕 등의 방수상태가 불량한 데 그 원인이 있다고
주장하며 보수를 요구하였고, D는 연립주택 전체가 불실하게 시공된 데다가 노후
되어 자신의 집을 포함하여 연립주택에 전체적으로 누수현상이 발생한 것이므로
전체 보수가 필요하다면서 D의 집만의 보수공사를 거부하여 서로 감정이 악화되
어 있었다. 3층에 사는 D의 집으로 통하는 상수도관 밸브가 2층에 있는 V의 집
주방 싱크대에 설치되어 있었는데, 2002. 5. 2. 아침 V가 D의 집으로 통하는 상
수도관 밸브를 임의로 잠가 버려 하루 동안 D의 집에 수돗물이 나오지 않아 D와
D의 가족들이 큰 고통을 겪었다. 다음 날인 2002. 5. 3. 연립주택의 다른 세대에
는 수돗물이 나오는 것을 확인한 D는 V가 자신의 집으로 통하는 상수도관 밸브
를 잠갔을 것으로 믿고 이를 확인하고 상수도관 밸브를 열기 위하여 오전 9시경
V의 집에 갔으나 V가 자기 집에도 수돗물이 나오지 않는다고 말하면서 출입을
거부하였다. 이에 D는 V를 밀치고 그 집에 들어가서 상수도관 밸브가 잠긴 것을
확인하고 이를 열어 놓았다. 이 때 V의 신고에 따라 경찰관이 현장에 출동하였으
나 V가 D의 처벌을 요청하지 아니하여 그대로 돌아갔는데 D가 보수공사를 하지
아니하자 V는 그로부터 25일 후인 2002. 5. 28. 경찰에 D를 처벌하여 줄 것을 요
청하였다.

◇ 문　D의 죄책은 무엇인가?

　[쟁점]
　1. D의 행위는 형법의 어떤 구성요건에 해당하며 그 행위는 위법한가?
　2. D의 행위가 위법하지 않다면 그 근거는 무엇인가?
　3. 이른바 '사회상규'의 의미는 무엇이며 형법 제20조의 정당행위에서 '사회상
　　규'가 차지하는 위치와 기능은 무엇인가?

　〈대법원 판결〉
　[1] 형법 제20조 소정의 '사회상규에 위배되지 아니하는 행위'의 의미 및 성립
요건 : 형법 제20조 소정의 '사회상규에 위배되지 아니하는 행위'라 함은 법질서
전체의 정신이나 그 배후에 놓여 있는 사회윤리 내지 사회통념에 비추어 용인될
수 있는 행위를 말하고, 어떠한 행위가 사회상규에 위배되지 아니하는 정당한 행
위로서 위법성이 조각되는 것인지는 구체적인 사정 아래서 합목적적, 합리적으로
고찰하여 개별적으로 판단되어야 하므로, 이와 같은 정당행위를 인정하려면 첫째
그 행위의 **동기나 목적의 정당성**, 둘째 행위의 **수단이나 방법의 상당성**, 셋째 보
호이익과 침해이익과의 **법익균형성**, 넷째 **긴급성**, 다섯째 그 행위 외에 다른 수단
이나 방법이 없다는 **보충성** 등의 요건을 갖추어야 한다.

[2] 아래층에 사는 피해자가 위층 피고인의 집으로 통하는 상수도관의 밸브를 임의로 잠근 후 이를 피고인에게 알리지 않아 하루 동안 수돗물이 나오지 않은 고통을 겪었던 피고인이 상수도관의 밸브를 확인하고 이를 열기 위하여 부득이 피해자의 집에 들어간 것이므로 이는 피해자의 주거생활의 평온이 다소 침해되는 것을 정당화할 만한 이유가 될 수 있다고 보여지고, 오전 9시경 피해자의 집을 방문하여 문은 열어 주었으나 출입을 거부하는 피해자를 밀치는 것 외에 다른 행동을 하지 않았고 이로 인하여 피해자에게 별다른 피해가 발생하지 않은 점, 피해자 역시 피고인이 자신의 집에 들어오는 것을 적극적으로 제지하지 않았고 당일 출동한 경찰관들에게 피고인을 처벌해 달라는 요청을 하지 않은 점 등 여러 사정에 비추어 보면, 피고인의 위와 같은 행위가 그 수단과 방법에 있어서 상당성이 인정된다고 보여질 뿐만 아니라 긴급하고 불가피한 수단이었다고 할 것이므로, 피고인이 피해자의 주거에 침입한 행위는 형법 제20조의 '사회상규에 위배되지 않는 행위'에 해당한다고 할 것이다.

[참조판례]

[92도37] 피해자(남, 57세)가 술에 만취하여 아무런 연고도 없는 가정주부인 피고인의 집에 들어가 유리창을 깨고 아무데나 소변을 보는 등 행패를 부리고 나가자, 피고인이 유리창 값을 받으러 피해자를 뒤따라 가며 그 어깨를 붙잡았으나, 상스러운 욕설을 계속하므로 더 이상 참지 못하고 잡고 있던 손으로 피해자의 어깨부분을 밀치자 술에 취하여 비틀거리던 피해자가 몸을 제대로 가누지 못하고 앞으로 넘어져 시멘트 바닥에 이마를 부딪쳐 1차성 쇼크로 사망한 경우, 피고인의 위와 같은 행위는 피해자의 부당한 행패를 저지하기 위한 본능적인 소극적 방어행위에 지나지 아니하여 사회통념상 용인될 수 있는 정도의 상당성이 있어 형법 제20조에 정한 정당행위에 해당한다고 본 사례

Ⅱ. 정당방위(제21조)

1. 의의

가. 개념

23   제21조 ①항은 정당방위를 "현재의 부당한 침해로부터 자기 또는 타인의 법익을 방위하기 위하여 한 행위는 상당한 이유가 있는 경우에는 벌하지 아니한다."라고 규정하고 있다. 정당방위는 자기보호의 기본적 권리에 바탕을 두고 있으며, 사회적으로는 법질서 수호의 원리를 근거로 하고 있다.

나. 성격

정당방위의 대상은 '부당한 침해'이다. 따라서 정당방위는 불법인 행위에 **24**
대한 정당한 방어, 곧 '부정不正 대 정正'의 관계에서 성립한다. 그런 면에서 법익
침해 상황의 불법을 요구하지 않기 때문에 '정正 대 정正'의 관계인 긴급피난과
구별된다. 또한 자구행위와는 '부정 대 정'의 관계라는 점은 동일하지만, 정당방
위는 '사전적' 긴급행위이고, 자구행위는 '사후적' 긴급행위라는 점에서 구별된다.

2. 성립요건

가. 현재의 부당한 침해

(1) **침해**   정당방위의 대상이 되는 침해 행위는 보호법익에 대한 사람의 **25**
공격 또는 그 위험을 말한다. 작위는 물론 부작위에 침해도 가능하다.

(2) **침해의 현재성**   '현재'의 부당한 침해이므로 과거나 장래의 침해에 대 **26**
해서는 정당방위가 불가능하다. 침해의 현재성을 요건으로 하는 이유는 정당방
위가 긴급구제 행위이기 때문이다. 국가의 공권력에 의한 구제가 가능할 때에는
개인에 의한 긴급구제를 허용하지 않는 것이다. 따라서 침해행위의 실행에 착수
하기 전이라도 방어를 지체함으로써 방어가 어려워질 개연성이 높은 경우에는
침해의 현재성이 인정된다. 그리고 침해 행위가 기수에 이른 다음에는 정당방위
가 성립하지 않지만,[1] 기수 이후에도 법익 침해가 계속되는 계속범에 대해서는
정당방위가 가능하다. 판례는 '침해의 현재성'이란 침해행위가 형식적으로 기수
에 이르렀는지에 따라 결정되는 것이 아니라 자기 또는 타인의 법익에 대한 침
해상황이 종료되기 전까지를 의미하는 것이라고 한다(2020도6874).

이와 관련하여 **지속적인 침해** 행위가 중단되어 정당방위 행위 당시에는 침 **27**
해가 없더라도 다시 침해행위가 있을 것이 객관적으로 예상되는 경우에도 '현재
성'을 인정할 수 있는지가 쟁점이 된다. 이른바 '예방적 정당방위'의 문제라고도
하는데, 판례는 침해의 현재성을 인정하지만(92도2540, 2020도6874), 다수견해는
이를 부정하며, 다만 긴급피난이 가능한 '현재의 위난'이 될 수 있을 뿐이라고
한다.[2] 그러나 지속적 위험의 상황을 '현재의 위난'이라고 하는 것은 위법한 침

---

1) [96도241] 침해행위에 대하여 자기의 권리를 방위하기 위한 부득이한 행위가 아니고, 그 침
   해행위에서 벗어난 후 분을 풀려는 목적에서 나온 공격행위는 정당방위에 해당한다고 할 수
   없다.
2) 김성돈 263면; 김일수 199면; 배종대 [63] 7; 오영근 199면; 이재상/장영민/강동범 §17 12 등.

해와 위법하지 않은 긴급상황으로 구별되는 정당방위와 긴급피난의 차이를 고려하지 않은 것이다. 판례처럼 지속적 위험의 상황에 대해서도 침해의 현재성을 인정하는 것이 타당하다. 그렇게 하더라도 정당방위가 성립하려면 방위의사, 상당성 등의 요건이 추가로 요구되기 때문에, 정당방위의 인정범위가 지나치게 확대될 것을 염려할 필요는 없다.

28 　　[92도2540] 피고인이 약 12살 때부터 의붓아버지인 피해자의 강간행위에 의하여 정조를 유린당한 후 계속적으로 이 사건 범행무렵까지 피해자와의 성관계를 강요받아 왔고, 그 밖에 피해자로부터 행동의 자유를 간섭받아 왔으며, 또한 그러한 침해행위가 그 후에도 반복하여 계속될 염려가 있었다면, 이 사건 범행 당시 피고인의 신체나 자유등에 대한 현재의 부당한 침해상태가 있었다고 볼 여지가 없는 것은 아니다.
　　[2020도6874] 일련의 연속되는 행위로 인해 침해상황이 중단되지 아니하거나 일시 중단되더라도 추가 침해가 곧바로 발생할 객관적인 사유가 있는 경우에는 그 중 일부 행위가 범죄의 기수에 이르렀더라도 전체적으로 침해상황이 종료되지 않은 것으로 볼 수 있다.[1]

29 　　　　(3) 침해의 부당성 　'부당한' 침해는 위법한 침해를 의미한다. 따라서 침해의 부당성은 법질서 전체의 기준으로 평가된다. 침해의 행위를 기준으로 위법한 침해이면 되고, 행위자의 책임이 성립할 것까지 요구하지는 않기 때문에 책임무능력자의 행위도 부당한 침해가 될 수 있다. 다만 책임무능력자의 침해 행위에 대한 방위행위에는 사회윤리적 제한이 따른다. 한편, **싸움의 경우**에는 서로 위법한 행위를 하는 상황이기 때문에 원칙적으로 정당방위가 성립하지 않는다(86도 1491, 95도2945). 그러나 싸움의 당사자 중 한 사람이 싸움에서 일반적으로 예상되는 행위를 초과하여 공격하는 경우[2], 또는 겉으로는 싸우는 것처럼 보이지만 실제로는 한쪽이 일방적으로 공격당하여 이를 방어하는 경우[3]에는 정당방위가

---

1) 이 판결에 대한 자세한 평석은 정승환, 앞의 논문([14] 47), 84면 이하 참조.
2) [68도370] 싸움을 함에 있어서 격투를 하는 자 중의 한사람의 공격이 그 격투에서 당연히 예상할 수 있는 정도를 초과하여 살인의 흉기 등을 사용하여온 경우에는 이를 '부당한 침해'라고 아니할 수 없다.
3) [2009도12958] 겉으로는 서로 싸움을 하는 것처럼 보이더라도 실제로는 한쪽 당사자가 일방적으로 위법한 공격을 가하고 상대방은 이러한 공격으로부터 자신을 보호하고 이를 벗어나기 위한 저항수단으로서 유형력을 행사한 경우에는, 그 행위가 새로운 적극적 공격이라고 평가되지 아니하는 한, 이는 사회관념상 허용될 수 있는 상당성이 있는 것으로서 위법성이 조각된다.

가능하다.

나. 자기 또는 타인의 법익

정당방위는 자기 또는 타인의 법익을 방위하기 위한 것이어야 한다. 법익 **30**
에는 법에서 보호하는 모든 법익이 포함된다. 정당방위는 법질서 수호를 근거로
하며, 긴급구조 행위의 성격을 갖기 때문에 타인의 법익을 위한 정당방위도 가
능하다. '타인'에 자연인인 사람이 아닌 국가나 사회 등도 포함되는지, 곧 국가
적·사회적 법익에 대한 정당방위도 가능한지에 대해 견해가 대립하는데, 이를
부정하는 것이 타당하다. 국가적·사회적 법익의 실체가 불명확한 경우 개인간
의 분쟁을 유발할 수 있으며, 이들 법익에 대한 방위는 국가기관의 역할이기 때
문이다.

다. 방위하기 위하여 한 행위

정당방위에는 주관적 정당화요소로서 방위의사가 필요하다. 방위의사는 없 **31**
었고 공격의 의사로 행위했는데 객관적 상황이 결과적으로 정당방위 상황이었
던, 이른바 '우연방위'는 정당방위가 될 수 없다. 서로 싸우는 경우 침해의 부당
성이 인정되지 않는다는 점도 있지만, 방위의사가 아닌 공격의 의사로 행위했기
때문에 정당방위가 성립하지 않는다.[1]

라. 상당한 이유

(1) **개념**   상당한 이유는 정당방위의 규범적 요건이다. 상당성이라는 기준 **32**
이 평가개념이기 때문이다. 정당행위의 사회상규와 정당방위의 상당성은 다른
개념이다. 불확정적 개념이며 평가개념이라는 점에서 공통되지만, 사회상규는
사회 일반인의 건전한 상식이나 윤리감정 등을 말하고, 상당성은 규범적 타당성
을 의미한다. 최종적으로 법관이 판단한다는 것은 같지만, 사회상규가 사회 일
반인의 관점이라면 상당성은 규범의 관점이다. 인과관계의 판단기준인 상당성
을 규범적 '타당성'으로 이해하면 되는 것처럼 상당한 이유는 '타당한 이유'로
이해해도 된다.

(2) **기준**   상당성의 구체적 기준은 보호되는 법익과 침해되는 법익의 균 **33**

---

1) [2020도15812], [2000도228] 가해자의 행위가 피해자의 부당한 공격을 방위하기 위한 것이
라기 보다는 서로 공격할 의사로 싸우다가 먼저 공격을 받고 이에 대항하여 가해하게 된 것
이라고 봄이 상당한 경우, 그 가해행위는 방어행위인 동시에 공격행위의 성격을 가지므로 정
당방위 또는 과잉방위행위라고 볼 수 없다.

형성, 방위행위의 필요성과 허용성, 방위행위의 방법과 정도 등이다.1) 정당방위
는 부정 대 정의 관계이기 때문에 긴급피난에서 요구되는 상당성보다 법익균형
의 정도가 완화된다.2) 사후적 구제행위인 자구행위도 정당방위보다 높은 정도
의 상당성을 요구한다.

3. 과잉방위

가. 개념 및 효과

34   제21조 ②항의 "방위행위가 그 정도를 초과한 경우에는 정황情況에 따라 그
형을 감경하거나 면제할 수 있다."는 규정을 과잉방위라고 한다. 과잉방위는 정
당방위 상황은 존재하지만 방위행위가 정도를 초과하는 경우이다. 과잉성, 곧
정도의 초과 여부는 객관적으로 판단하며, 행위자가 과잉성을 인식했는지 여부
는 판단기준이 아니다.

35   과잉방위는 형의 임의적 감면사유이다. 그리고 야간이나 그 밖의 불안한
상태에서 공포를 느끼거나 경악驚愕하거나 흥분하거나 당황하였기 때문에 과잉
방위를 하였을 때에는 제21조 ③항에 따라 처벌하지 않는다. 다수견해는 이와
같이 과잉방위에 대한 처벌이 감면되는 이유는 책임이 감면되기 때문이라고 한
다.3) 정당방위가 인정되면 위법성이 없지만, 과잉방위는 위법성이 사라지지 않
고 책임이 감면된다는 것이다. 특히 제21조 ③항의 경우는 책임의 요소인 '기대
가능성'이 없어 처벌하지 않는 것으로 해석된다.

나. '정도의 초과'와 '상당한 이유'의 관계

36   판례는 방위행위가 상당성을 갖추지 못하면 제21조 ①항의 요건을 갖추지
못한 것이므로 정당방위 자체가 성립하지 않고, 따라서 과잉방위를 검토할 필요
가 없다고 한다(2016도2794, 2001도1089 등). 정당방위가 성립해야 비로소 과잉방
위를 논할 수 있다는 것이다. 형식논리로는 타당한 해석이겠지만, 그렇다면 '정

---

1) [2017도15226] 정당방위가 성립하려면 침해행위에 의하여 침해되는 법익의 종류, 정도, 침해
   의 방법, 침해행위의 완급과 방위행위에 의하여 침해될 법익의 종류, 정도 등 일체의 구체적
   사정들을 참작하여 방위행위가 사회적으로 상당한 것이어야 한다.
2) [66도63] 정당방위에 있어서는 긴급피난의 경우와 같이 불법한 침해에 대해서 달리 피난방법
   이 없었다는 것을 반드시 필요로 하는 것이 아니다.
3) 김일수/서보학 207면 이하; 배종대 [66] 2; 이재상/장영민/강동범 §17 33 홍영기 [19] 17 등.
   독일 형법은 제32조에서 '긴급방위(Notwehr)'는 '위법하지 않다(nicht rechtswidrig)'고 규정
   하고, 제33조에서 공포, 당황 등으로 인한 과잉방위는 '처벌받지 않는다(nicht bestraft)'라고
   하여 양자의 법효과를 명시적으로 구별하고 있다.

도를 초과한 경우'를 어떻게 해석해야 하는지가 문제된다. 상당한 이유를 갖추었는데 정도를 초과하는 경우를 상정하기는 매우 어렵기 때문이다. 그러다 보니 판례에서 정당방위는 성립하지만 과잉방위라고 하는 사례는 매우 드물다.[1] 그런데 과잉방위를 인정한 사건에서 '상당성이 결여되지만' 과잉방위가 인정된다고 한 판례도 있다(86도1862). 과잉방위가 인정될 경우 정당방위가 비록 그 정도를 초과하더라도 형을 감경하거나 면제할 수 있으므로 제21조 ②항을 사실상 적용하지 않는 최근 판례의 태도는 재검토되어야 한다. 과잉방위를 책임이 감소되거나 조각되는 사유로 해석한다는 것은 위법성은 인정된다는 것이다. 따라서 정당방위의 요건 중 상당성이 결여된 경우 과잉방위가 인정된다는 위의 판례가 타당하다. 정당방위가 인정되지 않아 위법성은 있지만, 책임의 정도에 따라 임의적 감면사유가 되거나 불가벌의 사유가 되는 것이다.

[사례 22] 2016도2794 판결   37

D는 2014. 03. 08. 03:15경 원주시 남원로 소재 건물 2층에 있는 자신의 주거지의 문을 열다 거실에 서서 서랍장을 뒤지며 절취품을 물색하던 피해자 김OO을 발견하고는 "당신 누구야?"라고 말한 뒤, 피해자에게 다가가 주먹으로 피해자의 얼굴을 수 회 때려 넘어뜨리고, 피해자가 넘어진 상태에서도 계속하여 도망을 하려 하자 피해자가 팔로 감싸고 있던 뒤통수를 수 회 차고, 뒤이어 위 주거지 거실 내에 놓인 위험한 물건인 빨래 건조대를 집어 들고 피해자의 등 부분을 수 회 때린 뒤, D의 허리에 차고 있던 벨트를 풀어 피해자의 등 부분을 수 회 때렸다. 이로써 D는 위험한 물건을 휴대하여 피해자에게 치료기간을 알 수 없는 외상성 경막하출혈 등의 상해를 가하였고, 피해자는 뇌사상태에 빠져 있다가 같은 해 12월 사망하였다.

---

1) 검색 가능한 과거의 판례에서 두 건을 찾을 수 있다. [73도2380] 피고인이 1969. 8. 30. 22:40경 그의 처 A와 함께 귀가하는 도중 피해자가 피고인의 조카 B(14세) 등의 소녀들에게 음성을 내뱉고 소년을 보면서 키스를 하자고 빌너는 것을 피고인이 말에 귀했으나 집에 돌아가라고 타이르자 도리어 피고인의 뺨을 때리고 돌을 들어 구타하려고 따라오는 것을 피고인이 피하자, 위 피해자는 A를 땅에 넘어뜨려 깔고 앉아서 구타하는 것을 피고인이 다시 제지하였지만 듣지 아니하고 돌로서 A를 때리려는 순간 피고인이 그 침해를 방위하기 위하여 농구화 신은 발로서 위 피해자의 복부를 한차례 차서 그 사람으로 하여금 외상성 12지장 천공상을 입게 하여 같은 해 10.13. 06:25경 사망에 이르게 했다. 피고인의 행위는 형법 제21조 제2항의 이른바 과잉방위에 해당한다 할 것이고, 피고인의 이 행위는 당시 야간에 술이 취한 위 피해자의 불의의 행패와 폭행으로 인한 불안스러운 상태에서의 공포, 경악, 흥분 또는 당황에 기인되었던 것임을 알 수 있다. 같은 취지에서 원심이 형법 제21조제3항을 적용하여 피고인에게 무죄를 선고한 제1심 판결을 유지하였음은 정당하다.

◇ 문   D에게 정당방위가 인정되는가?

[쟁점]

1. 정당방위의 성립요건 중 '상당성'의 의미와 그 기준은 무엇인가?
2. 정당방위와 과잉방위의 관계는 어떠한가?

〈춘천지방법원 원주지원 2014고단444 판결〉

피고인이 이와 같이 절도범인 피해자를 제압하기 위하여 피해자를 폭행하였다고 하더라도, 피고인이 아무런 저항 없이 도망만 가려고 했던 피해자의 머리 부위를 장시간 심하게 때려 사실상 식물인간 상태로 만든 행위는 절도범에 대한 방위행위로서의 한도를 넘어선 것이라고 하지 않을 수 없다. 따라서 이러한 방위행위는 사회통념상 용인될 수 없는 것이므로, 자기의 법익에 대한 현재의 부당한 침해를 방어하기 위한 행위로서 상당한 이유가 있는 경우라거나, 방위행위가 그 정도를 초과한 경우에 해당한다고 할 수 없다. (징역 1년 6월의 실형을 선고하고 피고인을 법정에서 구속)

〈서울고등법원(춘천) 2015노11 판결〉

피고인이 아무런 저항 없이 도망만 가려고 했던 피해자의 머리를 심하게 때려 식물인간 상태로 만든 행위는 정당방위로서의 한도를 넘어선 것이며, 피해자가 완전히 제압되었음에도 추가 폭행한 피고인의 행위는 공격의사가 압도적이었기 때문에 과잉방위도 성립되지 않는다. (집행유예 3년)

〈대법원 판결〉

원심이 그 판시와 같은 이유를 들어 이 사건 변경된 공소사실이 유죄로 인정된다고 판단한 것은 정당하고, 거기에 결과적 가중범에서의 인과관계, 정당방위, 과잉방위 등에 관한 법리를 오해한 위법이 없다.

[참조판례]

[2001도1089] 피고인은 피해자와 1987. 11. 21. 혼인하여 딸과 아들을 둔 사실, 피해자는 평소 노동에 종사하여 돈을 잘 벌지 못하면서도 낭비와 도박의 습벽이 있고, 사소한 이유로 평소 피고인에게 자주 폭행·협박을 하였으며, 변태적인 성행위를 강요하는 등의 사유로 결혼생활이 파탄되어 1999년 11월경부터 별거하기에 이르고, 2000. 1. 10.경 피고인이 서울가정법원에 이혼소송을 제기하여 그 소송 계속중이던 같은 해 4월 23일 10:40경 피해자가 피고인의 월세방으로 찾아온 사실, 피고인은 피해자가 칼로 행패를 부릴 것을 염려하여 부엌에 있던 부엌칼 두 자루를 방의 침대 밑에 숨긴 사실, 피고인이 문을 열어 주어 방에 들어온 피해자는 피고인에게 이혼소송을 취하하고 재결합하자고 요구하였으나 피고인

이 이를 거절하면서 밖으로 도망가려 하자, 피해자는 부엌에 있던 가위를 가지고
와 피고인의 오른쪽 무릎 아래 부분을 긋고 피고인의 목에 겨누면서 이혼하면 죽
여버리겠다고 협박하고, 계속하여 피고인의 옷을 강제로 벗기고 자신도 옷을 벗
은 다음 침대에 누워 피고인에게 성교를 요구하였으나 피고인이 이에 응하지 않
자 손바닥으로 뺨을 2−3회 때리고, 재차 피고인에게 침대 위로 올라와 성교할
것을 요구하며 "너 말을 듣지 않으면 죽여버린다."고 소리치면서 침대 위에서 상
체를 일으키는 순간, 계속되는 피해자의 요구와 폭력에 격분한 피고인이 그 상황
에서 벗어나고 싶은 생각에서 침대 밑에 숨겨두었던 칼 한 자루를 꺼내 들고 피
해자의 복부 명치 부분을 1회 힘껏 찔러 복부자창을 가하고, 이로 인하여 피해자
로 하여금 장간막 및 복대동맥 관통에 의한 실혈로 인하여 그 자리에서 사망에
이르게 한 사실을 인정할 수 있다.

　피고인이 이와 같이 피해자로부터 먼저 폭행·협박을 당하다가 이를 피하기 위
하여 피해자를 칼로 찔렀다고 하더라도, 피해자의 폭행·협박의 정도에 비추어 피
고인이 칼로 피해자를 찔러 즉사하게 한 행위는 피해자의 폭력으로부터 자신을
보호하기 위한 방위행위로서의 한도를 넘어선 것이라고 하지 않을 수 없고, 따라
서 이러한 방위행위는 사회통념상 용인될 수 없는 것이므로, 자기의 법익에 대한
현재의 부당한 침해를 방어하기 위한 행위로서 상당한 이유가 있는 경우라거나,
방위행위가 그 정도를 초과한 경우에 해당한다고 할 수 없다.

　[86도1862] 피고인의 오빠인 이 사건 피해자 (남,33세)는 아무런 직업없이 지
내면서 거의 매일 술에 취하여 집에 들어와서는 어머니 A에게 술값을 달라고 요
구하며 가재도구를 부수는 등 행패를 계속하므로, 그의 술주정과 그로 인한 생활
고 등을 참다못한 A는 둘째 아들인 B와 딸인 피고인을 데리고 피해자 몰래 서울
로 이사한 다음, 노점상 등으로 근근히 생활을 유지해 왔다. 그러나 피해자가 그
의 가족들이 사는 집을 수소문하여 찾아와 그때부터 함께 살면서 다시 전과 같이
술주정과 행패를 계속해 오다가 1985.1.13경 교통사고를 당하여 머리에 큰 상해
를 입어 퇴원한 후에는 술에 취하지 않은 상태에서도 정신이상자처럼 욕설을 하
거나 흉포한 행동을 할 뿐만 아니라 술에 취하면 행패를 부리는 정도가 더욱 심
하어긴 사실, 이 사건이 있기 전날인 1985.8.28. 21:30경에도 술에 몹시 취하여
퇴근하여 집에 돌아온 피고인에게 갖은 욕설을 퍼붓고 있다가 24:00경 A가 장사
를 마치고 집에 돌아오자 그녀에게 심한 욕설을 하면서 술값을 내놓으라고 요구
하며 난동을 계속하므로 이에 겁을 먹은 A와 피고인 및 B가 모두 안방으로 피해
들어가 문을 잠그고 피해자가 잠들기를 기다렸으나, 잠들기는커녕 오히려 더욱
거칠게 5시간 가량 행패를 계속함으로써 다음날 05:00경에는 안방문이 거의 부서
질 지경에 이르게 된 사실, 이에 견디다 못한 A가 방문을 열고 마루로 나가자 피

해자는 식칼을 들고 A를 향해 "이년, 너부터 찔러 죽이고 식구들을 모두 죽여 버
리겠다고" 소리치며 달려들어 칼을 그녀의 얼굴 가까이 들이대어 그녀가 놀라서
기절한 사실, 그 순간 이를 방안에서 보고 있던 동생 B가 뛰어나가 피해자의 왼
손목을 잡고 칼을 뺏으려 하였으나 피해자가 오히려 오른손으로 B의 목을 움켜
쥐어 B로 하여금 숨쉬기가 곤란할 지경에 이르게 한 사실, 그때까지 겁에 질려
방안에서 이를 보기만 하고 있던 피고인은 그대로 두면 B의 생명이 위험하다고
순간적으로 생각하고, 그를 구하기 위하여 마루로 뛰어나가 피해자에게 달려들어
두손으로 그의 목을 힘껏 조르면서 뒤로 밀자, 그가 뒤로 넘어지므로 피고인도
함께 앞으로 쓰러진 다음, 그의 몸위에 타고 앉은 채로 정신없이 두손으로 계속
그의 목을 누르고 있던 중, A의 상태를 살피던 B가 "누나, 왜 이래"하고 소리치
자 피고인은 그때서야 정신을 차린듯 피해자의 목에서 손을 떼면서 일어났으나,
그때 이미 피해자는 피고인의 목졸임으로 말미암아 질식된 채 아무런 움직임이
없었던 사실 등이 인정된다. 피고인이 피해자의 몸위에 타고앉아 그의 목을 계속
하여 졸라 누름으로써 결국 피해자로 하여금 질식하여 사망에 이르게 한 행위는
정당방위의 요건인 상당성을 결여한 행위라고 보아야 할 것이나, 방위의사에서
비롯된 피고인의 위와 같이 연속된 전후행위는 하나로서 형법 제21조 제2항 소정
의 과잉방위에 해당한다 할 것이고, 당시 야간에 흉포한 성격에 술까지 취한 피
해자가 식칼을 들고 가족들을 위협하는 불안스러운 상태하에서 공포, 경악, 흥분
또는 당황등으로 말미암아 저질러진 것이라고 보아야 할 것이다.

Ⅲ. 긴급피난(제22조)

1. 의의

가. 개념

38   제22조 ①항은 "자기 또는 타인의 법익에 대한 현재의 위난을 피하기 위한
행위는 상당한 이유가 있는 때에는 벌하지 아니한다."라고 긴급피난을 규정하고
있다. 긴급피난은 현재의 법익침해에 대한 긴급구제의 행위라는 점에서 정당방
위와 공통된다. 하지만 정당방위 상황의 '부당한 침해'가 사람의 위법한 행위인
반면, 긴급피난의 상황인 '위난'은 위법이 아니라는 점에서 차이가 있다.

나. 법적 성격

39   **(1) 정당성의 문제** 긴급피난은 정당방위와 달리 긴급피난 행위로 침해당
하는 대상이 위법하지 않다. 자기 또는 타인의 법익을 보호하기 위해 위법하지

않은 다른 사람의 법익을 침해하는 것이다. 따라서 1) 보호받는 법익의 가치가 침해당하는 법익의 그것보다 더 우월할 때에는 정당하다고 할 수 있겠지만, 2) 양자가 같은 가치의 법익이거나 침해당하는 법익이 오히려 더 높은 가치를 지닐 때에도 이를 정당하다고 할 수 있을지가 문제된다.

(2) 정당한 긴급피난과 면책적 긴급피난?　그래서 다수견해는 위의 1)의　**40**
경우는 정당한 긴급피난, 곧 위법성조각사유가 되는 긴급피난이지만, 2)의 경우는 면책적 긴급피난, 곧 책임조각사유가 되는 긴급피난이라고 한다.[1] 좀 더 구체적으로는 긴급피난 행위가 타인의 재산적 법익을 침해하면 위법성조각사유이고, 사람의 생명과 신체를 침해하면 책임조각사유라는 것이 다수견해이다. 유사한 범주에 드는 견해는 보호되는 법익이 우월한 가치의 법익이면 위법성조각사유이고, 같은 가치의 법익이면 책임조각사유라고 한다.

(3) 독일 형법의 긴급피난　그러나 이른바 '이분설' 또는 '차별설'은 독일　**41**
형법에서 비롯된 이론이다. 독일 형법은 긴급피난을 제34조의 정당한 긴급피난[2]과 제35조의 면책적 긴급피난[3]으로 구별해서 규정하고 있다. 독일 형법 제34조는 대립되는 두 이익을 비교할 때, 곧 관련되는 법익과 그 법익에 닥쳐오는 위험의 정도를 비교할 때, 보호되는 이익이 침해되는 이익보다 우월하면[4] 정당한 긴급피난이 된다고 한다. 그리고 제35조는 자기나 친척 또는 가까운 사람에 대한 위험을 피하기 위해 '위법한' 행위를 하면 면책사유가 된다[5]고 규정하고 있다. 제35조의 '위법한 행위'는 제34조의 요건을 갖추지 못하였기 때문에 위법성이 조각되지 않는 경우로 해석된다.

(4) 면책적 긴급피난과 한국 형법의 과잉피난　한국 형법은 독일 형법처　**42**
럼 긴급피난을 두 가지로 구별하여 규정하지 않는다. 따라서 긴급피난을 정당한 긴급피난과 면책적 긴급피난으로 '이분'하는 것은 한국 형법에 적합한 해석이라 할 수 없다.[6] 긴급피난이 인정되지 않아 위법한 행위이지만 책임조각이 가능한

---

1) 김일수/서부학 209면 이하; 배종대 [68] 11 이하; 홍영기 [20] 2 등.

2) § 34 Rechtfertigender Notstand

3) § 35 Entschuldigender Notstand

4) wenn bei Abwägung der widerstreitenden Interessen, namentlich der betroffenen Rechtsgüter und des Grades der ihnen drohenden Gefahren, das geschützte Interesse das beeinträchtigte wesentlich überwiegt.

5) Wer in einer gegenwärtigen, nicht anders abwendbaren Gefahr für Leben, Leib oder Freiheit eine rechtswidrige Tat begeht, um die Gefahr von sich, einem Angehörigen oder einer anderen ihm nahestehenden Person abzuwenden, handelt ohne Schuld.

6) 같은 취지로는 오영근 209면; 이재상/장영민/강동범 §18 3 이하.

사안을 한국 형법은 '과잉피난'으로 규성하고 있기 때문이다. 그런 면에서 '위법한 긴급피난'이 일정한 요건을 갖추면 면책사유가 된다는 독일 형법의 규정은 과잉피난의 해석에 참고가 될 수 있을 뿐이다. 형법의 실무에서 판례는 이분설과 같은 이론이나 '면책적 긴급피난'이라는 개념을 적용하지 않는다. 요컨대, 한국의 형법에서 긴급피난은 위법성조각사유이며,[1] 이분설이 말하는 면책적 긴급피난의 사안은 제22조 ③항, 제21조 ②항에 규정된 '피난행위가 그 정도를 초과한 경우', 곧 '과잉피난'의 해석론에서 검토되어야 한다.

2. 긴급피난의 성립요건

가. 객관적 요건 : '자기 또는 타인의 법익에 대한 현재의 위난'

43 1) '자기 또는 타인의 법익'은 정당방위의 경우와 같이 해석된다. 2) '위난'은 법익에 대한 침해 또는 위험이 있는 상태를 말한다. 위난의 원인이 위법할 필요는 없으며, 자연현상이나 동물에 의한 위난도 가능하다. 3) 논란이 되는 것은 위난을 스스로 불러온 경우에도 긴급피난이 인정되는지의 문제이다. 이러한 경우를 이른바 **'자초위난**自招危難'이라고 하는데, 다수견해는 상당성이 인정되는 한 자초위난의 경우에도 긴급피난이 가능하지만, 긴급피난의 상황을 이용할 목적으로 의도적으로 위난을 유발한 경우 긴급피난이 허용되지 않는다고 한다. 판례도 자초위난에 대해서는 긴급피난을 인정하지 않는다.[2] 4) 위난은 '현재의 위난'이어야 하므로 과거나 장래의 위난에 대해서는 긴급피난이 허용되지 않는다. 정당방위에서 '지속적 침해'의 경우처럼 '계속적 위난'은 위난의 현재성이 있는 것으로 인정된다. 5) 위난을 피하는 행위는 위난에 대한 예측을 필요로 하는데, 예측의 시점은 피난행위의 바로 앞 시점이어야 하며, 위난의 예측은 객관적이어야 한다.

나. 주관적 요건 : '위난을 피하기 위한 행위'

44 긴급피난은 '위난을 피하기 위한 행위'이어야 한다. 곧 주관적 정당화요소인 피난의사가 필요하다. 피난의사의 내용은 방위의사와 마찬가지로 피난상황

---

1) [2010도13609] 피고인들의 위와 같은 행위는 … 구성요건에 해당하고, … 방법이나 수단에 있어서도 상당성의 요건을 갖추지 못하여 이를 위법성이 조각되는 정당행위나 긴급피난의 요건을 갖춘 행위로 평가하기 어렵다.

2) [94도2781] 피고인이 스스로 야기한 강간범행의 와중에서 피해자가 피고인의 손가락을 깨물며 반항하자 물린 손가락을 비틀며 잡아 뽑다가 피해자에게 치아결손의 상해를 입힌 소위를 가리켜 법에 의하여 용인되는 피난행위라 할 수 없다.

에 대한 인식과 그로부터 피하기 위한 행위를 한다는 인식이다.

다. 규범적 요건 : '상당한 이유'

'상당한 이유' 곧 상당성은 긴급피난의 규범적 성립요건이다. 긴급피난은 **45** 피난행위 때문에 침해당하는 법익의 주체가 위법하지 않기 때문에 정당방위에 비해 상당성의 요건이 엄격하게 심사된다. 판례는 상당성의 기준으로 1) 피난행위는 위난에 처한 법익을 보호하기 위한 유일한 수단이어야 하고(보충성), 2) 피해자에게 가장 경미한 손해를 주는 방법을 택하여야 하며(필요성), 3) 피난행위에 의하여 보전되는 이익은 이로 인하여 침해되는 이익보다 우월해야 하고(균형성), 4) 피난행위는 그 자체가 사회윤리나 법질서 전체의 정신에 비추어 적합한 수단일 것(적합성) 등의 요건이 필요하다고 한다(2014도2477, 2005도9396 등).

3. 긴급피난의 예외

제22조 ②항은 "위난을 피하지 못할 책임이 있는 자에 대하여는 전항의 규 **46** 정을 적용하지 아니한다."고 하여 긴급피난이 인정되지 않는 예외를 규정하고 있다. '위난을 피하지 못할 책임이 있는 자'는 군인, 경찰관, 소방관 등의 예를 들 수 있다.[1] 직무의 특성이 위난을 피하는 것을 정당하다고 할 수 없는 경우인데, 직무를 위해 감수해야 할 범위를 넘는 위난에 대해서는 긴급피난이 인정된다고 해야 할 것이다.

4. 과잉피난

제22조 ③항은 과잉방위에 대한 제21조 ②항과 ③항을 긴급피난에 준용하 **47** 고 있다. 그러므로 과잉피난은 '피난행위가 그 정도를 초과한 경우'이고, 이에 대해서는 형을 감면할 수 있고, 야간이나 그 밖의 불안한 상태에서 공포, 경악 등이 원인이 되어 과잉피난을 한 경우에는 처벌하지 않는다. 과잉피난이 형의 임의적 감면사유나 불가벌의 사유가 되는 이유는 책임이 감소되거나 면제되기 때문이다. 이러한 해석은 과잉피난에 위법성이 있다는 것을 전제로 한다. 따라서 앞에서 설명한 바와 같이 과잉피난은 다수견해가 말하는 면책적 긴급피난에 해당한다. 다수견해가 설명하는 면책적 긴급피난의 요건은 과잉피난의 성립범

---

1) [94도778] 피고인의 소위가 (전투경찰순경으로서) 시위진압임무를 수행하면서 정신적 육체적으로 격심한 고통을 겪은 데서 비롯된 것이라 하더라도 근무지를 이탈한 행위를 긴급피난 또는 사회상규에 위배되지 아니하는 행위라고 볼 수 없다.

위에 대한 논의로 이해되어야 할 것이다.

48 **[사례 23] 청주지방법원 2005노1200 판결**

　　D와 같은 아파트에서 혼자 거주하던 A(당시 만 68세)가 이 사건 당일 오전 8시경 D에게 심한 두통과 어지러움 증상 등을 호소하자 D는 급히 A의 아파트로 가서 A의 증상을 뇌압상승으로 인한 중풍의 전조증상이라고 판단하고 손과 발 등에 침을 놓아 사혈을 하였다. 이로 인해 A의 증상이 다소 완화되자 D는 곧바로 A를 부축하여 자신의 차량에 태운 다음 약 1km 정도 떨어진 D 운영의 한의원으로 차량을 운전하여 갔다. 그런데 D는 무면허운전으로 한의원 앞에서 경찰관에게 단속되게 되자 간호사를 통해 A에게 우선 소합향원 2개를 복용시키고, 뒤이어 약 20여 분이 지난 후에 A에 대해 침술 등의 치료를 하였다.

　　D가 거주하는 지역의 소방파출소는 D 운영의 한의원 부근에 위치해 있고, 택시를 호출할 경우 A가 거주하는 아파트 앞까지 오는 데 소요되는 시간은 약 10분 정도이며, 직접 택시를 타기 위해서는 약 100m 정도 걸어가야 한다. 한편 중풍이 의심될 경우 혈액순환의 차단으로 인한 뇌신경이 손상되기 전에 신속하게 치료가 이루어지는 것이 무엇보다 중요하다는 사실도 인정된다.

◇ **문** D의 무면허운전행위에는 긴급피난의 위법성조각이 인정되는가?

　〈대법원 판결〉

　　위 인정 사실에 의하면, 이 사건 당시 공소외인이 뇌압상승으로 인한 중풍 발병의 우려가 높아 공소외인을 신속히 병원으로 옮길 필요가 있다고 보이므로 <u>현재의 위난을 피하여야 할 긴급상태에 있었다</u>고 볼 수 있다. 그러나 대체 이동수단이 없었는지에 대하여 보건대, 위 아파트는 인근에 택시 등 대중교통수단은 물론 119나 구급차량을 이용할 수 있는 지역인 점, 앞서 본 택시나 구급차량 등을 호출하는 데 소요되는 시간과 위 아파트에서 도로까지의 거리, 피고인의 응급조치로 증상이 다소 완화된 공소외인이 부축을 받아 거동이 가능하였던 점 등 여러 사정에 비추어 볼 때, 당시 피고인은 택시나 119 구급차량을 호출하거나 아니면 이웃 주민이나 아파트 관리실 등에 협조를 요청하여 공소외인을 후송할 수 있었다고 판단되고 <u>오로지 피고인이 직접 이 사건 차량으로 공소외인을 후송하여야 할 방법 밖에 없었던 상황이라 보기 어려우므로, 결국 긴급피난의 성립요건인 보충성의 원칙을 충족시키지 못하였다</u> 할 것이어서, 피고인의 위와 같은 무면허운전행위를 긴급피난에 해당한다고 보기 어렵다. 따라서 피고인의 위 주장은 이유 없다.

[참조판례]

[85도221] 가. 피고인들이 피조개양식장에 피해를 주지 아니하도록 할 의도에서 선박의 닻줄을 7샤클(175미터)에서 5샤클(125미터)로 감아놓았고 그 경우에 피조개양식장까지의 거리는 약 30미터까지 근접한다는 것이므로 닻줄을 50미터 더 늘여서 7샤클로 묘박하였다면 선박이 태풍에 밀려 피조개양식장을 침범하여 물적 손해를 입히리라는 것은 당연히 예상되는 것이고, 그럼에도 불구하고 태풍에 대비한 선박의 안전을 위하여 선박의 닻줄을 7샤클로 늘여 놓았다면 이는 피조개양식장의 물적피해를 인용한 것이라 할 것이어서 재물손괴의 점에 대한 미필적 고의를 인정할 수 있다.

나. 선박의 이동에도 새로운 공유수면점용허가가 있어야 하고 휴지선을 이동하는데는 예인선이 따로 필요한 관계로 비용이 많이 들어 다른 해상으로 이동을 하지 못하고 있는 사이에 태풍을 만나게 되고 그와 같은 위급한 상황에서 선박과 선원들의 안전을 위하여 사회통념상 가장 적절하고 필요불가결하다고 인정되는 조치를 취하였다면 형법상 긴급피난으로서 위법성이 없어서 범죄가 성립되지 아니한다고 보아야 하고 미리 선박을 이동시켜 놓아야 할 책임을 다하지 아니함으로써 위와 같은 긴급한 위난을 당하였다는 점만으로는 긴급피난을 인정하는데 아무런 방해가 되지 아니한다.

Ⅳ. 자구행위(제23조)

1. 의의

제23조 ①항은 자구행위에 대해 "법률에서 정한 절차에 따라서는 청구권을 보전保全할 수 없는 경우에 그 청구권의 실행이 불가능해지거나 현저히 곤란해지는 상황을 피하기 위하여 한 행위는 상당한 이유가 있는 때에는 벌하지 아니한다."고 규정하고 있다. 자구행위는 권리자가 권리에 대한 부당한 침해를 받고 국가기관의 법정절차에 의해서는 권리보전이 불가능한 경우에 자력으로 그 권리를 구제하거나 실현하는 행위이다. **49**

자구행위는 정당방위처럼 부당한 법익침해에 대응하는 자기보호와 법질서 수호의 원리가 위법성조각의 근거가 된다. 다만 자구행위는 권리 침해 이후의 사후적 긴급구제이기 때문에 국가권력의 강제수단이 우선되어야 한다는 제한을 받는다. 따라서 자구행위는 국가권력이 개인의 권리를 보장해 줄 수 없는 긴급 상황에서 국가권력을 대행하는 행위라고 할 수 있다. **50**

2. 성립요건

가. 자구행위상황

51   **(1) 청구권**   제23조 ①항의 청구권은 재산상의 청구권은 물론 지적재산권, 친족권, 상속권 등에 근거하는 청구권을 말한다. 다만 한 번 침해되면 구제가 불가능한 생명, 신체, 자유 등의 권리는 청구권의 대상이 될 수 없다. 자구행위의 본질을 고려할 때 자기의 청구권을 위한 구제행위만 허용되며, 정당방위나 긴급피난은 법에 '타인의 법익'이 명시되어 있지 만 자구행위는 그렇지 않기 때문에 타인의 청구권은 자구행위의 대상이 아니다.

52   **(2) 청구권에 대한 과거의 침해**   '법률에서 정한 절차에 따라서는 청구권을 보전할 수 없는' 상황은 청구권이 불법·부당하게 침해된 상황을 의미한다. 따라서 자구행위는 청구권에 대한 과거의 침해에 대해서만 가능하다. 현재의 침해에 대해서는 정당방위가 가능할 뿐이다. 다만 권리침해의 직후라도 현재성이 인정되는 경우에는 정당방위가 가능하다. 예를 들어 절도범을 현장에서 추격하여 재물을 탈환하는 행위는 정당방위에 해당하고, 나중에 길에서 절도범을 우연히 발견하고 도난된 재물을 탈환하는 행위는 자구행위가 된다.

53   **(3) 법정절차에 의한 청구권 보전의 불가능**   '법률에서 정한 절차'는 국가기관의 공적 절차에 의한 모든 구제수단을 말한다. 행정기관의 행정작용이 될 수도 있고, 민사소송이나 행정소송 등 법원의 권리구제 절차가 될 수도 있다. '청구권을 보전할 수 없는 경우'는 시간적, 장소적으로 공적 구제절차를 요청할 수 있는 여유가 없는 긴급한 경우를 말한다.

나. 자구의사

54   자구의사는 자구행위의 주관적 정당화요소이다. 자구행위는 '청구권의 실행이 불가능해지거나 현저히 곤란해지는 상황을 피하기 위하여 한 행위'이어야 하며, 따라서 행위자에게는 '법정절차에 따라서는 청구권을 보전할 수 없는 상황'에 대한 인식과 '청구권의 실행이 불가능하거나 현저히 곤란해지는 상황'에 대한 인식이 있어야 한다.

다. 상당한 이유

55   자구행위에도 규범적 요건인 상당성이 요구된다. 자구행위의 객관적 상황이 인정되고 주관적으로 자구의사가 있다고 하더라도 자력구제의 방식이 사회

적 상당성의 범위를 벗어나면 자구행위가 성립되지 않는다.[1]

3. 과잉자구행위

제23조 ②항은 자구행위가 그 정도를 초과한 경우에는 정황에 따라 그 형 **56** 을 감경하거나 면제할 수 있다고 규정하고 있다. '정도를 초과한 경우'는 과잉방위 또는 과잉피난의 경우처럼 상당성을 결여한 경우로 해석해야 하며, 과잉자구행위도 위법성은 있지만 책임이 감소하거나 면제되는 경우라고 할 수 있다. 다만 형법은 과잉방위나 과잉피난처럼 불가벌이 되는 경우에 대해 규정하지 않고 있으므로, 과잉자구행위에는 법에 의한 필요적 불가벌 사유가 없다는 점에 유의해야 한다.

[사례 24] 2005도8081 판결   **57**

D1과 D2는 자신들에 대한 채무자인 V가 부도를 낸 후 도피하자 다른 채권자들이 채권확보를 위하여 V의 물건들을 취거해 갈 수도 있다고 생각하였다. 이에 D1과 D2는 자신들의 피해자에 대한 물품대금 채권을 다른 채권자들보다 우선적으로 확보할 목적으로 V가 부도를 낸 다음날 새벽에 V 소유의 가구점에 가서 그곳에 관리종업원이 있음에도 불구하고 V의 승낙을 받지 아니한 채 V의 가구점의 시정장치를 쇠톱으로 절단하고 그곳에 침입하여 시가 16,000,000원 상당의 V의 가구들을 화물차에 싣고 가 다른 장소에 옮겨 놓았다.

◆ **문** D1과 D2의 죄책은?

〈대법원 판결〉

[2] 채권 확보를 목적으로 점유자의 의사에 반하여 점유를 배제한 행위가 절도죄에 해당하는지 여부(적극) : 비록 채권을 확보할 목적이라고 할지라도 취거 당시에 점유 이전에 관한 점유자의 명시적·묵시적인 동의가 있었던 것으로 인정되지 않는 한 점유자의 의사에 반하여 점유를 배제하는 행위를 함으로써 절도죄는 성립하는 것이고, 그러한 경우에 특별한 사정이 없는 한 불법영득의 의사가 없었다고 할 수는 없다.

---

1) [2006도9418] 이 사건 도로는 피고인 소유 토지에 무단으로 확장 개설되어 그대로 방치할 경우 불특정 다수인이 통행할 우려가 있다는 사정만으로는 피고인이 법정절차에 의하여 자신의 청구권을 보전하는 것이 불가능한 경우에 해당한다고 볼 수 없을 뿐 아니라, 이미 불특정 다수인이 통행하고 있는 육상의 통로에 구덩이를 판 행위가 피고인의 청구권의 실행불능이나 현저한 실행곤란을 피하기 위한 상당한 이유가 있는 행위라고도 할 수 없다.

[3] 형법상 자구행위의 의미

: 형법상 자구행위라 함은 법정절차에 의하여 청구권을 보전하기 불능한 경우에 그 청구권의 실행불능 또는 현저한 실행곤란을 피하기 위한 상당한 행위를 말하는 것인바, 이 사건에서 피고인들에 대한 채무자인 피해자가 부도를 낸 후 도피하였고 다른 채권자들이 채권확보를 위하여 피해자의 물건들을 취거해 갈 수도 있다는 사정만으로는 피고인들이 법정절차에 의하여 자신들의 피해자에 대한 청구권을 보전하는 것이 불가능한 경우에 해당한다고 볼 수 없을 뿐만 아니라, 또한 피해자 소유의 가구점에 관리종업원이 있음에도 불구하고 위 가구점의 시정장치를 쇠톱으로 절단하고 들어가 가구들을 무단으로 취거한 행위가 피고인들의 피해자에 대한 청구권의 실행불능이나 현저한 실행곤란을 피하기 위한 상당한 이유가 있는 행위라고도 할 수 없다.

원심이 같은 취지에서 피고인들의 자구행위 내지 과잉자구행위 주장을 배척한 조치는 정당한 것으로 수긍이 가고, 거기에 상고이유로 주장하는 바와 같이 자구행위 내지 과잉자구행위에 관한 법리를 오해하는 등의 위법이 있다고 할 수 없다.

[참조판례]

[84도2582] 피고인이 피해자에게 석고를 납품한 대금을 받지 못하고 있던중 피해자가 화랑을 폐쇄하고 도주하자, 피고인이 야간에 폐쇄된 화랑의 베니어판 문을 미리 준비한 드라이버로 뜯어 내고 피해자의 물건을 몰래 가지고 나왔다면, 위와 같은 피고인의 강제적 채권추심 내지 이를 목적으로 하는 물품의 취거행위를 형법 제23조 소정의 자구행위라고 볼 수 없다.

[2007도7717] 판결 인근 상가의 통행로로 이용되고 있는 토지의 사실상 지배권자가 위 토지에 철주와 철망을 설치하고 포장된 아스팔트를 걷어냄으로써 통행로로 이용하지 못하게 한 경우, 이는 일반교통방해죄를 구성하고 자구행위에 해당하지 않는다고 한 사례.

V. 피해자의 승낙(제24조)

1. 피해자승낙의 의의

가. 개념

58   제24조는 "처분할 수 있는 자의 승낙에 의하여 그 법익을 훼손한 행위는 법률에 특별한 규정이 없는 한 벌하지 아니한다."고 하여 피해자의 승낙을 위법성조각사유로 규정하고 있다. 피해자가 가해자에게 자기법익에 대한 침해를 허락하는 경우 가해행위에 대해 형법의 불법을 배제하는 것이다.

나. '승낙'과 이른바 '양해'의 구별

피해자의 의사에 반하는 행위가 범죄구성요건이 되는 경우 피해자의 승낙 **59**
은 구성요건해당성을 배제하는 사유가 되고, 이를 위법성조각사유인 피해자의
승낙과 구별하기 위해 '양해'의 개념을 사용해야 된다는 견해가 있다.[1] 그러나
구성요건해당성의 문제는 각 구성요건의 해석에서 개별적으로 검토되어야 하므
로 특별히 '양해'의 개념을 인정할 필요는 없다.[2] 판례는 주거침입죄의 구성요
건 행위인 침입에 해당하는지를 판단할 때도 '승낙'의 개념을 사용한다(93도120,
2009도5008, 2017도18272 전합, 2022도3801 등).[3]

다. 위법성조각의 근거

피해자의 승낙이 있는 경우 위법성이 조각되는 근거를 설명하는 견해들이 **60**
있다. 1) **법률정책설**은 개인의 자유의사는 다른 사회적 이익을 침해하지 않는 한
최대한 존중되어야 하기 때문에 법률정책의 이유에서 처벌하지 않는다고 한다.
2) **이익포기설**은 처분권을 가진 피해자가 보호받을 이익을 스스로 포기하면 형
법이 이를 보호해야 할 필요성이 없다고 한다. 범죄의 실질은 법익의 침해이고,
형법의 보호적 과제는 법익을 보호하는 것이지만, 법익의 주체가 법익 침해를
승낙하고 보호를 원치 않는다면 형법이 개입할 이유가 없다는 것이다. 그밖에
3) **법률행위설**은 피해자의 승낙이라는 법률행위가 행위자에게 해당 법익에 대한
권리를 부여한다고 하며, 4) **상당성설**은 피해자의 승낙이 사회의 법질서에 비추
어 상당성이 있기 때문이라고 한다. 이러한 견해들 중 어떠한 견해가 옳고 그르
다고 할 수 있는 쟁점은 아니며, 피해자 승낙의 법적 성격에 대한 다양한 관점
으로 볼 수 있을 것이다.

한편, 형법이론의 관점에서는 형법은 다른 사회적 통제수단에 대한 보충적 **61**
수단이 되어야 하며, 최후수단이 되어야 하기 때문에, 법익의 주체가 승낙한 법
익 침해에 대해 형법이 통제에 나설 필요가 없다는 점도 위법성 조각의 근거가
된다.

---

[1] 오영근 228면 이하; 이재상/장영민/강동범 §20 4 이하.

[2] 배종대 [80] 1 이하 참조.

[3] [2018도15213] 관리자에 의해 출입이 통제되는 건조물에 관리자의 승낙을 받아 건조물에 통
상적인 출입방법으로 들어갔다면, 이러한 승낙의 의사표시에 기망이나 착오 등의 하자가 있
더라도 특별한 사정이 없는 한 형법 제319조 제1항에서 정한 건조물침입죄가 성립하지 않
는다.

2. 성립요건

가. 처분할 수 있는 자의 승낙

62　　(1) **승낙의 주체**　1) '처분할 수 있는 자'는 해당 법익에 대한 처분권이 있는 자 또는 법익의 주체로서 피해자가 되는 사람을 말한다. 따라서 법익의 주체는 아니지만 처분권이 인정되는 법정대리인 등도 예외적으로 승낙의 주체가 된다. 그리고 2) 처분할 수 있는 자에게는 **승낙의 능력**이 있어야 한다. 승낙의 능력은 자연적 통찰능력을 말하며, 민법의 행위능력과 같은 개념이 아니다. 승낙의 능력이 있는 처분권자의 승낙은 자유의사에 의한 승낙이어야 한다. 승낙 행위 당시에 의사의 흠결이 있으면 유효한 승낙이라 할 수 없다(92도2345).

63　　(2) **승낙의 방법**　1) 승낙의 표시방법에 대해 주관설은 내면적 동의로 충분하다고 하지만, 객관설은 외부에 대한 의사표시가 있어야 된다고 한다. 다수 견해인 절충설은 민법의 법률행위와 같은 형식을 갖출 필요는 없지만 어떤 방식이든 외부에서 인식할 수 있는 표시가 있어야 한다는 입장이다. 2) 승낙은 법익침해 행위 이전에 있어야 하며, 언제든지 자유롭게 철회할 수 있고, 철회의 방법에 아무런 제한이 없다.[1]

나. '법률에 특별한 규정이 없는 한'

64　　'처분할 수 있는 자'가 처분할 수 있는 법익은 개인적 법익에 한정한다. 사회적 법익이나 국가적 법익에 대해서는 처분할 수 있는 개인이 있을 수 없기 때문이다. 그리고 개인적 법익이라 하더라도 법률에 특별히 금지하는 규정이 있으면 처분할 수 없다. 예를 들어 생명을 처분하는 피해자의 승낙이 있더라도 승낙에 의한 살인은 승낙살인죄(제252조)가 되고, 위법성이 조각되지 않는다. 또한 병역을 면탈하거나 채무변제를 대신하기 위해 신체의 상해를 승낙하는 것도 병역법이나 민법의 규정에 어긋나는 것으로서 제24조에 해당한다고 할 수 없다. 그리고 보험금 편취를 목적으로 신체의 상해를 승낙하는 행위도 사기죄의 기망행

---

1) [2010도9962] 피해자의 승낙은 언제든지 자유롭게 철회할 수 있다고 할 것이고, 그 철회의 방법에는 아무런 제한이 없다. 피고인이 피해자 갑의 상가건물에 대한 임대차계약 당시 갑의 모 을에게서 인테리어 공사 승낙을 받았는데, 이후 을이 임대차보증금 잔금 미지급을 이유로 즉시 공사를 중단하고 퇴거할 것을 요구하자 도끼를 집어 던져 상가 유리창을 손괴한 사안에서, 을이 위 의사표시로써 시설물 철거에 대한 동의를 철회하였다고 보아야 하는데도 피고인의 행위를 무죄로 판단한 원심판결에는 피해자 승낙의 철회에 관한 법리오해의 잘못이 있다고 한 사례.

위를 위한 행위에 해당하므로 금지되는 행위이다.1) 판례는 법률에 특별한 규정이 있는 경우는 물론 사회상규에 위배되는 경우에도 피해자의 승낙이 인정되지 않는다고 한다(85도1892, 89도201 등).

다. 주관적 정당화요소 : 승낙의 인식

제24조에 명시되어 있지는 않지만, 피해자의 승낙에서도 주관적 정당화 요 **65** 소가 필요하다. 행위자는 처분할 수 있는 자의 유효한 승낙이 있다는 사실을 인식하고 행위하여야 한다. 피해자가 외부적으로 승낙의 표시를 하였더라도 행위자가 이를 인식하지 않은 상태에서 법익을 훼손하였다면 위법성이 조각되지 않는다.

3. 추정적 승낙

가. 개념

추정적 승낙이란 피해자의 현실적인 승낙이 없었다고 하더라도 행위 당시 **66** 의 모든 객관적 사정에 비추어 볼 때 만일 피해자가 행위의 내용을 알았더라면 당연히 승낙하였을 것으로 예견되는 경우를 말한다(2005도8081). 처분할 수 있는 자의 승낙이 없고 행위자가 승낙을 인식한 것은 아니지만, 승낙을 추정하고 타인의 법익을 훼손해도 위법성이 조각될 수 있는 경우이다. 형법에 명시적 규정은 없지만, 추정적 승낙도 일정한 요건이 갖추어지면 피해자의 승낙에 해당할 수 있다는 것이 통설과 판례(92도3101, 2002도235 등)의 입장이다.

나. 성립요건

추정적 승낙이 피해자의 승낙으로 인정되어 위법성 조각사유가 되기 위해 **67** 서는 1) 처분할 수 있는 자의 승낙이 현실적으로 불가능해야 하고, 2) 승낙이 객관적으로 추정되어야 한다. 3) 행위자가 승낙을 추정하는 시기는 행위시이어야 하고, 4) 추정적 승낙에 대한 행위자의 인식이 있어야 한다. 그리고 5) 승낙의 추정에 대한 진지한 심사가 있어야 하며, 단지 승낙하였을 것이라고 막연히

---

1) [2008도9606] 형법 제24조의 규정에 의하여 위법성이 조각되는 피해자의 승낙은 개인적 법익을 훼손하는 경우에 법률상 이를 처분할 수 있는 사람의 승낙이어야 할 뿐만 아니라 그 승낙이 윤리적·도덕적으로 사회상규에 반하는 것이 아니어야 한다. 피고인이 피해자와 공모하여 교통사고를 가장하여 보험금을 편취할 목적으로 피해자에게 상해를 가하였다면 피해자의 승낙이 있었다고 하더라도 이는 위법한 목적에 이용하기 위한 것이므로 피고인의 행위가 피해자의 승낙에 의하여 위법성이 조각된다고 할 수 없다.

기대하거나 예측한 것만으로는 승낙이 추정된다고 할 수 없다(2007도9987).

68   **[사례 25] 2011도6223 판결**

A 소유의 인천 용현동 대지 및 그 지상 건물(이하 '이 사건 부동산'이라 한다)에 관하여 임차인 B가 인천지방법원 임대차보증금반환 사건의 집행력있는 판결정본에 기하여 강제경매를 신청하여 2009. 12. 9. 강제경매 개시결정이 내려졌다. A는 2010. 2. 4. 이 사건 부동산의 매매에 관한 권한 일체를 아들인 갑에게 위임하여, 같은 날 이 사건 부동산을 C 외 1인에게 매매대금 1억3,500만 원으로 정하여 매도하였는데, 이 사건 부동산에 관한 매매계약서에는 '대리인'란에 갑의 이름이 기재되어 있고, 갑 명의의 도장도 날인되어 있었다.

갑은 C로부터 매매대금 중 4,000만 원을 교부받아 2010. 2. 10.경 B에게 임대차보증금반환 채권액 3,470만 원을 입금하여 주었고, 그에 따라 B가 위 경매를 취하하였다. 그런데 A가 2010. 2. 11. 갑자기 사망하게 되자, 이 사건 부동산의 매매에 관한 권한 일체를 위임받은 갑은 2010. 2. 24. 15:00경 주민센터 내에서 행사할 목적으로 죽은 A로부터 그의 인감증명서를 발급받을 수 있는 권한을 위임받은 것처럼 인감증명 위임장 또는 법정대리인 동의서의 위임자란에 A의 이름과 주민등록번호, 주소를 기재한 후, 위임사유로 '병안 중임'이라고 기재하고 A의 성명 옆에 "A"의 도장을 날인하여 A의 권리의무에 관한 사문서인 인감증명 위임장 또는 법정대리인 동의서 1매를 위조하고, 즉석에서 그 정을 모르는 위 만수2동 주민센터 담당직원에게 마치 진정하게 성립한 인감증명 위임장 또는 법정대리인 동의서인 것처럼 제출하여 이를 행사하였다.

◆ **문 갑의 죄책은?**

〈대법원 판결〉

피고인이 자신의 부 A에게서 A 소유 부동산의 매매에 관한 권한 일체를 위임받아 이를 매도하였는데, 그 후 A가 갑자기 사망하자 부동산 소유권 이전에 사용할 목적으로 A가 자신에게 인감증명서 발급을 위임한다는 취지의 인감증명 위임장을 작성한 후 주민센터 담당직원에게 이를 제출한 사안에서, A의 사망으로 포괄적인 명의사용의 근거가 되는 위임관계 내지 포괄적인 대리관계는 종료된 것으로 보아야 하므로 특별한 사정이 없는 한 피고인은 더 이상 위임받은 사무처리와 관련하여 A의 명의를 사용하는 것이 허용된다고 볼 수 없고, 피고인이 사망한 A의 명의를 모용한 인감증명 위임장을 작성하여 인감증명서를 발급받아야 할 급박한 사정이 있었다고 볼 만한 사정도 없으며, 인감증명 위임장은 본래 생존한 사람이 타인에게 인감증명서 발급을 위임한다는 취지의 문서라는 점을 고려하면, 이미 사망한 A가 '병안 중'이라는 사유로 피고인에게 인감증명서 발급을 위임한다는 취지의 인감증명 위임장이 작성됨으로써 문서에 관한 공공의 신용을 해할 위험성이 발생하였다 할 것이고, <u>피고인이 명의자 A가 승낙하였을 것이라고 기대하거나 예측한 것만으로는 사망한 A의 승낙이 추정된다고 단정할 수 없는데도</u>, 이와 달리 피고인에게 무죄를 인정한 원심판결에 사망한 사람 명의의 사문서위조죄에서 승낙 내지 추정적 승낙에 관한 법리오해의 위법이 있다고 한 사례.

원심은, 피고인의 아버지인 A가 사망하기 전에 피고인에게 이 사건 부동산의 매매에 관한 일체의 권한을 위임하였고, 피고인은 이에 따라 이 사건 인감증명 위임장을 작성한 것이므로, 피고인에 대하여 사문서위조죄 및 위조사문서행사죄는 성립하지 아니하고, 설령 A의 사망으로 인하여 그 위임관계가 종료되어 피고인이 A의 명시적이거나 현실적인 승낙이 없이 이 사건 인감증명 위임장을 작성하였다고 하더라도, 피고인에게 이 사건 부동산의 매매에 관한 일체의 대리권을 수여하였던 A에게 묵시적이거나 추정적인 승낙이 있었다고 보아야 한다는 이유로 이 사건 공소사실을 무죄로 판단하였다.

[참조판례]

[2012도1352] 문서의 위조는 작성권한 없는 자가 타인 명의를 모용하여 문서를 작성하는 행위를 말하는 것이므로, 사문서를 작성함에 있어 그 명의자의 명시적이거나 묵시적인 승낙 또는 위임이 있었다면 사문서위조에 해당한다고 할 수 없다. 특히 문서명의인이 문서작성자에게 사전에 문서 작성과 관련한 사무처리의 권한을 포괄적으로 위임함으로써 문서작성자가 위임된 권한의 범위 내에서 그 사무처리를 위하여 문서명의인 명의의 문서를 작성·행사한 것이라면, 비록 문서작성자가 개개의 문서 작성에 관하여 문서명의인으로부터 승낙을 받지 않았다고 하더라도 특별한 사정이 없는 한 사문서위조 및 위조사문서행사죄는 성립하지 않는다.

제 4 장

책   임

[17] 제 1 절 책임론 일반

Ⅰ. 책임의 이론

1. 책임의 의의

가. 책임원칙

1   죄형법정주의 원칙이 "법률 없이 범죄 없고 형벌 없다."는 원칙이라면, 책임원칙은 "책임 없이 형벌 없다."는 원칙으로서 법치국가 형법의 기본이 되는 원칙이다. 따라서 책임은 가벌성의 핵심적 요건이 된다. 다만, 죄형법정주의가 헌법과 형법 등에 명시적으로 규정되어 있는 반면, 책임원칙에 대한 명시적 규정은 존재하지 않을 뿐만 아니라, '책임'이라는 용어를 형법에서 찾아볼 수 없다. 그럼에도 책임원칙이 형법의 기본원리이며 책임이 범죄성립의 기본요소라는 데에는 이론과 판례(2009도13197, 2018도3443, 2021도11126 전합 등)에서 이견이 없다.[1]

나. 책임의 개념 : 비난가능성

2   책임은 불법을 저지른 행위자에 대한 비난가능성이다. 곧, 객관적 행위에 대한 평가에서 불법으로 판단되었을 때, 그 행위의 주체인 행위자를 비난할 수 있는가의 문제이다. 불법의 본질은 결과불법과 행위불법에 있지만, 형벌을 통해

---

[1] [2005헌가10] '책임없는 자에게 형벌을 부과할 수 없다'는 형벌에 관한 책임주의는 형사법의 기본원리로서, 헌법상 법치국가의 원리에 내재하는 원리인 동시에, 국민 누구나 인간으로서의 존엄과 가치를 가지고 스스로의 책임에 따라 자신의 행동을 결정할 것을 보장하고 있는 헌법 제10조의 취지로부터 도출되는 원리이다.

비난의 대상으로 삼는 것은 주로 '법질서가 부정적으로 평가하는 행위에 나아간 것', 즉 행위불법이다(2008헌가17). 따라서 불법을 저지른 행위자에 대한 비난가 능성이란 "불법을 저지르지 않을 수 있었음에도 불구하고 불법을 결의하고 위법하게 행위하였다는 것에 대해 가해지는 비난가능성"이다.

다. 위법성과 책임의 관계

위법성은 법질서 전체의 관점에서 내려지는 행위에 대한 부정적 가치판단   3
으로서 행위의 객관적 불법을 구성하는 요소이다. 그리고 책임은 불법한 행위를 저지른 행위자에 대한 부정적 가치판단으로서 범죄의 주관적 요소가 된다.[1]

라. 형사책임과 민사책임

법체계 내에서 형사책임과 민사책임은 그 본질과 기본원리를 달리 한다.   4
1) 형사책임의 본질이 법익침해 행위에 대한 비난과 응보인 반면, 민사책임의 본질은 발생한 손해에 대한 관련 주체들의 공정한 분담이다. 2) 형사책임의 기본원리는 자기책임원칙으로서 무과실책임을 부정하지만, 민사책임의 기본원리는 발생한 결과를 중심으로 책임을 객관화하는 것으로서 무과실책임도 인정된다. 3) 행위불법이 중시되는 형사책임에서는 고의와 과실이 엄격하게 구별되지만, 민사책임에서는 발생한 결과가 고의에 의한 것이든 과실에 의한 것이든 같은 책임을 부담한다. 4) 형사책임과 민사책임은 서로 독립적이므로 어느 한 가지의 책임을 다하더라도 다른 책임에 대한 부담이 없어지지 않는다. 예를 들어 형벌을 받았다 해서 손해배상의 책임이 사라지지 않는다는 것이다.

2. 책임의 근거

가. 의사의 자유와 책임

책임이 불법을 저지른 행위자에 대한 비난가능성이라고 할 때, 비난의 이   5
유는 무엇인가?, 곧, 왜(why) 책임져야 하는가의 문제가 책임의 근거에 대한 논의이다. 법을 지킬 수 있었는데 지키지 않고 불법을 저질렀다는 것이 비난의 이유라고 하였으므로, 문제는 행위자에게 합법과 불법을 결정할 자유가 있느냐이다. 이 문제는 철학에서 오랜 논쟁의 대상이지만 여전히 해결될 수 없는 결정주의(determinism)와 비결정주의(indeterminism)의 논의에 연결된다.[2]

---

1) 앞의 [15] 6 참조.
2) 서양 철학은 자유의지와 관련해 크게 양립가능론(compatibilism), 양립불가론(incompatibilism)

6   사람은 누구나 의사의 자유를 가지고 합리적인 의사결정을 할 수 있다는 입장을 비결정주의라고 한다. 반면에 결정주의란 사람이 자유롭게 합리적 판단을 할 수 있는 것이 아니라 타고난 소질이나 환경의 영향에 따라 사람의 의사와 행위가 결정된다는 입장이다. 형법의 책임에서 말하는 비난가능성은 인간의 보편적인 행위자유를 전제로 하는 비결정주의를 전제로 한다. 결정주의와 비결정주의의 논쟁은 어느 한쪽으로 결론을 낼 수 있는 논쟁이 아니다. 어느 입장이든 분명하게 증명할 수 없는 주장이고, 사람의 행위를 평가할 때 두 가지 측면을 모두 고려해야 하기 때문이다.

나. 책임의 근거에 관한 이론

7   사람의 의사자유에 대한 기본적 태도에 따라 책임의 근거에 대한 이론은 도의적 책임론과 사회적 책임론으로 나누어진다. 1) **도의적 책임론**은 비결정주의의 입장이다. 자유로운 의사결정에 따라 합법적 행위를 할 수 있었음에도 불법을 선택한 데 대한 도의적 비난이 책임의 근거라는 것이다. 오늘날 거의 모든 국가에서 책임주의의 기본적인 전제가 되는 이론이다. 2) **사회적 책임론**은 결정주의의 입장에서 행위자에 대한 도의적 비난이 아니라 행위자의 반사회적 성격이 책임의 근거라고 주장한다. 사람에게 완전한 의사의 자유를 인정할 수 없다면 의사결정에 대해 비난할 수 없다는 것이다. 지배적 견해는 아니지만 도의적 책임론을 보완하기 위해 필요한 이론이라 할 수 있다.

3. 책임의 본질

가. 책임의 본질에 관한 이론

8   책임의 근거, 곧 책임의 이유와 더불어 문제되는 것은 무엇(what)을 얼마나 책임져야 하는가이다. 책임의 근거와 중복되는 논의로 보일 수도 있지만, 책임의 본질과 내용에 대한 논의이다. 이에 대해 1) **심리적 책임론**은 책임을 행위에 대한 행위자의 심리적 사실관계로 이해한다. 불법행위를 저지른 행위자의 심리상태에 따라 책임의 정도는 구별된다. 고의와 과실이 책임의 가장 중요한 본질

으로 나뉜다. 양립가능론은 기본적으로 자유의지와 결정론이 동시에 성립될 수 있다는 입장이고, 양립불가론은 자유의지와 결정론 중에 어느 한 가지만이 성립된다고 보는 입장이다. 양립불가론은 다시 결정론(determinism)과 비결정론(indeterminism)으로 나누어진다. 양립불가론적 결정론자는 이 세계는 처음부터 모든 것이 결정됐고, 인간에게 자유선택의 여지는 없다고 주장하는 입장이다.

적 요소가 된다. 2) **규범적 책임론**은 행위자의 심리과정에 대한 평가, 곧 행위자에 대한 비난가능성을 책임의 본질적 요소로 이해한다. 책임은 주관적 가치평가의 문제이므로 책임의 정도는 규범적 평가에 따라 결정된다. 규범적 평가의 주체는 결국 법관이기 때문에 법관의 주관적 평가에 의해 책임이 정해진다. 3) **예방적 책임론**은 책임의 본질을 형벌의 예방 목적과 같은 형사정책적 목적에서 찾는다. 예방을 위한 필요에서 책임이 결정된다. 그러나 예방적 책임론을 따르면 행위의 불법을 넘어서는 책임을 행위자에게 요구할 수 있다. 이것은 "형법은 형사정책의 뛰어넘을 수 없는 한계"라는 명제에 충돌한다.

나. 책임의 내용에 대한 결론

책임은 범죄성립의 핵심적 요건이면서 형벌의 근거가 된다. 하지만 책임은 **9** 형벌을 제한하는 기준도 된다. 근대국가의 책임원칙은 자기책임을 넘어서는 처벌을 허용하지 않기 때문이다.[1] 구성요건이 범죄성립의 근거가 되지만, 죄형법정주의 원칙에 따라 구성요건에 해당하지 않는 행위를 범죄로 처벌하는 것을 제한하는 기능을 하는 것과 같다. 그런데 가치평가의 개념인 책임의 정도를 계량하는 것은 매우 어려운 일이다. 심리적 책임, 규범적 책임, 예방적 책임 모두 한계가 있다.

따라서 책임의 본질을 규명하여 그에 따라 형벌을 부과하려고 시도하기보 **10** 다는 비례성을 기준으로 책임 평가를 대체하는 것이 바람직하다. 객관적 행위의 불법 정도, 곧 불법행위의 형태와 법익침해의 정도 및 침해된 법익의 가치 등과, 행위자의 주관적 관여 정도에 비례하는 형벌을 비례성원칙에 따라 평가해야한다는 것이다. 비례성원칙은 헌법과 형법의 기본원칙으로서 범죄와 형벌의 비례와 균형을 요구하는 원칙이다.[2]

---

1) [2009헌가6] 형벌에 관한 형사법의 기본원리인 책임원칙은 두 가지 의미를 포함한다. 하나는 형벌의 부과 자체를 정당화하는 것으로, 책임이 인정되어야만 형벌을 부과할 수 있다는 것이고('책임 없는 형벌 없다'), 다른 하나는 책임의 정도를 초과하는 형벌을 과할 수 없다는 것이다(책임과 형벌 간의 비례의 원칙).

2) [2005헌바38] 형사법상 책임원칙은 기본권의 최고이념인 인간의 존엄과 가치에 근거한 것으로, 형벌은 범행의 경중과 행위자의 책임, 즉 형벌 사이에 비례성을 갖추어야 함을 의미한다. … 법치국가의 개념은 범죄에 대한 법정형을 정함에 있어 죄질과 그에 따른 행위자의 책임 사이에 적절한 비례관계가 지켜질 것을 요구하는 실질적 법치국가의 이념을 포함하고 있다. 따라서 … 헌법 제37조 제2항이 규정하고 있는 과잉입법금지의 정신에 따라 형벌개별화 원칙이 적용될 수 있는 범위의 법정형을 설정하여 실질적 법치국가의 원리를 구현하도록 하여야 하며, 형벌이 죄질과 책임에 상응하도록 적절한 비례성을 지켜야 한다.

Ⅱ. 현행법에서 책임의 내용

1. 책임의 표지

가. 책임의 구성요소

11   형법에서 책임은, 다수견해에 따를 때, 책임형식으로서의 고의 또는 과실, 책임능력, 그리고 위법성의 인식과 기대가능성의 네 가지 표지로 구성된다. 1) 책임형식으로서의 고의 또는 과실은 행위자의 고의와 주관적 주의의무위반을 말한다. 2) 책임능력은 일반적인 의사결정능력과 행위능력을 기준으로 결정된다. 3) 위법성의 인식이란 자신의 행위가 법질서에 위반된다는 인식이며, 4) 기대가능성은 적법행위에 대한 기대가능성을 의미한다.

나. 책임고의와 위법성인식의 관계

12   오늘날 일반적인 범죄체계론에 의할 때 고의는 구성요건과 책임의 두 영역에 한다.[1] 구성요건의 고의는 객관적 구성요건이 되는 사실에 대한 인식이다. 그런데 다수견해는 책임고의와 위법성인식은 구별되는 것이라고 하면서도 책임고의의 내용에 대해서는 충분히 설명하지 않고 있다.[2] 과실의 경우는 객관적 주의의무 위반이 구성요건 요소가 되고, 주관적 주의의무 위반이 책임의 요소각 된다고 설명하는 것과 대조된다. 책임고의를 위법성인식과 구별하여 설명한다면, '행위의 고의'인 구성요건 고의에 대비되는 개념으로 '행위자의 고의'라고 할 수 있다. 곧, 어떤 행위가 구성요건 사실에 대한 인식 있는 행위로서 고의가 인정될 때, 그 고의를 행위자에게 귀속시킬 수 있으면 책임의 고의가 인정된다고 할 수 있다.[3] 그러나 이러한 설명의 시도는 이론적으로만 가능할 뿐이다. 이러한 구별은 실질적 의미가 없다. 두 가지 고의가 따로 성립할 가능성, 곧 행위의 고의는 있지만 행위자의 고의는 없다고 할 수 있는 가능성이 거의 없기 때문이다.

13   형법은 제13조와 제14조에서 '사실'을 인식한 고의와 인식하지 못한 과실에 대해 규정하고, 제15조에서는 사실의 인식을 전제로 '사실'의 착오를 규정하고 있다. 이 조항들 중에서는 책임의 고의에 대한 규정이라고 할 수 있는 규정을

---

1) 앞의 [7] 15 이하 참조.

2) 오영근 260면 이하; 이재상/장영민/강동범 §22 18 등.

3) 김일수/서보학 275면 이하; 배종대 [83] 5 등 참조.

찾기 어렵다. 다만 제16조는 '법률'의 착오를 규정하여 사실의 착오와 구별하고 있는데, "자기의 행위가 법령에 의하여 죄가 되지 아니하는 것으로 오인한 행위"를 법률의 착오라고 규정하므로 이를 반대해석하면 '자기의 행위가 법령에 의해 죄가 되는 것으로 인식한 것'을 '위법성인식'이라고 할 수 있다. 형법이 제13조에서 "사실을 인식하지 못한 행위는 벌하지 아니한다."라고 규정한 것을 반대해석해서 '사실을 인식한' 것이 고의라고 하는 것과 같다. 그렇다면 형법의 조문 체계를 고려하여 책임에서 고의는 위법성의 인식이라고 하는 것이 타당하다. 책임의 표지를 네 가지로 구성하는 것이 절대적인 이론은 아니다. 따라서 한국 형법의 이해를 위해 '사실의 인식은 구성요건 고의, 위법성의 인식은 책임 고의', 그리고 '사실의 착오는 구성요건 착오, 법률의 착오는 책임 단계의 착오'의 구조로 이해해도 된다. 책임형식으로서의 고의와 위법성인식을 구별하지 않아도 된다는 것이다.

2. 책임조각사유

형법은 책임의 성립요건을 적극적으로 규정하지 않고 책임이 없는 경우에 **14** 대해서만 규정하고 있다. 그러한 경우로는 책임배제사유와 면책사유가 있다. 배제사유는 처음부터 책임이 없는 경우이고, 면책사유는 책임이 있지만 정해진 요건이 있을 때 책임을 면제하는 경우이다. 1) **책임배제사유**에 해당하는 경우로는 책임능력이 없는 형사미성년(제9조)과 심신상실(제10조 1항)이 있으며, 정당한 이유가 있는 법률의 착오(제16조)도 이에 해당하는 것으로 해석된다. 2) **면책사유**는 형벌의 임의적 감면사유인 과잉방위·과잉피난·과잉자구행위(이상 제21조 2항)와 임의적 감경사유인 심신미약(제10조 2항), 그리고 불가벌의 사유인 과잉방위·과잉피난의 특별한 경우(제21조 3항)와 강요된 행위(제12조)로 구별된다.

[18] 제 2 절 책임의 구성 요소

Ⅰ. 책임능력

1. 책임능력의 의의

가. 개념

1   책임능력은 합리적인 의사결정에 따라 행위할 수 있는 능력과 법질서에서 허용되는 것과 금지되는 것을 이해할 수 있는 능력을 말한다. 제10조 ①항은 책임능력을 '사물을 변별할 능력이나 의사를 결정할 능력'이라고 규정하며, 판례는 책임능력을 '사물의 옳고 그름을 합리적으로 판단하여 구별할 수 있는 능력과 합리적 판단에 따라 의지를 정하여 자기의 행위를 통제할 수 있는 능력'이라고 풀이한다(94도581, 2002헌마533).

나. 본질

2   이러한 책임능력의 개념은 사람의 합리적 이성과 자유의지를 인정하는 도의적 책임론에 바탕을 둔 것이다. 도의적 책임론은 책임능력의 평가에서 행위능력 및 범죄능력에 중점을 둔다. 그러나 사람의 행위가 개인적 소질과 외부 여건에 따라 결정된다는 사회적 책임론의 입장에서 책임능력은 형벌을 감당할 수 있는 능력, 곧 '형벌능력'으로 이해된다. 자유의지에 따른 행위가 아니더라도 불법에 대한 책임은 행위자에게 귀속될 수 있는데, 이러한 귀속을 부담할 수 있는 능력이 책임능력의 본질이라는 것이다.

2. 책임무능력자

가. 형사미성년자

3   제9조는 "14세 되지 아니한 자의 행위는 벌하지 아니한다."고 규정한다. '14세'의 연령은 생물학적 방법으로 결정되기 때문에,[1] 개인적 능력의 성숙 정도를 고려하지 않고 일률적 기준으로 판단한다(2002헌마533). 그리고 14세의 도달 여부는 행위시를 기준으로 판단한다.[2] 유의할 것은 책임능력의 여부는 행위

---

1) 14세의 여부는 주민등록의 나이로 결정되겠지만, 이에 대해 다툼이 있으면 생물학적 나이를 규명한다.
2) [91도2478] 피고인은 E생으로서 위 죄를 범할 당시에는 아직 14세가 되지 아니하였음이 역수상 명백하므로, 위 범죄행위는 형법 제9조에 의하여 벌할 수 없는 것이다.

시를 기준으로 판단하지만, 소년법에 따라 부정기형을 선고하는 등의 감경 대상
인지 여부는 사실심 판결 선고시의 나이를 기준으로 한다는 점이다(96도1241).

'벌하지 아니한다'는 책임이 배제되는 것을 의미한다는 데 이견이 없다.[1] **4**
따라서 어떠한 형사제제도 받지 않지만, 10세 이상의 소년은 소년법의 보호처분
대상이 된다.[2] 곧, 소년법 제4조에 따라 1) 형벌법령에 저촉되는 행위를 한 10
세 이상 14세 미만의 촉법소년, 2) 장래 형벌법령에 저촉되는 행위를 할 우려가
있는 10세 이상 19세 미만의 우범소년은 소년보호사건의 대상이 된다. 다만 소
년보호사건은 가정법원소년부에서 관할하고(소년법 제3조 ②항), 형사처분을 위해
서는 소년부에서 검찰청으로 송치해야 하므로(소년법 제7조), 소년법의 보호처분
은 형사처벌이 아니라는 점에 유의해야 한다(2011도15057 전합).

나. 심신장애

(1) **개념**   제10조 ①항은 "심신장애로 인하여 사물을 변별할 능력이 없거 **5**
나 의사를 결정할 능력이 없는 자의 행위는 벌하지 아니한다."라고 하며, 같은
조 ②항에서는 "심신장애로 인하여 전항의 능력이 미약한 자의 행위는 형을 감
경할 수 있다."라고 규정한다. ①항의 경우를 '심신상실자'라고 하며, ②항의 경
우는 '심신미약자'라고 한다. 심신상실자나 심신미약자는 인체의 생물학적 또는
정신병리학적 비정상으로 인하여 사물을 변별할 능력이 없거나 미약한 자이다.

(2) **법적 효과와 요건**   심신상실자의 행위는 '벌하지 아니한다'고 규정하 **6**
고 있으므로 미성년자와 같이 책임이 배제된다. 심신미약자의 행위는 임의적 감
경사유가 된다.[3] 책임이 배제되거나 감경되려면 1) **생물학적 요소**로서 정신병
또는 비정상적 정신상태 같은 심신장애가 인정되어야 하고, 2) **심리적 요소**로서
심신장애 때문에 사물변별의 능력이나 의사결정의 능력이 없어야 한다(2006도
7900 등). 심신장애가 있더라도 사물변별이나 의사결정의 능력이 있으면 책임이
인정되는 것이다(2012도12689 등).

(3) **판단기준**   심신장애의 유무와 정도는 행위시를 기준으로 판단하며(83 **7**
도1897), 평균인의 일반적 능력을 기준으로 판단하되, 의사 등 전문가의 감정에
구속되지 않고 법관이 독자적으로 판단한다(98도3812, 90도2210, 84도2571 등). 반

---

1) [2002헌마533] 형사미성년자의 행위는 책임이 조각되므로 형사미성년자에게는 일체의 형사
   책임이 배제되지만 소년법상의 보호대상이 된다.
2) 과거에는 12세 이상이었지만, 2007.12.21. 개정법률에서 10세 이상으로 변경되었다.
3) 과거에는 필요적 감경사유였지만, 2018.12.18.의 법률 개정으로 임의적 감경사유가 되었다.

드시 의학적 감정을 거쳐야 하는 것도 아니다(93도2701, 87도1240, 84도2571 등). 다만 피고인이 심신장애를 주장하거나 심신장애의 의심이 있는데도 정신감정을 실시하지 않고 유죄를 선고하는 것은 소송법적으로 위법하다(89도94, 83도1239, 55도315 등).

다. 청각 및 언어 장애인

8   제11조는 "듣거나 말하는 데 모두 장애가 있는 사람의 행위에 대해서는 형을 감경한다."라고 하여 청각 및 언어 장애인의 행위를 필요적 감경사유로 정하고 있다. '청각 및 언어 장애인'은 제11조의 표현대로 '듣거나 말하는 데 모두 장애가 있는 사람'이다.[1] 청각장애나 언어장애 중 한 가지 장애만 있는 경우는 제11조에 해당하지 않는다. 두 가지 장애가 모두 있는 경우는 선천적인 경우가 대부분인데, 이러한 장애는 인지기능과 행동능력의 발달에 지장을 줄 수 있어 심신미약의 경우와 유사하게 책임의 감경사유로 인정하는 것이다. 다만, 제11조에서 청각 및 언어 장애인이면 필요적 감경사유가 되는 것처럼 규정하고 있더라도 행위 당시 심신미약을 인정할 수 없는 객관적 사유가 있으면 책임이 조각되지 않을 수 있다.[2]

9   [2018도7658] 형법 제10조에 규정된 심신장애는 생물학적 요소로서 정신병 또는 비정상적 정신상태와 같은 정신적 장애가 있는 외에 심리학적 요소로서 이와 같은 정신적 장애로 말미암아 사물에 대한 변별능력과 그에 따른 행위통제능력이 결여되거나 감소되었음을 요하므로, 정신적 장애가 있는 자라고 하여도 범행 당시 정상적인 사물변별능력이나 행위통제능력이 있었다면 심신장애로 볼 수 없다.
심신장애의 유무는 법원이 형벌제도의 목적 등에 비추어 판단하여야 할 법률문제로서 그 판단에 전문감정인의 정신감정결과가 중요한 참고자료가 되기는 하나, 법원이 반드시 그 의견에 구속되는 것은 아니고, 그러한 감정결과뿐만 아니라 범행의 경위, 수단, 범행 전후의 피고인의 행동 등 기록에 나타난 여러 자료 등을 종합하여 독자적으로 심신장애의 유무를 판단하여야 한다.

---

1) 과거에는 '농아자'라고 표기하였지만, 2020.12.8. 법률 개정으로 언어를 정비하면서 우리말로 변경하였다.

2) [63도95] 참조. 청각 및 언어 장애인이라도 최근에는 의학기술 등의 발달로 반드시 심신미약자가 되는 것은 아니기 때문에, 따로 감경사유를 규정할 것이 아니라 제10조에 포함시키는 것이 바람직하다는 의견도 있다.

3. 원인이 자유로운 행위(actio libera in causa)

가. 개념

제10조 ③항에 따라 "위험의 발생을 예견하고 자의로 심신장애를 야기한   10
자의 행위"에 대해서는 같은 조 ①항과 ②항을 적용하지 않는다. 따라서 심신장
애를 이유로 하는 책임배제사유나 형의 감경사유에 해당하지 않는다. 행위 당시
심신장애가 있더라도 행위자 스스로 위험발생을 예견하고 심신장애를 야기하였
다면 행위자의 책임을 배제하거나 감경할 수 없다는 것이다. 행위 당시에는 심
신장애로 의사결정이나 행동이 자유롭지 않았지만 심신장애를 야기하는 원인이
되는 행위를 할 때에는 자유로운 상태였기 때문에 '원인이 자유로운 행위'[1]라고
한다.

나. 책임원칙의 문제

책임원칙은 행위 당시에 행위자에게 책임능력이 있을 것을 요구한다. 그러   11
나 원인이 자유로운 행위에 대해서는 범죄구성요건의 실행행위 당시에 책임능
력이 없음에도 불구하고 원인행위를 이유로 책임을 인정하기 때문에 책임원칙
에 어긋나는 것은 아닌지가 문제된다. 더불어 어떤 행위를 기준으로 실행의 착
수 시기를 인정할지도 논란이 된다.

이에 대해 다수견해는 원인행위와 실행행위의 밀접한 관계, 불가분의 관계   12
에서 책임의 근거를 찾는다.[2] 실행행위 당시에는 심신장애가 있었지만 원인행
위를 할 때에는 책임능력이 있었고, 원인행위가 실행행위로 직접 이어진 것으로
평가되면 책임을 인정할 수 있다는 것이다. 그리고 구성요건의 실행행위를 시작
한 때에 실행의 착수가 있다고 한다.

일부 견해는 원인행위가 실행행위가 되기 때문에 책임능력의 문제는 발   13
생하지 않는다고 한다. 원인행위는 구성요건에 해당하는 행위가 아니지만 원
인행위를 통해 행위자가 스스로를 실행행위의 도구로 이용하게 되는 것이라서
원인행위 당시부터 실행의 착수가 있고, 그 때에 책임능력이 있으면 된다는

---

1) '원인에 있어서 자유로운 행위', '원인에서 자유로운 행위' 등으로 표기하기도 한다. 자연스러
   운 우리말의 표현을 위해서는 적어도 '원인에 있어서', 또는 심지어 '원인에 있어서의'라는 표
   현은 쓰지 말아야 할 것이다.
2) 배종대 [91] 4 이하; 오영근 271면 이하; 이재상/장영민/강동범 §23 32 이하; 홍영기 [26] 2
   이하 등.

것이다.1) 또 다른 견해는 책임능력이 없는 상태의 실행행위 자체에 대해 책임
의 근거를 인정할 수 있다고 한다. 원인행위 이후 실행행위로 나아갈 때는 반
무의식의 상태에서 행위한 것이기 때문에 책임능력이 완전히 결여된 것은 아
니라는 주장이다. 어떤 견해든 논리적으로 완전한 설명은 불가능하고, 형법이
명시적으로 심신장애를 부정한 것이기 때문에 다수견해와 같은 설명이 불가피
하다.

다. 제10조 ③항의 요건

14   1) '위험빌생을 예건'한다는 것은 구성요건의 실행이나 구성요건의 결과 발
생을 예견하는 것을 말한다. 2) '자의로 심신장애를 야기'한다는 것은 행위자 스
스로 자유로운 의사에 따라 심신장애의 결과를 인식하면서 심신장애를 야기한
다는 것이다. 타인에 의해 강요당하거나 스스로의 행위이지만 과실로 심신장애
가 야기된 경우는 '자의로'에 해당하지 않는다. 3) 원인행위가 실행행위로 이어
져야 하며, 4) 원인행위와 심신장애 그리고 구성요건의 결과발생 사이에 인과관
계가 인정되어야 한다.

라. 이른바 '과실의 원인이 자유로운 행위'의 인정 여부

15   (1) 개념   제10조 ③항은 '위험의 발생을 예견하고'라고 규정하고 있는데,
위험의 발생을 예견한 것은 아니지만 예견할 수 있었는데 부주의로 예견하지
못한 경우에도 제10조 ③항이 적용되는지가 문제된다. 특별히 음주운전으로 사
고를 내어 타인의 생명이나 신체를 침해했을 때, 음주 당시부터 타인에 대한 침
해행위를 '예견'하는 경우는 거의 없다. 그럼에도 음주 상태의 법익침해 행위에
대해 심신장애를 인정하지 않는 것은 음주행위가 '예견하고' 한 원인행위는 아
니지만, 위험발생을 '예견할 수 있었는데' 주의하지 않았다는 이유 때문이다. 그
래서 제10조 ③항에는 '예견하고'라고 규정되어 있지만, 다수견해와 판례는 '예
견할 수 있었는데 부주의로 예견하지 못한 경우'에도 제10조 ③항이 적용된다고
한다. 그리고 이러한 경우는 '과실의 원인이 자유로운 행위'가 되고, 위험발생을
'예견한' 경우는 '고의의 원인이 자유로운 행위'가 된다고 한다.2)

---

1) 김일수/서보학 269면 이하.
2) [92도999] 형법 제10조 제3항은 고의에 의한 원인에 있어서의 자유로운 행위만이 아니라 과
  실에 의한 원인에 있어서의 자유로운 행위까지도 포함하는 것으로서 <u>위험의 발생을 예견할
  수 있었는데도</u> 자의로 심신장애를 야기한 경우도 그 적용 대상이 된다고 할 것이어서, 피고
  인이 음주운전을 할 의사를 가지고 음주만취한 후 운전을 결행하여 교통사고를 일으켰다면

(2) 구성요건의 고의·과실과 구별 그런데 원인이 자유로운 행위에 대해 **16**
'고의'와 '과실'의 표현을 하는 것은 주관적 구성요건요소인 고의 및 과실과는
아무런 상관이 없는 일이다. 편의상 일반적 의미로 그러한 용어를 쓰는 것일 뿐
이다. 하물며 '고의의 원인이 자유로운 행위'는 고의범이 되고, '과실의 원인이
자유로운 행위'는 과실범이 되는 것처럼 설명하는 것은 있을 수 없는 일이다.
고의범인지 과실범인지는 행위의 불법을 평가하는 과정에서 이미 판단된 상태
이고, 원인이 자유로운 행위는 고의범이든 과실범이든 책임이 인정되는지를 평
가하는 단계의 쟁점이기 때문이다.

(3) 판례의 검토와 개선방안 나아가 이른바 '과실의 원인이 자유로운 행 **17**
위'를 인정하는 다수견해와 판례의 입장에 대해서도 신중을 요구하여야 한다.
아무리 현실적으로 처벌이 필요하더라도 법문의 원래 의미를 벗어나는, '언어의
가능한 의미'를 넘어서는 법해석은 지양되어야 하기 때문이다. 따라서 '과실의
원인이 자유로운 행위'를 인정하기보다는 음주 상태의 행위에 심신장애가 있는
지를 명확하게 규명해서 심신장애를 인정할 수 없는 객관적 사유를 증명하는
것이 더 바람직할 것이다.[1] 또한 판례는 '과실의 원인이 자유로운 행위'를 인정
한 후, 이 경우에도 위험의 발생을 예견한 것이라고 의제하는데(93도2400, 95도
826 등),[2] 음주하면서 음주운전을 예견하는 경우는 몰라도, 음주운전 이후 사고
발생까지 예견했다는 것은 지나친 비약이라고 하지 않을 수 없다. 음주운전에
대한 사회적 비난이 매우 높은 상황에서 법원이 법해석과 사실인정에서 논증을
생략하고 처벌을 위한 결론을 이끌어내는 경향은 재검토되어야 한다. 필요하다
면 입법을 통해 처벌의 근거를 마련하여야 하고, 법원은 엄격한 법해석을 통해
입법을 이끌어내야 할 것이다.

  피고인은 음주시에 교통사고를 일으킬 위험성을 예견하였는데도 자의로 심신장애를 야기한
  경우에 해당하므로 위 법조항에 의하여 심신장애로 인한 감경 등을 할 수 없다.
1) 아래 사례의 [2018도9781] 판결에서는 음주 후의 기억상실(black out)과 의식상실(passing
  out)은 구별된다고 한다.
2) [2007도4484] 음주운전을 할 의사를 가지고 음주만취한 후 운전을 결행하다가 교통사고를
  일으킨 경우에는 음주시에 교통사고를 일으킬 위험성을 예견하였는데도 자의로 심신장애를
  야기한 경우에 해당하므로 형법 제10조 제3항에 의하여 심신장애로 인한 감경 등을 할 수
  없다고 할 것이다.

18   [사례 26]   대구고등법원 86노1038 판결

　D는 빙과류 장사를 하면서, 그 소유 업무용인 (차량번호 생략) 1톤 트럭의 운전업무에 종사하던 자이다. 1985.12.24. 시간불상경 D는 위 트럭으로 경북 군위군 부계면 대율동에 가서 상품배달을 마치고는, 위 트럭을 운전하여 귀가하기에 앞서, 주취한 상태에서 운전하면 교통사고의 위험이 있다는 사실을 잘 알면서도, 술한잔 하고 귀가하리라 마음먹고, 혈중 알콜농도가 혈액 1미리리터당 2.7미리그람 징도가 되도록 음주 만취하여 스스로 심신상실의 상태를 야기시켰다. 같은 날 21:30경 D는 위 차량을 운전하여 같은 군 효령면 쪽으로 가던 중, 같은 군 부계면 창평 1동 보건소 앞 노상에 이르렀다. 당시 신행방향 우측 노면에는 V(남·47세)가 걸어가고 있었는데, D는 주취하여 이를 보지 못하고, 위 차량 우측 앞 범퍼부분으로 V를 뒤에서 충격하여 V로 하여금 그 자리에서 두개골골절상 등으로 사망케 하였다. D는 V에 대한 구호조치 등을 취하지 아니한 채 계속하여 같은 군 효령면 소재 군위경찰서 효령지서 앞까지 운전하여 갔다.

◇ 문   D의 죄책은 무엇인가?

〈제2심 법원 판결〉

주취로 인한 심신상실 상태하에서의 운전으로 말미암아 교통사고를 야기한 후 도주한 행위와 원인에 있어서 자유로운 행위

： 혈중 알콜농도가 혈액 1미리리터당 2.7미리그람인 만취상태에서 차량을 운전하다가 피해자를 충격하여 사망케 하고도 계속 운전하여 현장을 이탈한 경우 주취운전 및 업무상과실치사의 소위들은 모두 형법 제10조 제3항 소정의 "원인에 있어서 자유로운 행위"에 해당하여 그 책임을 면할 수 없으나, 특별한 사정이 없는 한 사고 후 도주의 점까지 "원인에 있어서 자유로운 행위"라고 단정할 수는 없다.

　피고인은 사고당일 사고차량을 운전하여 상품배달을 나가서는, 혈중 알콜농도가 혈액 1미리리터당 2.7미리그람이나 되어 혼수상태에 빠질 수 있는 정도로 음주하여, 만취한 상태에서 위 차량을 운전하여 돌아오다가 이 사건 범행을 저지른 사실을 인정할 수 있으니, 이 사건 범행은 심신상실 상태에서의 범행임이 명백하기는 하나, 한편 기록에 의하면, <u>피고인은 주취한 상태에서 운전을 하게 되면 교통사고를 야기할 위험성이 있음을 잘 알고 있으면서도</u>, '술 한 잔 하고 차량을 운전하여 귀가하리라' 마음먹고, 스스로 술을 마시기 시작하여 그 끝에 만취한 사실을 인정할 수 있으니, 피고인의 주취운전 및 업무상과실치사의 소위들은 모두 형법 제10조 제3항 소정의 "원인에 있어서 자유로운 행위"에 해당한다고 할 것이어서, 피고인으로서는 어차피 그 책임을 면할 수 없다.

그러나, 더 나아가 피고인의 사고 후 도주의 점을 "원인에 있어서 자유로운 행위"라 하여 유죄로 인정하기 위해서는, 피고인이 음주당시 그가 주취운전중 교통사고를 야기하면 피해자를 구호하지 아니하고 도주할 것이라는 점에 대한 인식, 적어도 미필적 인식은 있어야 한다고 할 것인데, 피고인의 평소의 성행, 음주하게 된 경위 등 기록에 나타난 여러 사정을 비추어 보더라도, 피고인이 음주 당시 위와 같은 인식을 하고 있었다고는 보이지 아니하고, 달리 이 점에 관한 아무런 증명이 없다.

그렇다면 원심으로서는 이 부분 공소사실에 대하여는 범죄의 증명이 없으므로 무죄의 판시를 하여야 할 터인데, 이를 유죄로 인정하였으니, 이점 원심판결에는 판결에 영향을 미친 사실오인 내지 법리오해의 위법이 있다.

[참조판례]

[96도857] [1] 대마초 흡연시에 이미 범행을 예견하고도 자의로 심신장애를 야기한 경우 형법 제10조 제3항에 의하여 심신장애로 인한 감경 등을 할 수 없다고 본 사례.

: 피고인들은 상습적으로 대마초를 흡연하는 자들로서 이 사건 각 살인범행 당시에도 대마초를 흡연하여 그로 인하여 심신이 다소 미약한 상태에 있었음은 인정되나, 이는 위 피고인들이 피해자들을 살해할 의사를 가지고 범행을 공모한 후에 대마초를 흡연하고, 위 각 범행에 이른 것으로 대마초 흡연시에 이미 범행을 예견하고도 자의로 위와 같은 심신장애를 야기한 경우에 해당하므로, 형법 제10조 제3항에 의하여 심신장애로 인한 감경 등을 할 수 없다

[2] 피해자를 범행장소로 유인하여 잔인한 방법으로 살해하여 매장한 다음, 곧이어 위 살인범행을 숨기기 위하여 위 피해자의 행방을 찾고 있던 피해자의 애인을 최초의 범행장소 부근으로 유인하여 참혹하게 살해하여 매장한 점 등 기록에 나타난 여러 양형조건 등에 비추어 보면 피고인들에 대하여 사형을 선고한 제1심을 유지한 원심의 양형이 심히 부당하다고 볼 수 없다.

[2005도4459] 만취 운전자가 교통사고 직후 취중상태에서 사고현장으로부터 수십 미터까지 혼자 걸어가다 수색자에 의해 현장으로 붙잡혀 온 사안에서, 제반 사정상 적어도 위 운전자가 사고발생 사실과 그 현장을 이탈한다는 점을 인식하고 있었다고 보이므로 만취 등 사유만으로 도주의 범의를 부인할 수 없다고 한 사례 : 피고인이 2차 사고의 발생 직후에는 충돌로 인하여 정신을 차려 사고발생 사실을 인식하게 되었음에도 차량에서 나와 사고현장 부근에 앉아 있다가 이유 없이 사고현장에서는 보이지 않는 길로 걸어가 사고현장을 이탈하였고, 피고인 자신도 사고현장에서 이탈한 사실을 알고 있었던 것으로 보이며, 사고 현장에서 이탈한 피고인을 찾아 이리저리 돌아다녀 피고인을 다시 붙잡아 사고현장으로 데

리고 온 공소외 1의 노력이 없었다면 피고인은 사고현장으로 다시 돌아오지 않았으리라고 보이는바, 피고인에게 도주의 범의가 없다고 할 수 없다.

[2018도9781] (가) 의학적 개념으로서의 '알코올 블랙아웃(black out)'은 중증도 이상의 알코올 혈중농도, 특히 단기간 폭음으로 알코올 혈중농도가 급격히 올라간 경우 그 알코올 성분이 외부 자극에 대하여 기록하고 해석하는 인코딩 과정(기억형성에 관여하는 뇌의 특정 기능)에 영향을 미침으로써 행위자가 일정한 시점에 진행되었던 사실에 대한 기억을 상실하는 것을 말한다. 알코올 블랙아웃은 인코딩 손상의 정도에 따라 단편적인 블랙아웃과 전면적인 블랙아웃이 모두 포함한다. 그러나 알코올의 심각한 독성회와 전형적으로 결부된 형태로서의 의식상실의 상태, 즉 알코올의 최면진정작용으로 인하여 수면에 빠지는 의식상실(passing out)과 구별되는 개념이다.

(나) 따라서 음주 후 준강간 또는 준강제추행을 당하였음을 호소한 피해자의 경우, 범행 당시 알코올이 위의 기억형성의 실패만을 야기한 알코올 블랙아웃 상태였다면 피해자는 인지기능이나 의식 상태의 장애에 이르렀다고 인정하기 어렵지만, 이에 비하여 피해자가 술에 취해 수면상태에 빠지는 등 의식을 상실한 패싱아웃 상태였다면 심신상실의 상태에 있었음을 인정할 수 있다. 또한 '준강간죄 또는 준강제추행죄에서의 심신상실·항거불능'의 개념에 비추어, 피해자가 의식상실 상태에 빠져 있지는 않지만 알코올의 영향으로 의사를 형성할 능력이나 성적 자기결정권 침해행위에 맞서려는 저항력이 현저하게 저하된 상태였다면 '항거불능'에 해당하여, 이러한 피해자에 대한 성적 행위 역시 준강간죄 또는 준강제추행죄를 구성할 수 있다.

(다) 그런데 법의학 분야에서는 알코올 블랙아웃이 '술을 마시는 동안에 일어난 중요한 사건에 대한 기억상실'로 정의되기도 하며, 일반인 입장에서는 '음주 후 발생한 광범위한 인지기능 장애 또는 의식상실'까지 통칭하기도 한다.

Ⅱ. 위법성의 인식

1. 의의

가. 개념

19   위법성의 인식은 행위자가 자신의 행위가 법률에 위반하여 죄가 된다는 사실을 인식하는 것을 말한다. 제16조는 '자기의 행위가 법령에 의하여 죄가 되지 아니하는 것으로 오인誤認한 행위'를 법률의 착오라고 규정하므로 이를 반대로 해석하면 '자기의 행위가 법령에 의해 죄가 되는 것으로 인식'하는 것을 위법성

의 인식이라고 할 수 있다. 위법성의 인식은 법률이나 법적 금지에 대한 정확하고 확실한 인식을 말하는 것이 아니라 일반적인 상식에 비추어 법질서에 위반한다는 인식이면 되고, 미필적 인식으로도 충분하다.[1]

나. 체계적 위치

범죄체계론에서 위법성인식의 위치에 대해서는 고의설과 책임설이 대립한 **20**
다. 1) **고의설**은 위법성의 인식이 사실의 인식과 더불어 고의의 구성요소가 되는데, 고의는 모두 책임의 요소가 된다는 견해이다. 고전적 범죄체계론의 내용이다. 2) **책임설**은 위법성인식이 고의와 구별되는 독자적 책임요소라는 견해이다. 목적적 범죄체계론과 사회적 범죄체계론에서 비롯된 견해이다.[2] 오늘날 일반화된 범죄체계론에서 고의는 구성요건 고의와 책임 고의의 이중적 지위를 갖는다. 다수견해에 따르면 위법성인식은 구성요건 고의는 물론 책임 고의와도 구별되는 것으로서, 책임 평가의 단계에 자리한다. 한국 형법도 사실의 착오와 법률의 착오를 구별하고 있고, 위법성인식은 사실의 인식과는 다른 것이므로[3] 이를 책임의 독자적 요소라고 보는 책임설이 타당하다. 다만, 책임고의의 실체를 명확히 설명할 수 없다면 체계론적 설명을 위해 책임고의와 위법성인식을 굳이 구별할 필요는 없다.

2. 법률의 착오

가. 개념

제16조는 법률의 착오에 대해 "자기의 행위가 법령에 의하여 죄가 되지 **21**
아니하는 것으로 오인한 행위는 그 오인에 정당한 이유가 있는 때에 한하여 벌하지 아니한다."라고 규정한다. 법률의 착오는 구성요건 사실에 대한 인식은 있었으나 착오로 그 사실의 위법성을 인식하지 못한 경우이다. '금지착오'라고도 한다.

---

1) [86도2673] 범죄의 성립에 있어서 위법의 인식은 그 범죄사실이 사회정의와 조리에 어긋난다는 것을 인식하는 것으로서 족하고 구체적인 해당 법조문까지 인식할 것을 요하는 것은 아니므로 설사 형법상의 허위공문서작성죄에 해당되는 줄 몰랐다고 가정하더라도 그와 같은 사유만으로는 위법성의 인식이 없었다고 할 수 없다.
2) 범죄체계론의 내용에 대해서는 앞의 [7] 10 이하 참조.
3) 예를 들어 아버지가 아들을 훈육한다는 명분으로 매를 때리면서 아버지에게는 그럴 권한이 있다고 생각하는 경우, 아들을 때린다는 사실에 대한 인식과 그렇게 해도 된다는 인식은 구별되는 것이다.

나. 착오의 형태와 법률의 착오 해당 여부

22   (1) 견해의 차이   '죄가 되지 아니하는 것으로 오인'하는 착오의 형태는 다양하다. 1) 직접적 착오는 법률에 대해 몰랐다고 하는 것처럼 금지규범 자체를 인식하지 못한 경우, 이른바 '법률의 부지不知'를 말한다. 2) 간접적 착오는 법률에 금지된 것은 인식하였지만 자신의 경우에는 특별히 허용되어 죄가 되지 않는다고 적극적으로 오인하는 경우이다. 다수견해는 직접적 착오와 간접적 착오가 모두 법률의 착오에 해당한다고 한다. 그러나 판례는 단순한 법률의 부지는 법률의 착오가 아니며, 간접적 착오 또는 '적극적 오인'의 경우만 제16조에 해당한다고 한다(2003도 4128, 97도877, 89도1476 등).

23   (2) 검토   제16조는 법률의 착오를 '죄가 되지 아니하는 것으로 오인한' 것으로 규정하지 않고 '법령에 의하여 죄가 되지 아니하는 것으로 오인한' 것이라고 규정한다. 이는 법이 허용하는 것으로 오인한 것을 의미한다. 그리고 '오인'과 '부지'는 다른 것이다. 사실의 인식이 없으면 과실이 되고, 사실을 잘못 인식하면 착오가 되는 것과 같다. 따라서 판례의 해석이 타당하다. 법률의 부지까지 모두 법률의 착오 사안으로 포함시키면 제16조 뒷 문장에 따라 법률의 부지에 '정당한 이유'가 있는지를 법원이 심사해야 하는데, 심사의 부담만 늘어날 뿐 실제 결론은 다르지 않을 것이다.

24   [2010도15260] [1] 「형법」제16조에 의하여 처벌하지 아니하는 경우란 단순한 법률의 부지의 경우를 말하는 것이 아니고, 일반적으로 범죄가 되는 행위이지만 자기의 특수한 경우에는 법령에 의하여 허용된 행위로서 죄가 되지 아니한다고 그릇 인식하고 그와 같이 인식함에 있어 정당한 이유가 있는 경우에는 벌하지 아니한다는 취지이므로, 피고인이 자신의 행위가 구 「건축법」상의 허가대상인 줄을 몰랐다는 사정은 단순한 법률의 부지에 불과하고 특히 법령에 의하여 허용된 행위로서 죄가 되지 않는다고 적극적으로 그릇 인식한 경우가 아니어서 이를 법률의 착오에 기인한 행위라고 할 수 없다.

     [2] 피고인이 구 건축법상 허가대상인 주택을 무허가로 건축하였다는 내용으로 기소된 사안에서, 그 건축이 허가대상인 줄 몰랐다 하더라도 이는 단순한 법률의 부지에 불과하여 구 건축법 위반죄의 성립에 영향이 없는데도, 이와 달리 피고인에게 무허가 건축의 범의가 없었다고 보아 무죄를 선고한 원심판결에 법리오해 및 심리미진의 위법이 있다고 한 사례

다. 정당한 이유

법률의 착오에 해당하는 경우, 곧 자기의 특수한 경우에 법령에 의해 되가 **25** 되지 않는 것으로 오인한 경우에는 그 오인에 '정당한 이유'가 있는 때에 한하여 처벌하지 않는다. 정당한 이유가 있는지의 판단기준에 대해 다수견해는 그 오인 을 피할 수 있는 곧 회피가능성이 있었는지가 기준이 된다고 한다. 판례는 '위 법의 가능성에 대한 심사숙고나 조회할 수 있는 계기', '지적 능력을 다하여 오 인을 회피하기 위한 진지한 노력' 등을 정당한 이유의 판단기준으로 제시하고 있다(2015도9010, 2018도9828, 2021도10903 등).[1] 그리고 위법성에 대한 인식 가능성 또는 회피가능성은 행위자의 지적 인식능력과 행위자가 처한 구체적 상황을 토 대로 평가한다. 이러한 기준에 따를 때, 개인의 독자적 견해를 주장하는 변호사 의 자문을 받거나(2019도18700), 행정기관의 질의회신을 자기에게 유리하게 잘못 해석한 경우(2008도8607) 등은 정당한 이유가 되지 않는다고 한다.

[2017도2793] 형법 제16조의 <u>정당한 이유</u>는 행위자에게 <u>자기 행위의 위법 가능성</u> **26** <u>에 대해 심사숙고하거나 조회할 수 있는 계기</u>가 있어 자신의 지적 능력을 다하여 <u>이를 회피하기 위한 진지한 노력</u>을 다하였더라면 스스로의 행위에 대하여 위법성 을 인식할 수 있는 가능성이 있었는데도 이를 다하지 못한 결과 자기 행위의 위 법성을 인식하지 못한 것인지 여부에 따라 판단하여야 한다. 이러한 <u>위법성의 인 식에 필요한 노력의 정도</u>는 구체적인 행위정황과 행위자 개인의 인식능력 그리고 행위자가 속한 사회집단에 따라 달리 평가되어야 한다.

[95도717] 가감삼십전대보초와 한약 가지수에만 차이가 있는 십전대보초를 제조 하고 그 효능에 관하여 광고를 한 사실에 대하여 이전에 검찰의 혐의없음 결정을 받은 적이 있다면, 피고인이 비록 한의사 약사 한약업사 면허나 의약품판매업 허 가가 없이 의약품인 가감삼십전대보초를 판매하였다고 하더라도 이 사건 범행 당 시 자기의 행위가 법령에 의하여 죄가 되지 않는 것으로 믿을 수밖에 없었고, 또 그렇게 오인함에 있어서 정당한 이유가 있는 경우에 해당된다고 보아야 할 것이 므로 피고인을 약사법위반으로 처벌할 수는 없다.

---

1) 독일의 판례에서도 '양심의 긴장'과 조회의 의무가 정당한 이유의 판단기준이 된다고 한다.

3. 위법성조각의 전제사실 착오

가. 개념

27   위법성인식 및 법률의 착오에 관련된 특별한 문제로서 위법성조각의 전제사실 착오의 문제가 있다. 이는 위법성조각사유의 전제가 되는 사실, 곧 객관적 정당화상황이 존재하지 않는데 존재한다고 그릇 인식하고 방위행위나 피난행위 등을 하는 경우이다. 흔히 오상誤想방위 또는 오상피난이라고 하는 사례 등이 이에 해당하며, '허용상황의 착오'라고도 한다. 이러한 사안은 착오의 유형부터 특별하다. 위법성조각사유의 전제가 되는 '사실'에 대한 착오라는 데에 중점을 두면 '사실의 착오'이지만, '위법성'과 관련된 착오라는 점에서는 '법률의 착오'에 해당한다고 할 수 있다. 이러한 형태의 착오를 어떻게 해결해야 될지에 대해서는 아래와 같은 견해의 대립이 있다.

나. 견해의 대립

28   **(1) 고의설**   고의설은 위법성인식을 고의의 성립요소라고 한다. 다만 고전적 범죄체계론에 따라 고의는 책임의 요소가 된다. 따라서 위법성조각의 전제사실 착오 또한 위법성인식이 없는 경우로 고의의 성립이 부정되고, 고의가 책임의 요소이기 때문에 책임이 인정되지 않는다.

29   **(2) 소극적 구성요건요소이론**   이 이론에 의하면 위법성조각사유는 구성요건 요소의 하나로 범죄성립의 소극적 요소, 마이너스의 요소가 된다. 따라서 위법성조각의 전제사실 착오는 구성요건에 대한 착오가 되며, 제13조가 적용되어 고의가 조각된다. 다만 과실범의 성립은 가능하다.

30   **(3) 엄격책임설**   엄격책임설은 위법성인식의 문제는 책임의 문제이므로 그것이 위법성조각의 전제사실에 대한 착오일지라도 엄격하게 모두 책임의 문제로 보아야 한다는 견해이다. 따라서 착오의 형태는 법률의 착오가 되어 제16조를 적용한다.

31   **(4) 유추적용제한책임설**   이 견해는 위법성조각의 전제사실 착오가 사실의 착오는 아니지만 사실의 착오와 구조가 유사하므로, 사실의 착오에 관한 제15조를 유추적용해야 한다는 견해이다.[1] 따라서 착오가 인정되면 고의범이 되지 않고 과실범이 될 수 있을 뿐이다.

---

1) 김일수/서보학 191면 이하.

(5) 법효과제한책임설 이 견해에 의하면 위법성조각의 전제사실 착오도 **32** 법률의 착오도 아닌 제3의 특수한 착오이며, 위법성에 관련된 착오이므로 구성요건 고의는 조각되지 않고 책임고의가 조각된다고 한다. 따라서 고의범이 되어야 하지만 책임고의가 없기 때문에 고의범이 되는 법효과가 제한되어 과실범으로 처벌될 수 있을 뿐이라고 한다. 한국과 독일의 다수견해이다.[1]

다. 판례

판례는 지금까지 이 문제를 직접 다룬 적이 거의 없었다.[2] 그런데 2023년 **33** 에 이와 관련된 판례가 제시되었다(2023도10768). 해당 판례의 사안에서는 피고인이 피해자가 타인을 공격한다고 오인하고 피해자에게 상해를 입혔는데, 제1심은 위법성조각사유(정당방위)의 전제사실이 있는 것으로 오인한 데에 정당한 이유가 있으므로 제16조를 적용하여 무죄가 된다고 판단하였다. 그러나 제2심은 피고인의 오인에 정당한 이유가 없다고 하여 유죄를 선고하였으며, 대법원은 원심의 판결에 위법성조각의 전제사실 착오 및 정당한 이유의 여부에 대한 법리오해의 잘못이 있다고 판시하였다. 이 판결 이전에는 이른바 '여우고개 사건'에서 정당행위로 오인하고 한 행위에 대해 대법원이 "그 오인에 정당한 이유가 있어 위법성이 없다."고 판시한 경우가 있었고(86도1406), 대법원이 '오상방위'라고 한 초소근무 경비병의 살인 사건이 있었다(68도370). 이 판결들에서는 위법성조각의 전제사실 착오를 직접 언급하지 않았다. 그런데 판례는 모두 형법 제16조를 적용하고 있어 이러한 착오를 법률의 착오에 해당하는 것으로 보고 있으며, 따라서 엄격책임설에 가까운 것으로 이해된다.

라. 결론

결론적으로는 엄격책임설이 타당하다.[3] 다수견해인 법효과제한책임설에서 **34** 구성요건 고의가 인정되어 고의범이 되어야 하지만 책임고의가 없으므로 고의범이 되는 법효과가 제한된다는 설명은 이해되지 않는다. 불법의 평가단계에서 고의범으로 판단된 행위가 책임이 없기 때문에 과실범이 될 수 있다는 것은 범죄체계론의 심사구조에서 허용되지 않는다. 책임의 문제는 있고 없고의 문제일

---

1) 배종대 [97] 2 이하; 이재상/장영민/강동범 §25 8 이하; 홍영기 [29] 2 이하 등.
2) [2005도9670] 판결에서 이 착오에 대해 언급은 하였지만, 이 착오의 법리에 대해 다룬 것은 아니었다.
3) 같은 견해는 오영근 305면 이하.

뿐, 책임이 없거나 부속하다고 해서 과실범이 되는 것은 아니다. 위법성조각사유의 전제사실은 '사실'이기는 해도 행위자에게 해당하는 구성요건의 사실이 아니다.[1] 따라서 이를 사실의 착오라 할 수는 없다. 허용상황의 문제는 위법성과 관련된 문제이므로 위법성인식의 착오, 곧 법률의 착오 문제로 보는 것이 자연스럽다. 따라서 판례의 태도가 타당하며, 엄격책임설이 타당하다고 할 수 있다.

35　[2023도10768] 갑은 관장 을이 운영하는 복싱클럽에 회원등록을 하였던 자로서 등록을 취소하는 문제로 을로부터 질책을 들은 다음 약 1시간이 지난 후 다시 복싱클럽을 찾아와 을에게 항의하는 과정에서 을이 갑의 멱살을 잡아당기거나 바닥에 넘어뜨린 후 목을 조르는 등 을과 갑이 뒤엉켜 몸싸움을 벌였는데, 코치인 피고인이 이를 지켜보던 중 갑이 왼손을 주머니에 넣어 불상의 물건을 꺼내 움켜쥐자 갑의 왼손 주먹을 강제로 펴게 함으로써 갑에게 손가락 골절상을 입혔다는 상해의 공소사실로 기소된 사안에서, 피고인이 당시 죄가 되지 않는 것으로 오인한 것에 대해 '정당한 이유'를 부정하여 공소사실을 유죄로 인정한 원심판결에 위법성조각사유의 전제사실에 관한 착오, 정당한 이유의 존부에 관한 법리오해의 잘못이 있다고 한 사례

[86도1406] 소속 중대장의 당번병이 근무시간은 물론 근무시간 후에도 밤늦게까지 수시로 영외에 있는 중대장의 관사에 머물면서 집안일을 도와주고 관사를 떠나서까지 시키는 일을 해오던 중, 사건 당일 중대장의 지시에 따라 관사를 지키고 있었는데, 중대장과 함께 외출나간 그 처로부터 24:00경 비가 오고 밤이 늦어 혼자 귀가할 수 없으니 관사로부터 1.5킬로미터 가량 떨어진 지점까지 우산을 들고 마중을 나오라는 연락을 받고 당번병으로서 당연히 해야 할 일로 생각하고 그 지점까지 나가 중대장의 처를 마중하여 그 다음날 01:00경 귀가하였다면 위와 같은 당번병의 관사이탈 행위는 중대장의 직접적인 허가를 받지 아니하였다 하더라도 당번병으로서의 그 임무범위 내에 속하는 일로 오인하고 한 행위로서 그 오인에 정당한 이유가 있어 위법성이 없다고 볼 것이다.

[88도370] 피해자에게 피고인을 상해할 의사가 없고 객관적으로 급박하고 부당한 침해가 없었다고 가정하더라도 원심이 인정한 사실자체로 보아도 피고인으로서는 현재의 급박하고도 부당한 침해가 있는 것으로 오인하는데 대한 정당한 사유가 있는 경우(기록에 의하면 피해자는 술에 취하여 초소를 교대하여야 할 시간보다

---

[1] 예를 들어 '여우고개 사건'에서 '전제사실'은 중대장 부인을 마중나가는 것이 당번병의 업무라는 사실이었다. 이 사실은 무단이탈죄의 구성요건 사실이 아니다. 오상방위 사건에서 정당방위의 전제사실인 '상대방이 나를 공격하려 한다.'는 사실은 피고인에게 해당하는 구성요건의 사실이 아니다.

한시간반 늦게 왔었고, 피고인의 구타로 코피를 흘렸다는 것이며, 코피를 닦으며 흥분하여 "월남에서는 사람하나 죽인 것은 파리를 죽인 것이나 같았다. 너하나 못 죽일 줄 아느냐"라고 하면서 피고인의 등 뒤에 카빙총을 겨누었다고 한다)에 해당된다고 아니할 수 없음에도 불구하고, 원심이 위와 같은 이유로 피고인의 정당방위의 주장을 배척하였음은 오상방위에 관한 법리를 오해한 위법이 있다.

Ⅲ. 기대가능성

1. 의의

가. 개념

기대가능성이란 행위자가 불법을 저지르지 않고 적법행위를 할 것을 기대 **36** 할 수 있는 가능성을 말한다. 줄여서 적법행위에 대한 기대가능성이라고 한다. 기대가능성이 없으면 책임을 물을 수 없다. 책임은 불법행위에 대한 비난가능성인데, 적법행위를 기대할 수 없으면 비난할 수 없는 것이다. 책임의 본질인 비난가능성은 적법행위에 대한 기대가능성을 전제로 한다.

나. 기대가능성의 판단기준

적법행위를 기대할 가능성이 있는지를 판단하기 위해서는 행위 당시의 구 **37** 체적인 상황에서 행위자 대신 사회적 평균인을 두고 이 평균인의 관점에서 그 기대가능성 유무를 판단하여야 한다. 이는 다수견해와 판례의 공통된 입장이다 (2017도16725, 2013도15616 등).

2. 형법의 기대가능성 규정

형법에서 기대가능성을 직접 규정한 조문은 없다. 그러나 책임이 배제되거 **38** 나 감면되는 것으로 해석되는 규정들은 기대가능성을 근거로 하고 있다. 기대가능성에 직접 관련되는 규정은 제12조의 '강요된 행위'이다. 그 밖에 책임조각으로 불가벌이 되는 야간 기타 불안스러운 상태의 과잉방위 및 과잉피난도 그러한 상황에서는 적법행위를 기대할 수 없기 때문에 처벌하지 않는 것이다. 과잉방위, 과잉피난, 과잉자구행위를 형의 임의적 감면사유로 하는 것도 기대가능성이 근거가 되어 책임이 감면되기 때문이다. 형법의 각칙에서 친족이 범인을 은닉하거나 증거를 인멸하는 행위를 처벌하지 않는 것(151조 2항, 155조 4항) 등도 적법행위를 기대할 수 없다는 이유에서이다.

3. 강요된 행위(제12조)

가. 개념

39   제12조는 "저항할 수 없는 폭력이나 자기 또는 친족의 생명, 신체에 대한 위해를 방어할 방법이 없는 협박에 의하여 강요된 행위는 벌하지 아니한다."라고 규정한다. 강제에 못 이겨서 한 행위는 적법행위에 대한 기대가능성이 없으므로 책임조각사유로 하여 처벌하지 않는 것이다.

나. 요건

40   **(1) 저항할 수 없는 폭력**   1) '폭력'은 상대방의 의사를 제압하기 위한 힘의 행사를 말한다. 여기서의 폭력은 절대폭력이 아닌 강제폭력을 의미한다. 절대폭력이란 사람을 도구로 이용하는 폭력이다. 도구로 이용되는 사람은 자신의 의사와 행위로 움직인 것이 아니므로 불법이 발생하더라도 구성요건에도 해당하지 않으므로, 책임을 검토할 필요가 없다. 폭력에 강제당한 것이지만 자신의 의사와 행위가 있을 때 책임조각의 문제가 발생한다. 폭력의 수단과 방법에는 특별한 제한이 없다. 2) '저항할 수 없는'이란 강요된 자가 강제에 대항할 수 없는 정도를 말하는 것인데, 저항할 수 없었는지는 폭력의 성질과 수단 및 방법, 그리고 강요된 자의 성격과 상황 등을 종합적으로 고려하여 판단한다. 판례는 이를 '심리적 의미에서 어떤 행위를 절대적으로 하지 않을 수 없게 하는 경우와 윤리적 의미에서 강압된 경우'라고 설명한다(2007도3306, 83도2276 등).

41   **(2) 방어할 방법이 없는 협박**   1) '협박'은 상대방에게 공포심을 갖게 할 목적으로 해악을 고지하는 행위를 말한다. 다만 강요된 행위에 해당하기 위해서는 자기 또는 친족의 생명이나 신체에 대한 위해를 내용으로 하는 협박이어야 한다. 2) '방어할 방법이 없는'이란 위해를 피할 다른 수단과 방법이 없어 강요된 대로 행위할 수밖에 없는 경우를 말한다.

42   **(3) 강요된 행위**   '강요'는 자유로운 의사결정을 못하게 하고 특정한 행위를 하도록 하는 것이다(2007도3306, 2003도5124 등). 이때 강요된 행위는 구성요건에 해당하는 행위이어야 한다. 그리고 폭행 및 협박과 강요된 행위 사이에는 인과관계가 있어야 하면, 행위자가 강요된 상황과 그에 따라 행위한다는 인식을 가져야 한다.

다. 관련 문제

(1) 위법한 명령에 복종한 행위 상관의 명령이나 지시에 의한 것이라 하 **43** 여도 그 같은 명령이나 지시가 저항할 수 없는 폭력이나 자기 또는 친족의 생명, 신체에 대한 위해를 방어할 방법이 없는 협박에 상당한 것이라고 인정되지 않은 이상 강요된 행위로서 책임이 조각된다고 할 수 없다(83도2543, 87도2358, 2011도5329, 2015도9010 등). 직무상 지휘·복종관계에 있다고 하더라도 불법행위에 가담하지 않을 기대가능성이 없다고 할 수는 없기 때문이다(99도1911).

(2) 스스로 초래한 강제상황 강제적인 상황을 스스로 초래한 행위자에 **44** 대해서는 제12조의 강요된 행위가 인정되지 않는다는 과거의 판례가 있다.1) 그러나 이러한 판례가 계속 유지될 수 있을지는 의문이다.

[사례 27] 2005도10101 판결 **45**

D는 2002. 9. 27. 새벽 부산 동래구 온천 3동에 있는 황제룸주점 앞길에서 술에 취해 귀가하는 V와 어깨를 부딪치며 시비를 걸어 A의 멱살을 잡고 주먹으로 얼굴을 때리는 등으로 V의 지갑을 강취하였다는 혐의로 공소가 제기되었다. 공판에서 D는 강도상해의 혐의를 일관되게 부인하였으나, 2004. 4. 7. 부산고등법원에서 강도상해죄로 징역 4년을 선고받고 2004. 4. 16. 그 판결이 확정되었다.

이러한 확정판결이 있음에도 불구하고 D는 2005. 1. 14. 16:00경 부산지방법원 제301호 법정에서, 위 강도상해 사건과 관련하여 D와 공범으로 기소된 A에 대한 강도상해 피고사건에 증인으로 출석한 후 선서하고 증언하면서 "V와 어깨를 부딪친 후 멱살을 잡고 시비한 사실이 있는가요"라는 검사의 질문에 "그런 사실은 없습니다"라고 대답하였다.

검사는 D에 대해 '기억에 반하는 허위의 진술을 하여 위증하였다'는 혐의로 위증죄로 공소를 제기하였다.

◇ 문 1. D에게 위증의 죄가 인정되는가?
　　2. D에게 위증의 죄가 인정되지 않는다면 그 이유는 무엇인가?

---

1) [70도2629] 어로저지선을 넘어 어로의 작업을 하면 북괴 구성원에게 납치될 염려가 있으며 만약 납치된다면 대한민국의 각종 정보를 북괴에게 제공하게 된다 함은 일반적으로 예견된다고 하리니 피고인이 그전에 선원으로 월선 조업을 하다가 납북되었다가 돌아온 경험이 있는 자로서 월선하자고 상의하여 월선조업을 하다가 납치되어 북괴의 물음에 답하여 제공한 사실을 강요된 행위라 할 수 없다.

〈대법원 판결〉

[1] 유죄판결이 확정된 피고인이 공범의 형사사건에서 사실대로 자신의 범행을 시인하는 증언을 할 것이라는 기대가능성이 있는지 여부(적극)

: 피고인에게 적법행위를 기대할 가능성이 있는지 여부를 판단하기 위하여는 행위 당시의 구체적인 상황하에 행위자 대신에 사회적 평균인을 두고 이 평균인의 관점에서 그 기대가능성 유무를 판단하여야 한다. 또한, 자기에게 형사상 불리한 진술을 강요당하지 아니할 권리가 결코 적극적으로 허위의 진술을 할 권리를 보장하는 취지는 아니며, 이미 유죄의 확정판결을 받은 경우에는 일사부재리의 원칙에 의해 다시 처벌되지 아니하므로 증언을 거부할 수 없는바, 이는 사실내로의 진술 즉 자신의 범행을 시인하는 진술을 기대할 수 있기 때문이다. 이러한 점 등에 비추어 보면, 이미 유죄의 확정판결을 받은 피고인은 공범의 형사사건에서 그 범행에 대한 증언을 거부할 수 없을 뿐만 아니라 나아가 사실대로 증언하여야 하고, 설사 피고인이 자신의 형사사건에서 시종일관 그 범행을 부인하였다 하더라도 이러한 사정은 위증죄에 관한 양형참작사유로 볼 수 있음은 별론으로 하고 이를 이유로 피고인에게 사실대로 진술할 것을 기대할 가능성이 없다고 볼 수는 없다.

[2] 자신의 강도상해 범행을 일관되게 부인하였으나 유죄판결이 확정된 피고인이 별건으로 기소된 공범의 형사사건에서 자신의 범행사실을 부인하는 증언을 한 사안에서, 피고인에게 사실대로 진술할 기대가능성이 있으므로 위증죄가 성립한다고 판단한 사례.

제 5 장
형법 각칙의 범죄

[19] 제 1 절 형법 각칙 개관

I. 형법 각칙의 구성

　　형법 각칙은 제1장 '내란의 죄'부터 제42장 '손괴의 죄'까지 모두 42개의 장 **1**
에 걸쳐 다양한 범죄를 규정하고 있다. 각칙의 범죄들은 침해되는 법익에 따라
크게 국가적 법익에 대한 죄, 사회적 법익에 대한 죄, 개인적 법익에 대한 죄로
구별된다. 형법에는 이러한 구별이 명시적으로 기재되어 있지 않지만, 학계와
형법의 실무에서 모두 이러한 구별에 따라 각칙을 이해하고 있다. 그래서 제1장
'내란의 죄'부터 제11장 '무고의 죄'까지는 국가의 존립과 기능을 침해하는 범죄
로 분류하고, 제12장 '신앙에 관한 죄'부터 제23장 '도박과 복표에 관한 죄'까지
를 사회적 법익을 침해하는 범죄로 분류한다. 그리고 제24장 '살인의 죄'부터 제
42장 '손괴의 죄'까지는 개인의 생명과 자유, 재산 등을 침해하는 범죄로 분류한
다. 그래서 이 책에서도 형법 각칙의 범죄들을 크게 세 가지 법익에 대한 범죄
들로 구별하여 간단하게 소개한다.

II. 형법 각칙의 해석 기준

　　범죄의 실질은 법익의 침해이며, 형법 각칙의 범죄들도 침해되는 법익에 **2**
따라 구별하여 설명한다. 그러므로 법익은 형법 각칙의 범죄에 대한 해석에서

가장 중요한 역할을 담당한다. 법익에 대한 최근의 일반적 견해는 국가가 범죄를 처벌함으로써 보호하는 법익은 개인적 법익이 중심이 되어야 하며, 국가 또는 사회의 법익은 그것이 개인의 법익과 관련되어 있고 개인의 법익을 보호하기 위해 필요할 때 보호 대상이 된다고 한다. 이러한 '인격적 법익론'을 바탕에 두고 형법 각칙의 범죄를 해석하는 일관된 기준이 필요하다.[1]

3   그러나 현행 형법은 국가의 존립과 기능을 보호법익으로 하는 범죄부터 사회적, 개인적 법익의 순서로 범죄를 규정하고 있다. 이는 과거 독일 형법의 영향을 받은 것이며, 오늘날 일반적인 법익론의 관점에서는 바람직하지 않은 것으로 평가된다. 그래서 형법 각칙을 해설하는 거의 모든 책에서 개인적 법익부터 사회적, 국가적 법익의 순서로 범죄를 설명한다. 개인적 법익을 침해하는 행위인 폭행, 협박, 체포, 감금 등은 사회적, 국가적 법익의 구성요건 행위가 되는 경우도 있기 때문에, 개인적 법익에 대한 범죄를 먼저 이해하는 것이 필요하다는 것도 하나의 이유가 된다. 다만 이 책에서는 각칙의 범죄를 간단히 소개하여 전체적으로 개관하는 것이 목적이기 때문에, 형법의 규정 순서에 따라 국가적 법익에 대한 죄부터 설명한다.

[20]　제 2 절 국가적 법익에 대한 죄

Ⅰ. 개관

1   국가적 법익에 대한 죄는 국가의 존립과 국가의 기능을 보호법익으로 하는 범죄들이다. 내란과 외환의 죄, 국기와 국교에 관한 죄, 공안公安을 해하는 죄, 폭발물에 관한 죄 등은 국가의 존립과 안전을 보호하기 위해 처벌하는 범죄들이다.[2] 그리고 공무원의 직무에 관한 죄와 공무방해에 관한 죄, 도주와 범인은

---

1) 앞의 [3] 15 이하 참조.

2) 각칙 제5장 공안을 해하는 죄와 제6장 폭발물에 관한 죄에 대해서는 국가적 법익에 대한 죄라는 견해와 사회적 법익에 대한 죄라는 견해가 있는데, 통설은 사회적 법익에 대한 죄라고 한다. 이 책에서는 그러한 논의와 상관없이 각칙 조문의 순서에 따라 국가적 법익에 대한 죄에서 설명한다. 어차피 국가적, 사회적, 개인적 법익의 분류가 형법에 명시된 것이 아니라 해석에 의한 임의적 분류이기 때문에, 큰 의미가 없는 논의이다. 국가적, 사회적 법익은 명확하게 구분되지 않기 때문에 이를 하나로 묶어 보편적 법익 또는 공공의 법익이라고 분류하는 견해도 있고, 각칙 제5장과 제6장의 범죄들은 국가적, 사회적 법익에 대한 죄들이 섞여 있다고 볼 수밖에 없다.

닉, 위증과 증거인멸, 무고의 죄 등은 국가의 입법, 사법, 행정 기능을 침해하는 범죄들이다.

Ⅱ. 국가의 존립에 대한 죄

1. 내란의 죄

가. 내란(제87조)

(1) **주체**   내란죄는 '대한민국 영토의 전부 또는 일부에서 국가권력을 배   2
제하거나 국헌을 문란하게 할 목적으로 폭동을 일으킨' 행위이다(제87조). 내란
죄의 주체는 영토의 전부 또는 일부에서 국가권력을 배제하거나 국헌을 문란할
목적을 이룰 수 있을 정도로 조직화된 집단으로서 다수의 사람이어야 한다. 내
란죄에 참여한 자들은 그 역할이 수괴, 중요한 임무에 종사한 자, 부화수행한
자 등으로 나뉘고, 역할에 따라 처벌도 달라진다(제87조 1호~3호).

(2) **목적**   내란죄는 주관적 구성요건인 고의와 더불어 특별한 주관적 요   3
소로서 목적이 있어야 성립되는 범죄이다. '국헌을 문란하게 할 목적'에 대한 해
석은 형법에 규정되어 있다. 곧, 1. 헌법 또는 법률에 정한 절차에 의하지 아니
하고 헌법 또는 법률의 기능을 소멸시키는 것, 2. 헌법에 의하여 설치된 국가기
관을 강압에 의하여 전복 또는 그 권능행사를 불가능하게 하는 것에 해당하여
야 한다(제91조). 국헌문란의 목적은 확정적 인식이 있어야만 하는 것은 아니며,
미필적 인식으로도 가능하다(2014도10978 전합).

(3) **행위**   실행행위인 폭동 행위는 살상, 파괴, 약탈, 단순 폭동 등 여러   4
가지 폭력 행위가 혼합되어 있고, 그 정도가 한 지방의 평온을 해할 정도의 위
력이 있어야 한다. 폭동의 내용으로서의 폭행 또는 협박은 가장 넓은 의미의
폭행·협박을 말하는 것으로서, 모든 유형력의 행사나 공포심을 생기게 하는 해
악의 고지를 의미한다(2014도10978 신합, 96노55/6 신합). 그리고 '폭동'은 다수인이
결합하여 폭행, 협박하는 것인데, 다수인의 결합은 어느 정도 조직화될 필요는
있지만 그 수를 특정할 수는 없다. 또한 내란죄는 다수인이 결합하여 폭동행위
를 개시하면 내란의 목적을 달성하였는가에 관계없이 기수가 될 수 있지만, 그
폭동행위로 말미암아 한 지방의 평온을 해할 정도에 이르렀을 경우라야 기수가
된다(80도306). 내란죄의 미수범은 처벌한다(제89조).

나. 내란목적의 살인(제88조)

5   내란의 목적으로 사람을 살해한 자는 사형, 무기징역 또는 무기금고에 처한다. 내란죄는 '폭동'을 수단으로 하고, 내란목적살인죄는 '살인'을 수단으로 하는 점에서 두 죄는 엄격히 구별된다. 따라서 내란의 실행 과정에서 폭동 행위에 수반하여 개별적으로 발생한 살인 행위는 내란 행위의 한 구성요소를 이루는 것이므로 내란 행위에 흡수되어 내란목적살인죄가 따로 성립하지 않는다. 그러나 특정인 또는 일정한 범위 내의 한정된 집단에 대한 살해가 의도적으로 실행된 경우, 이러한 살인행위는 내란죄에 흡수되지 않고 내란목적살인죄가 따로 성립한다(96도3376 전합). 내란목적살인죄의 미수범은 처벌한다(제89조).

다. 내란의 예비, 음모, 선동, 선전(제90조)

6   (1) 예비·음모   내란 또는 내란 목적 살인죄를 범할 목적으로 예비·음모한 자도 처벌한다(제90조 ①항). 내란의 예비란 내란죄의 실행을 목적으로 하는 준비행위로서 실행의 착수 전의 단계를 말하는 것이고, 내란죄의 실행을 목적으로 자금을 조달하고 군중을 집합시키는 행위 등이 그 예가 된다(74도3323). 내란의 음모는 내란죄의 실행착수 전에 그 실행의 내용에 관하여 2인 이상이 통모, 합의를 하는 것이다(80도2756). 내란의 음모가 성립하였다고 하기 위해서는 개별 범죄행위에 관한 세부적인 합의가 있을 필요는 없으나, 공격의 대상과 목표가 설정되어 있고, 그 밖의 실행계획에 있어서 주요 사항의 윤곽을 공통적으로 인식할 정도의 합의가 있어야 한다. 또한 내란음모죄에 해당하는 합의가 있다고 하기 위해서는 단순히 내란에 관한 범죄결심을 외부에 표시·전달하는 것만으로는 부족하고 객관적으로 내란범죄의 실행을 위한 합의라는 것이 명백히 인정되고, 그러한 합의에 실질적인 위험성이 인정되어야 한다(2014도10978 전합). 내란을 예비·음모한 자가 목적한 죄의 실행에 이르기 전에 자수한 때에는 그 형을 감경 또는 면제한다(제90조 ①항 단서).

7   (2) 선동·선전   내란 또는 내란 목적 살인죄를 범할 것을 선동 또는 선전한 자도 처벌된다(제90조 ②항). 내란의 선동이란 내란이 실행되는 것을 목표로 하여 피선동자들에게 내란행위를 결의, 실행하도록 충동하고 격려하는 모든 행위를 말한다(74도3510 전합). 내란의 선동은 주로 언동, 문서, 도화 등에 의한 표현행위의 단계에서 문제되는 것이므로 내란선동죄의 구성요건을 해석할 때는 국민의 기본권인 표현의 자유가 위축되거나 그 본질이 침해되지 않도록 죄형법

정주의의 기본정신에 따라 엄격하게 해석하여야 한다. 따라서 내란을 실행시킬 목표를 가지고 있다 하여도 단순히 특정한 정치적 사상이나 추상적인 원리를 옹호하거나 교시하는 것만으로는 내란의 선동이 될 수 없고, 그 내용이 내란에 이를 수 있을 정도의 폭력적인 행위를 선동하는 것이어야 하고, 나아가 피선동자의 구성 및 성향, 선동자와 피선동자의 관계 등에 비추어 피선동자에게 내란 결의를 유발하거나 증대시킬 위험성이 인정되어야만 내란의 선동으로 볼 수 있다(2014도10978 전합).

[96도3376 전합] 〈다수의견〉 우리 나라는 제헌헌법의 제정을 통하여 국민주권주 **8** 의, 자유민주주의, 국민의 기본권보장, 법치주의 등을 국가의 근본이념 및 기본원 리로 하는 헌법질서를 수립한 이래 여러 차례에 걸친 헌법개정이 있었으나, 지금 까지 한결같이 위 헌법질서를 그대로 유지하여 오고 있는 터이므로, 군사반란과 내란을 통하여 폭력으로 헌법에 의하여 설치된 국가기관의 권능행사를 사실상 불 가능하게 하고 정권을 장악한 후 국민투표를 거쳐 헌법을 개정하고 개정된 헌법 에 따라 국가를 통치하여 왔다고 하더라도 그 군사반란과 내란을 통하여 새로운 법질서를 수립한 것이라고 할 수는 없으며, 우리 나라의 헌법질서 아래에서는 헌 법에 정한 민주적 절차에 의하지 아니하고 폭력에 의하여 헌법기관의 권능행사를 불가능하게 하거나 정권을 장악하는 행위는 어떠한 경우에도 용인될 수 없다. 따 라서 그 군사반란과 내란행위는 처벌의 대상이 된다.
〈반대의견〉 군사반란 및 내란행위에 의하여 정권을 장악한 후 이를 토대로 헌법 상 통치체제의 권력구조를 변혁하고 대통령, 국회 등 통치권의 중추인 국가기관 을 새로 구성하거나 선출하는 내용의 헌법개정이 국민투표를 거쳐 이루어지고 그 개정 헌법에 의하여 대통령이 새로 선출되고 국회가 새로 구성되는 등 통치권의 담당자가 교체되었다면, 그 군사반란 및 내란행위는 국가의 헌정질서의 변혁을 가져온 고도의 정치적 행위라고 할 것인바, 그와 같이 헌정질서 변혁의 기초가 된 고도의 정치적 행위에 대하여 법적 책임을 물을 수 있는지 또는 그 정치적 행 위가 사후에 정당화되었는지 여부의 문제는 국가사회 내에서 정치적 과정을 거쳐 해결되어야 할 정치적·도덕적 문제를 불러일으키는 것으로서 그 본래의 성격상 정치적 책임을 지지 않는 법원이 사법적으로 심사하기에는 부적합한 것이고, 주 권자인 국민의 정치적 의사형성과정을 통하여 해결하는 것이 가장 바람직하다. 따라서 그 군사반란 및 내란행위가 비록 형식적으로는 범죄를 구성한다고 할지 라도 그 책임 문제는 국가사회의 평화와 정의의 실현을 위하여 움직이는 국민의 정치적 통합과정을 통하여 해결되어야 하는 고도의 정치문제로서, 이에 대하여는

이미 이를 수용하는 방향으로 여러 번에 걸친 국민의 정치적 판단과 결정이 형성
되어 온 마당에 이제 와서 법원이 새삼 사법심사의 일환으로 그 죄책 여부를 가
리기에는 적합하지 아니한 문제라 할 것이므로, 법원으로서는 이에 대한 재판권
을 행사할 수 없다.

2. 외환의 죄

가. 외환유치(제92조), 여적(제93조)

9　　외환유치죄는 '외국과 통모하여 대한민국에 대하여 전단戰端을 열게 하거나
외국인과 통모하여 대한민국에 항적抗敵한' 행위이다. 법정형은 사형 또는 무기
징역이다. 여적與敵죄는 '적국과 합세하여 적국과 합세하여 대한민국에 항적한'
죄이다. 법정형은 사형으로서, 이른바 '절대적 사형' 범죄에 해당한다. 개정이 필
요한 법정형이다.

나. 이적

10　　이적利敵죄에는 모병이적죄, 시설제공이적죄, 시설파괴이적죄, 물건제공이
적죄, 일반이적죄가 있다. 1) **모병이적죄**는 적국을 위하여 모병하거나 적국을 위
한 모병에 응하는 행위이다(제94조). 2) **시설제공이적죄**는 군대, 요새, 진영 또는
군용에 제공되는 선박이나 항공기 기타 장소, 설비 또는 건조물을 적국에 제공
하거나 병기 또는 탄약 기타 군용에 제공되는 물건을 적국에 제공하는 범죄이
다(제95조). 3) **시설파괴이적죄**는 제95조에 기재한 군용시설 기타 물건을 파괴하
거나 사용할 수 없게 하는 죄이다(제96조). 4) **물건제공이적죄**는 군용에 제공되지
않는 병기, 탄약 또는 전투용에 제공될 수 있는 물건을 적국에 제공하는 범죄이
다(제97조). 5) **일반이적죄**는 이상의 이적죄와 간첩죄 이외에 대한민국의 군사상
이익을 해하거나 적국에 군사상 이익을 공여하는 죄이다(제99조).

다. 간첩, 군사기밀누설(제98조)

11　　(1) 간첩죄와 일반이적죄　간첩죄는 적국을 위하여 간첩하거나 적국의 간
첩을 방조하는 죄이다(제98조 ①항). 그리고 군사기밀누설죄는 군사상의 기밀을
적국에 누설하는 범죄이다(제98조 ②항). 직무에 관하여 군사상 기밀을 지득한 자
가 이를 적국에 누설한 경우에는 기밀누설죄에 해당하고, 직무에 관계 없이 군
사상 기밀을 지득한 자가 이를 적국에 누설한 경우에는 일반이적죄에 해당한다

(82도2239, 74도1479).

(2) 간첩   '간첩'이란 적국에 제보하기 위하여 은밀한 방법으로 우리나라 **12**
의 군사상은 물론 정치, 경제, 사회, 문화, 사상 등 기밀에 속한 사항 또는 도서,
물건을 탐지·수집하는 것을 말한다. 판례는 군사 기밀이란 순전한 군사상의 기
밀에 그치는 것이 아니며, 대한민국의 이익이 되는 사항이라면 실제로 적국이
이를 알고 있던 모르고 있던 기밀이 된다고 한다(82도3036, 80도1430 등). 간첩할
목적으로 대한민국에 입국하면 간첩죄의 실행의 착수가 되며(84도1381, 61도115),
간첩행위는 기밀에 속한 사항 또는 도서, 물건을 탐지·수집한 때에 기수가 된
다(63도312). 간첩이 이미 탐지·수집하여 지득하고 있는 사항을 타인에게 보고·
누설하는 행위는 간첩의 사후행위로서 간첩행위 자체라고 할 수 없다(2008재도11
전합).

(3) 간첩 방조   '간첩을 방조'한다는 것을 간첩을 용이하게 하는 행위이다. **13**
간첩방조가 성립하려면 행위자에게 간첩의 활동을 방조한다는 인식과 간첩의
활동을 용이하게 한 사실이 인정되어야 한다(93도3145). 따라서 간첩에게 숙식을
제공하거나 간첩을 숨겨준 사실이 있다 하더라도, 간첩의 범행을 용이하게 하려
는 의사가 있다고 볼 수 없으면 간첩방조죄는 성립되지 아니한다(66도1661, 75도
1003).

라. 미수범과 예비·음모 등

외환유치죄와 여적죄, 이적죄와 간첩죄 등(제92조~제99조)의 미수범은 처벌 **14**
한다(제100조). 이 죄를 범할 목적으로 예비·음모한 자도 처벌하며, 다만 그 목
적한 죄의 실행에 이르기 전에 자수한 때에는 그 형을 감경 또는 면제한다(제
101조 ①항). 또한 이 죄를 범할 것을 선동한 자도 예비·음모와 같이 처벌된다(같
은 조 ②항). 간첩죄의 미수범은 국가기밀을 탐지수집하라는 지령을 받았거나 소
위 무인포스트를 설정하는 것만으로는 부족하고, 그 지령에 따라 국가기밀을 탐
지수집하는 행위의 실행의 착수가 있어야 성립된다(74도2662).

마. 전시군수계약불이행죄(제103조)

전시군수계약불이행죄는 전쟁 또는 사변事變에서 정당한 이유 없이 정부에 **15**
대한 군수품 또는 군용공작물에 관한 계약을 이행하지 아니하거나, 계약이행을
방해하는 죄이다. '정부'는 행정관청을 말하는데, 중앙관서는 물론 정부를 대표
하여 군수계약을 체결하는 지방관서도 포함된다. '군수품 또는 군용공작물'은 군

사작전에 필요한 모든 물자와 시설을 말한다.

바. '준적국'과 '동맹국'

16　　대한민국에 적대하는 외국 또는 외국인의 단체인 '준적국'으로서, 외환의
죄에서 '적국'에 해당된다(제102조). 북한은 우리 헌법상 반국가적인 불법단체로
서 국가로 볼 수 없으나, 간첩죄의 적용에서는 적국에 준하여 취급한다는 것이
판례의 입장이다(82도3036).

사. 특별법

17　　국가보안법의 반국가단체(같은 법 제2조) 구성원 또는 그 지령을 받은 자가
국가변란 등의 목적을 수행하기 위한 행위로서 간첩죄를 저지르면 국가보안법
의 간첩죄로 처벌된다(같은 법 제4조 ①항 2호).

3. 국기와 국교에 관한 죄

가. 국기에 관한 죄

18　　대한민국을 모욕할 목적으로 국기 또는 국장國章을 손상, 제거 또는 오욕汚
辱한 자는 국기, 국장의 모독죄로 처벌된다(제105조). 그리고 대한민국을 모욕할
목적으로 국기 또는 국장을 비방한 자는 국기, 국장의 비방죄로 처벌된다(제106
조). 이러한 범죄들이 실제 처벌된 예나 관련된 판례를 찾기 어렵다. 오늘날 국
기 또는 국장의 모독이나 비방을 형법으로 처벌하는 데 동의할 국민은 많지 않
을 것이다. 형법이론의 관점에서 형법의 보충성을 고려한다면, 이러한 행위들은
형법이 아닌 다른 법률적, 사회적 제재수단으로 대응하고, 형법의 투입은 자제
되어야 할 것이다.

나. 외국원수 · 외국사절에 대한 폭행 등, 외국국기 · 국장 모독

19　　대한민국에 체재하는 외국의 원수 또는 대한민국에 파견된 외국사절에 대
하여 폭행 또는 협박하거나, 모욕 또는 명예를 훼손한 자는 외국원수 폭행죄 등
으로 처벌된다(제107조, 제108조). 그리고 외국을 모욕할 목적으로 그 나라의 '공
용에 공供하는', 곧 그 나라에서 공식적으로 사용하는 국기 또는 국장을 손상,
제거 또는 오욕한 자는 외국국기 · 국장 모독죄로 처벌된다(제109조). 이러한 범죄
들은 그 외국정부의 명시한 의사에 반하여 공소를 제기할 수 없는 반의사불벌
죄이다(제110조).

다. 외국에 대한 사전(제111조), 중립명령위반(제112조)

외국에 대한 사전죄는 외국에 대하여 사전私戰, 곧 사사로이 전쟁을 하는 **20**
범죄이다. 이 죄의 미수범은 처벌하며, 이 죄를 범할 목적으로 예비 또는 음모
한 자도 처벌된다. 그리고 중립명령위반죄는 외국간의 교전에서 중립에 관한 명
령에 위반하는 죄이다.

라. 외교상 기밀의 누설(제113조)

외교상의 기밀을 누설한 자 및 누설할 목적으로 외교상의 기밀을 탐지 수 **21**
집한 자는 외교기밀누설죄 등으로 처벌된다. 외교상의 기밀이란 외국과의 관계
에서 국가가 지켜야 할 기밀로서, 외교정책상 외국에 대하여 비밀로 하거나 확
인되지 않는 것이 대한민국의 이익이 되는 모든 정보자료를 말한다. 외국에 이
미 널리 알려져 있는 사항은 특별한 사정이 없는 한 외교상의 기밀에 해당하지
아니한다(94도2379).

4. 공안을 해하는 죄

가. 범죄단체 등의 조직(제114조)

사형, 무기 또는 장기 4년 이상의 징역에 해당하는 범죄를 목적으로 하는 **22**
단체 또는 집단을 조직하거나 이에 가입 또는 그 구성원으로 활동한 사람은 그
목적한 죄에 정한 형으로 처벌한다. 다만, 형을 감경할 수 있다. 여기서 '범죄를
목적으로 하는 단체'란 특정 다수인이 일정한 범죄를 수행한다는 공동 목적으로
구성한 계속적인 결합체로서 단체를 주도하거나 내부 질서를 유지하는 최소한
의 통솔체계를 갖춘 것을 뜻한다(2020도7915, 2016도1221 등). 그리고 '범죄를 목적
으로 하는 집단'이란 특정 다수인이 사형, 무기 또는 장기 4년 이상의 범죄를 수
행한다는 공동 목적으로 구성원들이 정해진 역할 분담에 따라 행동함으로써 범
죄를 반복적으로 실행할 수 있는 조직체계를 갖춘 계속적인 결합체를 뜻한다.
'범죄단체'에서 요구되는 '최소한의 통솔체계'를 갖출 필요는 없지만, 범죄의 계
획과 실행을 용이하게 할 정도의 조직적 구조를 갖추어야 한다(2019도11731).[1]

---

1) [2020도7915] 甲 등은 무등록 중고차 매매상사(외부 사무실)를 운영하면서 피해자들을 기망
하여 이른바 '뜯플' 또는 '쌩플'의 수법으로 중고차량을 시세보다 비싸게 판매해 금원을 편취
할 목적으로 외부 사무실 등에서 범죄집단을 조직·활동하고, 피고인은 범죄집단에 가입·활
동하였다는 내용으로 기소된 사안에서, 위 외부 사무실은 특정 다수인이 사기 범행을 수행한
다는 공동 목적으로 구성원들이 대표, 팀장, 출동조, 전화상담원 등 정해진 역할분담에 따라

한편, 범죄단체조직죄는 범죄를 복적으로 하는 단체를 조직함으로써 성립하는
것이고 그 후 목적한 범죄의 실행행위를 하였는가 여부는 위 죄의 성립에 영향
이 없다(75도2321).

나. 소요(제115조), 다중불해산(제116조)

23   소요죄는 다중이 집합하여 폭행, 협박 또는 손괴의 행위를 하는 범죄이다.
다중불해산죄는 폭행, 협박 또는 손괴의 행위를 할 목적으로 다중이 집합하여
그를 단속할 권한이 있는 공무원으로부터 3회 이상의 해산명령을 받고 해산하
지 아니하는 경우에 성립하는 범죄이다. 소요죄는 직위 범죄이고, 다중불해신죄
는 소요죄를 목적으로 집합한 다중이 해산명령에 응하지 않는 진정부작위범이다.

다. 전시공수계약불이행(제117조)

24   전시공수계약불이행죄는 전쟁, 천재 기타 사변에서 국가 또는 공공단체와
체결한 식량 기타 생활필수품의 공급계약을 정당한 이유 없이 이행하지 않거나
계약이행을 방해하는 범죄이다. '정부에 대한 군수품 또는 군용공작물'에 관한
계약을 이해하지 않는 전시군수계약불이행죄(제103조)와 범죄 행태는 같고 다만
계약의 대상이 다를 뿐이다.

라. 공무원자격의 사칭(제118조)

25   공무원자격사칭죄는 공무원의 자격을 사칭하여 그 직권을 행사하는 범죄이
다. 이 죄가 성립하려면 어떤 직권을 행사할 수 있는 권한을 가진 공무원임을
사칭하고 그 직권을 행사한 사실이 있어야 한다(77도2750, 72도550).[1] 따라서 행
위자가 공무원의 자격을 사칭하여 그 공무원의 직권을 행사할 때 그 행위가 자
격을 사칭한 공무원의 직권에 속하다는 인식이 있어야 한다(73도1945). 판례는
'공무원'에는 임시직인 공무원도 포함된다고 한다(73도884).

행동함으로써 사기 범행을 반복적으로 실행하는 체계를 갖춘 결합체, 즉 형법 제114조의 '범
죄를 목적으로 하는 집단'에 해당한다고 한 사례.

1) [81도1955] 피고인들 이 그들이 위임받은 채권을 용이하게 추심하는 방편으로 합동수사반원
임을 사칭하고 협박한 사실이 있다고 하여도 위 채권의 추심행위는 개인적인 업무이지 합동
수사반의 수사업무의 범위에는 속하지 아니하므로 이를 공무원자격사칭죄로 처벌할 수 없다,

4. 폭발물에 관한 죄

가. 폭발물사용(제119조)

폭발물사용죄는 폭발물을 사용하여 사람의 생명, 신체 또는 재산을 해하거   **26**
나 그 밖에 공공의 안전을 문란하게 하는 범죄이다(제119조 ①항). 전쟁, 천재지
변 그밖의 사변에서 폭발물사용죄를 저지르면 가중처벌되며(같은 조 ②항), 폭발
물사용죄의 미수범도 처벌된다(같은 조 ③항).

이 죄는 개인의 생명, 신체 등과 아울러 공공의 안전과 평온을 보호법익으   **27**
로 한다(2011도17254). 보호법익을 고려할 때 이 죄에서 '폭발물'은 폭발작용의
위력이나 파편의 비산 등으로 사람의 생명, 신체, 재산 및 공공의 안전이나 평
온에 직접적이고 구체적인 위험을 초래할 수 있는 정도의 강한 파괴력을 가지
는 물건을 의미한다. 이렇게 해석하는 이유는 1) 이 죄의 법정형이 사형, 무기
또는 7년 이상의 징역으로 살인죄, 상해죄 등의 범죄에 비하여 매우 무겁게 설
정되어 있고, 2) 제172조의 폭발성물건파열죄는 그 법정형이 1년 이상의 유기
징역으로 되어 있기 때문에, 두 죄의 관계 등을 고려해 보면 이 죄의 '폭발물'은
폭발작용 자체의 위력이 공안을 문란하게 할 수 있는 정도라고 보아야 한다
(2011도17254). 그리고 이 죄가 성립하기 위해서는 폭발물을 사용할 때 사람의 생
명, 신체 등을 해한다는 인식이 있어야 한다(69도832). 이 죄를 범할 목적으로 예
비·음모한 자도 처벌하며, 다만 그 목적한 죄의 실행에 이르기 전에 자수한 때
에는 그 형을 감경 또는 면제한다(제120조 ①항). 또한 이 죄를 범할 것을 선동한
자도 예비·음모와 같이 처벌된다(같은 조 ②항).

[2011도17254] 피고인이 자신이 제작한 폭발물을 배낭에 담아 고속버스터미널 등   **28**
의 물품보관함 안에 넣어 두고 폭발하게 함으로써 공안을 문란하게 하였다고 하
여 폭발물사용으로 기소된 사안에서, 피고인이 제작한 물건의 구조, 그것이 설치
된 장소 및 폭발 당시의 상황 등에 비추어, 위 물건은 폭발작용 자체에 의하여
공공의 안전을 문란하게 하거나 사람의 생명, 신체 또는 재산을 해할 정도의 성
능이 없거나, 사람의 신체 또는 재산을 경미하게 손상시킬 수 있는 정도에 그쳐
사회의 안전과 평온에 직접적이고 구체적인 위험을 초래하여 공공의 안전을 문란
하게 하기에는 현저히 부족한 정도의 파괴력과 위험성만을 가진 물건이므로 형법
제172조 제1항에 규정된 '폭발성 있는 물건'에는 해당될 여지가 있으나 이를 형법

제119조 제1항에 규정된 '폭발물'에 해당한다고 볼 수는 없는데도, 위 제작물이 폭발물에 해당한다고 보아 폭발물사용죄가 성립한다고 한 원심판결에 법리오해의 위법이 있다고 한 사례.

나. 전시폭발물제조 등(제121조)

29   전쟁 또는 사변에 있어서 정당한 이유없이 폭발물을 제조, 수입, 수출, 수수 또는 소지한 자는 전시폭발물제조 등의 죄로 처벌된다(제121조). 이 죄는 '군정법령'[1] 세5호 세2조에 규정되어 있었으나, 1953년 제정된 형법에 이 죄가 규정되면서 군정법령의 규정은 효력을 상실하였다(4286형상(53도)162).

Ⅲ. 국가의 기능에 대한 죄

30   국가의 기능에 대한 죄는 공무원이 직무를 수행하면서 국가의 정상적 기능을 저해하는 행위를 하거나, 일반 시민이 직무를 집행하는 공무원을 방해하거나 국가의 행정, 사법 기능을 침해하는 행위를 할 때 성립하는 범죄들이다. 공무원이 행위주체가 되어 국가의 기능과 국가의 질서를 내부로부터 침해하는 범죄는 크게 직무에 위배되는 행위와 직권을 남용하는 행위, 그리고 뇌물에 관련된 범죄로 구별된다. 공무원의 직무를 방해하여 국가의 기능을 저해하는 범죄는 공무방해, 도주와 범인은닉, 위증과 증거인멸, 무고의 죄가 있다.

1. 공무원의 직무에 관한 죄

가. 직무유기(제122조)

31   직무유기죄는 '공무원이 정당한 이유 없이 그 직무수행을 거부하거나 그 직무를 유기한 때'에 성립하는 범죄이다. 직무유기죄는 공무원이 법령·내규 등에 의한 추상적 성실의무를 태만히 하는 일체의 경우에 성립하는 것이 아니라, 직장의 무단이탈이나 직무의 의식적인 포기 등과 같이 국가의 기능을 저해하고 국민에게 피해를 야기시킬 구체적 위험성이 있고 불법과 책임비난의 정도가 높은 법익침해의 경우에 한하여 성립한다는 것이 판례의 입장이다(2012도15257,

---

1) 군정법령은 일제강점기 직후 1945년 9월부터 1948년 8월까지 북위38도 이남의 조선에 대한 미국의 군정軍政이 실시되면서 전략상 필요한 경우에 군정장관이 내린 법령이다. 군정법령은 군정장관에 의해 공포되거나 그 효력이 인정되는, 법률의 지위를 갖는 법규범이었다.

2006도1390). 따라서 직무유기죄는 구체적 위험범이라고 할 수 있다.

　　1) 직무유기죄의 주체는 '공무원'으로서, 진정신분범이다. 2) '직무를 유기 **32**
한 때'란 정당한 사유 없이 의식적으로 직무를 포기하거나 직무 또는 직장을 이
탈하는 것을 말하고 공무원이 태만 또는 착각 등으로 직무를 성실하게 수행하
지 아니한 경우까지 포함하는 것은 아니다(91도96, 83도3260 등). '의식적으로 직
무를 포기한다'는 것은 구체적으로 그 직무를 수행하여야 할 작위의무가 있는데
도 불구하고 이러한 직무를 버린다는 인식하에 그 작위의무를 수행하지 아니하
는 경우를 말한다(2005도4202). 따라서 공무원이 직무집행의 의사로 직무를 수행
하였으나 직무집행의 내용이 위법한 경우, 직무유기죄가 성립하지 않는다(2012
도15257). 3) 직무유기죄의 주관적 요소인 고의로는 직무를 유기한다는 인식, 곧
'직무를 버린다는 인식'이 필요하다(82도1633). 4) 직무유기죄는 부작위범으로서
직무유기죄가 동시에 다른 작위범죄에 해당할 때에는 작위범죄만 성립하고 직
무유기죄는 따로 성립하지 않는다(2002도5004).[1] 그러나 직무유기죄와 다른 부
작위범죄가 경합할 때에는 양 죄를 상상적 경합 또는 경합범으로 처벌할 수 있
다(2008도11999).

나. 직권남용(제123조)

　　직권남용죄는 공무원이 직권을 남용하여 사람으로 하여금 의무 없는 일을 **33**
하게 하거나 사람의 권리행사를 방해하는 죄이다. '직권남용권리행사방해죄'라
고도 한다.[2] '직권남용'이란 공무원이 일반적 직무권한에 속하는 사항에 관하여
그 권한을 위법·부당하게 행사하는 것, 곧 형식적·외형적으로는 직무집행으로
보이나 그 실질은 정당한 권한 이외의 행위를 하는 경우를 뜻한다(2020도12583,
2018도2236 전합). 그리고 직권남용죄는 직권을 남용하는 행위를 하였다는 것만으

---

1) [2015도1456] 경찰공무원이 지명수배 중인 범인을 발견하고도 직무상 의무에 따른 적절한
조치를 취하지 아니하고 오히려 범인을 도피하게 하는 행위를 한 경우, 직무위배의 위법상태
가 범인도피행위 속에 포함되어 있는 것으로 보아야 할 것이므로, 이와 같은 경우에는 작위
범인 범인도피죄만 성립하고 부작위범인 직무유기죄는 따로 성립하지 아니한다. [99도2240]
공무원이 어떠한 위법사실을 발견하고도 직무상 의무에 따른 적절한 조치를 취하지 아니하
고 위법사실을 적극적으로 은폐할 목적으로 허위공문서를 작성, 행사한 경우에는 직무위배의
위법상태는 허위공문서작성 당시부터 그 속에 포함되는 것으로 작위범인 허위공문서작성 및
행사죄만 성립하고 부작위범인 직무유기죄는 따로 성립하지 아니한다.
2) 검찰의 공소장이나 법원의 판결문에서는 '직권남용권리행사방해죄'로 표기한다. 검찰청 예규
인 「공소장 및 불기소장에 기재할 죄명에 관한 예규(이하 '죄명예규')」에 따른 것이다. 이하
에서 목차에는 형법 각칙의 죄명을 기재하되, 본문에는 죄명예규에 따라 죄명을 기재한다.

로 곧바로 성립하는 것이 아니라, 직권을 남용하여 현실적으로 다른 사람이 법령상 의무 없는 일을 하게 하였거나 다른 사람의 구체적인 권리행사를 방해하는 결과가 발생하여야 하고, 그 결과의 발생은 직권남용 행위로 인한 것이어야 한다(2020도15105). 직권남용은 공무원이 그의 일반적 권한에 속하지 않는 행위를 하는 경우인 지위를 이용한 불법행위와는 구별되며, '의무'란 법률상 의무를 가리키고, 단순한 심리적 의무감 또는 도덕적 의무는 이에 해당하지 아니한다(90도2800). 한편, 공무원이 직권을 이용하여 제122조부터 제133조 이외의 죄를 범한 때에는 그 죄에 정한 형의 2분의 1까지 가중한다(제135조).

다. 불법체포, 불법감금(제124조)

34   불법체포죄 또는 불법감금죄는 재판, 검찰, 경찰 기타 인신구속에 관한 직무를 행하는 자 또는 이를 보조하는 자가 그 직권을 남용하여 사람을 체포 또는 감금한 때에 성립하는 범죄이다. '직권남용체포' 또는 '직권남용감금'이라고도 하며, 인신구속에 관한 국가기능의 공정을 보호하는 데 중점을 둔 특수직무범죄이다. 직권을 남용하는 것이 이 죄의 성립요건이므로 직권에 관계없이 사람을 체포 또는 감금하면 체포·감금죄(제276조)에 해당한다. 법정의 절차 없이 피해자를 경찰서보호실에 감금한 행위(70도2406), 수사기관이 피의자를 수사하는 과정에서 구속영장 없이 피의자를 구금하는 경우(85모16), 즉결심판 피의자를 강제로 경찰서 보호실에 유치시키는 경우(97도877) 등이 직권남용감금죄에 해당한다. 그리고 수사기관이 검사와 영장전담판사를 기망하여 구속영장으로 사람을 구금하면 불법감금죄의 간접정범이 된다(2003도3945).

라. 폭행, 가혹행위(제125조)

35   재판, 검찰, 경찰 그 밖에 인신구속에 관한 직무를 수행하는 자 또는 이를 보조하는 자가 그 직무를 수행하면서 형사피의자나 그 밖의 사람에 대하여 폭행 또는 가혹행위를 한 경우에는 폭행 또는 가혹행위의 죄가 성립한다. 일반적인 폭행죄와 구별하기 위해 「죄명예규」에서는 '독직(폭행)', '독직(가혹행위)'로 기재한다. '독직瀆職'이란 '직책을 더럽힌다'는 뜻이다. 직권을 남용하는 유형의 범죄들과 다르게 이 죄에서는 '직무를 수행하면서'라고 하여 폭행 또는 가혹행위가 직무상의 권한과 전혀 상관없음을 밝히고 있다. 폭행이란 사람의 신체에 대한 유형력의 행사를 뜻하고, 가혹행위란 폭행 이외의 방법으로 정신적·신체적 고통을 주는 모든 행위를 말한다.

마. 피의사실공표(126조)

피의사실공표죄는 검찰, 경찰 그 밖에 범죄수사에 관한 직무를 수행하는 **36**
자 또는 이를 감독하거나 보조하는 자가 그 직무를 수행하면서 알게 된 피의사
실을 공소제기 전에 공표公表한 경우에 성립하는 범죄이다. 이 죄의 보호법익은
국가의 수사기능 및 소추기능, 그리고 피의자의 인권이다. 문제는 어디에 중점
을 두느냐인데, 제126조의 위치를 보면 국가적 법익이 우선되는 것으로 볼 수도
있지만, 인격적 법익론의 관점에서 보면 개인적 법익보다 우선하는 국가적 법익
은 없다. 국가의 수사기능을 보호하는 것도 궁극적으로는 사건 당사자들의 권익
을 보호하기 위함이다. 따라서 피의자 등 사건 관계자의 권익이 주된 보호법익
이고, 국가의 수사 및 소추 기능은 부수적인 보호법익이라고 보아야 한다. 특히
행위주체를 일반 국민이 아닌 수사기관으로 한정하고, 행위의 방법도 '누설'이
아닌 '공표'라고 하여 수사기관이 공개적으로 발표하는 행위를 금지한 점 등은
수사기능의 보호보다 국가의 수사로부터 시민을 보호하는 데 중점이 있다는 의
미로 해석해야 한다.

그렇게 볼 때 피의사실공표를 처벌하는 이유는 무죄추정의 원칙에 따라 국 **37**
가기관이 유죄의 판결이 확정되기 전에는 피의자, 피고인에게 불리한 선입견이
나 예단豫斷을 형성하는 일이 없도록 하려는 것이다. 수사기관의 피의사실 공표
행위는 공권력에 의한 수사 결과를 바탕으로 한 것으로 국민들에게 그 내용이
진실이라는 강한 신뢰를 부여함은 물론 그로 인하여 피의자나 피해자 나아가
주변 인물들에 대하여 큰 피해를 줄 수도 있다. 다만 공소가 제기된 후에는 형
사절차에서 피의사실은 공소사실이 되고, 제126조에서 공소제기 전에 공표한
경우를 금지대상으로 하고 있으므로, 공소제기 후에는 공소사실을 공표할 수 있
다. 공소公訴는 검사가 시민을 대표하여 공공의 이익을 위한 소를 제기하는 것이
므로, 어떤 범죄사실로 공소를 제기한 것인지를 시민들에게 공개할 수 있다. 다
만, 형식적으로 그러하더라도 꼭 필요한 경우에 신중하게 공표하여야 할 것이다.

그런데 지금까지 피의사실공표의 죄로 처벌된 예는 찾아볼 수 없다. 빈번 **38**
하게 발생하는 수사기관의 피의사실공표에 대해 '범죄에 대한 경각심을 일깨우
는 공익적 목적', '국민의 알 권리' 등을 근거로 위법성조각사유가 있다고 판단
하기 때문이다. 그래서 이 죄에 대한 형사사건 판례는 찾기 어렵고, 공지된 판
례는 대부분 국가의 불법행위를 이유로 하는 민사의 손해배상 사건 판례들이다.

그 판례들에서 법원은 대부분 '수사기관의 피의사실 공표행위가 허용되기 위한 요건 및 그 위법성 조각 여부의 판단 기준'에 대해 판단하고 있다(2001다49692 등). 그래서 예를 들어 "피의사실 공표의 대상은 어디까지나 피의사실, 즉 수사 기관이 혐의를 두고 있는 범죄사실에 한정되는 것이므로, 피의사실과 불가분의 관계라는 등의 특별한 사정이 없는 한 수사기관이 '범죄를 구성하지 않는 사실 관계'까지 피의사실에 포함시켜 수사 결과로서 발표하는 것은 원칙적으로 위법하다."고 한다(2019다282197). 그런데 이렇게 되면 요건만 갖추면 피의사실 공표가 허용되는 것으로 비쳐질 수 있다. 형법에서 피의사실공표를 처벌하는 규정을 두고 있는 것과 모순되는 것이다. 개선되어야 할 현실이다.

바. 공무상 비밀의 누설(제127조)

39   공무원 또는 공무원이었던 자가 법령에 의한 직무상 비밀을 누설한 때에는 공무상비밀누설죄가 성립한다. 이 죄의 보호법익은 공무상 비밀 그 자체가 아니라 공무원이 비밀엄수의무를 침해하여 위험해지는 이익, 곧 비밀누설에 의하여 위협받는 국가의 기능이라는 것이 다수견해와 판례의 입장이다(2021도11924, 2009도2669 등). 행위의 주체는 공무원 외에 공무원이었던 자도 포함한다. '법령에 의한 직무상 비밀'이란 반드시 법령에 의하여 비밀로 규정되었거나 비밀로 분류 명시된 사항뿐만 아니라, 정치, 군사, 외교, 경제, 사회적 필요에 따라 비밀로 된 사항은 물론 정부나 공무소 또는 국민이 객관적, 일반적인 입장에서 외부에 알려지지 않는 것에 상당한 이익이 있는 사항도 포함한다. 다만 실질적으로 그것을 비밀로서 보호할 가치가 있다고 인정할 수 있는 것이어야 한다(2021도2486, 2014도11441 등). 그리고 '누설'이란 비밀을 아직 모르는 다른 사람에게 임의로 알려주는 행위를 의미한다. 비밀을 누설하는 행위는 상대방이 필요한 필요적 공범이고, 비밀을 누설받은 자를 처벌하는 규정이 따로 있지 않으므로, 직무상 비밀을 누설받은 자에 대하여는 공범에 관한 형법총칙 규정을 적용하여 처벌할 수 없다(2017도4240, 2009도3642 등).[1]

사. 선거방해(제128조)

40   선거방해죄는 검찰, 경찰 또는 군의 직에 있는 공무원이 법령에 의한 선거에 관하여 선거인, 입후보자 또는 입후보자 되려는 자에게 협박을 가하거나 기타 방법으로 선거의 자유를 방해하는 범죄이다. 민주주의의 기본이 되는 선거의

---

1) 앞의 [14] 12 참조.

자유, 곧 정치적 의사결정과 의사표현의 자유를 보호하기 위해 처벌하는 범죄이다.

2. 뇌물에 관한 죄

가. 개요

뇌물의 죄는 공무원 또는 중재인이 직무행위에 대한 대가로 법이 인정하지 **41** 않는 이익을 취득함으로써 성립하는 범죄이다.[1] 공무원 직무행위의 순수성 또는 불가매수성不可買受性과 직무행위에 대한 일반의 신뢰를 보호법익으로 한다 (2013도9003, 2003도1060 등). 형법은 뇌물을 수수하는 행위와 뇌물을 공여하는 행위, 그리고 이에 관련된 행위를 모두 처벌한다. 양자는 대향적 관계에 있는 필요적 공범에 해당하지만, 대향적 관계의 행위를 처벌하는 규정이 모두 있으므로 총칙의 공범 규정 적용과 상관 없이 처벌되는 경우이다.[2]

나. 수뢰, 사전수뢰(제129조)

공무원 또는 중재인이 그 직무에 관하여 뇌물을 수수, 요구 또는 약속한 때 **42** 에는 각각 뇌물수수, 뇌물요구, 뇌물약속의 죄로 처벌된다(제129조 ①항). 그리고 공무원 또는 중재인이 될 자가 그 담당할 직무에 관하여 청탁을 받고 뇌물을 수수, 요구 또는 약속한 후 공무원 또는 중재인이 된 때에는 사전뇌물수수·요구·약속의 죄로 처벌된다(같은 조 ②항).

(1) **공통의 성립 요건**　1) 행위의 주체는 공무원 또는 중재인이다. 법령에 **43** 따라 이 죄의 공무원으로 의제되는 사람들도 공무원에 해당한다(2015도15798, 2001도6721 등). 공무원이었던 자가 재직 중에 청탁을 받고 직무상 부정한 행위를 한 후 뇌물의 수수 등을 할 당시 이미 공무원의 지위를 떠난 경우는 여기에 포함되지 않는다(2013도10011). 중재인이란 법령에 의하여 중재의 직무를 담당하는 자를 말한다.[3]

---

1) 뇌물에 관한 죄는 각칙에서 따로 장을 구별하여 규정하지 않고 공무원의 직무에 관한 죄의 하나로 규정하지만, 뇌물죄의 구성요건이 다양하고 공무원 이외의 행위자들에 대한 처벌규정도 있다는 점 등을 고려하여 따로 설명한다.

2) [2012도4842] 뇌물공여죄와 뇌물수수죄 사이와 같은 이른바 대향범 관계에 있는 자는 강학상으로는 필요적 공범이라고 불리고 있으나, 서로 대향된 행위의 존재를 필요로 할 뿐 각자 자신의 구성요건을 실현하고 별도의 형벌규정에 따라 처벌되는 것이어서, 2인 이상이 가공하여 공동의 구성요건을 실현하는 공범관계에 있는 자와는 본질적으로 다르며, 대향범 관계에 있는 자 사이에서는 각자 상대방의 범행에 대하여 형법 총칙의 공범규정이 적용되지 아니한다.

3) 노동관계조정법 제64조의 중재인, 중재법 제3조의 중재인 등이 여기에 해당한다.

44   2) '**직무**'는 공무원이 그 직위에 따라 공무로 담당하는 모든 집무를 말한다 (2013도9003). 법령에 정하여진 직무뿐만 아니라 그와 관련 있는 직무, 과거에 담당하였거나 장래에 담당할 직무 외에 사무분장에 따라 현실적으로 담당하지 않는 직무라도 법령상 일반적인 직무권한에 속하는 직무 등 공무원이 그 직위에 따라 공무로 담당할 모든 직무를 포함한다(2003도1060, 95도1269 등). 3) '**직무에 관하여**'는 뇌물죄가 성립하기 위해서는 뇌물의 수수 등이 직무와 관련되어야 한다는, 곧 직무관련성이 있어야 한다는 것을 뜻한다. 공무원이 직무의 대상이 되는 사람으로부터 금품 기타 이익을 받은 때에는 그것이 그 사람이 종전에 공무원으로부터 접대 또는 수수받은 것을 갚는 것으로서 사회상규에 비추어 볼 때에 의례상의 대가에 불과한 것이라고 여겨지거나, 개인적인 친분관계가 있어서 교분상의 필요에 의한 것이라고 명백하게 인정할 수 있는 경우 등 특별한 사정이 없는 한 직무와 관련성이 있다고 볼 수 있다(2017도11616, 2016도15470 등).

45   4) '**뇌물**'이란 직무에 관한 부당한 이익이다. 뇌물의 내용인 이익은 금전, 물품 기타의 재산적 이익과 사람의 수요 욕망을 충족시키기에 충분한 일체의 유형·무형의 이익을 포함한다. '성적 욕구의 충족'이 뇌물의 내용인 이익에 포함된다(2013도13937). 투기적 사업에 참여할 기회를 얻는 것도 이익에 해당한다 (2002도3539). '**부당한 이익**'이란 직무행위의 대가로 받는 이익을 말한다.[1] 사교적 의례의 형식으로 받았다 하여도 직무행위의 대가로서의 의미를 가질 때에는 뇌물이 된다(98도3584).

46   (2) **뇌물수수**   뇌물의 '수수'란 뇌물을 받는 것, 즉 뇌물을 취득하는 것이고, 취득이란 뇌물에 대한 사실상의 처분권을 획득하는 것을 의미하며, 뇌물인 물건의 법률상 소유권까지 취득하여야 하는 것은 아니다(2018도2738 전합). 뇌물을 수수한다는 것은 영득의 의사로 금품을 수수하는 것을 말한다. 따라서 뇌물인지 모르고 이를 수수하였다가 뇌물임을 알고 즉시 반환하는 등 영득의 의사가 없었다고 인정되면 뇌물의 수수가 인정되지 않지만, 일단 영득의 의사로 뇌물을 수령한 이상 나중에 이를 반환하였다고 하더라도 뇌물죄가 성립한다(2013

---

1) [2004도42] 공무원이 수수한 금원이 <u>직무와 대가관계가 있는 부당한 이익으로서 뇌물에 해당하는지</u> 여부는 당해 공무원의 직무 내용, 직무와 이익제공자와의 관계, 쌍방간에 특수한 사적인 친분관계가 존재하는지 여부, 이익의 다과, 이익을 수수한 경위와 시기 등의 제반 사정을 참작하여 결정하여야 할 것이고, 뇌물죄가 직무집행의 공정과 이에 대한 사회의 신뢰를 그 보호법익으로 하고 있음에 비추어 공무원이 그 이익을 수수하는 것으로 인하여 사회일반으로부터 직무집행의 공정성을 의심받게 되는지의 여부도 하나의 판단 기준이 된다.

도9003). 뇌물수수죄는 뇌물을 수수함으로써 기수가 되고, 금품을 수수한 공무원이 이를 부하직원들을 위하여 소비하였을 뿐 자신의 이익을 취하지 않았더라도 뇌물성이 부인되지 않는다(96도865).

(3) 뇌물요구·뇌물약속   뇌물의 '요구'는 공무원이 어떠한 이익 등의 제공 **47**
을 요구하는 것이다. 요구가 있으면 이 죄가 성립하고, 상대방이 뇌물을 교부해야 되는 것은 아니다. 뇌물의 '약속'은 직무와 관련하여 장래에 뇌물을 주고받겠다는 양 당사자의 의사표시가 확정적으로 합치하면 성립한다(2016도3753). 목적물인 이익이 약속 당시에 존재할 필요는 없고 예상할 수 있으면 되며, 뇌물의 가액이 확정적이지 않아도 뇌물약속죄가 성립한다(2000도5438). 뇌물을 요구하거나 약속한 후 이를 수수하면 포괄하여 뇌물수수죄만 성립한다. 뇌물을 수수하면 뇌물수수죄가 성립되는 것이고, 따로 뇌물을 요구하거나 약속해야만 하는 것은 아니다(86도1433).

(4) 사전뇌물수수 등   사전뇌물수수죄 등은 공무원 또는 중재인이 될 자 **48**
가 그 담당할 직무에 관하여 청탁을 받고 뇌물을 수수하는 등의 행위이다. '공무원 또는 중재인이 될 자'란 공무원채용시험에 합격하여 발령을 대기하고 있는 자 또는 선거에 의해 당선이 확정된 자 등 공무원 또는 중재인이 될 것이 예정되어 있는 자뿐만 아니라 공직취임의 가능성이 확실하지는 않더라도 어느 정도의 개연성을 갖춘 자를 포함한다(2009도7040). '청탁'이란 일정한 직무행위를 할 것을 의뢰하는 것을 말하고, '청탁을 받고'란 그러한 의뢰에 응할 것으로 약속하는 것을 뜻한다. 공무원 또는 중재인이 되는 것은 객관적 처벌조건이 되기 때문에, 공무원 또는 중재인이 되지 않으면 처벌되지 않는다.

다. 제3자 뇌물제공(제130조)

제3자 뇌물수수·요구·약속죄는 공무원 또는 중재인이 그 직무에 관하여 **49**
부정한 청탁을 받고 제3자에게 뇌물을 공여하게 하거나 공여를 요구 또는 약속한 때에 성립하는 범죄이다. 1) '제3자'란 행위자와 공동정범 이외의 사람을 말하고, 교사자나 방조자도 포함될 수 있다. 그러므로 뇌물을 제공받은 제3자가 그러한 공무원 또는 중재인의 범죄행위를 알면서 방조한 경우에는 제3자뇌물수수방조죄가 인정될 수 있다(2016도19659). 다른 사람이 공무원의 심부름꾼 또는 대리인으로서 뇌물을 받거나, 다른 사람이 뇌물을 받음으로써 공무원은 그만큼 지출을 면하게 되는 경우 등 사회통념상 그 다른 사람이 뇌물을 받은 것을 공무원이 직접 받은 것과 같이 평가할 수 있는 경우에는 뇌물수수죄(제129조 ①항)가 성립한다(2009도6422).

50   2) '부정한' 청탁이란 의뢰한 직무집행 자체가 위법하거나 부당한 경우, 또는 의뢰한 직무집행 자체는 위법하거나 부당하지 않지만 그 직무집행에 관한 대가의 교부를 내용으로 하는 경우 등을 의미한다(2011도14482). '부정한 청탁'을 요건으로 하는 취지는 처벌의 범위를 명확하게 하기 위한 것이다(2008도6950). 부정한 청탁의 내용은 공무원의 직무와 제3자에게 제공되는 이익 사이의 대가관계를 인정할 수 있을 정도로 특정하면 충분하고, 이미 발생한 현안뿐만 아니라 장래 발생될 것으로 예상되는 현안도 위와 같은 정도로 특정되면 부정한 청탁의 내용이 될 수 있다(2018도13792 전합). 그리고 부정한 청탁은 명시적 의사표시는 물론 묵시적 의사표시에 의해서도 가능하다. 다만, 묵시적 의사표시에 의한 부정한 청탁이 있다고 하기 위해서는 청탁의 대상이 되는 직무집행의 내용과 제3자에게 제공되는 금품이 그 직무집행에 대한 대가라는 점에 대하여 당사자 사이에 공통의 인식이나 양해가 있어야 한다(2010도12313).

라. 수뢰후부정처사, 사후수뢰(제131조)

51   공무원 또는 중재인이 수뢰·사전수뢰(제129조) 및 제3자뇌물제공(제130조)의 죄를 범하여 부정한 행위를 한 때에는 수뢰후부정처사죄가 성립한다(제131조 ①항). 그리고 공무원 또는 중재인이 직무상 부정한 행위를 한 후 수뢰죄 또는 제3자뇌물제공의 죄를 범하는 때(같은 조 ②항)와 공무원 또는 중재인이었던 자가 그 재직 중에 청탁을 받고 직무상 부정한 행위를 한 후 뇌물을 수수, 요구 또는 약속한 때(같은 조 ③항)에는 부정처사후수뢰죄로 처벌된다. 수뢰죄와 더불어 부정한 행위를 함으로써 국가기능의 공정성이 구체적으로 침해되었다는 점을 고려하여 가중처벌하는 규정이다. 1) '죄를 범하여'란 반드시 뇌물수수 등의 행위가 완료된 이후에 부정한 행위가 이루어져야 함을 의미하는 것은 아니고, 뇌물수수 등의 행위를 하는 중에 부정한 행위를 한 경우도 포함한다(2020도12103). 2) '부정한 행위'란 직무에 위배되는 일체의 행위를 말하는 것으로서, 직무행위 자체는 물론 그것과 객관적으로 관련 있는 행위까지 포함한다(2003도1060).

마. 알선수뢰(제132조)

52   알선수뢰죄는 "공무원이 그 지위를 이용하여 다른 공무원의 직무에 속한 사항의 알선에 관하여 뇌물을 수수, 요구 또는 약속한 때"에 성립하는 범죄이

다. 공무원이 다른 공무원의 직무에 관한 사항에 대해 간접적으로 직무의 공정성을 침해하는 행위를 자기 직무에 관련하여 수뢰하는 행위와 같이 처벌하는 것이다. 1) **행위주체**는 공무원이지만, 알선수뢰죄의 주체가 되기 위해서는 적어도 해당 직무를 처리하는 공무원과 직무상 직접, 간접의 연관관계를 가지고 법률상·사실상의 영향력을 미칠 수 있는 지위에 있는 공무원이라야 한다(82도403). 2) '**지위를 이용하여**'란 다른 공무원이 취급하는 사무의 처리에 법률상이거나 사실상으로 영향을 줄 수 있는 관계에 있는 공무원이 그 지위를 이용하는 경우를 말하며(83도894 등), 상하관계, 협동관계, 감독권한 등의 특수한 관계가 필요한 것은 아니다. 친구, 친족관계 등 사적인 관계를 이용하는 경우에는 이에 해당한다고 할 수 없다(2004도42).

  3) '**알선**'이란 공무원의 직무에 속하는 사항에 관하여 당사자의 의사를 공무 **53** 원 측에 전달하거나 편의를 도모하는 행위 또는 공무원의 직무에 관하여 부탁을 하거나 영향력을 행사하여 당사자가 원하는 방향으로 결정이 이루어지도록 돕는 등의 행위를 의미한다(2016도15470). 알선할 때에는 알선의 상대방인 다른 공무원이나 그 직무의 내용이 구체적으로 특정되지 않아도 된다(2009도3924 등). 또한 알선행위는 장래의 것이라도 무방하므로, 뇌물을 수수할 당시 반드시 상대방에게 알선에 의하여 해결해야 할 현안이 존재하지 않아도 알선뇌물수수죄가 성립할 수 있다(2012도16277).

  바. 뇌물공여 등(제133조)
  제129조부터 제132조까지에 기재한 뇌물을 약속, 공여 또는 공여의 의사를 **54** 표시한 자는 뇌물공여약속, 뇌물공여, 뇌물공여의사표시의 죄로 처벌된다(제133조 ①항). 그리고 뇌물공여 등에 제공할 목적으로 제3자에게 금품을 교부한 자 또는 그 사정을 알면서 금품을 교부받은 제3자는 제3자뇌물교부 또는 제3자뇌물취득의 죄로 처벌된다(같은 조 ②항). 1) '**공여**'란 뇌물을 취득하게 하는 것이며, 취득이란 뇌물에 대한 사실상의 처분권을 획득하는 것을 의미하고, 뇌물인 물건의 법률상 소유권까지 취득하여야 하는 것은 아니다(2018도2738 전합). 2) 뇌물공여죄의 고의는 '공무원에게 그 직무에 관하여 뇌물을 공여한다'는 사실에 대한 인식과 의사를 말하고, 미필적 고의로도 충분하다. 공여자가 공무원의 요구에 따라 비공무원에게 뇌물을 공여한 경우 공무원과 비공무원 사이의 관계가 형법 제129조 제1항 뇌물수수죄의 공동정범에 해당하고 공여자가 이러한 사실을 인

식하였다면 공여자에게 뇌물공여죄의 고의가 인정된다(2018도2738 전합).

55   3) 뇌물공여죄와 뇌물수수죄의 관계에서 상대방에게 뇌물수수죄가 성립되어
야 뇌물공여죄가 성립하는 것은 아니며, 뇌물을 공여하는 행위와 상대방이 물품
등을 받아들이는 행위가 필요할 뿐이다(87도1699). 뇌물공여죄의 상대방인 뇌물
수수자는 처벌받지 않고 뇌물공여자만 처벌을 받게 된다 하여 헌법의 평등원칙
에 위배된다고 할 수 없다(96도1231). 뇌물을 수수할 때 공여자를 기망한 경우에
도 뇌물수수죄와 뇌물공여죄가 성립하고, 이때 뇌물을 수수한 공무원은 뇌물죄
와 사기죄의 상상적 경합범으로 처벌된다(2015도12838).

56   4) 제3자뇌물교부죄 및 제3자뇌물취득죄는 제3자의 뇌물 전달행위를 독립한
구성요건으로 하여 뇌물공여죄와 같은 형으로 처벌하는 규정이다. 제3자의 증
뢰물 전달(취득)죄는 증뢰자나 수뢰자가 아닌 제3자가 증뢰자로부터 수뢰할 사
람에게 전달될 금품이라는 정을 알면서 그 금품을 받은 때에 성립한다(2007도
10601). 이때 제3자가 뇌물공여자로부터 교부받은 금품을 수수할 사람에게 전달
하였는지의 여부는 범죄 성립에 영향이 없으며, 이 죄의 주체는 비공무원을 예
정한 것이나 공무원일지라도 직무와 관계되지 않는 범위 내에서는 본죄의 주체
에 해당될 수 있다(2002도1283).

3. 공무방해에 관한 죄

57   공무방해에 관한 죄는 국가 또는 공공기관의 기능을 방해함으로써 성립하
는 범죄이다. 국가의 기능은 공무원을 통해 수행되므로 공무방해는 공무원의 직
무집행을 방해하는 형태로 나타난다. 하지만 공무방해의 보호법익은 직무를 집
행하는 공무원 개인이 아니라 공무원을 통해 집행되는 국가기능이고, 공무원은
공무방해 범죄의 행위객체가 된다. 국가기능을 보호하는 과정에서 공무원이 보
호될 수 있겠지만, 이는 반사적 효과일 뿐이다. 형법 각칙에서 공무방해의 죄는
크게 공무집행방해죄의 기본범죄와 거기에서 파생되는 구성요건(제136조, 제137
조), 그리고 특별한 공무에 대한 특수한 형태의 공무방해 범죄(제138조~제144조)
로 구별된다.

가. 공무집행방해(제136조)

58   공무집행방해죄는 직무를 집행하는 공무원에 대하여 폭행 또는 협박하거나
(제136조 ①항), 공무원에 대하여 그 직무상의 행위를 강요 또는 저지沮止하거나

그 직을 사퇴하게 할 목적으로 폭행 또는 협박함으로써(같은 조 ②항) 성립하는 범죄이다.

(1) **행위객체** 행위의 객체는 직무를 집행하는 공무원이다. 1) 공무원은 법 **59** 령에 의해 국가 또는 공공단체의 공무에 종사하는 사람이다. 2) '직무를 집행하는'이란 공무원이 직무수행에 직접 필요한 행위를 현실적으로 행하고 있는 때만을 가리키는 것이 아니라 공무원이 직무수행을 위하여 근무중인 상태에 있는 때를 포괄한다. 직무의 성질에 따라서는 그 직무수행의 과정을 개별적으로 분리하는 것이 부적절하거나, 여러 종류의 행위를 포괄하여 일련의 직무수행으로 파악하는 것이 상당한 경우도 있기 때문이다(2008도8819, 99도383). 따라서 현실적으로 구체적인 업무를 처리하고 있지는 않다 하더라도, 직무 자체의 성질이 계속 대기하는 것일 때에는 대기 자체를 곧 직무행위로 볼 수 있다(2000도3485). 3) 직무집행의 적법성이 필요한가에 대해서는 학설과 모두 적법한 직무집행이어야 한다는 데 이견이 없다. 적법한 공무집행은 그 행위가 공무원의 추상적 권한에 속할 뿐 아니라 구체적 직무집행에 관한 법률의 요건과 방식을 갖춘 경우를 말한다(2017도10866, 2006도148 등).

[2011도3682] 피고인이 경찰관의 불심검문을 받아 운전면허증을 교부한 후 경찰 **60** 관에게 큰 소리로 욕설을 하였는데, 경찰관이 모욕죄의 현행범으로 체포하겠다고 고지한 후 피고인의 오른쪽 어깨를 붙잡자 반항하면서 경찰관에게 상해를 가한 사안에서, 피고인은 경찰관의 불심검문에 응하여 이미 운전면허증을 교부한 상태이고, 경찰관뿐 아니라 인근 주민도 욕설을 직접 들었으므로, 피고인이 도망하거나 증거를 인멸할 염려가 있다고 보기는 어렵고, 피고인의 모욕 범행은 불심검문에 항의하는 과정에서 저지른 일시적, 우발적인 행위로서 사안 자체가 경미할 뿐 아니라, 피해자인 경찰관이 범행현장에서 즉시 범인을 체포할 급박한 사정이 있다고 보기도 어려우므로, 경찰관이 피고인을 체포한 행위는 적법한 공무집행이라고 볼 수 없고, 피고인이 체포를 면하려고 반항하는 과정에서 상해를 기한 것은 불법체포로 인한 신체에 대한 현재의 부당한 침해에서 벗어나기 위한 행위로서 정당방위에 해당한다는 이유로, 피고인에 대한 상해 및 공무집행방해의 공소사실을 무죄로 인정한 원심판단을 수긍한 사례.

(2) **행위와 고의** 1) 공무집행방해죄의 행위인 폭행은 사람에 대한 유형력 **61** 의 행사이고, 협박은 상대방에게 공포를 일으킬 목적으로 해악을 고지하는 것이

다(2010도15986). 여기서의 폭행·협박은 성질상 공무원의 직무집행을 방해할 만한 정도의 것이어야 하므로, 경미하여 공무원이 개의치 않을 정도의 것이라면 여기의 폭행·협박에 해당하지 않는다(2006도4449). 2) **공무집행방해죄의 고의**는 상대방이 직무를 집행하는 공무원이라는 사실과 그에게 폭행·협박을 한다는 사실을 인식하는 것이고, 그 인식은 불확정적인 것이라도 미필적 고의가 있다고 보아야 하며, 그 직무집행을 방해할 의사를 필요로 하지 않는다(94도1949).

나. 위계에 의한 공무집행방해(제137조)

62   위계공무집행방해죄는 위계로써 공무원의 직무집행을 방해하는 죄이다. 1) '**위계**'란 상대방에게 오인, 착각, 부지를 일으키게 하여 그 오인, 착각, 부지를 이용하는 것을 말하며, 상대방이 이에 따라 그릇된 행위나 처분을 하여야만 이 죄가 성립한다(2018도18582). 따라서 구체적인 직무집행을 저지하거나 현실적으로 곤란하게 하는 데까지는 이르지 않은 경우에는 위계에 의한 공무집행방해죄가 성립하지 않는다(2007도1554). 2) '**직무집행을 방해**'하는 것은 공무원의 직무집행이 구체적이고 현실적으로 방해되는 것이라고 하는 판례가 있다. 위계행위가 직무집행을 저지하거나 곤란하게 하지 못하고 미수에 그친 경우에는 위계에 의한 공무집행방해죄로 처벌할 수 없다는 것이다(2018도18582, 96도312). 이에 대해 다수견해는 이 죄가 성립하기 위해 현실적으로 직무집행이 방해된 결과가 발생할 필요는 없다고 한다.

63   [2015도17297] 행정청에 대한 일방적 통고로 효과가 완성되는 '신고'의 경우에는 신고인이 신고서에 허위사실을 기재하거나 허위의 소명자료를 제출하였더라도, 그것만으로는 담당 공무원의 구체적이고 현실적인 직무집행이 방해받았다고 볼 수 없어 특별한 사정이 없는 한 허위 신고가 위계에 의한 공무집행방해죄를 구성한다고 볼 수 없다. 그러나 행정관청이 출원에 의한 인허가처분 여부를 심사하거나 신청을 받아 일정한 자격요건 등을 갖춘 때에 한하여 그에 대한 수용 여부를 결정하는 등의 업무를 하는 경우에는 위 '신고'의 경우와 달리, 출원자나 신청인이 제출한 허위의 소명자료 등에 대하여 담당 공무원이 나름대로 충분히 심사를 하였으나 이를 발견하지 못하여 인허가처분을 하게 되거나 신청을 수리하게 되었다면, 출원자나 신청인의 위계행위가 원인이 되어 행정관청이 그릇된 행위나 처분에 이르게 된 것이어서 위계에 의한 공무집행방해죄가 성립한다.

다. 법정 또는 국회회의장 모욕(제138조)

법정모욕 및 법정소동 또는 국회회의장 모욕·소동의 죄는 법원의 재판 또 **64**
는 국회의 심의를 방해 또는 위협할 목적으로 법정이나 국회회의장 또는 그 부
근에서 모욕 또는 소동함으로써 성립하는 죄이다. 국가의 기능 중에서 법원의
재판기능 또는 국회의 심의기능을 보호하기 위한 규정이다. 경찰력 등의 자체
권력집행 수단을 갖추지 못한 국가기관의 한계에서 생길 수 있는 재판 및 입법
기능에 대한 보호의 흠결을 보완하기 위한 특별규정이라 할 수 있다. 따라서 이
조항의 적용범위에는 '헌법재판소의 심판기능'도 포함된다(2020도12017). 그리고
법원의 재판을 방해할 목적으로 행하여진 소동행위는 재판이 진행중일 때 뿐
아니라 재판개시 직전에 행하여지는 경우도 포함된다. 따라서 재판장이 법정내
의 질서회복을 위하여 휴정을 선언하고 법관대기실로 퇴정한 뒤 곧 소동행위가
자행되었다면 법정모욕죄의 구성요건에 해당한다(89노974).

[2010도13609] 甲 정당 당직자인 피고인들 등이 국회 외교통상 상임위원회 회의 **65**
장 앞 복도에서 출입이 봉쇄된 회의장 출입구를 뚫을 목적으로 회의장 출입문 및
그 안쪽에 쌓여있던 책상, 탁자 등 집기를 손상하거나, 국회의 심의를 방해할 목
적으로 소방호스를 이용하여 회의장 내에 물을 분사한 사안에서, 피고인들의 위
와 같은 행위는 공용물건손상죄 및 국회회의장소동죄의 구성요건에 해당하고, 국
민의 대의기관인 국회에서 서로의 의견을 경청하고 진지한 토론과 양보를 통하여
더욱 바람직한 결론을 도출하는 합법적 절차를 외면한 채 곧바로 폭력적 행동으
로 나아가 방법이나 수단에 있어서도 상당성의 요건을 갖추지 못하여 이를 위법
성이 조각되는 정당행위나 긴급피난의 요건을 갖춘 행위로 평가하기 어렵다고 한
사례.

라. 인권옹호직무방해(제139조)

인권옹호직무방해죄는 경찰의 직무를 행하는 자 또는 이를 보조하는 자가 **66**
인권옹호에 관한 검사의 직무집행을 방해하거나 그 명령을 준수하지 아니한 때
에 성립하는 범죄이다. 인권침해의 소지가 가장 큰 수사분야에서 국민의 인권과
자유를 보호하기 위한 특별규정이라 할 수 있다. '인권옹호에 관한 검사의 직무
집행'은 사법경찰관리 등에 대한 수사지휘 등의 직무집행을 말하며, 특히 인신
구속에 관한 검사의 직무집행이 여기에 해당한다. '인권옹호에 관한 검사의 명

령'은 사법경찰관리의 직무수행에 의하여 침해될 수 있는 인신구속과 압수수색 등 강제수사에서 인권침해를 방지하기 위해 필요한 검사의 명령 중에서 '그에 위반하는 사법경찰관리를 형사처벌까지 하면서 지켜야 할 정도로 인권옹호를 위해 꼭 필요한 검사의 명령'으로 보아야 하고, 나아가 법적 근거를 가진 적법한 명령이어야 한다(2008도11999).[1]

마. 공무상비밀표시무효(제140조)

67   공무상비밀표시무효죄는 공무상봉인손상 등의 방법으로 공무상비밀표시 등의 효용을 침해하는 빔죄이다. 국가기능인 깅제처분의 표시기능을 보호하고자 하는 처벌규정이다. 이 죄의 미수범은 처벌한다(제143조). 개별적인 행위 유형은 다음과 같다. 1) **공무상 봉인 . 표시의 손상, 은닉, 무효**는 공무원이 그 직무에 관하여 실시한 봉인 또는 압류 기타 강제처분의 표시를 손상 또는 은닉하거나 기타 방법으로 그 효용을 해하는 행위이다(제140조 ①항). '봉인'이란 물건에 대한 임의적 처분을 금지하기 위해 그 물건에 시행한 봉함 등의 설비를 말한다. '압류'란 공무원이 직무상 보관할 물건을 자기의 점유로 옮기는 강제처분이다.

68   봉인·압류 또는 강제처분은 적법한 것이어야 한다. 다만 봉인 등의 표시에 절차상 또는 실체상의 하자가 있다고 하더라도 객관적·일반적으로 그것이 공무원이 그 직무에 관하여 실시한 봉인 등으로 인정할 수 있는 상태에 있다면 적법한 절차에 의하여 취소되지 않는 한 공무상표시무효죄의 객체로 된다(2000도1757). 공무원이 그 직권을 남용하여 위법하게 실시한 봉인 또는 압류 기타 강제처분의 표시임이 명백하여 법률상 당연무효 또는 부존재라고 볼 수 있는 경우에는 그 봉인 등의 표시는 공무상표시무효죄의 객체가 되지 않는다(2007도312). 그리고 공무상표시무효죄가 성립하기 위하여는 행위 당시에 강제처분의 표시가 현존하여야 한다(96도2801).

69   '기타 방법으로 그 효용을 해하는 것'이란 압류물을 원래의 보관장소로부터 다른 장소로 이동시킨 경우(86도69)처럼 손상 또는 은닉 이외의 방법으로 그 표시 자체의 효력을 사실상으로 훼손하는 것을 의미하는 것이며, 그 표시의 근거인 처분의 법률상 효력까지 상실케 한다는 의미는 아니다(2015도5403). '기타 방

---

1) [2008도11999] 검사가 긴급체포 등 강제처분의 적법성에 의문을 갖고 대면조사를 위한 피의자 인치를 2회에 걸쳐 명하였으나 이를 이행하지 않은 사법경찰관에게 인권옹호직무명령불준수죄와 직무유기죄를 모두 인정하고 두 죄를 상상적 경합관계로 처리한 원심판단을 수긍한 사례.

법'에는 부작위의 방법도 가능하다. 압류시설의 사용 및 봉인의 훼손을 방지할 수 있는 적절한 조치를 하지 않고 봉인이 훼손되도록 방치한 경우가 그 예이다 (2005도3034). 한편, 채무자가 불가피한 사정으로 채권자의 승낙을 얻어 압류물을 이동시켰으나 집행관의 승인은 얻지 못한 경우, 공무상표시무효죄는 성립하지 않으며(2004도3029), 봉인 등의 표시가 법률상 효력이 없다고 믿었다는 사정만으로 공무상표시무효죄의 죄책을 면할 수 없다(99도5563).

2) 공무상비밀(봉함, 문서, 도화)개봉은 공무원이 그 직무에 관하여 봉함 기타 **70** 비밀장치한 문서 또는 도화를 개봉하는 행위이다(같은 조 ②항). 3) 공무상비밀(문서, 도화, 전자기록등)내용탐지는 공무원이 그 직무에 관하여 봉함 기타 비밀장치한 문서, 도화 또는 전자기록등 특수매체기록을 기술적 수단을 이용하여 그 내용을 알아내는 행위이다(같은 조 ③항).

바. 부동산강제집행효용침해(제140조의2)

이 죄는 강제집행으로 명도 또는 인도된 부동산에 침입하거나 기타 방법으 **71** 로 강제집행의 효용을 해하는 범죄이다. 이 죄의 보호법익은 국가의 강제집행권, 특히 부동산에 대한 강제집행의 기능이다. '강제집행으로 명도 또는 인도된 부동산'에는 강제집행으로 퇴거집행된 부동산을 포함한다(2001도3212). '기타 방법'이란 강제집행의 효용을 해할 수 있는 수단이나 방법에 해당하는 일체의 방해행위를 말하고, '강제집행의 효용을 해하는 것'이란 강제집행으로 명도 또는 인도된 부동산을 권리자가 그 용도에 따라 사용·수익하거나 권리행사를 하는 데 지장을 초래하는 일체의 침해행위를 말한다(2013도38, 2002도4801). 이 죄의 미수범은 처벌한다(제143조).

사. 공용서류 등의 무효, 공용물의 파괴(제141조)

공용서류 등의 손상, 은닉, 무효죄는 공무소에서 사용하는 서류 기타 물건 **72** 또는 전자기록등 특수매체기록을 손상 또는 은닉하거나 기타 방법으로 그 효용을 해하는 범죄이다(제141조 ①항). 공용건조물 등 파괴죄는 공무소에서 사용하는 건조물, 선박, 기차 또는 항공기를 파괴하는 범죄이다(같은 조 ②항). 1) '공무소에서 사용하는 서류 기타 전자기록'에는 공문서로서의 효력이 생기기 이전의 서류, 정식의 접수 및 결재 절차를 거치지 않은 문서, 결재 상신 과정에서 반려된 문서 등이 포함되며, 미완성의 문서라도 이 죄의 객체가 된다(2015도19296, 2003도3945). 2) 공용서류은닉죄의 고의는 공무소에서 사용하는 서류라는 사실과 이를 은닉하는 방법으로 그 효용을 해한다는 사실의 인식이 있으면 되고, 반드시 계획적인 의도나 적극적인 희망이 있어야 하는 것은 아니다(2011도5329, 98도360). 이 죄의 미수범은 처벌한다(제143조).

아. 공무상 보관물의 무효(제142조)

73   공무상보관물무효죄는 공무소로부터 보관명령을 받거나 공무소의 명령으로 타인이 관리하는 자기의 물건을 손상 또는 은닉하거나 기타 방법으로 그 효용을 해하는 범죄이다. 공무소로부터 보관명령을 받았다는 것은 예를 들어 압류한 집행관이 채무자에게 보관을 명한 경우(4292형상838) 등이다. 공무소의 명령으로 타인이 관리한다는 것은 공무소의 처분으로 공무소의 사실상 지배로 옮겨진 물건을 공무소의 명령으로 제3자인 타인의 지배에 두는 것을 말한다. 이 죄의 미수범은 처벌한다(제143조).

자. 특수공무방해(제144조)

74   특수공무방해죄는 단체 또는 다중의 위력을 보이거나 위험한 물건을 휴대하여 공무집행방제136조, 제138조와 제140조부터 제143조의 죄를 범한 때에 각 죄에 정한 형의 2분의 1까지 가중처벌되는 범죄이다(제144조 ①항). 그리고 특수공무방해죄를 범하여 공무원을 상해나 사망에 이르게 하면 결과적 가중범인 특수공무방해치사상죄가 성립한다(같은 조 ②항). '다중'이란 단체를 이루지 못한 다수인의 중합을 지칭하는 것이므로 불과 3인의 경우에는 '다중의 위력'을 보인 것이라고 할 수 없다(71도1930).

4. 도주와 범인은닉의 죄

75   도주의 죄는 법률에 의해 체포 또는 구금된 자가 스스로 도주하거나 타인의 도주에 관여하는 범죄이다. 범인은닉죄는 벌금 이상의 형에 해당하는 죄를 범한 자를 숨겨주거나 도피하게 함으로써 성립하는 범죄이다. 도주죄의 보호법익은 국가의 구금권 또는 구금기능이며, 범인은닉죄의 보호법익은 국가의 형사사법 기능이다. 개별 구성요건은 다음과 같다.

가. 도주, 집합명령위반(제145조)

76   도주죄는 법률에 따라 체포되거나 구금된 자가 도주한 경우에 성립하는 범죄이다(제145조 ①항). 1) '법률에 따라 체포되거나 구금된 자'란 법률에 근거하여

적법하게 신체의 자유를 구속받고 있는 자이다. 따라서 불법하게 체포된 자는 도주죄의 주체가 될 수 없다(2005도6810). 도주죄는 상태범으로서 간수자의 실력적 지배를 이탈한 상태에 이르렀을 때 기수가 되어 도주행위가 종료한다(91도1656). 따라서 간수자의 실력적 지배를 이탈한 상태에 있는 피의자에게 승용차를 제공하여 도주하도록 한 행위는 도주죄의 방조행위가 되지 않는다(90고단453). 이 죄의 미수범은 처벌한다(제149조).

집합명령위반죄는 법률에 따라 체포되거나 구금된 자가 천재지변이나 사변 **77** 그밖에 법령에 따라 잠시 석방된 상황에서 정당한 이유 없이 집합명령에 위반한 경우에 성립하는 범죄이다(같은 조 ②항). 이 죄에 대한 미수범 처벌규정이 있지만(제149조), 이 죄는 진정부작위범이므로 미수범이 성립할 여지가 없다.

나. 특수도주(제146조)

수용설비 또는 기구를 손괴하거나 사람에게 폭행 또는 협박을 가하거나 2 **78** 인 이상이 합동하여 도주죄를 저지른 자는 가중처벌된다. '수용설비'란 법률에 근거한 구금을 집행하는 시설을 말한다. 교소도, 구치소, 경찰서 유치장 등이 이에 해당한다. '기구'는 신체를 직접 구속하는 수갑, 포승 등을 의미한다. '손괴'는 물리적 손괴를 뜻한다는 점에서 재산죄인 손괴죄의 손괴와 구별된다. 형법이 도주원조죄를 따로 규정하고 있으므로 '2인 이상'은 모두 법률에 의해 구금된 자이어야 한다. 이 죄의 미수범은 처벌한다(제149조).

다. 도주원조(제147조), 간수자의 도주원조(제148조)

도주원조죄는 법률에 의하여 구금된 자를 탈취하거나 도주하게 하는 범죄 **79** 이다. 도주죄 범인의 도주행위를 야기시키거나 이를 용이하게 하는 등 그와 공범관계에 있는 행위를 독립한 구성요건으로 하는 범죄이다. '탈취'란 피구금자를 간수자의 실력적 지배에서 이탈시켜 자기 또는 제3자의 실적적 지배로 옮기는 것을 말한다. 그 수단과 방법에는 제한이 없다. 도주죄는 상태범이므로 도주죄의 범인이 도주행위를 하여 기수에 이르른 이후 범인의 도피를 도와 주는 행위는 범인도피죄에 해당할 수 있을 뿐 도주원조죄에는 해당하지 않는다(91도1656). 법률에 의하여 구금된 자를 간수 또는 호송하는 자가 이를 도주하게 한 때에는 가중처벌된다. 간수 또는 호송의 임무는 법령에 근거가 있어야 하는 것은 아니며, 공무원이 아닌 자가 현실적으로 간수 또는 호송의 임무를 담당하는 경우에도 이 죄의 주체가 될 수 있다. 도주원조, 간수자도주원조의 미수범은 처벌하며

(제149조), 도주원조 또는 간수자도주원조의 죄를 범할 목적으로 예비 또는 음모
한 자도 처벌한다(제150조).

라. 범인은닉(제151조)

80 범인은닉죄는 벌금 이상의 형에 해당하는 죄를 범한 자를 은닉 또는 도피
하게 하는 범죄이다(제151조 ①항). 국가의 형사사법 작용이 보호법익이 되며, 반
드시 그 결과를 초래하지 않아도 기수가 되는 위험범이다.

81 **(1) 행위주체와 공범** 행위 주체에는 제한이 없지만, 범인 자신이 은닉,
도피하는 행위는 이 죄의 구성요건에 해당하지 않는다. 또한 공범 중 1인이 수
사절차에서 참고인 또는 피의자로 조사받으면서 자기 범행에 관하여 허위로 진
술하고 허위 자료를 제출하는 행위가 다른 공범을 도피하게 하는 결과가 된다
고 하더라도 범인도피죄로 처벌할 수 없다. 이때 공범이 이러한 행위를 교사하
였더라도 범죄가 될 수 없는 행위를 교사한 것에 불과하여 범인도피교사죄가
성립하지 않는다. 그러나 공동정범이 다른 공동정범을 은닉, 도피하게 하는 행
위는 이 죄에 해당한다(2015도20396). 타인을 교사하여 자신을 은닉, 도피하게 하
는 경우, 이는 자기비호의 연장선에 있고, 정범으로 처벌되지 않는 자를 교사범
으로 처벌하는 것은 타당하지 않으므로 교사범의 성립을 부정해야 한다는 것이
다수견해이다. 그러나 판례는 자기은닉, 도피의 교사범을 긍정한다(2008도7647,
2005도3707 등).

82 **(2) 행위 객체** 행위 객체는 벌금 이상의 형에 해당하는 죄를 범한 자이
다. 죄를 범한 자라고 하기 위해서는 구성요건해당성, 위법성, 책임은 물론 처벌
조건과 소송조건을 갖추어야 한다. 공소가 제기되었거나 유죄의 판결을 받은 자
는 물론이고, 범죄혐의를 받아 수사중인 자도 포함되며(83도1486), 아직 수사대
상이 아닌 자도 행위객체가 될 수 있다.[1) 그리고 범죄의 혐의를 받아 수사대상
이 되어 있는 사람이면 그가 진범인지 여부를 묻지 않고 이에 해당한다는 것이
판례의 입장이지만(2013도152), 진범이 아닌 자는 죄를 범한 자에 포함될 수 없

---

1) [2003도4533] 형법 제151조에서 규정하는 범인도피죄는 범인은닉 이외의 방법으로 범인에
대한 수사, 재판 및 형의 집행 등 형사사법의 작용을 곤란 또는 불가능하게 하는 행위를 말
하는 것으로서 그 방법에는 어떠한 제한이 없고, 또 위 죄는 위험범으로서 현실적으로 형사
사법의 작용을 방해하는 결과가 초래될 것이 요구되지 아니하므로, 형법 제151조 제1항의 이
른바, 죄를 범한 자라 함은 범죄의 혐의를 받아 수사대상이 되어 있는 자를 포함하며, 나아
가 벌금 이상의 형에 해당하는 죄를 범한 자라는 것을 인식하면서도 도피하게 한 경우에는
그 자가 당시에는 아직 수사대상이 되어 있지 않았다고 하더라도 범인도피죄가 성립한다.

다는 견해도 있다.

(3) **행위** '은닉'이란 장소를 제공하여 범인을 감추어 주는 행위를 말한다. **83**
'도피하게 하는 행위'란 은닉 이외의 방법으로 범인에 대한 수사, 재판, 형의 집
행 등 형사사법의 작용을 곤란하게 하거나 불가능하게 하는 일체의 행위로서
그 수단과 방법에 제한이 없다(2015도20396). 다만 그 자체로는 도피시키는 것을
직접적인 목적으로 하였다고 보기 어려운 어떤 행위를 한 결과 간접적으로 범
인이 안심하고 도피할 수 있게 한 경우는 여기에 포함되지 않는다(2009도3642).
그리고 수사기관에서 범인에 관하여 조사를 받으면서 그가 알고 있는 사실을
진술하지 않거나 허위로 진술하였다고 하더라도, 그것이 적극적으로 수사기관
을 기만하여 착오에 빠지게 함으로써 범인의 발견 또는 체포를 곤란 내지 불가
능하게 할 정도가 아니라면 범인도피죄를 구성하지 않는다(2012도13999, 2002도
5374 등).

(4) **고의** 범인은닉 또는 도피가 성립하려면 은닉 또는 도피의 대상이 벌 **84**
금 이상의 형에 해당하는 자라는 인식이 있어야 한다. 그러나 그 인식은 범죄를
범한 자라는 것을 인식하면 되고, 법정형이 벌금 이상이라는 것까지 알 필요는
없으며, 범죄의 구체적인 내용이나 범인의 인적 사항 및 공범의 구체적 인원수
등까지 알 필요는 없다(93도904).

(5) **친족간의 특례** 친족 또는 동거의 가족이 본인을 위하여 전항의 죄를 **85**
범한 때에는 처벌하지 아니한다(제151조 ②항). 이러한 친족간 특례는 기대가능성
이 없음을 이유로 하는 책임조각사유이다. 친족의 개념은 민법에 따라 결정된
다. 판례는 사실혼관계에 있는 사람은 민법의 친족이라 할 수 없어 이 조항의
친족에 해당하지 않는다고 한다(2003도4533). 그러나 다수견해는 책임조각사유라
는 친족간 특례의 본질을 고려할 때 사실혼관계에 있는 사람도 친족에 해당하
는 것으로 해석해야 한다는 입장이다. '본인'은 죄를 범한 자를 말한다.

5. 위증과 증거인멸의 죄

가. 위증, 모해위증(제152조)

위증죄는 법률에 의하여 선서한 증인이 허위의 진술을 한 때에 성립하는 **86**
범죄이다(제152조 ①항). 위증죄는 국가의 사법작용과 징계작용을 보호법익으로
하는 추상적 위험범이다(86도1724 전합). 또한 위증죄는 증인의 신분이 있어야 범
죄가 성립하는 진정신분범이다.

87   (1) 행위 주체   위증죄의 행위 주체는 법률에 의하여 선서한 증인이다. 1)
'법률에 의하여 선서'하는 경우에는 형사소송은 물론 민사소송, 비송사건, 징계사
건, 특허사건 등이 포함된다. 선서는 유효한 것이어야 한다. 선서가 법률상 근거
가 없어 무효인 경우에는 위증죄가 성립하지 않는다(2003도180, 95도186). 선서무
능력자의 선서는 무효이므로 선서무능력자가 착오로 선서하였더라도 위증죄의
주체가 될 수 없다. 2) '증인'이란 법원 또는 법관에 대하여 과거의 경험사실을
진술하는 제3자를 말한다. 증인에게는 증언거부권이 있는데, 선서한 증인이 이
를 포기하고 허위의 진술을 하면 위증죄로 처벌된다. 진실대로 진술하면 자신의
범죄를 시인하게 되고 증언을 거부하면 자기 범죄를 암시하게 된다는 사정 때
문에 적법행위의 기대가능성이 없다고 할 수 없다. 형사소송법이 이러한 처지의
증인에게는 증언을 거부할 수 있는 권리를 인정하여 위증죄로부터의 탈출구를
마련하고 있기 때문이다(86도1724 전합).

88   (2) 행위   위증죄의 행위는 허위의 진술을 하는 것이다. 1) '허위'의 의미에
대해서는 객관설과 주관설이 대립한다. 객관설은 허위란 객관적 진실에 어긋나
는 것이라고 한다. 주관설은 증인의 기억에 반하는 것이 허위라고 한다. 다수견
해와 판례는 주관설의 입장이다. 위증죄에서 허위의 진술은 자기가 체험한 기억
에 맞지 않는 사실을 말하는 것이며(83도2410 등), 진술이 객관적 사실과 부합하
지 않는다고 하더라도 기억에 반하는 사실을 진술한 것이 아니면 위증죄가 성
립하지 않는다는 것이다(95도192 등). 반대로 증언이 객관적 사실과 합치한다고
하더라도 기억에 반하는 진술을 한 때에는 위증죄가 성립한다(88도350). 2) '진술'
의 대상은 사실에 제한되며 가치판단을 포함하지 않는다. 증인의 진술이 경험한
사실에 대한 법률적 평가이거나 단순한 의견에 지나지 않는 경우에는 허위의
진술이라고 할 수 없다(2008도11007, 2005도9590 등).

89   (3) 기수시기   위증죄의 기수시기는 증인에 대한 신문절차가 종료된 때이
다. 따라서 기억에 반하는 허위의 진술을 한 증인이 그 신문이 끝나기 전에 이
를 철회·시정한 경우, 위증죄가 성립하지 않는다(2008도1053). 당사자의 신문에
대하여 한 허위의 진술을 반대당사자의 신문이나 재판장의 신문에서 취소시정
한 때에도 마찬가지이다(83도2853).

90   (4) 모해 위증   형사사건 또는 징계사건에 관하여 피고인, 피의자 또는 징
계혐의자를 모해謀害할 목적으로 위증의 죄를 범한 때에는 가중처벌한다(제152조
②항). '모해할 목적'이란 피고인·피의자 또는 징계혐의자를 불리하게 할 목적을

말한다. 모해의 목적은 허위의 진술을 함으로써 피고인에게 불리하게 될 것이라는 인식이 있으면 충분하고 그 결과의 발생까지 희망할 필요는 없다(2006도3575). 판례에 의하면 '모해할 목적'은 범인의 '특수한 상태'로서 제33조의 '신분'의 하나이며, 위증죄와 모해위증죄는 제33조 단서의 "신분관계로 인하여 형의 경중이 있는 경우"에 해당한다(93도1002). 그러나 다수견해는 모해의 목적은 행위자 요소가 아니라 행위의 요소이므로 신분에 해당하지 않는다는 입장이다.

　(5) **자백·자수**　위증, 모해위증의 죄를 범한 자가 그 사건의 재판 또는 징 　**91**
계처분이 확정되기 전에 자백 또는 자수한 때에는 그 형을 감경 또는 면제한다(제153조). '자백'이란 허위의 진술을 한 사실을 고백하는 것으로서, 진술이 허위임을 고백하면 되고, 적극적으로 진실을 말해야 하는 것은 아니다. 스스로 자백한 경우는 물론 법원 또는 수사기관의 신문을 받고 자백한 경우도 포함되며, 자백의 절차에도 제한이 없다(75도3319). '자수'란 범인이 자발적으로 수사기관에 자신의 범죄사실을 신고하는 것이다. 자백과 자수는 증언한 사건의 재판 또는 징계처분이 확정되기 전에 하여야 한다.

[93도1002] **가.** 형법 제33조 소정의 이른바 신분관계라 함은 남녀의 성별, 내·외 　**92**
국인의 구별, 친족관계, 공무원인 자격과 같은 관계뿐만 아니라 널리 일정한 범죄행위에 관련된 범인의 인적관계인 특수한 지위 또는 상태를 지칭하는 것이다.
　나. 형법 제152조 제1항과 제2항은 위증을 한 범인이 형사사건의 피고인 등을 '모해할 목적'을 가지고 있었는가 아니면 그러한 목적이 없었는가 하는 범인의 특수한 상태의 차이에 따라 범인에게 과할 형의 경중을 구별하고 있으므로, 이는 바로 형법 제33조 단서 소정의 "신분관계로 인하여 형의 경중이 있는 경우"에 해당한다고 봄이 상당하다.
　다. 피고인이 갑을 모해할 목적으로 을에게 위증을 교사한 이상, 가사 정범인을에게 모해의 목적이 없었다고 하더라도, 형법 제33조 단서의 규정에 의하여 피고인을 모해위증교사죄로 처단할 수 있다.
　마. 형법 제31조 제1항은 협의의 공범의 일종인 교사범이 그 성립과 처벌에 있어서 정범에 종속한다는 일반적인 원칙을 선언한 것에 불과하고, 신분관계로 인하여 형의 경중이 있는 경우에 신분이 있는 자가 신분이 없는 자를 교사하여 죄를 범하게 한 때에는 형법 제33조 단서가 형법 제31조 제1항에 우선하여 적용됨으로써 신분이 있는 교사범이 신분이 없는 정범보다 중하게 처벌된다.

나. 허위의 감정, 통역, 번역(제154조)

93 법률에 의하여 선서한 감정인, 통역인 또는 번역인이 허위의 감정, 통역 또는 번역을 한 때에는 위증 또는 모해위증의 예에 따라 처벌한다. '감정인'이란 전문적인 지식과 경험을 가진 제3자로서 그의 전문지식에 근거하여 알 수 있는 규칙이나 이를 구체적 사실에 적용하여 얻은 판단을 법원에 보고하는 사람을 말한다. 증인은 사실을 그대로 보고하는 사람인 반면, 감정인은 사실에 대한 판단을 보고하는 사람이다. 특별한 지식에 의하여 알게 된 과거의 사실을 진술하는 사람을 '감정증인'이라고 하는데(형사소송법 제179조), 감정증인은 감정인에 해당하지 않는다.

다. 증거인멸 등(제155조)

94 **(1) 증거인멸, 증거은닉 등** 타인의 형사사건 또는 징계사건에 관한 증거를 인멸, 은닉, 위조 또는 변조하거나 위조 또는 변조한 증거를 사용하는 행위는 증거인멸, 증거은닉 등으로 처벌된다(제155조 ①항). 1) **행위** 객체는 '타인의 형사사건 또는 징계사건에 관한 증거'이다. 자기의 사건에 관한 증거를 스스로 인멸하는 등의 행위는 구성요건해당성이 없다. 그러나 자기사건의 증거를 타인에게 인멸하도록 하는 등의 행위는 증거인멸 등의 교사범이 된다는 것이 판례의 입장이다(2010도15986, 99도5275 등). 그러나 다수견해는 정범이 될 수 없는 사람을 교사범으로 처벌하는 것은 타당하지 않다고 한다. 공범의 사건에 대한 증거가 타인의 사건에 대한 증거인가에 대해서 판례는 자기의 이익을 위한 증거인멸 등이 동시에 공범의 이익이 되는 경우 증거인멸 등이 성립하지 않는다고 한다(2011도5329). '증거'란 수사기관이나 법원 또는 징계기관이 국가의 형벌권 또는 징계권의 유무를 확인하는 데 관계있다고 인정되는 일체의 자료를 말한다(2002도3600). 2) **행위**는 증거의 인멸, 은닉, 위조 또는 변조, 위조증거사용, 변조증거사용이다. 증거를 위조한다는 것은 증거 자체를 위조하는 것이므로 선서무능력자에게 허위의 증언을 하게 하거나 참고인이 수사기관에서 허위의 진술을 하는 것은 증거위조가 아니다(97도2961, 2010도2244).

95 **(2) 증인은닉·증인도피** 증인은닉 또는 증인도피의 죄는 타인의 형사사건 또는 징계사건에 관한 증인을 은닉 또는 도피하게 하는 범죄이다(제155조 ②항). 수사단계의 참고인도 장차 증인이 될 수 있으므로 '증인'에 해당한다. 자기사건의 이익을 위하여 증인을 은닉, 도피하게 한 것이 공범 사건의 증인을 은

닉, 도피하게 한 결과가 되더라도 증인은닉 등의 죄는 성립하지 않는다(2002도
6134).

　　(3) 모해증거인멸 등·친족간의 특례　　피고인, 피의자 또는 징계혐의자를 　**96**
모해할 목적으로 증거인멸, 증인은닉 등의 죄를 범한 사람은 가중처벌된다(제
155조 ③항). 친족 또는 동거의 가족이 본인을 위하여 증거인멸 등의 죄를 범한
때에는 처벌하지 않는다(제155조 ④항).

6. 무고의 죄

가. 보호법익

　　무고죄는 타인으로 하여금 형사처분 또는 징계처분을 받게 할 목적으로 공 　**97**
무소 또는 공무원에 대하여 허위의 사실을 신고하는 범죄이다. 무고죄의 보호법
익에 대해서는 1) 개인적 법익, 곧 무고당하는 사람이 부당하게 처벌받거나 징
계를 당하지 않을 이익이라는 견해와 2) 국가적 법익, 곧 국가의 형사사법권 또
는 징계권의 적정한 행사라고 하는 견해가 있는데, 다수견해와 판례는 개인적
법익과 국가적 법익이 모두 보호법익이 된다고 한다(2015도15398 등). 다만 판례
는 국가적 법익이 주된 보호법익이고 개인적 법익은 부수적 보호법익이 된다고
한다(2008도4852, 2005도2712 등).

나. 객관적 구성요건

　　(1) 공무소 또는 공무원　　'공무소 또는 공무원'이란 형사처분의 경우에는 　**98**
검사, 사법경찰관리 등 형사소추 또는 수사를 할 권한이 있는 관청과 그 감독기
관 또는 그 소속 공무원을 말하고, 징계처분의 경우에는 징계권자 또는 징계권
의 발동을 촉구하는 직권을 가진 자와 그 감독기관 또는 그 소속 구성원을 말한
다(2012도4531, 2010도10202 등). 공무소 또는 공무원에 대한 신고는 반드시 징계처
분 또는 형사처분을 심사할 권한 있는 기관에 직접 하여야 하는 것은 아니지만,
지휘명령 계통이나 관할 이첩을 통하여 권한 있는 기관에 도달되어야 무고죄가
성립한다(2012도4531, 72도1136). 따라서 진정의 형식으로 대통령에게 신고해도 무
고죄가 성립한다(77도1445).

　　(2) 허위의 사실 신고　　1) '허위'란 객관적 진실에 반하는 것을 뜻한다. 신 　**99**
고 내용을 허위라고 믿고 신고하더라도 그것이 객관적으로 진실한 사실에 부합
할 때에는 허위사실의 신고에 해당하지 않는다(2006도6437). 그리고 신고한 사실

의 허위 여부는 그 범죄의 구성요건과 관련하여 신고사실의 핵심 또는 중요내용이 허위인가에 따라 판단하여 무고죄의 성립 여부를 가려야 한다(91도1950). 따라서 신고 내용에 일부 객관적 진실에 반하는 내용이 포함되어 있더라도 그 허위 부분이 범죄의 성부에 영향을 미치는 중요한 부분이 아니고, 단지 신고사실의 정황을 과장하는 데 불과한 때에는 무고죄가 성립하지 않는다(2018도2614, 2011도11500 등). 그리고 신고된 사실 때문에 상대방이 형사처분이나 징계처분 등을 받게 될 위험이 있어야 한다(96도771). 2) '신고'란 자발적으로 수사기관에 고지하는 것을 말한다. 따라서 스스로 고지하지 않고 조사관의 요청에 의해 자기가 알고 있는 내용을 제공하거나 수사기관의 신문에 응하는 과정에서 허위의 진술을 하는 것은 신고에 해당하지 않는다(90도595). 신고의 방법에는 제한이 없으므로 서면이나 구두로 신고할 수 있으며, 서면에 의하는 경우 그 명칭을 따지지 않는다(84도2380).

다. 주관적 구성요건

100   (1) 고의   위증죄의 고의는 공무소 또는 공무원에 대하여 허위의 사실을 신고한다는 인식이며, 허위의 사실에 대한 인식도 포함된다(2002도5939). 이때의 고의는 확정적인 것은 물론 미필적 고의가 있어도 위증죄가 성립한다는 것이 판례의 입장이다(2006도6437, 96도2417). 그러나 다수견해는 위증죄에서 허위 사실에 대한 인식은 확정적 인식이 필요하다고 한다.

101   (2) 목적   무고죄는 타인으로 하여금 형사처분이나 징계처분을 받게 할 목적이 있어야 성립하는 목적범이다. 따라서 고의 외에 이러한 목적이 있는지를 심사해야 하며, 이러한 목적 없이 단지 시비를 가려달라는 취지의 신고하는 경우 무고죄가 성립하지 않는다(78도1357). 판례는 무고죄의 '목적'은 허위신고를 하면서 다른 사람이 형사 또는 징계처분을 받게 될 것이라는 인식이 있으면 되고 그 결과발생을 희망하는 것까지 필요한 것은 아니라고 한다. 따라서 고소인이 고소장을 수사기관에 제출한 이상 그러한 인식은 있었다고 전제하는데(2012도2468), 이렇게 되면 고의와 특별한 주관적 요소인 목적이 구별되지 않기 때문에, 다수견해는 무고죄의 목적이 인정되려면 결과발생을 의욕하는 것이 필요하다고 한다.

[21] 제3절 사회적 법익에 대한 죄

Ⅰ. 공공의 안전과 평온에 대한 죄

1. 방화와 실화의 죄

방화죄와 실화失火죄는 고의 또는 과실로 불을 놓아 건조물이나 물건을 태　**1**
우는 것을 내용으로 하는 범죄이다. 그밖에 진화방해와 폭발성물건파열, 가스ㆍ
전기 등 방류의 죄도 넓은 의미의 방화죄로 규정하고 있다. 방화죄 및 실화죄의
보호법익은 공공의 안전이라는 사회적 법익이지만, 부수적으로 개인의 재산적
법익도 보호대상이 된다(2009도7421).1) 그리고 보호의 정도는 위험범에 해당하
며, 개별 구성요건에 따라 구체적 위험범과 추상적 위험범으로 구별된다.

가. 현주건조물 등 방화(제164조)

(1) **구성요건**　현주건조물 등 방화죄는 불을 놓아 사람이 주거로 사용하거　**2**
나 사람이 현존하는 건조물, 기차, 전차, 자동차, 선박, 항공기 또는 지하채굴시
설을 불태우는 죄이다(제164조 ①항). 1) ‘**사람이 주거로 사용**’한다는 것은 행위자
이외의 사람이 일상생활의 장소로 이용하는 것을 뜻한다. 사실상 주거로 사용되
는 건조물이면 행위 당시 주거자가 없는 경우에도 이 죄가 성립한다. 2) ‘**사람이
현존하는**’이란 건조물 등의 내부에 사람이 존재하는 것을 말한다. 주거로 사용하
지 않는 건조물에도 사람이 현존하면 여기에 해당한다. 3) ‘**건조물**’이란 토지에
정착되고 벽 또는 기둥과 지붕 또는 천장으로 구성되어 사람이 내부에 기거하
거나 출입할 수 있는 공작물을 말하고, 반드시 사람의 주거용이어야 하는 것은
아니라도 사람이 사실상 기거ㆍ취침에 사용할 수 있는 정도는 되어야 한다(2013
도3950). 4) **지하채굴시설**이란 광물을 채취하기 위한 지하시설을 말하며, 광업권
등의 권리 여부는 문제되지 않는다.

(2) **실행의 착수와 기수시기**　방화죄의 착수시기는 발화 또는 점화가 있　**3**
는 때이다. 매개물에 점화되면 목적물에 불이 붙지 않아도 실행의 착수가 인정
된다(2001도6641). 기수시기는 목적물에 점화되어 독립적으로 연소될 수 있는 상
태에 이른 때이다. 이 죄는 추상적 위험범으로서 위험발생의 결과를 요구하지

---

1) [82도2341] 방화죄는 공중의 생명, 신체, 재산 등에 대한 위험을 예방하기 위하여 공공의 안
　전을 그 제1차적인 보호법익으로 하고 제2차적으로는 개인의 재산권을 보호하는 것이라고
　할 것이다.

않는다.

4   [2001도6641] [1] 매개물을 통한 점화에 의하여 건조물을 소훼함을 내용으로 하
는 형태의 방화죄의 경우에, 범인이 그 매개물에 불을 켜서 붙였거나 또는 범인
의 행위로 인하여 매개물에 불이 붙게 됨으로써 연소작용이 계속될 수 있는 상태
에 이르렀다면, 그것이 곧바로 진화되는 등의 사정으로 인하여 목적물인 건조물
자체에는 불이 옮겨 붙지 못하였다고 하더라도, 방화죄의 실행의 착수가 있었다
고 보아야 할 것이고, 구체적인 사건에 있어서 이러한 실행의 착수가 있었는지
여부는 범행 당시 피고인의 의사 내지 인식, 범행의 방법과 대상, 범행 현장 및
주변의 상황, 매개물의 종류와 성질 등의 제반 사정을 종합적으로 고려하여 판단
하여야 한다.
　[2] 피고인이 방화의 의사로 뿌린 휘발유가 인화성이 강한 상태로 주택주변과
피해자의 몸에 적지 않게 살포되어 있는 사정을 알면서도 라이터를 켜 불꽃을 일
으킴으로써 피해자의 몸에 불이 붙은 경우, 비록 외부적 사정에 의하여 불이 방
화 목적물인 주택 자체에 옮겨 붙지는 아니하였다 하더라도 현존건조물방화죄의
실행의 착수가 있었다고 봄이 상당하다고 한 사례.

5   (3) 고의   이 죄의 고의는 불을 놓아 사람이 주거로 사용하는 건조물 등을
불태운다는 인식이다. 구성요건에 '위험 발생'이 기재되어 있지 않은 추상적 위
험범이기 때문에 위험에 대한 인식을 필요하지 않다.

6   (4) 현주건조물 등 방화치사상   현주건조물 등 방화의 죄를 지어 사람을
상해에 이르게 하거나 사망에 이르게 한 경우에는 결과적 가중범으로 가중처벌
된다(제164조 ②항). 특히 현주건조물 등 방화치사죄의 경우 살인죄(제250조 ①항)
보다 법정형이 높기 때문에, 과실로 사망의 결과가 발생한 경우는 물론 고의로
사망의 결과를 발생시킨 경우에도 부진정 결과적 가중범으로서 현주건조물 등
방화치사죄로 처벌된다(96도485 등).1)

나. 공용건조물 등 방화(제165조)

7   공용건조물 등 방화죄는 불을 놓아 공용公用으로 사용하거나 공익을 위해
사용하는 건조물, 기차, 전차, 자동차, 선박, 항공기 또는 지하채굴시설을 불태
우는 범죄이다. '공용으로 사용'한다는 것은 국가 또는 공동단체의 이익을 위하
여 사용한다는 것이며, '공익'은 공공의 이익을 뜻한다. 이러한 건조물 등이 주

---

1) 앞의 [11] 64 이하 참조.

거로 사용되거나 건조물 등에 사람이 현존하는 경우에는 이 죄로 처벌하지 않
고 현주건조물 등 방화죄로 처벌한다. 이 죄의 미수범은 처벌하며(제174조).

다. 일반건조물 등 방화(제166조)

불을 놓아 제164조와 제165조에 기재한 외의 일반건조물 등을 불태운 경우 **8**
(제166조 ①항)와 자기 소유인 일반건조물 등을 불태워 공공의 위험을 발생하게
한 경우(제166조 ②항)에는 일반건조물 등 방화죄로 처벌된다. 자기 소유 일반건
조물 등 방화죄는 타인 소유 일반건조물 방화죄보다 법정형이 낮다. 그리고 자
기 소유 일반건조물 등 방화죄는 '공공의 위험 발생'이 구성요건으로 필요한 범
죄로서 구체적 위험범이지만, 타인 소유 일반건조물 방화죄는 추상적 위험범이
다. '공공의 위험'이란 불특정 다수인의 생명·신체·재산에 대한 위험이다. 한편,
자기의 소유에 속하는 건조물 등이라도 압류 기타 강제처분을 받거나 타인의
권리 또는 보험의 목적물이 된 때에는 방화죄 규정의 적용에서는 타인의 건조
물 등으로 간주한다(제176조).

라. 일반물건 방화(제167조)

일반물건방화죄는 불을 놓아 제164조부터 제166조까지에 기재한 외의 물 **9**
건을 불태워 공공의 위험을 발생하게 하는 범죄이다(제167조 ①항). 위의 물건이
자기 소유인 경우에는 타인 소유인 경우보다 법정형이 낮다(같은 조 ②항). 일반
물건방화죄는 '공공의 위험 발생'이 필요한 구체적 위험범이다. 소유자가 없는
'무주물'은 자기 소유의 물건에 준하는 것으로 본다(2009도7421).[1] 그리고 자기
소유 물건이라도 압류 기타 강제처분을 받거나 타인의 권리 또는 보험의 목적
물이 된 때에는 타인의 물건으로 간주한다(제176조).

마. 연소죄(제168조)

연소延燒죄는 자기의 소유인 일반건조물 또는 물건에 불을 놓아 제164조의 **10**
현주건조물 등이나 제165조의 공용건조물 등 또는 제166조 ①항의 일반건조물
등에 연소한 때에 성립하는 범죄이다(제168조 ①항). 자기 소유 물건에 불을 놓아

---

1) [2009도7421] 노상에서 전봇대 주변에 놓인 재활용품과 쓰레기 등에 불을 놓아 소훼한 사안
에서, 그 재활용품과 쓰레기 등은 '무주물'로서 형법 제167조 제2항에 정한 '자기 소유의 물
건'에 준하는 것으로 보아야 하므로, 여기에 불을 붙인 후 불상의 가연물을 집어넣어 그 화
염을 키움으로써 전선을 비롯한 주변의 가연물에 손상을 입히거나 바람에 의하여 다른 곳으
로 불이 옮아붙을 수 있는 공공의 위험을 발생하게 하였다면, 일반물건방화죄가 성립한다고
한 사례.

타인 소유 물건에 연소한 때에는 건조물 등에 연소한 경우보다 감경하여 처벌한다(제168조 ②항). '연소'란 행위자가 예견하지 못한 건조물 등에 불이 옮겨붙어 불태워진 경우를 말한다.

바. 진화방해(제169조)

11   진화방해죄는 "화재에 있어서 진화용의 시설 또는 물건을 은닉 또는 손괴하거나 기타 방법으로 진화를 방해"하는 범죄이다. '진화鎭火용의 시설 또는 물건'이란 화재경보기, 소화전, 소방자동차 등 소방이나 소화消火용으로 마련된 시설과 기구를 말한다. '기타 방법'에는 소방차의 진입을 방해하거나 진화 중인 소방대원을 폭행하는 경우 등을 예로 들 수 있다.

사. 실화의 죄

12   1) 실화죄는 과실로 현주건조물 등(제164조)이나 공용건조물 등(제165조), 또는 타인 소유인 일반건조물 등(제166조)을 불태운 경우에 성립하는 범죄이다(제170조 ①항). 과실로 자기 소유인 일반건조물 등(제166조) 또는 일반 물건(제167조)을 불태운 때에는 공공의 위험을 발생하게 한 경우에 실화죄로 처벌된다(제170조 ②항). 곧, 일반 물건 또는 자기 소유 일반건조물에 대한 실화죄는 구체적 위험범이지만 현주건조물 등에 대한 실화죄는 추상적 위험범이다.

13   2) 제170조 ②항 일반 물건 실화죄의 객체에 타인 소유 일반 물건이 포함되는지가 문제된 바 있었다. 2020. 12. 8. 형법 개정 이전의 이 조항은 '과실로 인하여 자기의 소유에 속하는 제166조 또는 제167조에 기재한 물건'을 객체로 규정하였다. 따라서 문리적 해석에 따를 때 타인 소유의 167조에 기재한 물건, 곧 일반 물건은 이 조항에 포함되지 않는 것으로 볼 수 있었다. 이에 대해 판례는 이 문구가 "자기의 소유에 속하는 제166조에 기재한 물건 또는 (자기 또는 타인 소유의) 제167조에 기재한 물건"을 뜻한다고 해석하였다(94모32).1) 이러한 해석의 문제를 반영하여 개정 형법은 제170조 ②항의 객체를 '자기 소유인 제166조의 물건 또는 제167조에 기재한 물건'으로 변경하였다. 그럼에도 여전히 명확한 문구는 아니다. 좀 더 분명한 뜻이 전달되도록 문장을 정리했어야 할 일이다.

14   3) 업무상과실 또는 중대한 과실로 실화죄를 범한 사람은 가중처벌한다(171조). '업무상과실'에서 업무는 화재의 위험이 수반되는 업무 또는 화재방지를 내용으로 하는 업무를 뜻한다. 그리고 '중대한 과실'은 아주 작은 주의만 기울였더

---

1) 앞의 [3] 13 [사례 2] 참조.

라면 화재가 발생할 것을 예견하여 회피할 수 있었음에도 부주의로 이를 예견
하지 못하여 화재가 발생한 경우를 말한다(88도643, 88도855).

아. 폭발성물건파열 등

(1) 폭발성물건파열·폭발성물건파열치사상   보일러, 고압가스 기타 폭발 **15**
성 있는 물건을 파열시켜 사람의 생명, 신체 또는 재산에 대하여 위험을 발생시
킨 자는 폭발성물건파열죄로 처벌된다(제172조 ①항). '폭발성 있는 물건'이란 외
부로부터의 작은 화기나 충격에 의해 폭발하는 성질을 가진 물건을 말한다. 보
일러, 고압가스는 예시로 기재된 것이다. 제119조의 폭발물에 해당하지 않는,
곧 공공의 안전을 문란하게 할 정도에 이르지 않는 폭발물도 '폭발성 있는 물건'
에 해당할 수 있다(2011도17254). 사람의 생명, 신체, 재산에 위험을 발생시켜야
하므로, 이 죄는 구체적 위험범이다. 그리고 이 죄를 범하여 사람을 상해에 이
르게 하거나 사망에 이르게 한 때에는 결과적 가중범인 폭발성물건파열치사상
죄로 가중처벌된다(같은 조 ②항).

(2) 가스·전기 등 방류   가스, 전기, 증기 또는 방사선이나 방사성 물질을 **16**
방출, 유출 또는 살포시켜 사람의 생명, 신체 또는 재산에 대하여 위험을 발생
시킨 자는 가스방출, 방사선유출 등의 죄로 처벌된다(제172조의2 ①항). '방사선'이
란 방사성 물질이 붕괴하면서 방출하는 파동 또는 입자의 흐름을 말한다. '방사
선'에는 어떤 원자핵이 다른 원자핵으로 바뀔 때 내놓는 알파선, 전자, 감마선,
X선, 중성자 등이 있다. '방사성 물질'이란 그 안에 불안정한 핵이 있어서 이것
들이 붕괴하며 에너지가 높은 입자나 전자기파를 방출하는 물질을 말한다. 가스
방출 등의 죄도 구체적 위험범이며, 이 죄를 범하여 사람을 상해나 사망에 이르
게 한 때에는 결과적 가중범인 가수방출치사상 등의 죄로 가중처벌된다(같은 조
②항).

(3) 가스·전기 등 공급 방해   가스, 전기 또는 증기의 공작물을 손괴 또 **17**
는 제거하거나 기타 방법으로 가스, 전기 또는 증기의 공급이나 사용을 방해하
여 공공의 위험을 발생하게 한 자는 '가스공급방해죄' 등으로 처벌한다(제173 ①
항). '공공의 위험 발생'이 구성요건이므로 구체적 위험범이다. 공공용의 가스,
전기 등을 대상으로 공급 또는 사용을 방해하는 경우에는 '공공의 위험 발생'이
없어도 '공공용가스공급방해죄' 등으로 처벌된다(같은 조 ②항). 따라서 추상적 위
험범이다. 가스·전기 등의 공급·사용을 방해하여 사람을 상해나 사망에 이르게

한 때에는 가스공급방해치사상 등의 결과적 가중범으로 처벌한다(같은 조 ③항).

18　　　(4) 과실폭발성물건파열 등　폭발성물건파열(제172조 ①항), 가스·전기 등 방류(제172조의2 ①항), 가스·전기 등 공급·사용 방해의 죄(제173조)는 과실범을 처벌한다(제173조의2 ①항). 업무상과실이나 중대한 과실의 경우에는 가중처벌한다(같은 조 ②항).

자. 미수범 및 예비·음모

19　　　1) 현주건조물 등 방화죄, 2) 공용건조물 등 방화죄, 3) 타인 소유 일반건조물 등 방화죄, 4) 폭발성물건파열죄, 5) 가스·전기등 방류죄, 6) 가스·전기 등 공급방해죄의 미수범은 처벌하며(제174조). 이 죄를 목적으로 예비·음모한자도 처벌하되, 예비·음모한 자가 실행에 이르기 전에 자수한 때에는 형을 감면한다(제175조).

2. 일수와 수리에 관한 죄

가. 현주건조물일수죄 등

20　　　방화의 죄가 화재로부터 공공의 안전을 보호하기 위해 처벌하는 범죄라면, 일수溢水와 수리水利에 관한 죄는 홍수 등 물과 관련된 재해로부터 사회의 안전을 보호하기 위한 처벌규정들이다. '일수'란 물을 넘기는 것을 말한다. 행위의 방법이 방화죄는 '불을 놓아'이고, 일수에 관한 죄는 '물을 넘겨'라는 점이 다를 뿐, 행위 객체와 구성요건의 체계는 방화죄의 구조와 거의 같다. 현주건조물 등(제177조)·공용건조물 등(제178조)·일반건조물 등(제179조)이 일수죄의 행위객체가 되며, 과실범죄도 처벌된다. 다만, 현주건조물 등 일수죄에 대해서만 현주건조물일수치상·치사죄 등의 결과적 가중범 규정이 있다(제177조 ②항). 현주건조물 등, 공용건조물 등, 타인 소유 일반건조물 등에 대한 일수죄는 미수범을 처벌하며(제182조), 예비·음모한 자도 처벌한다(제183조).

나. 방수방해죄·수리방해죄

21　　　수재水災에서 방수용의 시설 또는 물건을 손괴 또는 은닉하거나 기타 방법으로 방수를 방해한 사람은 방수방해죄(제180조)로 처벌하며, 둑을 무너뜨리거나 수문을 파괴하거나 그 밖의 방법으로 수리水利를 방해한 사람은 수리방해죄(제184조)로 처벌한다. '수리'란 관개용·목축용·발전이나 수차 등의 동력용·상수도의 원천용 등 널리 물이라는 천연자원을 사람의 생활에 유익하게 사용하는 것

을 말한다. '기타 방법'은 저수시설, 유수로流水路나 송수시설 또는 이들에 부설
된 여러 수리용 장치의 효용을 해침으로써 수리에 지장을 일으키는 행위를 말
한다. 수리방해죄는 타인의 수리권을 보호법익으로 하므로 수리방해죄가 성립
하기 위하여는 법령, 계약 또는 관습 등에 의하여 타인의 권리에 속한다고 인정
될 수 있는 물의 이용을 방해하는 것이어야 한다(2001도404).

3. 교통방해의 죄

가. 일반교통방해(제185조)

일반교통방해죄는 육로, 수로 또는 교량을 손괴 또는 불통하게 하거나 기　**22**
타 방법으로 교통을 방해하는 범죄이다. 이 죄의 보호법익은 일반 공중의 교통
안전이며(2014도1926 등), 다수견해는 교통안전과 더불어 교통안전의 침해로 위
험해질 수 있는 생명, 신체, 또는 재산도 보호법익이 된다고 한다.

(1) **행위 객체**　1) '**육로**'는 일반 공중의 왕래에 사용되는 육지의 도로, 곧　**23**
특정인에 한하지 않고 불특정 다수인 또는 차마가 자유롭게 통행할 수 있는 공
공성을 지닌 장소를 말한다(2009도13376). 그 부지의 소유관계나 통행의 권리 여
부 또는 통행인의 많고 적음 등을 가리지 않는다(2006도9418, 2001도6903 등).1) 다
만, 공로에 출입할 수 있는 다른 도로가 있는 상태에서 토지 소유자로부터 일시
적인 사용승낙을 받아 통행하는 도로(2016도12563), 토지 소유자가 개인적으로
사용하면서 부수적으로 타인의 통행을 묵인한 도로(2005도7573), 일시적으로 공
터로 두었을 때 인근 주민들이 지름길로 이용한 적이 있는 도로(84도2192) 등은
육로에 해당하지 않는다. 2) '**수로**'는 선박의 항해에 사용되는 하천, 운하, 해로海
路 등을 말한다. 3) '**교량**'은 일반의 교통에 제공되는 다리를 말한다. 다리의 형태
나 크고 작음, 소유관계 등은 문제되지 않는다. 일반적으로는 하천이나 수로에
가설되는 다리를 말하지만, 다수견해는 육교도 여기에 포함된다고 한다.

(2) **교통 방해**　교통의 방해란 교통이 불가능하거나 현저히 곤란한 상태　**24**
를 말한다. 일반교통방해죄는 추상적 위험범으로서 교통이 불가능하거나 또는

---

1) [95도1475] 도로가 농가의 영농을 위한 경운기나 리어카 등의 통행을 위한 농로로 개설되었
다 하더라도 그 도로가 사실상 일반 공중의 왕래에 공용되는 도로로 된 이상 경운기나 리어
카 등만 통행할 수 있는 것이 아니고 다른 차량도 통행할 수 있는 것이므로 이러한 차량의
통행을 방해한다면 이는 일반교통방해죄에 해당한다. [2006도8750] 사실상 2가구 외에는 달
리 이용하는 사람들이 없는 통행로라 하더라도 이는 일반교통방해죄에서 정하고 있는 육로
에 해당한다.

현저히 곤란한 상태가 발생하면 바로 기수가 되고, 교통이 불통되는 결과가 현실적으로 발생하여야 하는 것은 아니다(2004도7545). 또한 교통방해 행위는 계속범의 성격을 가지므로 교통방해가 계속되는 한 위법상태는 계속 존재한다(2017도1056).

25   **(3) 집회·시위와 위법성 조각**   판례는 적법한 신고를 마치고 도로에서 집회나 시위를 하는 경우 그로 인하여 도로의 교통이 방해를 받았다고 하더라도 특별한 사정이 없는 한 일반교통방해죄가 성립하지 않는다고 한다(2006도755). 법령에 의한 정당한 행위로서 위법성조각사유에 해당하는 것이라고 할 수 있다. 다만, 판례는 집회 또는 시위가 신고된 범위 내에서 행해졌거나 신고된 내용과 다소 다르게 행해졌어도 신고된 범위를 현저히 일탈하지 않아야 하며, 신고된 범위를 현저히 일탈하거나 「집회 및 시위에 관한 법률」을 중대하게 위반하는 경우에는 일반교통방해죄가 성립한다고 한다(2018도11349, 2006도755 등). 그러나 헌법이 보장하는 집회와 시위의 자유를 제한하는 일은 최소한에 그쳐야 하므로, 일반교통방해죄를 적용하는 일은 자제되어야 한다.[1] 도로의 '교통'은 차량의 통행에 한정되는 것이 아니라[2] 사람의 왕래도 포함되고, 집회 또는 시위에 참여하는 사람들도 교통의 주체가 될 수 있으므로, 차량과 사람들이 다른 길로 우회할 수 있다는 등의 사정이 있으면 일반교통방해죄가 성립하지 않는 것으로 보아야 한다. 적법한 신고 여부나 집시법의 위반 여부는 해당 법률의 처벌규정으로 해결해야 할 문제이다.

나. 기차, 선박 등의 교통방해(제186조)

26   궤도, 등대 또는 표지를 손괴하거나 기타 방법으로 기차, 전차, 자동차, 선박 또는 항공기의 교통을 방해한 자는 기차교통방해죄, 선박교통방해죄 등으로 처벌된다. 일반교통방해죄보다 법정형이 무겁다(1년 이상의 유기징역). 가중처벌하는 이유는 기차, 자동차, 선박, 항공기 등은 많은 사람을 운송하므로, 이러한 교통수단에 대한 방해는 더 큰 사회적 위험을 초래할 수 있기 때문이다.

---

1) 참조: [2017도9146] 집회와 시위의 자유는 헌법상 보장된 국민의 기본권이므로 형법상 일반교통방해죄를 집회와 시위의 참석자에게 적용할 경우에는 집회와 시위의 자유를 부당하게 제한하는 결과가 발생할 우려가 있다. 그러나 일반교통방해죄에서 교통을 방해하는 방법을 포괄적으로 정하고 있는 데다가 도로에서 집회와 시위를 하는 경우 일반 공중의 교통안전을 직접적으로 침해할 위험이 있는 점을 고려하면 집회나 시위의 경우에도 교통방해 행위를 수반한다면 특별한 사정이 없는 한 일반교통방해죄가 성립할 수 있다.
2) 자동차교통방해죄는 제186조에 따로 규정되어 있다.

다. 기차 등의 전복 등(제187조)

사람이 현존하는 기차, 전차, 자동차, 선박 또는 항공기를 전복, 매몰, 추락   **27**
또는 파괴한 자는 기차전복죄 등으로 처벌된다. 사람이 현존하는 교통수단을 전
복, 파괴하는 등의 행위는 교통안전은 물론 다중의 생명, 신체를 침해하는 범죄
이기 때문에 법정형이 일반교통방해죄는 물론 기차, 자동차 등의 교통방해죄보
다 훨씬 더 무겁다(무기 또는 3년 이상의 유기징역).

    (1) 행위 방법   '전복'은 교통수단을 탈선시켜 넘어가게 하는 것이고, '매   **28**
몰'은 선박을 침몰시키는 것을 의미하며, '추락'은 자동차나 항공기가 높은 곳에
서 떨어지게 하는 것이다. '파괴'란 교통수단으로서의 기능이 불가능하게 할 정
도의 파손을 의미하고, 그 정도에 이르지 아니하는 단순한 손괴는 포함되지 않
는다(70도1611). 다른 구성요건 행위인 전복, 매몰, 추락이 상당한 정도의 손괴를
수반할 것이 당연하므로, 같은 수준으로 인정할 정도가 되어야 한다는 것이다
(2008도11921).

    (2) 기수 시기   사람의 현존하는 교통수단에 대해 전복, 매몰 등의 행위를   **29**
개시하고 그 결과 기차, 선박 등이 전복 또는 매몰된 경우, 결과가 발생했을 때
사람이 현존하지 않았거나 범인이 사람을 안전하게 대피시켰다고 하더라도 이
죄의 기수가 되고, 이를 미수라고 할 수 없다(99도4688).

    (3) 고의   이 죄의 고의가 성립하기 위해서는 행위시에 사람이 현존하는   **30**
것에 대한 인식과 전복 또는 매몰 등의 결과발생에 대한 인식이 필요하며, 추상
적 위험범이기 때문에 공공의 위험에 대한 인식은 필요하지 않다(99도4688).

라. 교통방해치사상(제188조)

제185조부터 제187조까지의 죄를 범하여 사람을 상해 또는 사망에 이르게   **31**
한 때에는 결과적 가중범으로 가중처벌한다. 이 죄가 성립하려면 교통방해 행위
와 사상死傷의 결과 사이에 상당인과관계가 있어야 하고 행위 시에 결과의 발생
을 예견할 수 있어야 한다. 교통방해 행위가 피해자의 사상이라는 결과를 발생
하게 한 유일하거나 직접적인 원인이 된 경우만이 아니라, 그 행위와 결과 사이
에 피해자나 제3자의 과실 등 다른 사실이 개재된 때에도 그와 같은 사실이 통
상 예견될 수 있는 것이라면 상당인과관계를 인정할 수 있다(2014도6206).

32   **[2014도6206]** 피고인이 고속도로 2차로를 따라 자동차를 운전하다가 1차로를 진
행하던 甲의 차량 앞에 급하게 끼어든 후 곧바로 정차하여, 甲의 차량 및 이를
뒤따르던 차량 두 대는 연이어 급제동하여 정차하였으나, 그 뒤를 따라오던 乙의
차량이 앞의 차량들을 연쇄적으로 추돌케 하여 乙을 사망에 이르게 하고 나머지
차량 운전자 등 피해자들에게 상해를 입힌 사안에서, 편도 2차로의 고속도로 1차
로 한가운데에 정차한 피고인은 현장의 교통상황이나 일반인의 운전 습관·행태
등에 비추어 고속도로를 주행하는 다른 차량 운전자들이 제한속도 준수나 안전거
리 확보 등의 주의의무를 완전하게 다하지 않을 수도 있다는 점을 알았거나 충분
히 알 수 있었으므로, 피고인의 정차 행위와 사상의 결과 발생 사이에 상당인과
관계가 있고, 사상의 결과 발생에 대한 예견가능성도 인정된다는 이유로, 피고인
에게 일반교통방해치사상죄를 인정한 원심판단이 정당하다고 한 사례.

마. 과실, 미수범 및 예비·음모

33   제185조부터 제187조까지의 일반교통방해, 기차·선박 등 교통방해, 기차·
선박 등의 전복·매몰 등의 죄는 과실범을 처벌한다(제189조 ①항). 업무상과실
또는 중대한 과실의 경우에는 가중처벌한다(같은 조 ②항).[1] 세 가지 범죄는 미수
범을 처벌하며(제190조), 일반교통방해를 제외한 기차·선박 등 교통방해, 기차·
선박 등의 전복·매몰 등의 죄를 범할 목적으로 예비, 음모한 자도 처벌한다(제
191조).

---

1) **[2008도11784]** 예인선 정기용선자의 현장소장 甲은 사고의 위험성이 높은 시점에 출항을 강
행할 것을 지시하였고, 예인선 선장 乙은 甲의 지시에 따라 사고의 위험성이 높은 시점에 출
항하는 등 무리하게 예인선을 운항한 결과 예인되던 선박에 적재된 물건이 해상에 추락하여
선박교통을 방해한 사안에서, 甲과 乙을 <u>업무상과실 일반교통방해죄</u>의 공동정범으로 처벌한
사례.
    [91도1278] 열차 기관사는 운전개시 전 차장으로부터 차장실의 공기압력계 점검 결과 등을
무전으로 수신하는 등으로 열차의 제동장치 이상 유무를 확인하여야 할 업무상 주의의무가
있음에도 불구하고 이를 게을리 하였다는 이유로 <u>업무상과실 기차추락</u> 및 업무상과실치사의
죄책을 인정한 사례.
    [90도1486] 형법 제187조에서 말하는 항공기의 '추락'이라 함은 공중에 떠 있는 항공기를 정
상시 또는 긴급시의 정해진 항법에 따라 지표 또는 수면에 착륙 또는 착수시키지 못하고, 그
이외의 상태로 지표 또는 수면에 낙하시키는 것을 말하는 것인바, 헬리콥터에 승객 3명을 태
우고 운항하던 조종사가 엔진 고장이 발생한 경우에 위 항공기를 긴급시의 항법으로서 정해
진 절차에 따라 운항하지 못한 과실로 말미암아 사람이 현존하는 위 항공기를 안전하게 비
상착수시키지 못하고 해상에 추락시켰다면 <u>업무상과실 항공기추락죄</u>에 해당한다.
    [86노2477] 하나의 교통사고로 인하여 사고차량을 파괴시킴과 동시에 다른 사람을 사상에
이르게 한 때에는 <u>업무상과실 자동차파괴죄</u>와 업무상과실치사상죄가 동시에 성립하고 양죄
는 상상적경합관계에 있다

4. 먹는 물에 관한 죄

먹는 물에 대한 안전과 신뢰는 사회적 안전과 평온에 필수적인 요소가 된 **34** 다. 따라서 먹는 물에 관한 죄는 사회적 안정의 차원에서 공중의 건강 또는 보건을 보호법익으로 하는 공공위험범죄이다(2022도2817). 먹는물사용방해죄를 기본구성요건으로 하여 수돗물사용방해죄, 수도불통죄가 있고, 결과적 가중범으로 먹는물혼독치사상죄가 있다.

가. 먹는 물의 사용방해(제192조)

일상생활에서 먹는 물로 사용되는 물에 오물을 넣어 먹는 물로 쓰지 못하 **35** 게 한 사람은 먹는물사용방해죄로 처벌한다(제192조 ①항). 먹는 물에 독물毒物이나 그 밖에 건강을 해하는 물질을 넣은 사람은 먹는물독물혼입죄, 먹는물유해물혼입죄로 가중처벌한다(같은 조 ②항). '일상생활에서 먹는 물'이란 불특정 또는 다수인이 반복하여 계속적으로 먹는 물을 말한다. '오물을 넣어'는 예시적 표현으로 보아야 하고, 샘물의 바닥을 들추어 물을 흐리게 하는 등의 행위도 포함된다고 할 수 있다. 독물이나 위해물질을 넣는 행위는 공중의 건강을 심각하게 침해할 수 있으므로 가중처벌의 사유가 된다.

나. 수돗물의 사용방해(제193조)

수도水道를 통해 공중이 먹는 물로 사용하는 물 또는 그 수원水原에 오물을 **36** 넣어 먹는 물로 쓰지 못하게 한 사람은 수돗물사용방해죄로 처벌된다(제193조 ①항). 수도를 통해 공중이 먹는 물 또는 수원에 독물 그 밖에 건강을 해하는 물질을 넣은 사람은 수돗물독물혼입죄, 수돗물유해물혼입죄로 가중처벌된다(같은 조 ②항). 제192조의 먹는물에 비해 공중이 사용하는 물이라는 점에서 불법이 가중되는 구성요건이며, 특히 수도물이나 수원에 독물 또는 유해물질을 넣는 행위는 사회 전체의 안전과 건강에 심각한 침해가 될 수 있으므로 무겁게 처벌한다.

다. 먹는 물 혼독치사상(제194조)

먹는 물이나 수돗물에 독물 또는 유해물질을 넣어 사람을 상해 또는 사망 **37** 에 이르게 한 때에는 먹는물혼독치사상의 죄로 처벌한다. 결과적 가중범으로서 가중처벌되며, 먹는물혼독치상죄는 법정형이 상해죄의 법정형보다 무거우므로 다수견해는 이 죄가 부진정 결과적 가중범으로도 성립한다고 한다.

라. 수도불통(제195조)

38   수도불통죄는 공중이 먹는 물을 공급하는 수도 그 밖의 시설을 손괴하거나 그 밖의 방법으로 불통不通하게 하는 죄이다. '수도 그 밖의 시설'은 공설 수도인지 사설 수도인지를 따지지 않으며(77도103), 적법한 절차를 밟지 않은 수도라 할지라도 현실적으로 공중생활에 필요한 먹는 물을 공급하고 있는 시설이 되어 있으면 수도불통죄의 개체가 된다(4289형상317). 또한 공중의 음용수 공급을 주된 목적으로 설치된 것에 한정되지 않고, 다른 목적으로 설치된 것이더라도 불특정 또는 다수인에게 현실적으로 음용수를 공급하고 있는 것이면 충분하다(2022도2817).

마. 미수범과 예비·음모

39   먹는물독물혼입죄 및 먹는물유해물혼입죄(제192조 ②항), 수돗물독물혼입죄 및 수돗물유해물혼입죄(제193조 ②항), 수도불통죄(제195조)의 미수범은 처벌하며(제196조), 이러한 죄를 범할 목적으로 예비·음모한 자도 처벌한다(제197조).

5. 아편에 관한 죄

40   아편에 관한 죄는 아편 등을 제조하거나 아편흡식기를 제조하는 행위 및 아편 등의 수입과 아편 흡식, 아편 흡식 장소 제공의 행위를 내용으로 하는 죄이다. 마약의 하나인 아편 중독을 방지하려는 규정으로서, 공중의 건강과 보건을 보호법익으로 하는 추상적 위험범이다. 아편에 관한 죄는 특별법인 마약류관리법에도 처벌규정이 있어 특별법우선의 원칙에 따라 마약류관리법의 적용을 받는다. 따라서 형법의 처벌규정은 사실상 무의미한 상태가 되었다.

가. 아편 등의 제조 등, 아편흡식기의 제조

41   아편, 몰핀 또는 그 화합물을 제조, 수입 또는 판매하거나 판매할 목적으로 소지한 사람은 아편제조죄, 아편수입죄, 몰핀제조죄 등으로 처벌된다(제198조). 그리고 아편을 흡식하는 기구를 제조, 수입 또는 판매하거나 판매할 목적으로 소지한 사람은 아편흡식기제조죄 등으로 처벌한다(제199조). 특히 세관의 공무원이 아편, 몰핀이나 그 화합물 또는 아편흡식기구를 수입하거나 그 수입을 허용한 때에는 가중처벌된다(제200조). 세관공무원의 의무를 강조하여 형이 가중되는 부진정신분범이다.

나. 아편흡식 등. 아편흡식장소제공

아편을 흡식하거나 몰핀을 주사한 사람은 아편흡식죄 또는 몰핀주사죄로 **42** 처벌한다(제201조 ①항). 그리고 아편흡식 또는 몰핀주사의 장소를 제공하여 이익을 취한 사람은 아편흡식장소제공, 몰핀주사장소제공의 죄로 처벌한다(제201조 ②항).

다. 미수범, 상습범

제198조부터 제201조의 미수범은 처벌하며(제202조), 상습으로 제198조부터 **43** 제201조의 죄 및 미수범죄를 저지른 사람은 각 죄에 정한 형의 2분의 1까지 가중하여 처벌한다.

라. 아편 등의 소지(제205조)

아편, 몰핀이나 그 화합물 또는 아편흡식기구를 소지한 자는 단순아편소지 **44** 죄, 단편몰핀소지죄 등으로 처벌된다. 판매목적의 소지죄는 제198조와 제199조에 규정되어 있기 때문에, 여기서의 소지죄는 단순소지죄로 구별한다.

Ⅱ. 공공의 신용에 대한 죄

1. 통화에 관한 죄

통화에 관한 죄는 행사할 목적으로 통화를 위조·변조하거나 위조·변조한 **45** 통화를 행사·수입·수출 또는 취득하거나 통화유사물을 제조함으로써 성립하는 범죄이다. 이 죄의 보호법익은 통화에 대한 공공의 신용과 거래의 안전이라는 것이 다수견해와 판례(2002도3340)이며, 국가의 화폐주권이 보충적으로 보호된다는 견해도 있다.

가. 통화의 위조 등(제207조)

(1) 행위 객체　통화위조·변조죄의 행위 객체는 통용하는 대한민국의 화 **46** 폐, 지폐 또는 은행권(제207조 ①항), 내국에서 유통하는 외국의 화폐, 지폐 또는 은행권(같은 조 ②항), 외국에서 통용하는 외국의 화폐, 지폐 또는 은행권(같은 조 ③항)이다. 1) '통용하는 대한민국의 화폐, 지폐 또는 은행권'에서 '통용하는'이란 법률에 의해 통용력이 인정되는 것을 말한다. 사실상 쓰여지는 것을 뜻하는 '유통'

과 구별된다. '화폐'란 금속화폐, 곧 보통 동전이라고 하는 주화를 말한다.[1] '지폐'는 정부 기타 발행권자에 의해 발행된 화폐 대용의 증권이다. '은행권'은 정부의 허가를 받은 특정은행이 발행하여 교환의 매개가 되는 증권을 말한다. 한국에서 화폐 발행권은 한국은행만 가지고 있으므로, 화폐인 주화와 은행권인 한국은행권이 통화가 되는 셈이다. 2) '내국에서 유통하는 외국의 화폐, 지폐 또는 은행권'은 국내에서 사실상 유통되는 외국의 화폐 등이다.[2] 3) '외국에서 통용하는 외국의 화폐, 지폐 또는 은행권'은 외국에서 강제통용력이 인정되는 외국의 화폐 등을 말한다.

47   (2) 행위   1) '위조'란 통화의 발행권이 없는 자가 통화의 외관을 가진 물건을 제작하는 것을 말한다. 문서와 유가증권에 대한 위조행위도 있지만, 통화위조는 이미 존재하는 통화를 권한 없이 그대로 제작한다는 점에서 존재하지 않거나 없는 내용의 문서를 할 문서의 위조와 다른 의미를 갖는다. 위조의 정도는 일반인이 진정한 통화로 오신할 정도면 되고, 그 위조의 정도가 반드시 진정한 통화에 흡사하여야 한다거나 누구든지 쉽게 그 진위를 식별하기 불가능한 정도일 필요는 없다(86도255, 85도570). 2) **변조**란 진정한 통화에 가공하여 그 가치를 변경하는 것을 말한다. 변조는 진정한 통화를 전제하며, 가공하더라도 진정한 통화의 동일성이 유지되어야 한다는 점에서 위조와 구별된다. 따라서 통화가 변조되었다고 하려면 진정한 통화에 대한 가공행위를 통해 기존 통화의 명목가치나 실질가치가 변경되거나, 객관적으로 보아 일반인으로 하여금 기존 통화와 다른 진정한 화폐로 오신하게 할 정도의 새로운 물건을 만들어 낸 것으로 볼 수 있어야 한다.[3]

48   (3) 행사의 목적   통화위조·변조죄는 '행사의 목적'이 있어야 성립하는 진정목적범이다. '행사할 목적'이란 위조, 변조한 통화를 진정한 통화로서 유통되도록 하겠다는 목적을 말한다. 따라서 자신의 신용력을 증명하기 위하여 타인에

---

1) 금화, 은화, 동화, 니켈화 등도 가능하다.

2) 판례에서 북한도 '내국에서'에 해당한다는 설명이 있는데, 이 판례들(4281형상10, 4280형상210)은 대한민국 정부 수립 전인 1948년 3월에 선고된 판결들이므로, 지금도 판례가 북한지역을 '내국'으로 본다고 하는 것은 타당하지 않다.

3) [2003도5640] 진정한 통화인 미화 1달러 및 2달러 지폐의 발행연도, 발행번호, 미국 재무부를 상징하는 문양, 재무부장관의 사인, 일부 색상을 고친 것만으로는 통화의 명목가치 또는 실질가치가 변경되었다고 할 수 없어 통화변조에 해당한다고 볼 수 없다. [2000도3950] 일본국의 자동판매기 등에 투입하여 일본국의 500¥짜리 주화처럼 사용하기 위하여 한국은행발행 500원짜리 주화의 표면 일부를 깎아내어 손상을 가한 경우, 통화변조에 해당하지 않는다.

게 보일 목적으로 통화를 위조한 경우에는 행사할 목적이 있다고 할 수 없다 (2011도7704).

(4) **위조·변조통화행사 등**   위조 또는 변조한 통화를 행사하거나 행사할 **49** 목적으로 수입 또는 수출한 사람은 그 위조 또는 변조의 각 죄에 정한 형으로 처벌한다(같은 조 ④항). 진정한 통화로 오인될 염려가 없는 경우는 위조통화라 할 수 없으므로 위조통화행사죄의 객체가 될 수 없다(85도570). 그리고 위조된 외국의 화폐, 지폐 또는 은행권이 외국에서 강제통용력이 없고 국내에서 사실상 거래 대가의 지급수단이 되지 않는 경우, 그 화폐 등을 행사한 행위는 위조통화 행사죄에 해당하지 않으며, 위조사문서행사죄 또는 위조사도화행사죄가 될 수 있을 뿐이다. 통화에 관한 죄는 문서에 관한 죄에 대해 특별관계에 있기 때문이 다(2012도2249). 위조통화임을 알고 있는 자에게 그 위조통화를 교부한 경우에도 교부받은 자가 이를 유통시킬 것을 예상하거나 인식하면서 교부하였다면 위조 통화행사죄가 성립한다(2002도3340). 상대방을 기망하여 위조통화를 행사하고 재 물을 취득하면 사기죄도 성립하는데, 이 경우 판례는 위조통화행사죄와 사기죄 가 경합범이 된다고 한다(79도840). 그러나 다수견해는 양 죄가 상상적 경합의 관계에 있다고 하며, 사기죄는 위조통화행사죄에 흡수된다는 견해도 있다.

나. 위조통화의 취득(제208조)

행사할 목적으로 위조 또는 변조한 제207조의 통화 및 외국통화를 취득한 **50** 사람은 위조통화취득 등의 죄로 처벌된다. 취득이란 자기의 점유로 옮기는 일체 의 행위를 말한다. 유상이든 무상이든 묻지 않는다. 이 죄의 성립에는 고의와 더불어 '행사할 목적'이 있어야 하므로 진정목적범이다.

다. 위조통화 취득 후의 지정행사(제210조)

위조·변조한 통화 또는 외국통화를 취득한 후 그 사정을 알고 행사한 사람 **51** 은 위조통화지정행사 등이 죄로 처벌된다. 지정(知情)이란 사정을 안았다는 것은 말한다. 이 죄의 행위는 위조통화라는 사실을 모르고 취득한 후 사정을 알고 행 사하는 것이다. 위조통화라는 점을 알고 취득한 후 행사하면 위조통화취득죄(제 208조)와 위조통화행사죄(제207조 ④항)가 성립한다. 행사하게 된 동기에서 기대 가능성 측면의 참작할 만한 점이 있어 위조통화라는 사정을 알고 취득한 경우 보다 법정형이 가볍다.

[21] 사회적 법익에 대한 죄

라. 통화유사물의 제조 등(제211조)

52   판매할 목적으로 내국 또는 외국에서 통용하거나 유통하는 화폐, 지폐 또는 은행권에 유사한 물건을 제조, 수입 또는 수출한 사람은 통화유사물제조 등의 죄로 처벌되며(제211조 ①항), 제조된 통화유사물을 판매한 사람은 통화유사물판매죄로 처벌된다(같은 조 ②항). '통화유사물'이란 통화와 유사한 외관을 갖추었으나 위조 또는 변조에 이르지 않은 것, 곧 일반인이 오인할 정도가 아닌 모조품 등을 말한다. 통화의 위조 또는 변조의 '행사의 목적'과는 다른 '판매의 목적'이 범죄성립요소인 진정목적범이나.

마. 미수범, 예비·음모

53   통화위조·변조(제207조), 위조통화취득(제208조), 통화유사물제조 등(제211조)의 미수범은 처벌하며(제212조), 제207조 ①항부터 ③항의 죄를 범할 목적으로 예비 또는 음모한 자도 처벌하되, 예비·음모한 자가 그 목적한 죄의 실행에 이르기 전에 자수한 때에는 그 형을 감경 또는 면제한다(제213조). 행사할 목적으로 미리 준비한 물건들과 인쇄기를 사용하여 한국은행권을 사진 찍은 필름 원판과 이를 확대하여 현상한 인화지를 만드는 데 그친 경우, 이는 통화위조의 예비에 해당하고, 실행의 착수에 해당하지 않는다(66도1317).

2. 유가증권, 우표와 인지에 관한 죄

가. 유가증권의 개념

54   유가증권에 관한 죄는 유가증권 거래의 신용과 안전을 보호법익으로 한다. 유가증권이란 재산권이 표시되어 있으며 재산권을 행사하고 처분하기 위해 그 증권의 점유가 필요한 증권을 말한다. 따라서 유가증권이라고 하려면 1) 재산권이 체화되어 있을 것과 2) 재산권의 행사와 처분에 증권의 점유를 필요로 할 것이라는 두 가지 요건이 갖추어져야 한다. 예를 들어 스키장의 리프트탑승권(98도2967)이나 약속어음(2001도2832) 등은 유가증권에 해당한다. 우표와 인지도 유가증권이다. 그러나 물품구입증(72도1688)이나 영수증, 정기예탁금증서(84도2147), 신용카드(99도857) 등은 증명의 기능을 가질 뿐이고 증서의 점유가 권리행사의 요건이 아니기 때문에 유가증권이 아니다.

55   유가증권에는 법률상의 유가증권과 사실상의 유가증권이 있다. 1) **법률상의 유가증권**이란 법률이 정하는 일정한 형식이 필요한 증권을 말한다. 어음, 수표,

화물상환증, 선하증권, 창고증권 등이 이에 해당한다. 2) 사실상의 유가증권이란 법률에 그 형식이 규정되어 있지 않은 유가증권으로서, 승차권, 상품권 등을 말한다.

유가증권의 발행자는 개인이든 국가 또는 공공단체이든 따지지 않는다. 유 **56** 가증권의 명의인이 실제로 존재해야 되는가에 대해 다수견해와 판례는 명의인이 존재하지 않아도 유가증권위조가 성립한다는 입장이다(2010도1025, 78도1980 등). 그리고 유가증권은 통화와 달리 유통성의 요건이 필요하지 않다. 유통성 없는 철도승차권 등도 유가증권에 해당한다.

[2001도2832] 형법 제214조의 유가증권이란 증권상에 표시된 재산상의 권리의 행 **57** 사와 처분에 그 증권의 점유를 필요로 하는 것을 총칭하는 것으로서 재산권이 증권에 화체된다는 것과 그 권리의 행사와 처분에 증권의 점유를 필요로 한다는 두 가지 요소를 갖추면 족하지 반드시 유통성을 가질 필요는 없고, 또한 위 유가증권은 일반인이 진정한 것으로 오신할 정도의 형식과 외관을 갖추고 있으면 되므로 증권이 비록 문방구 약속어음 용지를 이용하여 작성되었다고 하더라도 그 전체적인 형식·내용에 비추어 일반인이 진정한 것으로 오신할 정도의 약속어음 요건을 갖추고 있으면 당연히 형법상 유가증권에 해당한다.

나. 유가증권위조·변조(제214조)

유가증권위조·변조의 죄는 행사할 목적으로 1) 대한민국 또는 외국의 공 **58** 채증서 기타 유가증권을 위조 또는 변조하거나(제214조 ①항), 2) 유가증권의 권리의무에 관한 기재를 위조 또는 변조하는(같은 조 ②항) 범죄이다. 행위객체는 대한민국 또는 외국의 유가증권이며, 공채증서는 유가증권의 예시이다. '공채증서'란 국가 또는 지방자치단체에서 발행하는 국채 또는 지방채를 표시하는 채권증서를 말한다.

(1) **위조** '위조'란 작성권한 없는 자가 타인 명의의 유가증권을 작성하는 **59** 것을 말한다. 또한 위조가 되려면 일반인이 진정한 것으로 오신할 정도로 유가증권을 작성하는 것이 요구된다. 위조의 방법에는 제한이 없다. 백지어음의 취득자가 발행자와 합의하여 정한 보충권의 한도를 넘어 보충을 한 경우, 이는 발행인의 서명날인이 있는 기존의 약속어음 용지를 이용하여 새로운 약속어음을 발행하는 것이므로 위조에 해당한다(89도1264). 위조된 백지어음이란 사정을 알

면서 이를 구입한 후, 백지인 액면란에 금액을 기입하여 그 위조어음을 완성하
는 행위(82도677), 찢어서 폐지로 된 타인발행 명의의 약속어음 파지면을 조합하
여 어음의 외형을 갖추도록 한 행위(74도3442) 등도 위조에 해당한다.

60   (2) 변조   '변조'란 진정하게 성립된 유가증권의 내용에 권한 없는 자가
유가증권의 동일성을 해하지 않는 한도에서 변경을 가하는 것을 말한다(2005도
4764). 진정하게 성립된 유가증권을 전제로 하므로 위조되거나 이미 변조된 유
가증권에 대해서는 변조가 성립하지 않는다(2008도9494, 2010도15206). 유가증권의
동일성을 유지해야 하므로 이미 실효된 유가증권을 새로운 유가증권으로 작성
하는 행위는 변조가 아니라 위조에 해당한다.

61   (3) 권리의무에 관한 기재의 위조·변조   '유가증권의 권리의무에 관한
기재'란 배서·인수·보증과 같은 부수적 증권행위의 기재를 의미한다. 따라서
유가증권의 권리의무에 관한 기재를 위조한다는 것은 다른 사람의 명의로 배서
하는 행위(83도3284)와 같이 부수적 증권행위의 명의를 모용하는 것을 말한다.
그리고 변조는 부수적 증권행위의 기재사항을 권한 없이 변경하는 것을 말한다.

다. 자격모용에 의한 유가증권의 작성(제215조)

162   자격모용유가증권작성·기재죄는 행사할 목적으로 타인의 자격을 모용하여
유가증권을 작성하거나 유가증권의 권리 또는 의무에 관한 사항을 기재하는 범
죄이다. '자격을 모용冒用'한다는 것은 대리 또는 대표권 없는 사람이 대리인 또
는 대표자로서 유가증권을 작성하는 것을 말한다. 대리 또는 대표권 있는 사람
이 권한을 남용하는 경우는 자격모용에 해당하지 않는다. 다만 권한 있는 사람
이라도 권한의 범위를 명백하게 초월하는 경우에는 자격모용에 해당한다. 권한
이 정지되거나 권한이 상실된 후 대리인 또는 대표자의 자격으로 유가증권을
작성하는 경우에도 이 죄가 성립함은 물론이다(87도145, 90도577).

라. 허위유가증권의 작성 등(제216조)

63   행사할 목적으로 허위의 유가증권을 작성하거나 유가증권에 허위사항을 기
재한 사람은 허위유가증권작성죄 또는 유가증권허위기재죄로 처벌한다. '허위의
유가증권을 작성'한다는 것은 작성권한 있는 자가 유가증권에 허위사항을 기재
하는 것이다. '허위사항을 기재'하는 것은 작성권한 있는 사람이 기존의 유가증
권에 사실이 아닌 사항을 기재하는 것을 말한다. 다만, 유가증권의 권리에 아무
런 영향을 미치지 않는 사항은 그것을 허위로 기재하더라도 허위유가증권작성

죄에 해당하지 않는다(84도547).

　마. 위조유가증권 등의 행사 등(제217조)

　위조, 변조, 작성 또는 허위기재한 유가증권을 행사하거나 행사할 목적으로　**64**
수입 또는 수출한 사람은 위조유가증권행사 등의 죄로 처벌한다. 여기서 유가증
권은 위조 또는 변조, 허위작성 또는 허위기재된 유가증권의 원본을 말하고, 위
조 또는 변조한 유가증권을 복사한 사본은 해당하지 않는다(2008도10678, 2006도
8480). 이 죄의 '행사'는 반드시 유통시킬 것을 필요로 하지 않는다는 점에서 위
조통화 등의 행사와 구별된다. 그리고 유가증권임을 알고 행사할 의사가 분명한
타인에게 교부하는 것도 '행사'에 해당하지만(2006도7120), 공범에게 교부하는 경
우는 여기에 해당하지 않는다(2010도12533).

　바. 인지·우표에 관한 죄

　(1) 인지·우표의 위조 등　　행사할 목적으로 대한민국 또는 외국의 인지,　**65**
우표 기타 우편요금을 표시하는 증표를 위조 또는 변조한 사람은 인지위조 등
의 죄로 처벌한다(제218조 ①항). '인지'란 수입인지에 관한 법률이나 인지세법에
따라 일정한 수수료 또는 인지세를 납부하는 방법으로 첨부·사용하기 위해 정
부 기타 발행권자가 일정한 금액을 표시하여 발행한 증표를 말한다. '우표'는 정
부 기타 발행권자가 우편요금 납부용으로 첨부·사용하기 위해 발행한 증표이
다. '기타 우편요금을 표시하는 증표'란 우표를 대체하는 '요금별납' 등의 표지와
우편요금이 함께 표시되는 소인消印 등을 말한다. '행사할 목적'이 범죄성립의
요건이므로 인지위조 등의 죄는 진정목적범이다. 위조된 우표를 그 정을 알고
있는 자에게 교부하더라도 그 자가 이를 진정하게 발행된 우표로서 사용할 것
이라는 정을 인식하면서 교부한다면 위조우표행사죄의 '행사할 목적'에 해당된
다(88도1105).

　(2) 위조인지 행사 등　　위조 또는 변조된 대한민국 또는 외국의 인지, 우　**66**
표 기타 우편요금을 표시하는 증표를 행사하거나 행사할 목적으로 수입 또는
수출한 사람은 위조인지행사 등의 죄로 처벌한다(같은 조 ②항). '행사'란 위조된
대한민국 또는 외국의 우표를 진정한 우표로서 사용하는 것으로, 반드시 우편요
금의 납부용으로 사용하는 것에 한정되지 않고 우표수집의 대상으로서 매매하
는 경우도 이에 해당된다(88도1105).

　(3) 위조인지·우표 등의 취득　　위조인지취득 등의 죄는 행사할 목적으로　**67**

위조 또는 변조한 대한민국 또는 외국의 인지, 우표 기타 우편요금을 표시하는 증표를 취득하는 범죄이다(제219조). 위조 또는 변조된 인지 등임을 알고 취득해야 한다.

68　　　(4) 소인말소　행사할 목적으로 대한민국 또는 외국의 인지, 우표 기타 우편요금을 표시하는 증표의 소인 기타 사용의 표지를 말소한 인지소인말소, 우표소인말소 등의 죄로 처벌한다(제221조).

69　　　(5) 인지·우표유사물의 제조 등　판매할 목적으로 대한민국 또는 외국의 공채증서, 인지, 우표 기타 우편요금을 표시하는 증표와 유사한 물건을 제조, 수입 또는 수출한 사람은 공채증서유사물제조 등의 죄로 처벌한다(제222조 ①항). 공채증서, 인지 등의 유사물을 판매한 사람은 공채증서유사물판매 등의 죄로 처벌된다(같은 조 ②항).

3. 문서에 관한 죄

가. 문서에 관한 죄의 보호법익과 본질

70　　　(1) 보호법익　문서에 관한 죄의 보호법익은 문서에 대한 사회적 신용과 거래의 안전이며(2011도6223, 2002도18 전합 등), 보호의 정도는 추상적 위험범이다. 사회적 거래 등 사회활동은 의사표시를 전제로 하는데, 모든 의사표시를 사람과 사람이 직접 만나서 해야 한다면 사회적 거래와 활동은 제한될 수밖에 없다. 문서를 통한 의사표시는 사회생활에 필수적인 요소가 되었기 때문에 문서에 대한 사회적 신용과 문서 거래의 안전은 법이 보호해야 할 중요한 사회적 이익이 되었다.

71　　　(2) 본질　문서에 관한 죄가 보호하는 것은 무엇인가에 대해서는 형식주의와 실질주의가 대립한다. 1) 형식주의는 문서에 관한 죄가 보호하는 것은 문서의 형식, 곧 문서의 작성 명의와 성립의 진정이라고 한다. 문서는 의사표시를 담는 수단이므로 그 문서가 누구의 의사를 표시하는 것인지가 중요하고, 문서의 내용은 중요하지 않다는 것이다. 따라서 형식주의 입장에서 문서의 위조는 작성 권한 없는 자가 명의를 속여 타인 명의의 문서를 작성하는 '유형위조'이다. 이에 반해 2) 실질주의는 문서의 실질, 곧 문서에 담긴 내용의 진실성이 보호대상이라고 한다. 문서에 표시된 내용이 진실한 것이면 문서 작성의 명의가 누구인지는 중요하지 않다고 한다. 따라서 실질주의에서 위조란 작성권한 있는 자가 문서의 내용을 허위로 작성하는 '무형위조'이다.

　　형법은 형식주의를 원칙으로 하면서 예외적으로 실질주의를 적용하고 있 **72**
다. 형법은 유형위조, 곧 타인의 명의를 도용하는 행위를 '위조' 또는 '변조'라고
규정하고, 무형위조, 곧 문서의 내용을 허위로 작성하는 행위는 '작성' 또는 '변
개變改'로 구별하여 규정하고 있다. 그리고 위조 행위는 공공기관이 작성주체인
공문서이든 개인의 사문서이든 모두 처벌하지만, 사문서에 대해서는 허위작성
행위를 처벌하지 않고 공문서와 공공성이 있는 사문서인 의사 등의 진단서에
대해서만 처벌한다. 판례 또한 형법이 형식주의를 원칙으로 하고 있음을 확인하
고 있다.1)

나. 문서의 개념

　　문서에 관한 죄에서 문서는 "일정한 법률관계를 증명하는 사람의 의사와 **73**
그 의사를 보증하는 명의인이 표시되어 계속성을 지니는 유체물"이라고 정의할
수 있다. 따라서 형법의 문서에 관한 죄에서 문서라고 하기 위해서는 1) 계속기
능, 2) 증명기능, 3) 보장기능을 갖추어야 한다.

　　(1) **계속 기능**　문서는 사람의 의사표시가 유체물에 결합되어 계속성을 갖 **74**
는 것이어야 한다. 1) 의사표시는 법률의 의사표시만을 의미하는 것이 아니라 일
반적인 생각이나 관념의 표시를 말한다. 문서는 자신의 의사를 담아 타인이 이
를 인식할 수 있도록 하는 것이어야 한다. 따라서 의사의 표현이라 할 수 없는
검증의 목적물이나 표지는 문서가 아니며, 외부적 상태를 복사한 것에 지나지
않는 기계적 기록도 문서가 아니다. 의사표시가 담긴 원본은 문서이지만, 원본
을 복사한 복사문서에도 의사표시를 담은 것인지가 문제되었다. 이에 대해 과거
의 판례는 복사문서가 문서에 해당하지 않는다고 하였지만(77도4068 전합), 복사
기술이 발달하고 복사문서의 사용이 확대되면서 판례가 변경되었고(87도506 전
합), 결국 입법으로 복사문서도 문서라고 규정하게 되었다. 곧, 1995. 12. 29. 형
법 개정에서 제237조의2를 신설하여 문서에 관한 죄에서 "모사전송기 기타 이
와 유사한 기기를 사용하여 복사한 문서 또는 도화의 사본도 문서 또는 도화로

---

1) [2019도11294 전합] 형법은 사문서의 경우 유형위조(제231조)만을 처벌하면서 예외적으로
　무형위조(제233조)를 처벌하고 있는 반면, 공문서의 경우에는 유형위조(제225조)뿐만 아니라
　별도의 처벌규정을 두어 무형위조(제227조)를 함께 처벌하고 있다. [85도1732] 이사들이 실
　제로 이사회에 참석하지도 않았는데 마치 참석하여 의결권을 행사한 것처럼 피고인이 이사
　회 회의록에 기재하였다 하더라도 이는 이른바 사문서의 무형위조에 해당할 따름이어서 처
　벌대상이 되지 아니한다. [82도1301] 간호보조원 교육과정이수에 관한 사문서인 수료증명서
　의 허위작성은 무형위조로서 처벌대상이 되지 아니하고...

본다."고 규정하였다.1)

75　　2) 의사표시의 계속성을 위해 의사표시는 유체물에 고정되어야 하며, 시각적으로 이해할 수 있는 것이어야 한다. 따라서 문서를 컴퓨터로 스캔하여 저장한 이미지 파일은 유체물에 고정되어 있지 않고 컴퓨터 화면을 통해서만 시각적으로 확인할 수 있기 때문에 문서라고 할 수 없다(2019도8443, 2008도1013).

76　　(2) 증명 기능　문서는 권리·의무 또는 중요한 사실을 증명할 수 있는 증명능력과 증명하려는 의사를 가진 것이어야 한다. 법률적으로 의미 있는 문서만 형법의 보호대상이 되기 때문이다. 권리·의무에 관한 문서란 권리 또는 의무의 발생·변경·소멸에 관한 사항이 기재된 것을 말하며, 사실증명에 관한 문서는 권리·의무에 관한 문서 이외의 문서로서 거래상 중요한 사실을 증명하는 문서를 의미한다(2008도8527).

77　　(3) 보장 기능　문서는 의사표시의 주체인 명의인이 표시되어야 한다. 명의인이 없으면 의사표시의 내용을 보장해주는 사람이 없기 때문에 문서로 기능할 수 없다. 명의인은 자연인은 물론 법인, 법인격 없는 단체도 될 수 있다. 명의인의 표시가 있으면 되고, 반드시 날인이나 서명이 있어야 하는 것은 아니다. 또한 명의인의 표시가 없어도 명의인이 누구인지 알 수 있을 정도이면 문서가 될 수 있다(2007도1674, 2005도2518 등). 이와 관련하여 명의인이 실제로 존재해야 하는지가 문제된다. 곧, 죽은 사람이나 존재하지 않는 사람 명의의 문서도 보장 기능이 있다고 할 수 있는가 하는 것이다. 다수견해와 판례는 명의인이 실재하지 않거나 사망한 사람인 경우에도 문서위조죄가 성립한다는 입장이다(2011도6223, 2002도18 전합).

78　　[2010도2705] [1] 형법상 문서에 관한 죄로써 보호하고자 하는 것은 구체적인 문서 그 자체가 아니라, 문서에 화체된 사람의 의사표현에 관한 안전성과 신용이다. 그리고 그 객체인 '문서 또는 도화'라고 함은 문자나 이에 준하는 가독적 부호 또는 상형적 부호로써 어느 정도 계속적으로 물체 위에 고착된 어떤 사람의 의사 또는 관념의 표현으로서, 그 내용이 법률상 또는 사회생활상 의미 있는 사항에 관한 증거가 될 수 있는 것을 말한다. 또한 그 문서 등에 작성명의인의 날인 등이

1) 이 규정과 판례의 취지를 고려할 때 사람이 손으로 필사하는 복사본은 여전히 문서라 할 수 없고, 기기를 사용하여 복사한 문서는 형법의 문서가 된다. [87도506 전합] 사진기나 복사기 등을 사용하여 기계적인 방법에 의하여 원본을 복사한 문서, 이른바 복사문서는 사본이더라도 필기의 방법 등에 의한 단순한 사본과는 달리 복사자의 의식이 개재할 여지가 없고...

없다고 하여도 그 명의자의 문서 등이라고 믿을 만한 형식과 외관을 갖춘 경우에는 그 죄의 객체가 될 수 있다.

[2] 담뱃갑의 표면에 그 담배의 제조회사와 담배의 종류를 구별·확인할 수 있는 특유의 도안이 표시되어 있는 경우에는 일반적으로 그 담뱃갑의 도안을 기초로 특정 제조회사가 제조한 특정한 종류의 담배인지 여부를 판단하게 된다는 점에 비추어서도 그 담뱃갑은 적어도 그 담뱃갑 안에 들어 있는 담배가 특정 제조회사가 제조한 특정한 종류의 담배라는 사실을 증명하는 기능을 하고 있으므로, 그러한 담뱃갑은 문서 등 위조의 대상인 도화에 해당한다.

[2002도18 전합] 문서위조죄는 문서의 진정에 대한 공공의 신용을 그 보호법익으로 하는 것이므로 행사할 목적으로 작성된 문서가 일반인으로 하여금 당해 명의인의 권한 내에서 작성된 문서라고 믿게 할 수 있는 정도의 형식과 외관을 갖추고 있으면 문서위조죄가 성립하는 것이고, 위와 같은 요건을 구비한 이상 그 명의인이 실재하지 않는 허무인이거나 또는 문서의 작성일자 전에 이미 사망하였다고 하더라도 그러한 문서 역시 공공의 신용을 해할 위험성이 있으므로 문서위조죄가 성립한다고 봄이 상당하며, 이는 공문서뿐만 아니라 사문서의 경우에도 마찬가지라고 보아야 한다.

다. 공문서에 관한 죄

(1) **공문서 등의 위조·변조**   행사할 목적으로 공무원 또는 공무소의 문서 **79** 또는 도화를 위조 또는 변조한 사람은 공문서위조·변조죄 또는 공도화위조·변조죄로 처벌한다(제225조). 공무원 또는 공무소의 문서인 공문서는 사회적으로 더 높은 신용이 요구되기 때문에 사문서위조 등의 죄보다 무겁게 처벌한다. '도화'는 문자 이외의 부호에 의해 관념이나 사상이 표시된 것을 말한다. 따라서 사상이나 관념이 표시되었다고 볼 수 없는 순수 미술작품은 도화에 해당하지 않는다. '위조 또는 변조'는 작성권한 없는 자가 타인 명의의 문서를 작성하거나 변경하는 것을 말한다. 작성권자 명의의 공문서를 작성하라는 포괄적인 권한을 수여받은 업무보조자인 공무원이 그 위임의 취지에 반하여 허위내용을 기재하고 작성권자의 직인을 날인한 경우(96도424), 특정한 사항에 관하여 공문서를 보충기재 할 권한만 위임되어 있는 사람이 그 공문서를 허위로 작성한 경우(84도368) 등은 위조에 해당한다. 그리고 작성 권한이 있던 자가 인사이동되어 그 권한이 없어진 후 그 기재내용을 변경한 경우 등은 공문서변조죄에 해당한다(96도1862).

80　　　　**(2) 자격모용에 의한 공문서 등의 작성**　행사할 복적으로 공무원 또는 공무소의 자격을 모용하여 문서 또는 도화를 작성한 사람은 자격모용공문서·공도화작성죄로 처벌한다(제226조). '자격을 모용'한다는 것은 일정한 지위를 허위로 기재하는 것을 말한다. 이 죄는 타인의 자격만 모용하는 것이라는 점에서 명의를 모용하는 위조와 구별된다. 따라서 타인의 자격과 명의를 모용하면 공문서위조죄가 성립한다.

81　　　　**(3) 허위공문서작성 등**　허위공문서작성 등의 죄는 공무원이 행사할 목적으로 그 직무에 관하여 문서 또는 도화를 허위로 작성하거나 변개한 때에 성립하는 범죄이다(제227조). 문서의 진정성에 대한 실질주의의 입장에서 무형위조, 곧 진실이 아닌 내용을 기재하는 것을 처벌하는 범죄이다. 공문서가 갖는 특별한 신용력을 고려한 것이다. 이 죄의 행위주체는 해당 문서의 작성권한이 있는 공무원이다. 형법에는 '공무원'으로만 기재되어 있지만 판례는 그 범위를 좁혀서 작성 권한 있는 공무원으로 해석한다.[1] 따라서 공무원이라도 작성권한 없는 공무원은 이 죄의 주체가 될 수 없다.

82　　　　'허위 작성'은 허위의 내용을 기재하는 것이다. 형식적 심사권만 있는 공무원이 신고 사실이 허위인 줄 알면서도 형식적 요건을 갖추었다는 이유로 허위내용을 기재하는 경우에도 허위작성죄가 성립한다.[2] '변개變改'란 작성 권한 있는 공무원이 진정하게 작성된 문서를 허위로 고치는 것을 말한다. 작성 권한 없는 공무원이 기존문서를 변경하는 유형위조인 '변조'와 대비되는 개념이다.

83　　　　**(4) 공전자기록위작·변작**　공전자기록등위작·변작죄는 사무처리를 그르치게 할 목적으로 공무원 또는 공무소의 전자기록 등 특수매체기록을 위작 또는 변작하는 범죄이다(제227조의2). 공무소 등에서 전자기록 등 특수매체기록이 문서를 대체하는 범위가 확대되면서 문서와 같은 형법의 보호가 가능하도록 1995년의 형법 개정에서 신설된 규정이다. 전자기록 등이 프린터 등을 통해 출력되면 문서가 되지만, 출력되기 전의 전자기록은 문서의 요건인 계속성을 갖는다고 할 수 없고, 명의가 분명하지 않아 보장 기능도 갖추지 못하기 때문에 특

---

1) [83도3152] 허위공문서작성죄는 그 공문서의 작성권한자인 공무원을 주체로 하는 신분범이라고 볼 것이므로 피고인의 행위가 허위공문서작성죄에 해당한다고 하기 위하여는 피고인에게 작성권한이 있음을 확정하여야 한다.

2) [77도2155] 신고사항이 허위인 것이 명백한 경우에는 호적리는 그 기재를 거부할 수 있다고 해석할 것이므로 허위임을 알고 있으면서 이를 호적부에 기재하였다면 허위공문서 작성죄가 성립한다.

별한 규정으로 처벌하는 것이다.

　1) '공무원 또는 공무소의 전자기록'은 공무원 또는 공무소가 직무상 작성할 **84**
권한을 가지는 전자기록을 말한다. 따라서 그 행위주체가 공무원과 공무소가 아
닌 경우에는 형법 또는 특별법에 의하여 공무원 등으로 의제되는 경우를 제외
하고는 계약 등에 의하여 공무와 관련되는 업무를 일부 대행하는 경우가 있더
라도 공무원 또는 공무소가 될 수 없다(2016도19170). 전자기록이란 일정한 매체
에 전기적, 자기적 방식으로 저장된 기록을 말한다.

　2) '위작' 또는 '변작'은 이러한 전자기록의 특성을 고려하여 새롭게 규정된 **85**
개념이다. '위작'이란 전자기록의 생성에 관여할 권한이 없는 사람이 전자기록을
작출하거나 전자기록의 생성에 필요한 단위 정보의 입력을 하는 경우를 말한다.
또한 시스템의 설치·운영 주체로부터 각자의 직무 범위에서 개개의 단위정보의
입력 권한을 부여받은 사람이 그 권한을 남용하여 허위의 정보를 입력함으로써
시스템 설치·운영 주체의 의사에 반하는 전자기록을 생성하는 경우도 '위작'에
포함된다(2004도6132). 이때 '허위의 정보'라 함은 진실에 반하는 내용을 의미하
는 것으로서, 관계 법령에 의하여 요구되는 자격을 갖추지 못하였음에도 불구하
고 고의로 이를 갖춘 것처럼 단위 정보를 입력하였다고 하더라도 그 전제 또는
관련된 사실관계에 대한 내용에 거짓이 없다면 허위의 정보를 입력하였다고 볼
수 없다(2011도1415). 따라서 '위작'은 위조와 허위작성의 개념이 포함된 것이라
고 할 수 있다(2019도11294 전합).[1] 그렇다면 '변작'은 작성권한 없는 자의 '변조'
와 작성권한 있는 자의 '변개'가 포함된 개념이라고 해야 할 것이다.

　3) '사무처리를 그르치게 할 목적'이란 위작 또는 변작된 전자기록이 사용됨 **86**
으로써 전자적 방식에 의한 정보의 생성·처리·저장·출력을 목적으로 구축·설
치한 시스템을 운영하는 주체인 개인 또는 법인의 사무처리를 잘못되게 하는
것을 말한다(2019도11294 전합).[2]

　(5) 공전증서원본 등의 부실기재　공정증서원본 부실기재[3] 또는 공전자기 **87**

---

1) [2004도6132] 경찰관이 고소사건을 처리하지 아니하였음에도 경찰범죄정보시스템에 그 사건
　을 검찰에 송치한 것으로 허위사실을 입력한 행위가 공전자기록위작죄에서 말하는 위작에
　해당한다.
2) [2010도3545] 공군 복지근무지원단 예하 지구대의 부대매점 및 창고관리 부사관이 창고 관리
　병으로 하여금 위 지원단의 업무관리시스템인 복지전산시스템에 자신이 그 전에 이미 횡령한
　바 있는 면세주류를 마치 정상적으로 판매한 것처럼 허위로 입력하게 한 사안에서, 공전자기
　록위작·변작죄의 '사무처리를 그르치게 할 목적'이 있었다는 취지의 원심판단을 수긍한 사례.
3) 형법에서는 '부실기재'라고 규정하는데, 검찰의 「죄명예규」에서는 '불실기재'라고 기재한다.

록등부실기재의 죄는 공무원에 대하여 허위신고를 하여 공정증서원본 또는 이와 동일한 전자기록등 특수매체기록에 부실의 사실을 기재 또는 기록하게 하는 범죄이다(제228조 ①항). 면허증, 허가증, 등록증 또는 여권에 부실의 사실을 기재하게 하면 면허증부실기재죄 등으로 처벌한다(같은 조 ②항). 허위공문서작성죄는 작성권한이 있는 공무원만 행위주체가 될 수 있는 진정신분범이고, 공무원이 아닌 사람은 물론 공무원도 작성권한이 없으면 허위공문서작성죄의 간접정범이 될 수 없기 때문에, 공무원을 속여서 공문서 등에 허위 내용을 기재하는 행위를 처벌할 수 있도록 간접정범 형태의 허위공문서작성 행위를 특별히 규정한 것이다. 다만 특별히 중요한 증명력을 갖는 공정증서에 한정하여 이 죄를 인정한다. 따라서 공무원이 부실의 사실임을 알면서 기재 또는 기록하면 허위공문서작성죄가 되고 이를 기재하게 한 사람은 허위공문서작성죄의 교사범이 된다.

88   '공정증서'란 권리·의무에 관한 사실을 증명하는 공문서를 의미한다. 권리·의무는 재산상의 권리·의무와 신분상의 권리·의무를 포함한다. 가족관계등록부, 부동산등기부, 상업등기부, 또는 화해조서 등이 공정증서에 해당한다. 그러나 주민등록부, 인감대장, 토지대장, 가옥대장, 자동차운전면허대장은 권리·의무관계를 증명하는 문서가 아니기 때문에 공정증서에 해당하지 않는다.1) '공정증서원본'이어야 하므로, 등봉, 사본, 초본은 물론 공정증서정본도 이 죄의 객체에 해당하지 않는다(2001도6503). '공정증서원본과 동일한 공전자기록 등 특수매체기록'은 권리·의무에 관한 사실을 공적으로 증명하는 효력을 가진 전자기록 등을 말한다. 전산자료가 된 가족관계등록부 등이 여기에 해당한다.

89   '허위신고'란 진실에 반하는 신고를 하는 것을 말하며, 내용이 허위인 경우뿐만 아니라 신고인이 자격을 사칭하는 경우도 포함한다. '부실의 사실 기재'란 중요한 점에서 진실이 아닌 사실을 기재하는 것을 말한다. 따라서 권리의무와

그에 따라 판결문에서도 '불실기재'라고 쓴다. 개선되어야 할 사항이다.

1) [2010도1125] 자동차운전면허대장은 운전면허 행정사무집행의 편의를 위하여 범칙자, 교통사고유발자의 인적사항·면허번호 등을 기재하거나 운전면허증의 교부 및 재교부 등에 관한 사항을 기재하는 것에 불과하며, 그에 대한 기재를 통해 당해 운전면허 취득자에게 어떠한 권리의무를 부여하거나 변동 또는 상실시키는 효력을 발생하게 하는 것으로 볼 수는 없고, 따라서 자동차운전면허대장은 사실증명에 관한 것에 불과하므로 형법 제228조 제1항에서 말하는 공정증서원본이라고 볼 수 없다. (자동차운전면허증 재교부신청서의 사진란에 본인의 사진이 아닌 다른 사람의 사진을 붙여 제출함으로써 담당공무원으로 하여금 자동차운전면허대장에 불실의 사실을 기재하여 이를 비치하게 하였다는 내용의 공소사실에 대하여, 자동차운전면허대장이 공정증서원본임을 전제로 이를 모두 유죄로 인정한 원심판단에 법리오해의 위법이 있다고 한 사례.)

관계없는 사실의 부실기재는 이에 해당하지 않으며(2012도12363, 2010도1025 등), 기재절차에 흠결이 있더라도 기재내용이 당사자의 의사나 실체관계에 일치하는 때에는 부실기재라고 할 수 없다(96도233, 95도448 등). 이 죄의 착수시기는 허위신고를 한 때이며, 부실의 사실이 기재될 때 기수가 된다. 부실의 사실이 기재된 후 기재내용이 실제 권리관계와 일치하게 되더라도 이 죄의 성립에 영향이 없다(2007도2714).

(6) 위조 등 공문서의 행사　　제225조부터 제228조까지의 죄에 의하여 만 **90** 들어진 문서, 도화, 전자기록등 특수매체기록, 공정증서원본, 면허증, 허가증, 등록증 또는 여권을 행사한 자는 그 각 죄에 정한 형에 처한다(제229조). '행사'란 위조문서, 변조문서, 허위작성문서 등을 진정한 것으로 사용하거나 그 내용이 진실한 것으로 사용하는 것을 말한다(85도2798). 행사의 방법에는 제한이 없다. 복사문서도 문서로 인정되므로 위조 또는 변조된 문서의 복사본을 인증하여 행사하는 것도 이 죄에 해당하며(2010도14587, 87도1217), 위조된 문서를 팩스로 보내거나 컴퓨터로 스캔하여 그 파일을 전송하는 것도 행사에 해당한다(2004도5183, 95도2389). 행사의 상대방에도 제한이 없지만, 문서가 위조된 것임을 이미 알고 있는 공범자 등에게 행사하는 경우에는 위조문서행사죄가 성립될 수 없다(85도2798). 그리고 행사는 상대방으로 하여금 위조된 문서를 인식할 수 있는 상태에 둠으로써 기수가 되고 상대방이 실제로 그 내용을 인식하여야 하는 것은 아니므로, 위조된 문서를 우송한 경우에는 그 문서가 상대방에게 도달한 때에 기수가 된다(2004도4663).

(7) 공문서 등의 부정행사　　공문서부정행사 또는 공도화부정행사의 죄는 **91** 공무원 또는 공무소의 문서 또는 도화를 부정행사하는 범죄이다(제230조). 행위 객체는 진정하게 성립된 공문서이다. 공문서 원본이어야 하고, 공문서를 촬영한 이미지 파일은 부정행사의 객체가 될 수 없다(2018도2560). '부정행사'는 사용 목적이 특정되어 있는 공문서를 1) 사용 권한 없는 사람이 용도에 따라 사용하는 경우를 말한다. 검문하는 경찰관에게 다른 사람의 주민등록증을 제시하는 경우(82도1297), 자동차 대여업체의 직원에게 다른 사람의 운전면허증을 제시하는 경우(98도1701) 등이 대표적 예이다. 2) 사용 권한 없는 사람이 용도 외로 사용하는 경우에는 부정행사에 해당하지 않는다. 신분확인용으로 타인의 운전면허증을 제시하는 행위는 과거의 판례에서 용도 외 사용이라고 보아 부정행사가 아니라고 하였지만, 판례의 변경으로 부정행사에 해당하는 행위가 되었다(2000도1985 전

합). 그러나 판례는 이동전화 가입신청을 할 때 타인의 주민등록증을 가족의 것
이라고 하면서 제시한 경우는 신분확인용으로 사용한 것이 아니므로 부정행사
가 아니라고 하였으며(2002도4935), 타인의 국가유공자증을 신분확인용으로 제시
한 것도 부정행사에 해당하지 않는다고 하였다(2020도13344). 3) **사용 권한 있는
사람이 용도 외로 사용**하는 경우에 대해서는 다수견해는 부정행사에 해당하지
않는다고 하지만, 판례는 "권한있는 자라도 그 정당한 용법에 반하여 부정하게
행사하는 경우"에 공문서부정행사죄가 성립한다고 판시한 바 있다(99도206, 82도
1985). 다만 판례는 법리로서 제시했을 뿐이고, 실제 사건에서 이 경우에 대해
공문서부정행사죄를 인정한 예는 없다. 그러나 사용권한 없는 사람이 용도 외로
사용해도 부정행사를 인정하지 않으면서 사용권한 있는 사람에 대해 인정하는
것은 매우 모순되는 일이므로 부정하는 것이 타당하다.

92   [2021도14514] [1] 형법 제230조의 공문서부정행사죄는 공문서의 사용에 대한 공
공의 신용을 보호법익으로 하는 범죄로서 추상적 위험범이다. 형법 제230조는 본
죄의 구성요건으로 단지 '공무원 또는 공무소의 문서 또는 도화를 부정행사한 자'
라고만 규정하고 있어, 자칫 처벌범위가 지나치게 확대될 염려가 있으므로 본죄
에 관한 범행의 주체, 객체 및 태양을 되도록 엄격하게 해석하여 처벌범위를 합
리적인 범위 내로 제한하여야 한다. 사용권한자와 용도가 특정되어 있는 공문서
를 사용권한 없는 자가 사용한 경우에도 그 공문서 본래의 용도에 따른 사용이
아닌 경우에는 공문서부정행사죄가 성립되지 아니한다.
      [2] 장애인사용자동차표지를 사용할 권한이 없는 사람이 장애인전용주차구역에
주차하는 등 장애인사용자동차에 대한 지원을 받을 것으로 합리적으로 기대되는
상황이 아닌 경우, 단순히 이를 자동차에 비치하였더라도 공문서부정행사죄가 성
립하지 아니한다.

      라. 사문서에 관한 죄

93   (1) **사문서등의 위조·변조**   사문서위조·변조 또는 사도화위조·변조는
행사할 목적으로 권리·의무 또는 사실증명에 관한 타인의 문서 또는 도화를 위
조 또는 변조하는 범죄이다(제231조). 1) **행위객체**인 권리·의무에 관한 문서는 공
법 또는 사법의 권리 또는 의무에 관련된 사항을 기재한 문서를 말한다. 위임
장, 매매계약서, 임대차계약서 등이 그 예이다. 사실증명에 관한 문서는 거래상

중요한 사실을 증명하는 문서를 말한다. 추천서, 이력서, 단체의 신분증 등을 예로 들 수 있다.

2) 위조란 작성 권한 없는 자가 다른 사람의 명의를 모용하여 문서를 작성 **94** 하는 것이다. 권한을 위임받은 자라도 위임받은 권한을 초과한 내용을 기재하면 위조가 되며, 권한의 범위 내에서 이를 남용하는 것은 위조가 아니다(2006도 1545). 대리권 또는 대표권 있는 자가 권한 밖의 사항에 대해 문서를 작성하는 경우에 대해서는 견해가 대립하는데, 판례는 사문서위조에 해당한다고 한다 (2005도6088). 대리권 또는 대표권 있는 자가 권한 범위 내에서 권한을 남용하는 경우는 위조에 해당하지 않는다(2010도1040). 대리권 또는 대표권 없는 자가 대리인으로서 본인 명의의 문서를 작성하는 것은 위조가 아니라 자격모용사문서 작성죄에 해당한다.

3) 변조란 진정하게 성립된 타인 명의 문서의 동일성을 해치지 않는 범위에 **95** 서 권한 없이 그 내용을 변경하는 것을 말한다. 진정하게 성립된 문서를 전제로 하므로 위조 또는 허위작성된 문서는 변조의 대상이 되지 않는다. 문서의 동일성이 유지되어야 하므로, 중요부분을 변경하거나 효력을 상실한 문서를 변경하여 새로운 증명력을 갖게 하는 경우 등은 위조에 해당한다(91도1610).

(2) **자격모용에 의한 사문서의 작성**　자격모용사문서(사도화)작성죄는 행 **96** 사할 목적으로 타인의 자격을 모용하여 권리·의무 또는 사실증명에 관한 문서 또는 도화를 작성하는 범죄이다(제232조). 대리인 또는 대표자의 자격이 없는 사람이 자격이 있는 있는 것으로 가장하여 자기 명의의 문서를 작성하는 행위를 처벌하는 규정이다. 대리인 또는 대표자의 자격이 있더라도 권한 밖의 사항에 대해 대리인 또는 대표자의 명의로 문서를 작성해도 이 죄에 해당한다. 권한 범위 내에서 권한을 남용하는 경우에는 이 죄에 해당하지 않는다(2007도5838). 명시적으로 대리인 또는 대표자의 자격을 표지하지 않더라도 일반인이 대리인 또는 대표자의 자격으로 작성한 것이라고 믿게 할 수 있는 정도이면 이 죄가 성립한다(2017도14560).

(3) **사전자기록위작·변작**　사무처리를 그르치게 할 목적으로 권리·의무 **97** 또는 사실증명에 관한 타인의 전자기록등 특수매체기록을 위작 또는 변작한 사람은 사전자기록위작 또는 변작의 죄로 처벌한다(제232조의2). 1) 시스템의 설치·운영 주체와의 관계에서 전자기록의 생성에 관여할 권한이 없는 사람이 전자기록을 작출하거나 전자기록의 생성에 필요한 단위정보의 입력을 하는 경우

는 물론, 2) 시스템의 설치·운영 주체로부터 각자의 직무 범위에서 개개의 단
위정보의 입력 권한을 부여받은 사람이 그 권한을 남용하여 허위의 정보를 입
력함으로써 시스템 설치·운영 주체의 의사에 반하는 전자기록을 생성하는 경우
에도 이 죄가 성립한다(2019도11294 전합).[1] 다만 3) 전자기록의 작성권자, 곧 시
스템의 설치·운영 주체가 허위 내용의 기록을 작성하는 경우에는 이 죄가 성립
하지 않는다.

98   **(4) 허위진단서 등의 작성**   허위진단서작성 등의 죄는 의사, 한의사, 치과
의사 또는 조산사가 진단서, 검안서 또는 생사에 관한 증명서를 허위로 작성한
때에 성립하는 범죄이다(제233조). 진단서 등은 사문서이지만 의사 등이 전문적
인 지식과 경험으로 작성하는 문서로서 사회적 공신력이 높기 때문에 공문서에
준하여 처벌하는 것이다. 그런 취지에서 공무원인 의사가 공무소의 명의로 허위
진단서를 작성한 경우에는 허위공문서작성죄만이 성립하고 허위진단서작성죄는
따로 성립하지 않는다(2003도7762).

99   '진단서'란 의사가 진찰의 결과에 관한 판단을 표시하여 사람의 건강상태를
증명하기 위하여 작성하는 문서이다(2012도3173). 문서의 명칭이 소견서로 되어
있더라도 그 내용이 의사가 진찰한 결과 알게 된 병명이나 치료기간 등의 건강
상태를 증명하기 위하여 작성된 것이라면 진단서에 해당한다(89도2083). '검안서'
란 의사가 사람의 신체에 대하여 검안한 내용을 기재한 문서를 말한다. '생사에
관한 증명서'란 출생증명서나 사망진단서를 말한다.

100   '허위로 작성'한다는 것은 진단서의 내용이 실질상 진실에 반하는 것을 말
한다. 허위의 기재는 사실에 관한 것이건 판단에 관한 것이건 묻지 않는다. 따
라서 현재의 진단명과 증상에 관한 기재뿐만 아니라 현재까지의 진찰 결과로서
발생 가능한 합병증과 향후 치료에 대한 소견을 기재한 경우에도 허위진단서
작성의 대상이 될 수 있다(2014도15129).

101   허위진단서작성죄 등은 허위의 증명을 금지하려는 것이므로, 그 내용이 허
위라는 의사의 주관적 인식이 필요하며, 그러한 인식은 미필적 인식으로도 충분
하다(89도2083). 사체검안의가 빙초산의 성상이나 이를 마시고 사망하는 경우의
소견에 대하여 알지 못함에도 불구하고 변사자가 '약물음독', '빙초산을 먹고 자
살하였다.'는 취지로 사체검안서를 작성한 경우, 검안서를 허위로 작성한다는

---

1) 대법원 전원합의체의 소수의견은 공전자기록위작과 달리 사전자기록위작의 경우에는 허위정
   보의 입력이 위작에 해당하지 않는다고 한다.

인식이 있었다고 할 수 있다(2001도1319).

(5) **위조사문서등의 행사** 위조사문서행사 등의 죄는 제231조부터 제233 **102**
조까지의 죄에 의하여 만들어진 문서, 도화 또는 전자기록 등 특수매체기록을
행사하는 범죄이다. 행위객체가 사문서라는 것 외에는 위조공문서 등을 행사하
는 것과 같은 내용의 범죄이다.

(6) **사문서의 부정행사** 사문서부정행사·사도화부정행사의 죄는 권리· **103**
의무 또는 사실증명에 관한 타인의 문서 또는 도화를 부정행사하는 범죄이다(제
236조). '부정행사'란 진정하게 성립된 타인의 사문서를 사용권한 없는 자가 사용
권한이 있는 것처럼 가장하여 부정한 목적으로 행사하는 것을 말한다. 절취한
타인의 후불식 전화카드를 사용하여 공중전화를 한 경우에도 이 죄가 성립한다
(2002도461). 판례는 권한 있는 자라도 정당한 용법에 반하여 부정하게 행사하는
경우도 부정행사에 해당한다고 한다. 그러면서도 실질적인 채권채무관계 없이
당사자 간의 합의로 작성한 '차용증 및 이행각서'를 이용하여 대여금청구소송을
제기하면서 이를 법원에 제출한 경우, 사용권한 있는 자와 용도가 특정되지 않
았으므로 사문서부정행사죄에 해당하지 않는다고 한다(2007도629). 다수견해는,
공문서부정행사에서 설명한 바와 같이, 사용권한 있는 자의 용도 외 사용은 부
정행사에 해당하지 않는다는 입장이다.

4. 인장에 관한 죄

인장印章에 관한 죄는 행사할 목적으로 인장, 서명, 기명, 또는 기호를 위조 **104**
또는 부정사용하거나 위조 또는 부정사용한 인장 등을 행사하는 것을 내용으로
하는 범죄이다. 인장과 서명 등은 특정인의 인격을 상징하고 문서와 특정인의
동일성을 증명하는 데 중요한 기능을 한다. 따라서 인장에 관한 죄는 인장, 서
명 등의 진정에 대한 공공의 신용과 거래의 안전을 보호법익으로 한다.

인장이란 특정인의 인격과 그 동일성을 증명하기 위해 사용하는 상징을 말 **105**
한다. 서명이란 특정인이 자기를 표시하는 문자를 말하며, 기명記名이란 특정인
의 주체를 표시하는 문자로서 자서가 아닌 것을 말한다. 기호란 물건에 압날하
여 그 동일성을 증명하는 인장의 일종이다.

인장에 관한 죄의 구성요건에는 공인 등의 위조, 부정사용죄(제238조)와 사 **106**
인 등의 위조, 부정사용죄(제239조)가 있으며, 모두 미수범을 처벌한다(제240조).
1) 공인위조 등의 죄는 행사할 목적으로 공무원 또는 공무소의 인장, 서명, 기명

또는 기호를 위조 또는 부정사용하거나(제238조 ①항), 위조 또는 부정사용한 공무원 또는 공무소의 인장, 서명, 기명 또는 기호를 행사하는 범죄이다(같은 조 ②항). 자동차등록번호판은 공무원 또는 공무소의 공기호이므로 행사할 목적으로 자동차등록번호판을 위조한 경우, 공기호위조죄가 성립하며(2015도1413), 차량번호표도 공기호에 해당한다(83도2078). 판례에 따르면 공기호인 자동차등록번호판의 부정사용이란 진정하게 만들어진 자동차등록번호판을 권한 없는 자가 사용하든가, 권한 있는 자라도 권한을 남용하여 부당하게 사용하는 행위를 말하는 것이고, 부정사용공기호행사죄는 부정사용한 공기호인 자동차등록번호판을 자동차에 부착하여 운행하는 경우처럼 그 용법에 따라 사용하는 행위를 말하는 것으로 그 행위개념을 달리하고 있다(96도3319). 2) 사인위조 등의 죄는 행사할 목적으로 타인의 인장, 서명, 기명 또는 기호를 위조 또는 부정사용하거나(제239조 ①항), 위조 또는 부정사용한 타인의 인장, 서명, 기명 또는 기호를 행사하는 범죄이다(같은 조 ②항). 음주운전으로 단속되자 동생 갑의 이름을 대며 조사를 받다가 경찰관으로부터 음주운전 단속내역이 입력된 휴대용정보단말기(PDA)에 전자 서명할 것을 요구받자, 갑이라는 성명 옆에 서명을 한 행위는 사서명위조에 해당한다(2020도14045).

Ⅲ. 신앙과 풍속에 관한 죄

1. 신앙에 대한 죄

가. 장례식 등의 방해(제158조)

107   장례식, 제사, 예배 또는 설교를 방해한 사람은 장례식방해 등의 죄로 처벌한다. 1) 장례식방해죄는 장례식의 평온과 공중의 추모감정을 보호법익으로 하는 이른바 추상적 위험범이다. 따라서 장례식이 현실적으로 저지 내지 방해되었다고 하는 결과의 발생이 필요하지 않다. 방해 행위의 수단과 방법에는 아무런 제한이 없으며, 일시적인 행위라 하더라도 무방하다. 다만, 적어도 객관적으로 보아 장례식의 평온한 수행에 지장을 줄 만한 행위를 함으로써 장례식의 절차와 평온을 저해할 위험이 초래될 수 있는 정도는 되어야 비로소 방해 행위가 있다고 볼 수 있다(2010도13450). 2) 제사방해죄는 제사의 평온을 보호법익으로 한다. 이 죄는 제사가 집행중이거나 제사의 집행과 시간적으로 밀접하여 불가분의 관

계에 있는 준비 단계에서 제사를 방해하는 경우에 성립한다(81도2691). 3) 예배방해죄는 종교 생활의 평온과 종교감정을 보호법익으로 하며(2006도4773), 예배중이거나 예배와 시간적으로 밀접하여 불가분의 관계에 있는 준비단계에서 이를 방해하는 경우에만 성립한다. 따라서 오랜 기간 교회 건물의 출입을 막은 행위는 예배방해죄에 해당하지 않는다(2007도5296). 다른 사람들이 예배를 준비 중이던 교회에 들어가 찬송가를 부르는 등의 행위는 예배 방해 행위에 해당할 뿐, 보호대상이 되는 '예배'에 해당한다고 볼 수 없다(2006도4773). 그러나 정식절차를 밟은 위임목사가 아닌 사람이 설교와 예배인도를 한 경우라 하더라도 예배에 해당할 수 있다(71도1465).

나. 시체 등의 오욕(제159조)

시체오욕죄 등은 시체, 유골 또는 유발遺髮을 오욕汚辱하는 범죄이다. 이 죄 **108** 의 보호법익은 사망한 사람에 대한 존경과 추모의 감정이다. 시체는 죽은 사람의 몸이며, 유골은 화장 기타의 방법으로 백골이 된 시체의 일부를 말한다. 유발은 죽은 사람을 기념하기 위해 보존하는 모발이다. 오욕이란 폭행 기타 유형력의 행사에 의해 모욕의 의사를 표현하는 행위이다.

다. 분묘의 발굴(제160조)

분묘를 발굴하는 죄인 분묘발굴죄는 사회 일반의 종교감정과 공서양속이 **109** 다. 따라서 분묘에 대하여 아무런 권한 없는 자는 물론 권한이 있는 자라도 사체에 대한 종교적 양속에 반하여 함부로 이를 발굴하는 경우 분묘발굴죄가 성립한다(94도1190). 또한 생모의 분묘라 하더라도 이를 관리하는 사람의 의사에 반하여 발굴하는 행위는 분묘발굴죄에 해당한다(71도1727). '분묘'는 사람의 사체, 유골, 유발 등을 매장하여 제사나 예배 또는 기념의 대상으로 하는 장소를 말한다. 사체나 유골이 토괴화하였을 때에도 분묘이며, 죽은 사람이 누구인지 모른다고 하더라도 현재 제사와 종교적 예의의 대상으로 되어 있고 이를 수호 봉사하는 자가 있으면 분묘에 해당한다(89도2061). 분묘를 수호, 봉사하며 관리하고 처분할 권한이 있는 자 또는 그로부터 정당하게 승낙을 얻은 자가 사체에 대한 종교적, 관습적 양속에 따른 존숭의 예를 갖추어 이를 발굴하는 경우에는 그 행위의 위법성은 조각된다. 이때 분묘에 대한 봉사, 수호 및 관리, 처분권은 종중이나 그 후손들 모두에게 속하여 있는 것이 아니라 오로지 그 분묘에 관한 호주상속인에게 전속하는 것이다(2007도8131, 94도1190). 이 죄의 미수범은 처벌한다(제162조).

라. 시체 등의 유기 등(제161조)

110   시체, 유골, 유발 또는 관 속에 넣어 둔 물건을 손괴, 유기, 은닉 또는 영득한 사람은 시체유기죄 등으로 처벌한다(제161조 ①항). 분묘를 발굴하여 위 죄를 지은 사람은 가중처벌한다(같은 조 ②항). 이 죄는 죽은 사람에 대한 숭모와 존경의 감정을 보호법익으로 한다. '손괴'란 위법한 물질적 손괴를 말하는 것으로서, 사체가 부패하여 분골이 된 경우라 하더라도 계골하지 않고 전체 유골에서 일부를 분리하는 행위도 손괴에 해당할 수 있다(4290형상148). '유기'란 시체를 종교적, 사회적으로 매장이라고 볼 수 없는 형태로 방기하는 행위이다. 따라서 사체를 지하에 매몰하였다 하더라도 상례에 벗어난 것이면 사체유기죄가 성립한다(4293형상859). 사람을 살해한 다음 그 범죄의 흔적을 은폐하기 위하여 시체를 다른 장소로 옮겨 유기하였을 때에는 살인죄와 사체유기죄의 경합범이 성립하고 사체유기를 불가벌적 사후행위라 할 수 없다(97도1142, 84도2263). '은닉'이란 사체의 발견을 불가능하게 하거나 심히 곤란하게 하는 행위이다. 사람을 살해하는 자가 사체 은닉의 의사로 인적이 드문 장소로 피해자를 유인하여 살해하고 사체를 그대로 둔채 도주한 경우, 결과적으로 사체의 발견이 현저하게 곤란을 받게 되는 사정이 있다 하더라도 따로 사체은닉죄가 성립되지 않는다(86도891). 이 죄의 미수범은 처벌한다(제162조).

마. 변사체 검시 방해(제163조)

111   변사체검시방해죄는 변사자의 시체 또는 변사變死로 의심되는 시체를 은닉하거나 변경하거나 그 밖의 방법으로 검시檢視를 방해하는 범죄이다. 이죄는 범죄수사를 방해하는 공무방해죄의 성격을 갖는다. 다만 행위의 방법에서 시체의 은닉, 변경 등의 행위가 죽은 사람에 대한 사회적 추모의 감정을 침해하기도 하여 신앙에 대한 죄에 함께 규정되어 있다. '변사자'란 부자연한 사망으로서 그 사인이 분명하지 않은 자를 의미하고 그 사인이 명백한 경우는 변사자라 할 수 없다. 따라서 범죄로 인하여 사망한 것이 명백한 자의 사체는 변사체검시방해죄의 객체가 될 수 없다(2003도1331, 69도2272).

2. 성풍속에 관한 죄

가. 보호법익

성풍속에 관한 죄는 사회의 건전한 성풍속과 성에 관한 공중의 윤리감정을 **112** 보호하기 위해 처벌하는 범죄들이다. 강간과 강제추행 등이 개인의 성적 자기결 정권을 침해하는 범죄들이라면, 성풍속에 관한 죄는 특정 개인의 법익을 침해하 는 것은 아니지만 성에 관한 사회 일반인의 건전한 윤리감정을 침해하는 범죄 들이라는 점에서 구별된다.

나. '음란'

성풍속에 관한 죄에 공통으로 적용되는 개념은 '음란성'이다. 음행매개죄(제 **113** 242조)를 제외하면 음화반포 등의 죄(제243조), 음화제조 등의 죄(244조), 공연음란 죄(제245조)는 '음란성'이 처벌의 기준이 된다. 판례는 음란이란 "사회통념상 일 반 보통인의 성욕을 자극하여 성적 흥분을 유발하고 정상적인 성적 수치심을 해하여 성적 도의관념에 반하는 것"이라고 한다(2013도9228, 94도213 등). 그리고 판례에 따르면 음란 여부를 판단할 때는 행위자의 주관적 의도 등이 아니라, 평 균인의 입장에서 그 시대의 건전한 사회통념에 따라 객관적이고 규범적으로 평 가한다(2013도6345, 2006도3558 등). 다만, 판례는 '음란'의 개념이 일정한 가치판단 이 필요한 규범적인 개념이므로, 이 개념을 정립하는 것은 물론 구체적인 사안 의 음란성 여부도 결국은 법원이 이를 판단할 수밖에 없다고 한다(2006도3558, 94 도2266). 요컨대 성풍속에 관한 죄의 판단기준이 되는 음란성은 규범적 개념이 며, 법원의 판단에 따라 최종적으로 결정된다는 것이다. 문제는 이러한 '규범적' 기준은 규범적 기준은 증거를 제시하지 않아도 되거나, 증거를 제시하기 어렵다 는 점이다. 이에 따라 성풍속에 관한 죄의 구성요건들이 죄형법정주의의 명확성 원칙에 위배되어 위헌이라는 주장이 제기된다. 이에 대해 판례는 '음란'은 평가 적, 정서적 판단을 요하는 규범적 구성요건 요소이고, 법원이 판례를 통해 이 개념을 확인하고 있기 때문에 죄형법정주의에 반하지 않는다고 한다(94도2413). 그럼에도 불구하고 법원이 역시 규범적 개념인 '성적 도의관념'을 기준으로 음 란 여부를 판단하여 어떤 행위를 처벌할 때에는 매우 신중해야만 한다.

다. 개별 구성요건

(1) 음행매개　음행매개죄는 영리의 목적으로 사람을 매개하여 간음하게 **114**

하는 범죄이다(제242조). '매개'란 사람을 알선하여 간음에 이르게 하는 것이다. 다만, 음행매개의 죄는 특별법인 아동복지법, 성매매처벌법, 청소년성보호법 등 처벌규정이 있어서, 이 조항은 기본조항으로서의 의미만 있을 뿐, 실제 사안에 적용될 가능성이 거의 없다.

115　　(2) **음화반포 등**　음란한 문서, 도화, 필름 기타 물건을 반포, 판매 또는 임대하거나 공연히 전시 또는 상영한 사람은 음란문서반포죄 등으로 처벌된다 (제243조). '문서' 또는 '도화'와 관련하여 문학작품이나 미술작품 등 예술작품의 음란성이 문제되는 경우가 있다. 이에 대해 판례는 예술성과 음란성은 차원을 달리하는 관념이므로 어느 예술작품에 예술성이 있다고 하여 그 작품의 음란성이 당연히 부정되는 것은 아니며, 다만 그 작품의 예술적 가치, 주제와 성적 표현의 관련성 정도 등에 따라서는 그 음란성이 완화되어 결국은 형법이 처벌대상으로 삼을 수 없게 되는 경우가 있을 수 있을 뿐이라고 한다(2002도2889, 98도 679 등). 그리하여 판례는 사진첩에 남자 모델이 전혀 등장하지 아니하고 남녀의 정교 장면에 관한 사진이나 여자의 국부가 완전히 노출된 사진이 수록되어 있지 않더라도 그 사진들이 음란한 도화에 해당한다고 판시한 바 있다(97도937). 음란한 물건의 반포 또는 판매도 처벌되는데, 판례에 따르면 어떤 물건의 음란성 여부는 그 물건을 전체적으로 관찰하여 볼 때 단순히 저속하다는 느낌을 주는 정도를 넘어 사람의 존엄성과 가치를 심각하게 훼손·왜곡하였다고 평가할 수 있을 정도로 노골적으로 사람의 특정 성적 부위 등을 적나라하게 표현 또는 묘사하는 것이어야 한다(2013도15643). 이러한 법리에 따라 판례는 남성용 자위기구인 모조여성성기의 형상에 따라 음란한 물건에 해당한다고 한 경우(2003도988)도 있고 해당하지 않는다고 판시한 경우(2013도9228)도 있다.

116　　(3) **음화제조 등**　제243조의 행위에 공供할 목적으로 음란한 물건을 제조, 소지, 수입 또는 수출한 사람은 음화제조죄 등으로 처벌된다(244조). '음란한 물건'은 제243조의 음란문서, 도화 등을 포괄하는 개념이다. 제243조에서 음란문서, 음화 등을 반포하거나 판매하는 행위 등의 전제가 되는 구성요건이라 할 수 있다.

117　　(4) **공연음란**　공연음란죄는 공연히 음란한 행위를 하는 것을 내용으로 하는 범죄이다(제245조). '공연히'는 불특정 다수인이 알 수 있는 상태를 말한다. '음란한 행위'란 반드시 성행위를 묘사하거나 성적인 의도를 표출하는 것을 의미하지 않으며, 일반 보통인의 성욕을 자극하여 성적 흥분을 유발하고 정상적인

성적 수치심을 해칠 정도라면 '음란한 행위'에 해당한다(2019도14056, 2005도1264). 그리고 어떤 행위의 음란성 유무는 그 행위 자체로서 객관적으로 판단해야 할 것이고, 그 행위자의 주관적인 의사에 따라 좌우되는 것은 아니다(96도980). 행위자에게 자신의 행위에 대한 인식이 있고 그 행위가 일반인의 기준에서 음란하다고 판단할 수 있으면, 행위자에게 음란의 인식이 있는 것으로 평가된다.[1] 한편, 특정한 사람을 상대로 음란한 행위를 하였다고 반드시 그 사람에 대하여 '추행'이 된다고 할 수는 없다(2011도8805).

3. 도박과 복표에 관한 죄

가. 보호법익

도박과 복표福票에 관한 죄는 허가 없이 도박을 하거나, 도박장소를 개설하거나, 복표를 발매·중개·취득하는 것을 내용으로 하는 범죄이다. 이 죄의 보호법익은 공공의 미풍양속과 건전한 경제적 도의관념 또는 근로관념이라고 할 수 있다(2006도736, 2003도5433). **118**

나. 개별 구성요건

(1) **도박** 도박죄는 도박을 함으로써 성립한다. 다만 일시오락 정도에 불과한 경우에는 예외로 한다(제246조 ①항). '도박'이란 재물 또는 재산상의 이익을 걸고 우연에 의해 그 득실을 결정하는 행위이다. 여기서 '우연'이란 주관적으로 '당사자에 있어서 확실히 예견 또는 자유로이 지배할 수 없는 사실에 관하여 승패를 결정하는 것'을 말하고, 객관적으로 불확실할 것을 요구하지 아니한다. 따라서, 당사자의 능력이 승패의 결과에 영향을 미친다고 하더라도 다소라도 우연성의 사정에 의하여 영향을 받게 되는 때에는 도박죄가 성립할 수 있다(2006도736). 도박은 그 성격상 2인 이상이 필요하므로, 일종의 필요적 공범이라 할 수 있다. 따라서 사기도박과 같이 도박당사자의 일방이 사기의 수단으로써 승패의 수를 지배하는 경우, 도박의 우연성이 없어 사기죄만 성립하고 도박죄는 성립하지 않는다(2010도9330). 한편, 일시오락 정도에 불과한 경우는 이 조항에 따라 위법성이 조각된다(2003도6351). **119**

---

1) [2000도4372] 고속도로에서 승용차를 손괴하거나 타인에게 상해를 가하는 등의 행패를 부리던 자가 이를 제지하려는 경찰관에 대항하여 공중 앞에서 알몸이 되어 성기를 노출한 경우, 음란한 행위에 해당하고 그 인식도 있었다. [2003도6514] 말다툼을 한 후 항의 표시로 엉덩이를 노출시킨 행위는 음란한 행위에 해당하지 않는다.

120　　　(2) **상습도박**　　상습으로 도박죄를 저지른 때에는 상습도박죄로 가중저벌한다(제246조 ②항). '상습'이란 반복하여 도박행위를 하는 습벽을 말한다. 상습성을 인정하는 데 이른바 전과前科가 반드시 필요한 것은 아니다.[1] 상습범은 행위자의 속성 때문에 형이 가중되는 부진정신분범이다.

121　　　(3) **도박장소 등 개설**　　영리의 목적으로 도박을 하는 장소나 공간을 개설한 사람은 도박장소개설, 도박공간개설의 죄로 처벌된다(제247조). '도박장소를 개설'한다는 것은 행위자가 주재자가 되어 그 지배 아래 도박의 장소를 여는 것을 말한다(2008도3970). '도박공간을 개설'하는 것은 인터넷 등 사이버공간에서 도박을 개설하는 경우(2001도5802, 2008도1667), 낚시터에서 낚인 물고기에 부착된 번호에 따라 경품을 제공하는 경우(2008도10582) 등이 그 예이다. 이 죄는 고의와 더불어 '영리의 목적'이 필요한 진정목적범이다. '영리의 목적'이란 도박개장의 대가로 불법한 재산상의 이익을 얻으려는 의사를 뜻한다(2012도14725).

122　　　(4) **복표의 발매 등**　　법령에 의하지 아니한 복표를 발매한 사람은 복표발매죄로 처벌되며(제248조 ①항), 복표발매를 중개한 사람은 복표발매중개(같은 조 ②항), 위의 복표를 취득한 사람은 복표취득(같은 조 ③항)의 죄로 각각 처벌된다. '복표'란 일반적으로 '복권'이라고 하는 것으로서, 특정한 표찰을 이용하여 여러 사람으로부터 재물 등을 모아 추첨 등의 방법으로 당첨자에게 재산상의 이익을 주고 다른 참가자에게 손실을 주는 행위를 말한다.[2] 복표의 개념요소는 ① 특정한 표찰일 것, ② 그 표찰을 발매하여 다수인으로부터 금품을 모을 것, ③ 추첨 등의 우연한 방법에 의하여 그 다수인 중 일부 당첨자에게 재산상의 이익을 주고 다른 참가자에게 손실을 줄 것의 세 가지로 파악할 수 있다. 이 점에서 경제상의 거래에 부수하는 특수한 이익의 급여 내지 가격할인에 불과한 경품권이나 사은권 등과는 그 성질이 다르다(2003도5433).[3] 복표는 법령에 의하지 않는

---

1) [95도955] 상습도박죄에 있어서의 상습성이라 함은 반복하여 도박행위를 하는 습벽으로서 행위자의 속성을 말하는데, 이러한 습벽의 유무를 판단함에 있어서는 도박의 전과나 도박횟수 등이 중요한 판단자료가 되나 도박전과가 없다 하더라도 도박의 성질과 방법, 도금의 규모, 도박에 가담하게 된 태양 등의 제반 사정을 참작하여 도박의 습벽이 인정되는 경우에는 상습성을 인정하여도 무방하다.

2) 사행행위규제법 제2조 ①항 2호 가목의 용어 정의이다. '표찰'은 같은 규정에 따라 컴퓨터프로그램 등 정보처리능력을 가진 장치에 의한 전자적 형태를 포함한다.

3) [2003도5433] 이른바 '광고복권'은 통상의 경우 이를 홍보 및 판촉의 수단으로 사용하는 사업자들이 당첨되지 않은 참가자들의 손실을 대신 부담하여 주는 것일 뿐, 그 자체로는 추첨 등의 우연한 방법에 의하여 일부 당첨자에게 재산상의 이익을 주고 다른 참가자에게 손실을 주는 복표로서의 성질을 갖추고 있다고 보아 형법 제248조 소정의 복표에 해당한다고 한 사례.

것이어야 한다. 법령에 의한 복표는 이 죄의 행위객체가 아니므로 구성요건에 해당하지 않는다.

[22] 제4절 개인적 법익에 대한 죄

Ⅰ. 생명과 신체에 대한 죄

1. 살인의 죄

인간의 생명은 법질서가 보호해야 할 법익 중에 가장 고귀한 법익이다. 생   **1** 명은 존엄한 인간 존재의 근원이며, 생명권은 헌법에 명문의 규정이 없다 하더 라도 인간의 생존본능과 존재목적에 바탕을 둔 선험적이고 자연법적인 권리로 서 헌법에 규정된 모든 기본권의 전제로서 기능하는 기본권 중의 기본권이다(95 헌바1, 2017헌바127). 살인의 죄는 사람을 살해함으로써 그 생명을 침해하는 범죄 로서, 사람의 생명을 보호법익으로 한다.

가. 살인죄(제250조 ①항)

(1) **행위 객체**   살인은 사람을 살해하는 범죄이다. '사람'은 타인으로 해석   **2** 된다. 따라서 자살은 이 죄의 구성요건에 해당하지 않는다. 종교적, 윤리적 문 제는 다른 문제이다. 보호법익이 생명이므로 이 죄의 객체는 생명이 있을 때부 터 생명이 다할 때까지의 사람이다. 문제는 언제 생명이 시작되고 언제 끝나는 가이다. 1) 사람의 시기始期는 사람이 출생한 때이다. 아직 출생하지 않은 태아 는 낙태죄의 행위객체가 된다. 따라서 태아가 사람으로 출생하는 시기가 구체 적으로 언제인가 하는 것이 중요하다. 이에 대해서 통설과 판례는 이른바 진통 설 또는 분만개시설에 따라 '규칙적인 진통이 동반되면서 태아가 태반으로부터 이탈하기 시작한 때', 곧 분만이 개시된 때가 사람의 시기라고 한다(81도2621). 그밖의 견해로는 일부노출설, 전부노출설, 독립호흡설 등이 있다.[1] 판례가 밝 힌 바와 같이 과거 형법의 영아살해죄에서 '분만 중인 태아'를 '살해'의 객체로 규정한 바 있으므로,[2] 형법의 체계적 해석 등을 고려하면 분만개시의 시점이

---

1) 민법에서는 사람의 시기가 권리능력의 주체가 될 수 있는 시기를 의미하므로 전부노출설이 통설이다.

2) 영아 살해 범죄가 증가하고 영아 살해에 대한 사회적 비난이 높아지면서 영아살해죄는 2023.

사람의 시기라고 하지 않을 수 없다. 제왕절개수술에 의해 태어나는 경우에는 의사가 자궁을 절개하는 시점부터 사람이 시작된다고 해야 한다. 이 경우 '의학적으로 제왕절개 수술이 가능하였고 규범적으로 수술이 필요하였던 시기'를 사람의 시기始期로 보아야 한다는 견해도 있지만, 판례는 이를 부정한다. 이 기준은 판단하는 사람 및 상황에 따라 다를 수 있어 불명확하기 때문이다(2005도3832).

3   2) **사람의 종기**終期는 사람이 사망한 때이다. 사망의 시점에 대해서는 맥박종지설과 호흡종지설이 대립해 왔다. 맥박종지설은 심장의 맥박이 완전히 그치는, 곧 종지終止하는 시점이 사람의 사망시기라고 한다. 심장사설이라고도 한다. 현재까지의 다수견해인데, 심장은 멈췄다 다시 뛰는 경우가 있다는 것이 문제점으로 지적된다. 호흡종지설은 호흡이 완전히 멈춘 때가 사망의 시기라고 한다. 그런데 최근에는 '뇌사'를 사망의 시기로 보아야 한다는 견해가 대두되고 있다. 뇌사는 임상적으로 뇌의 활동이 회복 불가능하게 정지된 상태를 의미한다. 뇌사판정이 내려지면 뇌의 기능이 회복될 수 없다는 것을 의미한다. 이 경우 뇌사 환자의 장기를 타인에게 이식할 수 있다.[1] 뇌사 후에도 심장은 뛰고 있어 장기는 살아있기 때문이다. 의술의 발달로 장기이식이 가능해지면서, 심장이 멈추지 않아 살아 있는 사람의 장기를 적출하여 결국 사망에 이르게 하는 것이 살해에 해당하는 것은 아닌지가 문제되었다. 그래서 뇌사를 사망의 시기로 인정하자는 것이다. 그러나 사람의 최종 사망 시기는 심장사를 기준으로 하는 것이 타당하다고 생각한다. 심장사는 객관적으로 분명한 사망의 상태이다. 응급처치로 심장을 되살리는 것은 심장의 영원한 멈춤이 아니므로 심장사의 상태라고 할 수 없다. 뇌사는 사람의 사망 과정에서 항상 발생하는 경우도 아니고, 「장기이식법」에 따라 의료기관인 '뇌사판정기관'이 뇌사를 판정한다. 인위적인 '판정'을 사람의 사망시기로 하는 것은 법률의 관점에서 수용하기 어렵다. 뇌사 판정을 받으면 심장사할 것이 거의 확실하고, 뇌사와 심장사 사이의 시간도 길지 않기 때문에 뇌사를 사망의 시기로 인정할 실익이 있는지도 의문이다. 심장사를 사망의 기준으로 하되, 뇌사 판정 후 장기를 적출하는 행위는 설령 그것이 사망의 원인

---

8. 8. 형법 개정으로 폐지되었다(2024. 2. 9. 시행). 영아살해죄 및 영아유기죄를 폐지함으로써 저항 능력이 없거나 현저히 부족한 사회적 약자인 영아를 범죄로부터 두텁게 보호하기 위한다는 것이 개정의 이유이다.

1) 뇌사는 식물인간 상태와 다르며 식물인간 상태는 드물게 상당 기간이 경과한 이후에도 의식을 부분적으로 회복하는 경우가 보고되고 있다.

이 되었다 하더라도 법령에 의한 행위로 위법성이 조각되는 경우라고 해석하는 것이 타당할 것이다.

(2) 행위 '살해'는 고의로 사람의 생명을 단축시키는 행위이다. 살해의 수 **4** 단과 방법에는 제한이 없다. 작위는 물론 부작위 살인도 가능하며, 간접정범으로 살인하는 것도 가능하다. 이 죄는 침해범이므로 사망의 결과가 발생했을 때 기수가 된다.

나. 존속살해(제250조 ②항)

(1) 의의, 위헌 여부   자기 또는 배우자의 직계존속을 살해한 사람은 존속 **5** 살해죄로 처벌된다. 보통의 살인죄에 비해 비난의 정도, 곧 책임의 정도가 높다는 이유로 법정형이 더 무겁다. 신분 때문에 형이 무거워지는 경우로서 부진정 신분범이다(제33조). 그래서 이 죄에 대해서는 행위자가 비속이라는 이유로 무겁게 처벌하는 것은 평등의 원칙에 어긋나기 때문에 위헌이라는 주장이 있다. 헌법재판소는 1) 이 죄의 입법의 배경에 우리 사회의 효를 강조하는 유교적 관념 내지 전통사상이 자리 잡고 있는 점, 2) 존속살해는 그 패륜성 때문에 고도의 사회적 비난을 받아야 할 이유가 충분한 점, 3) 이 죄의 법정형이 '사형 또는 무기징역'에서 '사형, 무기 또는 7년 이상의 징역'으로 개정되어 양형에서 구체적 불균형의 문제도 해소된 점 등을 고려할 때, 이 조항이 형벌체계상 균형을 잃은 자의적 입법으로서 평등원칙에 위반되는 것이라 할 수 없다고 판시하였다(2011 헌바267). 그러나 이 결정에서는 1) 직계존속을 살해하는 경우 양육이나 보호 여부, 애착관계의 형성 등을 묻지 않고 그 형식적 신분관계만으로 가중 처벌하는 것은 헌법이 보장하는 민주적인 가족관계와 조화된다고 보기 어렵고, 2) 범행동기 등을 감안하지 않고 일률적으로 형의 하한을 높여 합리적인 양형을 어렵게 하며, 3) 비교법적으로도 그 예를 찾기 어려운 것으로서 차별의 합리성을 인정할 수 없으므로 평등의 원칙에 위반된다는 소수의견이 있었다.

(2) 행위 객체   이 죄의 객체는 자기 또는 배우자의 직계존속이다. 1) 직계 **6** 존속이란 법률상의 개념으로서, 민법에 의한 친자관계를 말한다. 가족관계등록부는 법률상 친자관계의 기준이 되지 못한다. 따라서 가족관계등록부에 친권자로 등재되어 있어도 사실이 아닌 경우에는 법률상 친자관계에 해당하지 않고(83도996), 혼인외 출생자와 그 생모는 친자관계에 해당한다(80도1731). 입양의 의사로 친생자 출생신고를 하고 자신을 계속 양육하여 온 사람을 살해한 경우, 위

출생신고는 입양신고의 효력이 있으므로 존속살해죄가 성립한다(2007도8333). 타인의 양자로 입양된 사람이 실부모를 살해한 경우, 입양 이후에도 실부모와의 친자관계는 존속된다고 보기 때문에 존속살해죄에 해당한다(66도1483). 2) 배우자는 법률상의 배우자에 한정되므로 사실혼 상태의 배우자는 포함되지 않는다. 그리고 배우자는 살아 있는 배우자를 의미한다.

다. 촉탁, 승낙에 의한 살인 등(제252조)

7   (1) 촉탁살인·승낙살인   사람의 촉탁이나 승낙을 받아 그를 살해한 자는 촉탁살인 또는 승낙살인의 죄로 처벌한다(제252조 ①항). 다만 일반살인죄에 비해 감경된 법정형이 적용된다. 생명은 개인이 처분할 수 없는 법익이므로 위법성조각사유인 승낙의 대상이 되지 않는다. 형법이 그러한 입장을 이 조항에 명백히 규정한 것이라고 볼 수 있다. 다만 책임 또는 불법이 감경되는 것으로 보아 처벌의 정도만 가볍게 하는 것이다. '촉탁'은 이미 죽음을 결의한 피해자가 살해를 요구하는 것을 말한다. 죽음을 결의하지 않은 피해자로 하여금 죽음을 결의하게 하는 것은 자살교사 및 자살방조에 해당할 수 있다. 또한 '촉탁'은 자유로운 의사에 기한 명시적이고 진지한 것임을 필요로 하므로, 죽음이 무엇인가를 이해할 수 있는 능력과 자유로이 의사를 결정할 수 있는 능력을 갖춘 자가 진지하게 자신을 살해해 달라고 요구하는 의사표시를 명시적으로 한 때에만 촉탁이 있었다고 할 수 있다(2012고합380). '승낙'은 살해를 결의한 자가 피해자로부터 이에 대한 동의를 얻는 것을 말한다. 승낙 또한 피해자의 자유의사에 의한 진지한 승낙이어야 한다.

8   (2) 자살교사·자살방조   사람을 교사하거나 방조하여 자살하게 한 자는 자살교사죄 또는 자살방조죄로 처벌하되, 감경된 법정형을 적용한다(제252조 ②항). 자살하는 사람은 정범이 될 수 없으므로, 형법 총칙의 공범 규정에 따라 교사 또는 방조의 행위를 처벌할 수 없다. 따라서 특별규정을 둔 것이다. '교사'는 자살의 의사가 없는 사람에게 자살을 결의하도록 하는 행위이다. '방조'는 자살을 결의한 사람에게 도움을 주어 자살을 용이하게 하는 행위이다. 교사·방조의 수단과 방법에는 제한이 없다. 교사는 명시적인 방법은 물론 묵시적인 방법도 가능하다. 방조의 방법에는 적극적, 소극적, 물질적, 정신적 방법이 모두 포함된다. 그리고 자살방조죄가 성립하기 위해서는 그 방조 상대방의 구체적인 자살의 실행을 원조하여 이를 용이하게 하는 행위의 존재 및 그 점에 대한 행위자의 인

식이 요구된다(2010도2328).[1]

[2005도1373] 자살방조죄는 자살하려는 사람의 자살행위를 도와주어 용이하게 실   **9**
행하도록 함으로써 성립되는 것으로서, 그 방법에는 자살도구인 총, 칼 등을 빌려
주거나 독약을 만들어 주거나 조언 또는 격려를 한다거나 기타 적극적, 소극적,
물질적, 정신적 방법이 모두 포함된다 할 것이나, 이러한 자살방조죄가 성립하기
위해서는 그 방조 상대방의 구체적인 자살의 실행을 원조하여 이를 용이하게 하
는 행위의 존재 및 그 점에 대한 행위자의 인식이 요구된다.
[2] 피고인이 인터넷 사이트 내 자살 관련 카페 게시판에 청산염 등 자살용 유독
물의 판매광고를 한 행위가 단지 금원 편취 목적의 사기행각의 일환으로 이루어
졌고, 변사자들이 다른 경로로 입수한 청산염을 이용하여 자살한 사정 등에 비추
어, 피고인의 행위는 자살방조에 해당하지 않는다고 한 사례.

라. 위계 등에 의한 촉탁살인 등(제253조)

위계 또는 위력으로 촉탁 또는 승낙하게 하거나 자살을 결의하게 한 때에   **10**
는 살인에 해당하게 되어 위계촉탁살인, 위력촉탁살인 등의 죄로 처벌한다. '위
계'란 상대방에게 목적이나 수단을 숨기고 그의 부지나 착오를 이용하는 것을
말한다. '위력'이란 사람의 의사를 제압할 수 있는 유형·무형의 힘을 뜻한다. 그
리고 이 죄의 위력은 폭행이나 협박 등이 피해자의 항거를 불가능하게 하여 피
해자가 그 의사결정 능력을 완전히 상실하거나 피해자의 항거를 현저히 곤란하
게 하는 정도이어야 한다(96노502). 위계 또는 위력으로 살인을 촉탁, 승낙하거
나 자살을 결의하게 해야 하므로, 자살의 의미를 모르는 어린 아이에게 함께 죽
자고 권유하여 익사하게 한 행위는 살인죄에 해당한다(86도2395).

마. 미수범과 예비·음모(제254조, 제255조)

제250소, 제252조, 제253조의 미수범은 서벌한다(제254조). 그리고 세250조   **11**
와 제253조의 죄를 범할 목적으로 예비 또는 음모한 사람도 처벌된다(제255조).
살인죄의 실행에 착수하는 시기는 구체적인 피해자를 대상으로 살해 행위에 밀
접한 행위를 개시한 때이다. 예컨대 피해자를 살해할 것을 마음먹고 낫을 들고

---

1) 피해자가 피고인과 말다툼을 하다가 '죽고 싶다' 또는 '같이 죽자'고 하며 피고인에게 기름을
   사오라고 하자 피고인이 휘발유 1병을 사다주었는데 피해자가 몸에 휘발유를 뿌리고 불을
   붙여 자살한 사례.

피해자에게 다가서려고 하였으나 다른 사람들이 제지하여 그 틈에 피해자가 도 망한 경우, 피고인이 낫을 들고 피해자에게 접근한 행위는 실행에 착수한 행위 가 된다(85도2773). 하지만 타인을 살해하고자 실탄이 장전된 권총을 휴대하고 울타리 밑에 숨어서 그 사람이 나타나기를 기다리고 있었다면 실행의 착수라 볼 수 없어 살인예비죄에 해당할 뿐이다(4292형공1375). 예비·음모는 범죄의 실 행을 위한 준비행위로서 실행의 착수에 이르기 전의 행위를 말한다. 살인의 예 비죄가 성립하기 위하여는 살인죄를 범할 목적과 살인의 준비에 관한 고의가 있어야 하며, 실행의 착수에 이르지 않는 준비행위를 필요로 한다. 준비행위는 범행의 의사 또는 계획만으로는 부족하고, 살인을 위해 사람을 고용하면서 대가 의 지급을 약속한 경우와 같이, 객관적으로 보아서 살인죄의 실현에 실질적으로 기여할 수 있는 외적 행위가 있어야 한다(2009도7150).

2. 상해와 폭행의 죄

12   상해와 폭행의 죄는 사람의 신체를 침해하는 범죄로서, 신체의 건강과 건 재를 보호법익으로 하는 범죄이다. 구체적으로 상해죄는 신체의 건강을 보호법 익으로 하고, 폭행죄는 신체의 건재가 보호법익이라는 것이 다수견해이다. 상해 죄는 결과범이고 폭행죄는 거동범이라는 점에서도 양자는 구별된다. 상해의 행 위가 반드시 폭행을 수반하는 것은 아니며, 형법이 폭행치상죄를 규정하고 있기 때문에, 두 죄는 따로 성립하는 범죄이다.

가. 상해, 존속상해(제257조)

13   상해죄는 사람의 신체를 상해함으로써 성립하는 범죄이다(제257조 ①항). '상 해'의 의미에 대해서는 신체의 완전성을 침해하는 행위라고 하는 견해와 신체의 생리적 기능을 훼손하는 행위라는 견해, 그리고 신체의 완전성 또는 생리적 기 능을 침해하는 행위라고 하는 견해 등이 대립한다. 다수견해는 상해란 신체의 생리적 기능을 훼손하는 행위라고 한다. 판례는 입장이 분명하지 않다. '신체의 완전성을 침해는 행위'를 상해라고 한 예도 있고(82도2588), '신체의 완전성을 훼 손하거나 생리적 기능에 장애를 초래하는 것'을 상해라고 판시한 바도 있으며 (99도4305, 98도3732), '신체의 건강상태가 불량하게 변경되고 생활기능에 장애가 초래되는 것'이 상해라고 한 경우도 있다(2004도483, 99도3099 등). 그런데 최근 판 례는 상해를 '신체의 완전성을 훼손하거나 생리적 기능에 장애를 초래하는 것'

이라고 정의하면서도 그것이 곧 '피해자의 건강상태가 불량하게 변경되고 생활 기능에 장애가 초래되는 것'이라고 하여(2017도3196, 2016도15018), 사실상 다수견 해인 생리적 기능장애설과 같은 취지를 나타내고 있다. 따라서 상해는 신체의 생리적 기능장애를 가져올 정도가 되어야 하지만, 신체의 완전성을 침해하는 행 위가 생리적 기능 장애를 초래한 정도로 평가되면 그 또한 상해로 보아야 할 것 이다. 구체적으로 보면 신체 내외부에 상처가 있는 경우는 물론, 협박과 폭행으 로 실신한 경우(96도2529), 정신과적 증상인 외상 후 스트레스 장애를 입은 경우 (98도3732), 수면제와 같은 약물을 투약하여 피해자를 일시적으로 수면 또는 의 식불명 상태에 이르게 한 경우(2017도3196)에도 상해가 인정된다. 다만 피해자가 입은 상처가 멍이 든 정도로 경미하여 치료를 받지 않더라도 일상생활을 하는 데 지장이 없는 경우(2004도483, 94도1311)는 상해라고 할 수 없다. 자기 또는 배 우자의 직계존속에 대하여 상해의 죄를 범한 때에는 존속상해죄로 가중처벌하 며(제257조 ②항), 상해죄와 존속상해죄의 미수범은 처벌한다(같은 조 ③항).

나. 중상해, 존속중상해(제258조)

중상해죄는 사람의 신체를 상해하여 생명에 대한 위험을 발생하게 하거나 **14** (제258조 ①항), 불구 또는 불치나 난치의 질병에 이르게 한(같은 조 ②항) 때에 성 립하는 범죄이다. 이 죄는 상해죄의 결과적 가중범이라는 것이 다수견해이다. 구성요건의 행태가 '~을 발생하게 한', '~에 이르게 한'으로 되어 있어 결과적 가중범의 구조이므로, 상해죄의 기본범죄에 인식하지 못한 중한 결과가 결합된 범죄라는 것이다. 그러나 이러한 성격에 대한 논의는 실질적 의미가 없다. 기본 범죄와 중한 결과가 모두 상해이기 때문이다. 더구나 중한 결과에 대한 고의가 있는 경우를 부진정 결과적 가중범이라고 하는 것은 타당하지 않다. 부진정 결 과적 가중범은 법정형의 불균형을 해결하기 위해 등장한 '부진정한' 개념인데, 그러한 문제가 없는 중상해죄를 부진정 결과적 가중범이라고 할 필요는 없는 것이다.[1]

'생명에 대한 위험'은 생명에 대한 구체적 위험을 말하며, 이로 인해 피해자 **15** 가 사망하면 상해치사죄가 된다. '불구'란 신체 조직의 중요한 부분이 상실되거 나 그 기능을 상실하는 것을 말한다. 팔다리의 절단 또는 시력이나 청력의 상실

---

[1] 참조: [94노738] 가해행위시에 중상해의 고의가 있는 경우는 물론이고 상해의 고의만 있었더 라도 그 가해행위로 인하여 중상해의 결과가 발생하는 경우에는 중상해에 대한 예견가능성 이 인정되는 한 중상해죄의 죄책을 진다.

등이 이에 해당한다. '불치 또는 난치의 질병'은 치료의 가능성이 없거나 희박한 경우이다. 자기 또는 배우자의 직계존속에 대하여 중상해의 죄를 범한 때에는 가중처벌한다(같은 조 ③항).

다. 특수상해(제258조의2)

16　　단체 또는 다중의 위력을 보이거나 위험한 물건을 휴대하여 상해, 존속상해, 중상해, 존속중상해의 죄를 범한 때에는 특수상해, 특수존속상해 등으로 처벌되며, 각 죄에 정한 형보다 가중된 법정형으로 처벌된다. 이 죄는 폭력행위처벌법에 있던 처벌조항을 헌법재판소의 위헌 결정에 따라 형법에 편입한 것이다.[1] 행위방법의 위험성 때문에 불법이 가중되는 가중적 구성요건이다.

17　　1) '단체'란 공동의 목적 아래 특정 다수인에 의하여 이루어진 계속적이고 최소한의 통솔체제를 갖춘 조직화된 결합체를 뜻한다. 그리고 2) '다중'은 계속적 조직체일 필요가 없고 통솔체제를 갖출 필요도 없으며 단지 그 존재 자체로서 위협이 될 정도의 세력을 보일 수 있는 인원이 집단적으로 특정 장소에 집결해 있는 경우를 말한다(2015헌바450, 2007헌가24). 3) '위력'이란 사람의 의사를 제압하기에 충분한 유형·무형의 세력을 뜻한다. 4) '위험한 물건'이란 흉기는 아니더라도 널리 사람의 생명·신체에 해를 가하는 데 사용할 수 있는 모든 물건을 포함한다. 본래 살상용·파괴용으로 만들어진 것뿐만 아니라 다른 목적으로 만들어진 물건은 물론 사주된 동물 등도 그것이 사람의 생명·신체에 해를 가하는 데 사용되었다면 '위험한 물건'이라 할 수 있다(97도597). 그리고 위험한 물건을 5) '휴대하여'란 소지하는 것뿐만 아니라 널리 이용한다는 뜻도 포함한다(2002도2812). 범행 현장에서 범행에 사용하려는 의도로 흉기를 소지하거나 몸에 지니면 되고, 그 사실을 피해자가 인식하거나 실제로 범행에 사용할 것이 요구되지는 않는다. 다만, 범행과 무관하게 우연히 소지하게 된 경우는 여기에 포함되지 않는다(2004도2018, 90도401).

라. 상해치사(제259조)

18　　상해치사죄는 사람의 신체를 상해하여 사망에 이르게 하는 범죄이다(제259조 ①항). 상해죄의 결과적 가중범으로서 가중처벌되는 범죄이다. 따라서 상해와

---

1) 헌법재판소는 2015. 9. 24. 「폭력행위처벌법」 제3조 ①항의 가중처벌 규정이 형법과 동일한 구성요건을 규정하면서 법정형만 상향하고 있어 헌법의 기본원리에 위배되고 평등의 원칙에 위반된다는 이유로 위헌결정을 하였다(2014헌바154등, 2015헌가17). 이에 2016. 1. 6. 「폭력행위처벌법」의 일부 규정을 정비하고 특수상해죄를 형법에 편입하였다.

사망의 사이에 인과관계가 있어야 하며, 사망의 결과에 대한 예견가능성이 요구된다. 자기 또는 배우자의 진계존속의 신체를 상해하여 사망에 이르게 한 때에는 존속상해치사죄로 가중처벌된다(같은 조 ②항).

마. 폭행, 존속폭행, 특수폭행(제260조, 제261조)

사람의 신체에 대하여 폭행을 가한 자는 폭행죄로 처벌되며(제260조 ①항), **19** 자기 또는 배우자의 직계존속에 대하여 폭행의 죄를 범한 때에는 존속폭행죄로 가중처벌된다(같은 조 ②항).

(1) **형법에서 폭행의 유형** '폭행'이란 사람의 신체에 대하여 유형력을 행 **20** 사하는 것을 말한다. 형법에서 폭행의 개념은 네 가지로 구별된다. 1) 가장 넓은 의미의 폭행은 유형력을 행사하는 모든 경우를 의미한다. 사람을 대상으로 하는 유형력의 행사는 물론 물건에 대한 유형력의 행사를 포함하는 개념이다. 소요죄. 다중불해산죄 등의 폭행이 여기에 해당한다. 2) **넓은 의미의 폭행**은 사람에 대한 모든 유형력의 행사를 말한다. 직접적인 유형력의 행사는 물론 간접적인 유형력의 행사도 포함한다는 점에서 좁은 의미의 폭행과 구별된다. 공무집행방해죄, 강요죄 등의 폭행이 여기에 해당한다. 3) **좁은 의미의 폭행**은 사람에 대한 직접적인 유형력의 행사이다. 직접적이라는 것은 반드시 신체에 대한 접촉을 의미하지 않는다. 폭행죄의 폭행은 좁은 의미의 폭행이며,[1] 독직폭행(제125조)의 폭행과 2023년의 변경된 판례(2018도13877)에 따른 강제추행죄의 폭행도 이 개념에 속한다. 4) **가장 좁은 의미의 폭행**은 사람에 대한 직접적인 유형력의 행사를 통해 상대방의 반항을 불가능하게 하거나 현저히 곤란하게 하는 폭행을 뜻한다. 강간죄와 강도죄 등의 폭행이 여기에 해당한다.

(2) **폭행의 방법** 폭행은 사람에 대한 유형력의 행사로 볼 수 있으면 그 **21** 방법에는 특별한 제한이 없다. 폭행죄의 보호법익이 신체의 건재이므로, 신체의 건재를 해치는 모든 행위가 폭행이 될 수 있다. 침을 뱉거나 멱살을 잡거나 밀치거나 하는 행위들은 물론이고, 신체의 생리적 기능에 장애를 주지 않을 정도로 신체의 외관을 변형시키는 행위, 예를 들어 머리카락이나 수염을 자르는 행

---

1) [2016도9302] 폭행죄에서 말하는 폭행이란 사람의 신체에 대하여 육체적·정신적으로 고통을 주는 유형력을 행사함을 뜻하는 것으로서 반드시 피해자의 신체에 접촉함을 필요로 하는 것은 아니고, 그 불법성은 행위의 목적과 의도, 행위 당시의 정황, 행위의 태양과 종류, 피해자에게 주는 고통의 유무와 정도 등을 종합하여 판단하여야 한다. 따라서 자신의 차를 가로막는 피해자를 부딪친 것은 아니라고 하더라도, 피해자를 부딪칠 듯이 차를 조금씩 전진시키는 것을 반복하는 행위 역시 피해자에 대해 위법한 유형력을 행사한 것이라고 보아야 한다.

위도 폭행이 될 수 있다. 다만, 폭언을 하거나 소음을 크게 내어 청각을 자극하는 것은 기본적으로 폭행이라고 할 수 없다(90도2153). 그러나 의사전달 수단의 합리적 범위를 넘어서 상대방에게 고통을 줄 의도로 음향을 이용하였다면 예외적으로 이를 폭행으로 인정할 수 있다(2007도3584, 2000도5716).

22   **(3) 반의사불벌**   폭행과 존속폭행의 죄는 피해자의 명시한 의사에 반하여 공소를 제기할 수 없다(제260조 ③항). 곧, 처벌을 희망하는 의사표시가 없어도 공소를 제기할 수 있지만 처벌을 원하지 않는다는 의사표시가 있으면 공소를 제기할 수 없다. 처벌을 희망하지 않는다는 의사표시는 의사능력이 있는 피해자가 단독으로 이를 할 수 있고, 법정대리인의 동의가 있어야 한다거나 법정대리인에 의해 대리되어야만 하는 것은 아니다(2009도6058 전합). 그리고 피해자가 사망한 후 그 상속인이 피해자를 대신하여 처벌불원의 의사표시를 할 수는 없다(2010도2680).

23   **(4) 특수폭행**   단체 또는 다중의 위력을 보이거나 위험한 물건을 휴대하여 폭행 또는 존속폭행의 죄를 범한 때에는 각 죄에 정한 형보다 무거운 법정형에 따라 처벌한다(제261조). 단체, 다중, 위력, 위험한 물건 등에 대한 해석은 앞에서 설명한 특수상해죄의 구성요건에 대한 해석과 같다.

바. 폭행치사상(제262조)

24   폭행, 존속폭행, 특수폭행의 죄를 지어 사람을 사망이나 상해에 이르게 한 경우에는 발생한 결과에 따라 상해의 죄에 정해진 각 죄의 예에 따라 처벌한다. 다만 특수폭행치상의 경우, 특수상해죄(제258조의2)의 신설에도 불구하고 종전과 같이 형법 제257조 제1항의 예에 따라, 곧 상해죄에 정해진 형으로 처벌한다는 것이 판례의 입장이다(2018도3443). 폭행치사상죄는 결과적 가중범이므로 폭행과 사망 또는 상해의 결과 사이에 인과관계가 인정되어야 하고, 사망 또는 상해의 결과에 대한 예견가능성이 있어야 한다.

사. 동시범 특례(제263조)

25   독립행위가 경합하여 상해의 결과를 발생시킨 경우에 원인된 행위가 판명되지 아니한 때에는 공동정범의 예에 의한다. 이는 제19조의 동시범 규정에 대한 예외를 특별히 정한 것이다. 제19조에서는 동시범의 경우 각 행위를 미수범으로 처벌한다고 하는데, 상해죄의 경우만 특별히 공동정범으로 모두를 기수범으로 처벌한다는 것이다. 그러나 이러한 특례를 적용하면 인과관계가 밝혀지지

않은 행위 중 실제 결과 발생의 원인이 된 행위의 주체를 제외한 나머지 행위자
들은 책임원칙에 어긋나는 처벌을 받게 된다는 점, 그리고 인과관계에 대한 증
명을 피고인에게 전가한다는 점 등이 법치국가의 원칙에 위반되므로 이 특례는
폐지되어야 한다는 주장이 있다.

이러한 주장에도 불구하고 판례는 이 특례의 적용범위를 확대하고 있다. **26**
제263조에서는 '상해의 결과를 발생시킨 경우'라고 하는데, 판례는 폭행치사와
상해치사의 결과에 대해서도 이 특례가 적용된다고 한다(2000도2466, 84도2118).
판례는 그 근거를 명확하게 설명하고 있지 않다. 그러나 법치국가 원칙에 어긋
나는 특례는 제한적으로만 적용되어야 하므로, 상해치사와 폭행치사에는 이 특
례를 적용하지 않아야 한다는 것이 다수견해이다.

아. 상습범(제264조)

상습으로 상해 및 존속상해, 중상해 및 존속중상해, 특수상해, 폭행 및 존 **27**
속폭행, 특수폭행의 죄를 범한 때에는 그 죄에 정한 형의 2분의 1까지 가중한
다. 여기서 '상습'이란 이 규정에 열거된 상해 또는 폭행의 습벽을 말하는 것이
므로, 이 규정에 열거되지 않은 다른 유형의 범죄까지 고려하여 상습성의 유무
를 결정하여서는 안된다(2017도21663). 그리고 판례는 단순폭행과 존속폭행의 범
행이 동일한 폭행의 습벽이 나타난 것으로 인정되는 경우, 법정형이 더 무거운
상습존속폭행죄에 나머지 행위를 포괄하여 하나의 죄만이 성립한다고 한다(2017
도10956).

3. 과실치사상의 죄

과실치사상의 죄는 과실로 사람의 신체를 상해에 이르게 하거나 사람을 사 **28**
망에 이르게 함으로써 성립하는 범죄이다. 형법은 원칙적으로 고의범죄를 처벌
하고 과실범은 법률에 특별한 규정이 있을 때만 처벌한다. 사람의 생명과 신체
는 가장 중요한 법익이므로 생명과 신체를 침해하는 행위에 대해서 과실범의
처벌규정을 둔 것이다.

가. 과실치상, 과실치사(제266조, 제267조)

과실치상죄는 과실로 사람의 신체를 상해에 이르게 하는 범죄이다(제266 **29**
조). 그리고 과실치사죄는 과실로 사람을 사망에 이르게 하는 범죄이다(제267
조). 과실치상과 과실치사의 죄가 성립하기 위해서는 과실행위와 상해의 결과

사이에 인과관계가 인정되어야 하고, 행위자에게 결과에 대한 예견가능성이 있어야 한다.

나. 업무상과실·중과실 치사상(제268조)

30   업무상과실 또는 중대한 과실로 사람을 사망이나 상해에 이르게 한 자는 업무상과실치사, 업무상과실치상 및 중과실치사, 중과실치상의 죄로 처벌한다. 1) 업무상과실치사와 업무상과실치상의 죄는 업무자의 신분 때문에 형이 가중되는 가중적 구성요건이며, 부진정 신분범이다. 형법에서 '업무'는 기본적으로 사람의 사회생활에서 하나의 지위로 계속 종사하는 사무를 말하는데, 이 죄에서의 '업무'는 수행하는 직무 자체가 위험성을 갖기 때문에 안전배려를 의무의 내용으로 하는 경우와 사람의 생명·신체의 위험을 방지하는 것을 의무의 내용으로 하는 업무를 말한다(2009도1040, 2006도3493 등). '중대한 과실'은 조금만 주의하였더라면 결과의 발생을 방지할 수 있었음에도 이를 게을리한 경우를 말한다.

4. 낙태의 죄

31   낙태의 죄는 태아를 자연분만기에 앞서서 인위적으로 모체 밖으로 배출하거나 모체 안에서 살해함으로써 성립하는 범죄이다. 이 죄는 주로 태아의 생명을 보호법익으로 하고 있으며, 임부의 신체도 부차적 보호법익이 된다. 낙태의 행위로 범죄가 기수에 이르고 태아의 사망 여부는 범죄의 성립에 영향이 없으므로 이 죄는 위험범이다(2003도2780). 다수견해는 낙태행위로 태아의 생명에 대한 구체적 위험이 발생해야 한다고 하여 구체적 위험범설을 취하고 있다.

32   이 죄에서 태아는 모체 안에서 수태된 후 분만 개시 전까지의 생명체를 말한다. 태아의 수태 시기, 곧 태아가 되는 시기는 수정된 때가 아니라 수정란이 자궁에 착상된 때라고 보아야 한다. 따라서 수정란이 착상하지 못하도록 하는 것은 낙태의 행위가 아니라 수태조절의 행위라고 할 수 있다.

가. 낙태죄(제269조)

33   낙태죄에는 부녀가 약물 기타 방법으로 낙태하는 '자기낙태죄'(제269조 ①항)와 부녀의 촉탁 또는 승낙을 받아 낙태하게 하는 '촉탁·승낙낙태죄'(같은 조 ②항), 그리고 결과적 가중범으로서 자기낙태죄 또는 촉탁·승낙낙태죄를 범하여 부녀를 사상에 이르게 하는 낙태치사상죄 및 촉탁·승낙낙태치사상죄(같은 조 ③항)가 있다. '부녀'는 임신한 부녀를 뜻한다. 따라서 자기낙태죄는 신분범이며,

간접정범이 불가능한 자수범이다. '낙태'는 태아를 모체 밖으로 배출함으로써 기수가 되므로, 태아를 모체 밖으로 꺼낸 후 살해한 때에는 낙태죄와 살인죄의 경합범이 된다(2003도2780). 촉탁·승낙낙태죄의 행위 주체는 임부 이외의 사람이다. 촉탁과 승낙은 낙태의 의미를 이해할 수 있는 능력이 있는 자의 자유로운 의사에 따른 것이어야 한다.

나. 의사 등의 낙태, 부동의낙태(제270조)

의사, 한의사, 조산사, 약제사 또는 약종상이 부녀의 촉탁 또는 승낙을 받　**34** 아 낙태하게 한 때에는 업무상·촉탁승낙낙태죄로 가중처벌한다(제270조 ①항). 그리고 부녀의 촉탁 또는 승낙 없이 낙태하게 한 자는 부동의 낙태죄로 가중처벌된다(같은 조 ②항). 두 죄를 범하여 부녀를 상해 또는 사망에 이르게 한 때에는 업무상촉탁·승낙치사상 또는 부동의낙태치사상의 죄로 가중처벌된다(같은 조 ③항).

다. 헌법불합치

헌법재판소는 2019. 4. 11. 자기낙태죄(제269조 ①항)와 업무상촉탁·승낙낙　**35** 태죄(제270조 ①항) 중 '의사'에 관한 부분은 모두 헌법에 합치되지 않는다고 결정하였다(2017헌바127). 이 조항들이 모자보건법이 정한 예외를 제외하고는 임신기간 전체를 통틀어 모든 낙태를 전면적·일률적으로 금지하고, 이를 위반할 경우 형벌을 부과함으로써 임신의 유지·출산을 강제하고 있으므로, 임신한 여성의 자기결정권을 제한한다는 것이 그 이유이다. 다만 자기낙태죄 조항은 태아의 생명을 보호하기 위한 것으로서 정당한 입법목적을 달성하기 위한 적합한 수단이므로, 낙태의 죄가 모두 헌법에 합치되지 않는 것은 아니고, 일정한 기간 내에서 임신한 여성의 자기결정권을 보장해야 한다는 것이 이 결정의 취지이다. 구체적 이유는 다음과 같다.

1) 임신한 여성의 자기결정권이 보장되려면 임신한 여성이 임신 유지와 출　**36** 산 여부에 관하여 전인적 결정을 하고 그 결정을 실행하는 데 충분한 시간이 확보되어야 한다. 이러한 점들을 고려하면, 태아가 모체를 떠난 상태에서 독자적으로 생존할 수 있는 시점인 임신 22주 내외에 도달하기 전이면서 동시에 임신 유지와 출산 여부에 관한 자기결정권을 행사하기에 충분한 시간이 보장되는 시기까지의 낙태에 대해서는 국가가 생명보호의 수단 및 정도를 달리 정할 수 있다. 2) 따라서 자기낙태죄 조항은 입법목적을 달성하기 위하여 필요한 최소한의

성노를 넘어 임신한 여성의 자기결정권을 제한하고 있어 침해의 죄소성을 갖추지 못하였고, 태아의 생명 보호라는 공익에 대하여만 일방적이고 절대적인 우위를 부여함으로써 법익균형성의 원칙도 위반하였으므로, 과잉금지원칙을 위반하여 임신한 여성의 자기결정권을 침해한다.

37　　헌법재판소는 이러한 이유로 자기낙태죄 조항과 동일한 목표를 실현하기 위하여 임신한 여성의 촉탁 또는 승낙을 받아 낙태하게 한 의사를 처벌하는 의사낙태죄 조항도 위헌이라고 판단하였다. 다만 이 조항들에 대해 바로 위헌을 선고할 경우, 임신 기간 전체에 걸쳐 행해진 모든 낙태를 처벌하지 못하게 되는데, 이는 헌법재판소의 결정 취지와 다른 것이다. 따라서 임신한 여성의 결정권이 보장되는 시기와 자기결정권 실행의 요건 등을 정하는 개선입법이 이루어질 때까지 이 조항들의 효력이 정지되는 헌법불합치 결정을 하였고,[1] 이 조항들은 2020. 12. 31. 이후 효력이 정지된 채 아직 법률이 개정되지 않고 있다.

5. 유기와 학대의 죄

가. 유기, 존속유기(제271조)

38　　**(1) 보호법익과 보호 정도**　　유기죄는 나이가 많거나 어림, 질병 그 밖의 사정으로 도움이 필요한 사람을 법률상 또는 계약상 보호할 의무가 있는 자가 유기한 경우에 성립하는 범죄이다(제271조 ②항). 자기 또는 배우자의 직계존속에 대하여 유기의 죄를 지은 경우에는 존속유기죄로 가중처벌한다(제271조 ②항). 이 죄는 유기당하는 사람의 생명과 신체를 보호법익으로 한다. 그리고 유기의 결과 생명 또는 신체에 대한 위험이 발생한 경우는 '중유기죄'로 처벌하므로, 이 죄는 위험의 발생이 없어도 처벌되는 추상적 위험범이다.

39　　**(2) 행위 주체**　　유기죄의 주체는 도움이 필요한 사람을 보호할 의무가 있는 자이다. 행위 주체가 비속인 경우에는 존속유기죄로 가중처벌한다. 보호의무의 근거는 법률 또는 계약에 의한 의무로 제한된다. 법률 또는 계약에 의한 의무는 예시이고, 사회상규나 조리에 의한 보호의무도 인정된다는 견해도 있다.

---

1) 헌법재판관 4인의 헌법불합치 의견에 대해 3인의 헌법재판관은 단순위헌 의견을 제시하였다. 그 취지는 1) 이른바 '임신 제1 삼분기(first trimester, 대략 마지막 생리기간의 첫날부터 14주 무렵까지)'에는 어떠한 사유를 요구함이 없이 임신한 여성의 자기결정권이 보장되어야 하고, 2) 현재 낙태죄의 처벌종항들이 갖는 예방효과가 제한적이고, 처벌조항의 기능을 제대로 하지 못하고 있으므로, 이들 조항이 폐기된다고 하더라도 극심한 법적 혼란이나 사회적 비용이 발생한다고 보기 어렵다는 것이다.

그러나 제271조는 도움이 필요한 사람은 '그 밖의 사정'이라 해서 그 범위를 열어놓은 반면, 보호의무는 법률과 계약에 의한 경우만으로 열거하고 있다(76도3419). 따라서 이러한 견해는 형법의 문언에 반하여 처벌대상을 확대하는 것이므로 타당하지 않다.

'법률상 보호의무'에는 민법의 부양의무(2018도4018), 경찰관직무집행법에 의한 보호조치의무, 도로교통법에 의한 사고운전자의 구조의무 등이 있다. 사실혼의 경우에도 법률상의 보호의무가 인정지만, 단순한 동거는 사실혼관계가 아니다(2007도3952). '계약상 보호의무'는 계약에 의한 주된 급부의무가 부조를 제공하는 것을 내용으로 하는 때에만 발생하는 것이 아니며, 계약의 해석상 상대방의 신체 또는 생명을 보호하는 것이 계약관계의 목적을 달성하기 위해 부수되는 의무일 때에도 보호의무가 발생할 수 있다(2011도12302). **40**

(3) 행위　'유기'란 도움이 필요한 사람을 보호 없는 상태에 두어 생명·신체에 대한 위험이 발생할 수 있게 하는 행위이다. '유기'의 형태는 세 가지가 있다. 1) 좁은 의미의 유기는 도움이 필요한 사람을 장소적으로 이전하여 보호 없는 상태에 두는 것이다. 2) 넓은 의미의 유기는 장소의 이전을 수반하지 않지만 도움이 필요한 사람을 두고 떠나는 것처럼 도움이 필요한 사람에게 장소적 격리를 가져오는 경우이다. 3) 가장 넓은 의미의 유기는 장소적 격리가 없더라도 도움이 필요한 사람의 생존에 필요한 보호의무를 다하지 않는 경우이다.[1] 유기죄의 행위는 가장 넓은 의미의 유기이다. **41**

(4) 중유기, 중존속유기　유기죄를 지어 사람의 생명에 위험이 발생하게 한 경우에는 중重유기죄로 가중처벌되며(제271조 ③항), 존속유기죄를 지어 사람의 생명에 위험이 발생하게 한 경우에는 중重존속유기죄로 가중처벌된다(같은 조 ④항). 구성요건으로 생명의 위험 발생이 필요하므로 구체적 위험범이다. **42**

나. 학대, 존속학대(제273조)

학대죄는 자기의 보호 또는 감독을 받는 사람을 학대하는 죄이나(제273조 ①항). 행위의 주체는 다른 사람을 보호 또는 감독하는 사람이다. 보호 또는 감독의 근거는 유기죄와 달리 법률에 특별한 제한이 없으므로, 법률 또는 계약에 의한 경우는 물론 사무관리와 조리 또는 관습에 의한 경우도 포함한다. '학대'란 **43**

---

1) [79도1387] 생모가 사망의 위험이 예견되는 그 딸에 대하여는 수혈이 최선의 치료방법이라는 의사의 권유를 자신의 종교적 신념이나 후유증 발생의 염려만을 이유로 완강하게 거부하고 방해하였다면 이는 결과적으로 요부조자를 위험한 장소에 두고 떠난 경우나 다름이 없다.

육체석으로 고통을 주거나 정신적으로 자별내우를 하는 행위를 밀한다. 나만 학대행위는 유기와 학대의 죄가 같은 장에 위치하고 있는 형법의 규정체제를 고려할 때, 단순히 상대방의 인격에 대한 반인륜적 침해만으로는 부족하고 적어도 유기에 준할 정도에 이르러야 한다(2000도223). 자기 또는 배우자의 직계존속에 대하여 유기의 죄를 범한 때에는 존속유기죄로 가중처벌한다(같은 조 ②항).

다. 아동혹사(제274조)

44   아동혹사죄는 자기의 보호 또는 감독을 받는 16세 미만의 사람을 그 생명 또는 신체에 위험한 업무에 사용할 영업자 또는 그 종업자에게 인도하거나 그 인도를 받는 범죄이다. 아동의 복지권을 보호법익으로 하며, 아동을 위험한 업무의 영업자 등에게 인도하거나 인도하는 행위만으로 기수가 되는 거동범이다. 인도하는 행위는 대향적 관계를 필요로 한다. 그런데 이 죄의 구성요건에 인도받는 행위도 처벌하는 규정을 두었으므로, 총칙의 공범 규정을 적용하는 문제는 발생하지 않는다.

라. 유기 등 치사상(제275조)

45   유기죄 및 중유기죄와 학대죄를 지어 사람을 상해 또는 사망에 이르게 한 때(제275조 ①)와 존속유기죄 및 중존속유기죄와 존속학대죄를 지어 사람을 상해 또는 사망에 이르게 한 때(같은 조 ②항)에는 각 죄의 결과적 가중범으로 가중처벌한다.

46   [2011도12302] 유기죄에서 '계약상 의무'는 간호사나 보모와 같이 계약에 기한 주된 급부의무가 부조를 제공하는 것인 경우에 반드시 한정되지 아니하며, 계약의 해석상 계약관계의 목적이 달성될 수 있도록 상대방의 신체 또는 생명에 대하여 주의와 배려를 한다는 부수적 의무의 한 내용으로 상대방을 부조하여야 하는 경우를 배제하는 것은 아니라고 할 것이다. 그러나 그 의무 위반의 효과로서 주로 손해배상책임이 문제되는 민사영역에서와는 달리 유기죄의 경우에는 당사자의 인적 책임에 대한 형사적 제재가 문제된다는 점 등을 고려하여 보면, 단지 위와 같은 부수의무로서의 민사적 부조의무 또는 보호의무가 인정된다고 해서 형법 제271조 소정의 '계약상 의무'가 당연히 긍정된다고는 말할 수 없고, 당해 계약관계의 성질과 내용, 계약당사자 기타 관련자들 사이의 관계 및 그 전개양상, 그들의 경제적·사회적 지위, 부조가 필요하기에 이른 전후의 경위, 필요로 하는 부조의

대체가능성을 포함하여 그 부조의 종류와 내용, 달리 부조를 제공할 사람 또는 설비가 있는지 여부 기타 제반 사정을 고려하여 위 '계약상의 부조의무'의 유무를 신중하게 판단하여야 한다.

　[2] 피고인이 자신이 운영하는 주점에 손님으로 와서 수일 동안 식사는 한 끼도 하지 않은 채 계속하여 술을 마시고 만취한 피해자를 주점 내에 그대로 방치하여 저체온증 등으로 사망에 이르게 하였다는 내용으로 예비적으로 기소된 사안에서, 피해자가 피고인의 지배 아래 있는 주점에서 3일 동안 과도하게 술을 마시고 추운 날씨에 난방이 제대로 되지 아니한 주점 내 소파에서 잠을 자면서 정신을 잃은 상태에 있었다면, 피고인은 주점의 운영자로서 피해자의 생명 또는 신체에 대한 위해가 발생하지 아니하도록 피해자를 주점 내실로 옮기거나 인근에 있는 여관에 데려다 주어 쉬게 하거나 피해자의 지인 또는 경찰에 연락하는 등 필요한 조치를 강구하여야 할 계약상의 부조의무를 부담한다고 판단하여 유기치사죄를 인정한 원심판결을 수긍한 사례.

Ⅱ. 자유에 대한 죄

1. 체포와 감금의 죄

　체포와 감금의 죄는 사람을 체포 또는 감금하여 신체활동의 자유를 침해하 **47**
는 범죄이다. 사람의 신체활동의 자유, 특히 장소이전의 자유를 보호법익으로 하는 범죄이다. 체포 또는 감금으로 사람의 자유가 침해되어야 하는 침해범이며, 사람의 신체의 자유를 구속한다고 인정할 수 있을 정도의 시간적 계속이 있어야 하는 계속범으로서 체포 또는 감금의 시간 동안 법익침해가 계속된다. 체포와 감금의 죄는 미수범을 처벌한다(제280조).

가. 체포, 감금, 존속체포, 존속감금(제276조)

　(1) 행위 객체　체포죄, 감금죄는 사람을 체포 또는 감금하는 죄이다(제276 **48**
조 ①항). 자기 또는 배우자의 직계존속에 대하여 체포죄 또는 감금의 죄를 범하면 존속체포죄, 존속감금죄로 가중처벌한다(같은 조 ②항). 행위 객체인 '사람'은 자연적 잠재적 의미에서 행동의 자유를 가질 수 있는 모든 자연인을 말한다. 따라서 만취한 사람, 잠든 사람, 정신병자도 체포죄의 객체가 될 수 있다(2002도4315). 피해자가 체포·감금된 사실을 인식하지 못해도 체포·감금의 죄는 성립한다.

49   **(2) 체포** '체포'는 사람의 신체에 대하여 직접적이고 현실적인 구속을 가하여 신체활동의 자유를 박탈하는 행위를 의미하는 것으로서 수단과 방법을 불문한다. 체포의 고의로써 타인의 신체적 활동의 자유를 현실적으로 침해하는 행위를 개시한 때 체포죄의 실행에 착수하였다고 볼 수 있다(2017도21249). 체포죄는 확실히 사람의 신체의 자유를 구속한다고 인정할 수 있을 정도의 시간적 계속이 있어야 기수에 이르고, 신체의 자유에 대한 구속이 그와 같은 정도에 이르지 못하고 일시적인 것으로 그친 경우에는 체포죄의 미수범이 성립한다(2016도18713).

50   **(3) 감금** '감금'은 사람이 특정한 구역에서 나가는 것을 불가능하게 하거나 또는 심히 곤란하게 하는 행위이다. 사람이 특정한 구역에서 나가지 못하게 하는 장애는 물리적·유형적 장애뿐만 아니라 심리적·무형적 장애에 의하여서도 가능하다. 감금의 수단과 방법 또한 아무런 제한이 없고, 유형적인 것이든 무형적인 것이든 가리지 않는다(2010도5962, 2000도102). 행동의 자유의 박탈은 반드시 전면적이어야 할 필요가 없고 감금된 특정구역 내부에서 일정한 생활의 자유가 허용되더라도 감금죄의 성립에는 영향이 없다(98도1036). 따라서 1) 생명·신체에 심한 해를 당할지도 모른다는 공포감에서 도피를 단념하고 있는 피해자를 호텔로 데리고 가서 함께 유숙한 후 그와 함께 항공기로 국외에 나간 경우(91도1604), 2) 피해자가 경찰서 안에서 자유스럽게 활동하였다 하여도 피해자를 경찰서 밖으로 나가지 못하도록 그 신체의 자유를 제한하는 유형·무형의 억압이 있었던 경우(94모2, 91모5), 3) 정신의료기관의 장이 스스로 입원한 환자로부터 퇴원 요구가 있는데도 법에 정해진 절차를 밟지 않은 채 방치한 경우(2017도7134) 등은 감금에 해당한다.

나. 중체포, 중감금, 존속중체포, 존속중감금(제277조)

51   중체포·중감금의 죄는 사람을 체포 또는 감금하여 가혹한 행위를 가하는 범죄이다(제277조 ①항). 자기 또는 배우자의 직계존속에 대하여 중체포·중감금의 죄를 범한 때에는 존속중체포·존속중감금의 죄로 가중처벌한다(같은 조 ②항). '가혹한 행위'는 육체적, 정신적으로 사람에게 고통을 주는 모든 행위를 말한다. 때리고 옷을 벗기는 등의 행위가 그 예이다(91도2085).

다. 특수체포, 특수감금, 상습범

52   단체 또는 다중의 위력을 보이거나 위험한 물건을 휴대하여 체포·감금 및

중체포·중감금 등의 죄를 범한 때에는 특수체포 또는 특수감금 등의 죄가 성립하고, 각 죄에 정한 형의 2분의 1까지 가중한다(제278조). 상습으로 위의 죄를 범한 때에도 특수체포 또는 특수감금의 예에 따라 처벌한다(제279조).

라. 체포·감금 등의 치사상(제281조)

제276조부터 제280조까지의 죄를 범하여 사람을 상해 또는 사망에 이르게 **53** 한 때(제281조 ①항), 그리고 직계존속에 대해 위의 죄를 범하여 상해 또는 사망에 이르게 한 때(같은 조 ②항)에는 결과적 가중범으로 가중처벌한다. 예를 들어 피해자를 승용차에 승차하게 한 후 피해자의 하차 요구를 무시한 채 시속 약 60~70km의 속도로 진행하여 피해자를 차량에서 내리지 못하게 한 경우는 감금죄에 해당하고, 피해자가 그와 같은 감금 상태를 벗어날 목적으로 차량을 빠져 나오려다가 길바닥에 떨어져 상해를 입고 그 결과 사망한 경우는 감금치사죄에 해당한다(99도5286). 그리고 피고인이 피해자를 감금한 상태에서 피해자를 때리고 옷을 벗기는 등 가혹한 행위를 하여 피해자가 이를 피하려고 아파트 아래 잔디밭에 뛰어내리다가 사망한 경우, 피고인의 중감금행위와 피해자의 사망 사이에는 인과관계가 있어 중감금치사죄가 성립한다(91도2085).

2. 협박의 죄

협박의 죄는 사람을 협박하여 의사결정의 자유를 침해하는 범죄이다. 보호 **54** 법익은 정신적인 의사의 자유와 의사결정의 자유이다. 그러한 점에서 의사결정의 자유와 더불어 의사활동의 자유를 보호법익으로 하는 강요죄와 구별된다. 협박의 죄는 미수범을 처벌한다(제286조). 따라서 협박죄는 법익침해의 결과가 요구되는 침해범이라는 것이 다수견해이다. 판례도 협박죄를 침해범이라고 해석해 왔으나 이를 변경하여 위험범이라고 판시하였다(2007도606 전합).

가. 협박, 존속협박(제283조)

(1) **행위 객체**   협박죄는 사람을 협박함으로써 성립한다(제283조 ①항). 자 **55** 기 또는 배우자의 직계존속에 대하여 협박의 죄를 범한 때에는 가중처벌한다(같은 조 ②항). '사람'은 의사능력 있는 자연인을 말한다. 법인은 협박죄의 객체가 될 수 없다(2010도1017).

(2) **행위**   1) '**협박**'이란 해악을 고지하여 상대방의 공포심을 일으키는 행 **56** 위이다. 형법에서 협박은 세 가지 개념으로 구별된다. 1) 넓은 의미의 협박은 사

람에게 공포심을 일으킬 만한 해악을 고지하는 것이다. 공무집행방해죄와 소요
죄 등의 협박이 이에 해당하고, 변경된 판례에 의하면 협박죄의 협박도 여기에
해당한다. 2) 좁은 의미의 협박은 사람에게 해악을 고지하여 공포심을 갖게 하는
것이다. 다수견해에 의하면 협박죄의 협박은 이에 해당하고, 강요죄(제324조)와
공갈죄의 협박, 변경된 판례에 의할 때 강제추행죄의 협박도 이에 해당한다. 3)
가장 좁은 의미의 협박은 사람의 반항을 억압하거나 현저히 곤란하게 할 정도의
해악을 고지하는 것을 말한다. 강도죄, 강간죄 등의 협박이 이에 해당한다.

57   2) **해악**이란 법익을 침해하는 것으로서, 그 내용에는 제한이 없다. 반드시
범죄가 되거나 불법이어야 하는 것은 아니며,[1] 현실적으로 실현 불가능한 것이
어도 된다. 친족 등 제3자에 대한 해악도 가능하며, 제3자에는 자연인은 물론
법인도 포함된다(2010도1017). 다만, 피해자 본인과 제3자가 밀접한 관계에 있어
서 그 해악의 내용이 피해자 본인에게 공포심을 일으킬 만한 것이어야 한다
(2011도10451). 3) 해악의 **고지 방법**에도 제한이 없으며, 객관적으로 그러한 해악
이 발생할 가능성이 있다고 인식하게 하면 충분하다. 보통 언어로 고지하지만,
행동을 통해 고지하는 것도 가능하고(2010도14316, 74도2727), 제3자를 통해 고지
하는 것도 가능하다. 다만 해악의 고지는 구체적이어서 해악의 발생이 가능한
것으로 생각될 정도이어야 한다(94도2187).

58   **(3) 고의**   협박죄의 고의는 상대방에게 공포심을 일으킬 만한 해악을 고
지한다는 것을 인식하면 되고, 고지한 해악을 실제로 실현할 의도나 욕구는 필
요로 하지 않는다. 다만 단순한 감정적 욕설이나 일시적 분노의 표시에 불과하
여 가해 의사가 없음이 객관적으로 명백한 때에는 협박의 행위나 고의를 인정
할 수 없다(90도2102).

59   **(4) 반의사불벌**   협박, 존속협박의 죄는 피해자의 명시한 의사에 반하여
공소를 제기할 수 없다(같은 조 ③항). 이 죄는 다른 사람의 의사 결정의 자유를
보호법익으로 하므로, 피해자의 의사에 반해서 처벌할 필요가 없다는 것을 근거
로 한다.

나. 특수협박, 상습범

60   단체 또는 다중의 위력을 보이거나 위험한 물건을 휴대하여 협박, 존속협

---

[1] [2008도8922] 공군 중사가 상관인 피해자에게 그의 비위 등을 기록한 내용을 제시하면서 자
신에게 폭언한 사실을 인정하지 않으면 그 내용을 상부기관에 제출하겠다는 취지로 말한 사
안에서, 상관협박죄를 인정한 사례.

박의 죄를 범한 때에는 가중처벌하며(제284조), 상습으로 협박, 존속협박, 특수협박의 죄를 범한 때에는 그 죄에 정한 형의 2분의 1까지 가중한다(제285조). 위험한 물건을 '휴대하여'는 범행현장에서 사용하려는 의도 아래 위험한 물건을 소지하거나 몸에 지니는 경우를 가리킨다(2017도771).

다. 미수범(제286조)

협박, 존속협박, 특수협박, 상습협박의 죄는 미수범을 처벌한다. 다수견해 **61** 는 협박의 죄가 침해법으로서, 기수시기는 해악의 고지로 상대방이 공포심을 가졌을 때라고 한다. 그러나 판례는 이 죄가 위험범이므로, 해악을 고지하여 상대방이 그 의미를 인식한 때에 기수가 되고, 상대방이 현실적으로 공포심을 일으켰는지는 문제되지 않는다고 한다(2010도14316). 따라서 다수견해에 의하면 협박죄의 미수는 해악을 고지하였지만 상대방이 공포심을 가지지 않은 경우이고, 판례에 의하면 해악의 고지가 상대방에게 도달하지 않거나, 상대방이 인식하지 못한 경우이다(2007도606 전합).

[2007도606 전합] [1] [다수의견] (가) 협박죄가 성립하려면 고지된 해악의 내용이 행위자와 상대방의 성향, 고지 당시의 주변 상황, 행위자와 상대방 사이의 친숙의 정도 및 지위 등의 상호관계, 제3자에 의한 해악을 고지한 경우에는 그에 포함되거나 암시된 제3자와 행위자 사이의 관계 등 행위 전후의 여러 사정을 종합하여 볼 때에 일반적으로 사람으로 하여금 공포심을 일으키게 하기에 충분한 것이어야 하지만, 상대방이 그에 의하여 현실적으로 공포심을 일으킬 것까지 요구하는 것은 아니며, 그와 같은 정도의 해악을 고지함으로써 상대방이 그 의미를 인식한 이상, 상대방이 현실적으로 공포심을 일으켰는지 여부와 관계없이 그로써 구성요건은 충족되어 협박죄의 기수에 이르는 것으로 해석하여야 한다.

(나) 결국, 협박죄는 사람의 의사결정의 자유를 보호법익으로 하는 위험범이라 봄이 상당하고, 협박죄의 미수범 처벌조항은 해악의 고지가 현실적으로 상대방에게 도달하지 아니한 경우나, 도달은 하였으나 상대방이 이를 지각하지 못하였거나 고지된 해악의 의미를 인식하지 못한 경우 등에 적용될 뿐이다.

[반대의견] (가) 해악의 고지에 의해 현실적으로 공포심을 일으켰는지 여부나 그 정도는 사람마다 다를 수 있다고 하더라도 이를 판단할 수 없다거나 판단을 위한 객관적인 척도나 기준이 존재하지 않는다고 단정할 것은 아니며, 사람이 현실적으로 공포심을 일으켰는지 여부를 판단할 만한 객관적인 기준 및 개별 사건에서 쌍방의 입증과 그에 의하여 인정되는 구체적인 사정 등을 모두 종합하여, 당해 협

박행위로 상대방이 현실적으로 공포심을 일으켰다는 점이 증명된다면 협박죄의
기수에 이르렀다고 인정하고, 이에 대한 증명이 부족하거나 오히려 상대방이 현
실적으로 공포심을 일으키지 않았다는 점이 증명된다면 협박죄의 미수에 그친 것
으로 인정하면 될 것이다. 기수에 이르렀는지에 대한 의문을 해결하기 어렵다고
하여 모든 경우에 기수범으로 처벌하는 것은 오히려 "의심스러울 때는 피고인의
이익으로"라는 법원칙 등 형사법의 일반원칙과도 부합하지 아니하며 형벌과잉의
우려를 낳을 뿐이다.

(나) 결국, 현행 형법의 협박죄는 침해범으로서 일반적으로 사람으로 하여금
공포심을 일으킬 수 있는 정도의 해악의 고지가 상내방에게 도달하여 상대방이
그 의미를 인식하고 나아가 현실적으로 공포심을 일으켰을 때에 비로소 기수에
이르는 것으로 보아야 한다.

[2] 정보보안과 소속 경찰관이 자신의 지위를 내세우면서 타인의 민사분쟁에
개입하여 빨리 채무를 변제하지 않으면 상부에 보고하여 문제를 삼겠다고 말한
사안에서, 객관적으로 상대방이 공포심을 일으키기에 충분한 정도의 해악의 고지
에 해당하므로 현실적으로 피해자가 공포심을 일으키지 않았다 하더라도 협박죄
의 기수에 이르렀다고 본 사례.

[3] 권리행사나 직무집행의 일환으로 상대방에게 일정한 해악을 고지한 경우,
그 해악의 고지가 정당한 권리행사나 직무집행으로서 사회상규에 반하지 아니하
는 때에는 협박죄가 성립하지 아니하나, 외관상 권리행사나 직무집행으로 보이더
라도 실질적으로 권리나 직무권한의 남용이 되어 사회상규에 반하는 때에는 협박
죄가 성립한다고 보아야 할 것인바, 구체적으로는 그 해악의 고지가 정당한 목적
을 위한 상당한 수단이라고 볼 수 있으면 위법성이 조각되지만, 위와 같은 관련
성이 인정되지 아니하는 경우에는 그 위법성이 조각되지 아니한다.

3. 약취, 유인 및 인신매매의 죄

63   약취略取, 유인誘引 및 인신매매의 죄는 사람을 약취, 유인 또는 매매하여 자
기 또는 제3자의 실력적 지배 아래 둠으로써 개인의 자유를 침해하는 범죄이다.
개인의 자유를 보호법익으로 하며, 미성년자약취·유인죄는 보호자의 보호·양
육권도 보호법익이 된다(2002도7115). 이 장의 죄는 2013. 4. 5. 개정 형법에서
대폭 개정되었다. 이는 2000. 12. 13. 한국이 서명한 국제연합의 「인신매매방지
의정서」를 국내에서 이행하기 위한 입법으로서, 인신매매죄를 신설하는 한편(제
289조), 약취, 유인 등의 죄에 '노동력 착취, 성매매와 성적 착취, 장기적출' 등

신종범죄를 목적으로 하는 경우를 추가하였다(제288조 ②항). 또한 결과적가중범을 신설하였으며(제290조, 제291조), 약취·유인·인신매매 등을 위하여 사람을 모집·운송·전달하는 행위를 독자적인 구성요건으로 규정하였다(제292조). 그리고 인류에 대한 공통적인 범죄인 약취·유인과 인신매매죄의 규정이 대한민국 영역 밖에서 죄를 범한 외국인에게도 적용될 수 있도록 세계주의 규정을 도입하였다(제296조의2).

가. 미성년자의 약취, 유인(제287조)

(1) **미성년자**   미성년자약취·유인죄는 심신의 발육이 불충분하고 사려와   **64** 경험이 풍부하지 못한 미성년자를 특별히 보호하기 위하여 그를 약취·유인하는 행위를 처벌하려는 데 입법의 취지가 있으며, 미성년자의 자유와 더불어 보호·감독자의 보호·양육권을 보호법익으로 한다(2002도7115). '미성년자'란 민법의 미성년자, 곧 19세 미만의 사람이다. 민법에서는 미성년자가 혼인하면 성년으로 의제된다(제826조의2). 하지만 이는 부부의 혼인생활이 독립되어야 한다는 취지이므로 민법에만 적용되는 것으로 보아 혼인한 미성년자도 이 죄의 객체가 된다는 것이 다수견해이다.

(2) **약취·유인**   '약취 또는 유인'이란 피해자를 그 의사에 반하여 자유로   **65** 운 생활관계 또는 보호관계로부터 이탈시켜 자기 또는 제3자의 사실상 지배하에 옮기는 행위를 의미한다(2019도16421). 1) 약취는 폭행, 협박 또는 불법적인 사실상의 힘을 수단으로 한다. 폭행 또는 협박의 정도는 상대방을 실력적 지배하에 둘 수 있을 정도이면 되고, 반드시 상대방의 반항을 억압할 정도가 필요한 것은 아니다(2009도3816). 2) 유인은 기망 또는 유혹을 수단으로 한다. 유혹이란 기망의 정도는 아니지만 상대방을 현혹시켜 판단을 그르치게 하는 것으로서, 유혹의 내용이 허위이어야만 하는 것은 아니다(95도2980). 피해자의 승낙에 하자가 있는 경우도 유인에 해당한다(82도186). 3) 사실상의 지배란 미성년자에 대한 물리적·실력적인 지배관계를 의미한다(98도690). 여기에는 미성년자를 장소적으로 이전시키는 경우뿐만 아니라 장소적 이전 없이 기존의 자유로운 생활관계 또는 부모와의 보호관계로부터 이탈시켜 범인이나 제3자의 사실상 지배하에 두는 경우도 포함된다(2007도8485).

(3) **행위 주체**   이 죄의 행위 주체는 누구나 될 수 있지만, 미성년자의 부   **66** 모가 행위주체에 포함되는지가 문제된다. 다수견해와 판례에 의하면 미성년자를

보호·감독하는 사람이라고 하더라도 다른 보호감독자의 보호·양육권을 침해하거나 자신의 보호·양육권을 남용하여 미성년자 본인의 이익을 침해하는 때에는 미성년자에 대한 약취죄의 주체가 될 수 있다(2010도14328 전합, 2007도8011).[1] 따라서 부모가 이혼하였거나 별거하는 상황에서 미성년의 자녀를 부모의 일방이 평온하게 보호·양육하고 있는데, 상대방 부모가 폭행, 협박 또는 불법적인 사실상의 힘을 행사하여 그 보호·양육 상태를 깨뜨리고 자녀를 탈취하여 자기 또는 제3자의 사실상 지배하에 옮긴 행위는 미성년자약취죄에 해당한다(2019도16421, 2015도10032).

나. 추행 등 목적 약취, 유인 등(제288조)

67   추행, 간음, 결혼 또는 영리의 목적으로 사람을 약취 또는 유인한 사람(제288조 ①항), 노동력 착취, 성매매와 성적 착취, 장기적출을 목적으로 사람을 약취 또는 유인한 사람(같은 조 ②항), 국외에 이송할 목적으로 사람을 약취 또는 유인하거나 약취 또는 유인된 사람을 국외에 이송한 사람(같은 조 ③항)은 추행약취·유인, 간음약취·유인 등의 죄로 처벌한다. 각 항에 정한 목적이 있어야 성립되는 목적범이며, 목적이 인정되면 목적의 달성 여부와 관계 없이 약취 또는 유인의 행위가 있으면 각 범죄의 기수에 해당한다.

다. 인신매매(제289조)

68   사람을 매매한 사람은 인신매매죄로 처벌하며(제289조 ①항), 추행·간음·결혼 또는 영리의 목적으로 사람을 매매한 사람(같은 조 ②항), 노동력 착취, 성매매와 성적 착취, 장기적출을 목적으로 사람을 매매한 사람(같은 조 ③항), 국외에 이송할 목적으로 사람을 매매하거나 매매된 사람을 국외로 이송한 사람(같은 조 ④항)은 가중처벌한다. 이 조항은 국내외에서 벌어지는 인신매매를 처벌하는 규정이다. 인신매매와 관련된 '매매'에 대해 판례는 매매 당시 계속된 협박이나 폭행 등의 험악한 분위기 때문에 피해자가 법질서에 호소하기를 단념할 정도의 상태에서 그 신체에 대한 인계인수가 이루어졌는가에 따라 매매 여부를 판단해야

---

1) [2010도14328 전합] 베트남 국적 여성이 남편의 의사에 반하여 생후 약 13개월 된 아들을 주거지에서 데리고 나와 약취하고 이어서 베트남에 함께 입국한 사안에서, 제반 사정을 종합할 때 피고인의 행위는 어떠한 실력을 행사하여 아들을 평온하던 종전의 보호·양육 상태로부터 이탈시킨 것이라기보다 친권자로서 출생 이후 줄곧 맡아왔던 아들에 대한 보호·양육을 계속 유지한 행위에 해당하여, 이를 폭행, 협박 또는 불법적인 사실상의 힘을 사용하여 을을 자기 또는 제3자의 지배하에 옮긴 약취행위로 볼 수는 없다고 한 사례.

한다고 판시한 바 있다(91도1402 전합). 인신매매는 사람의 신체에 대한 사실상의 지배를 이전함으로써 기수가 되고, 계약을 체결하고 인도하지 않은 때에는 미수에 해당한다.

라. 약취, 유인, 매매, 이송 등 상해·치상 및 살인·치사(제290조, 제291조)

69 제287조부터 제289조까지의 죄를 범하여 약취, 유인, 매매 또는 이송된 사람을 상해한 때에는 피약취자상해, 피유인자상해 등의 죄로 처벌하며(제290조 ①항), 약취, 유인, 매매 또는 이송된 사람을 상해에 이르게 한 때에는 결과적 가중범인 피약취자치상 등의 죄로 처벌한다(같은 조 ②항). 그리고 제287조부터 제289조까지의 죄를 범하여 약취, 유인, 매매 또는 이송된 사람을 살해한 때에는 피약취자살해, 피유인자살해 등의 죄로 처벌하며(제291조 ①항), 약취, 유인, 매매 또는 이송된 사람을 사망에 이르게 한 때에는 결과적 가중범인 피약취자치사 등의 죄로 처벌한다(같은 조 ②항).

마. 약취, 유인, 매매, 이송된 사람의 수수·은닉 등(제292조)

70 제287조부터 제289조까지의 죄로 약취, 유인, 매매 또는 이송된 사람을 수수授受 또는 은닉한 사람은 피약취자수수, 피약취자은닉 등의 죄로 처벌하며(제292조 ①항), 모집·운송·전달한 사람은 미성년자약취모집 등의 죄로 처벌한다(같은 조 ②항).

바. 형의 감경(제295조의2)

71 제287조부터 제290조까지, 제292조와 제294조의 죄를 범한 사람이 약취, 유인, 매매 또는 이송된 사람을 안전한 장소로 풀어준 때에는 그 형을 감경할 수 있다. 범죄가 이미 기수에 이르러 돌이킬 수 없는 상태가 되었을 때 행위자에게 감형의 동기를 줌으로써 약취 또는 매매된 사람 등을 보호하려는 형사정책적 목표를 가진 규정이다. 약취 또는 매매된 사람 등을 풀어주면 되고 자의성을 요구하지 않으며, 기수 이후에 풀어준 때에도 형의 감경이 가능하다는 점에서 중지미수와 구별된다.

4. 강요의 죄

72 강요의 죄는 폭행 또는 협박으로 사람의 권리행사를 방해하거나 의무없는 일을 하게 함으로써 성립하는 범죄이다. 사람의 의사결정의 자유와 더불어 의사

활동의 자유를 보호법익으로 한다는 점에서 협박죄와 구별된다. 보호의 정도는 침해범이다. 강요의 죄에는 기본범죄인 강요죄 외에 특수강요죄, 중권리행사방해죄, 인질강요죄 등의 가중적 구성요건이 있다. 강요의 죄는 형법 각칙 제37장 '권리행사를 방해하는 죄'에 재산에 대한 죄와 같이 규정되어 있으며, 인격적인 권리행사를 방해하는 강요죄 외에 재산에 대한 권리행사방해죄(제323조)도 있다. 이에 따라 자유에 대한 죄인 강요죄를 따로 구별하여 규정해야 한다는 입법론이 제기되고 있다.

가. 강요, 특수강요, 중권리행사방해

73   (1) 강요   강요죄는 폭행 또는 협박으로 사람의 권리행사를 방해하거나 의무 없는 일을 하게 하는 범죄이다(제324조 ①항). 여기에서 '폭행'은 사람에 대한 직접적인 유형력의 행사뿐만 아니라 간접적인 유형력의 행사도 포함하는 넓은 의미의 폭행이며, 반드시 사람의 신체에 대한 것에 한정되지 않는다(2018도1346). '협박'은 객관적으로 사람의 의사결정의 자유를 제한하거나 의사실행의 자유를 방해할 정도로 겁을 먹게 할 만한 해악을 고지하는 것을 말한다. 이와 같은 협박이 인정되기 위해서는 발생 가능한 것으로 생각할 수 있는 정도의 구체적인 해악의 고지가 있어야 한다(2019도5186, 2018도13792 전합). '권리행사를 방해'하는 것은 행사할 수 있는 권리, 곧 권리의 행사 여부가 권리자의 자유에 속하는 권리를 행사하지 못하도록 한다는 것이다. '의무 없는 일을 하게 하는' 것은 상대방의 의무에 해당하지 않음에도 일정한 작위, 부작위 등을 요구하는 것이다. 피해자를 협박하여 여권을 강제 회수한 경우(93도901), 상사 계급의 피고인이 그의 잦은 폭력으로 신체에 위해를 느끼고 겁을 먹은 상태에 있던 부대원들에게 40~50분간 머리박아(속칭 '원산폭격')를 시키거나 양손을 깍지 낀 상태에서 약 2시간 동안 팔굽혀펴기를 50~60회 정도 하게 한 경우(2003도4151), 불매운동을 하겠다고 하면서 갑 회사에게 특정 신문들에 대한 광고를 중단할 것과 다른 신문들에 대해서도 동등하게 광고를 집행할 것을 요구하고 회사 인터넷 홈페이지에 그와 같은 내용의 팝업창을 띄우도록 요구한 경우(2010도13774) 등이 이에 해당한다.

74   (2) 특수강요   단체 또는 다중의 위력을 보이거나 위험한 물건을 휴대하여 강요의 죄를 범한 때에는 행위의 방법이 위험하여 가중처벌한다(제324조 ②항). 이 규정은 2016. 1. 6. 개정 법률에 의해 폭력행위처벌법의 처벌규정을 삭제하고 형법에 신설 규정으로 편입한 것이다.

(3) 중권리행사방해   강요죄 또는 특수강요죄를 범하여 사람의 생명에 대   **75**
한 위험을 발생하게 한 자는 중권리행사방해죄로 처벌한다(제326조). 생명에 대
한 위험은 구체적 위험을 말한다. 재산에 대한 죄인 점유강취죄 및 준점유강취
죄(제325조)를 범하여 사람의 생명에 대한 위험을 발생하게 한 경우에도 이 죄가
성립하기 때문에 '중권리행사방해죄'라고 하며, 자유에 대한 죄를 따로 구별하기
위해 '중강요죄'라고 일컫기도 한다.

나. 인질강요 등(제324조의2)

인질강요죄는 사람을 체포·감금·약취 또는 유인하여 이를 인질로 삼아 제   **76**
3자에 대하여 권리행사를 방해하거나 의무없는 일을 하게 하는 죄이다. 체포·
감금 또는 약취·유인의 죄와 강요죄가 결합한 형태의 범죄로서, 인질이 된 사
람의 자유와 강요당하는 제3자의 의사결정의 자유를 보호법익으로 한다. 체포·
감금·약취 또는 유인하지 않은 자가 강요한 때에는 강요죄만 성립한다. 죄를
범한 자가 인질을 상해하거나 상해에 이르게 한 때에는 인질상해 또는 인질치
상의 죄로 처벌하며(324조의3), 인질을 살해하거나 사망에 이르게 한 때에는 인
질살해 또는 인질치사의 죄로 처벌한다(제324조의4).

다. 미수범 및 형의 감경

강요죄, 특수강요죄, 인질강요죄, 인질상해죄, 인질살해죄의 미수범은 처벌   **77**
한다(제324조의5). 제324조의5는 미수범 처벌대상을 포괄적으로 규정하여 형식상
으로는 인질치상죄와 인질치사죄의 미수범도 처벌대상이 되는 것처럼 보이지
만, 결과적 가중범의 미수를 인정하지 않는 다수견해 및 판례(2007도10058)의 입
장과 최근에 개정된 약취, 유인 및 인신매매에 관한 죄의 미수범 규정(제294조)
에서는 결과적 가중범을 명시적으로 배제하고 있는 점을 고려하면 인질치상과
인질치사의 미수범은 성립하지 않는다고 해석하는 것이 당연하다.[1] 한편, 인질
강요죄 및 인질상해치상의 죄를 범한 자 및 그 죄의 미수범이 인질을 안전한 장
소로 풀어준 때에는 그 형을 감경할 수 있다(제324조의6). 그 취지는 약취, 유인
및 인신매매의 죄에 대한 형의 감경 규정(제295조의2)과 같다.

---

1) 앞의 [11] 60 참조.

5. 강간과 추행의 죄

78   강간과 추행의 죄는 개인의 자유 중에서 성적 자유를 침해하는 범죄이며, 성적 자기결정의 자유를 보호법익으로 한다.[1] 1953년 형법이 제정될 때에는 각칙 제32장의 제목을 '정조에 관한 죄'라고 정하였는데, 1995. 12. 29. 형법이 개정되면서 '강간과 추행의 죄'로 바꾸었다. 이러한 형법의 개정은 강간죄의 보호법익이 현재 또는 장래의 배우자인 남성을 전제로 한 관념으로 인식될 수 있는 '여성의 정조' 또는 '성적 순결'이 아니라, 자유롭고 독립된 개인으로서 여성이 가지는 성적 자기결정권이라는 사회 일반의 보편적 인식과 법감정을 반영한 것이었다(2012도14788). 2012. 12. 18. 형법 개정에서는 성범죄의 객체를 '부녀'에서 '사람'으로 확대하였고, 성범죄에 대한 친고죄 규정과 혼인빙자간음죄를 폐지하였다. 형법 제정 이후 변화된 시대 상황과 성범죄에 대한 인식의 변화를 반영한 것이다.

가. 강간(제297조)

79   **(1) 행위 객체**   강간죄는 폭행 또는 협박으로 사람을 강간하는 범죄이다. 2012. 12. 18. 형법 개정으로 행위 객체가 '부녀'에서 '사람'으로 변경되어 행위 객체에 대한 제한이 없어졌다. 따라서 형법 개정 이전에는 성전환자의 행위 객체 여부가 문제되었지만(2009도3580, 96도791), 현재는 지나간 쟁점이 되었다. 법률상의 배우자가 이 죄의 객체가 될 수 있는지는 여전히 쟁점이 될 수 있다. 그러나 판례는 과거에 법률상의 배우자는 이 죄의 객체가 될 수 없다는 입장이었지만(70도29), 이후 혼인관계가 파탄되어 실질적인 부부관계를 인정할 수 없는 상황에서는 배우자도 객체가 될 수 있다고 하였으며(2008도8601), 결국 전원합의체 판결을 통해 법률상의 배우자도 강간죄의 객체가 된다고 판시하였다(2012도14788 전합). 이러한 판례의 변화와 이 죄에 대한 형법 개정의 취지를 고려하면 '사람'에는 법률상의 배우자도 포함된다고 할 수밖에 없다.

80   **(2) 행위**   강간죄의 행위는 폭행 또는 협박으로 강간하는 것이다. 폭행 또

---

1) [2018도16466] 성적 자기결정권은 스스로 선택한 인생관 등을 바탕으로 사회공동체 안에서 각자가 독자적으로 성적 관념을 확립하고 이에 따라 사생활의 영역에서 자기 스스로 내린 성적 결정에 따라 자기책임 아래 상대방을 선택하고 성관계를 가질 권리로 이해된다. 여기에는 자신이 하고자 하는 성행위를 결정할 권리라는 적극적 측면과 함께 원치 않는 성행위를 거부할 권리라는 소극적 측면이 함께 존재하는데, 위계에 의한 간음죄를 비롯한 강간과 추행의 죄는 소극적 성적 자기결정권을 침해하는 것을 내용으로 한다.

는 협박의 정도는 피해자의 반항을 억압하거나 현저히 곤란하게 하는 정도이어
야 한다(2006도5979). 강간은 폭행 또는 협박으로 피해자의 반항을 억압하고 간
음하는 것이다. 간음은 혼인 외의 성교를 의미한다. 폭행·협박과 간음 사이에는
인과관계가 있어야 하지만, 폭행·협박이 반드시 간음 행위 이전에 있어야 하는
것은 아니고, 간음 행위가 종료하기 전에 있으면 된다(2016도16948). 이 죄의 실
행착수는 폭행 또는 협박을 개시한 때이며(91도288, 90도607), 기수시기는 남성의
성기를 여성의 성기에 삽입한 때이다.

나. 유사강간(제297조의2)

유사강간죄는 폭행 또는 협박으로 사람에 대하여 구강, 항문 등 성기를 제   **81**
외한 신체의 내부에 성기를 넣거나 성기, 항문에 손가락 등 성기를 제외한 신체
의 일부 또는 도구를 넣는 행위를 하는 범죄이다. 성범죄의 유형이 다양해짐에
따라 2012년의 형법 개정에서 신설된 범죄 유형이다. 유사강간죄에서 폭행 또
는 협박의 정도와 실행의 착수 시기는 강간죄의 그것과 같다고 보아야 한다.
곧, 피해자의 항거를 불가능하게 하거나 현저히 곤란하게 할 정도의 폭행 또는
협박을 개시한 때에 실행에 착수한 것으로 보아야 한다(2020도17796).

다. 강제추행(제298조)

(1) **폭행·협박**   강제추행죄는 폭행 또는 협박으로 사람에 대하여 추행하   **82**
는 범죄이다. 강제추행죄에서 폭행·협박은 두 가지 유형으로 구별된다. 일반적
으로 폭행 또는 협박이 추행보다 앞서 그 수단이 된다. 판례는 이러한 경우를
편의상 '폭행·협박 선행형 강제추행'이라고 한다. 그런데 기습적으로 추행을 하
는 경우에는 폭행행위 자체가 추행이 된다. 판례는 이를 '기습추행'이라고 한다
(2019도15421).[1] 그리고 그동안 판례는 폭행·협박의 정도에 대해 '폭행·협박 선

---

1) [2019도15994] 강제추행죄는 상대방에 대하여 폭행 또는 협박을 가하여 항거를 곤란하게 한
뒤에 추행행위를 하는 경우뿐만 아니라 폭행행위가 저제가 추행행위라고 인정되는 이른바 기
습추행의 경우도 포함된다. 특히 기습추행의 경우 추행행위와 동시에 저질러지는 폭행행위는
반드시 상대방의 의사를 억압할 정도의 것임을 요하지 않고 상대방의 의사에 반하는 유형력
의 행사가 있기만 하면 그 힘의 대소강약을 불문한다는 것이 일관된 판례의 입장이다. 이에
따라 대법원은, 피해자의 옷 위로 엉덩이나 가슴을 쓰다듬는 행위, 피해자의 의사에 반하여
그 어깨를 주무르는 행위, 교사가 여중생의 얼굴에 자신의 얼굴을 들이밀면서 비비는 행위나
여중생의 귀를 쓸어 만지는 행위 등에 대하여 피해자의 의사에 반하는 유형력의 행사가 이
루어져 기습추행에 해당한다고 판단한 바 있다. [2001도2417] 피해자와 춤을 추면서 피해자
의 유방을 만진 행위가 순간적인 행위에 불과하더라도 피해자의 의사에 반하여 행하여진 유
형력의 행사에 해당하고 피해자의 성적 자유를 침해할 뿐만 아니라 일반인의 입장에서도 추

행형 강제추행'에서는 항거가 곤란한 성노의 쏙행·협박이 요구된나고 하었시
만, '기습추행형'의 강제추행에서는 상대방의 의사에 반하는 유형력의 행사가 있
으면 된다고 하였다. 학계에서는 1) 강제추행죄에서 폭행·협박의 정도는 강간
죄의 폭행·협박과 같은 정도의 것으로서, 상대방의 반항을 불가능하게 하거나
현저히 곤란하게 할 정도여야 한다는 견해, 2) 상대방의 반항을 억압할 필요는
없고 상대방의 반항을 상당히 곤란하게 할 정도의 폭행, 협박이 있으면 인정된
다는 견해, 3) 상대방의 의사에 반하는 유형력의 행사가 있으면 힘의 대소강약
은 불문한다는 견해 등이 대립한다. 이러한 상황에서 대법원은 2023년 판례를
변경하여 "강제추행죄의 폭행·협박은 상대방의 항거를 곤란하게 할 정도로 강
력할 것이 요구되지 않고, 상대방의 신체에 대하여 불법한 유형력을 행사하거나
일반적으로 보아 상대방으로 하여금 공포심을 일으킬 수 있는 정도의 해악을
고지하는 것"이라고 하였다(2018도13877 전합).[1]

83   (2) 추행   '추행'이란 일반인을 기준으로 객관적으로 성적 수치심이나 혐
오감을 일으키게 하고 선량한 성적 도덕관념에 반하는 행위로서 피해자의 성적
자기결정권을 침해하는 것을 말한다(2019도12282, 2004도52 등). 추행에 해당하기
위해 피해자가 성적 수치심이나 혐오감을 반드시 실제로 느껴야 하는 것은 아
니다(2021도7538). 추행은 겁을 먹은 피해자 자신을 도구로 이용하여 간접정범의
형태로 할 수도 있다(2016도17733).

84   (3) 주관적 요소   강제추행죄의 성립에 필요한 주관적 구성요건요소는 고
의만으로 충분하고, 그 외에 성욕을 자극·흥분·만족시키려는 주관적 동기나 목
적까지 있어야 하는 것은 아니다(2020도7981, 2014도17879). 따라서 행위자가 보복
의 의미로 피해자의 입술, 귀, 유두, 가슴을 입으로 깨물었다고 하더라도, 이러

행행위라고 평가될 수 있는 것으로서, 폭행행위 자체가 추행행위라고 인정되어 강제추행에
해당된다고 한 사례.
1) 구체적인 이유는 다음과 같다. 1) 종래의 판례 법리는 강제추행죄의 폭행·협박의 정도를 명
시적으로 한정하지 않는 범죄구성요건에 맞지 않는다. 따라서 강제추행죄에서 '폭행 또는 협
박'은 폭행죄 또는 협박죄에서 정한 '폭행 또는 협박'을 의미하는 것으로 분명히 정의되어야
법적 안정성 및 판결에 대한 예측가능성을 높일 수 있다. 2) 종래의 판례 법리는 자유롭고
평등한 개인의 성적 자기결정권이라는 강제추행죄의 보호법익과 부합하지 아니한다. 종래의
판례는 피해자가 '정조'를 수호하는 태도를 보여줄 것을 요구하는 입장에 있기 때문이다. 3)
강제추행죄의 '폭행 또는 협박'의 의미를 위와 같이 정의한다고 하여 위력에 의한 추행죄와
구별이 불분명해지는 것은 아니다. 위력에 의한 추행죄에서 '위력'이란 사람의 자유의사를 제
압하거나 혼란하게 할 만한 일체의 세력을 말하는 것으로, 유형적이든 무형적이든 묻지 않기
때문에 강제추행죄에서의 '폭행 또는 협박'과 개념적으로 구별된다.

한 행위는 일반적이고 평균적인 사람의 관점에서 강제추행에 해당한다(2013도5856).

라. 준강간, 준강제추행(제299조)

사람의 심신상실 또는 항거불능의 상태를 이용하여 간음 또는 추행을 한 **85** 자는 강간, 유사강간 및 강제추행의 예에 따라 처벌한다. 폭행 또는 협박의 방법으로 간음 또는 추행을 하는 것은 아니지만, 심신상실 또는 항거불능 상태를 이용하여 간음 또는 추행을 하는 행위도 피해자의 성적 자기결정의 자유를 침해하는 것이므로, 강간죄 등에 준하여 처벌하는 것이다. 따라서 이 죄는 정신적·신체적 사정으로 인하여 성적인 자기방어를 할 수 없는 사람의 성적 자기결정권을 보호법익으로 하며, 이때 성적 자기결정권은 원치 않는 성적 관계를 거부할 권리라는 소극적 측면을 말한다(2018도9781).

(1) **행위 객체**   이 죄의 객체는 심신상실 또는 항거불능의 상태에 있는 사 **86** 람이다. '심신상실'은 정신기능의 장애로 인하여 성적 행위에 대한 정상적인 판단능력이 없는 상태를 의미하고, '항거불능'의 상태는 심신상실 이외의 원인으로 심리적 또는 물리적으로 반항이 절대적으로 불가능하거나 현저히 곤란한 경우를 말한다. 피해자가 약물 등에 의해 일시적으로 의식을 잃은 상태 또는 완전히 의식을 잃지는 않았더라도 그와 같은 사유로 정상적인 판단능력과 대응·조절능력을 행사할 수 없는 상태에 있었다면 준강간죄에서의 심신상실 또는 항거불능 상태에 해당한다(2023도423).

피해자는 이미 심신상실 또는 항거불능의 상태에 있었어야 하며, 행위자가 **87** 피해자를 이러한 상태에 빠지게 한 후 간음 등의 행위를 하면 강간죄 또는 강제추행의 죄에 해당한다. 피해자가 이러한 상태에 있다고 인식하고 간음 또는 추행을 하였으나, 실제로는 그렇지 않았던 경우에 대해 판례는 준강간 등의 불능미수에 해당한다고 판시하였다(2018도16002 전합). 그러나 이는 구성요건해당성 또는 구성요건 충족의 문제와 제27조의 불능미수에서 말하는 결과 발생의 불가능의 의미를 혼동하는 것으로서, 이러한 해석은 죄형법정주의에 정면으로 어긋나는 것이라고 하는 이 판결의 소수의견이 타당하다.[1]

(2) **행위**   심신상실 또는 항거불능의 상태를 이용한다는 것은 피해자가 **88**

---

1) 자세한 것은 정승환, "2019년 형법 중요판례평석", 「인권과 정의」 제488호, 2020. 3., 50면 이하 참조.

심신상실 또는 항거불능의 상태에 있다고 인식하고 그러한 상태를 이용한다는 의사로 피해자를 간음 또는 추행하는 것을 말한다. 따라서 이 죄는 스스로 간음 또는 추행을 한 자만 정범이 될 수 있고, 간접정범의 형태로 실행할 수 없는 자수범이다.

마. 강간 등 상해·치상, 강간 등 살인·치사(제301조, 제301조의2)

89 강간, 유사강간, 강제추행, 준강간 및 준강제추행의 죄를 범한 자와 각 죄의 미수범(제300조)이 사람을 상해하거나 상해에 이르게 한 때에는 강간상해, 강간치상 등의 죄로 처벌한다(제301조). 사람을 살해하거니 사망에 이르게 한 때에는 강간살인, 강간치사 등의 죄에 해당한다(제301조의2). 강간죄 등이 미수에 그쳤더라도 강간상해죄, 강간살인 등에 해당한다(88도1212). 상해 또는 사망의 결과는 반드시 강간 등의 수단인 폭행·협박에 의해 발생하거나 강간 등의 행위 자체에서 일어나야 하는 것은 아니다. 피해자가 강간을 모면하려다 상해 또는 사망에 이르렀다고 하더라도 강간하려는 행위와 이를 피하려다 상해 또는 사망에 이르게 된 사실 사이에 상당인과관계를 인정할 수 있으면 강간치상에 해당한다(95도425). 다만 행위자에게 상해 또는 사망의 결과에 대한 예견가능성이 있어야 한다(92도3229).

바. 미성년자 등에 대한 간음(제302조)

90 **(1) 행위 객체** 미성년자 또는 심신미약자에 대하여 위계 또는 위력으로써 간음 또는 추행을 한 사람은 미성년자간음, 미성년자추행 등의 죄로 처벌한다. '미성년자'는 19세 미만의 사람이다. 다만 13세 미만의 미성년자는 제305조의 적용을 받으므로, 이 죄의 객체에서 제외된다. '심신미약자'란 정신기능의 장애로 사물을 변별하거나 의사를 결정할 능력이 미약한 사람을 말한다.

91 **(2) 행위** '위계'란 행위자의 행위목적을 달성하기 위하여 피해자에게 오인, 착각, 부지를 일으키게 하여 이를 이용하는 것을 말한다. 위계의 대상은 간음행위 자체일 수도 있고, 간음행위에 이르게 된 동기이거나 간음행위와 결부된 금전적·비금전적 대가와 같은 요소일 수도 있다(2015도9436 전합).[1] 행위자가 간

---

1) 변경 대상이 된 판례: [2001도5074] 위계에 의한 미성년자간음죄에 있어서 위계라 함은 행위자가 간음의 목적으로 상대방에게 오인, 착각, 부지를 일으키는 것을 말하는 것이고, 여기에서 오인, 착각, 부지란 간음행위 자체에 대한 오인, 착각, 부지를 말하는 것이지, 간음행위와 불가분적 관련성이 인정되지 않는 다른 조건에 관한 오인, 착각, 부지를 가리키는 것은 아니다.

음의 목적으로 피해자에게 오인, 착각, 부지를 일으키고 피해자의 그러한 심적
상태를 이용하여 간음의 목적을 달성하였다면 위계와 간음행위 사이의 인과관
계를 인정할 수 있다. '위력'이란 피해자의 성적 자유의사를 제압하기에 충분한
세력으로서 유형적이든 무형적이든 묻지 않으며, 폭행·협박뿐 아니라 행위자의
사회적 지위나 권세를 이용하는 것도 가능하다(2019도3341). 다만 피해자가 미성
년자라 하더라도 항거가 불가능한 폭행·협박으로 간음하거나 유형력을 행사하
여 추행하면 강간죄(제297조) 또는 강제추행죄(제298조)로 처벌한다.

사. 업무상위력 등에 의한 간음(제303조)

92 업무, 고용 기타 관계로 인하여 자기의 보호 또는 감독을 받는 사람에 대하
여 위계 또는 위력으로써 간음한 자는 피보호자간음 또는 피감독자간음의 죄로
처벌한다(제303조 ①항). 법률에 의하여 구금된 사람을 감호하는 자가 그 사람을
간음한 때에는 피감호자간음죄로 처벌한다(같은 조 ②항). '기타 관계로 자기의 보
호 또는 감독을 받는 사람'이란 사실상의 보호 또는 감독을 받는 상황에 있는
사람을 포함하는 것으로 본다(74도1519). '법률에 의하여 구금된 사람'은 형사소
송법 등에 의해 구금된 사람을 말한다.

아. 미성년자에 대한 간음, 추행(제305조)

93 13세 미만의 사람에 대하여 간음 또는 추행을 한 자(제305조 ①항), 그리고
13세 이상 16세 미만의 사람에 대하여 간음 또는 추행을 한 19세 이상의 자(같
은 조 ②항)는 미성년자의제강간, 미성년자의제강제추행 등의 죄로 강간, 강제추
행 등(제297조, 제297조의2, 제298조, 제301조, 제301조의2)의 예에 따라 처벌한다. 이
죄는 '13세 미만의 아동이 외부로부터의 부적절한 성적 자극이나 물리력의 행사
가 없는 상태에서 심리적 장애 없이 성적 정체성 및 가치관을 형성할 권익'을
보호법익으로 한다(2005도6791). 강간과 추행의 죄에 대한 미수범 처벌 규정(제
300조)에 이 죄가 직접 규정되어 있지 않지만, 제305조에서 강간죄 등이 예에 의
한다고 하였으므로 이 죄의 미수범도 처벌된다(2006도9453).

94 제305조 ②항은 2020. 5. 19. 개정 형법에 신설된 조항이다. 미성년자 성착
취물 제작·유포로 사회적으로 큰 물의를 일으킨 소위 'N번방 사건', '박사방 사
건' 등 일련의 사건들에 의하여 미성년자를 상대로 한 성범죄의 처벌을 강화하
여야 한다는 여론이 형성되었고, 이에 미성년자의제강간 등에서 피해자의 연령
기준을 16세로 높이고 강간 등의 예비·음모에 대한 처벌 규정을 신설하였다.

다만 청소년들의 자연스러운 교제 과정에서 합의하여 성행위를 하는 것까지 처벌하는 것은 지나친 것이므로, 피해 미성년자가 13세 이상 16세 미만인 경우 19세 이상의 성인에 대해서만 처벌하도록 하였다.

자. 상습범, 예비·음모

95   강간 등 상해치상, 강간 등 상해치사의 죄를 제외한 강간과 추행의 죄는 상습범을 가중처벌한다(제305조의2). 그리고 강간, 유사강간, 준강간, 강간 등 상해, 미성년자의제강간 등(제305조)의 죄를 범할 목적으로 예비·음모한 자도 처벌한다(제305조의3). 예비·음모에 대한 처벌규정은 2020. 5. 19. 형법 개정에서 신설된 것이다.

Ⅲ. 명예와 신용, 업무에 대한 죄

1. 명예에 관한 죄

96   명예에 관한 죄는 사람의 명예를 훼손하거나 사람을 모욕함으로써 성립하는 범죄이다. 명예란 사람이 사회생활에서 가지는 가치를 말하는데, 다수견해는 명예를 다음의 세 가지로 구별한다. 1) 내적 명예는 사람이 가지고 있는 인격의 내부적 가치 그 자체로서, 타인에 의해 침해될 수 없는 본질을 지닌다. 따라서 내적 명예는 형법이 보호할 수도 없고, 보호의 대상이 되지도 않는다. 2) 외적 명예는 사람의 인격적 가치와 그의 도덕적, 사회적 행위에 대한 사회의 평가이다. 명예에 관한 죄에서 보호법익이 되는 것은 사람에 대한 사회적 평가, 곧 외적 명예이다(87도739). 3) 명예 감정이란 자신의 인격적 가치에 대한 스스로의 주관적 평가 또는 감정이다. 명예감정은 스스로 내리는 평가이므로 형법의 보호대상이 되기에 적합하지 않다. 모욕죄의 보호법익이 될 수 있다는 일부 견해가 있을 뿐이다.

가. 명예훼손(제307조)

97   명예훼손죄는 공연히 사실을 적시하여 사람의 명예를 훼손함으로써 성립하는 범죄이다(제307조 ①항). 공연히 허위의 사실을 적시하여 사람의 명예를 훼손한 때에는 가중처벌한다(같은 조 ②항). 사람의 명예, 곧 외적 명예를 보호법익으로 하며, 실제로 명예가 훼손되거나 훼손될 위험이 발생하지 않아도 범죄가 성

립하는 추상적 위험범이다.

　　(1) **행위 객체**　행위의 객체는 사람의 명예로서, 보호법익과 같다. 명예 중 **98**
에서 신용에 관련된 명예는 신용훼손죄(제313조)로 따로 구별하여 처벌하므로,
이 죄의 행위 객체에 해당하지 않는다. 명예의 주체인 '사람'에는 자연인은 물론
법인, 법인격 없는 단체도 포함된다. 자연인이면 누구든지 명예의 주체가 되므
로, 유아, 정신병자, 흉악한 범죄자도 외부적 명예의 주체가 된다. 법인이나 단
체의 명칭이 아니라 일정한 직업군이나 특정기관의 구성원을 통칭하는 집합명
칭의 경우에는 구성원이 구체적으로 특정될 때 명예훼손죄가 성립할 수 있다.[1]
정부 또는 국가기관은 명예훼손의 객체가 될 수 없다.[2] 따라서 정부 또는 국가
기관의 정책결정 또는 업무수행과 관련된 언론보도의 내용이 공직자 개인에 대
한 악의적이거나 심히 경솔한 공격으로 평가되지 않는 한, 그 보도가 곧바로 공
직자 개인에 대한 명예훼손이라고 할 수 없다(2010도17237).

　　(2) **사실의 적시**　명예훼손죄가 성립하려면 사실의 적시가 있어야 한다는 **99**
점에서 모욕죄와 구별된다(88도1397). 사실의 적시는 특정인의 사회적 가치 내지
평가가 침해될 가능성이 있을 정도로 구체적이어야 한다(94도1770, 93도696). '사
실의 적시'란 가치판단이나 평가를 내용으로 하는 '의견표현'에 대치되는 개념으
로서 시간과 공간적으로 구체적인 과거 또는 현재의 사실관계에 관한 보고 내
지 진술을 의미한다(2016도14995). 사실의 적시 방법에는 제한이 없다. 다만 질문
에 대해 단지 확인답변을 한 것은 사실의 적시에 해당한다고 할 수 없다(2008도
6515). 또한 출판물에 의한 경우, 비방의 목적이 있으면 출판물 등에 의한 명예
훼손(제309조)의 죄로 처벌된다.

　　(3) **공연성**　사실의 적시는 공연한 것이어야 한다. 곧, '공연성公然性'이 있 **100**

---

1) [99도5407] 명예훼손죄는 어떤 특정한 사람 또는 인격을 보유하는 단체에 대하여 그 명예를
　훼손함으로써 성립하는 것이므로 그 피해자는 특정한 것임을 요하고, 다만 서울시민 또는 경
　기도민이라 함과 같은 막연한 표시에 의해서는 명예훼손죄를 구성하지 아니한다 할 것이지
　만, 집합적 명사를 쓴 경우에도 그것에 의하여 그 범위에 속하는 특정인을 가리키는 것이 명
　백하면, 이를 각자의 명예를 훼손하는 행위라고 볼 수 있다.
2) [2014도15290] 형법이 명예훼손죄 또는 모욕죄를 처벌함으로써 보호하고자 하는 사람의 가
　치에 대한 평가인 외부적 명예는 개인적 법익으로서, 국민의 기본권을 보호 내지 실현해야
　할 책임과 의무를 지고 있는 공권력의 행사자인 국가나 지방자치단체는 기본권의 수범자일
　뿐 기본권의 주체가 아니고, 정책결정이나 업무수행과 관련된 사항은 항상 국민의 광범위한
　감시와 비판의 대상이 되어야 하며 이러한 감시와 비판은 그에 대한 표현의 자유가 충분히
　보장될 때에 비로소 정상적으로 수행될 수 있으므로, 국가나 지방자치단체는 국민에 대한 관
　계에서 형벌의 수단을 통해 보호되는 외부적 명예의 주체가 될 수는 없고, 따라서 명예훼손
　죄나 모욕죄의 피해자가 될 수 없다.

어야 한다. '공연히'는 국어사전에서 '세상에서 다 알 만큼 떳떳하게', '숨김이나 거리낌이 없이 그대로 드러나게'라는 뜻으로 풀이한다. 따라서 '공연성'은 '불특정 또는 다수인이 인식할 수 있는 상태'를 의미한다(2018도4200 등). 명예훼손의 구성요건에 공연성 규정한 것은 개인의 표현의 자유가 지나치게 제한되지 않도록 사회에 유포되어 해가 되는 명예훼손 행위만을 처벌하기 위함이다. 판례는 명예훼손죄의 공연성에 관하여 개별적으로 소수의 사람에게 사실을 적시하였더라도 그 사람이 불특정 또는 다수인에게 그 사실을 전파할 가능성이 있는 때에도 공연성이 인정된다고 하는, 이른바 '전파가능성 이론'을 공연성에 관한 확립된 법리로 유지하고 있다(2020도5813 전합). 그러나 다수견해는 전파가능성 이론이 법률의 문언에 어긋나게 공연성의 범위를 부당하게 확대해석하므로 죄형법정주의의 원칙에 어긋난다고 한다. 따라서 '공연성'은 불특정 또는 다수인이 직접 인식할 수 있는 상태로 제한하여 해석해야 된다고 한다.

101   (4) 고의   명예훼손의 고의는 사람의 사회적 평가를 저하시키는 데 충분한 구체적 사실을 적시하는 사실에 대한 인식이다(2021도1089). 질문을 받게 되자 이에 대답하는 과정에서 타인의 명예를 훼손하는 듯한 사실을 발설하게 된 것이라면 명예훼손의 고의를 인정하기 어렵다(2021도17744, 2018도4200). 허위사실 적시 명예훼손의 고의는 적시한 사실이 허위라는 점과 그 사실이 사람의 사회적 평가를 저하시킬 만한 것이라는 점을 인식하는 것을 말하고, 비방의 목적이 필요한 것은 아니다(91도156). 허위사실의 인식은 미필적 인식도 포함하며, 허위사실에 대한 인식이 없으면 사실적시 명예훼손의 죄(제307조 ①항)에 해당한다(2016도18024).

102   (5) 위법성의 조각과 반의사불벌   사실을 적시하여 명예를 훼손한 행위(제307조 ①항)가 진실한 사실로서 오로지 공공의 이익에 관한 때에는 처벌하지 아니한다(제310조). '진실한 사실'이란 그 내용 전체의 취지를 살펴볼 때 중요한 부분이 객관적 사실과 합치되는 사실을 뜻한다. 따라서 세부적인 내용에서 진실과 약간 차이가 나거나 다소 과장된 표현이 있더라도 무방하다. '오로지 공공의 이익에 관한 때'라 함은 적시된 사실이 객관적으로 볼 때 공공의 이익에 관한 것으로서 행위자도 주관적으로 공공의 이익을 위하여 그 사실을 적시한 것이어야 하는 것인데, 행위자의 주요한 동기 내지 목적이 공공의 이익을 위한 것이라면 부수적으로 다른 사익적 목적이나 동기가 내포되어 있더라도 형법 제310조의 적용을 배제할 수 없다(2006도2074). 그리고 공공의 이익에 관한 것이라 함은

널리 국가·사회 기타 다수인의 이익에 관한 것뿐만 아니라 특정한 사회집단이 나 그 구성원 전체의 이익에 관한 것도 포함된다(2008도6342). 한편, 제307조의 죄는 피해자의 명시한 의사에 반하여 공소를 제기할 수 없다(제312조 ②항).

나. 사자의 명예훼손(제308조)

공연히 허위의 사실을 적시하여 사자死者의 명예를 훼손한 자는 사자명예훼 **103** 손의 죄로 처벌한다. 사람은 사망하더라도 그의 인격적 가치는 남는 것이기 때 문에, 역사적 가치로서 죽은 사람의 명예가 이 죄의 보호법익이 된다는 것이 다 수견해이다. 여기에 유족의 명예 또는 죽은 사람에 대한 유족의 존경심이 보호 법익 된다는 견해도 있다. 이와 같이 죽은 사람이 명예의 주체가 되는 데에는 어느 정도 제한이 있기 때문에, 사자명예훼손은 허위사실을 적시한 경우에만 처 벌하며, 고소가 있어야 공소를 제기할 수 있는 친고죄로 정하고 있다(제312조 ① 항). 특히 표현의 자유가 지나치게 제한되지 않도록 하기 위해서는 역사드라마 등에서 허위사실이 적시된 것인지는 신중하게 평가되어야 한다.[1] 이 죄가 성립 하기 위해서는 허위사실을 적시한다는 인식이 있어야 한다. 허위사실에 대한 인 식은 미필적 인식도 포함한다(2013도12430).

다. 출판물 등에 의한 명예훼손(제309조)

사람을 비방할 목적으로 신문, 잡지 또는 라디오 기타 출판물에 의하여 사 **104** 실적시 명예훼손의 죄를 범한 자(제309조 ①항)와 허위사실적시 명예훼손의 죄를 범한 자(제309조 ②항)는 출판물에의한명예훼손 또는 라디오에의한명예훼손의 죄 로 처벌한다. 출판물이나 라디오에 의한 사실적시는 지속성과 전파성이 높기 때 문에 법익 침해의 위험성이 더 크다는 이유로 가중처벌하는 규정이다(97도133). 다만, 이 죄도 명예훼손죄처럼 피해자의 명시한 의사에 반하여 공소를 제기할 수 없는 반의사불벌죄이다(제312조 ②항).

---

1) [2007노8411] [1] 역사적 인물을 모델로 한 드라마(즉, 역사드라마)가 그 소재가 된 역사적 인물의 명예를 훼손할 수 있는 허위사실을 적시하였는지 여부를 판단할 때에는 적시된 사실 의 내용, 진실이라고 믿게 된 근거나 자료의 신빙성, 예술적 표현의 자유로 얻어지는 가치와 인격권의 보호에 의해 달성되는 가치의 이익형량은 물론 역사드라마의 특성에 따르는 여러 사정과 ... 묘사된 사실이 이야기 전개상 상당한 정도 허구로 승화되어 시청자의 입장에서 그 것이 실제로 일어난 역사적 사실로 오해되지 않을 정도에 이른 것으로 볼 수 있는 여부 등 을 종합적으로 고려하여야만 한다. [2] 역사드라마 '서울 1945'의 특정 장면이 공연히 허위사 실을 적시하여 망인亡人인 이승만 등의 명예를 훼손하였다는 공소사실에 대하여, 구체적인 허위사실의 적시가 있었다고 보기 어렵다는 이유로 무죄를 선고한 원심판단이 정당하다고 한 사례.

105   '사람을 비방할 목적'이란 가해의 의사 내지 목적을 필요로 하는 것이다 (2004도207). 비방의 목적은 공공의 이익을 위한 것과는 상반되는 관계에 있으므로, 적시한 사실이 공공의 이익에 관한 것인 경우에는 특별한 사정이 없는 한 비방할 목적은 부인된다(2006도7915, 2003도2137). 따라서 형법 제310조의 "공공의 이익에 관한 때에는 처벌하지 아니한다."는 규정은 사람을 비방할 목적이 있어야 하는 출판물에 의한 명예훼손에는 적용되지 않는다(97도158). '기타 출판물'이란 등록·출판된 인쇄물이나 제작물은 아니라고 할지라도 적어도 그와 같은 정도의 효용과 기능을 가지고 사실상 출판물로 유통·통용될 수 있는 외관을 가진 인쇄물을 말한다(99도3048).

106   '사실의 적시'는 이 죄에서도 의견의 표현과는 구별되어야 한다. 따라서 다른 사람의 말이나 글을 비평하면서 사용한 표현이 겉으로 보기에 구체적인 사실관계를 서술하는 형태를 취하고 있더라도, 실제로는 비평자의 주관적 의견에 해당하고, 다만 비평자가 자신의 의견을 강조하기 위한 수단으로 그와 같은 표현을 사용한 것이라고 이해된다면 사실의 적시에 해당한다고 볼 수 없다(2017도15628, 2016도19255). 그리고 허위의 사실을 출판물 등을 통해 적시하면 허위사실 적시 명예훼손죄가 성립하는데, 이 죄가 성립하려면 행위자에게 허위사실이라는 인식이 있어야 한다. 그러한 인식이 없으면 형법 제309조 ②항의 죄로 처벌할 수 없고, 형법 제309조 ①항의 죄로 처벌할 수 있을 뿐이다(94도2186). 따라서 타인을 비방할 목적으로 허위사실을 신문기자에게 제보하여 그 사정을 모르는 기자가 신문에 보도한 경우, 기사재료를 제공한 자는 허위사실적시 출판물명예훼손의 간접정범으로 처벌될 수 있다(2009도8949, 93도3535).

라. 모욕(제311조)

107   (1) 보호법익   모욕죄는 공연히 사람을 모욕함으로써 성립하는 범죄이다. 명예훼손죄와 같이 사람의 가치에 대한 사회적 평가를 의미하는 외부적 명예를 보호법익으로 한다. 피해자의 외부적 명예가 현실적으로 침해되거나 침해될 위험이 발생하지 않아도 성립하는 추상적 위험범이다(2016도9674).

108   (2) 행위   '모욕'이란 사실을 적시하지 아니하고 사람의 사회적 평가를 저하시킬 만한 추상적 판단이나 경멸적 감정을 표현하는 것을 의미한다. 따라서 사람의 인격적 가치에 대한 사회적 평가를 저하시킬 만한 것이 아니라면 설령 그 표현이 다소 무례하고 저속한 방법으로 표시되었다 하더라도 '모욕'에 해당

하지 않는다(2017도2661, 2015도2229).1) 모욕의 수단과 방법에는 제한이 없다. 언어적 수단이 아닌 비언어적 수단이나 시각적 수단도 가능하다(2022도4719). 모욕의 행위에도 '공연성'이 필요하다. 다만 행위 당시에 제3자가 이를 인식할 수 있는 상태에 있으면 되고, 반드시 제3자가 인식해야 하는 것은 아니며, 행위자가 피해자를 대면할 때만 모욕죄가 성립하는 것도 아니다. 따라서 피해자가 그 장소에 있지 않아도 되고, 피해자가 이를 인식하지 않았더라도 모욕죄는 성립한다(2003도4934).

(3) 위법성 조각, 친고죄 모욕죄에는 제310조의 특별한 위법성조각사유 **109** 가 적용되지 않는다. 제310조의 법문이 그 대상을 제307조 ①항으로 한정하고 있고 '진실한 사실'이 요구되는데, 모욕죄는 사실을 적시하는 행위가 아니기 때문이다. 판례도 같은 취지이다(2003도4934). 다만 일반적 위법성조각사유인 정당행위로 위법성이 조각될 수는 있다. 곧, 모욕의 행위가 사회상규에 위배되지 않는 행위로 볼 수 있는 때에는 제20조에 의하여 예외적으로 위법성이 조각된다(2008도1433). 한편, 모욕죄는 고소가 있어야 공소를 제기할 수 있는 친고죄이다(제312조 ①항).

[2022도4719] [2] 모욕의 수단과 방법에는 제한이 없으므로 언어적 수단이 아닌 **110** 비언어적·시각적 수단만을 사용하여 표현을 하더라도 그것이 사람의 사회적 평가를 저하시킬 만한 추상적 판단이나 경멸적 감정을 전달하는 것이라면 모욕죄가 성립한다. 최근 영상 편집·합성 기술이 발전함에 따라 합성 사진 등을 이용한 모욕 범행의 가능성이 높아지고 있고, 시각적 수단만을 사용한 모욕이라 하더라도 그 행위로 인하여 피해자가 입는 피해나 범행의 가벌성 정도는 언어적 수단을 사용한 경우와 비교하여 차이가 없다.

[3] 피고인이 자신의 유튜브 채널에 갑의 방송 영상을 게시하면서 갑의 얼굴에 '개' 얼굴을 합성하는 방법으로 갑을 모욕하였다는 내용으로 기소된 사안에서, 원심판단 중 피고인이 갑을 개로 시청하지는 않은 점 및 효과음, 자막을 사용하지 않았다는 사정을 무죄의 근거로 든 것은 적절하지 않으나, 영상의 전체적인 내용을 살펴볼 때, 피고인이 갑의 얼굴을 가리는 용도로 동물 그림을 사용하면서 갑에

---

1) [2015도6622] 피고인이 택시 기사와 요금 문제로 시비가 벌어져 112 신고를 한 후, 신고를 받고 출동한 경찰관 갑에게 늦게 도착한 데 대하여 항의하는 과정에서 "아이 씨발!"이라고 말한 사안에서, 제반 사정에 비추어 피고인의 발언은 직접적으로 피해자를 특정하여 그의 인격적 가치에 대한 사회적 평가를 저하시킬 만한 경멸적 감정을 표현한 모욕적 언사에 해당한다고 단정하기 어렵다고 한 사례.

대한 부정적인 감정을 다소 해학적으로 표현하려 한 것에 불과하다고 볼 여지도 상당하므로, 해당 영상이 갑을 불쾌하게 할 수 있는 표현이기는 하지만 객관적으로 갑의 인격적 가치에 대한 사회적 평가를 저하시킬 만한 모욕적 표현을 한 경우에 해당한다고 단정하기 어렵다는 취지에서 공소사실을 무죄로 판단한 것은 수긍할 수 있다고 한 사례.

2. 신용, 업무와 경매에 관한 죄

111　　　신용, 업무와 경매에 관한 죄는 사람의 신용을 훼손하거나 업무를 방해하거나 경매 또는 입찰의 공정성을 침해하는 범죄이다. 신용과 업무 및 경매의 안전을 보호법익으로 하는 범죄들이며, 개별 범죄에 따라 구체적 보호법익을 달리한다.

가. 신용훼손(제313조)

112　　　(1) **보호법익**　신용훼손죄는 허위의 사실을 유포하거나 기타 위계로써 사람의 신용을 훼손하는 범죄이다. 이 죄의 보호법익은 사람의 신용이며, 신용이 현실적으로 훼손되지 않아도 성립하는 위험범이다. 신용은 경제적 신용, 곧 사람의 지급능력 또는 지급의사에 대한 사회적 신뢰를 의미한다(2009도5549).[1] 신용의 주체는 자연인은 물론 법인, 법인격 없는 단체도 포함한다.

113　　　(2) **행위**　'허위사실의 유포'란 객관적으로 진실과 부합하지 않는 과거 또는 현재의 사실을 불특정 또는 다수인에게 유포하는 것을 말한다. 미래의 사실도 증명이 가능한 것이면 '허위사실'에 포함될 수 있다. 그러나 단순한 의견이나 가치판단을 표시하는 것은 이에 해당하지 않는다(82도2486). 전파가능성을 이유로 '유포'를 인정하는 경우에는 적어도 미필적 고의가 필요하므로 전파가능성에 대한 인식이 있음은 물론 나아가 그 위험을 용인하는 내심의 의사가 있어야 한다(2004도1313). '위계'란 행위자의 목적을 달성하기 위하여 상대방에게 오인·착

---

1) 퀵서비스 운영자인 피고인이 배달업무를 하면서, 손님의 불만이 예상되는 경우에는 평소 경쟁관계에 있는 피해자 운영의 퀵서비스 명의로 된 영수증을 작성·교부함으로써 손님들로 하여금 불친절하고 배달을 지연시킨 업체가 피해자 운영의 퀵서비스인 것처럼 인식하게 한 사안에서, 퀵서비스의 주된 계약내용이 신속하고 친절한 배달이라 하더라도, 그와 같은 사정만으로 위 행위가 피해자의 경제적 신용, 즉 지급능력이나 지급의사에 대한 사회적 신뢰를 저해하는 행위에 해당한다고 보기는 어렵다는 이유로, 피고인에 대한 신용훼손의 공소사실을 무죄로 인정한 원심판단을 수긍한 사례.

각 또는 부지를 일으키게 하여 이를 이용하는 것을 말한다.

(3) **고의** 신용훼손죄의 고의는 허위사실을 유포하거나 기타 위계를 사용 **114**
한다는 점과 그 결과 다른 사람의 신용을 저하시킬 염려가 있는 상태가 발생한
다는 점에 대한 인식이며, 반드시 확정적인 고의가 필요한 것은 아니고 미필적
인식으로도 충분하다(2006도3400).[1]

나. 업무방해(제314조 ①항)

(1) **보호법익** 허위의 사실을 유포하거나 기타 위계 또는 위력으로 사람의 **115**
업무를 방해한 자는 업무방해죄로 처벌한다(제314조 ①항). 그리고 이 죄의 보호
법익은 사람의 업무이다. 업무방해의 결과가 실제로 발생하여야만 하는 것은 아
니고, 업무방해의 결과를 초래할 위험이 있으면 업무방해죄가 성립하는 위험범
이다(91도3044).

(2) **업무** 업무란 사람이 그 직업 또는 사회적 지위에서 계속하여 종사하 **116**
는 사무 또는 사업을 말한다. 업무가 주된 것이든 부수적인 것이든 가리지 않으
며, 일회적인 사무라 하더라도 어느 정도 계속하여 행해지는 것이거나 또는 그
것이 그 사람의 본래 업무와 불가분의 관계에서 이루어진 것이면 업무에 해당
한다(2004도8701). 이 죄에서 업무는 행위자의 신분이 아니라 보호대상이 되는
업무이므로 형법으로 보호할 가치가 있는 업무이어야 한다(2011도7081, 2001도
2015 등). 다만, 1) 초등학생들이 교실에서 수업을 듣는 것은 교육을 받을 권리를
행사하거나 그 부모들이 교육의 의무를 이행하는 것이므로 업무에 해당하지 않
는다(2013도3829). 또한 2) 공무원이 직무상 수행하는 공무는 업무방해죄의 업무
에 해당하지 않는다. 공무를 방해하는 행위에 대해서는 따로 공무집행방해죄로
처벌된다. 이는 형법이 사적 업무와 공무를 구별하여 보호하고, 공무는 공무원
에 대한 폭행, 협박 또는 위계의 방법으로 그 집행을 방해하는 경우에 한정해서
처벌하겠다는 취지라고 보아야 한다(2009도4166 전합).[2]

(3) **행위** '허위사실의 유포'와 '위계'는 신용훼손죄의 그것과 같다. 다만, **117**
신청을 받아 자격요건 등을 심사하여 그에 대한 수용 여부를 결정하는 업무에

---

1) 피고인이 피해자에 관한 허위의 내용을 기재한 편지를 은행에 송부함으로써 은행의 오인 또
  는 착각 등을 일으켜 위계로써 피해자의 신용을 훼손하였다고 본 사례
2) 지방경찰청 민원실에서 민원인들이 진정사건의 처리와 관련하여 지방경찰청장과의 면담 등
  을 요구하면서 이를 제지하는 경찰관들에게 큰소리로 욕설을 하고 행패를 부린 행위에 대하
  여, 경찰관들의 수사 관련 업무를 방해한 것이라는 이유로 업무방해죄의 성립을 인정한 원심
  판결에, 업무방해죄의 성립범위에 관한 법리를 오해한 위법이 있다고 한 사례.

서는, 1) 업무담당자가 신청인이 제출한 허위의 소명자료를 가볍게 믿고 이를 수용하는 등 불충분한 심사가 업무방해의 위험을 가져온 것이면 위계에 의한 업무방해에 해당하지 않는다. 그러나 2) 업무담당자가 충분히 심사를 하더라도 소명자료 등이 허위임을 발견할 수 없을 정도에 이르렀다면 이는 신청인의 위계행위에 의하여 업무방해의 위험성이 발생된 것이어서 위계에 의한 업무방해가 성립한다(2017도19283 등).

118   '위력'이란 사람의 자유의사를 제압·혼란케 할 만한 일체의 세력으로, 유형적이든 무형적이든 묻지 아니하므로 폭행·협박은 물론, 사회적 지위와 권세에 의한 압박 등도 이에 포함된다(2016도8627, 2003도5004 등). 위력의 행사가 있으면 되고, 현실적으로 피해자의 자유의사가 제압되는 것을 필요로 하는 것은 아니다(2009도5732 등). **노동조합법에 따른 쟁의행위인** 파업도 단순히 노무의 제공을 거부하는 부작위에 그치지 않고 사용자에게 압력을 가하여 근로자의 주장을 관철하고자 하는 실력행사이므로, '위력'에 해당하는 요소를 포함하고 있어 업무방해죄의 성립 여부가 문제된다. 판례는 파업이 언제나 업무방해죄에 해당하는 것으로 볼 것은 아니고, 전후 사정과 경위 등에 비추어 사용자가 예측할 수 없는 시기에 전격적으로 이루어져 사용자의 사업운영에 심대한 혼란 내지 막대한 손해를 초래하는 등으로 사용자의 사업계속에 관한 자유의사가 제압·혼란될 수 있다고 평가할 수 있는 경우에 비로소 업무방해죄가 성립한다는 입장이다(2007도482 전합). 그러나 이러한 기준은 매우 불명확하다. 쟁의행위인 파업은 법률에 의한 정당행위로서 위법성이 조각되므로, 절차와 목적 등이 불법한 파업의 경우만 업무방해죄에 해당한다고 보아야 한다. 업무를 '**방해한다**'는 것은 업무의 집행 자체를 방해하는 것은 물론이고 널리 업무의 경영을 저해하는 것도 포함한다(2007도6754, 98도3767).

119   (4) 고의   이 죄의 주관적 구성요건으로 반드시 업무방해의 목적이나 계획적인 업무방해의 의도가 있어야 하는 것은 아니다. 자신의 행위로 인하여 타인의 업무가 방해될 가능성 또는 위험에 대한 인식이나 예견으로 충분하며, 그 인식이나 예견은 확정적인 것은 물론 불확정적인 것이라도 이른바 미필적 고의로 인정된다(2009도4141, 2008도9410).

다. 컴퓨터 업무방해(제314조 ②항)

120   컴퓨터 등 정보처리장치 또는 전자기록 등 특수매체기록을 손괴하거나 정

보처리장치에 허위의 정보 또는 부정한 명령을 입력하거나 기타 방법으로 정보처리에 장애를 발생하게 하여 사람의 업무를 방해한 자는 컴퓨터등손괴업무방해, 컴퓨터등장애업무방해 등의 죄로 처벌한다.

(1) **행위객체**　이 죄의 행위객체는 '컴퓨터 등 정보처리장치와 전자기록 **121** 등 특수매체기록'이다. '컴퓨터 등 정보처리장치'란 자동적으로 계산이나 데이터 처리를 할 수 있는 전자장치로서 하드웨어와 소프트웨어를 모두 포함한다(2002 도631). '전자기록'이란 전산 시스템을 통하여 처리되는 기록으로, 전자 형태로 생산된 기록과 종이 등 아날로그 형태로 생산되었다가 이미지스캔 등의 방식으로 디지털화된 기록을 모두 포함한다. '특수매체기록'은 레이저와 같은 광기술을 이용하는 기록 등을 말한다. 전자기록 등 특수매체기록은 컴퓨터 등 정보처리장치에 사용하는 기록에 한정된다.

(2) **행위**　1) '손괴'란 유형력을 행사하여 물리적으로 파괴·멸실시키는 것 **122** 뿐 아니라 전자기록의 소거나 자력에 의한 교란도 포함한다. 2) '허위의 정보 또는 부정한 명령의 입력'이란 객관적으로 진실에 반하는 내용의 정보를 입력하거나 정보처리장치를 운영하는 본래의 목적과 상이한 명령을 입력하는 것이고, 3) '기타 방법'이란 컴퓨터의 정보처리에 장애를 초래하는 가해수단으로서 컴퓨터의 작동에 직접·간접으로 영향을 미치는 일체의 행위를 말한다(2019도12194). 다만 위계 행위, 곧 입력된 정보 등을 바탕으로 업무를 담당하는 사람의 오인, 착각 또는 부지를 일으킬 목적으로 컴퓨터 등 정보처리장치에 정보를 입력하는 등의 행위는 위계에 의한 업무방해의 죄에 해당하게 된다(2022도3265).

(3) **업무 방해**　이 죄가 성립하기 위해서는 위와 같은 가해행위 결과 정 **123** 보처리장치가 그 사용목적에 부합하는 기능을 하지 못하거나 사용목적과 다른 기능을 하는 등 정보처리에 장애가 현실적으로 발생하여야 하나, 정보처리에 장애를 발생하게 하여 업무방해의 결과를 초래할 위험이 발생하면 충분하고 업무방해의 결과가 실제로 발생하지 않더라도 위 죄가 성립한다(2021도1533, 2010도 14607). 판례에 의하면 1) 대학 교직원이 전보발령으로 인하여 웹서버를 관리, 운영할 권한이 없는 상태에서 웹서버에 접속하여 홈페이지 관리자의 비밀번호를 무단으로 변경한 경우(2006도6663, 2005도382), 2) 조합장인 피고인이 자신에 대한 감사활동을 방해하기 위하여 조합 사무실에 있던 컴퓨터에 비밀번호를 설정하고 하드디스크를 분리·보관한 경우(2011도7943), 3) 포털사이트 운영회사의 통계집계시스템 서버에 허위의 클릭정보를 전송하여 그 정보가 검색순위 결정

과정에 반영된 경우(2008도11978) 등은 컴퓨터등장애업무방해죄를 구성한다. 그
러나 단순히 메인 컴퓨터의 비밀번호를 알려주지 않은 것만으로는 정보처리장
치의 작동에 직접 영향을 주어 그 사용목적에 부합하는 기능을 하지 못하게 하
거나 사용목적과 다른 기능을 하게 했다고 볼 수 없어 컴퓨터등장애업무방해죄
에 해당하지 않는다(2002도631).

라. 경매, 입찰의 방해(제315조)

124   **(1) 보호법익**   위계 또는 위력 기타 방법으로 경매 또는 입찰의 공정을 해
한 사람은 경매방해 또는 입찰방해의 죄로 처벌한다. 이 죄는 경매 또는 입찰의
공정을 보호법익으로 한다. 결과의 불공정이 현실적으로 나타나는 것을 필요로
하지 않는 위험범이다(2022도8459, 94도600).

125   **(2) 경매 또는 입찰**   경매는 매도인이 다수의 매수인으로부터 청약을 받
고 그 중에서 최고가의 청약자에게 승낙함으로써 성립하는 매매를 말한다. 입찰
은 경쟁계약에 참가한 다수인이 문서로 계약내용을 표시하도록 하여 그 가운데
가장 유리한 청약자를 상대로 맺는 계약을 말한다. 입찰은 공정한 자유경쟁을
통한 적정한 가격형성을 목적으로 하는 입찰절차를 말하고, 공적·사적 경제주
체가 임의의 선택에 따라 진행하는 계약체결 과정은 이에 해당하지 않는다(2007
도9287, 2007도5037). 입찰을 실시할 법적 의무에 따라 시행한 입찰만이 입찰방해
죄의 객체가 되는 것은 아니다(2006도8070).

126   **(3) 행위**   '위계 또는 위력'은 신용훼손죄 및 업무방해죄의 그것과 같다(99
도4079). '입찰의 공정을 해하는 행위'란 공정한 자유경쟁을 방해할 염려가 있는
상태를 발생시키는 것, 곧 공정한 자유경쟁을 통한 적정한 가격형성에 부당한
영향을 주는 상태를 발생시키는 것으로, 그 행위에는 가격결정뿐 아니라 '적법
하고 공정한 경쟁방법'을 해하는 행위도 포함된다(2022도8459). 입찰참가자들 사
이의 담합행위가 입찰방해죄로 되기 위해서 반드시 입찰참가자 전원 사이에 담
합이 이루어져야 하는 것은 아니다. 입찰참가자들 중 일부 사이에만 담합이 이
루어진 경우라고 하더라도 그것이 입찰의 공정을 해하는 것으로 평가되는 이상
입찰방해죄가 성립한다(2008도11361, 2004도2581). 입찰자들 사이에 특정업체가 낙
찰받기로 하는 담합이 이루어진 상태에서 일부 입찰자가 자신이 낙찰받기 위하
여 당초의 합의에 따르지 않고 낙찰받기로 한 업체보다 저가로 입찰한 경우에
도 입찰방해죄는 성립한다(2010도4940). 그러나 입찰자들의 전부 또는 일부 사이

에서 담합을 시도하는 행위가 있었을 뿐 실제로 담합이 이루어지지 못하였고, 위계 또는 위력 등의 정도가 타인의 입찰 참여를 저지할 정도에 이르지 못한 경우(2002도3924), 입찰자 일부와 담합이 있었으나 다른 입찰자와는 담합이 이루어지지 않는 경우(81도824)는 입찰방해죄가 성립하지 않는다.

V. 사생활의 평온에 대한 죄

1. 비밀침해의 죄

비밀침해의 죄는 개인의 사생활에 대한 비밀을 침해하는 것을 내용으로 하 **127** 는 범죄이다. 개인의 비밀이 국가, 사회 및 타인으로부터 보호받지 못하면 사생활의 평온을 보장할 수 없다. 사생활의 비밀은 헌법이 보장하는 기본권이다. 따라서 이 죄는 사생활의 비밀을 보호법익으로 한다. 구체적으로는 자신에 관한 정보를 스스로 통제할 수 있는 자기결정권과 사생활이 함부로 공개되지 않고 사적 영역의 평온과 비밀을 요구할 수 있는 권리라고 할 수 있다(2018도2844).

가. 비밀침해(제316조)

봉함 기타 비밀장치한 사람의 편지, 문서 또는 도화를 개봉한 자는 편지 **128** 개봉, 문서개봉 등의 죄로 처벌한다(제316조 ①항). 그리고 봉함 기타 비밀장치한 사람의 편지, 문서, 도화 또는 전자기록 등 특수매체기록을 기술적 수단을 이용하여 그 내용을 알아낸 자는 편지내용탐지, 문서내용탐지 등의 죄로 처벌한다(같은 조 ②항). 이 죄는 고소가 있어야 공소를 제기할 수 있는 친고죄이다 (제318조).

'봉함 기타 비밀장치한 문서'란 반드시 문서 자체에 비밀장치가 되어 있는 **129** 것만을 의미하는 것은 아니고, 봉함 이외의 방법으로 외부 포장을 만들어서 그 안의 내용을 알 수 없게 만드는 일체의 장치를 가리키는 것으로, 잠금장치 있는 용기나 서랍 등도 포함한다(2008도9071). '전자기록 등 특수매체기록'에는 인터넷 계정의 아이디 및 비밀번호가 포함된다. 다만 전자기록 등 특수매체기록에 해당하더라도 봉함 기타 비밀장치가 되어 있지 않은 것은 이를 기술적 수단을 동원해서 알아냈더라도 전자기록등내용탐지죄가 성립하지 않는다(2021도8900).

나. 업무상비밀누설(제317조)

130   업무상비밀누설죄는 의사, 한의사, 치과의사, 약제사, 약종상, 조산사, 변호사, 변리사, 공인회계사, 공증인, 대서업자나 그 직무상 보조자 또는 차등의 직에 있던 자가 그 직무처리 중 지득한 타인의 비밀을 누설한 때(제317조 ①항), 또는 종교의 직에 있는 자 또는 있던 자가 그 직무상 지득한 사람의 비밀을 누설한 때(제317조 ②항)에 성립하는 범죄이다.

131   이 죄의 행위주체는 제317조에 열거된 사람으로 한정된다. 따라서 진정신분범이다. 행위객체인 '비밀'이란 일반적으로 알려져 있지 않은 사실로서 이를 다른 사람에게 알리지 않는 것이 본인에게 이익이 있는 사실을 말한다(참고: 2005도7309). 이 죄의 비밀은 업무상 또는 직무상 알게 된 비밀이므로, 업무와 관계 없이 알게 된 사실은 그것이 비밀이라고 하더라도 이 죄의 객체에 해당하지 않는다. '누설'이란 비밀을 모르는 다른 사람에게 그 비밀을 알게 하는 것이다. 이 죄는 고소가 있어야 공소를 제기할 수 있는 친고죄이다(제318조).

2. 주거침입의 죄

가. 보호법익

132   주거침입의 죄는 사람의 주거 또는 관리하는 장소에 침입하는 등 주거생활의 평온을 침해하는 범죄이다. 주거의 자유와 안정은 사람의 삶에서 필수적인 요소 중 하나이다. 헌법은 주거의 자유를 국민의 기본권으로 보장하고 있다(헌법 제16조). 주거침입의 죄는 헌법이 보장하는 주거의 자유를 침해하는 범죄이다. 주거침입죄의 구체적 보호법익에 대해서는 주거권설과 사실상의 평온설이 대립한다.

133   (1) **주거권설**   이 견해는 주거침입죄의 보호법익을 '주거권'이라는 권리 개념에서 규범적으로 파악하여야 한다는 입장이다. 대법원 판례의 소수견해이다(2020도12630 전합). '주거권'이란 사람이 주거의 평온을 확보하고 권한 없는 사람의 침입으로부터 방해받지 않을 권리로서, 주거권자가 다른 사람을 주거에 출입하도록 할 것인지를 결정할 수 있는 권리를 뜻한다. 이 견해에 따르면 주거권은 자신의 주거공간에서 누리는 사생활, 자신의 주거공간에 대한 자기결정권 또는 자유권을 요소로 하므로, 원치 않는 사람의 침입이나 체류로 주거의 평온을 방해하는 데 주거침입죄의 불법성이 있다.

(2) **사실상의 평온설**   이 견해는 주거침입죄의 보호법익이 사적 생활관계 **134**
에서 사실상 누리고 있는 주거의 평온, 곧 '사실상 주거의 평온'이라고 한다. 다
수견해와 판례의 입장이다. '사실상의 평온'은 주거를 점유할 법적 권한이 없더
라도 사실상의 권한이 있는 거주자가 주거에서 누리는 사실적 지배·관리관계가
평온하게 유지되는 상태를 말한다. 외부인이 무단으로 주거에 출입하게 되면 이
러한 사실상 주거의 평온이 깨어지는 것이다. 이러한 보호법익은 주거를 점유하
는 사실상태를 바탕으로 발생하는 것으로서 사실적 성질을 가진다(2020도12630
전합).

(3) **결론**   두 견해의 차이는 '주거권'을 어떻게 이해할 것이냐에 따라 달라 **135**
질 수 있다. 주거권을 형식적인 법적 권리로 엄격하게 이해하면 사실상의 평온
과 차이가 있겠지만 그 개념을 포괄적인 의미의 법적 권리 또는 법률적 근거로
이해한다면 양자의 차이는 큰 의미가 없을 것이다. 사실상의 평온을 보호한다고
하더라도 불법으로 타인의 주거를 점유한 사람까지 보호될 수는 없다. 따라서
주거침입죄의 보호법익은 순전한 사실상의 평온이 아니라 '법적 권리에 근거한
사실상의 평온', '법률적 근거가 있는 사실상의 평온'으로 이해하는 것이 필요하
다. 말하자면 '포괄적 의미의 주거권'과 '규범적 의미를 내포한 사실상의 평온'이
함께 이 죄의 보호법익으로 고려되어야 한다는 것이다.[1]

나. 주거침입(제319조 ①항)

(1) **행위 객체**   사람의 주거, 관리하는 건조물, 선박이나 항공기 또는 점유 **136**
하는 방실에 침입한 자는 주거침입, 건조물침입 등의 죄로 처벌한다. '사람'은
타인을 의미하므로 행위자 자신이 단독으로 또는 다른 사람과 공동으로 거주하
거나 관리 또는 점유하는 주거 등에 임의로 출입하더라도 주거침입죄를 구성하
지 않는다(2020도6085 전합). '주거'란 사람이 거주하면서 먹고 자는 장소라는 것
이 다수견해이지만, 반드시 먹고 자는 장소일 필요는 없다는 견해도 있다. 다만,
주거가 '관리하는 건조물'과 비교할 때 주거용 건조물로 이해할 수 있으므로, 기

---

1) 판례는 사실상의 평온설에 근거하여 주거침입죄의 침입은 사실상의 평온상태를 해치는 모습
　으로 주거에 들어가는 것이라고 한다. 그러나 공동거주자 중 한 사람인 을이 법률적인 근거
　없이 다른 공동거주자인 갑의 공동생활 장소 출입을 금지하였는데, 갑이 이에 대항하여 출입
　문의 잠금장치를 손괴하는 등 물리력을 행사하여 을의 사실상 평온상태를 해쳤더라도 주거
　침입죄가 성립하지 않는다고 하였다(2020도6085 전합). 이는 갑에게도 주거권이 있다는 점을
　고려한 것이다. 따라서 순전히 사실상의 평온만이 이 죄의 보호법익이라고 하는 데에는 한계
　가 있다.

본적인 용도가 수거용인 장소라고 해석할 필요가 있다. 수거의 설비 또는 +소 등은 묻지 않는다. 주거용 건물의 부속물도 주거에 포함된다(2001도1092, 82도1363). 아파트, 연립주택 등 공동주택 내부의 계단, 엘리베이터 등 공용 부분도 주거에 해당한다(2022도3801, 2009도3452). 주거에 사람이 현존할 필요는 없다.

137   '관리하는'이란 다른 사람의 출입을 방지하는 설비나 표지를 갖춘 것을 말한다. '건조물'이란 벽 또는 기둥과 지붕 또는 천정으로 구성된 구조물로서, 사람이 기거하거나 출입할 수 있는 장소를 말하며, 단순히 건조물 그 자체만을 말하는 것이 아니고 위요지를 포함한다. 따라서 물탱크시설이나 건설 현장의 타워크레인 등은 건조물에 해당하지 않는다(2007도7247, 2005도5351). '점유하는 방실'은 건물 내에서 사실상 지배·관리하는 구획된 공간을 말한다. 사무실, 연구실은 물론 호텔이나 모텔에서 투숙 중인 객실 등이 여기에 해당한다(2023도162, 2001도2917).

138   (2) 침입   침입의 의미는 이 죄의 보호법익에 대한 관점에 따라 다르게 이해된다. 주거권설에 따르면 침입은 주거권자의 의사에 반하여 출입하는 것이다. 사실상의 평온설은 침입을 사실상의 평온을 침해하는 방법으로 출입하는 것으로 해석한다. 판례는 '침입'이란 주거의 사실상 평온상태를 해치는 모습('행위태양')으로 주거에 들어가는 것이라고 한다. 사실상의 평온상태를 해치는 모습으로 주거에 들어가는 것이라면 대체로 거주자의 의사에 반하겠지만, 단순히 주거에 들어가는 행위 자체가 거주자의 의사에 반한다는 주관적 사정만으로는 바로 침입에 해당한다고 볼 수 없다. 거주자의 의사에 반하는지는 사실상의 평온상태를 해치는 모습인지를 평가할 때 고려할 요소 중 하나이지만 주된 평가 요소가 될 수는 없다는 것이다(2017도18272 전합).

139   따라서 1) 일반인의 출입이 허용된 상가 등 영업장소에 영업주의 승낙을 받아 통상적인 출입방법으로 들어갔다면 특별한 사정이 없는 한 침입에 해당하지 않는다. 설령 행위자가 범죄 등을 목적으로 영업장소에 출입하였거나 영업주가 행위자의 실제 출입 목적을 알았더라면 출입을 승낙하지 않았을 것이라는 사정이 인정되더라도 마찬가지이다(2022도3801, 2017도18272 전합).[1) 또한 2) 외부

---

1) [2018도15213] 피고인들은 서울구치소에 수용 중인 사람을 취재하고자 서울구치소장의 허가 없이 접견내용을 촬영·녹음할 목적으로 명함지갑 모양으로 제작된 녹음·녹화장비를 몰래 소지하고 서울구치소에 들어갔다. 서울구치소장이나 교도관이 이러한 사실을 알았더라면 피고인들이 이를 소지한 채 서울구치소에 출입하는 것을 승낙하지 않았을 것이다. 그러나 이러한 사정은 승낙의 동기가 착오가 있는 것에 지나지 않아 피고인들이 서울구치소장이나 교도관의 의사에 반하여 구치소에 출입하거나 사실상의 평온상태를 해치는 모습으로 서울구치소 내 민원실이나 접견실에 침입한 것으로 평가할 수 없다. 따라서 피고인들의 행위는 건조물침

인이 공동거주자 일부의 부재중에 주거에 현재하는 거주자의 현실적인 승낙을 받아 통상적인 출입방법에 따라 공동주거에 들어간 경우, 부재중인 다른 거주자의 추정적 의사에 반하더라도 주거침입죄가 성립하지 않는다(2020도12630 전합).[1]

3) 한편, 공동거주자 중 한 사람인 을이 법률적인 근거 없이 다른 공동거주자 갑의 공동생활 장소 출입을 금지한 경우, 갑이 이에 대항하여 출입문의 잠금장치를 손괴하는 등 물리력을 행사하여 을의 사실상 평온상태를 해치는 모습으로 공동생활 장소에 들어갔더라도 주거침입죄가 성립하지 않는다. 그뿐만 아니라 공동거주자 아닌 병이 갑과 함께 들어간 경우, 병에게도 주거침입죄가 성립하지 않는다(2020도6085 전합).[2]

(3) 미수범과 기수시기 이 죄의 미수범은 처벌한다(제322조). **1) 실행의 착** **140** 수시기는 주거로 들어가는 문의 시정장치를 부수거나 문을 여는 등 침입을 위한 구체적 행위를 시작함으로써 범죄구성요건의 실현에 이르는 현실적 위험성을 포함하는 행위를 개시한 때이다(2003도4417). 주거자, 관리자, 점유자 등의 의사에 반하여 주거 또는 관리하는 건조물 등에 들어가는 행위, 곧 구성요건의 일부를 실현하는 행위까지 요구하는 것은 아니다(2008도917). 따라서 출입문이 열려 있으면 안으로 들어가겠다는 의사 아래 출입문을 당겨보는 행위는 실행의 착수에 해당하지만(2006도2824), 야간에 다세대주택에 침입하여 물건을 절취하기 위하여 가스배관을 타고 오르다가 순찰 중이던 경찰관에게 발각되어 그냥 뛰어내린 경우(2008도917)와 아파트에 사람이 있는지 확인하기 위해 초인종을 누른 행위(2008도1464)는 실행의 착수에 해당하지 않는다.

2) 기수시기에 대해서는 행위자 신체의 전부가 들어갔을 때 기수가 된다는 **141** 견해와 신체의 일부만 들어가도 기수가 된다는 견해가 대립한다. 판례는 신체의 일부만 집 안으로 들어갔다고 하더라도 사실상 주거의 평온을 침해하였다면 주거침입죄는 기수에 이른 것이지만, 신체의 극히 일부분이 주거 안으로 들어갔지

입죄에 해당하지 않는다.

1) 피고인이 갑의 부재중에 갑의 아내 을과 혼외 성관계를 가질 목적으로 을이 열어 준 현관 출입문을 통하여 갑과 을이 공동으로 거주하는 아파트에 들어간 사안
2) 피고인 갑은 아내 을과의 불화로 인해 을과 공동생활을 영위하던 아파트에서 짐 일부를 챙겨 나왔는데, 그 후 자신의 부모인 피고인 병, 정과 함께 아파트에 찾아가 출입문을 열 것을 요구하였으나 을은 외출한 상태로 을의 동생인 무가 출입문에 설치된 체인형 걸쇠를 걸어 문을 열어 주지 않자 공동하여 걸쇠를 손괴한 후 아파트에 침입하였다고 하여 폭력행위처벌법위반(공동주거침입)으로 기소된 사안에서, 아파트에 대한 공동거주자의 지위를 계속 유지하고 있던 피고인 갑에게 주거침입죄가 성립한다고 볼 수 없고, 피고인 병, 정에 대하여도 마찬가지라고 한 사례

만 사실상 주거의 평온을 해하는 정도에 이르지 아니하였다면 수거침입죄는 미수에 그친 것이라고 한다(94도2561).[1]

다. 퇴거불응(제319조 ②항)

142　　퇴거불응죄는 사람의 주거, 관리하는 건조물, 선박이나 항공기 또는 점유하는 방실에서 퇴거요구를 받고 응하지 아니하는 범죄이다. 승낙을 받거나 정당한 방법으로 주거에 들어간 사람이 행위주체라는 점에서 주거침입과 구별되며, 퇴거요구에 응하지 않는 부작위 행위를 처벌하는 진정부작위범이다. 또한 퇴거할 때까지 법익침해가 계속되는 계속범이다.

143　　'퇴거'는 행위자의 신체가 주거에서 나가는 것을 말한다. 따라서 행위자가 나가고 주거나 방실 등에 가재도구를 남겨둔 것은 퇴거불응에 해당하지 않는다(2007도6990). '퇴거 요구'는 주거 등에 관하여 거주·관리·점유할 법률상 정당한 권한을 가진 자에 의한 것이어야 하지만, 반드시 그러한 것은 아니다(2023도9350). 판례는 피고인이 지하철 내에서 승객들에게 무릎보호대를 판매하는 행위를 하다가 철도보안관에게 적발되어 즉시 지하철역 밖으로 퇴거를 요구당하였음에도 이에 불응한 경우, 철도보안관은 철도안전법령에 따라 피고인을 지하철역 밖으로 퇴거시킬 수 있는 정당한 권한이 있으므로 피고인에게 퇴거불응죄가 성립한다고 판시한 바 있다(2014도655).

라. 특수주거침입(제320조)

144　　단체 또는 다중의 위력을 보이거나 위험한 물건을 휴대하여 주거침입 등의 죄를 범한 때에는 특수주거침입, 특수건조물침입 등의 죄로 처벌한다. 여러 사람이 흉기를 휴대하여 타인의 건조물에 침입하기로 공모한 후 그중 일부는 밖에서 망을 보고 나머지 일부만이 건조물 안으로 들어갔을 경우, 특수주거침입죄의 성립 여부는 직접 건조물에 들어간 범인을 기준으로 하여 그 범인이 흉기를 휴대하였다고 볼 수 있느냐에 따라 결정된다(94도1991).

마. 주거·신체 수색(제321조)

145　　사람의 신체, 주거, 관리하는 건조물, 자동차, 선박이나 항공기 또는 점유하는 방실을 수색한 자는 신체수색, 주거수색 등의 죄로 처벌한다. 형사소송법 등

---

1) "피고인이 피해자의 집에서 그녀를 강간하기 위하여 그 집 담벽에 발을 딛고 창문을 열고 안으로 얼굴을 들이미는 등의 행위를 하였다."는 공소사실에 대해 주거침입죄의 실행에 착수하였다고 볼 수 없다는 이유로 무죄를 선고한 원심을 파기한 사례.

에 따른 적법한 수색이 아닌 수색 행위를 처벌하는 규정이다. '수색'이란 사람이나 물건을 찾기 위해 사람의 신체 또는 일정한 장소를 조사하는 것을 말한다. 신체수색죄는 주거침입과 관련 없는 경우도 가능하고, 주거수색죄 등은 적법하게 주거 등에 들어간 사람이 불법하게 수색하는 경우에 성립한다.

V. 재산에 대한 죄

　　재산에 대한 죄는 개인의 재산에 대한 권리를 보호법익으로 하는 범죄로 **146** 서, 재산죄라고도 한다. 형법은 재산적 법익의 침해 방법에 따라 재산죄를 권리행사방해의 죄(제323조, 제325조~제328조), 절도와 강도의 죄(제329조~제346조), 사기와 공갈의 죄(제347조~제354조), 횡령과 배임의 죄(제355조~제361조), 장물의 죄(제362조~제365조) 및 손괴의 죄(366조~372조)로 구별하여 정하고 있다.

　　재산죄는 1) **구성요건의 행위 객체에 따라** 재물죄와 이득죄로 구별된다. 재 **147** 물죄는 재물을 객체로 규정한 범죄이고, 이득죄는 재산상의 이득을 객체로 하는 범죄이다. 또한 2) **영득의 의사 여부에 따라** 영득죄와 손괴죄로 구별된다. 영득죄는 타인의 재물을 나의 것으로 영득하려는 의사가 필요한 범죄이다. 손괴죄는 영득 의사 없이 타인의 재물의 효용가치를 훼손하는 범죄이다. 손괴죄를 제외한 재산죄는 모두 영득의사를 요건으로 하는 영득죄이다. 그리고 영득죄는 3) **침해의 방법에 따라** 탈취죄와 편취죄로 구별된다. 탈취죄는 타인의 의사에 반해 재물을 취득하는 범죄이다. 편취죄는 타인의 하자 있는 의사를 이용하여 재물을 취득하는 범죄이다.

1. 절도의 죄

가. 보호법익과 보호 정도

　　(1) **보호법익** 절도죄의 보호법익에 대해서는 소유권이 보호법익이라는 **148** 견해와 소유권과 함께 점유가 보호법익이라는 견해가 대립한다. 소유권설은 점유를 보호법익으로 하는 범죄는 권리행사방해의 죄로 따로 규정되어 있고, 점유는 보호법익이 아니라 행위객체라고 한다. 그러나 점유 또한 보호법익이라고 보아야 절도죄의 해석에 무리가 없다. 점유를 통해 누리는 재산상의 이익도 보호되어야 하기 때문이다. 판례는 이에 대해 명확하게 판시한 바 없는데, 소유권설은 판례도 소유권설의 입장에 있는 것으로 해석한다. 그러나 판례는 피고인이 모친 갑 명의

로 구입·등록하여 갑에게 명의신탁한 자동차를 을에게 담보로 제공한 후, 을 몰래 이를 가져가 절취한 사안에서, 자동차의 소유자는 갑이고 피고인은 소유자가 아니므로 을이 점유하고 있는 자동차를 임의로 가져간 이상 절도죄가 성립한다고 하였다(2010도11771). 이러한 경우 친족상도례(제344조, 제328조)에 따라 형이 면제되어야 하지만, 판례는 소유자와 점유자가 모두 친족일 때에만 친족상도례가 적용된다고 판시하였다. 그 이유는 "절도죄는 재물의 점유를 침탈하여 성립하는 범죄이므로 재물의 점유자가 절도죄의 피해자가 되는 것이나, 절도죄는 점유자의 점유를 침탈하여 그 재물의 소유자를 해하게 되는 것이므로 재물의 소유자도 절도죄의 피해자로 보아야" 하기 때문이라고 한다(80도131). 따라서 판례는 소유와 점유를 모두 보호법익이라고 판시한 것이라고 보아야 한다. 이러한 사안과 판례는 오로지 소유권만 절도죄의 보호법익이라고 하는 견해로는 명확하게 해결될 수 없다. 소유권은 물론 점유도 보호법익이라고 할 때 무리 없는 해석이 가능하다.

149   **(2) 보호 정도**   법익의 보호 정도에 대해 다수견해는 침해범이라고 한다. 그런데 보호법익이 소유권이라고 하는 견해 중 일부는 절취 행위로 피해자가 민법의 소유권을 잃는 것은 아니므로 절도죄는 위험범이라고 한다. 소유권만이 보호법익이라는 논리를 유지하기 위해 무리한 결론을 이끌어낸 것이다. 점유 또한 보호법익이 된다고 하면 점유 침탈의 순간 기수가 되는 것이며, 소유권을 보호법익으로 보더라도 민법의 권리가 아니라 소유권을 누릴 수 있는 권리가 침해되었을 때 기수가 되는 것이다. 따라서 이 죄는 침해범이다.

     나. 재물

150   **(1) 재물의 개념**   형법에서 재물은 보통 민법의 물건과 같은 의미로 이해된다. 민법 제98조는 물건을 '유체물 및 기타 관리할 수 있는 자연력'으로 정의한다. 그런데 형법 제346조는 '관리할 수 있는 동력은 재물로 간주한다.'고 규정하고 있다. 이러한 규정의 해석과 관련하여 1) 유체성설은 재물은 민법에서 말하는 유체물에 한정되는 것이고, '관리할 수 있는 동력'은 특별규정에 의해 재물로 간주되는 것이라고 한다. 이에 반해 다수견해인 2) 관리가능성설은 재물이란 관리가능한 유체물 및 전기 기타 자연력을 포함하는 것이며, 제346조는 예시규정이라고 한다. 판례는 관리가능성에 중점을 두고 유체물이라도 관리할 수 없는 유체물은 재물이 될 수 없다고 한다(64도209).

151   **(2) 관리가능성**   관리가능성을 기준으로 할 때 관리란 물리적 관리 외에

법률적, 사무적 관리를 포함하는지가 문제되는데, 판례는 물리적으로 관리할 수
없는 무형의 이익은 재물이 아니라고 한다(98도700).1) 민법 및 형법 규정의 취지
와 죄형법정주의 원칙을 고려할 때 물리적으로 관리가능한 것만을 재물로 보아
야 한다. 따라서 권리나 정보의 절도죄는 성립하지 않는다(2002도745, 95도192).
이와 관련하여 '재물'에 부동산도 포함되는지가 문제된다. 부동산도 유체물이며
물리적 관리도 가능하기 때문에 재물의 개념에는 해당할 수 있다. 그러나 부동
산의 인도 등 실질적 관리 방식은 부동산의 권리를 관리하는 것이며, 절취 행위
는 권리의 절취를 상정할 수 있을 뿐이므로, 부동산은 절도죄의 객체인 재물에
해당하지 않는다는 것이 다수견해이다.

　　(3) **재물의 가치**　재물은 재산죄의 객체이므로 재산으로서의 가치를 필요 **152**
로 하는지가 문제되는데, 절도죄에서 재물은 반드시 객관적인 금전적 교환가치,
곧 경제적 가치를 가질 필요는 없고 소유자·점유자가 주관적인 가치를 가지고
있는 것으로 충분하다는 것이 다수견해와 판례이다. 그리고 판례는 주관적·경
제적 가치의 유무를 판별할 때는 "타인에 의하여 이용되지 않는다고 하는 소극
적 가치가 성립하더라도 관계없다."라고 한다(2007도2595, 2004도5183).2)

　다. 절도(제329조)
　　(1) **타인의 재물**　절도죄는 타인의 재물을 절취竊取하는 범죄이다. 1) '타인 **153**
의' 재물은 자기의 소유에 속하지 않는 재물을 뜻한다. 또한 자기의 소유라 하더
라도 타인과 공동소유에 속하는 재물은 '타인의' 재물에 해당한다(94도2432, 87도
1831). 그리고 소유권은 민법의 물권법이론에 따라 결정된다.3) 여기의 재물에 2)
소유 또는 점유가 금지된 물건, 곧 '금제품金製品'도 포함되는지가 문제된다. 이에
대해 적극설은 금제품이라도 절차에 따라 몰수될 때까지는 소유 또는 점유를

---

1) 타인의 전화기를 무단으로 사용하여 전화통화를 하는 행위는 전기통신사업자에 의하여 가능
하게 된 전화기의 음향송수신기능을 부당하게 이용하는 것으로, 이러한 내용의 역무는 무형
적인 이익에 불과하고 물리적 관리의 대상이 될 수 없어 재물이 아니라고 한 사례.
2) [95도3057] 재산죄의 객체인 재물은 반드시 객관적인 금전적 교환가치를 가질 필요는 없고
소유자, 점유자가 주관적인 가치를 가지고 있음으로써 족하다고 할 것이고, 이 경우 주관적,
경제적 가치의 유무를 판별함에 있어서는 그것이 타인에 의하여 이용되지 않는다고 하는 소
극적 관계에 있어서 그 가치가 성립하더라도 관계없다 할 것이므로, 피고인이 절취한 백지의
자동차출고의뢰서 용지도 그것이 어떠한 권리도 표창하고 있지 않다 하더라도 경제적 가치
가 없다고는 할 수 없어 이는 절도죄의 객체가 되는 재물에 해당한다.
3) [97도3425] 타인의 토지에 권원權原 없이 식재한 수목의 소유권은 토지소유자에게 귀속하고
권원에 의하여 식재한 경우에는 그 소유권이 식재한 자에게 있으므로, 권원 없이 식재한 감
나무에서 감을 수확한 것은 절도죄에 해당한다.

보호해야 한다고 하고, 소극설은 형법은 보호할 가치가 있는 소유권이나 점유를 보호하는 것이므로 금제품은 '타인의 재물'에 해당하지 않는다고 한다. 다수견해는 금제품 중에서 예를 들어 불법무기처럼 점유만 금지되어 있는 물건은 재물이 될 수 있지만, 소유와 점유가 모두 금지된 물건은 재물이 될 수 없다고 한다. 판례는 위조된 유가증권도 "절차에 따라 몰수되기까지는 그 소지자의 점유를 보호하여야 한다는 점에서 형법상 재물로서 절도죄의 객체가 된다."고 하여(98도2967) 적극설과 같은 입장을 보이고 있다.

154   **(2) 절취**   '절취'란 타인이 점유하는 재물을 점유자의 의사에 반하여 자기 또는 제3자의 점유로 옮기는 행위를 말한다(99도3801). 따라서 절취는 점유의 배제와 점유의 취득을 내용으로 한다. 형법의 점유는 현실적으로 어떠한 재물을 지배하는 순수한 사실상의 관계를 말하는 것으로서, 민법상의 점유와 반드시 일치하지 않는다(2010도6334). 따라서 형법의 점유에서는 간접점유(민법 제194조)와 상속에 의한 점유이전(민법 제198조)이 인정되지 않는다. 반면에 민법에서는 점유보조자(민법 제195조)의 점유가 인정되지 않지만, 형법에서는 점유가 인정된다.

155   **(3) 점유의 요소**   물건에 대한 사실상의 지배를 뜻하는 점유에는 객관적 요소와 주관적 요소, 그리고 규범적 요소가 있다.[1] 1) 객관적 요소는 재물에 대한 사실적 관리가능성을 말하며, 재물에 대한 사실상의 지배가 적법할 것을 요구하지 않는다. 따라서 절도범에게도 절취한 재물에 대한 점유가 인정된다. 2) 주관적 요소는 재물에 대한 지배의사를 말한다. 지배의사는 소유의 의사나 영득의 의사를 뜻하는 것이 아니라 재물에 대한 사실상의 처분의사를 말한다. 사실상의 지배의사가 없는 경우는 점유가 인정되지 않는다(2013도5355, 80도509). 따라서 죽은 사람에게는 점유가 인정되지 않지만, 판례는 사망한 후에도 일정한 시간 내에서 생전의 점유가 인정된다고 볼 수 있는 경우에는 절도죄가 성립한다는 입장이다(68도590).[2] 3) 재물에 대한 객관적 지배와 지배의사는 규범적 요소에 의해 보완된다. 장소적·시간적으로 지배할 수 없더라도 규범적으로 점유가 인정되는 경우가 있다. 조금 떨어진 거리의 주차장에 세워둔 자동차(62도

---

1) [99도3801] 어떤 물건이 타인의 점유하에 있다고 할 것인지의 여부는, 객관적인 요소로서의 관리범위 내지 사실적 관리가능성 외에 주관적 요소로서의 지배의사를 참작하여 결정하되 궁극적으로는 당해 물건의 형상과 그 밖의 구체적인 사정에 따라 사회통념에 비추어 규범적 관점에서 판단할 수밖에 없다.

2) [93도2143] 피해자를 살해한 방에서 사망한 피해자 곁에 4시간 30분쯤 있다가 그곳 피해자의 자취방 벽에 걸려 있던 피해자가 소지하는 물건들을 영득의 의사로 가지고 나온 경우 피해자가 생전에 가진 점유는 사망 후에도 여전히 계속되는 것으로 보아야 한다.

149), 강간피해자가 도피하면서 범죄현장에 놓고 간 가방(84도38) 등이 그러한 예이다. 반대로 장소적·시간적 작용가능성이 있더라도 지배의사가 없는 경우에는 점유가 인정되지 않는다. 예를 들어 고속버스나 지하철에 승객이 두고 내린 물건은 버스 운전사나 지하철 승무원이 그 물건을 현실적으로 발견하기 전에는 점유가 인정되지 않는다(99도3963).[1] 또한 현실적으로 지배하고 있고 지배의사가 있지만 규범적 측면에서 점유가 인정되지 않는 경우도 있다. 음식점에서 손님이 사용하는 식기들이 그 예이다. 또한 판례는 예식장에서 접수인 행세를 하면서 축의금을 교부받은 자에게도 점유가 인정되지 않는다고 판시한 바 있다(96도2227).

(4) 타인의 점유　　절취 행위의 객체는 타인이 점유하는 재물이다. 자기가 **156** 점유하는 타인의 재물은 횡령죄의 객체가 되며, 어느 누구의 점유에도 속하지 않는 재물은 점유이탈물횡령죄의 객체가 된다. 타인의 점유 여부가 문제되는 사안에는 다음과 같은 경우가 있다. 1) **공동점유**에 속하는 재물도 타인의 점유에 해당한다(94도2076). 공동점유의 관계에서 독립적인 점유가 인정되지 않고 종속적인 점유가 인정되는 사람이 그 재물을 영득하면 절도죄가 성립한다. 은행에서 찾은 현금을 운반하기 위하여 소지하게 된 자가 그 금원 중 일부를 꺼내어 영득한 경우(65도1178)가 그 예이다. 그러나 점유의 보조자라고 하더라도 재물을 사실상 지배하는 자로서 독립적인 점유가 인정되면 절도죄가 아닌 횡령죄가 성립한다(70도649).[2] 예를 들어 물건의 운반을 의뢰받은 짐꾼이 그 물건을 용달차에 싣고 가서 처분한 경우는 짐꾼의 독립적인 점유가 인정되어 횡령죄가 성립한다(82도2394). 2) **봉함된 포장물**을 위탁받은 사람이 그 내용물을 영득한 경우 타인의 점유를 침해한 것인지에 대해 판례는 포장물은 수탁자가 점유하지만 내용물은 위탁자가 점유한다는 입장이다(4288형상375). 그러나 이에 대해서는 포장물과 내용물이 모두 위탁자의 점유에 있다는 견해, 포장물과 내용물이 모두 수탁자에

---

1) [92도3170] 고속버스 운전사는 고속버스의 판결사도서 사내에 있는 승객의 물건을 점유하는 것이 아니고 승객이 잊고 내린 유실물을 교부받을 권능을 가질 뿐이므로 유실물을 현실적으로 발견하지 않는 한 이에 대한 점유를 개시하였다고 할 수 없고, 그 사이에 다른 승객이 유실물을 발견하고 이를 가져갔다면 절도에 해당하지 아니하고 점유이탈물횡령에 해당한다.

2) [81도3396] 민법상 점유보조자라고 할지라도 그 물건에 대하여 사실상 지배력을 행사하는 경우에는 형법상 보관의 주체로 볼 수 있으므로 이를 영득한 경우에는 절도죄가 아니라 횡령죄에 해당한다. 피고인은 점원으로서는 평소는 점포 주인인 위 피해자의 점유를 보조하는 자에 지나지 않으나 위 범행 당시는 위 피해자의 위탁을 받아 금고 안의 현금과 오토바이를 사실상 지배하에 두고 보관한 것이라고 보겠으니, 피고인의 위 범행은 자기의 보관하에 있는 타인의 재물을 영득한 것으로서 횡령죄에 해당한다고 보아야 할 것이다.

게 점유에 있다는 견해 등이 있고, 다수견해는 위탁관계를 구별하여 형식적 위탁관계인 때에는 위탁자에게, 실질적 위탁관계인 때에는 수탁자에게 각각 점유가 있다고 한다.

157　　　(5) **실행의 착수와 기수시기**　　절도죄에서 실행의 착수시기는 절취할 재물을 물색하기 시작하는 등 재물에 대한 타인의 사실상의 지배를 침해하는 데에 밀접한 행위를 개시한 때이다(2009도14554, 2003도1985 등). 기수시기에 대해서는 재물이 피해자의 지배범위로부터 장소적으로 이전된 때라고 하는 견해도 있지만, 다수견해는 행위자가 재물을 자기의 지배 아래 둔 때, 곧 점유를 취득한 때에 기수가 된다고 한다. 판례도 다수견해와 같은 취지이다.[1] 따라서 행위자가 재물을 사실상 지배한 것이라고 볼 수 없는 때에는 절도의 기수에 해당하지 않는다(94도1522).

158　　　(6) **고의와 불법영득의사**　　절도죄의 고의로 타인의 재물에 대한 인식이 필요하며(83도1762), 절취행위에 대한 인식도 필요하다. 고의와 더불어 재산죄 중 영득죄의 주관적 요소인 불법영득의사가 필요하다. **불법영득의사**는 절도죄의 법문에 명시되어 있지 않으므로 이를 인정할 것인지에 대해 견해가 나누어진다. 불법영득의사가 필요하지 않다는 견해도 있지만, 다수견해와 판례는 절도죄가 성립하기 위해서는 불법영득의사가 필요하다는 입장을 유지하고 있다(91도 3149, 81도2371 등). 불법영득의사란 권리자를 배제하고 타인의 물건을 자기의 소유물과 같이 그 경제적 용법에 따라 이용·처분할 의사를 말한다(99도519, 89도1679). 반드시 영구적으로 그 물건의 경제적 이익을 보유할 의사가 필요한 것은 아니고, 일시적인 영득의 의사도 불법영득의사에 해당한다(2010도9570). 영득의사의 대상에 대해서는 물체설과 가치설이 대립하지만 통설과 판례는 물체 또는 그 물체의 가치를 영득하려는 의사라고 해석한다(2013도14139 등).

159　　　(7) **사용절도**　　이른바 사용절도의 경우에는 불법영득의사가 인정되지 않아 절도죄에 해당하지 않는다. 사용절도란 일시 사용한 다음 반환할 의사로 타인의 재물을 자기의 점유하에 옮기는 경우를 말한다. 재물의 권리자를 배제하려는 의사가 없다는 점에서 불법영득의사가 인정되지 않는다. 사용절도로 인정되어 절도죄가 성립하지 않기 위해서는 1) 재물의 특수한 기능가치가 감소하지

---

1) [2008도6080] 입목을 절취하기 위하여 캐낸 때에 소유자의 입목에 대한 점유가 침해되어 범인의 사실적 지배하에 놓이게 되므로 범인이 그 점유를 취득하고 절도죄는 기수에 이른다. 이를 운반하거나 반출하는 등의 행위는 필요하지 않다.

않아야 하고, 2) 확실한 반환의사가 존재해야 하며, 3) 일시적 사용에 그쳐야 한 다. 따라서 1) 재물의 사용으로 인하여 물건 자체가 가지는 경제적 가치가 상당 한 정도로 소모되거나, 또는 2) 사용 후 그 재물을 본래 있었던 장소가 아닌 다 른 장소에 버리거나, 3) 곧 반환하지 아니하고 장시간 점유하고 있는 때에는 불 법영득의사가 인정되어 절도죄로 처벌된다(2010도9570 등).[1]

라. 야간주거침입절도(제330조)

야간에 사람의 주거, 관리하는 건조물, 선박, 항공기 또는 점유하는 방실에 침입하여 타인의 재물을 절취한 자는 야간주거침입절도, 야간건조물침입절도 등의 죄로 가중처벌한다. 주거침입과 절도의 죄가 결합된 가중적 구성요건인데, 형법은 주간의 주거침입절도에 대해서는 가중처벌규정을 두지 않고 야간의 경 우에 대해서만 규정하고 있다. 야간주거침입의 경우 야간에 평온상태를 깨뜨리 고 다른 범죄로 이어질 위험성이 높아 이를 경계하고자 가중처벌하는 것이다. '야간'은 일몰 후부터 일출 전까지를 의미한다. 주거침입과 절도가 모두 야간에 이루어진 때에 이 죄에 해당하고(2011도300), 둘 중 한 가지가 주간에 이루어지 면 절도죄와 주거침입죄의 경합범이 된다.[2] 판례는 이 죄의 실행착수 시기를 절도의 고의로 야간에 주거침입에 침입한 때라고 한다(2003도4417, 83도145). **160**

마. 특수절도(제331조)

야간에 문이나 담 그 밖의 건조물의 일부를 손괴하고 주거 등에 침입하여 타인의 재물을 절취한 자(제331조 ①항), 또는 흉기를 휴대하거나 2명 이상이 합 동하여 타인의 재물을 절취한 자(같은 조 ②항)는 특수절도의 죄로 처벌한다. 절 도죄에 대한 가중구성요건이다. ①항은 야간주거침입절도에 손괴 행위가 함께 **161**

---

1) [2005도7819] 은행이 발급한 직불카드를 사용하여 타인의 예금계좌에서 자기의 예금계좌로 돈을 이체시켰다 하더라도 직불카드 자체가 가지는 경제적 가치가 계좌이체된 금액만큼 소 모되었다고 할 수는 없으므로, 이를 일시 사용하고 곧 반환한 경우에는 그 직불카드에 대한 불법영득의 의사는 없다고 보아야 한다. [2012도1132] 피고인이 집의 싱크대 내에 있는 갑 소유의 휴대전화를 허락 없이 가지고 나와 이를 이용하여 통화를 하고 문자메시지를 주고받 은 다음 약 1~2시간 후 갑에게 아무런 말을 하지 않고 위 영업점 정문 옆 화분에 놓아두고 감으로써 이를 절취하였다는 내용으로 기소된 사안에서, 피고인이 갑의 휴대전화를 자신의 소유물과 같이 경제적 용법에 따라 이용하다가 본래의 장소와 다른 곳에 유기한 것이므로 피고인에게 불법영득의사가 있었다고 할 것인데, 이와 달리 보아 무죄를 선고한 원심판결 에 절도죄의 불법영득의사에 관한 법리오해의 위법이 있다고 한 사례.
2) [76도414] 피고인이 종업원으로 있는 사진관에서 그 사진관 안에 둔 주인 소유의 금품을 19:30경에 절취한 소위는 절도죄에는 해당될지언정 야간주거침입절도죄에는 해당한다고 볼 수 없다.

일어났을 때 가중처벌하는 경우이다. '문 또는 담 그밖의 건조물의 일부'란 주거 등에 대한 침입을 방지하기 위하여 설치된 모든 시설을 말하고, '손괴'란 물리적으로 위와 같은 시설을 훼손하여 그 효용을 상실시키는 것을 말한다(2004도4505). 자물쇠나 문고리를 뜯고 침입하는 경우 등이 이에 해당한다(79도1736 등). 자물쇠를 열쇠로 열고 침입하거나 창문과 방충망을 문틀에서 분리한 후 침입하는 행위는 손괴에 해당하지 않는다(2015도7559). 실행의 착수시기는 야간에 손괴행위를 시작한 때이다(86도1273). ②항의 특수절도에서 '흉기'는 본래 살상용·파괴용으로 만들어진 것이거나 이에 준할 정도의 위험성을 가진 것으로 보아야 한다(2012도4175).1) 형법이 특수상해, 특수폭행 등의 죄에서 '위험한 물건을 휴대하여'라고 규정한 반면, 이 죄에서는 '흉기'라고 규정했으므로 그 범위를 제한해서 적용할 필요가 있기 때문이다. 합동범에 대해서는 앞에서 설명하였다.2) 그리고 ②항의 특수절도에서 절도범인이 그 범행수단으로 주거에 침입한 경우, 특수절도죄와 주거침입죄의 경합범이 되며, 실행의 착수 시기는 물색행위를 시작한 때이다(2009도9667).

바. 자동차 등 불법사용(제331조의2)

162　　권리자의 동의없이 타인의 자동차, 선박, 항공기 또는 원동기장치자전거를 일시 사용한 자는 자동차불법사용, 선박불법사용 등의 죄로 처벌한다. 불법영득의 의사가 없는 사용절도는 처벌하지 않지만, 자동차 등의 사용가치가 감소할수 있어 사용절도에 해당하지 않는 사례도 발생할 수 있고, 소유자 등에게 실질적 피해가 발생할 수 있다는 점을 고려하여 특별규정을 둔 것이다. 따라서 자동차 등의 사용절도가 아닌 일반 절도죄에 대해서는 이 죄가 아니라 절도죄로 처벌한다.3)

사. 상습범(제332조)

163　　상습으로 절도, 야간주거침입절도, 특수절도, 자동차불법사용 등의 죄를 범한 자는 그 죄에 정한 형의 2분의 1까지 가중하여 처벌한다. 절도죄에서 상습성

---

1) 일반적인 드라이버와 동일한 것으로 특별히 개조되지 않은 드라이버를 흉기라고 판단한 원심 판결에 법리오해 등의 위법이 있다고 하여 파기한 사례.

2) [14] 47 이하 참조.

3) [2002도3465] 자동차등불법사용죄는 타인의 자동차 등의 교통수단을 불법영득의 의사 없이 일시 사용하는 경우에 적용되는 것으로서 불법영득의사가 인정되는 경우에는 절도죄로 처벌할 수 있을 뿐 본죄로 처벌할 수 없다. 소유자의 승낙 없이 오토바이를 타고 가서 다른 장소에 버린 경우, 자동차등불법사용죄가 아닌 절도죄가 성립한다고 한 사례.

의 인정은 절도행위를 여러 번 하였다는 것만으로 반드시 인정된다고는 볼 수
없고, 그 범행이 절도습성의 발현한 것으로 인정되는 경우에만 상습성의 인정이
가능하다. 또한 여러 차례 범행이 있더라도 그것이 우발적 동기나 급박한 경제
적 사정에서 발생한 것으로서 절도습성의 발현이라고 볼 수 없는 경우에는 상
습절도라고 할 수 없다(76도259). 절도, 야간주거침입절도와 특수절도의 범행이
모두 피고인의 절도습벽에서 이루어진 것이라면 상습특수절도의 포괄일죄에 해
당한다(77도3564 전합).

아. 친족간의 범행(제344조)

(1) **친족상도례**　강도죄와 손괴죄를 제외한 재산죄에 대해 친족간의 범행 **164**
은 형을 면제하거나 고소가 있어야 공소를 제기할 수 있는 특례가 인정되는데,
이를 친족상도례라고 한다. 직계혈족, 배우자, 동거친족, 동거가족 또는 그 배우
자 간의 재산죄는 그 형을 면제하며(제328조 ①항), 그 외의 친족간에 재산죄를
범한 때에는 고소가 있어야 공소를 제기할 수 있다(같은 조 ②항). 다만, 신분관계
가 없는 공범에게는 친족상도례가 적용되지 않는다(같은 조 ③항).

(2) **친족의 범위와 친족관계의 적용범위**　제328조와 제344조에서 친족 **165**
또는 가족의 범위는 민법에 따라 정해진다(2011도2170, 90도2857 등). 친족관계는
행위시에 존재해야 한다. 다만 친부가 혼인 외의 출생자를 인지하는 경우, 민법
이 정하는 인지의 소급효는 친족상도례 규정의 적용에도 미치므로, 인지가 범행
후에 이루어진 경우라고 하더라도 친족상도례의 규정이 적용된다(96도1731). 그
리고 절도죄의 경우 친족상도례는 재물의 소유자 및 점유자와 모두 친족관계에
있을 때 적용된다(2014도8984, 80도131). 다만 이에 대해서는 재물의 소유자와 친
족관계에 있으면 친족상도례가 적용되어야 한다는 견해도 있다.

2. 강도의 죄

가. 강도(제333조)

(1) **보호법익**　강도죄는 폭행 또는 협박으로 타인의 재물을 강취하거나 기 **166**
타 재산상의 이익을 취득하거나 제삼자로 하여금 이를 취득하게 하는 범죄이다.
강도죄는 소유권 또는 재산권을 보호법익으로 하지만, 폭행 또는 협박이 범죄의
수단이 되므로 의사결정과 의사활동의 자유도 보호법익이 된다. 강도죄는 침해
범이며, 미수범과 예비·음모를 처벌한다(제342조, 제343조).

167　　　(2) 행위 객체　강도죄의 행위 객체는 재물 또는 재산상의 이익이다. 따라서 강도죄는 재물죄이면서 이득죄이다. '재산상의 이익'은 재물 이외의 재산 가치 있는 모든 이익을 말하는 것으로서, 재산의 증가와 같은 적극적 이익은 물론 부채의 감소 등 소극적 이익을 모두 포함한다(2020도7218). 재산상 이익의 내용에 대해서는 법률적 재산설은 재산에 대한 권리와 의무의 총체라고 하고, 경제적 재산설은 경제적 이익의 총체라고 한다. 판례는 법률상 정당하게 그 이행을 청구할 수 있는 것이 아니어도 강도죄에서의 재산상의 이익에 해당할 수 있고, 그 재산상의 이익은 반드시 사법상 유효한 재산상의 이득만을 의미하는 것이 아니라 외견상 재산상의 이득을 얻을 것이라고 인정할 수 있는 사실관계만 있으면 된다고 하여 경제적 재산설을 취하고 있다(96도3411, 93도428).

168　　　(3) 폭행·협박　강도죄의 행위는 폭행 또는 협박으로 타인의 재물을 강취하거나 재산상의 이익을 취하는 것이다. 강도죄에서 폭행과 협박의 정도는 사회통념상 객관적으로 상대방의 반항을 억압하거나 항거불능케 할 정도의 것이라야 한다(2020도7218, 2004도4437). 따라서 날치기와 같이 강한 힘으로 재물을 절취하는 행위는 구체적인 상황에 따라서 이를 강도로 인정해야 할 때가 있지만(71도2114), 그와 같은 폭행이 피해자의 반항을 억압하려는 목적에서 이루어진 것이 아니라 점유탈취의 과정에서 우연히 가해진 경우라면 이는 강도가 아니라 절도에 불과한 것으로 보아야 한다(2003도2316). 폭행·협박을 당한 사람이 반드시 탈취당한 재물의 소유자 또는 점유자이어야 하는 것은 아니며, 제3자에 대한 폭행·협박을 통해 피해자의 반항을 억압하는 경우에도 강도죄가 성립한다(2010도9630).

169　　　(4) 재물의 강취　'강취'란 폭행·협박으로 피해자의 의사에 반해 타인의 재물을 자기 또는 제3자의 점유로 옮기는 것을 말한다. 이때 폭행·협박은 재물 취거의 수단이 되어야 한다. 폭행·협박은 재물을 강제로 빼앗을 때 이루어져야 하며, 적어도 기수 이전까지 있어야 한다. 다시 말하면 폭행·협박과 재물의 탈취가 시간적으로 극히 밀접되어 있는 등 전체적·실질적으로 단일한 강취 고의를 실현하는 행위로 평가할 수 있는 경우에 해당해야 한다(2013도11899). 그리고 폭행·협박과 재물의 탈취 사이에는 인과관계가 있어야 한다. 강간 등 다른 죄의 고의로 폭행하여 피해자가 반항이 불가능한 상태에 빠진 후 행위자가 우발적으로 재물을 취거한 경우에는 강도죄가 성립하지 않는다(2008도10308). 그러나 강간의 고의로 폭행하여 피해자의 반항을 억압한 후 반항억압의 상태가 계속중

임을 이용하여 재물을 취거한 경우에는 강도죄에 해당한다(2010도9630).

　(5) **재산상 이익의 취득**　재산상 이익의 취득은 피해자에게 일정한 처분 **170**
을 시켜 이익을 취득하거나 정당한 대가를 지급하지 않고 피해자에게 노무를
제공하도록 하는 경우, 피해자에게 일정한 의사표시를 하게 하여 이익을 취득하
는 경우 등이 가능하다. 그러나 재산상의 이익을 취득할 때 반드시 피해자의 처
분행위가 필요한 것은 아니다. 따라서 술값 채무를 면탈할 목적으로 술집 주인
을 살해하고 곧바로 피해자가 소지하던 현금을 탈취한 경우 강도살인죄가 성립
한다(99도242).

　(6) **주관적 요소**　강도죄의 성립에는 고의 외에 불법영득의 의사가 필요 **171**
하다. 따라서 강간하는 과정에서 피해자들이 도망가지 못하게 하기 위해 손가방
을 빼앗은 것에 불과하다면 강도죄의 불법영득의사가 있었다고 할 수 없다(85도
1170). 재산상의 이득을 취득할 때에는 불법이득의사가 필요하다.

　나. 특수강도(제334조)
　야간에 사람의 주거, 관리하는 건조물, 선박이나 항공기 또는 점유하는 방 **172**
실에 침입하여 강도의 죄를 범한 자(제334조 ①항)와 흉기를 휴대하거나 2인 이상
이 합동하여 강도의 죄를 범한 자(같은 조 ②항)는 특수강도의 죄로 가중처벌한
다. ①항의 죄는 야간주거침입과 강도의 죄가 결합한 가중구성요건이다. 이 죄
의 실행착수에 대해 판례는 강도의 실행행위, 곧 사람의 반항을 억압할 수 있는
정도의 폭행 또는 협박에 나아간 때에 실행의 착수가 있다고 한 경우도 있고(91
도2296), 시간적으로 주거침입 행위가 선행되므로 주거침입을 한 때에 본죄의 실
행에 착수한 것이라고 한 경우도 있다(92도917). 그러나 강도의 실행행위라고 볼
수 있는 객관적 행위가 시작되기 전에 주거침입한 자의 계획 또는 의도에 따라
특수강도죄를 인정하는 것은 특수강도죄의 가중처벌 취지에 어긋나는 것이다.
따라서 폭행협박을 개시하여 위험성을 드러낸 때에 실행에 착수한 것으로 보는
것이 타당하다. ②항의 '흉기'는 특수절도의 그것과 같으며, 합동강도는 범행현
장에서 범행 실행의 분담이 있는 경우를 의미한다(81도2159).[1]

---

1) 다만 이 판결은 합동절도에 대한 판례변경 이전의 판례이므로 합동의 의미에 대한 대법원 판
　결을 더 지켜보아야 할 것이지만, 강도죄의 특성을 고려할 때 현장에서 범행을 함께 하지 않
　은 합동범을 인정하기는 어려울 것이다.

다. 준강도(제335조)

173　　준강도, 준특수강도의 죄는 절도가 재물의 탈환에 항거하거나 체포를 면탈하거나 범죄의 흔적을 인멸할 목적으로 폭행 또는 협박한 때에 성립하는 범죄이며, 강도 또는 특수강도의 예에 따라 처벌한다. 이 죄의 형태를 고려하여 이 죄를 '사후강도죄'라고도 한다. 폭행·협박을 수단으로 재물을 취거하는 것이 아니라 재물의 절취 후 폭행·협박을 한다는 점에서 강도죄와 구별되지만, 불법의 내용은 강도죄와 같다고 보아 강도죄 등의 예로 처벌하는 것이다.

174　　**(1) 행위의 주체와 객체**　이 죄의 행위 주체는 '절도'이다. 곧, 절도죄의 구성요건을 충족한 자가 이 죄의 주체가 된다. 따라서 행위객체는 재물이 되고, 재산상의 이익을 취한 경우는 준강도죄에 해당할 수 없다(2014도2521).[1] 절도의 미수범도 이 죄의 주체가 된다(2003도4417). 절도가 체포를 면하려고 폭행·협박을 하는 과정에서 흉기를 휴대하거나, 합동절도의 범인들이 재물탈환에 항거하기 위해 폭행·협박을 하는 경우는 준특수강도가 된다.

175　　**(2) 폭행·협박**　폭행 또는 협박은 절도의 실행에 착수하여 그 실행중이거나 그 실행 직후 또는 실행의 범의를 포기한 직후로서 사회통념상 범죄행위가 완료되지 아니하였다고 인정될 만한 단계에서 이루어져야 한다(98도3321).[2] 판례에 의하면 폭행·협박은 '절도의 기회'에 이루어져야 하며, 절도의 기회란 절도범과 피해자 측이 절도의 현장에 있는 경우와 절도에 잇달아 또는 절도의 시간·장소에 접착하여 피해자 측이 범인을 체포할 수 있는 상황, 범인이 죄적인멸에 나올 가능성이 높은 상황에 있는 경우를 말하고, 그러한 의미에서 피해자 측이 추적태세에 있는 경우나 범인이 일단 체포되어 아직 신병확보가 확실하다고 할 수 없는 경우에는 절도의 기회에 해당한다(2009도5022, 2001도4142). 폭행·

---

1) 피고인이 술집 운영자 갑으로부터 술값의 지급을 요구받자 갑을 유인·폭행하고 도주함으로써 술값의 지급을 면하여 재산상 이익을 취득하고 상해를 가하였다고 하여 강도상해로 기소되었는데, 원심이 위 공소사실을 '피고인이 갑에게 지급해야 할 술값의 지급을 면하여 재산상 이익을 취득하고 갑을 폭행하였다'는 범죄사실로 인정하여 준강도죄를 적용한 사안에서, 원심이 인정한 범죄사실에는 그 자체로 절도의 실행에 착수하였다는 내용이 포함되어 있지 않음에도 준강도죄를 적용하여 유죄로 인정한 원심판결에 준강도죄의 주체에 관한 법리오해의 잘못이 있다고 한 사례.

2) 피해자의 집에서 절도범행을 마친지 10분 가량 지나 피해자의 집에서 200m 가량 떨어진 버스정류장이 있는 곳에서 피고인을 절도범인이라고 의심하고 뒤쫓아 온 피해자에게 붙잡혀 피해자의 집으로 돌아왔을 때 비로소 피해자를 폭행한 경우, 그 폭행은 사회통념상 절도범행이 이미 완료된 이후에 행하여졌다는 이유로 준강도죄가 성립하지 않는다고 한 사례.

협박의 정도는 강도죄의 그것과 같은 정도여야 한다(85도2115, 81도409).

　(3) 미수범　　이 죄의 미수범은 처벌한다(제342조). 그런데 이 죄의 기수와 **176**
미수를 구별하는 기준에 대해서는 1) 폭행·협박의 기수 여부가 기준이 된다는
견해와 2) 절도의 기수 여부를 기준으로 구별해야 한다는 견해, 그리고 3) 폭
행·협박과 절도가 모두 기수일 때 준강도의 기수가 된다는 견해가 대립한다.
판례는 폭행·협박을 기준으로 준강도의 기수 여부를 판단해야 한다는 입장이었
지만, 이를 변경하여 절도가 미수에 그친 경우 준강도죄도 미수에 해당한다고
판시하였다.

[2004도5074 전합] 〈다수의견〉 형법 제335조에서 절도가 재물의 탈환을 항거하 **177**
거나 체포를 면탈하거나 죄적을 인멸할 목적으로 폭행 또는 협박을 가한 때에 준
강도로서 강도죄의 예에 따라 처벌하는 취지는, 강도죄와 준강도죄의 구성요건인
재물탈취와 폭행·협박 사이에 시간적 순서상 전후의 차이가 있을 뿐 실질적으로
위법성이 같다고 보기 때문인바, 이와 같은 준강도죄의 입법 취지, 강도죄와의 균
형 등을 종합적으로 고려해 보면, 준강도죄의 기수 여부는 절도행위의 기수 여부
를 기준으로 하여 판단하여야 한다.
　〈별개의견〉 폭행·협박행위를 기준으로 하여 준강도죄의 미수범을 인정하는 외
에 절취행위가 미수에 그친 경우에도 이를 준강도죄의 미수범이라고 보아 강도죄
의 미수범과 사이의 균형을 유지함이 상당하다.
　〈반대의견〉 강도죄와 준강도죄는 그 취지와 본질을 달리한다고 보아야 하며,
준강도죄의 주체는 절도이고 여기에는 기수는 물론 형법상 처벌규정이 있는 미수
도 포함되는 것이지만, 준강도죄의 기수·미수의 구별은 구성요건적 행위인 폭행
또는 협박이 종료되었는가 하는 점에 따라 결정된다고 해석하는 것이 법규정의
문언 및 미수론의 법리에 부합한다.

　라　인질강도(제336조)
　인질강도의 죄는 사람을 체포·감금·약취 또는 유인하여 이를 인질로 삼아 **178**
재물 또는 재산상의 이익을 취득하거나 제3자로 하여금 이를 취득하게 하는 범
죄이다. 이 죄는 체포·감금 및 약취·유인의 죄와 공갈죄의 결합범이다.

　마. 강도상해, 치상(제337조)
　강도가 사람을 상해하거나 상해에 이르게 한 때에는 강도상해 또는 강도치 **179**

상의 죄로 처벌한다. 상노상해의 죄는 상노죄와 상해죄의 결합범이며, 상노지상의 죄는 강도죄의 결과적 가중범이다. 행위주체인 '강도'는 강도는 물론 특수강도, 준강도, 인질강도를 포함한다. 강도의 기수·미수는 따지지 않고, 강도가 미수에 그치더라도 중한 결과에 따라 강도상해 또는 강도치상의 죄가 성립한다(87도2492). 강도상해죄는 강도범인이 강도의 기회에 상해행위를 함으로써 성립한다. 따라서 강도범행의 실행 중이거나 실행 직후 또는 실행의 범의를 포기한 직후로서 사회통념상 범죄행위가 완료되지 아니하였다고 볼 수 있는 단계에서 상해가 이루어져야 한다. 그러나 반드시 강도의 수단으로 한 폭행에 의해 상해를 입혀야 하는 것은 아니고 상해행위가 강도가 기수에 이르기 전에 행하여져야만 하는 것도 아니다(2014도9567). 강도범행 이후 피해자를 계속 끌고 다니거나 차량에 태우고 함께 이동하는 등으로 강도범행으로 인한 피해자의 심리적 저항불능 상태가 해소되지 않은 상태에서 강도범인의 상해행위가 있었다면 강취행위와 상해행위 사이에 약간의 시간적·공간적 간격이 있어도 강도상해죄의 성립에 영향이 없다(91도2727, 84도970).[1]

바. 강도살인·치사(제338조)

180　　강도가 사람을 살해하거나 사망에 이르게 한 때에는 강도살인 또는 강도치사의 죄로 처벌한다. 강도살인의 죄는 강도죄와 살인죄의 결합범이며, 강도치사의 죄는 강도죄의 결과적 가중범이다. 살해 또는 치사의 결과는 강도의 기회에 발생하여야 하는데, '강도의 기회'는 강도상해 및 치상의 경우와 같다.[2] 강도의 수단으로 사람을 살해한 이상 강취 행위의 전후를 불문하고 이 죄를 구성한다. 강도죄가 미수에 그쳐도 마찬가지이다(73도847).

181　　채무를 면탈할 목적으로 사람을 살해한 때에는 강도살인죄가 성립한다(85

---

1) [91도2727] 피고인이 피해자로부터 재물을 강취하고 피해자가 운전하는 자동차에 함께 타고 도주하다가 단속 경찰관이 뒤따라오자 피해자를 칼로 찔러 상해를 가하였다면 강도상해죄를 구성한다 할 것이고 강취와 상해 사이에 1시간 20분이라는 시간적 간격이 있었다는 것만으로는 그 범죄의 성립에 영향이 없다.

2) [96도1108] 강도범행 직후 신고를 받고 출동한 경찰관이 위 범행 현장으로부터 약 150m 지점에서, 화물차를 타고 도주하는 피고인을 발견하고 순찰차로 추적하여 격투 끝에 피고인을 붙잡아 순찰차에 태웠지만, 피고인이 체포를 면하기 위하여 소지하고 있던 과도로써 경찰관을 찔러 사망케 하였다면 피고인의 위 살인행위는 강도행위와 시간상 및 거리상 극히 근접하여 사회통념상 범죄행위가 완료되지 아니한 상태에서 이루어진 것이라고 보여지므로(위 살인행위 당시에 피고인이 체포되어 신체가 완전히 구속된 상태이었다고 볼 수 없다), 원심이 피고인을 강도살인죄로 적용하여 처벌한 것은 옳다고 한 사례.

도1527, 64도310). 다만, 채무의 존재가 명백할 뿐만 아니라 채권자의 상속인이 존재하고 그 상속인에게 채권의 존재를 확인할 방법이 확보되어 있는 경우에는 비록 그 채무를 면탈할 의사로 채권자를 살해하더라도 일시적으로 채권자측의 추급을 면한 것에 불과하여 재산상 이익의 지배가 채권자측으로부터 범인 앞으로 이전되었다고 보기는 어려우므로, 이러한 경우에는 강도살인죄가 성립할 수 없다(2010도7405, 2004도1098).

사. 강도강간(제339조)

강도강간죄는 강도가 사람을 강간한 때에 성립하는 범죄로서, 강도죄와 강 **182** 간죄의 결합범이다. 행위의 주체는 강도이며, 미수와 기수를 묻지 않는다(86도507, 84도1880). 강도가 행위주체이므로 강간범인이 강간 행위 후 강도하는 때에는 강도강간죄에 해당하지 않고 강간죄와 강도죄의 경합범이 성립된다(2001도6425). 다만 판례는 강간범인이 강간할 목적으로 폭행·협박으로 피해자의 반항을 억압한 후 반항이 억압된 상태가 계속 중임을 이용하여 재물을 탈취하는 경우에는 새로운 폭행·협박이 없더라도 강도강간죄를 구성한다고 한다(2010도9630). 이 죄는 미수범을 처벌하는데(제342조), 미수는 강간이 미수에 그친 경우를 말한다.

아. 해상강도(제340조)

해상강도죄는 다중의 위력으로 해상에서 선박을 강취하거나 선박내에 침입 **183** 하여 타인의 재물을 강취하는 범죄이다(제340조 ①항). 이른바 해적행위를 가중처벌하는 규정이다. '해상'이란 영해와 공해를 포함한다. 해상강도가 사람을 상해하거나 상해에 이르게 한 때에는 해상강도상해 또는 해상강도치상의 죄로 처벌하며(같은 조 ②항), 사람을 살해하거나 사망에 이르게 한 때에는 해상강도살인 또는 해상강도치사의 죄로 처벌한다(같은 조 ③항). 판례는 선장을 비롯한 일부 선원들은 살해하는 등이 방법으로 선박의 지배권을 장악하여 무전기까지 파손한 후 선박을 매도하거나 침몰시키려고 한 경우에 선박에 대한 불법영득의 의사가 있다고 보아 해상강도살인죄를 인정한 바 있다(97도1142).

3. 사기의 죄

가. 보호법익과 보호정도

사기의 죄는 재산권, 곧 전체로서의 재산을 보호법익으로 한다. 재산권과 **184**

더불어 거래의 진실성도 보호법익이 된다는 견해도 있다. 보호의 정도는 침해범이다. 피기망자의 착오로 재산의 처분행위가 있고, 이로 인해 재물의 편취 또는 재산상 이익의 취득이 있어야 범죄가 기수에 이른다. 그러나 판례는 사기죄가 성립하는 데 재산상의 손해 발생이 필요하지 않다고 하여 사기죄를 위험범처럼 적용하고 있다.1) 다수견해는 이러한 판례의 태도를 비판하면서 사기죄의 성립에는 재산상의 손해가 필요하다는 입장을 유지하고 있다.

나. 재물과 재산상의 이익

185   사기죄의 행위 객체는 타인이 점유하는 타인 소유의 재물 또는 재산상 이익이다. 따라서 사기죄는 재물죄이면서 이득죄이다. 1) 재물에는 동산뿐만 아니라 부동산도 포함된다는 점에서 탈취죄인 절도죄 및 강도죄와 구별된다. 부동산은 재산상의 이익에 해당한다는 견해도 있다. 부동산 편취의 기수시기는 부동산의 현실적인 점유이전 또는 이전등기가 경료된 때이다(4294형상109). 2) 재산상의 이익은 채권을 취득하거나 담보를 제공받는 등의 적극적 이익, 그리고 채무의 면제나 채무변제의 유예 등 소극적 이익을 모두 포함한다.2) 이익의 취득은 사법상 유효할 것임을 요구하지 않으며, 이익의 취득이 법률상 무효라 하여도 외형상 취득한 것이면 된다(2010도12732).3) 판례는 부녀가 금품 등을 받을 것을 전제로 성행위를 하는 경우 그 행위의 대가는 사기죄의 객체인 경제적 이익에 해당하므로, 부녀를 기망하여 성행위 대가의 지급을 면하는 경우 사기죄가 성립한다고 판시한 바 있다(2001도2991). 이익은 재산상의 이익에 한정되므로 이익을 취득하더라도 재산의 이익이 아니면 사기죄가 성립하지 않는다(96도2925).

---

1) [2003도7828] 사기죄는 타인을 기망하여 그로 인한 하자 있는 의사에 기하여 재물의 교부를 받거나 재산상의 이득을 취득함으로써 성립되는 범죄로서 그 본질은 기망행위에 의한 재산이나 재산상 이익의 취득에 있는 것이고 상대방에게 현실적으로 재산상 손해가 발생함을 요건으로 하지 아니한다. [97도1561] 사기죄의 본질은 기망에 의한 재물이나 재산상 이익의 취득에 있고, 상대방에게 현실적으로 재산상 손해가 발생함을 그 요건으로 하지 아니한다.

2) [2012도1101] 사기죄에서 '재산상의 이익'이란 채권을 취득하거나 담보를 제공받는 등의 적극적 이익뿐만 아니라 채무를 면제받는 등의 소극적 이익까지 포함하며, 채무자의 기망행위로 인하여 채권자가 채무를 확정적으로 소멸 내지 면제시키는 특약 등 처분행위를 한 경우에는 채무의 면제라고 하는 재산상 이익에 관한 사기죄가 성립한다.

3) 통정허위표시로서 무효인 임대차계약에 기초하여 임차권등기명령을 받아 임차권등기를 마친 경우, 외형상 임차인으로서 취득하게 되는 권리가 사기죄의 객체인 '재산상 이익'에 해당한다고 한 사례.

다. 사기(제347조)

사기죄는 사람을 기망하여 재물의 교부를 받거나 재산상의 이익을 취득한 **186** 때(제347조 ①항), 또는 사람을 기망하여 제3자로 하여금 재물의 교부를 받게 하거나 재산상의 이익을 취득하게 한 때에(같은 조 ②항) 성립하는 범죄이다. 사기죄가 성립하기 위해서는 기망행위와 피기망자의 착오, 피기망자의 처분행위와 피해자의 재산상 손해가 있어야 한다. 그리고 기망행위와 피기망자의 착오, 피기망자의 처분행위는 서로 인과관계로 연결되어야 한다(2017도14423).

(1) **기망 행위** 기망이란 널리 재산의 거래관계에서 서로 지켜야 할 신의 **187** 와 성실의 의무를 저버리는 모든 적극적 또는 소극적 행위로서, 상대방의 착오를 일으키는 행위를 말한다(2017도20682). 1) **기망행위의 대상**은 법률행위의 중요부분에 관한 것일 필요는 없고, 상대방을 착오에 빠지게 하여 행위자가 희망하는 재산적 처분행위를 하도록 하기 위한 판단의 기초가 되는 사실에 관한 것이면 충분하다(2003도7828, 98도3549). 따라서 돈을 빌리면서 중요한 부분이라고 할 수 있는 변제의사가 아니라 그 용도나 변제자금의 마련방법에 관하여 진실에 반하는 사실을 고지하여 금전을 교부받은 경우에도 사기죄는 성립한다 (2003도5382). 이러한 경우를 이른바 '**용도사기**'라고 한다.[1] 사실 외에 가치판단도 기망의 대상이 되는지가 문제되는데, 순수한 가치판단은 기망의 대상이 될 수 없지만 사실과 가치판단의 경계가 명확하지 않을 때에는 기망의 대상이 될 수 있다.

2) **기망행위의 수단**에는 제한이 없다. 타인의 것을 자신의 것처럼 속이는 등 **188** 의 묵시적 기망행위와 고지의무를 위반하는 등의 부작위에 의한 기망행위도 가능하다(91도1722, 81도1638). 판례는 상대방이 착오에 빠져 지급해야 할 금액을 초과하여 교부한 돈을 수령한 행위도 부작위에 의한 사기죄를 구성할 수 있다고 한다(2003도4531). 3) **기망행위의 정도**는 일반인이 착오에 빠질 정도면 충분하다. 이와 관련하여 **허위·과장광고**가 문제된다. 이에 대해 판례는 상품의 광고에서 약간의 과장이나 허위가 수반되었다고 하더라도 일반 상거래의 관행과 신의칙에 비추어 시인될 수 있는 정도의 것이라면 기망이라고 할 수 없으며, 다만 거래에서 중요한 사항에 관한 구체적 사실을 신의성실의 의무에 비추어 비난받을

---

1) [95도707] 용도를 속이고 돈을 빌린 경우에 만일 진정한 용도를 고지하였더라면 상대방이 빌려 주지 않았을 것이라는 관계에 있는 때에는 사기죄의 실행행위인 기망은 있는 것으로 보아야 한다.

정도의 방법으로 허위로 고지한 때에는 넘어 사기죄의 기망행위에 해당한다는 입장이다(2010도7288, 2004도45 등).[1]

189   [2015도17452] 피고인 등이 피해자 갑 등에게 자동차를 매도하겠다고 거짓말하고 자동차를 양도하면서 매매대금을 편취한 다음, 자동차에 미리 부착해 놓은 지피에스(GPS)로 위치를 추적하여 자동차를 절취하였다고 하여 사기 및 특수절도로 기소된 사안에서, 피고인이 갑 등에게 자동차를 인도하고 소유권이전등록에 필요한 일체의 서류를 교부함으로써 갑 등이 언제든지 자동차의 소유권이전등록을 마칠 수 있게 된 이상, 피고인이 자동차를 양도한 후 다시 절취할 의사를 가지고 있었더라도 자동차의 소유권을 이전하여 줄 의사가 없었다고 볼 수 없고, 피고인이 자동차를 매도할 당시 곧바로 다시 절취할 의사를 가지고 있으면서도 이를 숨긴 것을 기망이라고 할 수 없어, 결국 피고인이 자동차를 매도할 당시 기망행위가 없었으므로, 피고인에게 사기죄를 인정한 원심판결에 법리오해의 잘못이 있다고 한 사례.

190   **(3) 피기망자의 착오**   기망행위로 상대방, 곧 피기망자가 착오에 빠져야 한다. 착오는 사실과 일치하지 않는 인식을 의미하는 것으로, 사실에 관한 것이든, 법률관계에 관한 것이든, 법률효과에 관한 것이든 상관없다(2016도13362 전합). 그리고 기망행위와 착오 사이에는 인과관계가 있어야 한다. 다만, 피기망자가 반드시 피해자와 일치하여야 하는 것은 아니다. 양자가 일치하지 않는 대표적인 예가 소송사기이다. 소송사기란 법원에 허위의 사실을 주장하거나 허위의 증거를 제출하여 법원이 착오에 빠지게 하고 승소판결을 받는 경우를 말한다(2002도5190). 소송사기가 인정되려면 제소 당시 그 주장과 같은 권리가 존재하지 않는다는 것만으로는 부족하고 그 주장의 권리가 존재하지 않는 사실을 잘 알고 있으면서도 허위의 주장과 입증으로 법원을 기망한다는 인식이 있어야 한다(95도357). 이때 피기망자인 법원의 재판은 피해자의 처분행위에 갈음하는 내

---

1) [91도2994] 현대산업화 사회에 있어 소비자가 갖는 상품의 품질, 가격에 대한 정보는 대부분 생산자 및 유통업자의 광고에 의존할 수밖에 없고 백화점과 같은 대형유통업체에 대한 소비자들의 신뢰는 백화점 스스로의 대대적인 광고에 의하여 창출된 것으로서 이에 대한 소비자들의 신뢰와 기대는 보호되어야 한다고 할 것인바, 종전에 출하한 일이 없던 신상품에 대하여 첫 출하시부터 종전가격 및 할인가격을 비교표시하여 막바로 세일에 들어가는 이른바 변칙세일은 진실규명이 가능한 구체적 사실인 가격조건에 관하여 기망이 이루어진 경우로서 그 사술의 정도가 사회적으로 용인될 수 있는 상술의 정도를 넘은 것이어서 사기죄의 기망행위를 구성한다고 한 사례.

용과 효력이 있는 것이어야 한다(2000도1881).

(4) **처분행위**   사기죄가 성립하기 위해서는 피기망자의 처분행위가 있어 **191**
야 한다(2001도1289). 처분행위는 직접 재산상의 손해를 초래하는 행위와 부작위
를 포함한다. 처분행위는 사기죄의 기술되지 않은 구성요건요소라 할 수 있으
며, 민법상의 개념이 아니라 순수한 사실상의 의미이다. 처분행위에는 **처분의사**
가 필요하다는 견해도 있고 필요하지 않다는 견해도 있다. 판례는 처분행위에
처분의사가 필요하다는 입장이다. 다만 과거에는 처분의사는 처분행위가 가져
오는 결과를 인식하는 행위라고 하였지만, 판례를 변경하여 처분의사는 착오에
빠진 피기망자가 어떤 행위를 한다는 인식이 있으면 충분하고, 그 행위가 가져
오는 결과에 대한 인식까지 필요한 것은 아니라고 한다.1)

처분행위는 착오에 빠진 피해자의 행위를 이용하여 재산을 취득하는 것을 **192**
본질적 특성으로 하는 사기죄와 피해자의 행위에 의하지 아니하고 행위자가 탈
취의 방법으로 재물을 취득하는 절도죄를 구분하는 역할을 한다. 따라서 예식장
축의금 접수대에서 접수인인 것처럼 행세하여 축의금을 교부받아 가로챈 행위
(96도2227), 귀금속을 구입할 것처럼 가장하여 피해자로부터 순금목걸이 등을 건
네받은 다음 그대로 도주한 경우(94도1487), 책을 빌려서 보는 척하다가 가져간
경우(82도3115) 등은 기망을 수단으로 하였지만, 피기망자의 처분행위가 없어 사
기죄가 성립하지 않고, 이른바 '**책략절도**'로서 절도죄에 해당한다.

처분행위는 착오로 인한 것이어야 하므로 처분행위자는 피기망자이어야 한 **193**
다. 이와 관련하여 피기망자와 피해자가 다른 삼각사기에서 피해자와 피기망자
의 관계가 문제된다. 이때 피기망자는 피해자의 재산을 처분할 수 있는 권한이

---

1) [2016도13362 전합] 피고인 등은 토지의 소유자이자 매도인인 피해자 갑 등에게 토지거래허
가 등에 필요한 서류라고 속여 근저당권설정계약서 등에 서명·날인하게 하고 인감증명서를
교부받은 다음, 이를 이용하여 갑 등의 소유 토지에 피고인을 채무자로 한 근저당권을 을 등
에게 설정하여 주고 돈을 차용하는 방법으로 재산상 이익을 취득하였다. 갑 등은 피고인 등
의 기망행위로 착오에 빠진 결과 토지거래허가 등에 필요한 서류로 실낫 알고 저문문서인
근저당권설정계약서 등에 서명 또는 날인함으로써 재산상 손해를 초래하는 행위를 하였으므
로 갑 등의 행위는 사기죄에서 말하는 처분행위에 해당하고, 갑 등이 비록 자신들이 서명 또
는 날인하는 문서의 정확한 내용과 문서의 작성행위가 어떤 결과를 초래하는지를 미처 인식
하지 못하였더라도 토지거래허가 등에 관한 서류로 알고 그와 다른 근저당권설정계약에 관
한 내용이 기재되어 있는 문서에 스스로 서명 또는 날인함으로써 그 문서에 서명 또는 날인
하는 행위에 관한 인식이 있었던 이상 처분의사도 인정된다. 그럼에도 갑 등에게 그 소유 토
지들에 근저당권 등을 설정하여 줄 의사가 없었다는 이유만으로 갑 등의 처분행위가 없다고
보아 공소사실을 무죄로 판단한 원심판결에 사기죄의 처분행위에 관한 법리오해의 잘못이
있다고 한 사례.

있어야 하며, **처분권** 없는 자가 재물 등을 교부한 경우에는 사기죄가 아니라 절
도죄에 해당한다. 처분권의 성격에 대해서는 법적 권한이어야 한다는 견해와 계
약에 근거한 권한이어야 한다는 견해, 그리고 처분할 수 있는 사실상의 지위라
는 견해 등이 대립한다. 판례는 재산을 처분할 수 있는 권능이나 지위는 반드시
사법상의 위임이나 대리권의 범위와 일치하여야 하는 것은 아니라고 한다(94도
1575).

194   **[2022도12494]** 사기죄에서 처분행위는 행위자의 기망행위에 의한 피기망자의 착
오와 행위자 등의 재물 또는 재산상 이익의 취득이라는 최종적 결과를 중간에서
매개·연결하는 한편, 착오에 빠진 피해자의 행위를 이용하여 재산을 취득하는 것
을 본질적 특성으로 하는 사기죄와 피해자의 행위에 의하지 아니하고 행위자가 탈
취의 방법으로 재물을 취득하는 절도죄를 구분하는 역할을 한다. 처분행위가 갖는
이러한 역할과 기능을 고려하면 피기망자의 의사에 기초한 어떤 행위를 통해 행위
자 등이 재물 또는 재산상의 이익을 취득하였다고 평가할 수 있는 경우라면, 사기
죄에서 말하는 처분행위가 인정된다. 한편 사기죄가 성립되려면 피기망자가 착오
에 빠져 어떠한 재산상의 처분행위를 하도록 유발하여 재산적 이득을 얻을 것을
요하고, 피기망자와 재산상의 피해자가 같은 사람이 아닌 경우에는 피기망자가 피
해자를 위하여 그 재산을 처분할 수 있는 권능을 갖거나 그 지위에 있어야 한다.
　피해자 갑은 드라이버를 구매하기 위해 특정 매장에 방문하였다가 지갑을 떨어
뜨렸는데, 10분쯤 후 피고인이 같은 매장에서 우산을 구매하고 계산을 마친 뒤,
지갑을 발견하여 습득한 매장 주인 을로부터 "이 지갑이 선생님 지갑이 맞느냐?"
라는 질문을 받자 "내 것이 맞다."라고 대답한 후 이를 교부받아 가지고 간 사안
에서, 을의 행위는 사기죄에서 말하는 처분행위에 해당하고, 피고인의 행위를 절
취행위로 평가할 수 없다고 한 사례.

195   **(5) 재산상 손해 발생**   사기죄는 미수범(제352조)을 처벌하는 침해범이므
로 사기죄가 성립하기 위해서는 재산상의 손해가 발생해야 한다. 판례는 이에
대해 재산상의 손해 발생은 사기죄의 성립요건이 아니며, 재물 또는 재산상 이
익의 교부가 있으면 그 자체로써 피해자의 재산침해가 되는 것이라고 한다.[1]

---

1) **[2006도7470]** 재물편취를 내용으로 하는 사기죄에서는 기망으로 인한 재물교부가 있으면 그
　자체로써 피해자의 재산침해가 되어 이로써 곧 사기죄가 성립하는 것이고, 상당한 대가가
　지급되었다거나 피해자의 전체 재산상에 손해가 없다 하여도 사기죄의 성립에는 그 영향이
　없다.

그러나 다수견해는 재산상의 손해 발생이 필요하며, 처분행위와 재산상 손해도 인과관계로 연결되어야 한다는 입장이다.

(6) 신용카드의 부정사용과 사기   오늘날 신용카드는 현금보다 더 많이 **196** 사용되는 거래수단이 되었다. 신용카드의 거래 등에 대해서는 여신전문금융업법에서 전문적으로 규율하고 있는데, 이와 관련된 사기죄의 성립 여부 등이 문제된다. 1) **신용카드의 부정발급**, 곧 신용카드 대금을 나중에 지불할 의사가 없으면서 신용카드를 발급받는 행위가 사기죄에 해당하는지에 대해서는 긍정설과 부정설이 대립하는데, 판례는 사기죄가 성립한다는 입장이다(2004도6859 등). 2) **자기명의 신용카드의 부정사용**은 사기죄에 해당한다는 것이 다수견해와 판례이다.[1] 이때 피기망자는 가맹점이고 피해자는 카드회사라는 견해와 피기망자와 피해자 모두 카드회사라는 견해가 있는데, 가맹점인 상점 등은 정상적으로 카드결제가 이루어지면 기망당하거나 손해를 보는 것이 없으므로 후자의 견해가 타당하다. 3) **타인명의 신용카드의 부정사용**은 사기죄가 성립하며 신용카드부정사용죄(여신전문금융업법 제70조)와 경합범이 된다(96도1181). 이때 피기망자와 피해자가 누구인지에 대한 견해 다툼이 있는데, 피기망자는 카드회사이며, 피해자는 카드 사용대금의 최종 부담자라고 해야 할 것이다. 4) **현금지급기 부정이용**의 경우, ① 자기명의 신용카드를 이용하여 현금서비스로 대출금을 받으면 사기죄가 성립한다는 것이 판례이지만(95도2466), 다수견해는 이를 부정한다. ② 타인 명의의 신용카드를 부정하게 사용하여 현금서비스 대출을 받는 경우에 대해 판례는 신용카드부정사용죄 이외에 절도죄가 성립한다고 하는데(2007도1375, 95도997), 이러한 행위는 신용카드부정사용죄와 컴퓨터사용사기죄의 경합범이 된다는 견해도 있다.

(7) 실행의 착수와 기수시기   사기죄는 편취의 목적으로 기망에 착수한 **197** 때에 실행에 착수한 것이며, 피기망자의 처분행위에 의하여 재물 또는 재산상의 이익의 이전이 이루어진 때가 기수시기이다. 소송사기의 경우는 허위의 청구를 목적으로 법원에 소장을 제출한 때에 실행의 착수가 있으며(2014도10086), 법원을 기망하여 승소판결이 확정된 때가 기수시기이다. 보험금사기의 경우에는 보험금을 청구했을 때 실행에 착수한 것이고, 보험금을 수령했을 때 기수가 된다.

---

1) [2006도282] 이미 과다한 부채의 누적 등으로 신용카드 사용으로 인한 대출금채무를 변제할 의사나 능력이 없는 상황에 처하였음에도 불구하고 신용카드를 사용하였다면, 사기죄에 있어서 기망행위 내지 편취의 범의를 인정할 수 있다 할 것이다.

부동산에 대한 사기는 현실적으로 부동산의 점유가 이전되거나 등기가 이전되었을 때가 기수시기이다.[1]

라. 컴퓨터 등 사용사기(제347조의2)

198   컴퓨터등사용사기의 죄는 컴퓨터 등 정보처리장치에 허위의 정보 또는 부정한 명령을 입력하거나 권한 없이 정보를 입력·변경하여 정보처리를 하게 함으로써 재산상의 이익을 취득하거나 제3자로 하여금 취득하게 하는 범죄이다. 이 죄의 **행위객체**는 '재산상의 이익'으로만 규정되어 있다. 따라서 판례는 타인의 신용카드를 이용하여 현금자동지급기에서 계좌이체를 하면 컴퓨터등사용사기에 해당하지만(2008도2440), 현금을 인출하는 경우에는 현금이 재물에 해당하기 때문에 이 죄가 아니라 절도죄가 성립한다고 한다(2003도1178). 이에 대해 다수견해는 재물도 재산상 이익의 특별한 경우이며, 컴퓨터등사용사기죄를 신설한 취지 등을 고려하여 현금 인출의 경우에도 이 죄에 해당하는 것으로 해석한다.

199   '허위의 정보'는 내용이 진실에 반하는 정보를 말한다. 입금되지 않았는데도 은행의 정보처리장치에 허위의 입금데이터를 입력하는 행위 등이 이에 해당한다(2006도4127). '**부정한 명령의 입력**'이란 사무처리시스템에 예정되어 있는 사무처리의 목적에 비추어 지시해서는 안 될 명령을 입력하는 것을 의미한다. 따라서 설령 '허위의 정보'를 입력한 경우가 아니라고 하더라도, 당해 사무처리시스템의 프로그램을 구성하는 개개의 명령을 부정하게 변개·삭제하는 행위는 물론 프로그램 자체에서 발생하는 오류를 적극적으로 이용하여 그 사무처리의 목적에 비추어 정당하지 아니한 사무처리를 하게 하는 행위도 특별한 사정이 없는 한 '부정한 명령의 입력'에 해당한다(2011도4440).[2] '권한 없이 정보를 입력·변

---

1) [98도3443] 태풍 피해복구보조금 지원절차가 행정당국에 의한 실사를 거쳐 피해자로 확인된 경우에 한하여 보조금 지원신청을 할 수 있도록 되어 있는 경우, 피해신고는 국가가 보조금의 지원 여부 및 정도를 결정함에 있어 그 직권조사를 개시하기 위한 참고자료에 불과하다는 이유로 허위의 피해신고만으로는 위 보조금 편취범행의 실행에 착수한 것이라고 볼 수 없다.

2) 피고인이 갑 주식회사에서 운영하는 전자복권구매시스템에서 은행환불명령을 입력하여 가상계좌 잔액이 1,000원 이하로 되었을 때 복권 구매명령을 입력하면 가상계좌로 복권 구매요청금과 동일한 액수의 가상현금이 입금되는 프로그램 오류를 이용하여 잔액을 1,000원 이하로 만들고 다시 복권 구매명령을 입력하는 행위를 반복함으로써 피고인의 가상계좌로 구매요청금 상당의 금액이 입금되게 한 사안에서, 피고인의 행위는 형법 제347조의2에서 정한 '허위의 정보 입력'에 해당하지는 않더라도, 프로그램 자체에서 발생하는 오류를 적극적으로 이용하여 사무처리의 목적에 비추어 정당하지 아니한 사무처리를 하게 한 행위로서 '부정한 명령의 입력'에 해당한다고 한 사례.

경'한다는 것은 정보처리의 권한이 없거나 권한의 범위와 취지를 벗어나는 정보를 입력하는 등의 행위를 말한다. 금융기관 직원이 범죄의 목적으로 전산단말기를 이용하여 특정계좌에 거액을 무자원 송금한 경우(2005도8507) 등이 이에 해당한다.

마. 준사기(제348조)

준사기죄는 미성년자의 사리분별력 부족 또는 사람의 심신장애를 이용하여 **200** 재물을 교부받거나 재산상 이익을 취득한 경우(제348조 ①항), 위의 방법으로 제3자로 하여금 재물을 교부받게 하거나 재산상 이익을 취득하게 한 경우(같은 조 ②항)에 성립하는 범죄이다. 피해자의 하자 있는 의사표시를 이용한다는 점에서 사기죄와 공통되지만, 기망행위가 필요하지 않다는 점에서 구별되는 범죄이다.

바. 편의시설부정이용(제348조의2)

편의시설부정이용의 죄는 부정한 방법으로 대가를 지급하지 않고 자동판매 **201** 기, 공중전화 기타 유료자동설비를 이용하여 재물 또는 재산상의 이익을 취득하는 범죄이다. 공중전화와 같은 유료자동설비를 부정하게 이용하는 행위는 재물을 취득하는 것이 아니기 때문에 절도죄에 해당하지 않으며, 기망행위라고 할 수 없어 사기죄로도 처벌할 수 없다. 이 죄는 이러한 처벌의 공백을 보완하기 위해 규정된 구성요건이다. '부정한 방법'은 권한 없이 또는 사용규칙에 위반하여 편의시설을 이용하는 것을 말한다. '대가를 지급하지 않는' 것이 구성요건이므로, 타인의 후불식 전화카드를 절취하여 전화통화에 이용한 경우는 통신카드 서비스 이용계약을 한 피해자가 그 통신요금을 납부할 책임을 부담하여 대가를 지급하는 것이기 때문에 편의시설부정이용의 죄를 구성하지 않는다(2001도3625).

사. 부당이득(제349조)

부당이득죄는 사람의 곤궁하고 절박한 상태를 이용하여 현저하게 부당한 **202** 이익을 취득하거나 제3자로 하여금 부당한 이익을 취득하게 하는 범죄이다. 시장경제의 원리에 따라 계약의 자유가 있으므로 폭리를 취한다 하더라도 형법이 개입할 수 없지만, 타인의 궁박한 처지를 이용하는 경우에 한정해서 폭리행위를 처벌하는 규정이다. 사기죄는 아니지만 궁박한 처지에 있는 사람의 하자 있는 의사를 이용한다는 점에서 사기죄와 유사한 부분이 있어 사기의 죄에 함께 규정되어 있다. '곤궁하고 절박한 상태'란 '급박한 곤궁'을 의미하고, '현저하게 부당한 이익의 취득'이란 단순히 시가와 이익과의 배율로만 판단할 것이 아니라 구체적·개별적 사안에 있어서 일반인의 사회통념에 따라 결정하여야 한다(2010 도778, 2008도8577).

4. 공갈의 죄

가. 보호법익

203   공갈죄는 사람을 공갈하여 재물의 교부를 받거나 재산상의 이익을 취득한 때(제350조 ①항), 또는 사람을 공갈하여 제3자로 하여금 재물의 교부를 받게 하거나 재산상의 이익을 취득하게 한 때(같은 조 ②항)에 성립하는 범죄이다. 단체 또는 다중의 위력을 보이거나 위험한 물건을 휴대하여 공갈의 죄를 범한 사람은 특수공갈의 죄로 가중처벌된다(제350조의2). 사기죄와 함께 상대방의 하자 있는 의사를 이용하여 재물이나 재산상의 이익을 취득하는 범죄이다(79도1329). 공갈죄의 보호법익은 재산권이며, 의사결정과 의사활동의 자유도 함께 보호법익이 된다. 보호의 정도는 침해범이다. 재물과 재산상의 이익에 대한 죄이므로 부동산에 대한 공갈죄도 가능하지만, 부녀를 공갈하여 정교情交하는 행위는 강간죄 또는 강요죄가 될 수 있을 뿐, 공갈죄에 해당하지 않는다(82도2714).

나. 성립요건

204   **(1) 공갈**   공갈이란 재물이나 재산상의 이익을 취득하기 위하여 폭행 또는 협박으로 두려움, 곧 외포심畏怖心을 갖게 하는 행위이다. 공갈죄가 성립하기 위해서는 폭행 또는 협박의 행위와 피공갈자의 외포심, 그리고 외포심으로 인한 처분행위와 피해자의 재산 손해가 있어야 한다. 그리고 이 요건들이 인과관계로 이어져야 한다는 점에서 사기죄의 구조와 같다. 공갈죄의 폭행 또는 협박은 사람의 의사결정의 자유를 제한하거나 의사실행의 자유를 방해할 정도이면 되고, 강도죄의 경우처럼 반항을 억압하거나 현저히 곤란하게 할 정도가 필요한 것은 아니다(2003도709, 2001도359).

205   **(2) 처분행위와 재산 손해**   공갈죄가 성립하려면 폭행 또는 협박과 같은 공갈행위로 피해자가 외포심을 가져야 하며, 피공갈자가 재물이나 재산상 이익을 공여하는 처분행위가 있어야 한다(2011도16044).[1] 사기죄와 마찬가지로 피공

---

1) 피고인이 피해자가 운전하는 택시를 타고 간 후 최초의 장소에 이르러 택시요금의 지급을 면할 목적으로 다른 장소에 가자고 하였다면서 택시에서 내린 다음 택시요금 지급을 요구하는 피해자를 때리고 달아나자, 피해자가 피고인이 말한 다른 장소까지 쫓아가 기다리다 그곳에

갈자와 피해자가 다른 사람이어도 공갈죄가 성립한다. 다만 피공갈자에게는 피해자의 재산을 처분할 수 있는 권한이 있어야 한다. 그리고 공갈죄가 성립하려면 재산의 손해가 있어야 한다. 판례는 피공갈자의 하자 있는 의사에 기하여 이루어지는 재물의 교부 자체가 공갈죄에서의 재산상 손해에 해당하므로, 반드시 피해자 재산의 감소가 요구되는 것도 아니라고 한다(2010도13774).

다. 불가벌의 사후행위

갈취한 현금카드를 사용하여 현금자동지급기에서 예금을 인출하는 행위는 **206** 따로 절도죄를 구성하지 않는다. 비록 하자 있는 의사표시이기는 하지만 피해자가 현금카드의 사용을 승낙한 것이라 볼 수 있고, 피해자가 그 승낙의 의사표시를 취소하기까지는 행위자가 현금카드를 적법, 유효하게 사용할 수 있기 때문이다. 그러나 강도가 강취한 현금카드를 사용하는 행위는 하자있는 의사라 하더라도 피해자의 승낙을 받은 것이 아니기 때문에, 판례에 따르면 강도죄 외에 따로 절도죄에 해당한다(2007도1375).

5. 횡령과 배임의 죄

횡령의 죄는 타인의 재물을 보관하는 자가 그 재물을 횡령하거나 반환을 **207** 거부하는 범죄이다. 그리고 배임의 죄는 타인의 사무를 처리하는 자가 그 임무에 위배하는 행위로 재산상의 이익을 취득하거나 제3자로 하여금 취득하게 하는 범죄이다. 횡령죄와 배임죄는 재물의 보관을 위탁하거나 사무처리를 위임한 사람과의 신임관계를 배신한다는 점에서 공통점을 가진다. 다만 횡령죄는 재물을 객체로 하는 재물죄이고, 배임죄는 재산상 이익을 객체로 하는 이득죄라는 점에서 구별된다. 재물이 재산상 이익의 하나라고 한다면 횡령죄는 배임죄의 특별한 유형이라고 할 수 있다.

가. 횡령(제355조 ①항)

횡령죄는 타인의 재물을 보관하는 자가 그 재물을 횡령하거나 그 반환을 **208**

서 피고인을 발견하고 택시요금 지급을 요구하였는데 피고인이 다시 피해자의 얼굴 등을 주먹으로 때리고 달아난 사안에서, 피해자가 피고인에게 계속해서 택시요금의 지급을 요구하였으나 피고인이 이를 면하고자 피해자를 폭행하고 달아났을 뿐, 피해자가 폭행을 당하여 외포심을 일으켜 수동적·소극적으로라도 피고인이 택시요금 지급을 면하는 것을 용인하여 이익을 공여하는 처분행위를 하였다고 할 수 없는데도, 이와 달리 보아 공갈죄를 인정한 원심판결에 법리오해 등 위법이 있다고 한 사례.

거부한 때에 성립하는 범죄이다. 횡령죄의 보호법익은 소유권이며, 횡령죄의 본
질은 위탁된 타인의 물건을 불법하게 영득하는 데 있으므로 횡령죄가 성립하기
위해서는 불법영득의사가 있어야 한다(2011도7637, 81도3009 등). 불법영득의 의사
가 외부에 객관적으로 표현되면 소유권침해의 결과 발생이 없어도 횡령죄가 성
립하므로 이 죄는 위험범이다(2008도10971).

209   (1) 타인의 재물   횡령의 객체는 자기가 보관하는 타인의 재물이다. 1) '재
물'에는 동산은 물론 부동산과 관리할 수 있는 동력이 포함된다(제361조). 여기에
서 말하는 관리란 물리적 또는 물질적 관리를 말하는 것이고, 재산상 이익은 횡
령의 객체가 아니므로, 사무적으로 관리가 가능한 채권이나 그 밖의 권리 등은
재물에 포함되지 않는다(93도2272).[1] 2) '타인'의 재물에는 행위자와 공동소유에
속하는 재물도 포함된다(80도1161). 타인의 재물인지 여부는 민법에 따라 결정된
다. 예를 들어 계주가 계원들로부터 징수한 계불입금은 계주에게(76도730), 익명
조합 조합원의 출자액은 영업자에게(2010도5014), 그리고 지입차주들이 회사에 납
부한 돈은 회사에(97도1592) 각각 소유권이 귀속되므로 횡령의 객체가 아니다. 또
한 프랜차이즈 계약에 따라 가맹점주들이 물품을 판매한 대금도 횡령의 객체가
아니다(98도292). 그러나 위탁매매에서 위탁물판매대금과 위탁물의 소유권은 위
탁자에게 있으므로 횡령의 성립이 가능하고(2012도16191), 할부판매에서 대금을
완납할 때까지 물건의 소유권은 매도인에게 있으므로 매수인이 이를 처분하면
횡령죄가 성립한다(97도1592). 주식회사의 주식이 사실상 1인의 주주에 귀속하는
1인회사에서 주주가 회사재산을 영득한 경우에도 횡령죄가 성립한다(99도1040).[2]

210   3) 양도담보에서 소유권은 대내적으로 여전히 채무자에게 있으므로 채무자
가 담보물을 처분하더라도 횡령이 되지 않지만, 채권자가 변제기 이전에 담보물
을 처분하면 횡령에 해당한다(2008도10971, 88도906). 동산을 매도담보로 제공한
경우, 소유권은 매수인(채권자)에게 이전되므로 이를 보관하는 매도인(채무자)이
처분하면 횡령이 되지만, 매수인이 이를 처분하면 횡령에 해당하지 않는다. 4)
금전과 같이 대체 가능한 물품도 타인의 재산이 되는지가 문제되는데, 소비임치
(민법 제702조)의 경우에는 금전의 소유권이 수치인에게 이전되므로 횡령이 성립

---

1) [2002도2822] 주권株券은 유가증권으로서 재물에 해당되므로 횡령죄의 객체가 될 수 있으
   나, 자본의 구성단위 또는 주주권을 의미하는 주식은 재물이 아니므로 횡령죄의 객체가 될
   수 없다.
2) 다만, 1인 회사의 주주가 회사에 재산상 손해를 발생하게 한 때에는 행위객체가 재산상 이익
   이므로 배임죄가 성립한다(96도1525 등).

하지 않는다. 그러나 다수견해와 판례는 봉함금 또는 공탁금은 특정물의 경우와 마찬가지이므로 횡령의 객체가 될 수 있고, 목적이나 용도를 정하여 위탁한 금전은 횡령의 객체가 된다고 한다(2012도535 등).[1] 이에 대해서는 배임죄에 해당할 수 있을 뿐 횡령의 객체가 될 수 없다는 견해가 있다.

[2017도3829 전합] 채권양도인이 채무자에게 채권양도 통지를 하는 등으로 채권양도의 대항요건을 갖추어 주지 않은 채 채무자로부터 양도한 채권을 추심하여 수령한 금전에 관하여 채권양수인을 위해 보관하는 자의 지위에 있는지 여부(소극) 및 채권양도인이 위 금전을 임의로 처분한 경우 횡령죄가 성립하는지 여부(소극) : 건물의 임차인인 피고인이 임대인 갑에 대한 임대차보증금반환채권을 을에게 양도하였는데도 갑에게 채권양도 통지를 하지 않고 갑으로부터 남아 있던 임대차보증금을 반환받아 보관하던 중 개인적인 용도로 사용하여 이를 횡령하였다는 내용으로 기소된 사안에서, 임대차보증금으로 받은 금전의 소유권은 피고인에게 귀속하고, 피고인이 을을 위한 보관자 지위가 인정될 수 있는 신임관계에 있다고 볼 수 없어 횡령죄가 성립하지 않는다는 이유로, 이와 달리 보아 공소사실을 유죄로 인정한 원심판결에 채권양도에서 횡령죄의 성립 등에 관한 법리오해의 잘못이 있다고 한 사례.   **211**

   (2) 보관하는 자   횡령죄의 주체는 위탁관계에 의해 타인의 재물을 보관 **212** 하는 자이다. 1) '보관'이란 형법의 점유 또는 소지와 같은 의미로서, 재물에 대한 사실상의 지배를 말한다. 따라서 민법의 점유자라 할 수 없는 보조점유자도 보관자가 될 수 있다(82도2394). 다만 절도죄의 점유와 달리 횡령에서는 법률상의 지배까지 보관의 개념에 포함될 수 있다. 그러한 경우로는 등기명의를 통한 부동산의 점유,[2] 예금증서를 통한 은행예금의 지배,[3] 유가증권의 소지를 통한

---

1) [2008도3787] 임대인 회사 대표이사가 임차인으로부터 수도요금 등 납부라는 특정한 목적으로 위탁받은 돈을 은행대출이자 용도 등으로 임의소비한 경우, 횡령죄가 성립된다고 한 사례.

2) [2005도2413] 횡령죄에서 재물의 보관이라 함은 재물에 대한 사실상 또는 법률상 지배력이 있는 상태를 의미하며, 그 보관은 소유자 등과의 위탁관계에 기인하여 이루어져야 하는 것이지만, 그 위탁관계는 사실상의 관계이면 족하고 위탁자에게 유효한 처분을 할 권한이 있는지 또는 수탁자가 법률상 그 재물을 수탁할 권리가 있는지 여부를 불문하는 것이고, 한편 부동산에 관한 횡령죄에 있어서 타인의 재물을 보관하는 자의 지위는 동산의 경우와는 달리 부동산에 대한 점유의 여부가 아니라 법률상 부동산을 제3자에게 처분할 수 있는 지위에 있는지 여부를 기준으로 판단하여야 한다.

3) [2000도1856] 횡령죄에 있어서 보관이라 함은 재물이 사실상 지배하에 있는 경우뿐만 아니라 법률상의 지배·처분이 가능한 상태를 모두 가리키는 것으로 타인의 금전을 위탁받아 보

임치물의 점유 능을 늘 수 있다. 다만, 자농자는 소유권의 취득에 능복이 벌요하지만, 사실상 지배하는 사람이 보관자이며, 차량의 등록명의자가 아니라도 횡령이 가능하다(2015도1944 전합).

213   2) 보관은 **위탁관계**에 의한 것이어야 한다(2014도6992 전합). 횡령죄의 본질이 신임관계를 위배하는 데 있기 때문이다. 다만 판례에 따르면 위탁관계는 반드시 사용대차, 임대차 위임 등의 계약에 의하여 설정되는 것임을 요하지 아니하고, 사무관리 관습조리, 신의칙에 의해서도 성립된다(87도1778). 따라서 판례는 어떤 예금계좌에 돈이 착오로 잘못 송금되어 입금된 경우, 그 예금주와 송금인 사이에 신의칙에 의한 보관관계가 성립하므로 입금된 돈을 임의로 인출하여 소비하면 횡령죄에 해당하며, 이는 송금인과 피고인 사이에 별다른 거래관계가 없다고 하더라도 마찬가지라고 한다(2010도891, 2005도5975). 나아가 계좌명의인이 개설한 예금계좌가 전기통신금융사기 범행에 이용되어 그 계좌에 피해자가 사기피해금을 송금·이체한 경우, 계좌명의인이 사기죄의 공범이 아니면서 그 돈을 영득할 의사로 인출하면 피해자에 대한 횡령죄가 성립한다(2017도17494 전합).

214   3) 위탁관계는 **보호할 만한 가치**가 있는 것이어야 한다. 이와 관련하여 불법원인급여의 경우에도 횡령죄가 성립하는지가 쟁점이 된다. 불법원인급여란 불법한 원인으로 재산을 급여한 때에 반환을 청구하지 못하는 것을 말한다(민법 제746조). 따라서 위탁관계가 불법하여 위탁자가 보관자에게 반환청구를 할 수 없는 경우에도 보관자가 횡령죄의 주체가 될 수 있는지가 문제되는 것이다. 이를 긍정하는 견해도 있지만, 다수견해와 판례는 횡령죄가 성립하지 않는다고 한다. 불법원인급여의 경우 소유권이 이전되어 보관자의 지위에 있다고 할 수 없기 때문이다.[1] 다만 판례는 구체적인 사안이 불법원인급여에 해당하는지를 검토하여 불법원인급여가 아닌 경우에는 횡령죄가 성립할 수 있다고 한다.[2]

    관하는 자는 보관방법으로 이를 은행 등의 금융기관에 예치한 경우에도 보관자의 지위를 갖는 것이다.

1) [99도275] 민법 제746조에 불법의 원인으로 인하여 재산을 급여하거나 노무를 제공한 때에는 그 이익의 반환을 청구하지 못한다고 규정한 뜻은 급여를 한 사람은 그 원인행위가 법률상 무효임을 내세워 상대방에게 부당이득반환청구를 할 수 없고, 또 급여한 물건의 소유권이 자기에게 있다고 하여 소유권에 기한 반환청구도 할 수 없어서 결국 급여한 물건의 소유권은 급여를 받은 상대방에게 귀속되는 것이므로, 갑이 을로부터 제3자에 대한 뇌물공여 또는 배임증재의 목적으로 전달하여 달라고 교부받은 금전은 불법원인급여물에 해당하여 그 소유권은 갑에게 귀속되는 것으로서 갑이 위 금전을 제3자에게 전달하지 않고 임의로 소비하였다고 하더라도 횡령죄가 성립하지 않는다.

2) [2007도2511] 병원에서 의약품 선정·구매 업무를 담당하는 약국장이 병원을 대신하여 제약

(3) **명의신탁** '타인의 재물을 보관하는 자'에 해당하는지와 관련하여 특 **215**
히 문제되는 것은 명의신탁의 경우이다. 명의신탁이란 부동산의 실제 권리자가
대내적으로는 그 권리를 유지하면서 타인의 명의로 등기 또는 가등기를 하는
것이다. 그런데 1995. 7. 1. 시행된 부동산실명법에 따라 명의신탁의 계약은 무
효가 되는데,[1] 그럼에도 불구하고 명의수탁자, 곧 등기명의자가 명의신탁자, 곧
실제 권리자의 부동산을 임의로 처분하는 것이 횡령에 해당하는지가 문제된다.
이 문제는 명의신탁의 유형에 따라 견해가 나누어진다. 1) 양자간 **명의신탁**에서
수탁자가 명의신탁된 부동산을 임의로 처분하는 경우, 다수견해와 과거의 판례
는 부동산실명법의 시행에도 불구하고 횡령죄가 된다고 하였지만(2009도5547, 99
도3170 등), 2021년에 대법원이 이를 변경하여 횡령죄에 해당하지 않는다고 하였
다(2016도18761 전합). "무효인 명의신탁약정 등에 기초하여 존재한다고 주장될
수 있는 사실상의 위탁관계라는 것은 부동산실명법에 반하여 범죄를 구성하는
불법적인 관계에 지나지 아니할 뿐 이를 형법상 보호할 만한 가치 있는 신임에
의한 것이라고 할 수 없다."는 것이 그 이유이다. 2) 3자간 **명의신탁** 또는 이른바
'중간생략등기형' 명의신탁은 명의신탁자가 매도인과 매매계약을 체결하고 등기
는 명의수탁자의 명의로 경료하는 형태이다. 이 경우 수탁자가 신탁부동산을 임
으로 처분하면 횡령죄가 된다는 견해도 있지만, 판례는 횡령죄에 해당하지 않는
다고 한다(2014도6992 전합). 부동산실명법에 따라 명의수탁자 명의의 소유권 이
전은 무효이므로, 신탁부동산의 소유권은 여전히 매도인에게 남아있기 때문이
다. 3) **계약명의신탁**은 명의신탁 약정을 맺은 수탁자가 매매계약의 당사자가 되
어 매도인과 계약하고 등기 이전의 명의도 수탁자 명의로 하는 형태이다. 이때
① 매도인이 이러한 사실을 아는 경우, 곧 '악의'인 경우에는 부동산실명법에 따
라 매도인과 매수인, 곧 수탁자의 매매계약은 무효이고, 소유권은 매도인에게
그대로 남는다. 따라서 수탁자가 부동산을 제3자에게 처분해도 횡령죄가 성립
하지 않는다(2011도7361). 이에 대해서는 매도인에 대한 횡령죄가 성립한다는 견

회사로부터 의약품 제공의 대가로 기부금 명목의 돈을 받아 보관중 임의소비한 사안에서, 위
돈은 병원이 약국장에게 불법원인급여를 한 것에 해당하지 않아 여전히 반환청구권을 가지
므로, 업무상 횡령죄가 성립한다고 본 사례.

1) 부동산실명법에 의하면, 누구든지 부동산에 관한 물권을 명의신탁약정에 따라 명의수탁자의
명의로 등기하여서는 아니 되고(제3조 제1항), 명의신탁약정과 그에 따른 등기로 이루어진
부동산에 관한 물권변동은 무효가 되며(제4조 제1항, 제2항 본문), 명의신탁약정에 따른 명
의수탁자 명의의 등기를 금지하도록 규정한 부동산실명법 제3조 제1항을 위반한 경우 명의
신탁자와 명의수탁자 쌍방은 형사처벌된다(제7조).

해가 있고, 신탁자에 대한 배임죄가 된다는 견해도 있다. ② 매도인이 이러한 사실을 모른 경우, 곧 '선의'인 경우에는 매매계약이 유효하고, 소유권은 수탁자에게 귀속한다. 따라서 수탁자가 부동산을 제3자에게 처분하더라도 횡령에 해당하지 않는다(98도4347). 이에 대해서는 신탁자에 대한 배임죄가 성립한다는 견해가 있다.

216　[2014도6740] 1) 명의신탁자와 명의수탁자가 이른바 계약명의신탁약정을 맺고, 이에 따라 명의수탁자가 이러한 사실을 알지 못하는 소유자와 부동산 매매계약을 체결한 후 명의수탁자 명의로 소유권이전등기를 한 경우, 명의수탁자는 명의신탁자에 대한 관계에서도 유효하게 소유권을 취득하므로 타인의 재물을 보관하는 자라고 볼 수 없다. 2) 이러한 경우 소유자가 계약명의신탁약정이 있음을 알고 있었다면 명의수탁자 명의의 소유권이전등기는 무효이고, 부동산의 소유권은 매도인이 그대로 보유하고 있으므로, 명의수탁자는 부동산 취득을 위한 계약의 당사자도 아닌 명의신탁자의 재물을 보관하는 자의 지위에 있다고 볼 수 없다. 3) 또한, 명의신탁자와 명의수탁자가 이른바 중간생략등기형 명의신탁약정을 맺고 소유자와 매매계약을 체결한 경우에도, 명의신탁자는 신탁부동산의 소유권을 가지지 아니하고, 명의신탁자와 명의수탁자 사이에 위탁신임관계를 인정할 수 없으므로, 명의수탁자는 매도인에 대하여 소유권이전등기청구권을 가질 뿐인 명의신탁자의 재물을 보관하는 자라고 할 수 없다.

217　**(4) 횡령의 행위**　1) '횡령'은 행위자가 점유하는 타인의 재물에 대해 객관적으로 인식할 수 있는 방법으로 영득의사를 표현하는 행위를 말한다. 횡령행위는 사실행위든 법률행위든 묻지 않으며, 법률행위는 그것이 무효나 취소할 수 있는 것이라도 횡령에 해당한다.[1] 2) '반환의 거부'란 보관중인 타인의 재물에 대하여 소유자의 권리를 배제하는 의사표시를 하는 행위를 뜻한다. 다만, '반환의 거부'가 횡령죄를 구성하려면 단순히 반환을 거부한 사실만으로는 부족하고, 그 횡령행위와 같다고 볼 수 있을 정도이어야 한다(98도126). 따라서 반환을 거

---

1) [2002도2219] 횡령죄는 다른 사람의 재물에 관한 소유권 등 본권을 그 보호법익으로 하고 본권이 침해될 위험성이 있으면 그 침해의 결과가 발생되지 아니하더라도 성립하는 이른바 위태범이므로, 다른 사람의 재물을 보관하는 사람이 그 사람의 동의 없이 함부로 이를 담보로 제공하는 행위는 불법영득의 의사를 표현하는 횡령행위로서 사법私法상 그 담보제공행위가 무효이거나 그 재물에 대한 소유권이 침해되는 결과가 발생하는지 여부에 관계없이 횡령죄를 구성한다.

부하였다고 하더라도 정당한 이유가 있어 반환하지 않았다면 횡령죄의 불법영 득의사가 인정되지 않는다(2003도7487).

(5) **미수범**　횡령죄의 미수범은 처벌한다(제359조). 미수와 기수의 구별에 **218** 대해 '실현설'은 불법영득의사를 실현함으로써 기수에 이르고, 그렇지 못하면 미 수라고 한다. 이에 반해 다수견해인 '표현설'은 불법영득의사가 외부에 객관적으 로 표현되면 기수라고 한다. 판례 또한 같은 취지이다(2005도3929, 2005도3431). 따라서 이 견해에 의하면 횡령죄의 미수는 이론상으로 가능하지만 실제로 인정 되기는 어렵다. 다만 판례에서 횡령죄의 미수를 인정한 사례도 있다.[1]

(6) **불가벌의 사후행위**　불법영득의 의사가 표현되어 횡령죄의 기수에 이 **219** 른 후 종국적인 법익침해가 발생하기 전에 새로운 처분행위가 이루어졌을 때, 새로운 처분행위가 새로운 위험을 추가하는 것이 아니라면 후행 처분행위는 이 른바 불가벌의 사후행위에 해당한다. 그러나 후행 처분행위가 선행 처분행위로 예상할 수 없는 새로운 위험을 추가함으로써 법익침해에 대한 위험을 증가시키 거나 선행 처분행위와는 무관한 방법으로 법익침해의 결과를 발생시키는 경우 에는 따로 횡령죄를 구성한다(2010도10500 전합).

나. **배임**(제355조 ②항)

(1) **기본 개념**　배임죄는 타인의 사무를 처리하는 자가 그 임무에 위배하 **220** 는 행위로써 재산상의 이익을 취득하거나 제3자로 하여금 이를 취득하게 하여 본인에게 손해를 가한 때에 성립하는 범죄이다. 재산상의 이익만을 행위객체로 하는 이득죄이다. 재산권을 보호법익으로 하는 범죄이며, 구성요건에서 본인에 게 손해를 가할 것을 요구하고 있는 침해범이다. 이 죄의 본질에 대해 '권한남 용설'은 타인의 사무를 처리하는 권한을 가진 자가 그 권한을 남용하는 것이라 고 하며, '배신설'은 사무처리를 맡긴 사람에 대한 신뢰관계를 위반하는 배신행 위가 배임죄의 본질이라고 한다. 배임죄와 횡령죄의 공통적인 성격을 고려하는 배신설이 다수견해이며, 판례도 같은 취지이다.[2]

---

1) [2011도9113] 피고인이 보관하던 이 사건 수목을 함부로 제3자에 매도하는 계약을 체결하고 계약금을 수령·소비한 상태에서 피해자에게 적발되어 위 계약이 무위에 그쳤다는 공소사실 에 관하여 횡령미수죄를 인정한 조치는 정당한 것이다.

2) [2017도4027 전합] 배임죄는 타인과 그 재산상 이익을 보호·관리하여야 할 <u>신임관계에 있는 사람이 신뢰를 저버리는 행위</u>를 함으로써 타인의 재산상 이익을 침해할 때 성립하는 범죄이 다. 계약관계에 있는 당사자 사이에 어느 정도의 신뢰가 형성되었을 때 형사법에 의해 보호 받는 신임관계가 발생한다고 볼 것인지, 어떠한 형태의 신뢰위반 행위를 가벌적인 임무위배

221   **(2) 타인의 사무를 처리하는 자**   배임죄는 '타인의 사부를 저리하는 자'가
행위주체가 되는 진정신분범이다. 1) '타인의 사무를 처리하는 자'란 타인과의
대내관계에서 신의성실의 원칙에 비추어 그 사무를 처리할 신임관계가 존재한
다고 인정되는 자를 말한다. 사무처리의 근거는 계약, 법령, 관습, 사무관리 등
을 묻지 않으며, 사실상의 신임관계도 포함된다.[1] 사무는 타인의 사무이어야
하므로 자기의 사무인 경우에는 배임죄가 성립하지 않는다(83도2496). 그리고 배
임죄는 재산죄이고 재산권을 보호법익으로 하므로, 사부는 재산에 관한 사부이
어야 한다.[2]

222   **(3) 이중매매와 이중저당의 경우**   이중매매 또는 이중저당의 사안에서
매도인 또는 채무자가 '타인의 사무를 처리하는 자'에 해당하는지가 문제된다.
이중매매란 갑이 을에게 자기의 부동산을 매도하고 소유권이전등기를 마치기
전에 병에게 다시 매도한 후 병에게 소유권이전 등기를 마친 경우이며, 이중저
당이란 갑이 을로부터 금전을 차용한 후 1번 저당권을 설정해 주기로 하였으나
저당권 등기를 마치기 전에 다시 병에게 금전을 차용하고 1번 저당권 설정등기
를 마친 경우이다. 이때 갑이 을에게 등기를 마친 경우에는 배임의 문제가 발생
하지 않고, 병에 대한 사기죄가 문제될 수 있을 뿐이다(77도1116).

223   판례는 과거에는 이중매매의 경우 매도인이 부동산 거래에 협력하여 매수
인에게 등기를 마쳐야 할 사무는 타인의 사무에 해당하고, 이중저당의 경우 채
무자도 마찬가지라고 하였다. 그러나 이후 대법원은 판례를 변경하여 배임죄의
성립을 부정하고 있다. 대법원은 배임죄에서 '타인의 사무를 처리하는 자'라고
하려면, 타인의 재산관리에 관한 사무의 전부 또는 일부를 타인을 위하여 대행

행위로 인정할 것인지는 타인의 재산상 이익 보호가 신임관계의 전형적·본질적 내용이 되었
는지, 해당 행위가 형사법의 개입이 정당화될 정도의 배신적인 행위인지 등에 따라 규범적으
로 판단해야 한다.

[1] [99도457] 배임죄의 주체로서 '타인의 사무를 처리하는 자'란 타인과의 대내관계에 있어서 신
의성실의 원칙에 비추어 그 사무를 처리할 신임관계가 존재한다고 인정되는 자를 의미하고,
반드시 제3자에 대한 대외관계에서 그 사무에 관한 대리권이 존재할 것을 요하지 않으며, 업
무상 배임죄에 있어서의 업무의 근거는 법령, 계약, 관습의 어느 것에 의하건 묻지 않고, 사
실상의 것도 포함한다.

[2] [2011도3482] '타인의 사무처리'로 인정되려면, 타인의 재산관리에 관한 사무의 전부 또는 일
부를 타인을 위하여 대행하는 경우와 타인의 재산보전행위에 협력하는 경우라야만 되고, 두
당사자 관계의 본질적 내용이 단순한 채권관계상의 의무를 넘어서 그들 간의 신임관계에 기
초하여 타인의 재산을 보호 내지 관리하는 데 있어야 한다. 만약, 그 사무가 타인의 사무가
아니고 자기의 사무라면, 그 사무의 처리가 타인에게 이익이 되어 타인에 대하여 이를 처리
할 의무를 부담하는 경우라도, 그는 타인의 사무를 처리하는 자에 해당하지 않는다.

하는 경우와 같이 "당사자 관계의 전형적·본질적 내용이 통상의 계약에서 이익대립관계를 넘어서 그들 사이의 신임관계에 기초하여 타인의 재산을 보호 또는 관리하는 것이어야 한다."는 법리에 따라 이중매매와 이중매매에서 매도인 또는 채무자는 이익대립의 관계에 있으므로 사무처리자의 지위에 있지 않다고 한다.

이에 따라 대법원은 1) 매수인으로부터 중도금을 수령한 이후 매매목적물 **224** 인 '동산'을 제3자에게 양도한 매도인(2008도10479 전합), 2) 대물변제예약을 체결한 후 대물로 변제하기로 한 부동산을 제3자에게 처분한 채무자(2014도3363 전합), 3) 양도담보로 제공한 동산을 제3자에게 처분한 채무자(2019도9756 전합), 4) 부동산에 저당권을 설정하기로 약정하고 제3자에게 해당 부동산에 대한 저당권을 설정해 준 채무자(2019도14340 전합), 5) 채권자에게 동산을 동산담보로 제공한 후 담보물을 제3자에게 처분한 채무자(2019도14770 전합), 6) 저당권이 설정된 자동차를 임의처분한 채무자 및 자동차를 양도하기로 하고 중도금까지 받았지만 제3자에게 해당 자동차에 대한 저당권을 설정해 준 채무자(2020도6258 전합), 7) 자동차 양도담보설정계약을 체결한 후 채권자에게 소유권이전등록의무를 이행하지 않은 채 제3자에게 담보목적 자동차를 처분한 채무자(2020도8682 전합) 등은 '타인의 사무'가 아닌 '자기의 사무'를 처리하는 자로서 배임의 주체가 아니라고 판시하였다.

다만, 부동산을 매도하기로 하고 중도금까지 받은 매도인이 매수인 아닌 **225** 다른 사람에게 해당 부동산을 매도하고 등기까지 마친 경우에는 배임죄가 성립한다는 것이 다수견해와 판례이다(2017도4027 전합). 이때 실행의 착수시기는 후매수인과 매매계약을 체결하고 중도금을 수령한 때이며(2002도7134), 소유권이전등기를 마친 때에 기수가 된다(83도1946). 그리고 선매수인과 거래를 완료하고 등기를 마친 경우, 후매수인에 대한 배임죄는 성립하지 않는다(2009도14427).

[2020도8682 전합] 이익대립관계에 있는 통상의 계약관계에서 채무자의 성실한 **226** 급부이행에 의해 상대방이 계약상 권리의 만족 내지 채권의 실현이라는 이익을 얻게 되는 관계라거나, 계약의 이행과정에서 상대방을 보호하거나 배려할 부수적인 의무가 있다는 것만으로는 채무자를 타인의 사무를 처리하는 자라고 할 수 없고, 위임 등과 같이 계약의 전형적·본질적인 급부의 내용이 상대방의 재산상 사무를 일정한 권한을 가지고 맡아 처리하는 경우여야 한다.

[2017도4027 전합] 부동산 매매계약에서 계약금만 지급된 단계에서는 어느 당사자나 계약금을 포기하거나 그 배액을 상환함으로써 자유롭게 계약의 구속력에서 벗어날 수 있다. 그러나 중도금이 지급되는 등 계약이 본격적으로 이행되는 단계에 이른 때에는 계약이 취소되거나 해제되지 않는 한 매도인은 매수인에게 부동산의 소유권을 이전해 줄 의무에서 벗어날 수 없다. 따라서 이러한 단계에 이른 때에 매도인은 매수인에 대하여 매수인의 재산보전에 협력하여 재산적 이익을 보호·관리할 신임관계에 있게 된다. 그때부터 매도인은 배임죄에서 말하는 '타인의 사무를 처리하는 자'에 해당한다고 보아야 한다.

227   (4) 임무에 위배하는 행위   '임무에 위배하는 행위'는 사무의 내용, 성질 등 구체적 상황에 비추어 신임관계를 저버리는 모든 행위를 말한다(2005도9288). 법률행위, 사실행위를 불문하며, 부작위에 의한 경우도 가능하다. 채권의 추심을 위탁받은 자가 그 추심을 게을리 하여 채권의 소멸시효가 완성된 경우, 공무원이 국가재산 불하가격을 낮게 책정하는 경우, 회사 직원이 영업비밀이나 영업상 주요한 자산인 자료를 적법하게 반출하였으나 퇴사 후 반환·폐기의무가 있음에도 경쟁업체에 유출하거나 스스로의 이익을 위하여 이용할 목적으로 영업비밀 등을 반환·폐기하지 아니한 경우(2015도17628) 등이 그 예이다.

228   (5) 이익의 취득과 손해의 발생   1) 배임죄는 사무처리를 맡긴 사람, 곧 '본인'에게 손해를 가한 때에 성립하는 범죄이다. 손해는 재산상의 손해를 의미하며, 적극적·소극적 손해를 불문한다. 판례는 현실적 손해 외에 재산상 실해 발생의 위험도 포함된다고 한다(2003도4890). 재산상 손해의 유무에 대한 판단은 법률적 판단에 의하지 않고 경제적 관점에서 파악한다(2011도15857).[1] 2) 본인에게 손해를 가하였어도 행위자 또는 제3자가 재산상 이익을 취득한 사실이 없으면 배임죄가 성립할 수 없다(2007도2484). 그리고 재산상 이익과 손해는 서로 대응하는 관계에 있는 등 일정한 관련성이 인정되어야 한다(2022도3717).

---

1) 갑 주식회사의 실질적 경영자인 피고인이 자신의 개인채무를 담보하기 위하여 갑 회사 소유 부동산에 을 앞으로 근저당권설정등기를 마친 사안에서, 을은 피고인이 개인채무를 담보하기 위하여 근저당권을 설정한다는 사정을 잘 알고 있어서 근저당권 설정행위는 대표권 남용행위로서 무효이므로 갑 회사는 을에 대하여 무효인 근저당권에 기한 채무는 물론 사용자책임이나 법인의 불법행위 등에 따른 손해배상의무도 부담할 여지가 없고, 근저당권이 그 후 해지를 원인으로 말소되어, 피고인의 근저당권 설정행위로 말미암아 갑 회사에 재산상 손해가 발생하였다거나 재산상 실해 발생의 위험이 초래된 것으로 볼 수 없다고 한 사례.

다. 업무상의 횡령과 배임(제356조)

업무상의 임무에 위배하여 횡령 또는 배임의 죄를 범한 자는 업무상횡령 **229**
또는 업무상배임 등의 죄로 가중처벌한다. 이 죄는 타인의 재물을 보관하거나
타인의 사무를 처리하는 것을 업무로 하는 사람이 행위주체가 될 때 가중처벌
하는 부진정신분범이다. 횡령 또는 배임의 죄가 이미 신분범이므로, 업무상횡령
과 업무상배임은 이중의 신분이 요구되는 셈이다. '업무'는 법령이나 계약에 근
거가 있는 경우뿐만 아니라 관례 또는 사실상에 의한 것임을 묻지 않고 같은 행
위를 반복할 지위에 따른 사무를 말한다(88도1523). 업무자로서의 지위를 마치거
나 사임한 후에도 사실상 업무를 계속하고 있는 경우에도 이에 해당한다(80도
1970).

라. 배임수증재(제357조)

(1) 개념   타인의 사무를 처리하는 자가 그 임무에 관하여 부정한 청탁을 **230**
받고 재물 또는 재산상의 이익을 취득하거나 제3자로 하여금 이를 취득하게 한
때에는 배임수재의 죄로 처벌한다(제357조 ①항). 위의 재물 또는 재산상 이익을
공여한 자는 배임증재의 죄로 처벌한다(같은 조 ②항). 이 죄는 공무원의 뇌물죄
에 상응하는 범죄이며, 공무원 아닌 사람 중에서 타인의 사무를 처리하는 사람
에 대해 사무의 청렴성을 요구하는 취지의 처벌규정이다. 따라서 이 죄는 거래
의 청렴성을 보호법익으로 한다.

(2) 부정한 청탁   이 죄는 임무에 관하여 부정한 청탁을 받는 것을 요건으 **231**
로 한다. 1) '임무'란 타인의 사무를 처리하는 자가 위탁받은 사무를 말하지만,
위탁관계로 인한 본래의 사무뿐만 아니라 그와 밀접한 관계가 있는 사무도 포
함된다(2007도3096, 80도2130). 그리고 고유의 권한으로 그 처리를 하는 사람의 사
무에 한하지 않고, 그 사람의 보조기관으로서 직접 또는 간접으로 처리하는 사
무도 포함된다(2005도6433). 2) '부정한 청탁'이란 사회상규 또는 신의성실의 원
칙에 반하는 것을 내용으로 하는 청탁을 뜻한다(87도414).

(3) 재물 또는 재산상 이익의 취득과 공여   재산 또는 재산상 이익의 취 **232**
득은 부정한 청탁과 관련된 것이어야 한다. 재물을 공여하는 자가 부정한 청탁
을 하였더라도 그 청탁을 받아들이지 않고 그 청탁과 관계없이 금품을 받은 경
우에는 배임수재죄가 성립하지 않는다(82도874). 재물 또는 재산상 이익을 취득
한 후 청탁의 취지에 따른 배임행위를 하지 않더라도 배임수재는 성립한다(82도

925). 그리고 배임수재의 죄에서는 불법영득의 의사가 필요하다(83도1986). 이 죄는 뇌물죄와 달리 취득과 공여의 행위만 처벌하고 요구 또는 약속의 행위는 처벌하지 않는다. 그런데 다수견해는 요구 또는 약속의 행위가 이 죄의 미수범(제359조)이 된다고 한다. 이익의 취득과 공여는 대향적 관계에 있지만 제357조에서 양자를 처벌하므로 필요적 공범에 대한 총칙의 공범 규정 적용 문제는 발생하지 않는다. 따라서 수재자와 증재자가 반드시 같이 처벌받아야 하는 것은 아니며, 증재자에게는 정당한 업무에 속하는 청탁이라도 수재자에게는 부정한 청탁이 될 수 있다(2010도7624).

마. 점유이탈물횡령(제360조)

233   유실물, 표류물 또는 타인의 점유를 이탈한 재물을 횡령한 때에는 점유이탈물횡령의 죄로, 그리고 매장물을 횡령한 때에는 매장물횡령의 죄로 처벌한다. 이 죄는 점유의 침해가 없다는 점에서 절도죄와 구별되며, 위탁관계에 따른 신임의 위배가 없다는 점에서 횡령죄보다 가볍게 처벌한다. '점유이탈물'은 점유자의 의사와 상관 없이 그 점유를 떠난 물건을 말한다. 유실물, 표류물은 예시로 보아야 한다. '유실물'은 잃어버린 물건으로서 누구의 점유에도 속하지 않는 것을 말한다. 물건을 잃어버린 장소가 타인의 관리하는 곳일 때에는 그 물건은 관리자의 점유에 속한다고 보아야 한다. 따라서 이를 그 관리자 아닌 제3자가 가져가는 것은 점유이탈물횡령이 아니라 절도죄에 해당한다(88도409). 다만, 승객이 지하철의 전동차 바닥이나 선반 위에 놓고 내린 물건은 지하철 승무원이 발견하기 전까지 유실물에 해당하며, 고속버스 승객이 차안에 두고 간 물건도 마찬가지이다(99도3963, 92도3170). '표류물'은 점유를 이탈하여 바다, 하천 등에 떠서 흐르고 있는 물건을 말한다. '매장물'은 토지, 해저 또는 건조물 등에 매장되어 그 소유권이나 점유가 누구에 속하는지 알 수 없는 물건이다. 그밖에 착오로 인하여 점유한 타인의 물건, 타인이 놓고 간 물건, 유실한 가축 등도 점유이탈물에 해당한다.

6. 장물에 관한 죄

가. 개념과 보호법익

234   장물의 죄는 장물을 취득, 양도, 운반, 보관하거나 알선하는 것을 내용으로 하는 범죄이다. 장물이란 재산범죄로 불법하게 영득한 재물이다(2004도5904). 따

라서 재산범죄가 아닌 다른 범죄로 취득한 재물은 장물이 아니며, 장물죄 구성요건의 성격상 재물에 한정하기 때문에 재산상의 이득은 장물이 될 수 없다. 장물의 원인이 된 재산범죄 또는 그 범인을 '본범'이라고 한다. 장물죄는 재산범인 본범이 불법하게 영득한 재물에 사후적으로 관여하는 사후종범의 성격을 갖는다. 장물범의 사후 관여는 본범의 범죄를 조장하거나 은폐하는 효과를 갖기 때문에, 경우에 따라서는 본범보다 더 무겁게 처벌하기도 한다. 이러한 장물죄의 보호법익은 피해자의 재산권이다.

나. 장물죄의 본질

장물죄의 본질에 대해서는 추구권설과 위법상태유지설이 대립한다. 1) **추구** **235** **권설**은 장물죄의 본질이 재산범죄의 피해 재물에 대한 피해자의 추구·회복을 불가능하게 하거나 곤란하게 하는 데 있다는 견해이다. 피해자의 재산권은 본범에 의해 이미 침해되었으므로, 장물죄의 처벌규정이 보호하는 법익은 '본범이 침해한 재산상태의 회복'이라는 것이다. 추구권은 반환청구권이라고 할 수 있는데, 이 견해에 의하면 반환청구권이 없는 불법원인으로 급여된 재물이나 피해자가 취소·해지할 수 없는 경우, 또는 시효에 걸린 물건 등은 장물이라고 할 수 없게 된다. 또한 재산죄의 피해 재물을 다른 재물로 대체한 경우, 곧 대체장물에 대해서도 추구권이 미치지 않으므로 장물의 성격을 부인한다. 2) **위법상태유지설**은 장물죄의 본질이 본범의 재산범죄에서 발생한 위법상태를 계속 유지하는 데 있다고 한다. 이 견해에 의하면 본범 이후 적법한 재산상태가 성립하면 그 이후에는 장물죄가 성립하지 않는다. 그리고 장물죄가 성립하려면 장물범과 본범 또는 점유자와의 합의가 필요하며, 대체장물도 장물로 인정될 수 있다. 다수견해와 판례는 장물죄의 본질이 추구권을 불가능하게 하거나 곤란하게 하면서 위법상태를 유지하는 데 있다고 한다.[1] 이를 **결합설**이라고 한다.

다. 장물의 취득, 알선 등(제362조)

(1) **장물**　장물취득, 장물양도 등의 죄는 장물을 취득, 양도, 운반 또는 보 **236** 관하는 범죄이며(제362조①항), 장물알선의 죄는 위의 행위를 알선하는 범죄이다(같은 조 ②항). '장물'은 1) 재산죄 중 영득죄, 곧 절도·강도·사기·공갈·횡령의

---

1) [87도1633] 장물인 정을 모르고 보관하던 중 장물인 정을 알게 되었고, 위 장물을 반환하는 것이 불가능하지 않음에도 불구하고 계속 보관함으로써 피해자의 정당한 반환청구권 행사를 어렵게 하여 위법한 재산상태를 유지시킨 경우에는 장물보관죄에 해당한다.

죄로 취득한 재물이다. 판례는 관리할 수 있는 동력도 장물이 될 수 있다고 한
다(72도971). 재물이라도 재산범죄가 아닌 뇌물죄 등으로 취득한 재물은 장물이
아니며, 재산범죄로 영득한 재물이어야 하므로 재산범죄의 수단이 된 재물도 장
물이 아니다(74도2804). 그러나 재산범죄의 불가벌적 사후행위로 취득한 물건은
재산범죄로 인하여 취득한 물건으로서 장물이 될 수 있다. 재산범죄는 구성요건
에 해당하며 위법한 것이어야 하고, 본범이 한국 형법이 적용되지 않는 외국에
서 이루어진 범죄라 하더라도 우리 형법에 비추어 영득죄의 구성요건에 해당하
는 위법한 행위라고 인정되면 그 범죄로 영득한 재물은 장물에 해당한다(2010도
15350).

237   2) 재산상 이익이나 권리는 장물이 될 수 없다(70도2589). 따라서, 판례에 따
르면, 권한 없이 타인의 예금계좌에서 자신의 예금계좌로 돈을 이체한 후 그 중
일부를 인출한 경우, 컴퓨터등사용사기죄로 본범이 취득한 예금채권은 재산상
이익이고, 인출한 현금은 재산상 이익을 실현한 것이므로 외견상 재물이라 하더
라도 장물이 아니다(2004도353). 그러나 판례는 사기 범죄의 피해자로부터 현금
을 계좌이체로 송금받은 경우, 사기죄의 객체가 재물이므로 그 현금은 장물이
된다고 한다(2010도6256).

238   3) 재물은 재산범죄로 영득한 재물 그 자체여야 한다. 이와 관련하여 이른
바 대체장물의 장물 여부가 문제된다. 원칙적으로 대체장물은 장물이 아니다.
따라서 장물인 돈으로 매입한 재물이나 장물을 판 돈은 장물이 아니다(72도971,
71도2296). 다만 현금과 같이 고도의 대체성을 가지는 재물에 대해서는 반드시
동일한 현금만 장물이 된다고 할 수는 없고, 장물인 현금을 예금으로 보관했다
가 인출한 경우, 인출한 현금도 장물이 된다(98도2579 등).[1)]

239   **(2) 장물죄의 행위**   1) '취득'이란 점유를 이전받음으로써 그 장물에 대하
여 사실상의 처분권을 획득하는 것을 의미한다. 따라서 취득이라고 하기 위해서
는 점유의 이전과 처분권의 획득이 필요하다. 단순히 보수를 받고 본범을 위하

---

1) [98도2579] 장물이라 함은 재산범죄로 인하여 취득한 물건 그 자체를 말하고, 그 장물의 처
   분대가는 장물성을 상실하는 것이지만, 금전은 고도의 대체성을 가지고 있어 다른 종류의 통
   화와 쉽게 교환할 수 있고, 그 금전 자체는 별다른 의미가 없고 금액에 의하여 표시되는 금
   전적 가치가 거래상 의미를 가지고 유통되고 있는 점에 비추어 볼 때, 장물인 현금을 금융기
   관에 예금의 형태로 보관하였다가 이를 반환받기 위하여 동일한 액수의 현금을 인출한 경우
   에 예금계약의 성질상 인출된 현금은 당초의 현금과 물리적인 동일성은 상실되었지만 액수
   에 의하여 표시되는 금전적 가치에는 아무런 변동이 없으므로 장물로서의 성질은 그대로 유
   지된다.

여 장물을 일시 사용하거나 그와 같이 사용할 목적으로 장물을 건네받은 것만
으로는 장물을 취득한 것으로 볼 수 없다(2003도1366).

　　2) '양도'란 장물인 줄 모르고 취득한 사람이 그 후 장물인 사실을 알고 제3 **240**
자에게 넘기는 것을 말한다. 유상으로 판매하든 무상으로 수여하든 가리지 않는
다. 장물취득의 죄를 범한 자가 다시 이를 양도하는 행위는 불가벌의 사후행위
이므로 '양도'에 해당하지 않는다.

　　3) '운반'이란 장물을 장소적으로 이전하는 것을 말한다. 운반의 방법에는 **241**
제한이 없다. 본범과 공동으로 장물을 운반한 경우, 본범은 장물죄에 해당하지
않지만 다른 사람의 행위는 장물운반죄를 구성한다. 따라서 본범이 절취한 차량
이라는 사실을 알면서 본범이 차량을 운전해 달라는 부탁하자 그 차량을 운전
해 주면 장물운반죄에 해당한다(98도3030). 그러나 본범이 절취하여 운전하는 승
용차의 뒷자석에 편승한 행위는 장물운반에 해당하지 않는다(83도1146).

　　4) '보관'이란 위탁을 받아 장물을 자기의 점유에 두는 것을 말한다. 점유의 **242**
이전은 있지만 장물에 대한 사실상의 처분권이 없다는 점에서 장물취득과 구별
된다. 보관을 시작할 때 장물인 줄 알았어야 한다. 보관 도중에 장물인 사실을
알고 보관을 계속한 경우에도 장물보관에 해당하지만, 점유할 권한이 있었다면
장물보관에 해당하지 않는다. 따라서 채권의 담보로서 이 사건 수표들을 교부받
았다가 장물인 사실을 알고도 계속 보관한 행위는 장물보관죄에 해당하지 않는
다(85도2472). 장물보관죄가 성립하는 때에는 이미 그 소유자의 소유물 추구권을
침해하였으므로 그 후의 횡령행위는 불가벌적 사후행위에 불과하여 별도로 횡
령죄가 성립하지 않는다(2003도8219).

　　5) '알선'이란 장물을 취득·양도·운반·보관하려는 당사자 사이에서 이를 **243**
중개하거나 편의를 도모하는 것을 의미한다. 알선의 방법에는 제한이 없으며,
매매·교환과 같은 법률행위와 운반·보관과 같은 사실행위를 포함한다. 판례에
의하면 장물알선의 죄는 알선행위가 종료하면 기수에 이른다 따라서 알선에 의
해 당사자 사이에 실제로 장물의 취득·양도·운반·보관에 관한 계약이 성립하
지 않거나 장물의 점유가 현실적으로 이전되지 않더라도 장물알선죄가 성립한
다(2009도1203).[1] 이에 대해 다수견해는 알선에 의해 실제로 장물취득 등이 이루

---

1) 장물인 귀금속의 매도를 부탁받은 피고인이 그 귀금속이 장물임을 알면서도 매매를 중개하
고 매수인에게 이를 전달하려다가 매수인을 만나기도 전에 체포되었다 하더라도, 위 귀금속
의 매매를 중개함으로써 장물알선죄가 성립한다고 한 사례.

어질 때 기수가 된다고 한다. 판례에 따르면 알선의 범위가 지나치게 확대되기 때문이다.

244		(3) 고의		장물죄의 고의가 인정되려면 장물이라는 사실에 대한 인식과 취득·양도 등의 행위에 대한 인식이 있어야 한다. 장물에 대한 인식은 반드시 확정적 인식일 필요는 없으며 장물일지도 모른다는 의심을 가지는 정도의 미필적 인식으로도 충분하다(2009도3552). 장물이라는 사실을 알면 충분하고 본범의 범행을 구체적으로 알아야 하는 것은 아니다(68도1474).

245		(4) 본범과 장물죄		본범이 자기의 범죄에 의해 영득한 물건에 대하여는 장물죄가 성립하지 않고 불가벌의 사후행위에 해당한다. 따라서 본범의 정범 또는 공동정범은 장물죄의 정범이나 공범이 될 수 없다(86도1273). 그러나 본범의 교사범 또는 종범은 장물죄를 범할 수 있다. 예를 들어 절도를 교사한 자가 장물을 취득하면 절도교사와 장물취득의 경합범이 된다.

라. 업무상과실, 중과실(제364조)

246		업무상과실 또는 중대한 과실로 인하여 장물의 죄를 범한 사람은 업무상(중)과실장물취득, 업무상(중)과실장물양도 등의 죄로 처벌한다. 형법은 과실장물죄는 처벌하지 않지만, 특별한 주의의무가 필요한 고물상이나 전당포 등을 고려하여 업무상과실 및 중과실에 의한 장물죄를 처벌하고 있다. 판례는 금은방을 운영하는 자가 귀금속류를 매수하면서 매도자의 신원확인절차를 거쳤다고 하여도 장물인지의 여부를 의심할 만한 특별한 사정이 있거나, 매수물품의 성질과 종류 및 매도자의 신원 등에 좀 더 세심한 주의를 기울였다면 그 물건이 장물임을 알 수 있었음에도 불구하고 이를 게을리하여 장물인 정을 모르고 매수하여 취득한 경우에는 업무상과실장물취득죄가 성립한다고 판시한 바 있다(2003도348). 또한 전자대리점을 경영하는 자가 그 취급물품의 판매회사 사원으로부터 그가 소개한 회사 보관창고의 물품반출업무 담당자가 그 창고에서 내어 주는 회사소유 물품을 반출하여 판매후 그 대금을 달라는 부탁을 받고 이를 반출하면서 그 대금도 확실히 정하지 않고 인수증의 발행 등 정당한 출고절차를 거치지 않았다면 업무상의 주의의무를 위반한 것이라고 하였다(87도915). 그러나 전당포 경영자가 전당물을 받으면서 소유관계를 묻고 주민등록증을 제시받아 전당물대장에 주소, 성명, 주민등록번호 등을 기재하였다면 전당포 경영자로서의 주의의무를 다한 것이라고 하였으며(86도2077), 영업용 택시운전사에게 승객이

소지한 물건이 장물인지를 확인할 의무는 없으므로 물건의 출처와 장물 여부를 따지는 등의 주의를 하지 않고 승객의 물건을 운반하였다 하여도 업무상과실장물운반죄가 성립하지 않는다고 판시하였다(83도1144).

마. 친족간의 범행(제365조)

장물의 죄를 범한 자와 피해자 사이에 제328조의 신분관계가 있는 때에는 **247** 장물범에게도 친족상도례를 적용한다(제365조 ①항). 그리고 친족관계와 관련하여 장물죄에만 적용되는 특별규정이 있다. 곧, 장물의 죄를 범한 자와 본범의 사이에 제328조 ①항의 신분관계가 있는 때에는 그 형을 감경 또는 면제한다. 다만, 신분관계가 없는 공범에 대하여는 예외로 한다(같은 조 ②항). 이 특별규정은 기대가능성의 측면에서 친족의 범죄에 관련된 범인은닉이나 증거인멸을 처벌하지 않는 것(제151조, 제155조)과 같은 취지의 감면규정이다.

7. 손괴의 죄

가. 재물손괴 등(제366조)

타인의 재물, 문서, 또는 전자기록 등 특수매체기록을 손괴 또는 은닉 기타 **248** 방법으로 그 효용을 해한 자는 재물손괴, 재물은닉, 문서손괴 등의 죄로 처벌한다. 재물을 대상으로 하는 재물죄이지만 영득의사가 요구되지 않는다는 점에서 영득죄와 구별된다. 보호법익은 소유권의 이용가치 또는 기능으로서의 소유권이다.

(1) **행위 객체** '재물'은 동산, 부동산, 관리가능한 동력을 포함하며 경제적 **249** 가치를 필요로 하지 않는다. 제367조의 공익건조물도 파괴에 이르지 않는 정도로 손괴하면 이 죄에 해당한다. '문서'는 제141조 ①항의 공용서류에 해당하지 않는 모든 서류를 말한다. 자기가 점유하는 타인소유 문서도 문서손괴죄의 객체가 된다(84도2290). 문서 내용의 진위는 이 죄의 성립에 영향이 없다(82도1807). '전자기록 등 특수매체기록'은 사람의 지각으로 인식할 수 없는 방식에 의해 작성되어 컴퓨터 등 정보처리장치에 의한 정보처리를 위해 제공된 기록을 의미한다.

(2) **행위**   1) '손괴'는 재물 또는 문서에 직접 유형력을 행사하여 물리적으 **250** 로 훼손하거나 본래의 효용을 감소시키는 모든 행위를 뜻한다.[1] 영구적인 효용

---

1) [84도2802] 약속어음의 발행인이 소지인에게 어음의 액면과 지급기일을 개서하여 주겠다고

의 감소는 물론 일시적으로 그 물건의 구체적 역할을 할 수 없는 상태로 만드는 것도 손괴에 해당한다(2006도7219). 2) '은닉'은 재물 또는 문서의 소재를 불분명하게 하여 그 발견을 불가능 또는 곤란하게 하여 본래의 효용을 해하는 행위이다. 피해자가 문서의 소재를 알고 있더라도 문서의 반환을 거부하여 그 문서들을 일시적으로 사용할 수 없게 하는 것도 문서은닉에 해당한다(71도1576). 3) '기타의 방법'이란 손괴 또는 은닉에 준하는 정도의 유형력을 행사하여 재물 등의 효용을 해하는 행위를 의미한다.1) 4) '재물의 효용을 해한다.'고 함은 사실상으로나 감정상으로 그 재물을 본래의 사용목적에 제공할 수 없게 하는 상태로 만드는 것을 말하며, 일시적으로 그 재물을 이용할 수 없거나 구체적 역할을 할 수 없는 상태로 만드는 것도 포함한다(2019도13764).2)

나. 공익건조물파괴(제367조)

251   공익건조물파괴죄는 공익에 공하는 건조물을 파괴하는 범죄이다. 이 죄는 공익을 위해 제공되어 일반인이 쉽게 접근할 수 있는 건조물을 파괴할 경우 그 위험성이 매우 크다는 이유로 무거운 형으로 처벌된다. 따라서 이 죄는 공익건조물을 이용하는 일반의 이익, 곧 공공의 이익을 보호법익으로 한다. 공익건조물은 반드시 국가나 공공기관 소유의 건물을 의미하지 않고, 개인 소유의 건조물이라도 공공의 이익에 제공된 건조물이면 이 죄의 객체가 된다. '파괴'란 건조물의 중요부분을 손괴하는 것을 말한다. 파괴의 정도에 이르지 않은 건조물의 손괴는 손괴죄로 처벌한다.

다. 중손괴, 특수손괴

252   손괴와 공익건조물파괴의 죄를 범하여 사람의 생명 또는 신체에 대하여 위험을 발생하게 한 때에는 중손괴의 죄로 가중처벌한다(제368조 ①항). 손괴와 공

하여 어음을 교부받은 후, 어음의 수취인란에 타인의 이름을 추가로 기입하여 어음배서의 연속성을 상실하게 한 경우도 문서손괴죄에 해당한다.

1) [2016도9219] 자동문을 자동으로 작동하지 않고 수동으로만 개폐가 가능하게 하여 자동잠금 장치로서 역할을 할 수 없도록 한 경우에도 재물손괴죄가 성립한다.

2) 피고인이 평소 자신이 굴삭기를 주차하던 장소에 갑의 차량이 주차되어 있는 것을 발견하고 갑의 차량 앞에 철근콘크리트 구조물을, 뒤에 굴삭기 크러셔를 바짝 붙여 놓아 갑이 17~18 시간 동안 차량을 운행할 수 없게 된 사안에서, 차량 앞뒤에 쉽게 제거하기 어려운 구조물 등을 붙여 놓은 행위는 차량에 대한 유형력 행사로 보기에 충분하고, 차량 자체에 물리적 훼손이나 기능적 효용의 멸실 내지 감소가 발생하지 않았더라도 갑이 위 구조물로 인해 차량을 운행할 수 없게 됨으로써 일시적으로 본래의 사용목적에 이용할 수 없게 된 이상 차량 본래의 효용을 해한 경우라고 한 사례.

익건조물파괴의 죄를 범하여 사람을 상해 또는 사망에 이르게 한 때에는 결과적 가중범인 재물손괴치상, 재물손괴치사 등의 죄로 가중처벌한다(같은 조 ②항). 단체 또는 다중의 위력을 보이거나 위험한 물건을 휴대하여 손괴의 죄를 범한 때에는 특수재물손괴, 특수문서손괴 등의 죄로 처벌하며(제369조 ①항), 공익건조물파괴의 죄를 범한 때에는 특수공익건조물파괴의 죄로 처벌한다(같은 조 ②항).

라. 경계침범(제370조)

경계침범죄는 경계표를 손괴, 이동 또는 제거하거나 기타 방법으로 토지의 **253** 경계를 인식 불능하게 하는 범죄이다. 이 죄는 토지에 대한 권리와 중요한 관계를 가진 토지경계의 명확성을 보호법익으로 한다. 이와 더불어 토지소유권의 이용가치도 함께 보호법익이 된다는 견해도 있다. 보호의 정도는 추상적 위험범이다.

(1) **행위 객체**   이 죄의 객체는 '토지의 경계'이다. '토지의 경계'란 소유권 **254** 등의 장소적 한계를 나타내는 지표를 말한다. 사법私法적 권리든 공법적 권리든 표시되는 권리의 범위를 가리지 않는다. 또한 경계가 권한 있는 기관에 의하여 확정된 것이든 개인간의 계약이나 관습에 의한 것이든 묻지 않는다. 나아가 반드시 법률상의 정당한 경계를 가리키는 것은 아니고, 비록 법률상의 정당한 경계에 부합되지 않는 경계라 하더라도 종래부터 일반적으로 승인되어 왔거나 이해관계인들의 명시적 또는 묵시적 합의에 의하여 정해진 것으로서 객관적으로 경계로 통용되어 왔다면 이 죄의 경계에 해당할 수 있다(2008도8973, 92도1862).

(2) **행위**   '경계표'는 토지경계를 확정하기 위하여 토지에 설치된 표지·공 **255** 작물 기타의 물건이며, 수목·유수流水 등 객관적 식별이 가능한 정도의 자연물도 가능하다.[1] 타인의 소유이든 자기의 소유이든, 영구적이든 일시적이든 불문한다. '기타의 방법'이란 경계표를 매몰시키거나 경계를 이루고 있는 흐르는 물의 방향을 바꾸어 놓거나 경계로 되어 있는 도랑을 매립하는 것 등을 예로 들 수 있다. 자기 토지에 인접한 타인 소유의 토지를 침범하여 건물을 건축하여 양토지 사이의 경계를 인식할 수 없게 하는 것도 이에 해당한다(68도967). 이 죄는 토지의 경계를 인식할 수 없게 함으로써 기수가 된다. 이 죄는 미수범을 처벌하지 않으므로, 경계를 침범하고자 하는 행위가 있더라도 토지의 경계를 인식할

---

1) [2007도9181] 토지의 경계에 관하여 다툼이 있던 중 경계선 부근의 조형소나무 등을 뽑아내고 그 부근을 굴착하여 경계를 불분명하게 한 행위는 경계침범죄에 해당한다.

수 없는 결과가 발생하지 않으면 경계침범죄가 성립되지 않는다(2008도8973, 92도
1862).

8. 권리행사를 방해하는 죄

256   권리행사를 방해하는 죄는 타인의 점유 또는 권리의 목적이 된 자기의 물
건 등에 대한 타인의 권리행사를 방해하거나, 타인의 점유에 속하는 자기의 물
건을 강취하거나, 강제집행을 면할 목적으로 재산을 은닉하는 등으로 채권자를
해하는 것을 내용으로 하는 범죄이다. 이 죄들은 각칙 제37장에 폭행·협박에
의한 강요죄 등과 함께 규정되어 있어 조문의 체계가 불합리한 면이 있다. 그래
서 부득이 조문의 순서와 다르게 재산적 법익에 대한 죄의 마지막 부분에서 서
술한다.

가. 권리행사방해(제323조)

257   **(1) 행위 객체**   권리행사방해의 죄는 타인의 점유 또는 권리의 목적이 된
자기의 물건 또는 전자기록 등 특수매체기록을 취거, 은닉 또는 손괴하여 타인
의 권리행사를 방해하는 범죄이다. 이 죄의 객체는 자기의 물건 또는 전자기록
등 특수매체기록이다. 1) **'자기의 물건'**이란 자기 소유의 물건을 말한다. 소유자
가 아닌 사람은 소유자의 권리행사방해에 가담한 경우에 그의 공범이 될 수 있
을 뿐이다. 그러나 물건의 소유자에게 고의가 없는 등으로 범죄가 성립하지 않
는다면 공동정범이 성립할 여지가 없다(2017도4578). 2) **'타인의 점유 또는 권리의
목적'**이 된 물건에는 타인과 공동으로 점유하는 물건도 포함된다. 여기서 점유
는 적법한 권리에 근거한 점유이어야 한다. 따라서 절도범인의 점유는 여기에
해당하지 않는다(94도343). 적법한 권리에 근거해서 점유한 이상 그 점유물을 소
유자에게 명도하여야 할 사정이 발생했는데 명도하지 않고 점유하는 경우도 여
기의 점유에 해당한다(77도1672). 또한 무효인 경매절차에서 경매목적물을 경락
받아 이를 점유하고 있는 낙찰자의 점유는 적법한 점유로서 여기의 점유에 해
당한다(2003도4257).

258   **(2) 행위**   '취거'는 점유자의 의사에 반하여 그 점유자의 점유로부터 자기
또는 제3자의 점유로 옮기는 것을 말한다. 따라서 점유자의 의사나 하자 있는
의사에 따라 점유가 이전된 경우는 취거로 볼 수 없다(87도1952). '은닉'이란 타
인의 점유 또는 권리의 목적이 된 자기 물건 등의 소재를 발견하기 불가능하게

하거나 또는 현저히 곤란한 상태에 두는 것을 말한다(2016도13734).[1] 이 죄는 권리행사가 방해될 우려가 있는 상태에 이르면 기수가 되고, 현실로 권리행사가 방해되는 것을 필요로 하지 않는다(2020도14735).

나. 점유강취, 준점유강취(제325조)

폭행 또는 협박으로 타인의 점유에 속하는 자기의 물건을 강취強取한 자는 **259** 점유강취의 죄로 처벌한다(제325조 ①항). 그리고 타인의 점유에 속하는 자기의 물건을 취거取去하는 과정에서 그 물건의 탈환에 항거하거나 체포를 면탈하거나 범죄의 흔적을 인멸할 목적으로 폭행 또는 협박한 때에는 준점유강취의 죄로 처벌한다(같은 조 ②항). 이 죄는 행위의 방법이 강취라는 점에서 강도죄 및 준강도죄에 대응하는 범죄이다. 다만 행위객체가 타인의 재물이 아닌 타인이 점유하는 자기의 물건이라는 점에서 구별된다. 이 죄는 미수범을 처벌하며(같은 조 ③항), 이 죄를 범하여 사람의 생명에 대한 위험을 발생하게 하면 중권리행사방해의 죄로 가중처벌한다(제326조).

다. 강제집행면탈(제327조)

강제집행면탈죄는 강제집행을 면할 목적으로 재산을 은닉, 손괴, 허위양도 **260** 또는 허위의 채무를 부담하여 채권자를 해하는 범죄이다. '강제집행을 면할 목적'이 범죄성립의 요건이 되는 진정목적범으로서, '강제집행이 임박한 채권자의 권리'를 보호법익으로 한다(2013도2034).

(1) 강제집행의 우려가 있는 객관적인 상태   이 죄는 현실적으로 민사소 **261** 송법에 의한 강제집행 또는 가압류·가처분의 집행을 받을 우려가 있는 객관적인 상태, 곧 채권자가 본안 또는 보전소송을 제기하거나 제기할 태세를 보이고 있는 상태를 전제로 한다(2009도875, 79도436). 이러한 상태에 있어야 강제집행을 면할 목적이 인정되기 때문이다. 이 죄는 또한 채권의 존재를 전제하므로 채권의 존재가 인정되지 않을 때에는 강제집행면탈죄가 성립하지 않는다(2008도198).

(2) 행위 객체   이 죄의 객체는 '재산'이다. 재산이란 재물뿐만 아니라 권 **262** 리도 포함한다. 다만 채무자의 재산으로서 채권자가 민사집행법의 강제집행 또는 보전처분의 대상으로 삼을 수 있는 것이어야 한다(2014도9442). 따라서 계약

---

1) 피고인이 차량을 구입하면서 피해자로부터 차량 매수대금을 차용하고 담보로 차량에 피해자 명의의 저당권을 설정해 주었는데, 그 후 대부업자로부터 돈을 차용하면서 차량을 대부업자에게 담보로 제공하여 이른바 '대포차'로 유통되게 한 사안에서, 피고인이 피해자의 권리의 목적이 된 피고인의 물건을 은닉하여 권리행사를 방해하였다고 한 사례.

명의신탁의 방식으로 명의수탁자가 당사자가 되어 소유자와 부동산에 관한 매매계약을 체결하고 수탁자 명의로 소유권이전등기를 마친 경우, 그 부동산은 채무자인 명의신탁자의 재산이 아니므로 강제집행면탈죄의 객체가 되지 않는다(2007도2168).

263 　(3) 행위　'은닉'이란 강제집행을 실시하는 자가 재산을 발견하는 것을 불가능 또는 곤란하게 하는 것을 말한다. 재산의 소재를 불분명하게 하는 경우는 물론 그 소유관계를 불분명하게 하는 경우도 포함한다(2003도3387). '허위양도'란 실제로 재산의 25도가 없음에도 불구하고 양도한 것으로 가장하여 재산의 명의를 변경하는 것을 말한다(98도1949). '허위의 채무를 부담'한다는 것은 채무가 없음에도 채무를 부담한 것처럼 가장하는 것을 말한다(80도2403). '채권자를 해한다'는 것은 반드시 채권자를 해하는 결과가 야기되거나 행위자가 어떤 이득을 취하여야 한다는 것을 의미하는 것은 아니다. 판례는 이 죄는 채권자를 해할 위험이 있으면 기수가 되며, 따라서 이 죄는 위험범이라고 한다(2009도875). 그리고 강제집행을 면탈할 목적으로 재산을 은닉하는 등의 행위를 하면 특별한 사정이 없는 한 채권자를 해할 위험이 있다고 한다(2008도3184).

제 3 편

형   벌

제1장
형벌이론

[23] 제1절 절대적 형벌이론

I. 형벌과 형벌이론의 의의

1. 형벌의 의의

범죄가 성립하면 그에 대한 대응으로 형벌이 부과된다. 형법을 '범죄법 **1** Criminal Law'이라고 하지 않고 '형벌법 Penal Law'이라고 하는 것은 범죄에 대한 규정과 판단보다 형벌의 부과가 형법의 본질에 가깝다는 생각 때문일 것이다. 형법이 아닌 행정법 등 다른 법에서도 어떤 행위를 금지하는 규정이 있고 그에 대한 제재가 있다. 하지만 형법의 제재수단인 형벌은 국가의 제재수단 중에서 가장 강하게 개인의 권리를 침해하는 수단이기 때문에 형법이 국가법질서에서 특별한 위치를 갖게 되는 것이다.

형벌은 범죄에 대한 법률의 효과로서 국가가 범죄자에게 그의 책임을 전제 **2** 로 부과하는 법익박탈의 처분이다. 형벌에 의해 박탈되는 개인의 법익은 생명과 자유, 재산과 명예 등 인간의 생존에 필수적인 법익들이다. 한마디로 형벌은 개인의 삶 자체를 박탈하는 제재이기 때문에 가장 높은 정도의 정형성定型性을 요구한다. 형벌은 국가가 형벌권을 독점하여 형법에 정해진 9가지의 형벌에 한정해서 엄격한 절차를 거쳐 형을 선고하고 집행한다. 형벌은 형식적 의미의 형벌만 있을 뿐, 실질적 의미의 형벌이 있을 수 없다. 실질적 의미의 형법에 규정된 처벌조항들도 형법의 총칙에 규정된 형벌의 내용으로 귀결된다. 죄형법정주의 원칙에 따라 형법 없이는 형벌이 있을 수 없는 것이다.

2. 형벌이론

3   형벌이론은 형벌의 정당성과 목적에 대해 실정법을 초월하여 문제를 제기
하고 논의하는 이론이다. 형벌은 범죄에 대한 대가 또는 효과이고, 다른 사람의
법익을 박탈한 범죄자의 법익을 박탈하는 것은 그 자체 정당하다고 할 수도 있
다. 그러나 형벌권을 국가가 독점했을 때 국가의 기능과 역할은 무엇이며 형벌
의 정도와 한계는 무엇을 기준으로 정해야 할 것인지 등 형벌의 구체적 근거와
내용에 대한 논의는 쉽게 마무리할 수 없는 쟁점들을 안고 있다. 그래서 형벌의
목적과 정당성에 대한 논의는 오랜 논쟁의 대상이었으며, 현재진행형인 주제이
다. 형법의 역사는 형벌이론의 역사라고 하는 언명도 있다.[1]

4   형벌이론은 크게 절대적 형벌이론과 상대적 형벌이론으로 구별된다. 절대
적 형벌이론은 형벌 그 자체가 목적이라고 하는 이론이다. 형벌이 무언가 다른
목적을 존재하지 않고 스스로 존재한다고 하기 때문에 '절대적絕對的' 이론이라
고 한다. 상대적 형벌이론은 형벌 스스로 목적이 될 수 없으며 다른 목적을 위
해 기능하는 '상대적相對的' 존재가 되어야 한다는 이론이다. 상대적 이론에서 설
정하는 형벌의 목적은 범죄의 예방이며, 범죄 예방의 구체적 대상에 따라 상대
적 형벌이론은 다시 일반예방이론과 특별예방이론으로 구별된다. 일반예방이론
은 범죄하기 전의 일반인에 대한 범죄예방이 형벌의 목적이라고 하며, 특별예방
이론은 이미 범죄한 범죄자의 재범을 예방하는 것이 형벌의 목적이 되어야 한
다는 이론이다.

Ⅱ. 절대적 형벌이론의 내용과 평가

1. 절대적 형벌이론의 내용

가. 응보, 속죄, 정의

5   절대적 형벌이론은 형벌은 범죄에 대한 대가로서 그 자체가 목적이며 자체
적으로 정당성을 지니고 있다고 하는 이론이다. 절대적 형벌이론에 속하는 이론
으로는 응보이론, 속죄이론, 정의이론 등이 있다. 응보이론은 형벌의 본질이 범

---

1) 이재상/장영민/강동범 §4 4 참조. 예를 들어 근대 이전의 형법에서 보편적인 형벌이었던 신
   체형이 사라진 이유, 유럽을 비롯한 세계의 많은 국가에서 사형을 폐지한 이유 등은 형벌이
   론의 역사와 무관하지 않다.

죄에 대한 정당한 응보에 있다고 하는 이론이다. 범죄는 해악이므로 형벌은 해
악을 해악으로 되갚는 응보 그 자체로 의미와 정당성을 가진다는 것이다. 응보
이론은 인류의 역사에서 오래전에 뿌리내린 '눈에는 눈, 이에는 이'라는 탈리오
법칙 lex talionis과 궤를 같이하는 이론이다. 한편으로 응보이론은 범죄자에게
속죄의 기회를 준다는 데서 형벌의 의미와 정당성을 찾는다. 종교적, 윤리적 측
면에서 죄를 지은 자가 속죄하고 다시 사회 구성원이 되는 기회를 주기 위해 지
은 죄만큼 죄값을 치르도록 한다는 것이다. '정의를 다시 세우기 위해' 형벌을
부과한다는 이론도 절대적 형벌이론의 한 줄기이다. 범죄는 사회의 정의를 훼손
한 것이므로 형벌을 통해서 정의를 회복해야 한다는 것이다. 사회구성원들의 손
상된 정의 관념을 회복하기 위해서는 범죄자가 저지른 불법에 상응하는 처벌이
반드시 이루어져야 하며, 범죄자의 처벌은 범죄자에게도 스스로 정의를 되찾을
수 있도록 하는 것이라고 한다. 이러한 응보, 속죄, 정의 등의 관념은 사람의 이
성을 신뢰하고 범죄를 범죄자 개인의 책임으로 돌리는 비결정주의의 사고와 연
결되어있다.

나. 절대적 형벌이론의 사상가

절대적 형벌이론을 대표하는 사상가는 칸트(I. Kant, 1724~1804)와 헤겔(G.   **6**
W. F. Hegel, 1770~1831)이다.[1] 칸트는 형벌이 어떤 목적과도 무관한 정의의 명령
이며, 사회나 범죄인에게 다른 이익을 제공하기 위한 수단이 되어서는 안된다고
한다. 이성을 가진 인간은 목적 그 자체이므로, 형벌을 통해 사회에 유익한 어
떤 목적을 추구하는 것은 인간을 한낱 수단으로 전락시키는 것으로서 인간의
존엄에 반한다는 것이다. 칸트는 그의 유명한 '섬의 비유'를 통해 형벌이 정의를
세우는 일임을 강조하였다. 곧, 어떤 공동체가 전체 구성원의 합의로 해체되는
경우, 예를 들어 어떤 섬에 같이 살던 공동체의 구성원들이 섬을 모두 떠나 흩
어지기로 한 때에도 감옥에 남아 있는 마지막 살인자를 처벌하고 떠나는 것이
정의에 대한 공공연한 침해를 방지하는 길이라고 한다. 헤겔은 변증법적 사고를
통해 형벌의 본질을 바라본다. 범죄는 법에 대한 침해이고, 형벌은 이 침해를
지양하는 침해의 수단이 되는 것이라고 한다. 형벌은 부정의 부정을 통해 다시
정正의 상태를 회복한다는 것이다. 칸트와 달리 헤겔은 형벌이 정의를 회복하는
것이 아니라 이성을 회복하는 것이며, 범죄자도 형벌을 받음으로써 이성적 존재

---

1) 이하의 내용은 배종대 [4] 6 이하, 이재상/장영민/강동범 §4 5 이하 등 참조.

로 존중받는 것이라고 한다. 그리고 칸트가 탈리오법칙에 따라 이른바 동해보복同害報復을 주장한 반면, 헤겔은 동해보복이 현실적으로 가능하지 않기 때문에 가치의 측면에서 불법에 상응하는 응징을 해야 한다는 동가치同價値의 응보를 주장한다. 한편, 헤겔은 범죄의 예방을 위해 형벌을 부과한다는 것은 개에게 막대기를 들어 겁을 주려는 것과 같기 때문에 인간의 이성을 무시하는 것이므로 허용될 수 없다고 한다.

2. 절대적 형벌이론의 평가

7   절대적 형벌이론의 장점은 무엇보다 현실적인 설득력에 있다. 사람들의 기본적인 감정에 충실한 사고이다. 사람들은 누구나 정의를 원하고 범죄에 대한 가혹한 응징을 기대한다. 이러한 사람들의 요청에 충실하다는 것이 응보이론 등의 가장 큰 장점이다. 그리고 응보이론의 장점은 인간을 범죄예방의 수단으로 삼지 말라고 하여 인간의 존엄을 강조한다는 점이다. 동해보복이나 동가치 응징을 주장하는 형벌이론은 범죄자의 책임범위를 넘어서는 형벌을 제한하는 기능을 한다는 점에서 기본적인 의미를 갖는다. 함무라비 법전과 성경에서 유래한다는 탈리오의 법칙은 그 당시 범죄에 대한 보복이 범죄자의 책임과 상관성 없는 무자비한 복수였기 때문에 이를 합리적으로 규제하기 위한 법칙이었다.[1] 그런 면에서 응보이론은 역설적으로 응보의 한계를 설정하여 책임원칙에 충실하다는 장점을 갖는다.

8   그러나 절대적 형벌이론의 근본적인 문제는 절대적 국가와 절대적 범죄를 전제한다는 것이다. 정의를 회복하고 속죄하도록 응징하는 것이 정당하다고 해도 그것은 국가가 형벌권을 독점해서 행사하는 것의 정당성과는 다른 문제이다. 다른 사람에게 해악을 끼친 범죄자를 비난하면서 국가가 범죄자에게 해악을 끼치는 것은 언제나 정당한가 하는 의문이 제기되는 것이다. 국가가 그런 해악을 끼치는 것이 정당하다는 것은 국가 자체가 절대적 존재일 때 가능한 것이다. 나아가 범죄 또한 절대적으로 개인의 악한 행동일 때 악을 악으로 응징하는 응보

---

1) 인류사회의 초기 공동체는 물론 로마제국과 같은 고도로 분화된 사회체제에서도 법위반에 대한 공적公的 제재는 예외적 현상에 불과하였다. 공적 형벌이 부과되는 경우는 국가적·사회적 법익을 직접 침해하는 범죄로 제한되었다. 개인적 법익을 침해하거나 사사로운 갈등을 형들은 가해자와 피해자 사이의 문제로 취급되었다. 게르만법에서는 복수가 범죄피해에 대한 대응으로 정당화되었고 가해자뿐만 아니라 가해자가 속한 부족에게까지 가혹한 복수가 자행되었다. 이에 대해서는 정승환, "폐지주의의 형사정책적 의미", 「고려법학」 제55호, 2009. 12., 179면 이하 참조.

가 정당할 수 있다. 그러나 책임이론에서 다루었듯이 범죄는 오로지 개인의 비이성적 행위로만 설명할 수 없는 행태이다. 절대적 형벌이론의 또 다른 문제점은 이 이론이 형사정책적으로 아무런 기능을 하지 못한다는 것이다. 형벌 그 자체가 목적이라고 한다면 범죄가 계속 증가하더라도 형벌을 부과하는 것밖에는 국가의 역할을 기대할 수 없다. 그러나 국가의 가장 기본적인 역할이자 존재의미는 범죄를 방지해서 시민의 안전을 보장하는 것이다. 형벌이 범죄를 방지하는 데 아무런 관심을 두지 않는다면 국가의 형벌은 존재의미가 없다고 해도 과언이 아닐 것이다.

[24]　제 2 절 상대적 형벌이론

Ⅰ. 일반예방이론

일반예방이론은 형벌의 목적이 범죄의 예방에 있다고 하는 이론 중에서 범　**1**
죄하기 전의 일반일들에 대한 범죄를 예방하는 것이 형벌의 목적이라고 하는 이론이다. '일반인'이라는 개념은 이미 범죄한 사람들에 대해 상대가 되는 개념이다. 일반인을 예방의 대상으로 한다는 점에서 일반예방이론이라고 부른다. 일반예방이론은 다시 예방의 방법에 따라 소극적 이론과 적극적 이론으로 구별된다.

1. 소극적 일반예방이론

소극적 일반예방이론은 범죄 예방을 일반인에 대한 위하威嚇, 곧 '겁주기'라　**2**
고 하는 이론이다. 소극적 일반예방이론을 대표하는 이론가는 독일의 형법학자인 포이어바흐(A. v. Feuerbach, 1775~1883)이다. 포이어바흐는 이른바 '심리강제설'을 주장하였다. 심리강제설은 국가의 의무는 범죄를 방지하는 것이며, 범죄를 방지하는 방법은 물리적 강제로는 불충분하고 사람들의 심리를 강제하여 범죄에 나서지 못하게 하여야 한다는 이론이다. 형벌을 통해 범죄하면 잃는 것이 더 많다는 인식을 심어줘야 하고, 처벌에 대한 두려움으로 범죄하려는 마음을 억제해야 한다는 것이다.

소극적 일반예방이론에 대해서는 범죄의 현실을 지나치게 관념적으로 바라　**3**

본다는 비판이 제기된다. 범죄의 순간 사람들은 손해와 이익을 계산하지도 않으며, 처벌을 염두에 두지도 않는다. 우발적으로 범죄하거나 격정적인 감정을 억제하지 못해 범죄하는 경우에 대해 겁주기를 통한 범죄예방은 전혀 소용없는 대책이다. 또한 다른 사람들의 범죄를 억제하기 위해 범죄한 사람을 '본보기'로 처벌하는 것은, 절대적 형벌이론이 비판하듯이, 사람을 범죄예방의 수단으로 삼는 것이므로 인간의 존엄에 반하는 일이다. 무엇보다 이 이론은 범죄자에 대한 처벌이 다른 사람의 범죄를 예방하는 데 실패해 온 경험적 결과 때문에 그 실효성을 인정받지 못한다. 범죄자를 처벌하고 그 처벌의 정도를 아무리 무겁게 하더라도 같은 범죄를 저지르는 사람들이 계속 나오는 현실은 처벌에 대한 두려움으로 범죄를 예방한다는 것이 현실성 없는 이론일 뿐임을 반증한다.

2. 적극적 일반예방이론

4   소극적 일반예방이론의 한계를 지적하면서 제기되는 이론은 적극적 일반예방이론이다. 소극적으로 겁을 주어 범죄하지 못하도록 하는 것이 아니라, 사람들이 적극적으로 법을 지켜야 한다는 의식을 갖게 함으로써 범죄를 예방해야 한다는 이론이다. 형벌이 사람들로 하여금 법질서를 신뢰하도록 하고 법질서를 지키는 것이 전체 사회의 유지를 위해 필요한 것이라는 인식을 갖도록 하는 것이 범죄를 예방하는 데 더 효율적인 대책이 된다는 것이다. 이러한 이론으로는 구체적 내용으로는 통합예방이론과 법치국가적 정형화를 통한 예방이론을 들 수 있다.

가. 통합예방이론

5   통합예방이론은 형벌이 사람들을 규범의 질서 안으로 통합하는 기능을 담당해야 한다는 이론이다. 이 이론에 의하면 형벌은 단지 사람들에게 두려움을 주는 수단이 아니라 사람들의 준법의식을 적극적으로 강화하는 수단이 되어야 한다. 형법과 형벌이 규범의식 또는 도덕을 형성하는 효력을 가져야 한다는 것이다. 형벌이 사람들로 하여금 규범을 내면화하도록 하는 한편, 범죄로 인해 깨어진 규범을 회복하여 규범을 안정시키는 기능, 곧 규범내면화 및 규범안정화의 기능을 수행할 때 궁극적으로 범죄예방이 가능하다는 것이 이 이론의 주장이다.

6   하지만 이 이론은 국가의 규범체계와 형벌체계가 정당하다는 것을 전제로 시민들에게 규범에 대한 통합을 요구하기 때문에 자유주의적 법치국가의 관점

에서는 수긍하기 어려운 이론이다. 예방이론은 그것이 소극적 방법이든 적극적 방법이든 범죄예방의 목적을 위해 경우에 따라서는 처벌이 필요하지 않은 사람에 대해서도 엄격한 처벌을 요구할 수밖에 없다는 문제점을 갖는다. 사회의 통합과 법질서 유지를 위해 형벌이 필요하다는 주장은 개인의 희생을 요구할 수도 있기 때문에 개인의 법익 보호를 위해 범죄를 예방해야 한다는 목적과 모순되는 결과를 가져올 수 있다.

나. 법치국가의 정형화를 통한 예방이론

독일의 형법학자 하쎄머(W. Hassemer, 1940~2014)는 적극적 일반예방을 위해 규범의 내면화가 필요하지만, 이는 기존질서에 대한 맹목적 통합을 강요하는 것으로 이루어질 수 없다고 한다. 그의 이론은 규범의 내면화와 안정화를 통한 적극적 일반예방을 주장한다는 점에서 통합예방이론과 출발점은 같다. 그러나 그의 이론은 시민들에게 규범에 통합될 것을 요구하는 것이 아니라 시민들이 규범과 법질서를 신뢰할 수 있도록 법질서가 정당성을 갖출 것을 요구한다. 그리고 법질서가 정당성을 갖추는 방법은 법치국가적 정형화라고 한다. 형법의 과제 중 보장의 과제와 형벌의 목적인 적극적 일반예방은 이 지점에서 서로 만난다. 법치국가적 정형화의 과제는 법을 제정하고 집행하는 기관들에 대한 요청이므로 적극적 일반예방은 결국 시민들이 아니라 국가의 법률기관들에게 부여되는 과제가 된다.

7

Ⅱ. 특별예방이론

1. 특별예방이론의 내용

특별예방이론은 예방의 대상을 일반인 또는 잠재적 범죄자가 아닌 이미 범죄한 범죄자를 대상으로 하여 재범을 예방하는 것이 형벌의 목적이라고 하는 이론이다. 특별한 대상에 대한 예방이론이기 때문에 특별예방이론이라고 일컫는다. 범죄자를 대상으로 하는 특별예방의 방법은 다시 소극적 특별예방과 적극적 특별예방으로 구별된다.

8

가. 소극적 특별예방

소극적 특별예방의 방법은 범죄자를 사회로부터 격리하고 사회로 나오지

9

못하도록 지키는 것, 곧 보안이다. 특별예방이론의 대표적 이론가는 독일의 형법학자 리스트(F. v. Liszt, 1851~1919)이다. 그는 "형벌은 맹목적이고 충동적인 반작용이 아니라 필요성과 합목적성에 의해 정당성을 얻는다."라고 하는 '목적형目的刑사상'을 주장한 학자이다. 그리고 형벌의 목적은 범죄자의 유형에 따라 구별되어야 하는데, 범죄성향이 진전되지 않았지만 범죄가능성이 있는 자에게는 위하威嚇, 개선 가능성이 있는 범죄자에게는 개선, 범죄성향이 진전되고 개선 가능성이 없는 자에게는 격리를 통한 무해화無害化가 형벌의 목적이 된다고 하였다. 이 중에서 범죄자를 격리하는 것이 소극적 특별예방이다. 그런데 범죄한 사람을 사회로부터 격리하는 것은 필요한 최소한의 조치일 뿐 그것이 형벌의 목적이라고 할 수는 없다.

나. 적극적 일반예방

10   범죄자를 사회로부터 격리하여 가두는 방법으로 재범을 예방하는 소극적 특별예방은 한계가 있다. 범죄자의 책임을 넘어 무제한으로 가둬둘 수는 없기 때문이다. 언젠가는 범죄자가 사회로 돌아갈 것이기 때문에, 범죄자가 사회로 돌아가더라도 다시 범죄하지 않도록 하는 특별예방이 필요하다. 이를 위한 적극적 방법이 개선 또는 재사회화이다. '개선'이란 글자 그대로 범죄자를 다시 선한 사람으로 만든다는 것이다. '재사회화'란 범죄자들이 기본적으로 사회화에 문제가 있는 사람들이므로 다시 사회화의 과정을 거치게 하여 사회에서 다른 사람들과 문제없이 살도록 한다는 것이다.

2. 특별예방이론의 평가

11   소극적 특별예방인 격리 또는 보안은 형벌의 최소한의 기능일 뿐 목적이 될 수는 없다. 개선 또는 재사회화는 범죄예방에서 일반예방이나 소극적 특별예방에 비해 합리성을 지니며, 범죄자에 대한 인도적 처우를 주장한다는 점에서 장점이 있다. 그러나 문제는 국가가 시민에게 개선이나 재사회화를 요구하거나 그러한 조치를 시행할 수 있는가 하는 것이다. 국가가 시민을 교육한다는 사고는 전체주의 국가의 관념이며, 오늘날 시민에 대한 강제적인 교육은 헌법정신에 어긋나는 것으로 받아들여진다. 재사회화의 조치들은 구금시설에서 시행하는데, '자유를 박탈한 상태에서 자유를 교육'하는 것의 모순은 극복하기 어려운 문제이다. 무엇보다 특별예방이론의 문제점은 책임원칙에 어긋날 수 있다는 점이다.

재사회화의 이론에 충실하자면 무거운 범죄를 저질렀어도 재범가능성이 없는 사람보다 가벼운 범죄를 저질렀지만 재범가능성이 높은 사람이 더 오래 감옥에 머물러야 한다는 불합리가 발생한다. 이는 책임과 형벌이 비례해야 한다는 헌법의 원칙에 어긋난다. 나아가 재범가능성이 사라질 때까지 재사회화를 위한 조치가 이루어져야 한다면 국가의 형벌권이 범죄의 책임을 넘어 자의적으로 확장될 가능성이 있다. 또한 교도소에서 출소한 후의 재범율이 높다는 것은 재사회화 교육의 한계를 분명하게 보여준다.

Ⅲ. 결론

1. 절충 또는 결합

형벌이론 중의 어느 하나가 형벌의 본질과 정당성, 또는 형벌의 목적을 모 **12** 두 설명할 수는 없다. 형벌이론들은 형벌의 여러 면을 각각 설명하고 있을 뿐이다. 결국 이 이론들의 내용 중에서 타당한 설명을 절충하고 결합하여 형벌의 목적과 한계를 설정하여야 한다.

가. 형벌의 본질과 한계

1) 형벌의 본질과 근거는 범죄의 책임에 상응하는 응보일 수밖에 없다. 형 **13** 벌을 폐지하지 않는 한 형벌의 본질이 해악이라는 점을 부정할 수는 없다. 해악으로서의 형벌을 가하는 것은 책임을 근거로 하여야 한다. 범죄의 예방이나 재사회화 교육이 형벌의 근거가 될 수는 없다. 2) 그러나 응보가 형벌의 목적이 될 수는 없다. 그것은 개인간의 복수나 보복을 지양하기 위해 국가가 형벌권을 독점한 명분에 어긋나는 것이다. 국가의 형벌은 이성적인 것이어야 하며, 보복감정을 해소하는 것이 형벌의 목적이 되어서는 안된다. 책임에 상응하는 응보는 형벌의 한계를 설정하는 기능을 담당하여야 한다.

나. 일반예방과 특별예방의 목표

1) 일반예방이 언제나 실패한 것이라고 할 수는 없다. 처벌을 두려워하지 **14** 않고 범죄하는 사람도 있지만 처벌이 염려되어 범죄하지 않는 사람도 분명히 있기 때문이다. 그러나 일반예방은 형벌의 부수효과로 기대할 수 있을 뿐 그 목적이 되거나 양형의 기준이 될 수 없다. 인간의 존엄과 책임원칙에 반하기 때문

이다. 다만 적극적 일반예방을 위해 법률기관에 요청되는 법치국가적 정형화의
과제는 형법과 형벌의 목표가 되어야 한다. 2) 형벌의 목적은 소극적인 격리라
고 할 수도 없으며, 책임의 범위 내에서 재사회화를 추구하는 것이 형벌의 목적
이 되어야 한다. 범죄로부터 시민을 보호하는 것은 국가의 가장 기본적인 역할
인데, 범죄자의 재범을 방치하는 것은 국가의 기능을 포기하는 것이기 때문이
다. 현행법 중에서 「형집행법」은 제1조에서 형집행의 목적을 "수형자의 교정교
화와 건전한 사회복귀를 도모"하는 것이라고 명시하고 있다. 따라서 재사회화의
목적은 현행법의 체계 안에 들어와 있는 형벌의 목적이기도 하다. 다만 오늘날
재사회화의 목적은 규범적, 경험적으로 심각한 문제를 안고 있으므로, 아래와
같은 내용의 새로운 이해와 새로운 목표 설정이 필요하다.

2. 재사회화의 현대적 의미

가. '소극적 개념'의 재사회화

15   재사회화목적이 가진 규범적 문제 가운데 '자유박탈을 통한 자유의 교육'의
모순과 국가의 지나친 간섭에 의해 정신적 자유까지 침해함으로써 발생하는 인
도적 문제점을 최소화하기 위해서 재사회화의 기대수준을 낮추어야 한다. 국가
가 수형자를 재교육하여 완전히 재사회화시키겠다는 적극적 목표를 설정하는
것이 아니라, '자유박탈에서 오는 해악을 최소한으로 하는 것'으로 재사회화의
목적을 축소해야 한다. 감옥에서 재소자들은 재사회화되는 것이 아니라 '탈사회
화'되어 출소 후에도 사회에 적응하지 못하고 새로운 범죄에 노출될 수밖에 없
다. 재소자들은 감옥에서 사회에 적응하는 교육을 받는 것이 아니라 감옥에 적
응하는 방법을 배운다. 이러한 해악을 최소한으로 하는 것이 재사회화의 새로운
목표가 되어야 한다.

나. 강제 없는 교육

16   재사회화 이념에 대한 비판 중에서 '국가가 성인인 시민을 교육할 권한이
있는가'의 문제를 해결하기 위해서는 재사회화 처분의 강제성을 배제하고 처우
를 받는 수형자의 자율을 최대한 존중하는 '기회제공형'의 교육이 이루어져야
한다. 국가는 절대적 존재가 아니며, 가치중립적이어야 한다. 재사회화의 처우
는 수형자의 사회화에 도움을 제공하는 역할에 그쳐야 하며, 수형자가 그것을
거부할 때 어떠한 불이익도 있으면 안 된다. 수형자는 치료의 객체가 아니며,

인격을 존중받을 권리가 있다.

다. 사회내 처우와 개방 행형의 확대

'자유 박탈을 통한 자유 교육'의 모순을 해결하기 위한 가장 근본적인 방법 **17**
은 자유를 박탈하지 않는 것이다.[1] 감옥에 사람을 가두는 형벌의 방법은 최후
수단이 되어야 한다. 벌금형과 사회내의 제제를 확대하여 감옥에 가두는 인원을
최소한으로 하여야 한다. 사람을 감옥에 가두더라도 개방적인 감옥, '가두되 가
두지 않는 감옥'이 확대되어야 한다. 사회와 단절되어 있는 폐쇄적 감옥은 재사
회화가 아니라 격리를 위한 장소일 뿐이다. 감옥에 가두어 신체의 자유나 거주
이전의 자유를 제한하는 것 외에 그것이 모든 사회적 관계를 청산하고 단절하
는 것이 되지 않도록 하여야 한다.[2]

---

[1] 로마의 법률가 울피안(Ulpian, ?~222/224)은 "감옥은 사람을 지키는 곳으로 유지되어야 하
고 형벌의 장소로 사용돼서는 안 된다"라고 하였으며, 다산 정약용은 조선시대 감옥의 폐해
를 고발하면서 "이런 폐단을 없이 하려면 다만 한 가지 방법이 있으니 그것은 사람을 가두지
않는 것 뿐이다"라고 주장하였다. 정약용, 다산연구회 역주, 역주 목민심서 V, 1985, 6-7면.

[2] 이에 대해 자세한 내용은 정승환, "수형자의 생활조건과 권리구제 ― 행형법 개정안에 대한
검토", 「형사정책」 제18권 제1호, 2006, 163면 이하 참조.

제 2 장
형벌과 보안처분

[25] 제 1 절 형벌의 실제

Ⅰ. 형벌의 종류

1. 형벌의 종류와 경중

1 　　제41조는 형벌의 종류를 1. 사형, 2. 징역, 3. 금고, 4. 자격상실, 5. 자격정지, 6. 벌금, 7. 구류, 8. 과료, 9. 몰수의 아홉 가지로 정하고 있다. 그리고 제50조에서 형의 경중은 제41조의 규정 순서에 따른다고 규정하고 있다(같은 조 ①항). 다만 무기금고와 유기징역은 무기금고가 무거운 형이며, 유기금고의 장기가 유기징역의 장기를 초과하는 때에는 유기금고가 무거운 형이 된다(같은 항 단서). 그리고 같은 종류의 형은 장기가 긴 것과 다액이 많은 것이 무거운 형이며, 것 장기 또는 다액이 같은 경우에는 단기가 긴 것과 소액이 많은 것을 무거운 형으로 한다(같은 조 ②항).

2. 사형

2 　　사형은 사람의 생명을 박탈하는 형벌이다. 생명형이라고도 하며, 교정시설 안에서 교수絞首하여 집행한다(제66조).[1] 사형에 대해서는 끊임없이 폐지론이 제기되고 있으며, 존치론과 대립하고 있다. 폐지론의 논거는 1) 인간의 존엄과 가

---

[1] 군인에 대한 사형은 총살형으로 집행한다(군형법 제3조).

치에 반하며, 2) 오판의 경우 회복이 불가능하고, 3) 사형의 위하 효과를 증명할
수 없으며, 4) 개선과 재사회화가 형벌의 목적이라면 이러한 목적을 원천적으로
차단한다는 것 등이다. 존치론의 입장에서는 1) 일반 국민의 응보 관념 및 정의
관념을 무시할 수 없고, 2) 사형의 위하 효과를 부정할 수 없으며, 3) 범죄로부
터 사회를 방위하기 위해 필요하다는 등의 이유로 사형을 폐지할 수 없다고 한
다. 폐지론과 존치론의 논의는 이미 충분이 이루어졌고, 어느 한 쪽이 다른 쪽
을 설득할 수 있는 논쟁이 아니므로 아래 사례의 헌법재판소 결정에서 제시된
논거들을 정리하는 것으로 자세한 설명을 대신하려 한다. 한국은 1997. 12. 30.
23명의 사형수에 대해 사형을 집행한 후 지금까지 사형을 선고하기는 하지만
집행하지 않고 있어서 '실질적 사형폐지국가'에 해당한다.

[사례 28]　헌법재판소 2008헌가23 결정　　　　　　　　3

　　1) 피고인인 제청신청인 오〇근은 2회에 걸쳐 4명을 살해하고 그 중 3명의 여
성을 추행한 범죄사실로 구속기소되어, 제1심에서 형법 제250조 제1항, '성폭력범
죄의 처벌 및 피해자보호 등에 관한 법률' 제10조 제1항 등이 적용되어 사형을
선고받은 후 광주고등법원에 항소하였다. 2) 제청신청인은 항소심 재판 계속 중
형법 제250조 제1항, 사형제도를 규정한 형법 제41조 제1호 등에 대하여 위헌법
률심판제청신청을 하였고, 항소심 법원은 2008. 9. 17. 형법 제41조 중 '1. 사형
2. 징역' 부분, 형법 제42조(무기금고, 유기징역, 유기금고 부분 제외), 형법 제72
조 제1항(무기금고, 유기징역, 유기금고 부분 제외), 형법 제250조 제1항 중 '사
형, 무기의 징역에 처한다.'는 부분, '성폭력범죄의 처벌 및 피해자보호 등에 관한
법률' 제10조 제1항 중 '사형 또는 무기징역에 처한다.'는 부분이 위헌이라고 의심
할 만한 상당한 이유가 있다며 위헌법률심판제청결정을 하였다.

　　〈위헌제청이유 요지〉

　　사형제도는 다음과 같은 이유에서 위헌의 의심이 크다. 1) 헌법 제12조 제1항,
제110조 제4항이 군사법 분야가 아닌 일반 범죄에서 사형을 예정하고 있지 않다.
2) 사형수에 대한 인간의 존엄과 가치를 침해함은 물론이고 법관 등 사형의 선고
와 집행에 관여하는 자들의 양심의 자유와 인간의 존엄과 가치를 침해한다. 3)
오판으로 사형이 집행된 경우 원상회복이 불가능하다. 4) 범인의 영구적 격리나
범죄의 일반예방이라는 공익은 가석방이 불가능한 종신형에 의하여도 충분히 달
성될 수 있다. 5) 생명권을 최종적으로 박탈하는 사형제도는 피해의 최소성원칙에
반하여 기본권제한에 있어서의 과잉금지의 원칙에 위반된다. 6) 사형의 일반예방

적인 효과는 그리 크지 않다. 7) 범죄의 원인에는 국가와 사회 환경적 요인도 적지 않은데 국가가 범죄의 모든 책임을 범죄인에게 돌리고 반성의 기회조차 박탈하는 것은 형벌에 있어서 책임의 원칙에 반한다. 8) 이미 전세계적으로 사형폐지가 대세이다.

〈국가인권위원회의 의견요지〉

모든 이에게 살인을 금지하면서 국가가 일정한 공익적인 목적을 달성한다는 명목 아래 법과 정의의 이름으로 살인행위를 한다는 윤리적인 모순에서 벗어날 수 없다. 국제적으로도 이제 사형제 폐지는 시대의 대세이다. 결국 사형은 헌법과 국제인권규약 등의 정신에 부합하지 않으므로 폐지함이 상당하다.

〈헌법재판소의 결정〉

- 사형제도가 헌법 제37조 제2항에 위반하여 생명권을 침해하는지 여부(소극)

(가) 사형은 일반국민에 대한 심리적 위하를 통하여 범죄의 발생을 예방하며 극악한 범죄에 대한 정당한 응보를 통하여 정의를 실현하고, 당해 범죄인의 재범가능성을 영구히 차단함으로써 사회를 방어하려는 것으로 그 입법목적은 정당하고, 가장 무거운 형벌인 사형은 입법목적의 달성을 위한 적합한 수단이다.

(나) 입법목적의 달성에 있어서 사형과 동일한 효과를 나타내면서도 사형보다 범죄자에 대한 법익침해 정도가 작은 다른 형벌이 명백히 존재한다고 보기 어려우므로 사형제도가 침해최소성원칙에 어긋난다고 할 수 없다. 한편, 오판가능성은 사법제도의 숙명적 한계이지 사형이라는 형벌제도 자체의 문제로 볼 수 없으며 심급제도, 재심제도 등의 제도적 장치 및 그에 대한 개선을 통하여 해결할 문제이지, 오판가능성을 이유로 사형이라는 형벌의 부과 자체가 위헌이라고 할 수는 없다.

(다) 사형제도에 의하여 달성되는 범죄예방을 통한 무고한 일반국민의 생명 보호 등 중대한 공익의 보호와 정의의 실현 및 사회방위라는 공익은 사형제도로 발생하는 극악한 범죄를 저지른 자의 생명권이라는 사익보다 결코 작다고 볼 수 없으므로, 사형제도는 법익균형성원칙에 위배되지 아니한다.

- 사형제도가 인간의 존엄과 가치를 규정한 헌법 제10조에 위반되는지 여부(소극)

사형제도가 생명권 제한에 있어서 헌법 제37조 제2항에 의한 헌법적 한계를 일탈하였다고 볼 수 없는 이상, 범죄자의 생명권 박탈을 내용으로 한다는 이유만으로 곧바로 인간의 존엄과 가치를 규정한 헌법 제10조에 위배된다고 할 수 없다. 한편 사형을 선고하거나 집행하는 법관 및 교도관 등이 인간적 자책감을 가질 수 있다는 이유만으로 사형제도가 법관 및 교도관 등의 인간으로서의 존엄과 가치를 침해하는 위헌적인 형벌제도라고 할 수는 없다.

[일부위헌의견] 범죄에 대한 형벌로서 범죄자를 사형시키는 것은 이미 이루어진 법익침해에 대한 응보에 불과하고, 살인자를 사형시킨다고 하여 피살자의 생명이 보호되거나 구원되지 아니하므로, 사형제도는 인간의 생명을 박탈하기에 필요한 헌법 제37조 제2항의 요건을 갖추지 못하였으며, 생명권의 본질적인 내용을 침해하는 것이라고 보지 않을 수 없다. 다만, 비상계엄 하의 군사재판이라는 특수상황에서 사형을 선고하는 것은 헌법 스스로 예외적으로 허용하였다고 봄이 상당하다.

[위헌의견 1] 1) 헌법 제110조 제4항 단서의 규정은 간접적으로도 헌법상 사형제도를 인정하는 근거 규정이라고 보기 어렵다. 2) 사형제도는 우리 헌법 체계에서는 입법목적 달성을 위한 적합한 수단으로 인정할 수 없고, 피해의 최소성 원칙에도 어긋나며, 사형 당시에는 법익침해가 종료되어 범죄인의 생명이나 신체를 박탈해야 할 긴급성이나 불가피성이 없고, 사형을 통해 달성하려는 공익에 비하여 사형으로 인하여 침해되는 사익의 비중이 훨씬 크므로 법익의 균형성도 인정되지 아니한다. 3) 사형제도는 범죄인을 사회전체의 이익 또는 다른 범죄의 예방을 위한 수단 또는 복수의 대상으로만 취급하므로 헌법 제10조가 선언하는 인간의 존엄과 가치에 위배되며, 법관이나 교도관 등을 인간으로서의 양심과 무관하게 국가목적을 위한 수단으로 전락시키고 있다는 점에서 그들의 인간으로서의 존엄과 가치 또한 침해한다.

[위헌의견 2] 사형제도를 통해 일반예방의 목적이 달성되는지도 불확실하다. 가석방이나 사면 등의 가능성을 제한하는 최고의 자유형이 도입되는 것을 조건으로 사형제도는 폐지되어야 한다.

[위헌의견 3] 1) 생명권은 절대적 기본권이라고 할 수 밖에 없고, 생명의 박탈은 곧 신체의 박탈도 되므로 사형제도는 생명권과 신체의 자유의 본질적 내용을 침해하는 것이다. 2) 사형제도는 형벌의 목적에 기여하는 바가 명백하다고 볼 수 없고, 우리나라는 사실상의 사형폐지국으로 분류되고 있어 사형제도가 실효성을 상실하여 더 이상 입법목적 달성을 위한 적절한 수단이라고 할 수 없다.

2. 자유형

자유형은 사람을 구금시설에 가두어 신체의 자유와 거주이전의 자유를 박탈하는 것을 내용으로 하는 형벌이다. 형법의 자유형에는 징역, 금고, 구류가 있다. 형벌의 역사에서 감금을 내용으로 하는 형벌의 등장은 사형이나 신체형에 비해 매우 늦은 것이었다. 서양에서는 16세기 이후에 등장하였고, 한국에서는

19세기 이후 일제강점기에 본격적으로 도입되었다. 자유형을 징역, 금고, 구류로 구별하는 것은 서양의 형벌 제도에서 비롯된 것이다. 징역형은 강제노역형을 연원으로 하는 것으로서, 강제노역형은 중국과 한국의 도형徒刑에 해당하는 형벌이었다. 금고형은 귀족을 대상으로 노역 없이 가두기만 하는 형벌로서 중국과 한국의 유형流刑에 해당하는 형벌이 기원이 되었다. 구류는 도시의 부랑자 등을 일시적으로 구금하던 '감옥형'에서 비롯된 것이었다.1) 이러한 역사적 연원을 가진 세 가지 형태의 자유형은 현재의 사회현실에 맞지 않는다. 징역형이 금고형보다 무거운 것이라고 하지만, 실제 수형자들은 구금실에서 종일 아무것도 하지 않는 형벌보다는 구금실을 나가서 일을 하는 형벌을 더 선호하는 경우도 있다. 무엇보다 신분의 차이에 따라 구별하던 형벌의 형태를 지금까지 유지하는 것은 현대의 형벌 체계에 부합하지 않는다. 이러한 문제를 반영하여 다수견해는 자유형이 단일화되어야 한다고 하며,2) 자유형을 하나로 통합하려는 형법 개정안이 계속 제안되고 있다. 형법 개정이 이루어진다면 징역과 금고는 징역형의 형태로 통합될 가능성이 매우 높다.

가. 징역

5   징역은 교정시설에 수용하여 정해진 노역勞役에 복무하게 하는 형벌이다(제67조). 징역에는 유기징역과 무기징역이 있다. 무기징역은 종신형이지만 20년이 지나면 가석방이 가능하므로(제72조 ①항), 이른바 '절대적 종신형'과 구별된다. 유기징역의 기간은 1개월 이상 30년 이하로 하며, 형을 가중하는 때에는 50년까지로 한다(제42조).

6   유기징역의 기간은 2010. 4. 15. 형법 개정으로 상한선을 기존의 15년, 25년에서 두 배로 높게 하였다. 최근의 신자유주의와 신고전주의의 영향으로 성범죄 등 강력범죄에 대해 무거운 처벌을 요구하는 사회분위기를 반영한 것이었다. 그러나 상한선을 두 배로 크게 올린 것은 '10년 이하', '7년 이하' 등으로 법정형에 상한선이 규정된 범죄에 대해서는 아무런 효과가 없다. 이에 따라 범죄별로 징역형 기간의 불균형이 심해지는 불합리한 결과가 발생하였다. 여론에 떠밀려 면밀한 검토 없이 이루어진 입법의 폐해이다.

---

1) 자유형의 역사에 대해 자세한 것은 정승환, "서구 행형의 역사와 한국의 행형", 「형사정책연구」 제13권 제1호, 2002, 179면 이하 참조.
2) 김일수/서보학 736면, 배종대 [175] 6, 이재상/장영민/강동범 §40 23 이하 등.

나. 금고와 구류

금고와 구류는 구금시설에 수용하여 집행하는 형벌이다(제68조). 제68조에 **7**
명시되어 있지는 않지만 제67조와의 관계에서 금고와 구류는 노역에 복무하지
않는 형벌로 이해된다. 과거 서양의 '명예적 구금'에서 비롯된 제도이다. 다만
금고형 또는 구류형의 집행 중에 있는 사람이 신청하면 구금시설에서 작업에
종사할 수도 있다(형집행법 제67조). 금고에는 유기금고와 무기금고가 있으며, 기
간은 징역과 동일하다(제42조).

구류의 기간은 1일 이상 30일 미만이라는 점에서(제46조) 징역 및 금고와 **8**
구별된다. 또한 구류는 형사소송법의 구금이나 노역장유치와 구별되는 개념이
다. 구금은 형사절차의 진행과 증거확보를 위한 형사소송법상의 강제처분이며,
노역장유치는 벌금 또는 과료를 납부하지 않을 때에 일정 기간 수형자를 노역
장에 유치하는 대체자유형이다.

3. 재산형

가. 벌금과 과료

벌금형은 일정한 금액의 지불의무를 강제적으로 부담하게 하는 형벌이다. **9**
벌금은 5만원 이상으로 하며, 감경하는 경우에는 5만원 미만으로 할 수 있다(제
45조). 과료는 2천원 이상 5만원 미만으로 한다(제47조). 과료는 과태료와 구별하
여야 한다. 과료는 형벌이지만 과태료는 행정제재의 하나이다. 벌금과 과료는
판결확정일로부터 30일내에 납입하여야 하며, 벌금을 선고할 때에는 동시에 그
금액을 완납할 때까지 노역장에 유치할 것을 명할 수 있다(제69조 ①항).

나. 노역장 유치

벌금이나 과료를 선고할 때에는 이를 납입하지 아니하는 경우의 노역장 유 **10**
치기간을 정하여 동시에 선고하여야 한다(제70조 ①항). 벌금을 납입하지 아니한
자는 1일 이상 3년 이하, 과료를 납입하지 아니한 자는 1일 이상 30일 미만의
기간 노역장에 유치하여 작업에 복무하게 한다(제69조 ②항). 선고하는 벌금이 1
억원 이상 5억원 미만인 경우에는 300일 이상, 5억원 이상 50억원 미만인 경우
에는 500일 이상, 50억원 이상인 경우에는 1천일 이상의 노역장 유치기간을 정
하여야 한다(제70조 ②항). 벌금이나 과료의 선고를 받은 사람이 그 금액의 일부
를 납입한 경우에는 벌금 또는 과료액과 노역장 유치기간의 일수日數에 비례하

여 납입금액에 해당하는 일수를 뺀다(제71조).

11   제70조 ②항은 2014. 5. 14. 형법 개정으로 신설된 조항이다. 개정 전의 형
법은 벌금을 납부하지 않는 경우 1일 이상 3년 이하 기간 동안 노역장에 유치하
여 작업에 복무하도록 규정하고 있을 뿐 노역장유치 기간에 대해서는 법관의
재량에 의하여 구체적 사안에 따라 정하도록 하고 있었다. 그래서 고액 벌금형
을 선고받은 피고인이 벌금을 납입하지 않더라도 일부 재판의 경우에는 단기간
동안 노역장에 유치되는 것만으로 벌금액 전액을 면제받게 되는 사례가 발생하
여 이른바 '황제노역'이라는 사회적 비난이 일어났다. 이에 일정 액수 이상의 벌
금형에 대해서는 노역장 유치의 최소 기간을 규정하여 고액 벌금형을 단기간의
노역장 유치로 무력화하지 못하도록 한 것이다.

12   한편, 2009년에는 「벌금미납자의 사회봉사 집행에 관한 특례법」이 제정되
어, 벌금을 납입할 의사는 있지만 경제적 능력이 없어 납입하지 못하는 사람이
사회봉사를 신청하면 노역장 유치에 앞서 미납벌금을 사회봉사로 대체할 수 있
도록 하는 특례가 마련되었다. '황제노역'의 다른 편에서는 경제적 능력이 없어
벌금을 내고 싶어도 못내고 노역장에 유치되어야 하는 사람들이 있어 경제적
불평등이 형벌의 불평등으로 이어지고, 노역장 유치에 따른 범죄 학습, 가족관
계 단절, 구금시설 과밀화 등의 문제점이 발생하고 있어 이를 해소하거나 최소
한으로 하기 위한 것이다.

다. 벌금의 분납과 벌금형의 집행유예

13   벌금은 재산형 등에 관한 검찰 집행사무규칙에 따라 분할납부하거나 납부
를 연기할 수 있다. 그리고 2016. 1. 6. 개정 형법에서 벌금형에 대해서도 집행
유예가 도입되었다(제62조 ①항). 징역형에 대해 인정되는 집행유예가 징역형보
다 상대적으로 가벼운 형벌인 벌금형에는 인정되지 않아 합리적이지 않다는 비
판이 제기되어 왔고, 벌금 납부능력이 부족한 서민의 경우 벌금형을 선고받아
벌금을 납부하지 못하면 노역장에 유치되는 것을 우려하여 징역형의 집행유예
판결을 구하는 예가 빈번히 나타나는 등 형벌의 부조화 현상을 방지하기 위한
것이었다. 다만 이는 서민의 경제적 어려움을 덜어주기 위한 것이고, 고액의 벌
금형에 대해서도 집행유예를 인정하는 것은 국민의 법감정에 맞지 않기 때문에
500만원 이하의 벌금형을 선고하는 경우에만 집행유예를 선고할 수 있도록 하
였다.

라. 일수벌금형의 도입 논의

현행 형법의 벌금제도는 피고인의 경제사정을 고려하지 않고 불법과 책임 **14**
의 정도 등을 기준으로 벌금액을 정하기 때문에(제51조) 빈부의 격차에 따라 벌
금형의 실제 효과가 달라지는 문제가 있다. 부자는 범죄의 책임이 무거워도 형
벌의 효과는 가벼워지며, 가난한 사람은 그 반대의 현상이 발생하는 것이다. 이
런 문제점 때문에 유럽의 여러 국가에서 일수日數벌금형을 채택하여 시행하고
있다.1) 일수벌금형이란 일반적 양형규정에 따라 행위자의 불법과 책임을 반영
하여 벌금의 일수를 정하여 선고한 후, 피고인의 경제사정을 고려하여 일수정액
日數定額을 결정하여 일수에 일수정액을 곱한 금액을 납부하도록 하는 제도이다.
'재산비례벌금제'라고도 한다. 일수벌금제와 대비되는 현행의 제도는 총액벌금
제라고 한다. 한국에서도 1995년의 형법 개정 과정에서 일수벌금제의 도입을
검토하였지만, 피고인의 재산상태를 파악하기 어렵다는 이유로 도입하지 않았
다. 30여 년의 시간이 지나 사회가 많이 변화하였으므로 일수벌금제의 도입을
적극적으로 검토해야 할 때이다.

마. 몰수

(1) **의의와 성격**   몰수는 범죄의 반복을 방지하고 범죄를 통해 이득을 얻 **15**
는 것을 금지하기 위해 범죄행위와 관련된 재산을 박탈하는 것을 내용으로 하는
형벌이다. 몰수는 원칙적으로 다른 형에 부가하여 과해지는 부가형이지만, 행위
자에게 유죄의 재판을 아니할 때 몰수의 요건이 있으면 몰수만을 선고할 수 있
다(제49조). 몰수는 제41조의 형벌 중 하나로 규정되어 있지만, 재범을 방지하기
위한 처분이라는 점에서 실질적으로 보안처분에 해당한다는 견해도 있다.2)

(2) **임의적 몰수와 필요적 몰수**   몰수는 원칙적으로 법관의 재량에 따라 **16**
결정하는 임의적 몰수이다(제48조). 하지만 각칙의 일부 범죄, 곧 뇌물에 관한 죄

---

1) 일수벌금형 제도는 1921년 핀란드에서 최초로 시행된 이래 1931년 스웨덴, 1939년 덴마크
   등을 시작으로 1975년 독일과 오스트리아, 1983년 프랑스에 도입되었다. 그밖에 노르웨이,
   헝가리, 포르투갈, 스위스, 폴란드 등 적지 않은 나라에서 시행중이며, 2007년 스위스 신형법
   에서 일수벌금 제도를 채택하였다. 미국에서도 1988년 뉴욕 리치먼드의 스테이튼 섬에서 시
   범실시되었고, 이어서 아리조나주의 마리코파, 코네티컷주, 아이오와주, 오레곤주에서도 일수
   벌금에 관한 프로젝트를 시작하였다. 일수벌금제에 대해 자세한 것은 정승환, "형벌의 불균
   형과 일수벌금제의 도입", 「형사법의 신동향」 제37호, 2012, 312면 이하 참조.
2) 판례는 "외국환관리법상의 몰수와 추징은 일반 형사법의 경우와 달리 범죄사실에 대한 징벌
   적 제재의 성격을 띠고 있다."(95도2002 전합)라고 하여 형사법의 몰수와 추징이 징벌적 제
   재의 성격이 아닌 것처럼 표현하고 있다.

(제134조)와 아편에 관한 죄(제206조), 배임수증재의 죄(357조 ③항)는 몰수를 필요적 몰수로 규정하고 있다.

17　　(3) **몰수의 대상**　몰수의 대상은 범죄행위에 제공하였거나 제공하려고 한 물건, 범죄행위로 인하여 생겼거나 취득한 물건, 그리고 위의 두 물건의 대가로 취득한 물건이다(제48조 ①항). 판례는 여기의 물건에는 비트코인과 같이 재산적 가치가 있는 무형의 재산도 포함된다고 한다(2018도3619). 1) **범죄행위에 제공하였거나 제공하려고 한 물건**이란 범죄행위의 도구 또는 수단을 말한다. 살인에 사용한 흉기, 도박자금으로 대여한 금원(82도1669), 사기도박에 참여하도록 유인하기 위해 쓰인 수표(2002도3589) 등이 그 예이다. '범죄행위에 제공한 물건'은 범죄의 실행행위 자체에 사용한 물건은 물론이고, 실행행위의 착수 전이나 종료 후의 행위에 사용한 물건 중에서 범죄행위의 수행에 실질적으로 기여하였다고 인정되는 물건을 포함한다(2006도4075).[1] '범죄에 제공하려고 한 물건'이란 범죄행위에 사용하려고 준비하였으나 실제 사용하지 못한 물건을 의미하는데, 이에 해당하려면 그 물건이 유죄로 인정되는 당해 범죄행위에 제공하려고 한 물건이어야 한다(2007도10034).[2] 2) **범죄행위로 인하여 생겼거나 취득한 물건**이란 범죄의 산출물을 말한다. 위조한 통화나 문서, 도박으로 취득한 금원 등이 이에 해당한다. 3) **몰수 대상인 물건의 대가로 취득한 물건**이란 장물을 매각하고 취득한 금전 등을 말한다.

18　　(4) **몰수의 요건**　몰수 대상인 물건은 범인 외의 자의 소유에 속하지 아니하거나 범죄 후 범인 외의 자가 사정을 알면서 취득한 물건이어야 한다(제48조 ①항). '범인 외의 자에 속하지 않는 물건'이란 범인의 소유에 속하는 물건 외에 무주물이나 소유자가 밝혀지지 않은 물건을 말한다. '범인'에는 공범도 포함된다고 해석되므로, 범인 자신의 소유물은 물론 공범의 소유물도 몰수할 수 있다(2006도8929). 몰수대상 물건이 압수되어 있는지와 적법한 절차에 의하여 압수되었는지는 몰수의 요건이 아니므로(2003도705), 압수되어 있지 않은 물건도 몰수의 대상이 된다.

19　　(5) **추징과 폐기**　몰수 대상인 물건을 몰수할 수 없을 때에는 그 가액價額

---

1) 대형할인매장에서 여러 차례 상품을 절취하여 자신의 승용차에 싣고 간 경우, 위 승용차는 '범죄행위에 제공한 물건'으로 보아 몰수할 수 있다고 한 사례.
2) 체포될 당시에 미처 송금하지 못하고 소지하고 있던 자기앞수표나 현금은 장차 실행하려고 한 외국환거래법 위반의 범행에 제공하려는 물건일 뿐, 그 이전에 범해진 외국환거래법 위반의 '범죄행위에 제공하려고 한 물건'으로는 볼 수 없으므로 몰수할 수 없다고 한 사례.

을 추징한다(제48조 ②항). 추징은 몰수의 취지를 관철하기 위한 처분으로서, 몰수와 마찬가지로 부가형의 성격을 갖는다(2009도2807). 따라서 주형에 대하여 선고를 유예하지 않으면서 이에 부가할 추징에 대해서만 선고를 유예할 수는 없다(78도3098). '몰수할 수 없을 때'란 뇌물을 소비한 경우 등을 말한다(86도1189). '가액'이란 범인이 그 물건을 보유하고 있다가 몰수의 선고를 받았더라면 잃게 될 이득의 상당액을 말한다(2017도8611). 가액의 산정은 재판선고시의 가격을 기준으로 한다(2020도2883). 문서, 도화圖畵, 전자기록 등 특수매체기록 또는 유가증권의 일부가 몰수의 대상이 된 경우에는 그 부분을 폐기한다(제48조 ③항).

4. 명예형

가. 자격상실

명예형이란 범죄자의 명예 또는 자격을 박탈하는 형벌이다. 자격형이라고 **20**
도 한다. 자격형에는 자격상실과 자격정지가 있다. 자격상실이란 일정한 형의 선고가 있으면 그 형의 효력으로서 당연히 일정한 자격이 상실되는 것을 말한다. 사형, 무기징역 또는 무기금고의 판결을 받은 자는 1) 공무원이 되는 자격, 2) 공법상의 선거권과 피선거권, 3) 법률로 요건을 정한 공법상의 업무에 관한 자격, 4) 법인의 이사, 감사 또는 지배인 기타 법인의 업무에 관한 검사역이나 재산관리인이 되는 자격을 상실한다(제43조 ①항).

나. 자격정지

자격정지는 일정한 기간 동안 일정한 자격의 전부 또는 일부를 정지시키는 **21**
것을 말한다. 자격정지에는 자격의 당연정지와 판결선고에 의한 자격정지가 있다. 1) **자격의 당연정지**는 유기징역 또는 유기금고의 판결을 받은 자에 대해 그 형의 집행이 종료하거나 면제될 때까지 공무원이 되는 자격, 공법상의 선거권과 피선거권, 법률로 요건을 정한 공법상의 업무에 관한 자격(제43조 ①항 1호~3호)이 정지되는 경우이다. 다만, 이 경우 다른 법률에 특별한 규정이 있으면 그 법률에 따른다(제43조 ②항).1) 2) **판결선고에 의한 자격정지**는 판결의 선고에 의해 제43조 ①항에 정한 자격의 전부 또는 일부를 정지하는 경우를 말한다. 자격정

---

1) 이 조항의 단서는 2014. 1. 28. 헌법재판소의 위헌결정(2012헌마409등)에 따라 2016. 1. 6. 형법 개정으로 신설된 단서이다. 같은 위헌결정에 따라 「공직선거법」이 1년 미만의 징역 또는 금고의 집행을 선고받아 수형 중에 있는 사람과 형의 집행유예를 선고받고 유예기간 중에 있는 사람에 대하여 선거권을 부여하도록 개정되었다(제18조).

지의 기간은 1년 이상 15년 이하로 한다(제44조 ①항). 판결선고에 의한 자격정지
는 자격정지의 형이 선택형으로 되어 있는 경우는 단독으로 과할 수 있고, 다른
형에 병과할 수 있는 경우는 병과형으로 부과한다. 유기징역 또는 유기금고에
자격정지를 병과한 때에는 징역 또는 금고의 집행을 종료하거나 면제된 날로부
터 정지기간을 기산한다(같은 조 ②항).

Ⅱ. 형의 양정

1. 의의

가. 개념

22   형의 양정量定이란 법관이 구체적인 사건의 행위자에 대하여 선고할 형을
정하는 것을 말한다. 범죄 규정에 정해진 형벌은 일정한 범위만 정하고 있으므
로 그 범위 안에서 구체적인 사건에 적용할 형벌을 정해야 하는데, 이를 '형의
양정' 또는 '양형量刑'이라고 한다. 범죄 사건으로 재판을 받는 피고인에게는 법
에 정해진 형벌의 범위보다 자신에게 최종적으로 선고될 형벌이 중요할 수밖에
없는데, 구체적인 사건마다 법관이 선고할 구체적인 형벌의 양을 모두 법으로
정할 수 없기 때문에 법관의 재량, 법관의 양심[1]에 형의 양정을 맡기고 있다.
말하자면 형의 양정은 최소한의 정형화(제51조 등)만 가능한 영역이다. 대법원이
범죄에 따라 양형기준을 정하고 있지만 권고의 효력에 그칠 뿐이다. 양형의 공
정성과 예측가능성은 형사사법에 대한 일반의 신뢰를 좌우하는 가장 중요한 문
제이다.

나. 법정형, 처단형, 선고형

23   형의 양정은 세 단계를 거친다. 1) **법정형**은 각각의 범죄마다 법에 정해진
형벌이다. 법정형은 구체적인 사건을 고려하지 않은, 해당 범죄에 대한 일반적
인 형벌의 범위를 정한 것이다. 법정형을 정하는 것, 곧 법정형의 양정은 입법
자의 역할이다. 국회에서 새로운 범죄에 대해 형을 정하거나 기존의 범죄에 대
한 형을 변경할 때 이루어지는 작용이다. 긍정적 해석으로는 시민을 대표하는
의회에서 시민의 권리를 제한하는 형벌의 정도를 결정하는 것이다. 2) **처단형**은
법정형을 구체적인 사건에 적용할 때 그 사건에 해당하는 형벌의 범위를 말한

---

1) 헌법 제103조: "법관은 헌법과 법률에 의하여 그 양심에 따라 독립하여 심판한다."

다. 법정형이 선택형으로 되어 있으면 형의 종류를 정하고, 그 사건에 형의 가중 또는 감경의 사유가 있으면 법정형에서 가중하거나 감경하여 형의 범위를 정한다. 형의 가중사유와 가중의 범위는 죄형법정주의 원칙에 따라 입법자가 정하고, 감경사유는 입법자가 정하지만 법률의 위임을 받아 법관이 감경할 수도 있다. 형의 가중·감경사유나 선택형이 없으면 법정형이 처단형의 범위가 된다.
3) **선고형**은 처단형의 범위에서 법관이 최종적으로 선고하는 형벌이다. 보통 양형이라고 하면 이 과정을 말하며, 대법원의 양형기준도 이 단계에 적용되는 기준이다.

2. 형의 가중

가. 일반 가중사유와 특별 가중사유

　형의 가중은 죄형법정주의 원칙에 따라 법률에 의한 가중만 가능하고 재판　**24**
에 의한 가중, 곧 법관에 의한 가중은 허용되지 않는다. 법률에 의한 가중도 필요적 가중만 인정되고 임의적 가중은 인정되지 않는다. 법률의 가중 사유는 모든 범죄에 공통적으로 적용되는 일반 가중사유와 특정 범죄에만 적용되는 특별 가중사유로 구별된다. 1) **일반** 가중사유는 총칙에 규정되어 있으며, 경합범(제38조), 누범(제35조), 특수교사·방조(제34조 ②항)에 대한 가중처벌 규정이 있다. 2) **특별** 가중사유에는 각칙의 범죄에 따라 상습범을 가중처벌하는 경우(제264조, 제279조 등)와 특수범죄를 가중처벌하는 경우(제144조, 제258조의2 등)가 있다. 경합범 및 특수교사·방조와 상습범 및 특수범죄에 대해서는 앞에서 서술하였으므로 누범에 대해서만 아래에서 간단히 설명한다.

나. 누범

　(1) **개념**　1) **누범**累犯이란 범죄한 사람이 다시 범죄하는 것을 말한다. 제35　**25**
조는 누범 중에서 '금고禁錮 이상의 형을 선고받아 그 집행이 종료되거나 면제된 후 3년 내에 금고 이상에 해당하는 죄를 지은 사람'(같은 조 ①항)에 대해, 그 죄에 정한 형의 장기長期의 2배까지 가중하여 처벌하도록 하고 있다(같은 조 ②항). 일반적으로 형법에서 누범이라고 하면 제35조의 누범을 말한다.

　2) **누범과 상습범**은 구별되는 개념이다. 여러 차례 죄를 범한다는 점에서 유　**26**
사한 점이 있지만, 누범이 반드시 상습범이 되는 것은 아니며, 상습범이라 해서 언제나 누범이 되는 것도 아니다. 누범은 이른바 전과를 필요로 하지만, 상습범은 반드시 전과가 있을 것을 필요로 하지 않는다. 누범은 전과가 있으면 되지만, 상습범은 동일한 죄명이나 죄질의 범죄를 반복해서 저지르는 습벽이 필요하다. 누범은 총칙의 일반 가중사유이고, 상습범은 각칙의 특별 가중사유이다. 따라서 상습범과 누범이 함께 성립하는 경우에는 양자를 모두 적용할 수 있다. 판례에 의하면 상습범에 대한 누범가중이 가능하고(82도600), 상습범을 가중처벌하는 특별법 위반에 대해서도 누범가중 규정이 적용된다(2006도6886).[1]

27   **(2) 누범가중의 요건**   누범가중의 요건은 '금고 이상의 형을 선고받아 그 집행이 종료되거나 면제된 후 3년 내에 금고 이상에 해당하는 죄를 지은' 때이다. 1) '**금고 이상 형의 선고**'는 유효하여야 한다. 따라서 일반사면이나 집행유예 기간의 경과로 형 선고의 효력이 상실된 경우에는 누범가중을 할 수 없다(65도910, 70도1627). 그러나 특별사면이나 복권의 형 선고의 효력이 상실되지 않으므로 그 전과는 누범 가중의 사유가 된다(86도2004, 81도543). 2) '**집행이 종료되거나 면제**'되었다는 것은 형기가 만료되어 형집행이 종료된 경우, 그리고 형의 시효 완성이나 특별사면 등으로 형의 집행이 면제된 경우를 말한다. 이전에 선고된 형이 집행 전이거나 집행 중에는 다시 죄를 범하여도 누범에 해당하지 않는다. 따라서 집행유예 기간이나 가석방의 기간에 다시 죄를 범한 경우에는 집행이 종료되지 않았으므로 누범이 될 수 없다(83도1600, 76도2071). 3) '**금고 이상에 해당하는 죄**'는 법정형을 기준으로 한다는 견해도 있지만, 다수견해는 선고형이 기준이 된다고 한다. 판례는 '금고 이상에 해당하는 죄'란 유기금고형이나 유기징역형으로 처단할 경우에 해당하는 죄를 의미하는 것으로서 법정형 중 벌금형을 선택한 경우에는 누범가중을 할 수 없다고 한다(82도1702). 금고 이상에 해당하는 죄를 범한 시기는 실행의 착수시기를 기준으로 한다.

28   **(3) 누범 가중의 효과**   누범의 형은 그 죄에 정한 형에서 장기의 2배까지 가중한다. 장기만을 가중한다고 규정하고 있으므로 단기까지 가중하는 것은 아니다(69도1129). 따라서 누범의 처단형은 그 죄에 정한 형의 단기와 2배로 가중된 장기의 범위이다. 다만 장기는 가중하더라도 50년을 초과할 수 없다(제42조

---

1) [2019도18947] 2016. 1. 6. 개정·시행된 특정범죄가중법 제5조의4 제5항 제1호의 처벌 규정은 형법 제35조(누범) 규정과는 별개로 '형법 제329조부터 제331조까지의 죄(미수범 포함)를 범하여 세 번 이상 징역형을 받은 사람이 그 누범 기간 중에 다시 해당 범죄를 저지른 경우에 형법보다 무거운 법정형으로 처벌한다'는 내용의 새로운 구성요건을 창설한 것으로 해석해야 한다. 따라서 처벌 규정에 정한 형에 다시 형법 제35조의 누범가중한 형기범위 내에서 처단형을 정하여야 한다.

단서). 또한 가중되는 형은 처단형이므로, 선고형이 반드시 법정형을 초과해야
하는 것은 아니다.

(4) **판결선고 후 누범 발각**   판결선고 후 누범인 것이 발각된 때에는 그   **29**
선고한 형을 통산하여 다시 형을 정할 수 있다. 단, 선고한 형의 집행을 종료하
거나 그 집행이 면제된 후에는 예외로 한다(제36조). 피고인이 인적 사항을 사칭
하거나 그밖의 방법으로 전과를 은폐한 경우에도 누범가중의 원칙에 따라 다시
형을 선고할 수 있도록 한 규정이다.

(5) **누범 가중의 헌법 위반 여부**   누범을 가중처벌하는 것은 헌법의 일사   **30**
부재리원칙과 평등의 원칙에 어긋나며, 책임주의 원칙에도 어긋난다는 문제가
있다. 이미 처벌이 끝난 이전의 범죄를 다시 평가하여 나중에 지은 죄의 양형에
반영하는 것이기 때문이다. 처벌을 받은 지 얼마 되지 않은 자가 다시 범죄한
것은 이전 판결의 경고를 위반한 것이므로 책임이 가중된다는 견해도 있다. 그
러나 다시 범죄하게 된 사정을 전혀 고려하지 않고 누범이라는 이유로 비난이
가중된다는 것은 책임주의 원칙에 부합하는 것이라고 할 수 없다. 누범의 요건
에 해당하면 언제나 형을 가중할 것이 아니라 재범에 대한 비난가능성이 높다
고 인정될 때에 한정해서 가중처벌하는 것이 바람직하다. 그런 의미에서 전에
처벌받은 범죄와 죄명이나 죄질이 같은 경우에만 누범으로 처벌해야 하며, 누범
이나 상습범을 가중처벌하는 특별법의 구성요건에 대해 다시 누범규정을 이중
으로 적용하는 판례는 개선되어야 한다. 특히 일사부재리원칙에 정면으로 위배
되는 판결 선고 후 누범이 발각되었을 때 가중처벌하는 규정은 폐지되는 것이
타당하다.

3. 형의 감경

가. 법률상 감경과 정상참작감경

형의 감경은 법률의 규정에 의한 경우와 재판에서 법관의 정상참작에 의한   **31**
경우가 있다. 1) **법률상 감경**은 필요적 감경사유와 임의적 감경사유로 구별된다.
청각 및 언어장애인(제11조), 중지미수(제26조), 종범(제32조 ②항)에 대한 형의 감
경은 필요적 감경사유에 해당한다. 임의적 감경사유에는 심신미약(제10조 ②항),
장애미수(제25조 ②항)가 있으며, 감경과 더불어 형의 면제가 가능한 경우로서 과
잉방위(제21조 ②항), 과잉피난(제22조 ③항), 과잉자구행위(제23조 ②항), 불능미수
(제27조), 사후경합범(제39조 ①항), 자수·자복(제52조)이 있다. 2) **정상참작감경**은

재판상의 감경이라고도 하는 것으로서,1) 범죄의 정상情狀에 잠작할 만한 사유가 있는 경우에 법관이 형을 감경하는 경우이다(제53조). 법률상감경의 사유를 적용한 후에도 정상참작감경을 할 수 있다(91도985). '참작할 만한 사유'는 제51조의 양형 조건을 적용한다.

나. 자수·자복

32　법률상 감경의 사유 중 다른 사유는 해당 부분에서 설명하였으므로, 여기서는 자수와 자복에 대해서만 설명한다. 1) **자수**自首란 범인이 수사기관에 대하여 자발적으로 자신의 범죄사실을 신고하는 것을 말한다(제52조 ①항). 수사기관 아닌 자에게 자수의 의사를 표시하는 것은 자수가 아니며(4287형상164), 범죄사실은 신고하지 않고 단지 수사기관을 만난 것은 자수에 해당하지 않는다(63도247). 범죄사실은 신고하는 시기에는 제한이 없다. 범죄사실이 발각된 후나 지명수배를 받은 후라도 체포되기 전에 신고하는 경우에는 자수에 해당한다(96도1167 전합, 65도597). 자수의 방법에도 제한이 없다. 제3자를 통해서도 자수할 수 있다(64도252). 다만 제3자에게 자수의사를 전달해 달라고 한 것만으로는 자수한 것이라고 할 수 없다(66도1662). 수사기관의 신문에 대해 범죄사실을 인정하는 것은 자백에 해당할 뿐 자수라고 할 수 없다(92도962). 2) **자복**自服이란 피해자의 의사에 반하여 처벌할 수 없는 범죄에서 피해자에게 죄를 고백하는 것을 말한다(제52조 ②항). 자수와 자복은 임의적 감면사유이므로 자수를 인정하고 형을 감경하지 않더라도 위법한 것은 아니다(2004도2018).

다. 감경의 방법과 정도

33　법률상 감경의 정도는 제55조 ①항 1호부터 8호에 정해진 기준에 따른다. 법률상 감경의 사유가 여러 개 있는 때에는 거듭 감경할 수 있다(제55조 ②항). 형기刑期나 벌금액을 2분의 1로 감경할 때에는 상한과 하한을 모두 2분의 1로 감경한다(78도246 전합). 정상참작감경의 경우 한 개의 죄에 정한 형이 여러 종류인 때에는 먼저 적용할 형을 정하고 그 형을 감경한다(제54조). 법률상 감경을 한 후 다시 정상참작감경을 할 수 있지만, 정상참작감경의 사유가 여럿이라도 거듭 감경할 수는 없다(63도410). 하나의 죄에 대하여 징역형과 벌금형을 병과하는 경우, 특별한 규정이 없는 한 징역형과 벌금형에 대해 모두 정상참작감경을 해야 한다(2008도6551).

---

1) 2020년 형법 개정 이전에는 '작량감경'이라고 하였다.

[2018도5475 전합] 임의적 감경사유의 존재가 인정되고 법관이 그에 따라 징역형   **34**
에 대해 법률상 감경을 하는 이상 형법 제55조 제1항 제3호에 따라 상한과 하한
을 모두 2분의 1로 감경한다. 이러한 현재 판례와 실무의 해석은 여전히 타당하
다. ... 형법 제55조 제1항 제3호는 "유기징역 또는 유기금고를 감경할 때에는 그
형기의 2분의 1로 한다."라고 규정하고 있다. 이와 같이 유기징역형을 감경할 경
우에는 '단기'나 '장기'의 어느 하나만 2분의 1로 감경하는 것이 아니라 '형기' 즉
법정형의 장기와 단기를 모두 2분의 1로 감경함을 의미한다는 것은 법문상 명확
하다. 처단형은 선고형의 최종적인 기준이 되므로 그 범위는 법률에 따라서 엄격
하게 정하여야 하고, 별도의 명시적인 규정이 없는 이상 형법 제56조에서 열거하
고 있는 가중·감경할 사유에 해당하지 않는 다른 성질의 감경사유를 인정할 수는
없다. 따라서 유기징역형에 대한 법률상 감경을 하면서 형법 제55조 제1항 제3호
에서 정한 것과 같이 장기와 단기를 모두 2분의 1로 감경하는 것이 아닌 장기 또
는 단기 중 어느 하나만을 2분의 1로 감경하는 방식이나 2분의 1보다 넓은 범위
의 감경을 하는 방식 등은 죄형법정주의 원칙상 허용될 수 없다.

4. 가중·감경의 순서

형을 가중·감경할 사유가 경합하는 경우에는 1) 각칙 조문에 따른 가중,   **35**
2) 특수교사·방조의 규정(제34조 ②항)에 따른 가중, 3) 누범 가중, 4) 법률상 감
경, 5) 경합범 가중, 6) 정상참작감경의 순서에 따른다(제56조).

5. 양형

가. 양형의 의의

양형量刑이란 처단형의 범위에서 범인과 범행 등에 관한 여러 정황을 고려   **36**
하여 구체적으로 선고할 형을 정하는 것을 말한다. 법정형과 처단형을 정하는
단계까지 포함하는 넓은 의미의 양형에 비교하여 좁은 의미의 양형이라고 할
수 있다. 처단형의 범위를 정하는 단계까지는 법률에 정해진 사유와 기준에 따
라 형의 양정이 이루어지지만, 이 단계의 양형은 법관의 재량에 맡겨져 있다.
그러나 이때의 재량은 자유재량은 아니며, 범죄자의 책임과 형벌의 목적 등을
고려해야 하는 '기속적' 재량이다(2020도8358).[1] 또한 실무에서는 양형기준 등 법

---

1) [2021도5777] 사실심법원의 양형에 관한 재량도, 범죄와 형벌 사이에 적정한 균형이 이루어
  져야 한다는 죄형 균형 원칙이나 형벌은 책임에 기초하고 그 책임에 비례하여야 한다는 책

원 자제의 기순과 비공식 프로그램이 작용하는 넝닉이나.

나. 양형의 기초

37　　양형의 기초는 행위자의 책임이다. 행위자의 책임은 양형의 기초이면서 한계가 된다. 그러나 형벌이 오로지 책임의 상쇄를 목적으로 할 수는 없으므로 예방의 목적도 함께 고려하지 않을 수 없다. 기본적으로 예방의 목적은 책임의 한계를 넘을 수 없지만, 책임의 한계 안에서 예방을 어떻게 고려할 것인지가 양형에서 매우 어려운 과제가 된다. 양형에서 책임과 예방의 관계를 어떻게 설정할 것인가에 대해서는 다음과 같은 이론이 있다. 1) **범주이론**은 책임의 상한과 하한 범위 내에서 특별예방과 일반예방을 고려하여 형벌을 결정하여야 한다는 견해이다. 2) **유일점**唯一點**이론**은 책임은 고정된 일정한 크기를 지니므로 정당한 형벌은 하나일 수밖에 없다는 이론이다. 3) **단계이론**은 형량은 불법과 책임에 따라 정하고, 형벌의 종류와 집행 여부는 예방의 목적에 따라 결정해야 한다는 견해이다. 양형은 행위자의 책임이라는 가치적 요소, 질적 요소를 형벌의 기관과 금액이라는 양적 요소로 치환해야 하는 일이라서 근본적이 어려움과 모순을 안고 있다. 어떤 이론이든 완전한 해결책을 제시할 수 없는 이유이다. 형벌이론에서 논의한 바와 같이 책임을 기초로 예방의 관점을 고려하는 범주이론이 현실적으로 가능한 대안일 것이다.

다. 양형의 조건

38　　형법은 양형의 조건으로 1) 범인의 연령, 성행, 지능과 환경, 2) 피해자에 대한 관계, 3) 범행의 동기, 수단과 결과, 4) 범행 후의 정황을 참작하여 형을 정하도록 하고 있다(제51조). 여기에서 제시된 양형의 조건 또는 참작할 사항은 예시적인 항목들이다. 이 항목들은 양형에서 불리한 요소가 될 수도 있고 긍정적인 요소가 될 수도 있다.[1]

　　임주의 원칙에 비추어 피고인의 공소사실에 나타난 범행의 죄책에 관한 양형판단의 범위에서 인정되는 내재적 한계를 가진다.

1) [2023도2043] 법원은 양형의 조건이 되는 사항들 중 피고인에게 유리한 정상과 불리한 정상을 충분히 심사하여야 하고, 나아가 구체적인 양형요소가 피고인에게 불리한 정상과 유리한 정상을 모두 포함하는 경우 양쪽을 구체적으로 비교 확인한 결과를 종합하여 양형에 나아가야 한다.

6. 형의 면제, 판결선고 전 구금일수의 산입

가. 형의 면제

　　형의 면제는 범죄가 성립하여 형벌권이 발생하였으나 법률에 정해진 사유 **39**
로 형벌을 과하지 않는 경우이다. 형의 면제는 형집행의 면제와 구별된다. 형의
면제는 일종의 유죄판결로서 판결확정 전의 사유를 원인으로 형의 면제를 선고
하는 것이지만, 형집행의 면제는 판결 후의 사유를 원인으로 선고된 형의 집행
을 면제하는 것이다. 형의 면제는 법률에 의한 면제만 인정되고 재판에 의한 면
제는 인정되지 않는다. 형법이 정하는 형의 면제사유에는 필요적 면제사유인 중
지미수(제26조)와 임의적 면제사유인 과잉방위(제21조 ②항), 과잉피난(제22조 ③
항), 과잉자구행위(제23조 ②항), 불능미수(제27조), 사후경합범(제39조 ①항), 자수·
자복(제52조)이 있다.

나. 판결선고 전 구금일수의 산입

　　판결선고 전의 구금일수는 그 전부를 유기징역, 유기금고, 벌금이나 과료에 **40**
관한 유치 또는 구류에 산입한다(제57조 ①항). 이 경우 구금일수의 1일은 징역,
금고, 벌금이나 과료에 관한 유치 또는 구류의 기간의 1일로 계산한다(같은 조 ②
항). '판결선고 전의 구금'이란 피의자 또는 피고인을 재판이 확정될 때까지 구
금하는 것, 곧 구속을 말한다. 유죄판결 전의 구금을 '미결구금'이라고 하는데,
미결구금은 형벌은 아니지만 자유를 박탈한다는 점이 자유형과 유사하기 때문
에 미결구금의 기간을 형기에 산입하는 것이다(2009도1446, 2002도6606). 미결구금
일수를 '전부' 형기에 산입하도록 한 현행 규정은 2014. 12. 30. 형법 개정에 의
한 것이다. 개정 전의 규정에서는 '전부 또는 일부'를 산입하도록 하였는데,
2009. 6. 25. 헌법재판소는 '또는 일부'의 규정이 헌법의 무죄추정원칙과 적법절
차원칙 등에 어긋난다고 하여 위헌을 선고하였다.[1]

---

1) [2007헌바25] 헌법상 무죄추정의 원칙에 따라 유죄판결이 확정되기 전에 피의자 또는 피고
　　인을 죄 있는 자에 준하여 취급함으로써 법률적·사실적 측면에서 유형·무형의 불이익을 주
　　어서는 아니되고, 특히 미결구금은 신체의 자유를 침해받는 피의자 또는 피고인의 입장에서
　　보면 실질적으로 자유형의 집행과 다를 바 없으므로, 인권보호 및 공평의 원칙상 형기에 전
　　부 산입되어야 한다. 따라서 형법 제57조 제1항 중 "또는 일부 부분"은 헌법상 무죄추정의
　　원칙 및 적법절차의 원칙 등을 위배하여 합리성과 정당성 없이 신체의 자유를 침해한다.

Ⅲ. 형의 유예와 가석방

41   형의 유예제도와 가석방은 단기자유형의 폐단을 방지하고 구금을 최소한으로 하며, 형벌 대신 사회 내 제재를 받게 하거나 사회복귀의 시간을 앞당김으로써 범죄자의 재범을 예방하고 구금이 유발하는 사회적 비용을 축소하려는 형사정책에서 비롯된 제도들이다. 유예란 법률행위를 하거나 법률행위의 효력을 발생시키는 데 일정한 기간을 두는 것을 말한다. 그런데 보통 '연기'한 경우에는 기간이 되면 법률행위를 하거나 그 효력이 발생해야 하지만, '유예'는 기간이 되었을 때 법률행위의 효력이 사라지는 특성이 있다. 형의 유예에는 형의 선고유예와 집행유예가 있다.

1. 선고유예

가. 개념

42   선고유예는 비교적 가벼운 범죄에 대하여 일정 기간 형의 선고를 유예하고 그 기간 동안 다시 범죄하거나 규칙을 위반하는 행위가 없으면 면소된 것으로 간주하는 제도를 말한다. 가벼운 범죄를 저지른 행위자에 대해 단기 자유형에 처하는 등 형벌을 부과함으로써 범죄자의 낙인을 찍는 것보다는 처벌을 회피하여 사회복귀의 기회를 제공하려는 형사정책적 고려에서 시행되는 제도이다. 형의 선고를 유예한다는 것은 범죄사실과 선고할 형을 결정하고 선고만 유예한다는 것이다. 따라서 선고유예의 판결도 유죄의 판결이라고 할 수 있다.

나. 요건

43   1년 이하의 징역이나 금고, 자격정지 또는 벌금의 형을 선고할 경우에 제51조의 사항을 고려하여 뉘우치는 정상이 뚜렷할 때에는 그 형의 선고를 유예할 수 있다. 다만, 자격정지 이상의 형을 받은 전과가 있는 사람에 대해서는 예외로 한다(제59조 ①항). 1) '1년 이하의 징역이나 금고, 자격정지 또는 벌금의 형'이란 주형과 부가형을 포함한 처단형 전체를 의미한다(70도883). 따라서 주형主刑을 선고유예하는 경우에 부가형인 몰수나 추징도 선고유예할 수 있다(77도2027). 2) '뉘우치는 정상이 뚜렷할 때'란 재범의 위험성이 없는 때를 뜻한다. 과거 대법원은 '뉘우치는 정상'이란 죄를 반성하는 것을 의미한다고 하여 피고인이 범죄사실을 부인하는 경우에는 선고를 유예할 수 없다고 하였으나, 이후 판례를 변경

하여 피고인이 범죄사실을 부인하는 경우에도 다른 정상을 참작하여 선고를 유예할 수 있다고 판시하였다.[1] 3) '자격정지 이상의 형을 받은 전과'에는 집행유예를 선고받고 그 유예기간이 지난 경우도 포함된다. 형의 집행유예를 선고받고 그 유예기간을 무사히 지나면 형의 선고는 효력을 잃어서 형을 집행하지 않지만, 형의 선고가 있었다는 사실, 곧 전과가 없어지는 것은 아니기 때문이다(2007도9405). 4) 형을 병과할 경우에도 형의 전부 또는 일부에 대하여 선고를 유예할 수 있다(같은 조 ②항). 따라서 징역형과 벌금형을 병과하면서 징역형의 집행을 유예하고 벌금형의 선고를 유예할 수 있다(74도1266).

다. 선고유예의 효과

형의 선고유예를 받은 날로부터 2년을 경과한 때에는 면소된 것으로 간주 **44**
한다(제60조). '면소된 것으로 간주'한다는 것은 형의 선고 사실 자체가 없는 것으로 간주한다는 것이다. '면소'는 무죄판결과는 다른 것이다. 무죄판결은 공소사실이 범죄로 되지 않거나 범죄사실의 증명이 없는 때에 선고하는 실체판결이지만, 면소의 판결은 사면이 있거나 공소시효가 완성되는 등 소송조건이 갖추어지지 않았을 때 소송을 종결하는 판결이다. 형의 선고를 유예하는 경우에 재범방지를 위하여 지도 및 원호가 필요한 때에는 보호관찰을 받을 것을 명할 수 있다(제59조의2 ①항). 보호관찰의 기간은 1년으로 한다(같은 조 ②항).

라. 선고유예의 실효

형의 선고유예를 받은 자가 유예기간 중 자격정지 이상의 형에 처한 판결 **45**
이 확정되거나 자격정지 이상의 형에 처한 전과가 발견된 때에는 유예한 형을 선고한다(제61조 ①항). 보호관찰을 명한 선고유예를 받은 자가 보호관찰 기간중에 준수사항을 위반하고 그 정도가 무거운 때에는 유예한 형을 선고할 수 있다(같은 조 ②항). '전과가 발견된 때'란 형의 선고유예의 판결이 확정된 후에 비로소 읽아 같은 전과가 발견된 경우를 말하고, 판결확정 전에 전과가 발견된 경우에는 이를 취소할 수 없다(2007모845).

---

1) [2001도6138 전합] 선고유예의 요건 중 '개전의(뉘우치는) 정상이 현저한(뚜렷한) 때'라고 함은, 반성의 정도를 포함하여 널리 형법 제51조가 규정하는 양형의 조건을 종합적으로 참작하여 볼 때 형을 선고하지 않더라도 피고인이 다시 범행을 저지르지 않으리라는 사정이 현저하게 기대되는 경우를 가리킨다고 해석할 것이고, 이와 달리 ... 반드시 피고인이 죄를 깊이 뉘우치는 경우만을 뜻하는 것으로 제한하여 해석하거나, 피고인이 범죄사실을 자백하지 않고 부인할 경우에는 언제나 선고유예를 할 수 없다고 해석할 것은 아니다.

2. 집행유예

가. 개념

46   집행유예는 형을 선고하되 일정한 기간 형의 집행을 유예하고, 집행유예의
실효나 취소 없이 그 유예기간을 지나면 형 선고의 효력을 잃게 하는 제도이다.
집행유예의 기간은 1년 이상 5년 이하의 범위에서 법원의 재량에 의해 결정한
다(제62조 ①항). 원래 자유형에 대한 집행유예만 가능했었지만, 2016. 1. 6. 형법
개정으로 500만원 이하의 벌금형에 대해서도 집행유예가 가능해졌다.

나. 요건

47   3년 이하의 징역이나 금고 또는 500만원 이하의 벌금의 형을 선고할 경우
에 제51조의 사항을 참작하여 그 정상에 참작할 만한 사유가 있는 때에 형의 집
행을 유예할 수 있다. 다만, 금고 이상의 형을 선고한 판결이 확정된 때부터 그
집행을 종료하거나 면제된 후 3년까지의 기간에 범한 죄에 대하여 형을 선고하
는 경우에는 집행을 유예할 수 없다(제62조 ①항). '3년 이하의 징역이나 금고 또
는 500만원 이하의 벌금의 형'은 선고형을 의미한다(89도780).

48   단서에서 '형을 선고한 판결이 확정된 때'에는 집행유예의 판결이 확정된
때도 포함한다. 따라서 A죄의 집행유예 기간 중에 범한 B죄에 대해서는 집행
유예를 선고할 수 없지만, B죄에 대한 재판 중에 A죄의 유예기간이 경과된 때
에는 B죄에 대해 집행유예를 선고할 수 있다(2007도768). 집행유예 기간이 지나
면 형의 선고는 효력을 잃고, 따라서 A죄가 '형을 선고한 판결'에 해당하지 않
기 때문이다. 또한 단서에서 '판결이 확정된 때'라고 하였으므로 실형 또는 집
행유예의 판결이 확정되기 전에 범한 죄에 대해서는 집행유예를 선고할 수
있다.

49   형을 병과할 경우에는 그 형의 일부에 대하여 집행을 유예할 수 있다(제62
조 ②항). 따라서 하나의 형에 대해서는 그 일부의 집행을 유예할 수 없지만(2006
도8555), 하나의 판결로 두 개의 징역형을 선고하는 경우에는 그 중 하나의 징역
형에 대해 집행을 유예할 수 있다(2001도3579).

다. 집행유예의 효과

50   집행유예의 선고를 받은 후 그 선고의 실효 또는 취소됨이 없이 유예기간
을 경과한 때에는 형의 선고는 효력을 잃는다(제65조). 따라서 형의 집행이 면제

된다. 형의 선고가 효력을 잃게 되었다고 하더라도 형의 선고의 법률적 효과가 없어진다는 것일 뿐, 형의 선고가 있었다는 사실이 없어지는 것은 아니다(2003도 3768).

형의 집행을 유예하는 경우에는 보호관찰을 받을 것을 명하거나 사회봉사 **51** 또는 수강을 명할 수 있다(제62조의2 ①항). 이때 보호관찰의 기간은 집행을 유예한 기간으로 한다. 다만, 법원이 유예기간의 범위내에서 보호관찰기간을 따로 정할 수 있다(같은 조 ②항). 사회봉사명령 또는 수강명령은 집행유예 기간내에 이를 집행한다(같은 조 ③항).1) 법률의 문장과는 다르게 판례는 보호관찰과 사회봉사, 수강명령을 동시에 명하는 것도 가능하다고 한다(98도98).

라. 집행유예의 실효와 취소

집행유예의 선고를 받은 자가 유예기간 중 고의로 범한 죄로 금고 이상의 **52** 실형을 선고받아 그 판결이 확정된 때에는 집행유예의 선고는 효력을 잃는다(제63조). '유예기간 중'에 범한 죄이어야 하므로 집행유예 선고 전에 범한 죄는 해당하지 않으며, '실형을 선고받아'야 하므로 집행유예를 선고받은 때에는 실효되지 않는다. 그리고 집행유예의 선고를 받은 후 제62조 단서의 사유가 발각된 때에는 집행유예의 선고를 취소한다(제64조 ①항). 집행유예의 판결이 확정되기 전(2001모135), 또는 집행유예 기간이 지나 형의 선고가 효력을 잃은 후(98모151)에 발각되면 집행유예를 취소할 수 없다. 보호관찰이나 사회봉사 또는 수강을 명한 집행유예를 받은 자가 준수사항이나 명령을 위반하고 그 정도가 무거운 때에도 집행유예의 선고를 취소할 수 있다(제64조 ②항).

3. 가석방

가. 개념

가석방은 징역 또는 금고의 집행 중에 사람이 수형생활을 잘하고 뉘우치는 **53** 정황이 뚜렷하다고 인정되는 경우, 형기 만료 전에 조건부로 석방하여 정해진 기간을 문제 없이 지나면 형의 집행을 종료한 것으로 간주하는 제도이다(제72조, 제76조). 가석방의 기간은 무기형의 경우 10년, 유기형은 남은 형기로 하되 10년을 초과할 수 없다(제73조의2). 가석방은 수형생활 중 수형자의 사회복귀를 위한 자발적인 참여와 노력을 장려하며, 수형자의 사회복귀를 앞당겨 사회내 처우를

---
1) 보호관찰, 사회봉사, 수강명령에 대해서는 뒤의 [26] 9 참조.

시행함으로써 사회로부터의 단절을 최소한으로 하려는 특별예방 프로그램의 하나이다.

나. 요건

54　　가석방은 1) 징역이나 금고의 집행 중에 있는 사람이 행상行狀이 양호하여 뉘우침이 뚜렷한 때에, 2) 무기형은 20년, 유기형은 형기의 3분의 1이 지난 후, 3) 벌금이나 과료가 병과되어 있는 때에는 그 금액을 완납하는 것을 요건으로 행정처분으로 결정한다(제72조). '행상行狀이 양호하여 뉘우침이 뚜렷한 때'란 범죄 이후 행위자의 변화를 말하므로 처벌의 이유가 된 범죄의 무겁고 가벼움을 판단의 자료로 해서는 안될 것이다. '행상이 양호'하다는 것은 수형생활 중의 행태가 우수하다는 것을 말한다. '형기의 3분의 1'은 선고형을 기준으로 하며, 사면 등으로 감형된 경우에는 감형된 기간을 기준으로 한다. 그리고 형기에 산입된 판결선고 전 구금일수는 집행한 기간에 산입한다(제73조 ①항). 그리고 가석방의 성격은 형집행 형태의 변경이라고 보아 형집행을 담당하는 법무부의 행정처분으로 가석방을 결정한다. 그러나 가석방은 형집행 방식의 변경 에 그치는 것이 아니라 형기를 형벌의 본질적 내용으로 하는 자유형에 대한 중요한 변경이므로, 형을 선고한 법관이 가석방을 결정하도록 하는 방안을 검토해 보아야 한다.[1]

다. 가석방의 효과와 보호관찰

55　　가석방의 처분을 받은 후 그 처분이 실효 또는 취소되지 않고 가석방 기간을 경과한 때에는 형의 집행을 종료한 것으로 본다(제76조 ①항). 형이 집행된 것으로 간주하므로 집행유예처럼 형이 선고된 효력이 사라지는 것은 아니며, 형집행 기록은 남는다. 그리고 가석방기간 중에는 형집행이 종료된 것이 아니므로 가석방 중에 죄를 범해도 누범에 해당하지 않는다(76도2071). 가석방된 자는 가석방기간 중에 보호관찰을 받는데, 가석방을 허가한 행정관청이 필요가 없다고 인정한 때는 예외가 된다(제72조의2 ②항). 집행유예에서는 보호관찰 등이 임의적인 부가사항인 반면, 가석방은 보호관찰을 받는 것이 원칙이다.

---

1) 프랑스, 독일, 오스트리아에서는 법관이 가석방을 결정하며, 스위스에서도 가석방의 취소 등 가석방에 대한 일부 결정을 법관이 한다. 이에 대해 자세한 것은 정승환/신은영, "가석방의 사법처분화 방안 연구",「형사정책」제23권 제2호, 2011, 213면 이하 참조.

라. 가석방의 실효와 취소

가석방 기간 중 고의로 지은 죄로 금고 이상의 형을 선고받아 그 판결이 **56** 확정되면 가석방 처분은 효력을 잃는다(제74조). 그리고 가석방의 처분을 받은 자가 감시에 관한 규칙을 위배하거나, 보호관찰의 준수사항을 위반하고 그 정도 가 무거운 때에는 가석방 처분을 취소할 수 있다(제75조). 가석방이 효력을 잃거 나 취소되면 가석방 중의 일수는 형기에 산입하지 않는다(제76조 ②항). 따라서 가석방되었던 기간을 포함하여 남은 기간의 형을 집행한다.

Ⅳ. 형의 시효와 소멸

1. 형의 시효

가. 개념

형의 시효는 형을 선고하는 재판이 확정된 후 그 집행을 받지 않고 일정한 **57** 기간이 지나면 집행을 면제하는 제도를 말한다. 시효가 완성되면 따로 재판을 하지 않고 당연히 집행면제의 효과가 발생한다(제77조). 2023. 8. 8. 형법 개정으 로 사형에 대해서는 형의 시효제도를 폐지하였다. 1997년 12월 이후 사형을 집 행하지 않으면서 기존 형법의 사형집행 시효 기간인 30년이 지나면 사형수를 석방해야 되는 상황이 발생했기 때문에 이를 방지하기 위한 것이었다.

나. 시효의 기간과 시효의 정지 및 중단

시효의 기간은 1) 무기징역 또는 무기금고는 20년, 2) 10년 이상의 징역 또 **58** 는 금고는 15년, 3) 3년 이상의 징역이나 금고 또는 10년 이상의 자격정지는 10 년, 4) 3년 미만의 징역이나 금고 또는 5년 이상의 자격정지는 7년, 5) 5년 미만 의 자격정지, 벌금, 몰수 또는 추징는 5년, 6) 구류 또는 과료는 1년이다(제78조).

형의 시효는 형의 집행유예나 집행정지 또는 가석방 기타 집행할 수 없는 **59** 기간(제79조 ①항)과 형이 확정된 후 그 형의 집행을 받지 아니한 사람이 형의 집 행을 면할 목적으로 국외에 있는 기간(같은 조 ②항) 동안은 정지된다. '기타 집행 할 수 없는 기간'이란 천재지변 등으로 형을 집행할 수 없는 기간을 말한다. 그 리고 형의 시효는 징역, 금고 및 구류의 경우에는 수형자를 체포한 때, 벌금, 과 료, 몰수 및 추징의 경우에는 강제처분을 개시한 때에 중단된다(제80조).

2. 형의 소멸

가. 개념

60   형의 소멸이란 형집행의 종료, 가석방기간의 만료, 형집행의 면제, 시효의 완성 또는 범인의 사망 등으로 형의 집행권이 소멸되는 것을 말한다. 형이 소멸되면 전과사실을 말소시키고 자격을 회복시키는 형의 실효失效와 복권復權이 이루어진다.

나. 형의 실효

61   징역 또는 금고의 집행을 종료하거나 집행이 면제된 자가 피해자의 손해를 보상하고 자격정지 이상의 형을 받음이 없이 7년을 경과한 때에는 본인 또는 검사의 신청에 의하여 그 재판의 실효를 선고할 수 있다(제81조). 이를 재판상의 실효라고 하는데, 형의 실효에 대해서는 특별법인 형실효법(형의 실효 등에 관한 법률)에 따라 형집행 종료 후 일정 기간이 지나면 재판 없이 형선고의 효력이 사라지도록 하고 있다. 형실효법 제7조에 의하면 수형인이 자격정지 이상의 형을 받지 아니하고 형의 집행을 종료하거나 그 집행이 면제된 날부터, 1) 3년을 초과하는 징역·금고는 10년, 2) 3년 이하의 징역·금고는 5년, 3) 벌금은 2년이 지나면 그 형은 실효된다. 4) 구류와 과료는 형의 집행을 종료하거나 그 집행이 면제된 때에 그 형이 실효된다(같은 조 ①항). 그리고 하나의 판결로 여러 개의 형이 선고된 경우에는 각 형의 집행을 종료하거나 그 집행이 면제된 날부터 가장 무거운 형에 대한 위의 기간이 경과한 때에 형의 선고는 효력을 잃는다(같은 조 ②항). 형이 실효된 경우에는 형의 선고에 의한 법적 효과가 장래에 향하여 소멸된다(2023도10699).

다. 복권

62   자격정지의 선고를 받은 자가 피해자의 손해를 보상하고 자격정지 이상의 형을 받음이 없이 정지기간의 2분의 1을 경과한 때에는 본인 또는 검사의 신청에 의하여 자격의 회복을 선고할 수 있다(제82조).

[26] 제 2 절 보안처분

Ⅰ. 의의

1. 개념과 필요성

가. 개념

보안처분이란 1) 행위자의 장래 위험성에 근거하여 범죄자의 개선을 통해   **1**
범죄를 예방하고, 2) 장래의 위험을 방지하여 사회를 보호하기 위해서, 3) 형벌
에 대신하거나 형벌을 보충하여 부과되는, 4) 자유 박탈과 제한 등의 처분을 말
한다(2013헌가9). 형벌이 본질적으로 행위자가 저지른 과거의 불법에 대한 책임
을 전제로 부과되는 제재인 반면, 보안처분은 행위자의 장래 위험성을 근거로
범죄예방과 사회보호를 위해 부과되는 처분이다.

나. 필요성

형벌은 책임을 전제하므로 책임무능력자에 대해서는 형벌을 부과할 수가   **2**
없는데, 책임무능력자가 범죄하는 경우에 대해서도 대응조치는 필요하다. 그리
고 특별한 위험성을 가진 행위자도 그 위험성과 책임이 일치하지 않는 한 대응
에 한계가 있다. 이러한 행위자들에 대해 형벌로는 행위자의 사회복귀와 범죄예
방이 불가능한 경우, 형벌을 대체 또는 보완하기 위한 예방적 성질의 목적적 조
치가 필요하다는 데서 보안처분이 도입되었다.

2. 연혁

보안처분의 출발은 1794년 클라인(E. F. Klein)에 의해 제정된 프로이센 일반   **3**
란트법 '부정기 보안구금'이라고 한다. 보안처분의 이론적 기초는 리스트(Franz
v. Liszt)에 의해 정립되었다. 리스트는 '범죄가능성이 있는 자는 위하, 개선 가능
한 범죄자는 개선, 범죄성이 진전되어 개선불가능한 자는 무해화'가 형벌의 목
적이 되어야 한다고 주장하였으며, 그의 영향으로 1933년 독일 형법에 보안처
분이 도입되었다. 한편 스위스의 법학자 슈토스(Carl Stoos)는 스위스 형법 예비
초안에서 정신병의 치료와 상습범, 노동기피자, 중독자 등을 그 원인에 따라 격
리 개선하기 위한 보안처분의 도입을 시도하였다.

Ⅱ. 보안처분의 입법례와 종류

1. 보안처분의 입법례

4　　　보안처분은 형벌에 대신하거나 형벌을 보충하여 부과되는 처분이다. 보안 처분이 형벌을 대신하는지 또는 보충하는지 등에 따라 보안처분의 입법례는 일 원주의, 이원주의, 대체주의로 구별된다. 1) **일원주의**는 형벌 또는 보안처분의 어느 하나만 형사제재로 적용하는 경우이다. 형벌과 보안처분은 본질이 다르므 로 보안처분을 통하여 범죄문제를 해결할 수 있다면 형벌의 적용이 필요하지 않다는 것이 그 이유이다. 스웨덴, 영국, 벨기에 등에서 채택하고 있는 제도이 다. 2) **이원주의**는 형벌과 보안처분을 동시에 선고하고 중복으로 집행하는 경우 이다. 형벌과 보안처분의 근거가 다르므로 범죄자의 책임과 위험성에 대해 이중 의 수단으로 대응해야 한다는 입장이다. 보통 형벌을 적용한 후 보안처분을 시 행하며, 이탈리아, 프랑스, 네덜란드 등과 한국에서 채택하고 있는 제도이다. 3) **대체주의**는 보안처분이 끝난 후 형벌을 집행하고, 보안처분의 집행으로 형벌을 대체하거나, 보안처분의 기간을 형기에 산입하는 경우이다. 형벌의 목적을 보안 처분으로 달성할 수 있으면 형벌의 집행은 필요하지 않다는 입장이다. 스위스에 서 채택하고 있으며, 독일은 보호감호를 제외한 보안처분에 대해 대체주의를 적 용하고 있다.

2. 보안처분의 종류

5　　　보안처분은 자유를 박탈하거나 제한하는 처분이므로, 대부분의 보안처분은 행위자를 대상으로 하는 대인적 보안처분이다. 대물적 보안처분으로는 범죄행 위에 이용된 영업장의 폐쇄명령 등을 예로 들 수 있으며, 형법의 몰수가 대물적 보안처분이라는 견해도 있다. 대인적 보안처분 중에서 1) 자유를 박탈하는 보안 처분에는 보호감호, 치료감호 등 구금 형태의 보안처분이 있고, 2) 자유를 제한 하는 보안처분에는 보호관찰, 사회봉사, 수강명령 등이 있고, 면허의 취소와 정 지도 이에 해당한다고 할 수 있다.

Ⅲ. 한국의 보안처분

1. 연혁

가. 사회안전법

한국의 보안처분은 1975. 7. 16. 제정된 사회안전법에서 시작되었다. 보안 **6** 처분의 대상자는 1) 형법의 내란죄·외환죄, 2) 군형법의 반란죄·이적죄, 3) 국가보안법의 반국가단체구성죄, 잠입·탈출죄, 찬양·고무죄, 회합·통신죄 등을 지어 금고 이상의 형을 받고 그 집행을 받은 사실이 있는 사람들이었다. 보안처분은 법원의 재판이 아니라 검사가 청구하면 법무부장관이 보안처분심의위원회의 의결을 거쳐 결정하였으며, 기간은 2년이지만 경신할 수 있었다. 보안처분의 종류에는 보안관찰과 주거제한, 보안감호가 있었다. 이 법은 보안처분의 본질과는 상관없는 법이었다. 단지 정권에 의해 사상범 또는 공안사범으로 규정된 사람들이 형기를 마치고도 사회에 복귀하는 것을 원천적으로 봉쇄하기 위한 악법으로 위헌시비의 대상이 되었으며, 1987년 6월항쟁 이후 국가보안법과 함께 폐지운동이 광범위하게 전개된 결과 1989년 9월 「보안관찰법」으로 전면개정되었다. 보안관찰법은 사회안전법의 보안처분 중에서 주거제한, 보안감호는 폐지하고 보호관찰의 명칭을 보안관찰로 변경한 후 집행하고 있다.

나. 사회보호법

사회보호법은 "죄를 범한 자로서 재범의 위험성이 있고 특수한 교육·개선 **7** 및 치료가 필요하다고 인정되는 자에 대하여 보호처분을 함으로써 사회복귀를 촉진하고 사회를 보호함"을 목적으로 1980. 12. 18. 제정되었다. 사회안전법이 사상범에 대한 통제를 목적으로 하였다면 사회보호법은 제5공화국 당시 '삼청교육대'에 수용되었던 사람들이 출소할 무렵 이들로부터 사회를 보호한다는 명분으로 제정된 법률이었다. 이 법의 '보호처분'에는 보호관찰, 치료감호, 보호감호가 있었다. 이 법은 1989년 일부 규정에 대한 헌법재판소의 위헌 결정(88헌가5 등)과 보호감호처분은 이중처벌이라는 각계 각층의 비판에 따라 2005. 8. 4. 폐지되었다. 그리고 이 법의 보호처분 중에서 보호관찰은 보호관찰법에 통합되었고, 치료감호는 치료감호법을 제정하여 시행하게 되었다.

2. 현행법의 보안처분

8　　현행법에서 형벌에 대해서는 형법 제41조에 형벌의 종류를 명시적으로 규정한 반면, 보안처분에 대해서는 헌법에 그 단어에 대한 언급이 있을 뿐 형법 등 실정법 어디에도 보안처분이나 보안처분의 종류에 대한 규정이 없다. 다수견해는 형식적 기준에 따라 형법 제41조의 형벌을 제외한 형사제재를 모두 보안처분이라고 분류하지만, 새롭게 도입된 형사제재는 그 본질을 살펴 볼 때 형벌의 성격을 지닌 제제수단도 있다. 따라서 형벌인지 보안처분인지를 명확하게 구별할 필요가 있으며, 보안처분에 대한 일반규정을 마련할 필요가 있다. 여기에 소개하는 형사제재들은 형벌 외의 형사제재들이지만, 궁극적으로 '보안처분'에 해당하는지는 더 검토되어야 할 문제이다.

가. 형법의 보호관찰, 사회봉사, 수강명령

9　　형법은 1995. 12. 29 개정을 통해 선고유예, 집행유예, 가석방의 경우 보호관찰, 사회봉사, 수강명령을 부과할 수 있도록 하였다. 1) **보호관찰**이란 범죄인의 재범방지와 사회복귀를 촉진하기 위해 구금시설 밖에 있는 범죄자를 지도·감독하는 사회내 처우를 말한다. 2) **사회봉사**는 유죄가 인정된 범죄자에 대해 500시간의 범위에서 일정한 시간 동안 무보수로 근로에 종사하게 하는 제도이다. 3) **수강명령**은 200시간의 범위에서 일정한 시간 동안 지정된 장소에 출석하여 강의, 훈련, 상당 등을 받게 하는 제도이다. 보호관찰, 사회봉사, 수강명령에 대해서는 보호관찰법에 자세한 규정을 두고 있다.

나. 보호관찰법의 보호관찰, 사회봉사, 수강명령

10　　보호관찰법은 1988. 12. 31. 제정되었다. 이 법은 형법 외에 소년법 등에 의한 보안처분으로 보호관찰, 사회봉사, 수강명령과 갱생보호에 관한 규정을 두고 있다. 갱생보호는 보안처분이라 할 수 없으므로, 이 법의 보안처분은 앞에서 설명한 보호관찰, 사회봉사, 수강명령이라 할 수 있다.

다. 치료감호법의 치료감호, 치료명령

11　　치료감호법은 2005. 8. 4. 사회보호법이 폐지되면서 사회보호법의 보안처분 중에서 치료감호에 관한 내용을 규정하기 위해 제정되었다. 현재 치료감호법은 치료감호 외에 치료명령, 보호관찰에 대해 규정하고 있다. 치료감호란 심신장애

또는 마약류·알코올 그 밖에 약물중독 상태, 정신성적情神性的 장애가 있는 상태 등에서 범죄행위를 한 자로서 재범의 위험성이 있고 특수한 교육·개선 및 치료 가 필요한 자에게 적절한 보호와 치료를 함으로써 재범을 방지하고 사회복귀를 촉진하기 위한 시설내 처우이다(치료감호법 제1조). 치료감호 대상자는 심신장애 자, 약물 중독자, 정신성적 장애자로서 금고 이상의 형에 해당하는 죄를 범한 자이다(같은 법 제2조). 치료감호 선고를 받은 자는 치료감호시설에 수용돼 치료 를 위한 조치를 받게 되는데, 치료감호시설의 수용기간은 15년을 초과할 수 없 다. 치료명령은 심신미약, 알콜중독, 약물중독의 상태에 있는 사람이 가벼운 범 죄를 저질러 벌금형을 선고받을 때 법원이 치료를 명령하는 처분이다(같은 법 제 2조의3). 정신장애인 등이 중한 범죄를 저지르면 치료감호제도가 마련되어 있지 만, 가벼운 범죄를 저지른 경우에는 대부분 벌금형이 부과되고 치료받을 기회가 없어 재범을 하는 악순환이 반복되는 현실을 개선하기 위해 2015. 12. 1. 개정 치료감호법에 도입된 처분이다. 그밖에 치료감호법은 치료감호 대상자들에게 보호관찰을 부과할 수 있도록 하고 있다.

라. 보안관찰법의 보안관찰

보안관찰법은 1989. 9. 17. 사회안전법을 전면 개정하면서 보안처분으로 보 **12** 안관찰만 두었으며, 보안관찰의 대상자를 축소하였다. 보안관찰의 대상자는 1) 형법의 내란목적살인죄, 외환 및 이적죄, 간첩죄, 2) 군형법의 반란죄, 이적죄, 3) 국가보안법의 반국가단체 목적수행, 반국가단체의 자진지원 및 금품수수, 잠입·탈출죄, 편의제공죄 등을 범하여 3년 이상의 형을 선고받고 형집행을 받 은 사실이 있는 자이다(보안관찰법 제2조·제3조). 보안관찰은 검사의 청구에 의해 법무부 '보안관찰심사위원회'의 의결을 거쳐 법무부장관이 결정한다. 보안처분 의 기간은 2년이며, 갱신이 가능하고 갱신 회수에 대한 제한이 없어 종신 처분 이 가능하다. 보안관찰에 관한 소송은 행정소송으로 하여야 한다. 이러한 보안 관찰은 범죄를 이유로 보안관찰을 부과하면서 이를 행정처분으로 결정하고, 그 기간이 무제한으로 가능하다는 점에서 법치주의원칙을 정면으로 위배하는 처분 이다. 사상범을 감시하겠다는 시대착오적인 처분이므로 폐지되어야 한다.

마. 청소년성보호법의 성범죄자 신상정보 공개명령, 고지명령

청소년성보호법은 2000. 2. 3. 제정되었다. 이 법에는 성범죄자 신상정보공 **13** 개의 처분이 있다. 신상정보공개의 처분에는 '공개명령'과 '고지명령'이 있다. 공개명령은 성폭력처벌법 제44조에 따라 법무부장관이 등록하는 성범죄자의 신상을 같은 법 제45조 ①항의 등록기간 동안 정보통신망을 이용하여 공개하도록 하는 명령이다(청소년성보호법 제49조). 고지명령은 등록된 성범죄자의 신상을 어린이집의 장, 유치원의 장 등에게 고지하는 명령이다(같은 법 제50조). 공개명령과 고지명령은 아동·청소년대상 성범죄자 등 청소년성보호법 제49조 ①항 및 제50조 ①항에 규정된 성범죄자에 대한 유죄판결과 동시에 선고하여야 한다. 다만, 피고인이 아동·청소년인 경우나 그 밖에 신상정보를 공개해서는 안 될 특별한 사정이 있다고 판단하는 경우에는 예외로 할 수 있다.

바. 전자장치부착법의 부착명령

14   전자장치부착법은 2007. 4. 27. 제정되었다. 이 법에 규정된 '부착명령'의 처분은 성폭력범죄, 미성년자 대상 유괴범죄, 살인범죄, 강도범죄 및 스토킹범죄를 저지르고 재범의 위험성이 있는 사람에 대해 위치를 추적하는 전자장치를 부착하여 범죄로부터 시민을 보호하려는 처분이다. 전자장치의 부착은 보호관찰을 전제로 한다.

사. 성충동약물치료법의 약물치료명령

15   성충동약물치료법은 2010. 7. 23. 제정되었다. 이 법에 규정된 '약물치료명령' 또는 '치료명령'은 성폭력범죄를 저지른 성도착증 환자로서 성폭력범죄를 다시 범할 위험성이 있다고 인정되는 사람에 대하여 성충동 약물치료를 실시하여 성폭력범죄의 재범을 방지하고 사회복귀를 촉진하는 것을 목적으로 하는 처분이다.

찾아보기

저자 약력

정 승 환
고려대학교 법과대학 법학사
고려대학교 대학원 법학석사
독일 튀빙엔대학교 법학박사(Dr. jur.)
현재 고려대학교 법학전문대학원 교수

고려대학교 법학전문대학원장
변호사시험 형법 출제위원장
한국군사법학회 회장
한국형사정책학회 회장 등 역임.

형법학 입문

초판발행   2024년 3월 20일

지은이   정승환
펴낸이   안종만 · 안상준

편 집   한두희
기획/마케팅   조성호
표지디자인   Ben Story
제 작   고철민 · 조영환

펴낸곳   (주) 박영사
                 서울특별시 금천구 가산디지털2로 53, 210호(가산동, 한라시그마밸리)
                 등록 1959. 3. 11. 제300-1959-1호(倫)
전 화   02)733-6771
f u x   02)736 4010
e-mail   pys@pybook.co.kr
homepage   www.pybook.co.kr
ISBN   979-11-303-4654-0   93360

정 가   29,000원